交通职业教育教学指导委员会推荐教材

全国交通高级技工学校、技师学院公路施工与养护专业教学用书

全国交通技师培训教材

Qiaoliang Gongcheng Shigong Jishu

桥梁工程施工技术

主编　卫申蔚

主审　赖　强

人民交通出版社

内 容 提 要

本书是全国交通技师培训教材，由交通职业教育教学指导委员会公路（技工）专业指导委员会组织编写。全书共分十三个单元，内容包括：施工准备，施工测量，桥梁基础施工，桥梁墩台施工，钢筋混凝土梁桥施工，预应力混凝土桥梁施工，悬臂梁、连续梁及刚构桥施工，拱桥施工，斜拉桥施工，悬索桥施工，桥面系及附属工程施工，涵洞施工。书中系统地阐述了各种体系桥梁上部结构的施工工艺，并简要介绍了桥涵施工常用机具、设备的使用方法。

本书是全国交通高级技工学校、技师学院公路施工与养护专业教学用书，也可作为职业培训及技能鉴定教材，或供从事公路桥梁工程施工的技术人员学习参考。

图书在版编目（CIP）数据

桥梁工程施工技术／卫申蔚主编. —北京：人民交通出版社，2008.8

ISBN 978-7-114-07234-5

I. 桥… II. 卫… III. 桥梁工程—工程施工—施工技术 IV. U445.4

中国版本图书馆 CIP 数据核字（2008）第 090397 号

书　　名：桥梁工程施工技术
著 作 者：卫申蔚
责任编辑：王文华
出版发行：人民交通出版社
地　　址：(100011) 北京市朝阳区安定门外外馆斜街 3 号
网　　址：http://www.ccpress.com.cn
销售电话：(010)59757973
总 经 销：人民交通出版社发行部
经　　销：各地新华书店
印　　刷：北京鑫正大印刷有限公司
开　　本：787 × 1092　1/16
印　　张：20.75
字　　数：525 千
版　　次：2008 年 8 月第 1 版
印　　次：2013 年 8 月第 3 次印刷
书　　号：ISBN 978-7-114-07234-5
印　　数：5001 – 7000 册
定　　价：41.00 元

前 言 Qianyan

交通行业是一个劳动密集型行业，全行业约有4 000万从业人员，其中90%以上是在交通建设、养护和运输服务等一线工作的，处于交通工程建设、养护和交通运输服务的终端环节，其素质和能力在很大程度上决定了交通发展的质量和效益。目前，各个专业和工种都普遍缺乏技能型人才，特别是高技能人才，公路施工与养护、筑路机械操作与维护等工种都属于交通行业技能型紧缺人才。

为了配合“交通行业技能型紧缺人才培养培训工程”的实施，加快高技能人才的培养培训步伐，交通职业教育教学指导委员会公路(技工)专业指导委员会组织全国交通高级技工学校、技师学院的教师编写了“公路施工与养护”和“公路工程机械使用与维修”两个专业工种的技师培训教材。编写人员进行了广泛的一线走访，听取了工程施工与养护生产一线高技能人员的意见，使本套教材具有良好的实用性和先进性。本套教材填补了我国在公路施工与养护和公路工程机械使用与维修方面技师培养培训教材的空白，既可作为高级技工学校、技师学院的教学用书，又可作为在职培训技师用教材，对本行业高技能人才的培养培训具有重要的现实意义。

本套教材具有以下特点：

(1)教材内容与技师等级标准、考核标准相衔接，适应现代公路工程机械化施工与养护的要求。

(2)教材全部采用最新的标准和规范，符合先进性、科学性和实用性的要求。

(3)教材编写满足理实一体化和模块式的教学方式，体现职业教育特色，重点培养学生的实际操作技能。

(4)每个单元后均附有思考题，力求提高学生思考问题、解决实际问题的能力，以达到技师标准的要求。

《桥梁工程施工技术》是全国交通高级技工学校、技师学院公路施工与养护专业通用教材之一，内容包括：施工准备，施工测量，桥梁基础施工，桥梁墩台施工，钢筋混凝土梁桥施工，预应力混凝土桥梁施工，悬臂梁、连续梁及刚构桥施工，拱桥施工，斜拉桥施工，悬索桥施工，桥面系及附属工程施工，涵洞施工。书中系统地阐述了各种体系桥梁上下部结构的施工工艺，并简要介绍了桥涵施工常用机具、设备的使用方法。

参加本书编写工作的有：山西省交通技师学院卫申蔚(编写单元一、二、三、十二)、刘金凤(编写单元十、十一)，浙江公路机械技工学校蒋龙德(编写单元四、五)、郦宏(编写单元八、九、十三)，江苏省交通技师学院王晖(编写单元六、七)。全书由卫申蔚担任主编，广西公路技工学校赖强担任主审。

本套教材在编写过程中得到了全国20余所交通类职业院校领导、工程施工养护领域的专家及一线高技能人员的大力支持和帮助，共有70余名专业教师参与了教材的编审工作，在此表示感谢。

由于我们的业务水平和教学经验有限，编审人员工作繁忙、时间仓促，书中难免有不妥之处，恳切希望使用本书的教师和读者批评指正。

交通职业教育教学指导委员会
公路(技工)专业指导委员会
二〇〇七年四月

目录 *Mulu*

单元一　总　论

知识点
1. 桥梁的技术术语及其含义，桥梁技术标准；
2. 桥梁及常用施工方法的分类。

技能点
桥梁施工方法的选择。

课题一　桥梁基本知识

一、桥梁常用技术术语

随着我国国民经济的快速发展，公路桥梁建设事业突飞猛进，桥梁施工技术不断创新，各种桥型更加丰富，有些桥型已处于世界领先水平。由于新技术、新工艺、新结构、新材料、新设备的广泛应用，使得桥梁施工技术中又出现了许多新名词和术语。

桥梁施工中常用的技术术语分述如下。

1. 控制测量

为建立测量控制网而进行的测量工作，包括平面控制测量、高程控制测量和三维控制测量。

2. 跨河水准测量

指视线长度超过规定，跨越江河（或湖塘、宽沟、洼地、山谷等）的水准测量。

3. 围堰

用于水下施工的临时性挡水设施。

4. 围幕法排水

用以隔断水源，减少渗流水量，防止流沙、突涌、管涌、潜蚀等，在基坑边线外设置的一圈隔水幕。

5. 沉入桩

钢、木、钢筋混凝土等材料制作的柱状构件，经锤击、振动、射水、静压等方式沉入或埋入地基而成的桩。

6. 灌注桩

在地基中以人工或机械成孔，在孔中灌注混凝土而成的桩。

7. 大直径桩

直径大于或等于 2.5m 的钻孔灌注桩称为大直径桩。

8. 摩擦桩

主要靠桩表面与地基之间的摩擦力支承荷载的桩。

9. 支承桩

主要靠桩的下端反力支承荷载的桩。

10. PHP泥浆

丙烯酰胺泥浆即PHP泥浆，以膨润土、碳酸钠、聚丙烯酰胺的水解物和锯木屑、稻草、水泥或有机纤维复合物按一定比例配置的不分散、低固相、高黏度泥浆。

11. 钢筋闪光对焊

将两根钢筋安放成对接形式，利用电阻热使接触点金属熔化，产生强烈飞溅，形成闪光，迅速加顶锻力完成的一种压焊方法。

12. 钢筋电渣压力焊

将钢筋安放成竖向对接形式，利用焊接电流通过两钢筋端面间隙，在焊剂层下形成电弧过程和电渣过程，产生电弧热和电阻热，熔化钢筋，加压完成的一种压焊方法。

13. 挤压套筒接头

通过挤压力使连接用钢套筒塑性变形与带肋钢筋紧密咬合形成的接头。

14. 锥螺纹套筒接头

通过钢筋端头特制的锥形螺纹和锥纹套管咬合形成的接头。

15. 大体积混凝土

现场浇筑的最小边尺寸为1～3m，且必须采取措施以避免水化热引起的温差超过25°C的混凝土称为大体积混凝土。

16. 先张法

先在张拉台座上张拉预应力钢筋，然后浇筑水泥混凝土，以形成预应力混凝土构件的施工方法。

17. 后张法

先浇筑水泥混凝土，待混凝土达到规定的强度后再张拉预应力钢筋，以形成预应力混凝土构件的施工方法。

18. 片石

符合工程要求的岩石，经开采选择所得的形状不规则的、边长一般不小于15cm的石块。

19. 块石

符合工程要求的岩石，经开采并加工而成的形状大致方正的石块。

20. 料石

按规定要求经凿琢加工而成的形状规则的石块。

21. 结构物的表面系数

指结构物冷却面积(m^2)与结构体积(m^3)的比值。

22. 移动支架逐孔施工法

采用可在桥墩上纵向移动的支架与模板，在其上逐孔拼装混凝土梁体预制件或现浇梁体混凝土，并逐孔施加预应力的施工方法。

23. 悬臂浇筑法

在桥墩两侧设置工作平台，平衡地逐段向跨中悬臂浇筑水泥混凝土梁体，并逐段施加预应力的施工方法。

24. 挂篮

用悬臂浇筑法浇筑斜拉、T构、连续梁等水泥混凝土梁时，用于承受施工荷载及梁体自重，能逐段向前移动经特殊设计的工艺设备。主要组成部分有承重系统、提升系统、锚固系统、行走系统、模板与支架系统。

25. 伸缩缝

为减轻材料膨胀对建筑物的影响而在建筑物中预先设置的间隙。

26. 沉降缝

为减轻地基不均匀变形对建筑物的影响而在建筑物中预先设置的间隙。

27. 施工缝

当混凝土施工时，由于技术上或施工组织上的原因，不能一次连续浇筑时，而在结构的规定位置留置的搭接面或后浇间隔槽。

28. 悬臂拼装法

在桥墩两侧设置吊架，平衡地逐段向跨中悬臂拼装水泥混凝土梁体预制块件，并逐段施加预应力的施工方法。

29. 托架

墩顶梁段及附近梁段施工，为浇筑悬出部分时利用墩身预埋件与型钢或万能杆件拼制联结而成的支架。

30. 膺架

悬臂浇筑施工墩顶梁段及附近梁段，根据墩身高度、承台形式和地形情况用分别支承在墩身、承台上的型钢或万能杆件拼制的支架。

31. 箱梁基准块

指悬臂拼装施工过程中作为控制桥轴线和高程标准的首块梁块，预制时在该梁块顶面埋置轴线和高程控制标志，预制尺寸精度要求高，悬拼时安放在墩侧。

32. 顶推法

梁体在桥头逐段浇筑或拼装，在梁前端安装导梁，用千斤顶纵向顶推，使梁体通过各墩顶的临时滑动支座就位的施工方法。

33. 滑板

在顶推施工的顶进过程中，在主梁与墩、台上的滑道或导向装置之间随顶进而填加进滑道内的临时块件，由钢板夹橡胶等粘贴聚四氟乙烯板组成。

34. 预拱度

为抵消梁、拱、桁架等结构在荷载作用下产生的位移（挠度），而在施工或制造时所预留的与位移方向相反的校正量。

35. 分环（层）分段浇筑法

在拱架上浇筑大跨径拱圈（拱肋）时，为减轻拱架负荷，沿拱圈纵向分成若干条幅或上下分层浇筑。分为条幅时中间条幅先行浇筑合龙，再横向对称、分次浇筑其他条幅，其浇筑顺序应通过计算确定。

36. 风缆系统

为实现拱肋无支架吊装，确保拱肋横向稳定而专门设计的包括风缆及其附属设施的固定拱肋的临时设施。

37. 缆索吊装法

利用支承在索塔上缆索运输和安装桥梁构件的施工方法。

38. 转体施工法

利用河岸地形预制两个半孔桥跨结构，在岸墩或桥台上旋转就位跨中合龙的施工方法。

39．锚碇

一般指主缆索的锚固系统。是包括锚块、鞍部及其他附属构造的锚体和基础的总称。

40．索塔

悬索桥或斜拉桥支承主索的塔形构造物。

41．施工猫道

因悬索桥索股架设、紧缆、索夹安装、吊索架设、加劲梁架设、缠丝等的施工需要而架设的施工便道。

42．索鞍

在悬索桥索塔顶部设置的鞍状支承装置。

43．索夹

将悬索桥吊索与主缆连接的夹箍式构件。

44．吊索

为悬索桥主缆与主梁相联系的受拉构件。可将主梁承受的恒荷载及活荷载传递给主缆。

45．加劲钢箱梁

支承桥面，与桥面结合成一体并将恒荷载及活荷载通过吊、拉索传递给索塔或通过梁底支座传递给墩台的钢制箱形构件。

46．拉索

承受拉力并作为主梁主要支承的结构构件。

47．初拉力

安装拉索时，给拉索施加的一定拉力。

48．拉索调整力

为改善主梁及索塔的截面内力及变形面而调整拉索的拉力。

49．顶进法

利用顶进法设备将预制的箱形或圆管形构造物逐渐顶入路基，以构成立体交叉通道或涵洞的施工方法。

二、桥梁的基本标准

1．桥梁的分类规定

《公路工程技术标准》(JTG B01—2003)中关于桥涵的分类规定见表1-1。

桥 涵 分 类　　表1-1

桥涵分类	多孔跨径总长 L(m)	单孔跨径 L_K(m)
特大桥	$L>1\ 000$	$L_K>150$
大桥	$100\leqslant L\leqslant 1\ 000$	$40\leqslant L_K\leqslant 150$
中桥	$30<L<100$	$20\leqslant L_K<40$
小桥	$8\leqslant L\leqslant 30$	$5\leqslant L_K<20$
涵洞	—	$L_K<5$

注：①单孔跨径系指标准跨径。

②梁式桥、板式桥的多孔跨径总长为多孔标准跨径的总长；拱式桥为两岸桥台内起拱线间的距离；其他桥梁为桥面系行车道长度。

③管涵及箱涵不论跨径大小、孔数多少，均称为涵洞。

④标准跨径：梁式桥、板式桥以两桥墩中线间距离或桥墩中线与台背前缘间距为准；拱式桥和涵洞以净跨径为准。

2. 桥梁全长

《公路工程技术标准》(JTG B01—2003)中规定:有桥台的桥梁应为两岸桥台侧墙或八字墙尾端间的距离;无桥台的桥梁应为桥面系长度。

关于桥涵的标准化跨径,新标准对其上限做了修订:桥涵的跨径小于或等于50m时,宜采用标准化跨径。

《公路工程技术标准》(JTG B01—2003)中对桥涵的标准化跨径规定如下:

0.75m、1.0m、1.25m、1.5m、2.0m、2.5m、3.0m、4.0m、5.0m、6.0m、8.0m、10m、13m、16m、20m、25m、30m、35m、40m、45m、50m。

3. 桥涵设计洪水频率

《公路工程技术标准》(JTG B01—2003)中对桥涵设计洪水频率的规定见表1-2。

桥涵设计洪水频率 表1-2

公路等级	设计洪水频率				
	特大桥	大桥	中桥	小桥	涵洞及小型排水构造物
高速公路	1/300	1/100	1/100	1/100	1/100
一级公路	1/300	1/100	1/100	1/100	1/100
二级公路	1/100	1/100	1/100	1/50	1/50
三级公路	1/100	1/50	1/50	1/25	1/25
四级公路	1/100	1/50	1/50	1/25	不作规定

注:①二级公路的特大桥以及三级、四级公路的大桥,在水势猛急、河床易于冲刷的情况下,可提高一级设计洪水频率验算基础冲刷深度。

②沿河纵向高架桥和桥头引道的设计洪水频率应符合标准中路基设计洪水频率的规定。

4. 桥梁净空

《公路工程技术标准》(JTG B01—2003)中对桥梁净空的规定如下。

1)桥面净空

桥面净空应符合标准中关于公路建筑限界的规定,并应符合以下要求:

①高速公路、一级公路的特殊大桥为整体式上部结构时,其中央分隔带和路肩的宽度可适当减小,但减窄后的宽度不应小于标准中关于中间带和路肩宽度规定的"最小值";

②桥上设置的各种管线等设施,不得侵入公路建筑限界。

2)桥下净空

桥下净空应符合以下规定:

①通航或流放木筏的河流,桥下净空应符合通航标准及流放木筏的要求;

②跨线桥桥下净空,应符合被交叉公路、铁路、其他道路等建筑限界的规定;

③桥下净空还应考虑排洪、流冰、漂流物、冰塞以及河床冲淤等情况。

5. 桥梁的汽车荷载等级

《公路工程技术标准》(JTG B01—2003)中对桥梁的汽车荷载分为公路—I级和公路—II级两个等级。

汽车荷载由车道荷载和车辆荷载组成,车道荷载由均布荷载和集中荷载组成。桥梁结构的整体计算采用车道荷载;桥梁结构的局部加载,涵洞、桥台和挡土墙土压力的计算采用车辆荷载。车道荷载与车辆荷载的作用不得叠加。

各级公路桥涵设计的汽车荷载等级按表1-3的规定执行。

汽车荷载等级　　表1-3

公路等级	高速公路	一级公路	二级公路	三级公路	四级公路
汽车荷载等级	公路—I级	公路—I级	公路—II级	公路—II级	公路—II级

注:①二级公路作为干线公路且重型车辆较多时,其桥涵设计可采用公路—Ⅰ级汽车荷载。

②四级公路重型车辆少时,其桥涵设计可采用公路—Ⅱ级车道荷载效应的0.8倍,车辆荷载效应可采用0.7倍。

三、桥梁的分类与组成

1. 桥梁的分类

1)桥梁按结构形式分类

桥梁按结构形式可分为梁式桥、拱式桥、刚架桥、吊桥和组合体系桥。

(1)梁式桥

梁式桥是一种在竖向荷载作用下无水平反力的结构,见图1-1a)和b)。由于外力(恒载和活载)的作用方向与承重结构的轴线接近垂直,故梁式桥与同样跨径的其他结构体系桥相比,梁内产生的弯矩最大,通常需要抗弯能力强的材料(钢材和钢筋混凝土等)来建造。为了节省钢材,目前在公路桥梁上应用最广泛的是钢筋混凝土简支梁桥。这种桥的结构简单,施工方便,对地基承载力的要求也不高,但其跨径常在30m以下。当跨度较大时,可根据地质条件修建悬臂式或连续式的梁桥,见图1-1c)。对于很大的跨径,以及对于承受很大荷载的特大桥梁,可考虑建造钢桥,见图1-1d),也可考虑使用高强度材料的预应力混凝土梁桥。

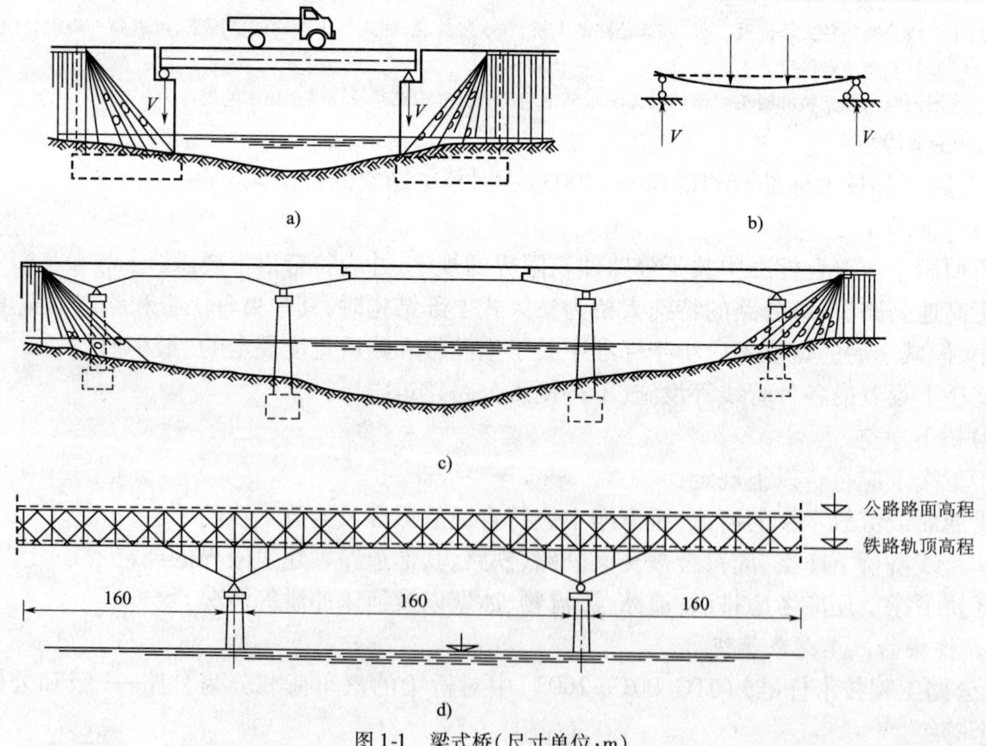

图1-1　梁式桥(尺寸单位:m)

(2)拱式桥

拱式桥的主要承重结构是拱圈或拱肋(见图1-2)。这种结构在竖向荷载作用下,桥墩和桥台将承受水平推力,同时,这种水平推力将显著抵消荷载所引起的在拱圈(或拱肋)内的弯矩作用。因此,与相同跨径的梁桥相比,拱的弯矩和变形要小得多。鉴于拱式桥的承重结构以受弯为主,通常就可用抗压强度大的圬工材料(砖、石、混凝土)和钢筋混凝土来建造。

拱桥的跨越能力很大,外形也较美观,在条件许可的情况下,修建圬工拱桥往往是经济合理的。

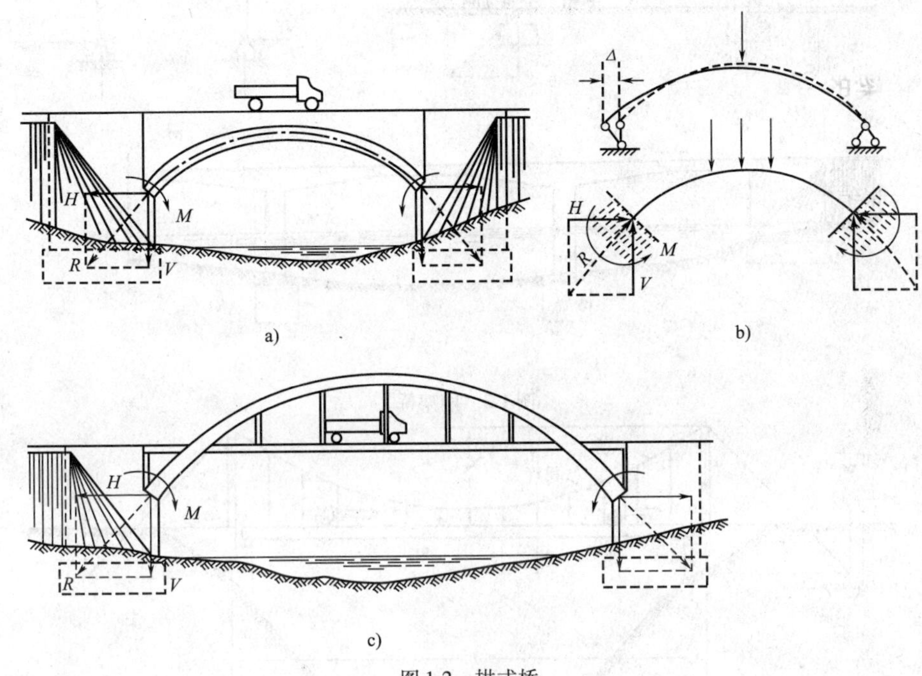

图 1-2 拱式桥

(3)刚架桥

刚架桥的主要承重结构是梁或板与立柱或墙体整体结合在一起的刚架结构,梁和柱之间连接处有很大的刚性[图 1-3a)]。在竖向荷载作用下,梁主要受弯,而柱脚处也具有水平反力[图 1-3b)],其受力状态介于梁和拱之间。因此,对于同样跨径的桥梁,在相同荷载作用下,刚架桥的跨中弯矩要比一般梁桥小。根据这一特点,刚架桥跨中的建筑高度可以做得较小,在城市中当遇到线路立体交叉或需要通航江河时,采用这种桥型可以降低线路高程和减少路堤填土数量。其缺点是梁柱连接处易开裂。

图 1-3c)所示的 T 形刚构是目前修建较大跨径钢筋混凝土桥梁常采用的形式,它是结合了刚架桥和多孔静定悬臂梁桥的特点发展起来的结构。对于普通钢筋混凝土 T 形刚构桥采用预制装配方法施工时,往往将跨径很大的梁体分成三段安装,从而显著降低了安装重量。其缺点是悬臂根部的负弯矩过大,钢材用量大。

目前,随着预应力混凝土工艺的发展,使得 T 形刚构桥得到了很大的推广,特别是采用了悬臂安装和悬臂浇筑的施工方法后,大大加快了修建大宽度桥梁的施工进度,而且也克服了在江河和深谷中搭设支架的困难。

(4)吊桥

传统的吊桥均使用悬挂在两岸塔架上的强大缆索作为主要承重结构(图 1-4)。在竖向荷载作用下,通过吊杆使缆索承受很大的拉力,通常在两岸桥台的后方修建体积非常巨大的锚碇结构。吊桥也具有水平反力。现代的吊桥广泛采用高强度钢丝编制的钢缆,以充分发挥其优异的抗拉性能,因此,结构自重较轻,就能以较小的建筑高度跨越其他任何桥型无与伦比的特大跨度。吊桥的另一特点是成卷的钢缆易于运输，结构的各组成构件较轻，便于采用无支架悬吊拼装。

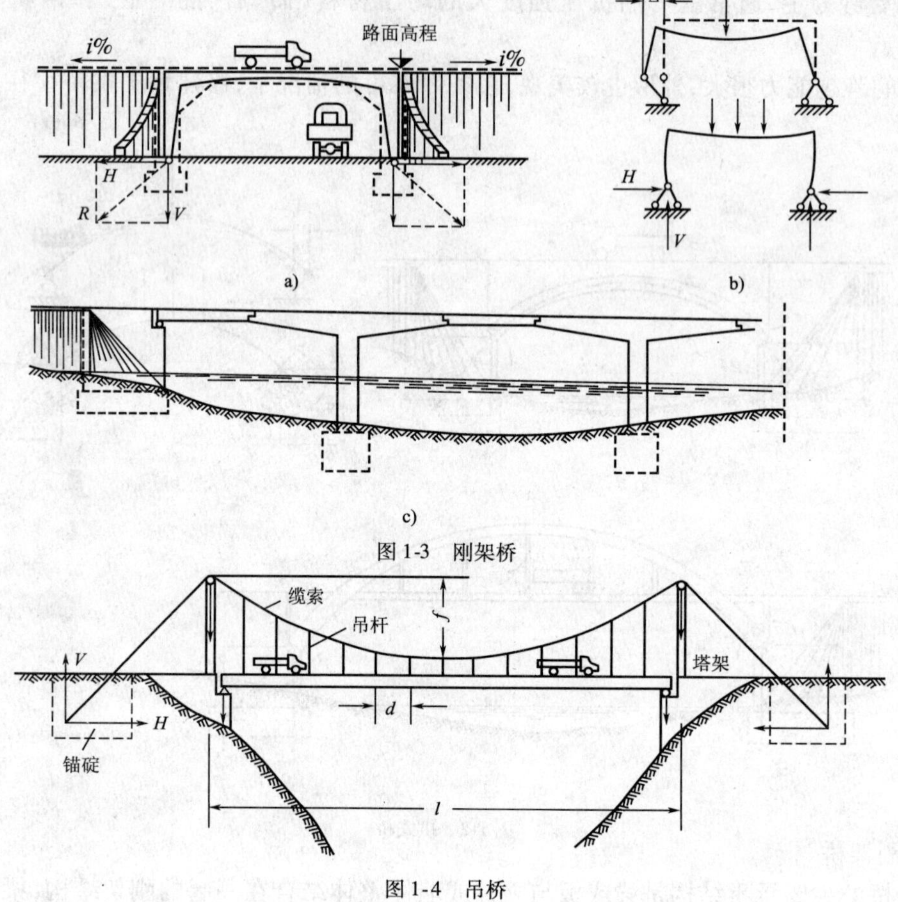

图 1-3　刚架桥

图 1-4　吊桥

(5)组合体系桥

根据结构的受力特点，由几个不同体系的结构组合而成的桥梁称为组合体系桥。图 1-5a)所示的为一种梁和拱的组合体系，其中梁和拱都是主要承重结构，两者互相配合，共同受力。

图 1-5b)为拱置于梁的下方、通过立柱对梁起辅助支撑作用的组合体系桥。

斜拉桥也是一种梁桥与吊桥组成的组合体系桥[图 1-5c)]。悬挂在塔柱上的斜缆将主梁吊住，使主梁像多点弹性支承的连续梁一样工作，这样既发挥了高强材料的作用，又显著减小了主梁的截面，使得结构自重减轻而跨越能力很大。

2)桥梁的其他分类简述

(1)按用途划分

分为公路桥、铁路桥、公路铁路两用桥、农用桥和运水桥(渡槽)等。

(2)按所用材料划分

分为圬工桥(包括砖、石、混凝土桥)、钢筋混凝土桥、预应力混凝土桥和钢桥等。

(3)按跨越障碍不同划分

分为跨河桥、跨线桥和高架桥等。

(4)按上部结构行车道位置划分

分为上承式、中承式和下承式。

2. 桥梁的组成

通常来讲,桥梁由上部结构、下部结构、基础和附属结构四部分组成。

图 1-6 表示一座公路桥梁的全貌。从图中可见桥梁的基本组成部分及各部位名称。

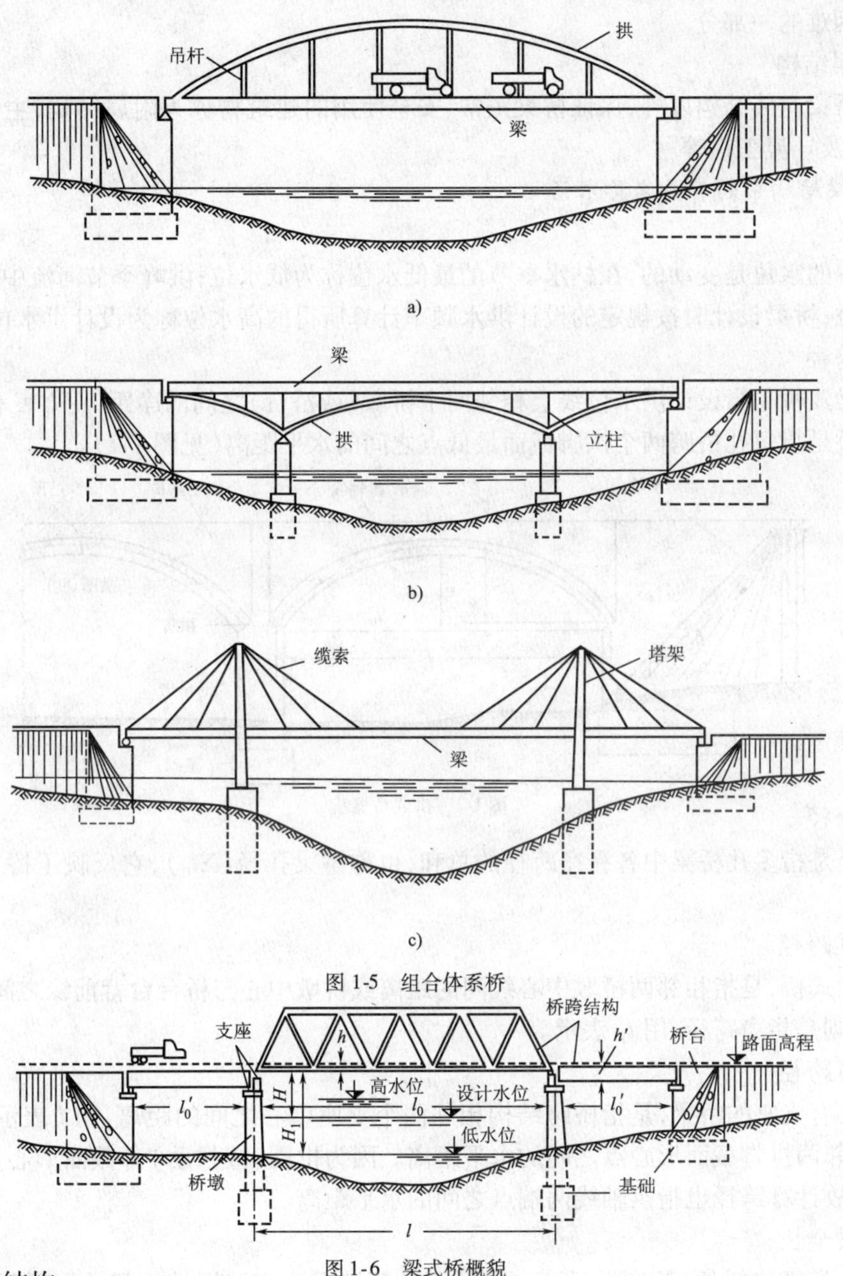

图 1-5 组合体系桥

图 1-6 梁式桥概貌

1)上部结构

上部结构也称桥跨结构。它是指桥梁用来跨越线路、河流、山谷等障碍的主要承载结构。

2)下部结构

桥梁的桥墩和桥台统称为下部结构。它是支承桥跨结构并将恒载和车辆活载等荷载传递至基础的建筑物。

通常把设在桥梁两端的称为桥台,它除了上述作用外,还与路堤衔接,以抵御路堤土压力,防止路堤填土的滑坡和坍落。

3)基础

设置在墩台下部、将全部荷载传递至地基的结构部分称为基础。基础是确保桥梁安全使用的关键。由于基础往往深埋于土层之中,并且很多情况下需要进行水下施工,故也是桥梁建筑中比较困难的一部分。

4)附属结构

设在桥梁主体结构以外,保证桥梁正常、安全使用的建筑物称为附属结构,主要包括锥形护坡、护岸及导流工程等。

3. 桥梁结构中的有关名称术语

1)水位

河流中的水位是变动的,在枯水季节的最低水位称为低水位;洪峰季节河流中的最高水位称为高水位;桥梁设计时按规定的设计洪水频率计算所得的高水位称为设计洪水位。

2)净跨径

对于梁式桥是指设计洪水位线上相邻两个桥墩(或桥台)之间的净距,用 l_0 表示(图 1-6);对于拱式桥是指每孔桥跨两个拱脚截面最低点之间的水平距离(见图 1-7)。

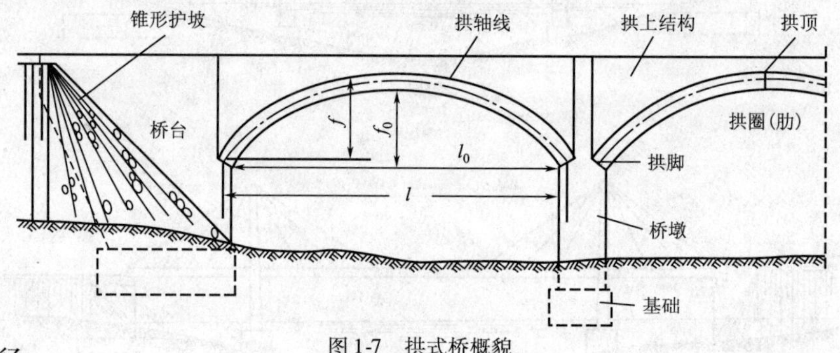

图 1-7　拱式桥概貌

3)总跨径

总跨径是指多孔桥梁中各孔净跨径的总和,也称桥梁孔径(Σl_0),它反映了桥下宣泄洪水的能力。

4)标准跨径

对于梁式桥,是指相邻两桥墩中心线间的距离或桥墩中心与桥台台背前缘之间的距离;对于拱式桥,则是指净跨径,用 l_b 表示。

5)计算跨径

对于具有支座的桥梁,是指桥跨结构相邻两个支座中心之间的距离,用 l 表示;对于拱式桥,是指相邻两拱脚截面形心点之间的水平距离。因为拱圈(或拱肋)各截面形心点的连线称为拱轴线,故计算跨径也指拱轴线两端点之间的水平距离。

6)桥梁全长

桥梁全长简称桥长,是指桥梁两端两桥台的侧墙或八字墙尾端之间的水平距离,以 L 表示。对于无桥台的桥梁为桥面系行车道的全长。

7)桥梁高度

简称桥高,是指桥面与低水位之间的高差,如图 1-6 中的 H_1,或为桥面与桥下线路路面之间的高差。

8)桥下净空高度

桥下净空高度是指设计洪水位或计算通航水位至桥跨结构最下缘之间的距离,以 H 表示。它应保证桥下能安全排泄洪水,并不得小于对该河流通航所规定的净空高度。

9)建筑高度

指桥上路面高程与桥跨结构最下缘之间的距离,如图1-6中的h、h',它不仅与桥梁结构的体系和跨径有关,而且还随行车部分在桥上布置的高度位置而异。

10)净矢高

净矢高是指从拱顶截面下缘至相邻两拱脚截面最低点连线间的垂直距离,以f_0表示,见图1-7。

11)计算矢高

计算矢高是从拱顶截面形心至相邻两拱脚截面形心连线间的垂直距离,以f表示,见图1-7。

12)矢跨比

矢跨比是指拱桥中拱圈或拱肋的计算矢高f与计算跨径l之比,也称拱矢度,它是反映拱桥受力特性的一个重要指标。

课题二　桥梁施工方法的分类与选择

一、桥梁下部结构

1. 基础工程

在桥梁工程中,通常采用的基础形式有扩大基础、桩基础、沉井基础等,其施工方法分类见图1-8。

1)扩大基础

所谓扩大基础,是将墩台及上部结构传来的荷载由其直接传递至较浅的支承地基的一种基础形式,一般采用明挖基坑的方法进行施工,故又称为明挖扩大基础或浅基础。其主要特点是:

①由于能在现场用眼睛确认支承地基的情况下进行施工,因而其施工质量可靠;

②施工时的噪声、振动和对地下污染等建筑公害较小;

③与其他类型的基础相比,施工所需的操作空间较小;

④在多数情况下,比其他类型的基础相比,造价省、工期短;

⑤易受冻胀和冲刷产生的恶劣影响。

扩大基础的施工顺序是:开挖基坑,对基底进行处理(当地基承载力不满足要求时需对地基进行加固),砌筑圬工或立模、绑扎钢筋、浇筑混凝土。其中,开挖基坑是基础施工中的一项主要工作,而且在开挖过程中,必须解决好支挡与排水的问题。

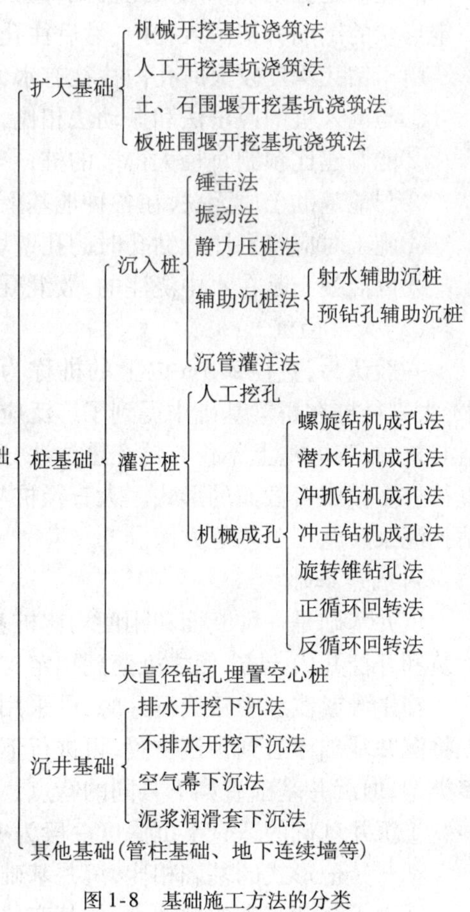

图1-8　基础施工方法的分类

扩大基础施工的难易程度与地下水处理的难易有关。当地下水位高于基础的底面高程时,施工时应采取止水措施,如打钢板桩或考虑采用集水坑用水泵集中排水、深井排水及井点法等,使地下水位降至开挖面以下。还可采用化学灌浆法及围幕法进行止水或排水。但扩大基础的各种施工方法都有各自特有的制约条件,因此在选择时应特别注意。

2)桩基础

桩是深入土层的柱形构件,其作用是将来自桩顶的荷载传递到土体中的较深处。

根据不同情况,桩可以有不同的分类方法。这里我们按成桩方法对桩进行分类如下。

(1)沉入桩

沉入桩是将预制桩用锤击打或振动法沉入地层至设计要求的高程。预制桩包括钢筋混凝土桩和钢桩等,一般有如下特点:

①由于桩是在预制场制作,故桩身质量易于控制;

②沉入时的施工工序简单,工效高,能保证质量;

③易于在水上施工;

④多数情况下施工噪声和振动大,污染环境;

⑤沉入长桩时受运输和起吊设备限制,且存在现场接桩,接头工艺复杂;

⑥穿越较坚硬的土层时需要较多的辅助施工措施。

(2)灌注桩

灌注桩是在现场采用钻孔机械(或人工)将地层钻挖成设计孔径和深度的孔后,将预制成一定形状的钢筋骨架吊入孔内,然后往孔内灌入流动的混凝土而形成的桩基。

由于钻孔深度较大时孔内往往有水,故多采用水下混凝土灌注法。灌注桩的特点是:

①与沉入桩的锤击法和振动法相比,施工噪声和振动要小得多;

②能修建比预制直径大得多的桩;

③与地基的土质无关,在各种地基上均可使用;

④施工时应特别注意钻孔时的孔壁坍塌、桩尖处地基的流沙及孔底沉淀等情况的处理;

⑤因混凝土是在水中浇注的,故混凝土质量较难控制。

(3)大直径桩

一般认为,直径2.5m以上的桩称为大直径桩,目前,桩基础的最大直径已达6m。近年来,大直径桩在桥梁基础中得到了广泛应用,结构形式也越来越多样化,除实心桩外,还发展了空心桩;施工方法上不仅有钻孔灌注法,还有预制桩壳钻孔埋置法等。根据桩的受力特点,大直径桩多做成变截面的形式。大直径桩与普通桩在施工方法上的区别主要反映在钻机选型、钻孔泥浆及施工工艺等方面。

3)沉井基础

沉井基础是一种断面和刚度均比桩基础大得多的筒状结构,施工时在现场重复交替进行构筑和开挖井内土方,使之沉落到预定支承的地基上。

在岸滩或浅水中建造沉井时,可采用“筑岛法”施工;在深水中修建,则可采用浮式沉井,先将沉井基础浮运到预定位置,再进行下沉施工。按材料、形状和用途不同,可将沉井分成许多类型,但沉井基础有如下共同的特点:

①沉井基础的适宜下沉深度一般为10~40m;

②与其他形式的基础相比,沉井基础的抗水平推力作用的能力、竖向支承力均较大;

③由于沉井基础的刚度大,故其变位较小。

沉井基础的施工难点在于沉井的下沉。沉井的下沉主要是通过从井孔内挖除土，清除刃脚正面阻力及沉井内壁摩阻力后，依靠其自重下沉。沉井下沉的方法可分为排水开挖下沉和不排水开挖下沉，但其基本施工方法应为不排水开挖下沉，只有在稳定的土层中，而且渗水量不大时，才采用排水开挖法下沉。另外还有压重、高压射水、炮振（必要时）、降低井内水位减小浮力、采用泥浆润滑套或空气幕等一些沉井下沉的辅助施工方法。

4）地下连续墙

地下连续墙是用膨润土泥浆进行护壁，在防止开挖壁面坍塌的同时在设计位置开挖出一条狭长端圆的深槽，然后将钢筋骨架放入槽内，并灌注水下混凝土，从而在地下形成连续墙体的一种基础形式。

目前，我国多用于临时支挡工程，国外已有作为永久基础的实例。地下连续墙有墙式和排柱式之分，但一般多用墙式。地下连续墙的特点有：

①施工时的噪声、振动小；

②墙体刚度大且截水性能优异，对周边地基无扰动；

③所获得的支承力大，可用做刚性基础，对墙体进行适当的组合后可以代替桩基础和沉井基础；

④可用于逆筑法施工，并适用于多种地基条件；

⑤在挖槽时采用泥浆护壁，如管理不当，容易出现槽壁坍塌的问题。

2. 承台

位于旱地、浅水河中采用土石筑岛法施工桩基的桥梁，其承台的施工方法与扩大基础的施工方法相类似，可采用明挖基坑、简易板桩围堰后开挖基坑等方法进行施工。

对深水中的承台，可供选择的方法有：钢板桩围堰、钢管桩围堰、双壁钢围堰及套箱围堰等。不论何种围堰，其目的都是为了止水，以实现承台在无水环境中施工。钢板桩围堰和钢管桩围堰实际上是一种形式的围堰，只不过所用材料不同而已。双壁钢围堰通常是将桩基和承台的施工一并考虑，即先在围堰顶设置钻孔平台，待桩基施工结束后拆除平台，再在围堰内进行承台的施工；套箱围堰多采用钢材制作，分有底和无底两种类型，根据受力情况不同又可设计成单壁或双壁套箱。

3. 墩（台）身

墩（台）身的施工方法根据其结构形式的不同而不同。对结构形式较简单，高度又不大的中、小桥的墩（台）身，通常采用传统的方法，一次砌筑或立模（一次或多次）现浇施工，但对高度较高的墩台及斜拉桥、悬索桥的索塔，则有较多的施工方法可供选择。而施工方法的多样化主要反映在模板结构形式的不同上。近年来，滑升模板、爬升模板和翻升模板等在高墩及索塔上应用较多，其共同的特点是：将墩身分成若干个节段，从下至上逐段进行施工。

采用滑升模板（简称滑模）施工，对结构物外形尺寸的控制较准确，施工进度平稳、安全，机械化程度高，但因多采用液压装置实现滑升，故成本较高，所需的机械设备种类也较多；爬升模板（简称爬模）一般要在模板外侧设置爬升架，因此这种模板相对而言需耗用较多的材料，体积也较庞大，但不需设另外的提升设备；翻升模板（简称翻模）结构较简单，施工也较方便，不过需要设专门用于提升的起吊设备。

高墩的施工，应根据现场的实际情况，进行综合比较后来选择适宜的施工方案。中、小桥中，当设计为石砌墩（台）身时，施工工艺虽然简单，但必须严格控制砌石工程质量。

二、桥梁上部结构

桥梁上部结构的形式是多种多样的，其施工方法的种类也较多，但除一些比较特殊的施工方法外，大致可分为预制安装和现浇两大类。上部结构的施工方法分类见图1-9所示。

1. 预制安装法

预制安装可分为预制梁安装和预制节段式块件拼装两种类型。前者主要指装配式的简支梁桥：如空心板、T形梁、工字形梁及小跨径箱梁等的安装，尔后进行横向联结或施工桥面板而使之成为桥梁整体；后者则将梁体（一般为箱梁）沿桥轴线分段预制成节段式块件，运至现场进行拼装，其拼装方法一般多采用悬臂法。连续梁、T构、刚构和斜拉桥都可以应用这种方法进行施工。

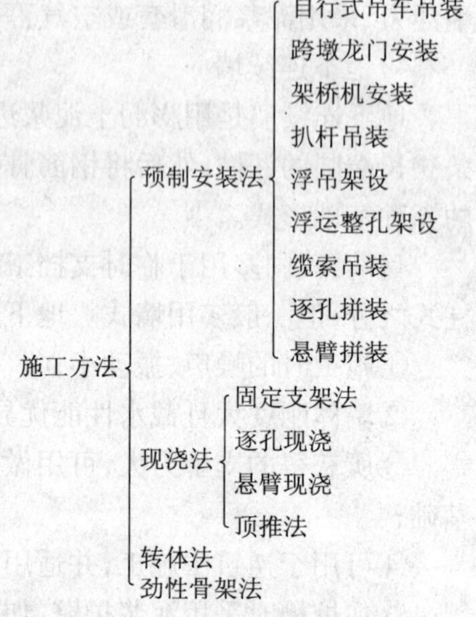

图1-9 桥梁上部结构施工方法

下面简要介绍几种常用的预制安装施工方法的特点及适用场合。

1）自行式吊车吊装法

这种吊装法多采用汽车吊、履带吊和轮胎吊等机械，有单吊和双吊之分。此法一般适用于跨径在30m以内的简支梁桥的安装作业。在现场应有足够安置吊车的场地，同时要保证运梁道路的畅通，吊车的选用应充分考虑梁体的重量和作业半径后方可决定。

2）跨墩龙门安装法

在墩台两侧沿桥向设置轨道，在其上安置跨墩的龙门吊，将梁体在起吊状态下运至架设地点，然后安装在预定位置。此法一般可将梁的预制场地安排在桥头引道上，以缩短运梁距离。其优点是：施工作业简单、迅速，可快速施工，容易保证施工安全。但要求架设的地形应平坦，且桥墩不能太高。因设备的费用较大，架设安装的孔数不能太少。

3）架桥机安装法

这是预制梁典型的安装方法。在孔跨内设置安装导梁，以此作为支承体来架设梁体，这种作为支承梁的安装梁结构称为架桥机。目前架桥机的种类甚多，按形式的不同可分为单导梁、双导梁、斜拉式和悬吊式等。悬臂拼装和逐跨拼装的节段式桥梁也经常采用专用的架桥机进行施工。其特点是：不受架设孔跨桥墩高度的影响，也不受桥下地形条件的影响；架设速度快，作业安全度高；对于孔数较多的桥梁更具有优越性。

4）浮吊架设法

这种方法一般适用于河口、海上长大桥梁的安装，包括整孔架设和节段式块件的悬臂拼装。采用此法工期较短，但梁体的补强，趸船的补强及趸船、大型吊具、架设用的卡具等设备均较大型化，浮吊所需费用较高，且易受气象、海象和地理条件等影响。梁体安装就位时浮力的减小会引起浮吊和趸船的移动，伴随而来的是梁体的摇动，因此应充分考虑其倾覆问题。

5）浮运整孔架设法

是将梁体用趸船运至架设地点后进行安装的方法，可采用两种方式：一种方式是用两套卷扬机（或液压千斤顶装置）组合提升吊装就位，另一种方式是利用趸船的吃水落差将整孔梁体安装就位。

6）逐孔拼装法

逐孔拼装法一般适用于节段式预应力混凝土连续梁的施工。在施工的孔跨内搭设落地式支架或采用悬吊式支架,将节段预制块件按顺序吊放在支架上,然后在预留孔道内穿入预应力钢筋,对梁施加预应力使其成为整体,这种方法形象地称为“穿糖葫芦”。

7)悬臂拼装法

悬臂拼装法多用于预应力混凝土梁体的施工,其他类型的桥梁也可选用。这是一种将梁体分节段预制,墩顶附近的块件用其他架设机械安装或现浇,然后以桥墩为对称点,将预制块件沿桥跨方向对称起吊、安装就位后,张拉预应力筋,使悬臂不断接长,直至合龙的施工方法。悬臂拼装法施工速度快,预制块件质量易控制,但预制场地较大,且拼装精度要求高。这种施工方法可不用或少用支架,施工时不影响通航或桥下交通,宜在跨深水、山谷或海上进行施工,并适用于变截面预应力混凝土梁桥。

2. 现浇法

1)固定支架法

这是在桥跨间设置支架、安装模板、绑扎钢筋、现场浇筑混凝土的施工方法。特别适用于旱地上的钢筋混凝土和预应力混凝土中小跨径桥梁的施工。支架按其结构的不同分为满布式、柱式、梁式、梁柱式等几种,所用材料有门式支架、扣件式支架、贝雷桁片、万能杆件及各种型钢组合构件等。固定支架的施工特点是:梁的整体性好,施工平稳、可靠,不需大型起重设备;施工中无体系转换的问题;需要大量施工支架,并需要有较大的施工场地。

2)逐孔现浇法

逐孔现浇法分在支架上逐孔现浇和移动模架逐孔现浇,目前较多采用后者。移动模架逐孔现浇施工方法自20世纪50年代末开始使用以来,得到了较广泛的应用,特别是多跨长桥如高架桥、海湾桥,使用十分方便,施工快速、安全,机械化程度高,减小劳动强度,少占场地,不会受桥下条件影响。但因模板拼装与拆卸均较复杂,所以一般适用于跨径20~50m的预应力混凝土连续梁桥施工,且桥长在500m以上。

3)悬臂浇筑法

这种方法最常用的是采用挂篮悬臂浇筑施工,在桥墩两侧对称逐段就地浇筑混凝土,待混凝土达到一定强度后张拉预应力筋,移动挂篮继续施工,使悬臂不断接长,直至合龙。挂篮的构造形式很多,通常由承重梁、悬吊模板、锚固装置、行走系统和工作平台等组成。挂篮的功能是:支承梁段模板,调整位置,吊运材料机具,浇筑混凝土,拆模和张拉预应力钢筋等工作。

悬臂浇筑法施工不需在跨间设置支架,使用少量机具设备便可以很方便地跨越深谷和河流,适用于大跨径连续梁桥的施工。同时根据施工受力特点,悬臂施工一般宜在变截面梁中使用。

4)顶推法

顶推施工是在桥台的后方设置施工场地,分节段浇筑梁体,并用纵向预应力钢筋将浇筑节段与已完成的梁体连成整体,在梁体前端安装长度为顶推跨径0.7倍左右的钢导梁,然后通过水平千斤顶施力,将梁体向前方推出施工场地,重复这些工序即可完成全部梁体的施工。顶推法的施工特点是:由于作业场所限定在一定范围内,可设置顶棚,不受天气影响,能全天候施工。连续梁的顶推跨径以30~50m最为经济,若跨径大于此值,则需要有临时墩等辅助手段。逐段顶推施工宜在等截面预应力混凝土连续梁中使用,也可在结合梁和斜拉桥的主梁中使用。

3. 转体施工法

转体施工法多用于拱桥的施工,也可用于斜拉桥和刚构桥的施工。这种施工法是在岸边立支架(或利用地形)预制半跨桥梁的上部结构,然后借助上下转轴偏心值产生的分力使两岸半跨桥梁上部结构向桥跨转动,用风缆控制其转速,最后就位合龙。该法适用于峡谷、水流湍急、通航河道和跨线桥等特殊地形的桥梁,具有工艺简单、操作安全、所用设备少、施工速度快等特点。

三、桥梁施工方法的选择原则

施工方法的分类乃是一种权宜的办法,在实际施工中不太可能仅采用分类中某一种施工方法,多数情况下是将几种方法组合起来应用。另外,桥梁的施工方法很多,本书不可能将所有的施工方法全部包罗,即使是同一种方法应用中也有不同情况,所需的机具、劳力、施工的步骤和施工期限等也不一样,因此,在选择桥梁施工方法时应根据桥梁的设计要求、施工现场环境、人员设备、施工经验等因素综合考虑,选择最佳的施工方法。

选择桥梁施工方法时应考虑的主要因素有以下几点:

①桥梁的结构形式和规模;

②桥位处的地形、自然条件和社会环境;

③施工机械和施工管理的制约;

④以往的施工经验;

⑤安全性和经济性等。

思 考 题

1. 什么叫控制测量?什么叫跨河水准测量?
2. 什么叫桥梁的总跨径及桥梁的标准跨径?
3. 桥梁基础主要有哪几种?各种基础的使用条件是什么?
4. 悬臂浇筑法施工的主要机具是什么?各起什么作用?
5. 桥梁上部结构的施工方法主要有哪几种?
6. 桥梁施工方法的选择原则有哪些?
7. 什么叫转体施工法?
8. 桥梁的净跨径与标准跨径是不是一回事?有何不同?

单元二 施工准备

知识点
1. 施工技术准备、物资准备和现场准备的工作内容;
2. 施工技术准备、物资准备和现场准备的基本要求。

技能点
1. 组织并进行各项施工准备工作;
2. 制订施工方案和组织指导施工。

施工准备工作的基本任务是为桥梁工程的施工建立必要的技术和物资条件,统筹安排施工力量和施工现场,是施工企业搞好目标管理,推行技术经济承包的重要依据,也是施工得以顺利进行的基本保证。

施工单位在承接了施工任务后,要尽快做好各项准备工作,创造有利的施工条件,使施工工作能连续、均衡、有节奏、有计划地进行,从而按质、按量、按期完成施工任务。

施工准备通常包括技术准备、劳动组织准备、物资准备和施工现场准备等工作。

一、技术准备

技术准备是施工准备的核心。由于任何技术上的差错和隐患都可能危及人身安全和造成质量事故,带来生命、财产和经济的巨大损失,因此必须认真做好技术准备工作。

1. 熟悉设计文件、研究施工图纸和现场核对

施工单位在收到拟建工程的设计图纸和有关技术文件后,应尽快组织工程技术人员熟悉、研究所有技术文件和图纸,全面领会设计意图;检查图纸和其各组成部分之间有无矛盾和错误,几何尺寸、坐标、高程、说明等方面是否一致,技术要求是否正确,并与现场情况进行核对。同时要作出详细记录,记录应包括对设计图纸的疑问和有关建议。

2. 原始资料的进一步调查分析

对拟建工程进行实地勘测,进一步获得有关原始数据的第一手资料,这对于正确选择施工方案、制订技术措施、合理安排施工顺序和施工进度计划是非常必要的。

1)自然条件的调查分析

(1)地质条件调查

应了解地质构造、墩(台)位处的基岩埋深、岩层状态、岩石性质、覆盖层土质、土的性质和类别、地基土的承载力、土的冻结深度、妨碍基础施工的障碍物、地震级别和烈度等。

(2)水文条件调查

应了解桥位处河流流量和水质、年水位变化情况、最高洪水位和最低枯水位的时期及持续时间、流速和漂浮物、地下水位的高低变化、含水层的厚度和流向;冰冻地区的河流封冻时间、融冰时间、流冰水位、冰块大小;受潮汐影响河流或水域中潮水的涨落时间、潮水位的变化规律

和潮流等情况。

(3)气象条件调查

应调查桥位处的气温情况、气候条件、降雨量的大小及分布、降雪情况及大小、冰冻情况、台风(含龙卷风、雷雨大风等突发性灾害)、风向、风速等变化规律及历年记录;冬季、雨季的期限及冬季地层冻结厚度等情况等。

(4)施工现场的地形地物条件的调查

主要调查桥位处的地形情况、地物情况及对桥梁的影响。

2)技术经济条件的调查分析

主要包括:施工现场的动迁状况,当地可利用的地方材料状况,水泥、钢材等材料供应状况,地方能源和交通运输状况,地方劳动力和技术水平状况,当地生活物资供应状况,可提供的施工用水用电状况,设备租赁状况,当地消防治安状况及分包单位的实力状况等。

3. 施工前的技术交底

技术交底一般由建设单位(业主)主持,设计、监理和施工单位(承包人)参加。先由设计单位说明工程的设计依据、意图和功能要求,并对特殊结构、新材料、新工艺和新技术提出设计要求,进行技术交底。然后施工单位根据研究图纸的记录以及对设计意图的理解,提出对设计图纸的疑问、建议和变更。最后在统一认识的基础上,对所探讨的问题逐一做好记录,形成"设计技术交底纪要",由建设单位正式行文,参加单位共同会签盖章,作为与设计文件同时使用的技术文件和指导施工的依据,以及建设单位与施工单位进行工程结算的依据。当工程为设计施工总承包时,应由总承包人主持进行内部设计技术交底。

4. 制订施工方案,进行施工设计

在全面掌握设计文件和设计图纸,正确理解了设计意图和技术要求,以及进行了以施工为目的的各项调查之后,应根据进一步掌握的情况和资料,对投标时初步拟定的施工方法和技术措施等进行重要评价和深入研究,以制订出详尽的更符合现场实际情况的施工方案。

施工方案一经确定,即可进行各项临时性结构的施工设计,诸如基坑围堰、浮运沉井和钢围堰的制造场地及下水、浮运、就位、下沉等设施,钻孔桩水上工作平台,连续梁桥顶推施工的台座和预制场地,悬浇桥梁的挂篮,导梁或架桥机,模板支架及脚手架,自制起重吊装设备,施工便桥便道及装卸码头的设计。施工设计应在保证安全的前提下,尽量考虑使用现有材料和设备,因地制宜,使设计出的临时结构经济适用、装卸简便、通用性强。

5. 编制施工组织设计

施工组织设计是施工准备工作的重要组成部分,也是指导工程施工中全部生产活动的基本技术经济文件。编制施工组织设计的目的在于全面、合理、有计划地组织施工,从而具体实现设计意图,优质高效地完成施工任务。施工组织设计文件用文、图、表三种形式表示,互相结合,互相补充。施工进度图是施工组织设计文件的重要组成部分,是对全部施工过程进行的时间组织成果的反映。施工进度图按其形式可以分为横线式施工进度图、斜线式施工进度图和网络式施工进度图三种,图 2-1 为一中桥的施工进度图示例。

6. 编制施工预算

施工预算是根据施工图纸、施工组织设计或施工方案、施工定额等文件进行编制的。施工预算是施工企业内部控制各项成本支出、考核用工、签发施工任务单、限额领料以及基层进行经济核算的依据,也是签订分包合同时确定分包价格的依据。

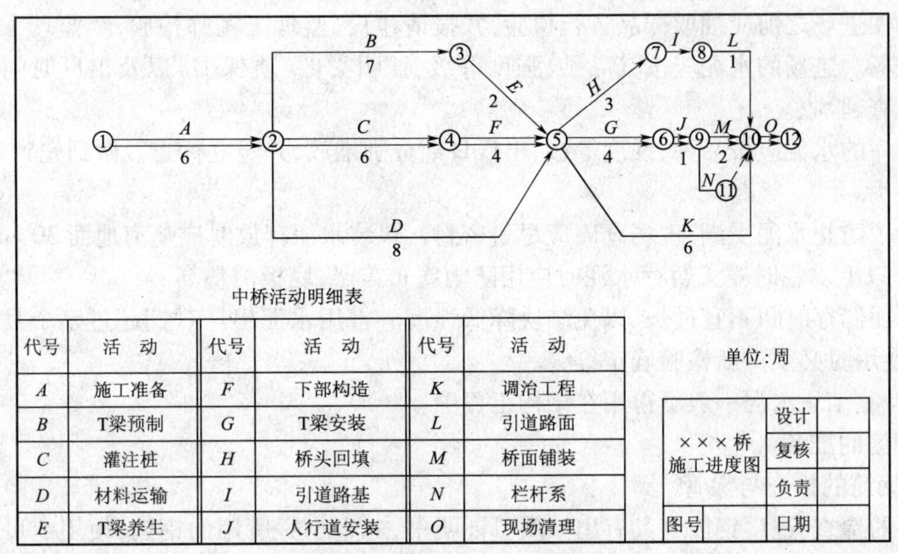

中桥活动明细表

代号	活　动	代号	活　动	代号	活　动
A	施工准备	F	下部构造	K	调治工程
B	T梁预制	G	T梁安装	L	引道路面
C	灌注桩	H	桥头回填	M	桥面铺装
D	材料运输	I	引道路基	N	栏杆系
E	T梁养生	J	人行道安装	O	现场清理

图 2-1　网络式施工进度图

二、劳动组织准备和物资准备

1. 劳动组织准备

1)建立组织机构

确定组织机构应遵循的原则是:根据工程项目的规模、结构特点和复杂程度确定各职能部门的设置,人员的配置应力求精干,以适应任务的需要。坚持合理分工与密切协作相结合,使之便于指挥和管理,分工明确,责权具体。

2)合理设置施工班组

施工班组的建立,应认真考虑专业和工种之间的合理配置,技工和普工的比例要满足合理的劳动组织,并符合流水作业方式的要求,同时制订出该工程的劳动力需要量计划。

3)集结施工力量,组织劳动力进场

进场后应对工人进行技术、安全操作规程以及消防、文明施工等方面的培训教育。

4)施工组织设计、施工计划和施工技术交底

在单位工程或分部工程开工之前,应将工程的设计内容、施工组织设计、施工计划和施工技术等要求,详尽地向施工班组和工人进行交底,以保证工程能严格按照设计图纸、施工工艺、安全技术措施、降低成本措施和施工验收规范的要求进行施工;新技术、新材料、新结构和新工艺的实施方案和保证措施得以落实;有关部位的设计变更和技术措施等事项贯彻执行。

5)建立健全各项管理制度

包括建立技术质量责任制度、工程技术档案管理制度、施工图纸学习与会审制度、技术交底制度、技术部门及各级人员的岗位责任制、工程材料和构件的检查验收制度、过程质量检查与验收制度、材料出入库制度、安全操作制度、机具使用保养制度等。

2. 物资准备

物资准备工作的内容主要包括:工程材料的准备,如钢材、木材、水泥、砂石材料等的进场

和检验。

1）水泥的检查与保管

①水泥进场之前应抽取样品进行检验，并报请建设、监理工程师检验，经监理工程师同意后才能进场。进场的水泥应按其品种、强度等级、证明文件（质保书）以及出厂时间等情况分批进行检查、验收。

②入库的水泥应按品种、强度等级、出厂日期分别堆放，并竖立标志。做到先到先用，并防止混掺使用。

③为了防止水泥受潮，现场仓库应尽量密封。包装水泥存放时应垫离地面 30 cm，离墙亦在 30 cm 以上。临时露天暂存水泥时应用防雨篷布盖严，底板需垫高。

④水泥储存时间不宜过长，以免结块降低强度。常用水泥出厂日期超过三个月应视为过期水泥，使用时必须重新检验确定等级。

⑤受潮、结块水泥一般不得用在结构工程中。

2）钢筋的准备

（1）钢筋的检查与保管

钢筋的检查：进厂钢筋应具有出厂质量证明书，对中小桥所用的钢筋，使用前可不进行抽检；对于大桥所用的钢筋，应进行抽检。检验内容主要包括钢筋的冷拉、冷弯和可焊性试验，试验的有关规定应按《公路桥涵施工技术规范》（JTJ 041—2000）办理。

钢筋的保管：

①堆放场地选择在地势较高处，尽量用料棚遮盖，钢筋下面要放垫块，使其离地不小于20cm；

②钢筋应按不同等级、牌号、规格等分类挂牌堆放，并标明数量，做到账、物、牌三相符；

③钢筋不要和酸、碱、油类物品一起存放，以免污染。

（2）钢筋的调直

直径 10mm 以下的细钢筋多卷成盘形，粗钢筋常弯成“发卡”形，以便运输和储存。因此，运到工地的钢筋应先调直。

盘条钢筋应先放开，把它截成 30 ~ 40m 的长度，然后用人力或电动绞车拉直，也可用钢筋调直机调直。拉直时应对拉力进行控制，使任一段的伸长率不超过 1%。

粗钢筋可放在工作台上用手锤敲直，也可用手工扳子或自动机床矫直。调直后的钢筋应平直、无局部曲折。

（3）钢筋的除锈去污

钢筋应有洁净的表面，使钢筋与混凝土间的黏结力得以充分发挥。油渍、漆污及用锤敲击时能剥落的浮皮，应在使用前清除干净。除锈的方法很多，如采用钢丝刷、砂盘等工具进行清除。整直去污后钢筋表面的伤痕不应使钢筋截面减少 5% 以上。

（4）钢筋的接长

钢筋接长的方法有闪光接触对焊、电弧焊和绑扎搭接三种。闪光接触对焊接长钢筋，其优点是钢筋传力性能好，省钢料，能电焊各种钢筋，避免了钢筋的拥挤，故一般电焊均以采用闪光焊为宜。绑扎搭接接头的质量差，费钢料，只有在没有焊接条件的情况下，才可采用。

①闪光接触对焊：可分不加预热的连续闪光和加预热的闪光两种方法。一般常用不加预热的连续闪光焊。若对焊机功率不足，不能用连续闪光焊时，对直径较粗的钢筋，可采用加预

热的闪光焊。

采用不加预热的连续闪光焊时，系将夹紧于对焊机钳口内的钢筋，在接通电源时，以不大的压力移近钢筋两头，使轻微接触。在移近过程中，钢筋端隙间向四面喷射火花，而钢筋端头则逐渐发生熔化。缓慢地移拢钢筋端部，以保持连续闪光。在钢筋熔融到既定的长度值后，便对钢筋进行快速的顶锻，至此焊接操作即告完成。

采用预热闪光焊接时，系将钢筋移拢，使两端面轻微接触，以便立即激发瞬时的闪光过程，然后移开钢筋。这种连续移拢或移开使钢筋端部逐渐加热。移近次数视钢筋直径、对焊机功率而定，一般在3～20次范围内变动。最后对钢筋进行快速顶锻。图2-2为接触对焊示意图。

为保证对焊接头质量，被焊钢筋的焊接端应裁切平整，端部断面应与钢筋轴线垂直，两焊接端面应彼此平行。焊接时被挤出接头外的熔渣应予除去。

②电弧焊接：采用电弧焊时，系将一根导线接在被焊钢筋上，另一根导线接在夹有焊条的焊钳上，合上开关，将接触焊件接通电流，此时立即将焊条提起2～3mm，产生电弧。电弧温度高达4 000℃，将焊条和钢筋熔化并汇合成一条焊缝，至此焊接过程结束。图2-3为电弧焊接示意图。

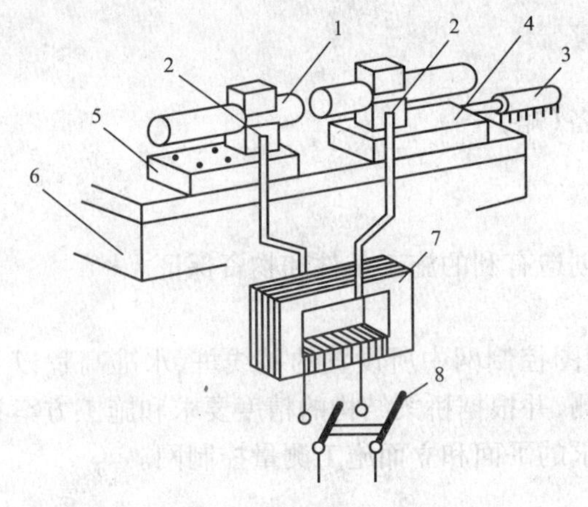

图2-2　接触对焊示意图

1-钢筋；2-电极；3-压力构件；4-活动平板；5-固定平板；6-机身；7-变压器；8-闸刀

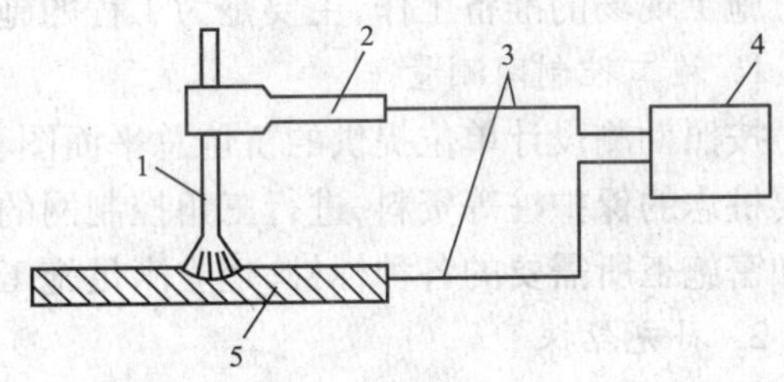

图2-3　电弧焊接示意图

1-焊条；2-焊钳；3-导线；4-电源；5-被焊金属

③铁丝绑扎搭接：当没有条件采用焊接时，直径等于或小于25mm的螺纹钢筋和光圆钢筋可采用铁丝绑扎接头。但对轴心受拉和小偏心受拉构件中主钢筋均应焊接，不得采用绑扎接头。

3）集料的准备

（1）细集料

①细集料的选择。选择细集料时，应优先选择级配良好、质地坚硬、颗粒洁净的河砂或海砂。当没有河砂或海砂时，也可用山砂或机制砂。砂中不得含有泥土及其他杂物，细砂不宜单独用于混凝土中。无论哪一种砂均应分别检验，各项指标均满足《公路桥涵施工技术规范》（JTJ 041—2000）方可使用。

②试验。对细集料进场使用前，根据规范应完成筛分、含泥量、有机质以及压碎值试验，必要时还要进行坚固性试验。试验应按《公路工程集料试验规程》（JTG E42—2005）的规定进行。

(2)粗集料

混凝土用的石子,有碎石和卵石两种,要求质地坚硬,有足够的强度,表面洁净,符合级配要求。若附有泥土,应用水冲洗干净;若混入煤渣、白灰、碎砖或煅烧过的石块以及被矿水特别是酸水侵蚀过的石灰岩碎石等均禁止使用;针状、片状颗粒以及泥土杂物含量不得超过规范的规定。石料应尽量采用较大的粒径,但最大粒径不得超过结构最小边尺寸的1/4和钢筋最小净距的3/4;在两层或多层密布钢筋结构中不得超过钢筋最小净距的1/2;同时最大粒径不得超过100 mm 。

同细集料一样,选用的粗集料必须满足《公路桥涵施工技术规范》(JTJ 041—2000)中的各项指标要求,并且现场取样进行筛分、杂质含量、强度、针片状含量等试验,只有当试验结果满足规范要求时才能使用。

4)水及外加剂

拌制混凝土用水必须是人畜可饮用的洁净水,水中不得含有妨碍水泥正常硬化的有害杂质、油脂、糖类及游离碳等。污水、pH 值小于4的酸性水和含硫酸盐量按 SO_4^{2-} 计超过水重1% 的水均不得使用。

主要的外加剂类型有普通和高效减水剂、早强减水剂、缓凝减水剂、引气减水剂、抗冻剂、膨胀剂、阻锈剂和防水剂等。

5)工程施工设备的准备(略)

6)其他各种小型生产工具、小型配件等的准备(略)

三、施工现场准备

施工现场的准备工作,主要是为工程的施工创造有利的施工条件和物资保证。

1. 施工控制网测量

按照勘测设计单位提供的桥位总平面图和测图控制网中所设置的基线桩、水准高程以及重要桩志的保护桩等资料,进行三角控制网的复测,并根据桥梁结构的精度要求和施工方案补充加密施工所需要的各种标桩,建立满足施工要求的平面和立面施工测量控制网。

2. 补充钻探

桥梁工程在初步设计时所依据的地质钻探资料往往因钻孔较少、孔位过远而不能满足施工的需要,因此必须对有些地质情况不甚明了的桩位进行补充钻探,以查明墩位处的地质情况和可能的隐蔽物,为基础工程的施工创造有利条件。

3. 搞好"四通一平"

"四通一平"是指水通、电通、通信通、路通和平整场地。为了蒸汽养生的需要以及在寒冷冰冻地区还要考虑暖气供热的要求。

4. 建造临时设施

按照施工总平面图的布置,建造所有生产、办公、生活、居住和储存等临时用房,以及临时便道、码头、混凝土拌和站、构件预制场地等。图2-4为某大桥施工总平面图。

5. 安装调试施工机具

对所有施工机具都必须在开工之前进行检查和试运转。

6. 材料的试验和储存堆放

按照材料的需要量计划,应及时提供如混凝土和砂浆的配合比和强度、钢材的机械性能等材料的试验申请计划,并组织材料进场,按规定的地点和指定的方式进行储存堆放。

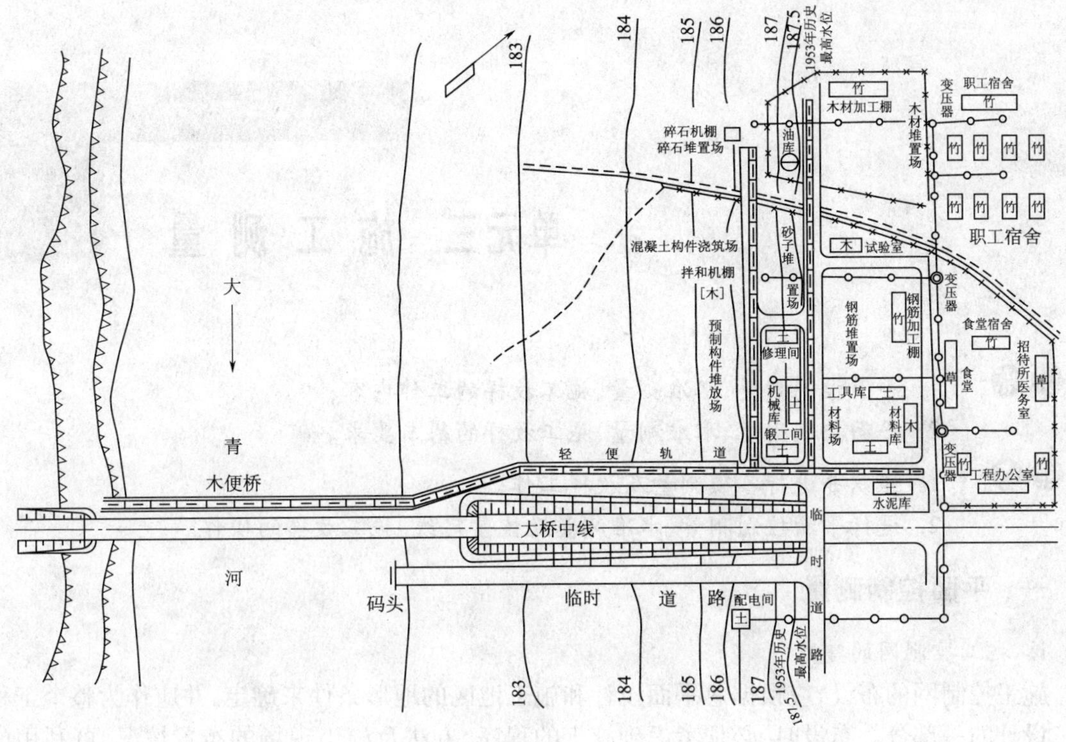

图 2-4　某大桥施工总平面图

7. 新技术项目的试制和试验

按照设计文件和施工组织设计的要求，认真组织新技术项目的试验研究。

8. 冬雨季施工安排

按照施工组织设计要求，落实雨季施工的临时设施和技术措施，做好施工安排。

9. 消防、保安措施

建立消防、保安等组织机构和有关的规章制度，布置安排好消防保安等措施。

10. 建立健全施工现场各项管理制度

根据工程特点，制订施工现场必要的各项规章制度。

思　考　题

1. 施工准备工作的内容有哪些？
2. 物质准备工作主要包括哪些内容？
3. 施工现场的准备工作包括哪些内容？
4. 施工现场“四通一平”的含义是什么？
5. 施工准备工作的基本任务是什么？
6. 桥梁施工前应做哪些自然条件的调查工作？
7. 钢筋的检查与保管应满足哪些要求？
8. 水泥的检查与保管应满足哪些要求？

单元三　施工测量

知识点
1. 平面控制测量、水准测量、施工放样的工作内容；
2. 平面控制测量、水准测量、施工放样的基本要求。

技能点
1. 组织并进行各项测量及放样工作；
2. 进行平面控制测量、水准测量及恢复定线、施工放样的操作。

一、平面控制测量

1. 施工控制网的建立

施工控制网的布设，应根据总平面设计和施工地区的地形条件来确定，并应作为整个工程施工设计的一部分。布设时，必须考虑到施工的程序、方法及施工现场的布置情况、可利用的桥址地形图，拟定布设方案。为防止控制点的标桩被破坏，所布设的点位应画在施工设计的总平面图上，并注意保护。

桥涵工程中较常用的几种三角网图形见图 3-1 所示。使用时，应根据具体情况因地制宜地选择一种。图形的选择主要取决于桥长或河宽、设计要求、仪器设备和地形条件。

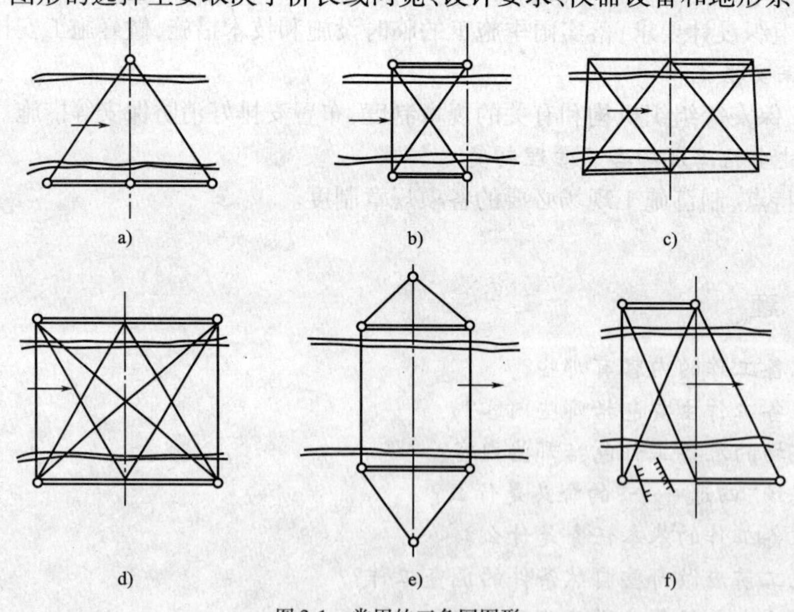

图 3-1　常用的三角网图形

1）三角点的设置

三角网的布设除应满足三角测量本身的需要外，还应遵循以下原则：

①构成三角网的各点，应便于采用前方交会法进行墩台放样，并应使各点间能互相通视；

②桥轴线应作为三角网的一边，两岸中线上应各设一个三角点，使之与桥台相距不远，以便于计算桥梁轴线的长度，并便于墩台放样；

③三角点不可设置在被河水淹没、存储材料区、车辆来往频繁及地势过低需建高架桥方能通视处；

④三角网的图形应力求简单，平差计算方便，并具有足够的强度；

⑤单三角形之内任一角应大于30°，小于120°。

2）基线的设置

①基线位置应满足测距对地形的要求，一般应设在土质坚实、地形平坦且便于准确丈量的地方，其纵坡宜在1/2～1/10之间，与桥轴线的交角宜小于90°或接近垂直；

②为提高精度，通常丈量两条基线，两岸各设一条，若地形不允许，亦可将两条基线设在同一岸；

③基线长度一般不小于桥轴线长度的0.7倍，困难地段也不应小于0.5倍。

2. 控制网的精度

桥梁三角网的精度应符合表3-1的规定要求。

桥位三角网精度 表3-1

等级	桥轴线桩间距离（m）	测角中误差（″）	桥轴线相对中误差	基线相对中误差	三角形最大闭合差（″）
二	>5 000	±1.0	1/130 000	1/260 000	±3.5
三	2 001～5 000	±1.8	1/70 000	1/140 000	±7.0
四	1 001～2 000	±2.5	1/40 000	1/80 000	±9.0
五	501～1 000	±5.0	1/20 000	1/40 000	±15.0
六	201～500	±10.0	1/10 000	1/20 000	±30.0
七	≤200	±20.0	1/5 000	1/10 000	±60.0

但对精度有特殊要求的桥梁，其桥轴线和基线的精度应按设计要求或另行规定。由于桥梁三角网的主要作用是确定桥长和放样桥墩，因此应分别根据桥梁架设误差和桥墩定位的精度要求来计算桥梁三角网的必要精度。

当基线精度要求不超过1/100 000时，可使用普通钢尺进行丈量，其丈量方法和要求与桥轴线直接丈量相同；当基线精度要求超过1/100 000时，则可使用测距仪或全站仪等较先进的仪器进行测量。

桥轴线直接丈量的测回数、基线丈量的测回数、用测距仪测量的测回数及三角网水平观测的测回数，按表3-2中的规定执行。

测 回 数 表3-2

等级	丈量测回数		测距仪测回数		方向观测法测回数		
	桥轴线	基线	桥轴线	基线	J_1	J_2	J_6
二	3	4	4	6	12		
三	2	3	3	5	9	12	
四	1(3)	2(4)	2	4	6	9	12
五	(2)	(3)	2	3	4	6	9
六	(1)	(2)	2	2	2	4	6
七	(1)	(1)	1～2	1～2		2	4

注：J_1、J_2、J_6分别为经纬仪型号；括号内数字系指普通钢尺测量，余均指铟钢基线尺测量。

3. 距离测量

1)钢尺量距

(1)改正值

①尺长改正(ΔL):

$$\Delta L = \frac{L'}{L}l$$

其中:

$$L' = l - l_0$$

式中:L——钢尺总长,m;

l——实测尺段长度,m;

l_0——检定时的标准长,m。

②温度改正(Δt):

$$\Delta t = l\alpha\ (t - t_0)$$

式中:l——实测尺段长度,m;

α——钢尺线膨胀系数;

t——测量时的实际平均温度,℃。

t_0——钢尺检定时的标准温度(20℃),℃。

③拉力改正(ΔP):

$$\Delta P = l(P - P_0)/(AE)$$

式中:l——实测长度,m;

P——测量时的实际拉力,N;

P_0——检定时的标准拉力,N;

A——钢尺的断面积,mm^2;

E——钢尺材料的弹性模量。

④倾斜改正(Δh):

$$\Delta h = 2L\sin^2\frac{\alpha}{2}$$

式中:α——倾斜角;

L——倾斜距离,m;

h——两端高差,m。

⑤垂直改正(Δf):

$$\Delta f = \frac{d}{24}\left(\frac{wd}{P}\right)^2$$

式中:d——量距时钢尺两端支点间距离,m;

w——钢尺每单位长度的重力,N;

P——测量时的实际拉力,N。

(2)量测段实际长度

量测段实际长度:

$$d_n = l - \Delta L + \Delta t - \Delta P - \Delta f - \Delta h$$

(3)普通钢尺量距的精度

普通钢尺量距的精度量测段全长的中误差：

$$M = \pm\sqrt{m_1^2 + m_2^2 + \cdots + m_n^2}$$

量测段的精度：

$$M_D = M/D$$

式中：D——量测段全长的算术平均值。

普通钢尺量距的主要技术要求见表3-3所列。

普通钢尺量距的主要技术要求　　表3-3

边长丈量较差（相对误差）	作业尺数	丈量总次数	定线最大偏差（mm）	尺段高差较差（mm）	读数次数	估读值至（mm）	温度读数值至（℃）	同尺各次或同段各尺的较差
1/30 000	2	4	50	≤5	3	0.5	0.5	≤2
1/20 000	1～2	2	50	≤10	3	0.5	0.5	≤2
1/10 000	1～2	2	70	≤10	2	0.5	0.5	≤3

2）红外光电测距仪测距

红外光电测距仪测距，又简称为红外测距仪，是一种使用半导体红外光源的短程相位仪器，它可将发射至目标后经反射又回到仪器的光，通过电子方法接收，计算后测出距离。测距仪的种类主要有：望远镜装载型、支架装载型和测距专用型几种。

4. 角度测量

1）测角方法

（1）单测法

在水平角观测时，对每一个角度都单独进行测量。

（2）复测法

将某一角度在水平度盘的不同处进行两次以上观测，经平均求得水平角，以提高测角精度。

（3）测回法

全圆测回法是一种消除测量仪器自身结构误差的观测方法。望远镜由正镜和倒镜观测同一目标，求得其正镜和倒镜的平均角度，称为一测回。可消除的误差有：视准轴误差、横轴误差、不同心误差、度盘的偏心误差和水平度盘的刻画误差。测回法观测限差见表3-4。

水平角观测限差（″）　　表3-4

限差 项目 / 仪器	测微器两次重合读数差	半测回归零差	各测回内2c互差	各测回中同一方向值互差	2c的最大值
J_1	1	6	9	6	20
J_2	3	8	13	10	30

（4）全圆测回法

又称为方向观测法。从一点测量几个角并把这些角作为一组的测量方法。当在一个测站上有三个以上的方向时，用此法测角既简单又有相当高的精度。

全圆测回法的技术要求见表3-5。凡超出表中规定的限差，均应进行重测。

全圆测回法的技术要求　　表 3-5

等　级	仪器型号	光学测微器两次重合读数之差(″)	半测回归零差(″)	一测回中 2 倍照准差变动范围(″)	同一方向值各测回较差(″)
四等及以上	DJ_1	1	6	9	6
	DJ_2	3	8	13	9
一级及以下	DJ_2	—	12	18	12
	DJ_6	—	18	—	24

2）测角方法的选择

应根据仪器性能和需要的测角精度来具体选择测角的方法。桥梁三角控制网的所有角度宜采用全圆测绘法进行观测。

二、桥涵水准测量

1．桥涵水准测量等级的选择

桥涵水准测量等级的选择可参见表 3-6 所列。

桥涵水准测量的等级　　表 3-6

项　目	桥长 1 000m 以上	桥长 500m 以上	桥长 200 ~ 500m	桥长 200m 以下	中小桥及涵洞
桥涵水准点与已知高程水准点联测	三	三	四	四	五
跨河水准测量	一	二	三	四	五
施工水准点测量	二	二	四	四	五

2．水准测量等级和测量精度

水准测量等级和测量精度见表 3-7。

水准测量等级和测量精度　　表 3-7

水准测量等级	每公里高差中数的偶然中误差 M_Δ(mm)	限差			
		检测已测段高差之差	往返测不符值	路线闭合差	环闭合差
一	≤0.5	$\pm3\sqrt{R}$	$\pm2\sqrt{R}$	$\pm2\sqrt{L}$	$\pm2\sqrt{F}$
二	≤1.0	$\pm6\sqrt{R}$	$\pm4\sqrt{R}$	$\pm4\sqrt{L}$	$\pm4\sqrt{F}$
三	≤3.0	$\pm20\sqrt{R}$	$\pm20\sqrt{R}$	$\pm12\sqrt{L}$	$\pm12\sqrt{F}$
四	≤5.0	$\pm30\sqrt{R}$	$\pm20\sqrt{R}$	$\pm20\sqrt{L}$	$\pm20\sqrt{F}$
五	≤7.5	$\pm30\sqrt{R}$	$\pm30\sqrt{R}$	$\pm30\sqrt{L}$	$\pm20\sqrt{F}$

注：表中 R 为测段长度，L 为路线长度，F 为环线长度，单位均以 km 计。

3．水准基点的布设原则及方法

1）设置原则

①大桥、特大桥施工水准点测设精度，应不低于四等水准测量要求，桥头两岸应设置不少于两个水准点，每岸至少一个稳固基准点；

②中、小桥和涵洞水准测量按五等水准要求设置水准点；

③水准点应设在桥址附近安全稳定处，并便于施工观测；

④根据施工需要以及地质不良或易受破坏地段应适当增设辅助水准点，精度符合五等水准要求。

2）布设方法

①基准点和施工水准点可采用混凝土标石、钢管标石、岩标石、管柱标石、钻孔桩标石或基岩标石等制成；

②中、小桥和涵洞及工期短、桥形简单、精度要求较低的大桥，可在附近建筑物上设立标点，或埋设大木桩，作为施工辅助水准点；

③小桥和涵洞也可利用路线测量的水准点。

4. 高程放样的方法

桥涵结构物的高程放样，主要采用几何水准测量的方法，有时也采用钢尺直接丈量竖直距离；深基坑的放样，则可采用悬挂钢尺的方法；对于高桥墩（塔）则可采用悬挂钢尺进行高程传递或三角高程测量的方法进行。

高程放样的原理：通过水准仪提高的一条水平视线从一已知高程点出发在指定点位上放出一高程，从而得出该点填、挖高或该点的设计高程。

1）用水准测量的方法放样高程

首先将高程控制点以必要的精度引测到施工区域，建立临时水准点。其水准点的密度应满足要求。

根据已知水准点的高程，放样设计高程的方法见图 3-2 所示。H_A 为已知水准点 A 的高程，a 为水准尺读数，仪器的视线高为 H_i，则 $H_i = H_A + a$，若待放样点的高程为 H，水准尺读数为 $b = H_i - H$，上下移动水准尺使仪器照准 B 尺上的读数为 b，将零点标定出来，此点即为设计高程的放样点。亦可先测定 B' 点，然后用钢尺从 B' 点量取竖直距离 b，同样可得待放样点。

【例 3-1】 在 A 点放样一高程为 505. 301m 的点，已知 B 点高程为 505. 310m，如图 3-3 所示。

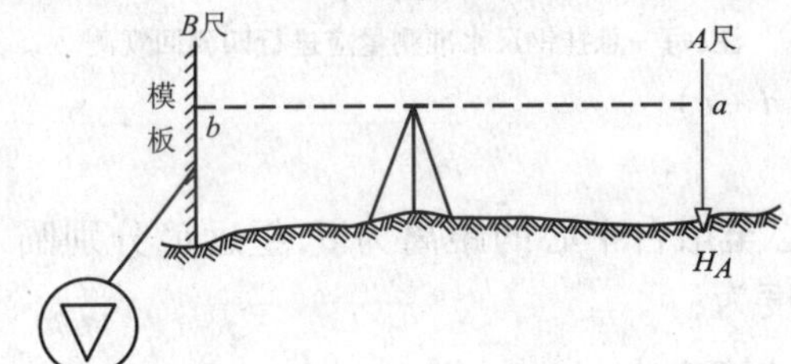

图 3-2 高程放样

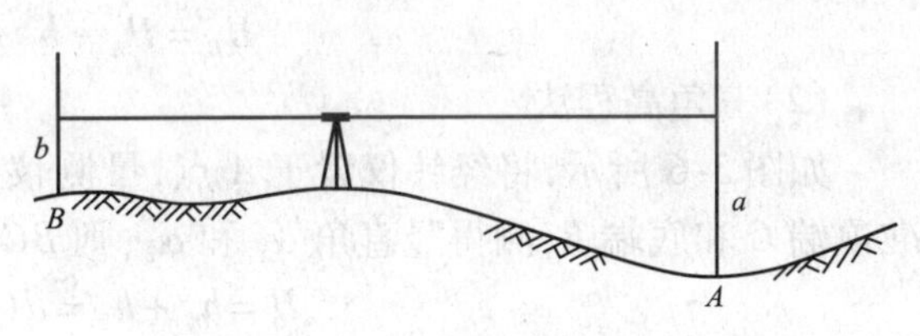

图 3-3

①在 A、B 之间安置水准仪；

②在 B 点立塔尺并进行读数，读数为 b，设 $b = 1.385$m；

③在 A 点立塔尺，则 A 点的读数应为：

$$a = H_B + b - H_A = 505.310 + 1.385 - 503.502 = 3.193(\mathrm{m})$$

在 A 点立尺前，可先打一木桩（或水泥桩，或作一标记）。立尺读数 a_1，如 $a < a_1$，则该点应回填，其回填值为 $(a_1 - a)$，放样高为 H_A；若 $a > a_1$ 时，应下挖，下挖值为 $(a_1 - a)$，得放样高 $H_A = 503.502$m。回填或下挖后，应再复查一次。

2）深基坑基底高程的放样

深基坑基底高程的放样，因 H_i 与 H 的数值相差较大，故可悬挂钢尺，按图 3-4 所示的方法进行放样。

当钢尺的零点在下端时：

$$H_B = H_A + a - (d - c) - b$$

放样 B 点时的读数 b 为：

$$b = H_A - H_B + a - (d - c)$$

3)高大构造物放样

对于高桥墩和斜拉桥、悬索桥中的索塔等高大构造物,其高程的放样亦可采用悬挂钢尺或三角高程放样的方法进行。

(1)悬挂钢尺法

所采用的钢尺应经过检定并有其尺长改正方程式,施测时应记录气温并对钢尺施加标准拉力。如图3-5所示,A为已知水准点,钢尺悬挂完毕,置镜于I_1点,观测A点的水准尺读数a,再观测钢尺上的读数c,将仪器转移到I_2点,先观测钢尺读数d,再观测B点的水准尺读数b,则B点高程为:

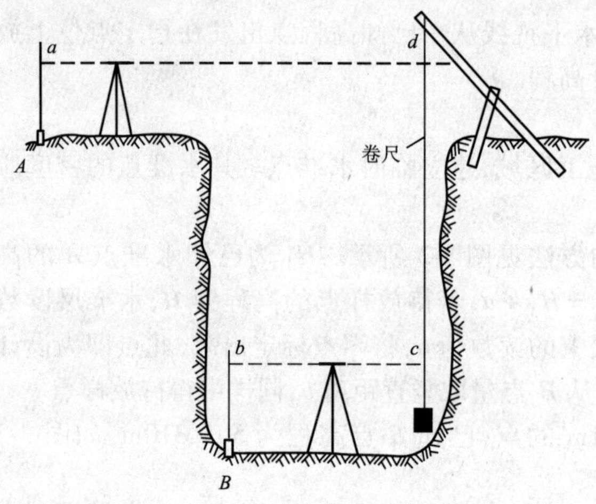

图3-4　深基坑基底高程的放样

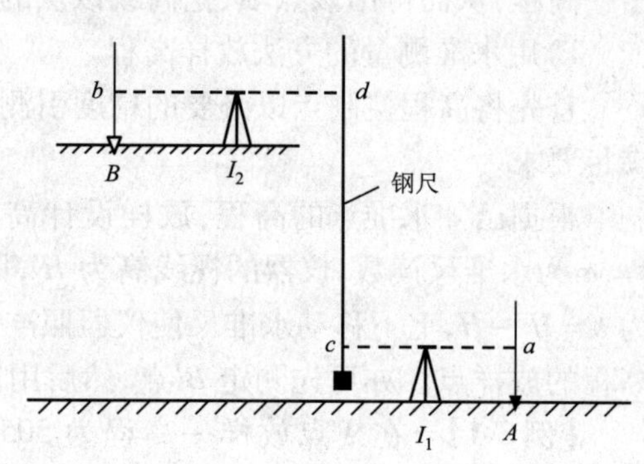

图3-5　悬挂钢尺法

注:每一悬挂钢尺水准测量应进行四测回观测

$$H_B = H_A - b + a - (d - c)$$

(2)三角高程法

如图3-6所示,将经纬仪置于A点,量测仪器中心至墩台中心的距离为d,望远镜分别瞄准顶端C和底端B,测得竖直角α_1和α_2,则BC的高度为:

$$H = h_1 + h_2 = d(\tan\alpha_1 + \tan\alpha_2)$$

若测得B点高程为H_B,则C点高程为:

$$H_C = H_B + h$$

4)墩台及基础高程的放样

(1)墩、台身高程放样

对于砌石墩、台身,当施工到一定高度后,应及时放样顶部高程。如图3-7所示,在施工面上设一水准点B,C处悬一钢尺,A为一已知水准点。通过图示方法,把高程引到施工面上,以确定基底距设计高程之差值。

其计算公式为:

$$H_B = H_A + a + h_1 + b$$

式中:h_1——水准仪在钢尺上的读数差。

在高处施工盖梁、垫石等也可采用上述方法引测高程。

(2)基础高程放样

基础高程放样测量分干处和水下:干处常采用水准仪和钢尺结合放样;水下一般采用测绳下悬重锤测量,再通过丈量测绳长推算基底高程。

图 3-8 所示为干处基础高程放样示意图。

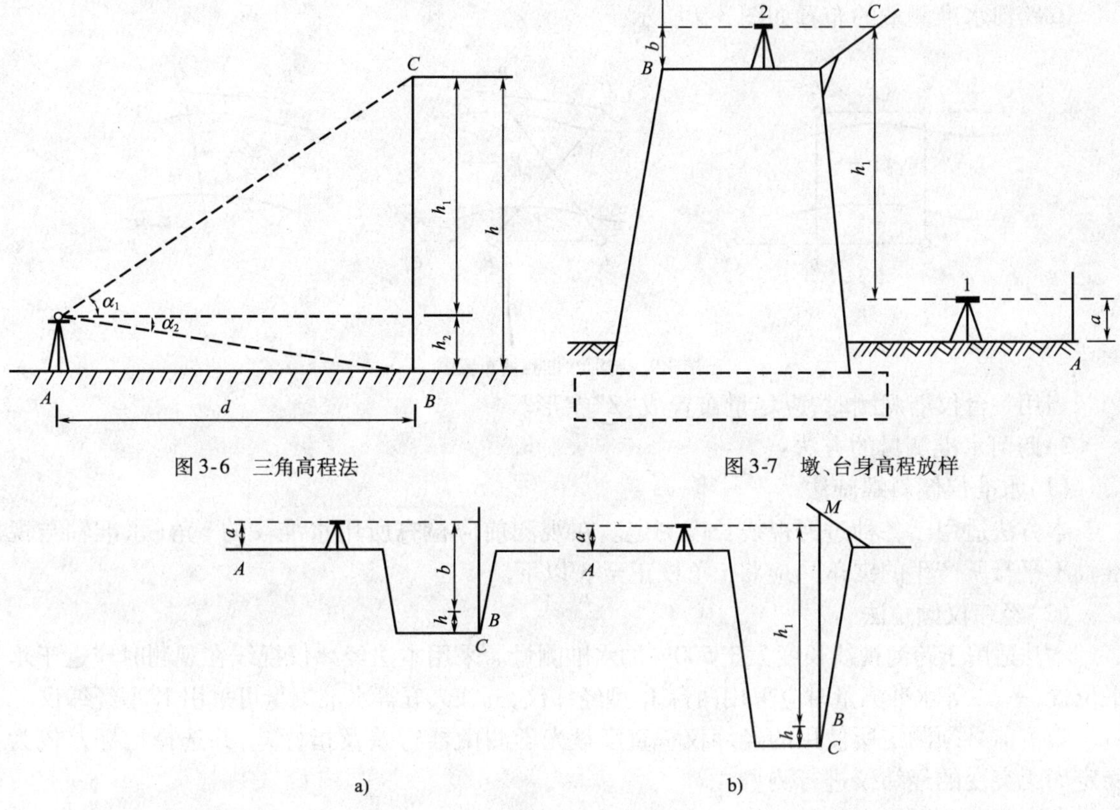

图 3-6 三角高程法

图 3-7 墩、台身高程放样

图 3-8 基础高程放样示意图

基础较浅时,可直接在基底侧壁立塔尺。A 为一已知水准点,则 B 点高程为:

$$H_B = H_A + a - b$$

或

$$H_C = H_A + a - b - h$$

根据 H_C 与基底设计高对照,以确定是否达到设计高程。

基础较深时,可在 M 点悬挂一钢尺,h_1 为水准仪在钢尺上读数与侧壁一点 B 上读数差值,h 为 B 与底上一点 C 高差,可直接量出。则 B 点高程为:

$$H_B = H_A + a - h_1$$

或

$$H_C = H_A + a - h_1 - h$$

5. 跨河水准测量

1)位置选择及场地布置要求

①应在桥渡附近河面最窄处跨河;

②不宜从沙丘、草丛、沙滩、芦苇的上空通过;

③两岸设置的水准仪应接近等高,视线距水面的高度不小于 2 ~ 3m;两岸置镜点至水边的距离也宜接近相等,且地形类似;

④不宜在东西向和交通繁杂处设站;

⑤视线长度在 300m 以下时,可用单线过河;300m 以上时,宜采用双线过河,并以同等精

度在两岸联测；

⑥跨河水准测量的布置如图 3-9 所示。

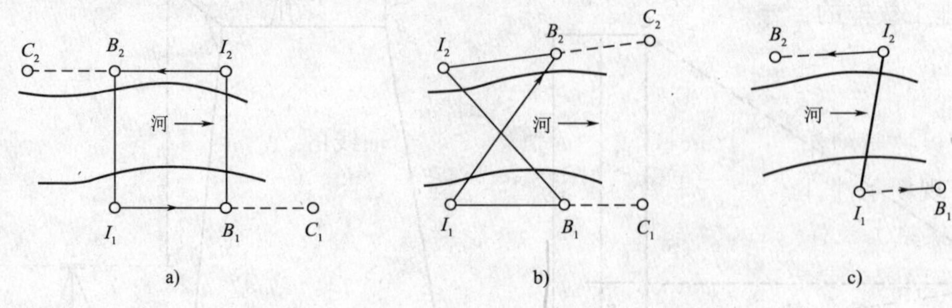

图 3-9　跨河水准测量布置图

当用一台仪器观测时，应尽量布置成“Z”字形。

2）跨河水准测量的方法

（1）水准仪倾斜螺旋法

本方法适用于各种过河视线长度测定。在观测前应检查所用水准仪的 i 角（水准轴与视准轴不平行所产生的夹角），应将 i 角校正至 6″以下。

（2）经纬仪倾角法

本法适用于跨河视线长度大于 500m 的水准测量。采用本法经纬仪视线在观测时应近于水平位置，一、二等水准测量时应采用两台 J_1 型经纬仪，三、四、五等水准测量可采用 J_2 型经纬仪。

观测前必须测定所使用的经纬仪垂直度盘光学测微器行差及指标差，并选择指标差较为稳定而无突变的经纬仪进行测量。

（3）光学测微法

本法适用于跨河视线长度短于 500m 的水准测量，对 i 角的要求同微倾螺旋法。

（4）水准仪直读法

本法适用于三、四、五等水准测量，跨河视线在 300m 以下的江河、山谷，五等在 500m 以内的江河、山谷，且标尺能直接照准读数。长度短于 300m 的水准测量，对 i 角的要求同微倾螺旋法。

（5）冰上水准测量法

跨越位于冰冻地区的河流、沼泽、水草地等，可以利用严寒季节在冰上进行水准测量。进行冰上水准测量时，应在严寒前预先在两岸选定跨河地点和埋设水准标石，并与路线上的水准点进行联测。冰上测量应在冰层有足够的厚度时进行，观测进行中须特别注意安全。

（6）静水面传递高程跨河水准测量法

跨越水流平缓的河流、池塘、洼地等的四、五等水准测量，可采用静水面传递高程法进行。

6. *水准测量注意事项*

①测量前应检校好仪器；

②应在坚实地面上设站和选定转点，并尽可能使前后视距相等；

③视线长度一般在 100m 以内，视线高度高于地面一般不小于 0.3m，瞄准读数时，要仔细对光，消除视差；

④读数前要严格使管水准器气泡局中，读数后应及时检查气泡位置；

⑤读数时作到不重、不漏；

⑥标尺要扶竖直；

⑦阳光较强时，应使用遮阳伞。

三、施工放样

桥梁施工放样的目的是将桥梁图上所设计的结构物的位置、大小及高低，在实地标定出来，以作为施工的依据。

施工放样前，测量人员必须熟悉结构物的总体布置图及细部结构设计图，按照由整体到局部的原则，以控制网作为放样依据，找出主要点及主要轴线的设计位置及各部分间的几何关系，并结合现场条件，以确定所采用的放样方法。施工放样是保证施工质量的一个方面。

1．桥梁施工放样

其工作内容主要包括：

①墩台纵横向轴线的确定；

②基坑开挖及墩台扩大基础的放样；

③桩基础的桩位放样；

④承台及墩身结构尺寸、位置放样；

⑤墩帽及支座垫石的结构尺寸、位置放样；

⑥各种桥型的上部结构中线及细部尺寸放样；

⑦桥面系结构的位置、尺寸放样；

⑧各阶段的高程放样。

2．施工放样的基本方法

1）已知距离的放样——钢尺量距法

一般采用经纬仪标定直线，用钢尺量距，并考虑倾斜、尺长、温度改正值，以放出正确的水平距离。

2）已知角度的放样——正倒镜分中法

如图 3-10 设有已知直线 OA，在 O 点欲放样已知数值的水平角 β，通常用正倒镜分中法进行放样。置镜于 O 点，对中、整平后，用正镜瞄准 A 点，读数为 α，转动度盘，使读数为 $(\alpha+\beta)$，在地面上标出一点 C'。倒镜，用同样的方法得 C''。平分 $C'C''$ 得 C 点，则 AOC 即为所放样的水平角。也可采用复测法。

3）已知坐标的放样

已知坐标的放样有直角坐标法、极坐标法、角度交会法和距离交会法。

（1）直角坐标法

即在指定的坐标系中，根据一条与坐标轴平行的控制线，通过 x、y 的放样，来确定放样点位。在现场通常以导线边施工基线和构造物的主轴线为 x 轴，某一固定点为坐标原点。放样时，从原点开始，沿 x 轴用钢尺量出 x 值得垂足，在垂足点安置经纬仪，沿垂线方向量出 y 值，即得放样点的位置，见图 3-11 所示。

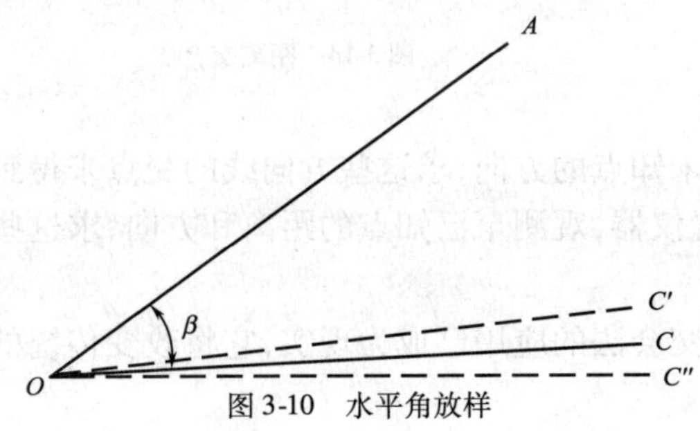

图 3-10　水平角放样

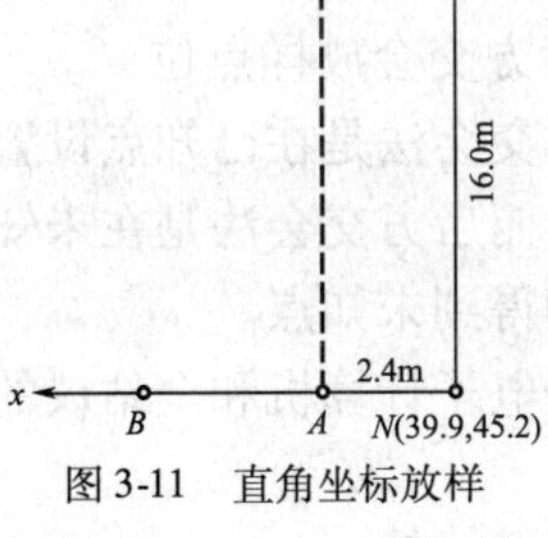

图 3-11　直角坐标放样

(2)极坐标法

如图 3-12 所示，P 为待放样点，A、B 为控制点。以 A 为极点，则可根据 A、P 的坐标反算出 AP 的坐标方位角 α_{AP}：

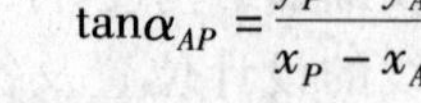

$$\tan\alpha_{AP}=\frac{y_P-y_A}{x_P-x_A}$$

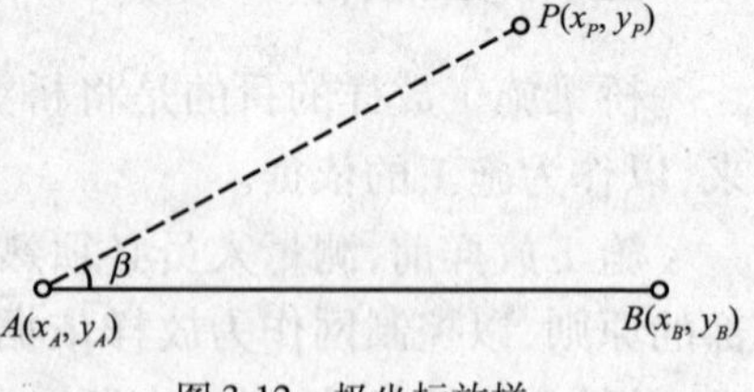

图 3-12 极坐标放样

同理：

$$\tan\alpha_{AB}=\frac{y_B-y_A}{x_B-x_A}$$

极角：

$$\beta=\alpha_{AP}-\alpha_{AB}$$

极距可按下式计算：

$$d=\frac{y_P-y_A}{\sin\alpha_{AP}}=\frac{x_P-x_A}{\cos\alpha_{AP}}$$

现场放样时，将经纬仪置于 A 点，瞄准 B 点，度盘读数置零。然后拨角度 β，倒镜再拨一次，以平均方向作为 AP 的方向，沿此方向从 A 点量出一段距离 d，即为待放样点 P 的位置。

极坐标法适用于放样点离控制点较近且便于量距的地方。随着全站仪的广泛使用，极坐标法已成为主要的放样方法。

(3)角度交会法

如图 3-13 所示，先根据控制点 A、B 和待放样点 P 的坐标，反算出 β_1、β_2。再在 A、B 点上安置经纬仪分别放出 β_1、β_2，并在交会方向线上 P 点前后分别标定骑马桩 1、2 和 3、4，最后在 1、2 和 3、4 点上分别拉线，其交点即为交会点，其交会角应在 30°～150°。此法适用于地面不平或丈量距离困难的地段。

(4)距离交会法

如图 3-14 所示。根据控制点 A、B 和待放样点 P 的坐标，求出水平距离 a、b。测设时，在 A、B 两点使用钢尺同时量出 a、b，得交点 P。此法便于量距，使用较方便。

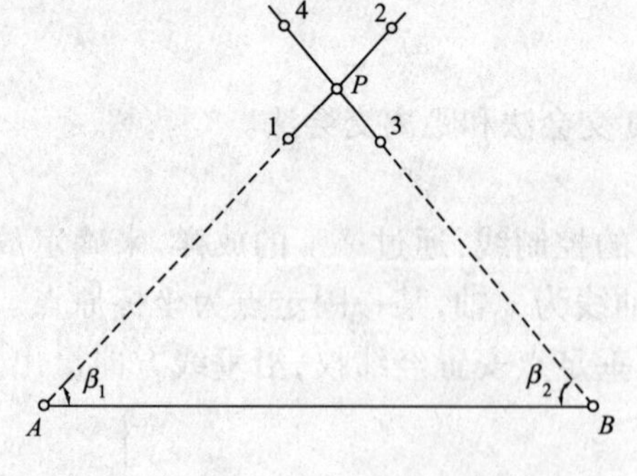

图 3-13 角度交会法

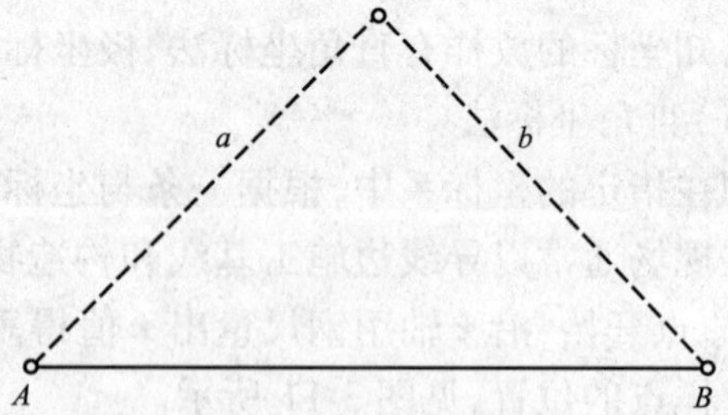

图 3-14 距离交会法

4)后方交会放样点位

前方交会法是在已知点设置仪器，观测未知点的方向，求这些方向线的交点来得到未知点的位置。而后方交会法是在未知点附近设置仪器，观测至已知点的距离和方向，求这些方向线的交点即得到未知点。

随着电子计算机和全站仪的普及，后方交会法的应用已成为现实，它将改变传统的放样方法,仅架一次仪器即可完成测站点的加密和用极坐标法放样两项工作,从而给放样工作带来更多的方便性和灵活性,并能快速地提供点位。

角度后方交会法:如图 3-15 所示,A、B、C、D 为施工控制网点,P_0 为待放样点,P 为采用适当的方法求得的靠近 P_0 的过渡点。按后方交会的作业过程,将仪器置于过渡点 P 上,观测角度 α、β,计算出 P 点坐标。P 点坐标确定后,根据其实测坐标和 P_0 的设计坐标计算出 PP_0 的距离和方位角,用极坐标法放出 P_0 点。

3. 基础放样

基础放样是根据实地标定的墩台中心位置为依据进行的。无水时可直接将经纬仪安置在中心位置,用木桩准确固定基础纵横轴线和基础边缘位置。当水流不深时可先进行围堰,然后进行放样。

1)桩基的放样

桩位应根据设计桩位与墩台中心十字线相对位置设放。在旱地施工时,可采用坐标法直接测定桩位。水中施工时,可用经纬仪交会出上游一排迎水桩,再以迎水桩为基准测定其他桩位。也可在水中桩位附近立脚手桩,搭设测量平台,在平台上测定直线 AB 与桥梁中线平行,然后在 AB 线上定出各排桩位延长线的交点,在平台上定出各行桩位的中心线,再用直接丈量法定桩位,见图 3-16 所示。

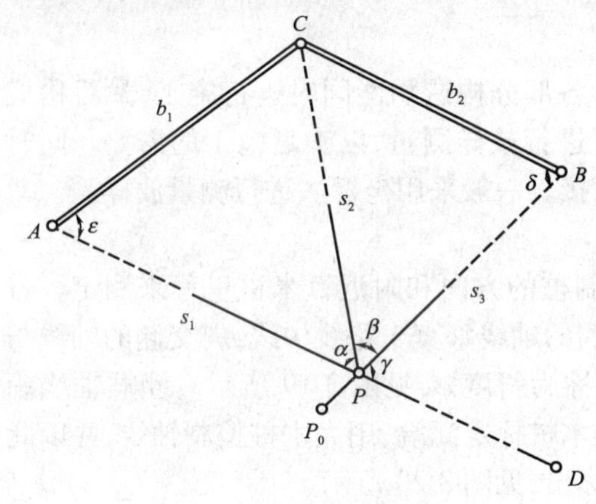

图 3-15 后方交会法

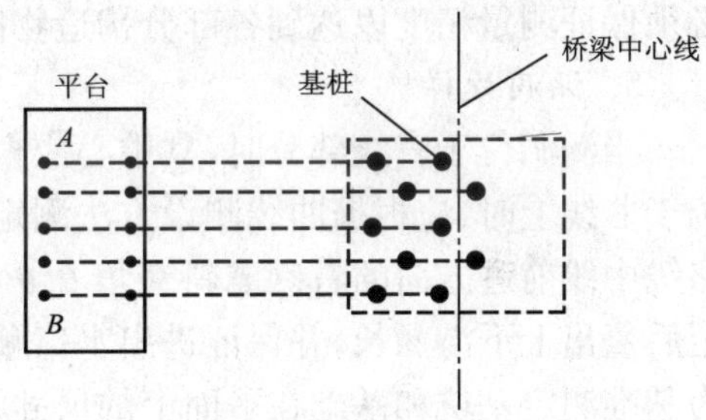

图 3-16 桩位放样

2)沉井筑岛下沉放样

先从三角点上进行初步交会,利用小船在桥墩中心交会点处放置浮标,在浮标周围填土筑岛,小岛的平面尺寸应大于沉井底部约 5 ~6m,使其有可能将桥墩轴线稳固地标定出来。小岛筑成后,再在三角点上用前方交会法于岛上定出桥墩中心的准确位置和纵横轴线。放置沉井的地方要通过水准测量整平成同一高程,刃脚的位置依据桥墩的两个轴线放样。沉井中心平面误差不宜大于 1cm,刃脚的最高点与最低点限差为 1cm。

4. 斜桥、坡桥、立交桥的施工放样

1)斜桥放样

应熟悉设计图纸及有关技术资料,弄清路线前进方向与斜交角之间的关系。在桥涵勘测设计时,一般测出路线前进方向与水流方向的右侧交角,称为斜交角 θ。当 $\theta<90°$时,称右斜,即路线前进方向线与水流方向线小于 90°的交角在路线右侧,见图 3-17 所示。当 $\theta>90°$时,称左斜,即路线前进方向线与水流方向线大于 90°的交角在路线左侧,见图 3-18 所示。斜交角 θ

与 90°之差称为斜度 φ。

注意：桥梁进行施工测量放样时，应注意左斜与右斜的方向，预制桥面板时，应特别注意其斜向。

2）坡桥放样

测量时，纵坡上各点高程必须核对正确，特别是位于斜坡上的斜桥或曲线桥，其桥面与墩台帽的高程更应进行核对，同时亦应反复核对施工测量时的观测数据。基础放样时，水平距离的丈量要准确。

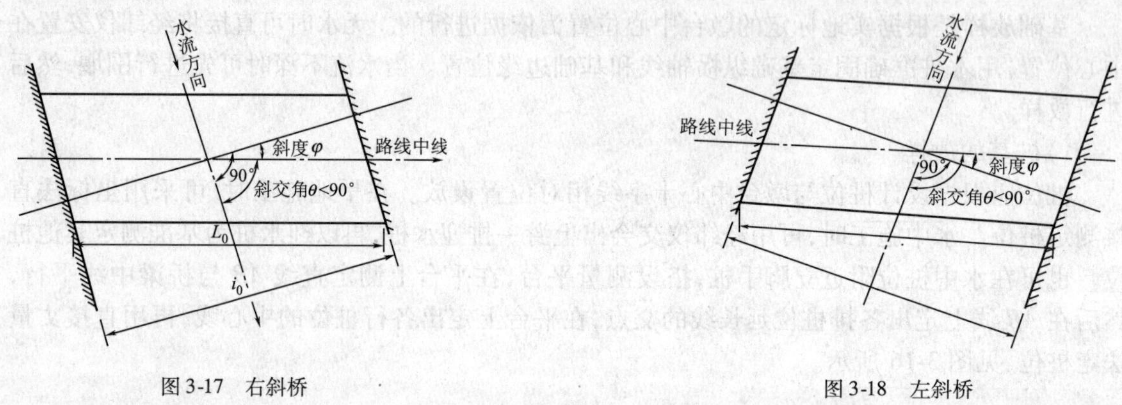

图 3-17　右斜桥　　图 3-18　左斜桥

3）立交桥放样

由于立交桥的特点，结构线形较一般桥梁复杂，各部分构造物能同时进行施工，最后构成整体，一般采用机械化施工，进度快，故需迅速、及时进行放样测量，以满足施工的需要。同时必须保证测量精度以达到各部分构造物间的正确衔接。一般采用坐标法进行测量放样。

5. 涵洞放样

当涵洞位于直线部分时，其中心应根据线路控制桩的方向和附近百米桩里程来测定。若位于曲线上时，应根据曲线测设方法测定。正交涵洞的轴线垂直于路线中线，斜交涵的轴线与路线中线前进方向的右侧成斜交角 θ，θ 与 90°之差称为斜度 φ，见图 3-19 所示。涵洞轴线确定后量出上下游涵长，并保证进出水口顺畅，可用小木桩标定涵端，用大木桩控制轴线，并以此为基准测定基坑和基础在平面上的尺寸，并用木桩标出，见图 3-20 所示。

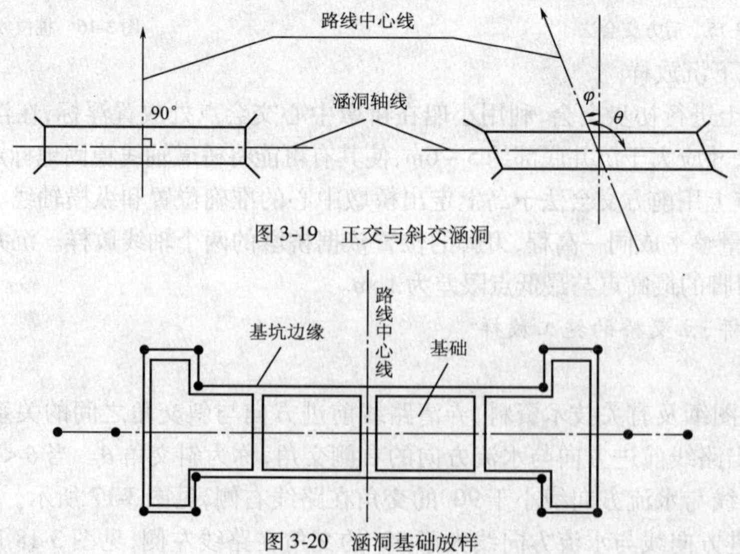

图 3-19　正交与斜交涵洞

图 3-20　涵洞基础放样

6. 锥体护坡放样

1）图解法

又称为双点双距图解法。根据锥坡的高度 H，按照纵坡和横坡的坡率算出坡脚椭圆曲线的长轴 a 及短轴 b 的长度，在小方格纸上按 1∶50 或 1∶100 的比例画出椭圆，并求出椭圆曲线上若干个点的定位距离（双距）。

放样步骤：

①如图 3-21 所示，作两条正交直线，量取 $AB = AB' = a$，$AC = b$，以 C 为圆心，a 为半径画圆弧与 BB'交于 F、F'两点，得椭圆的两焦点，拿一根细线固定其两端在 F、F'点处，用一铅笔尖靠细线拉紧滑动，即可作出半个椭圆 BCB'。

②将 BC 弧等分成若干段，用比例尺在图上量出曲线上各点的定位距离，即(u_1, v_1)、…、(u_n, v_n)，并列于表 3-8 中。

定位距离数据表

表 3-8

点别 / 距离	1	2	3	4	5	…	n
u	u_1	u_2	u_3	u_4	u_5	…	u_n
v	v_1	v_2	v_3	v_4	v_5	…	v_n
$u+v$	u_1+v_1	u_2+v_2	u_3+v_3	u_4+v_4	u_5+v_5	…	u_n+v_n

③先根据 a、b 纵横轴长，测设 A、B、C 点，再用两根皮尺，将零点固定在 A、C 点上，相应地截取 u_1、v_1 交会于 1 点，u_2、v_2 交会于 2 点……交会时注意将两尺拉紧，并置于同一水平面上。如用一根皮尺放样时，可取$(u+v)$双距之和，将皮尺的 0 点固定于 A（或 C）点，在 C（或 A）点皮尺的读数应为$(u+v)$。在皮尺 v_1 长度处两边拉紧，即可交会得出 1 点，其余各点以此类推。操作方法见图 3-22 所示。

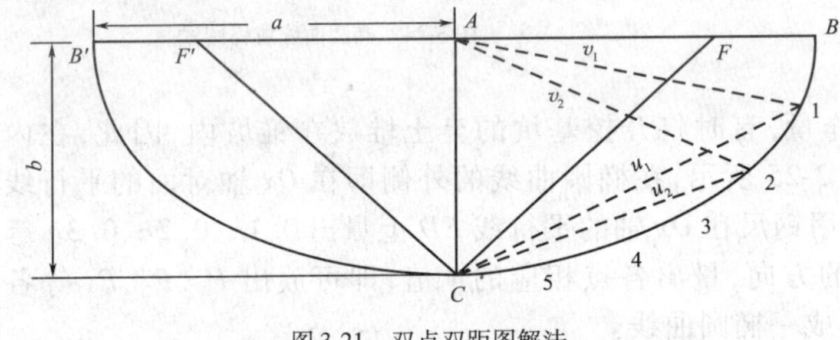

图 3-21　双点双距图解法

图 3-22　双点双距图解法放样图式

2）坐标值量距法

在锥坡不高、干地、底脚地势平坦、桥涵中线与水流流向正交的情况下，用椭圆曲线放样时，亦可采用坐标值量距法。

（1）椭圆曲线内侧量距法

根据锥坡的高度 H 和坡率 M 及 N，计算出锥坡底面椭圆的长、短轴，即长轴 $a = M \times H$，短轴 $b = N \times H$，然后用 a 和 b 画出两个同心圆的四分之一，见图 3-23 所示。再从 O 点向任意方向画出一条辐射线，与两圆相交于 R 和 S，从 R 点作一水平线与从 S 点画一垂直线相交于 P 点，$P(x, y)$点为椭圆上的任意点。将长轴 a 分为 n 等分，相应于 n 等分的坐标 y 为：

$$y = \pm \frac{b}{a}\sqrt{a^2 - (n_i a)^2} = b\sqrt{1 - n_i^2}$$

一般将 a 分为 10 等分，每一等分的长度为 $a/10$。假定 x_1 为第一等分，则 $n_1 = 0.1$，x_2 为第二等分，则 $n_2=0.2$；余类推。将 n_1、n_2、n_3…各值代入上式可计算各纵坐标 y_1、y_2、y_3…各值，见表3-9所示。用此坐标值从椭圆曲线内侧量距，即可放样出椭圆曲线，如图3-24所示。

内侧量距法椭圆曲线坐标值　表3-9

等分 n 值	横坐标	x	纵坐标	y
1/10	x_1	0.1a	y_1	0.995b
2/10	x_2	0.2a	y_2	0.980b
3/10	x_3	0.3a	y_3	0.954b
4/10	x_4	0.4a	y_4	0.917b
5/10	x_5	0.5a	y_5	0.866b
6/10	x_6	0.6a	y_6	0.800b
7/10	x_7	0.7a	y_7	0.714b
8/10	x_8	0.8a	y_8	0.600b
9/10	x_9	0.9a	y_9	0.436b
9.5/10	$x_{9.5}$	0.95a	$y_{9.5}$	0.312b
10/10	x_{10}	a	y_{10}	0

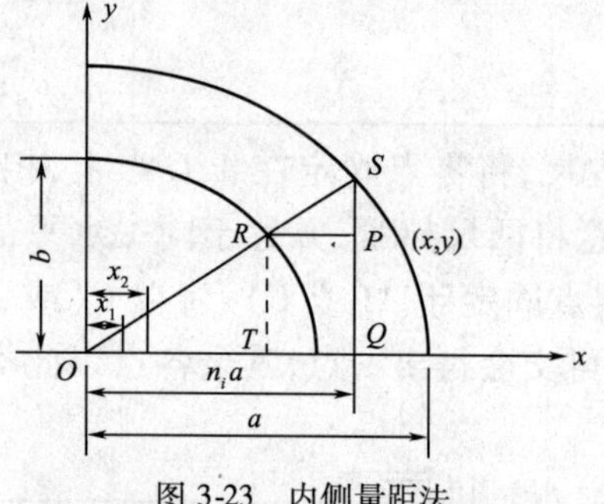

图3-23　内侧量距法

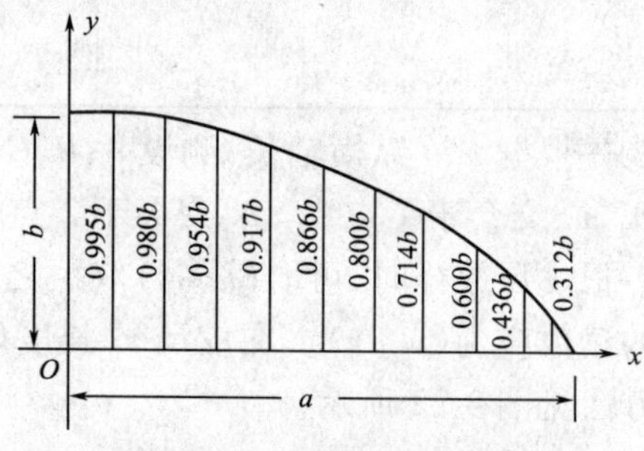

图3-24　椭圆曲线放样图式

(2)椭圆曲线外侧量距法

桥涵施工时，为减少回填工作量，有时将开挖基坑的弃土堆放在锥坡内，因此，在内侧量距将发生困难。此时可按图3-25所示，在椭圆曲线的外侧即在 Ox 轴对面的平行线 ED 上，按表3-10所列的坐标值，用钢尺在 Ox 轴的平行线 ED 上量出 $0.1a$、$0.2a$、$0.3a$ 等点，用直尺按平行于椭圆短轴 b 的方向，量出各点相应的 y 值，即可放出 P_1、P_2、P_3 等各点，然后用连续曲线连接起来，即成一椭圆曲线。

外侧量距法放样椭圆曲线坐标值　表3-10

等分 n 值	横坐标	x	纵坐标	y
1/10	x_1	0.1a	y_1	0.005b
2/10	x_2	0.2a	y_2	0.200b
3/10	x_3	0.3a	y_3	0.046b
4/10	x_4	0.4a	y_4	0.083b
5/10	x_5	0.5a	y_5	0.134b
6/10	x_6	0.6a	y_6	0.200b
7/10	x_7	0.7a	y_7	0.286b
8/10	x_8	0.8a	y_8	0.400b
9/10	x_9	0.9a	y_9	0.564b
9.5/10	$x_{9.5}$	0.95a	$y_{9.5}$	0.688b
10/10	x_{10}	a	y_{10}	b

(3)对角线上量椭圆曲线坐标法

有时按上述两种方法放样时遇到障碍物不能量距时，可采用如图3-26所示的方法量距。以EF连线为基线将EF10等分，在此线上由E点量出nc距离（n为0.1、0.2…1.0；c为EF的长度）并在平行于OE轴线方向量纵向y_i[$y_i = b(\sqrt{1-n_i^2}+n_i-1)$]值得$P_i$点，见表3-11所示。将各$P_i$点连成曲线，即是椭圆曲线。

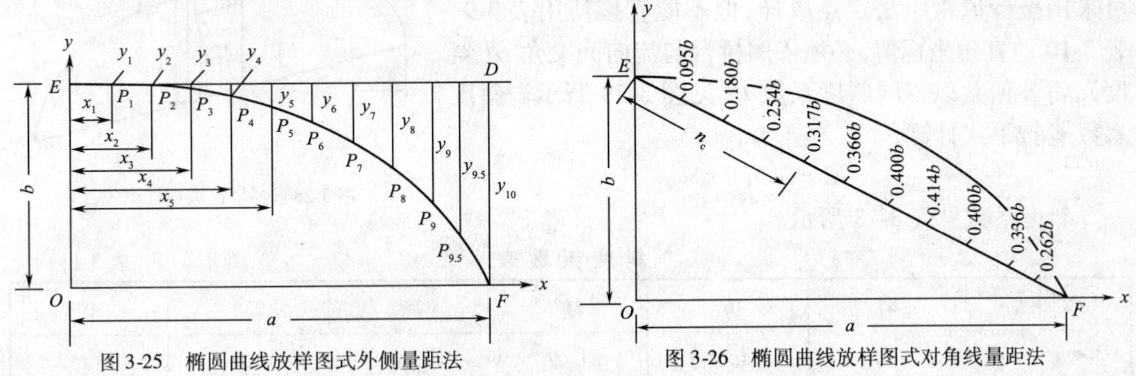

图3-25 椭圆曲线放样图式外侧量距法　　图3-26 椭圆曲线放样图式对角线量距法

量距数据表　　表3-11

距E点距离	0.1c	0.2c	0.3c	0.4c	0.5c	0.6c	0.7c	0.8c	0.9c	0.95c	F点
纵向y_i值	0.095b	0.180b	0.254b	0.317b	0.366b	0.400b	0.414b	0.400b	0.336b	0.262b	0

(4)坐标值量距放样的优点

y值的常数值不因锥坡的变化而改变，施工人员只要记住10个常数，知道椭圆短轴b值，在现场即可算出椭圆周上各点，定出曲线来。且放样可在桥台砌筑后进行，方法和器具都比较简单，放样容易掌握。

3)支距法放样锥坡

此法适用于锥坡不高、干地、底脚地势平坦、桥位中线与水流正交的情况，见图3-27所示。

图3-27 椭圆曲线放样图式支距法

锥坡放样支距值见表3-12所示。

锥体护坡放样支距表　　表3-12

锥坡高度（m） 支距（m）	H≤6		H=6~12	
	十点法	八点法	十点法	八点法
a	1.5H	1.5H	1.75H~1.5H	1.75H~1.5H
a_1	1.49H	1.49H	1.74H~1.5H	1.70H~1.5H
a_2	1.47H	1.45H	1.72H~1.5H	1.69H~1.45H
a_3	1.43H	1.39H	1.67H~1.4H	1.62H~1.40H
a_4	1.37H	1.30H	1.60H~1.4H	1.52H~1.30H
a_5	1.30H	1.17H	1.52H~1.30H	1.37H~1.20H
a_6	1.20H	0.99H	1.40H~1.20H	1.16H~1.0H
a_7	1.07H	0.73H	1.25H~1.10H	0.85H~0.73H
a_8	0.90H	—	1.05H~0.90H	—
a_9	1.65H	—	0.75H~0.65H	—

将 b 分为 8 等分时，$l=b/8$；将 b 分为 10 等分时，$l=b/10$；$H\leqslant 6\text{m}$ 时，$b=H$；$H=6\sim12\text{m}$ 时，$b=1.25H\sim1.5H$。

4)斜桥锥坡放样

(1)斜度系数法

当地形平坦、平地、高度不大的锥坡，其椭圆曲线仍可采用坐标值量距法定点放样，但不能直接使用表 3-9、表 3-10 的直角坐标值，必须依照桥台与流向间交角 α(斜度)，将 α 值乘以不同斜度系数 C，见图 3-28 所示。斜度系数 C 按下式计算：

$$C=\sec\alpha$$

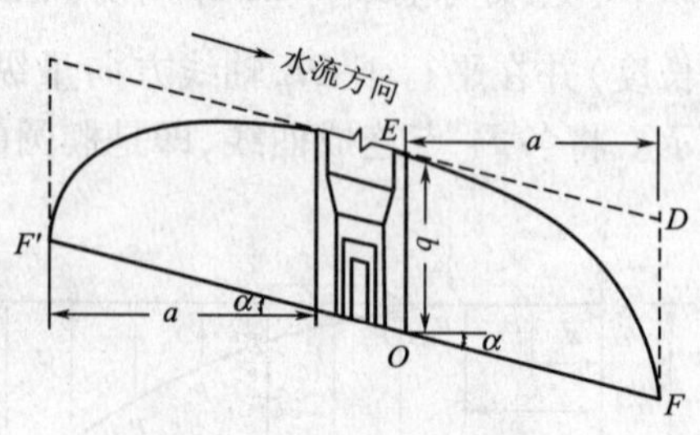

图 3-28 斜桥锥坡放样图式

斜度系数见表 3-13 所示。

斜 度 系 数 表

表 3-13

桥梁斜度 α	8°	16°	21°	25°	28°	30°
系数 $C=\sec\alpha$	1.01	1.04	1.07	1.11	1.13	1.15

斜桥锥坡放样曲线坐标值见表 3-14 所示。

斜桥锥坡放样曲线坐标值

表 3-14

等分点	1/10	2/10	3/10	4/10	5/10	6/10	7/10	8/10	9/10	9.5/10	10/10
距 E 点长度值 x	$0.1aC$	$0.2aC$	$0.3aC$	$0.4aC$	$0.5aC$	$0.6aC$	$0.7aC$	$0.8aC$	$0.9aC$	$0.95aC$	aC
纵向 y 值	$0.005b$	$0.02b$	$0.046b$	$0.083b$	$0.134b$	$0.200b$	$0.286b$	$0.400b$	$0.564b$	$0.688b$	b

(2)纵横等分图解法

如图 3-29 所示，操作方法如下：按 ab 的长度引一平行四边形，将 a'、b'10 等分，并将各点按顺序编号；分别连接 01、12、23… 即形成锥坡之底线；此法可按比例在纸上作图，然后根据现场情况，选择放样方便的基线，并量出与基线垂直的几个坐标点；此法也适用于正桥。

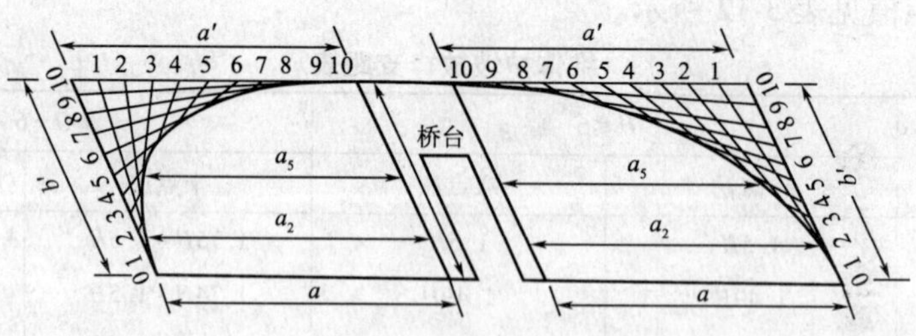

图 3-29 纵横等分图解法

(3)经纬仪设角法

此外，当锥坡的高度较高，椭圆周曲线较长时，用坐标值量距法很难掌握精度时，也可使用经纬仪和皮尺测量弯道的方法来放样，见图 3-30 所示。

(4)经纬仪线坡法

当桥台前有水，锥坡坡脚落在水中，可采用线坡法，在岸上用经纬仪花杆定方向，皮尺量距离，定出椭圆上各点，连成曲线，如图 3-31 所示。

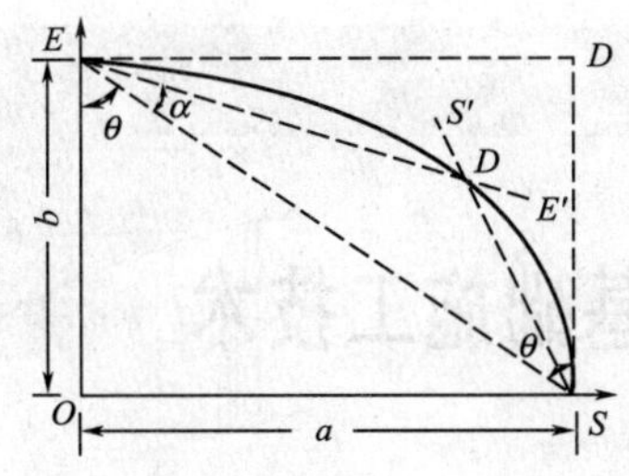

图 3-30　经纬仪设角法放样斜桥锥坡

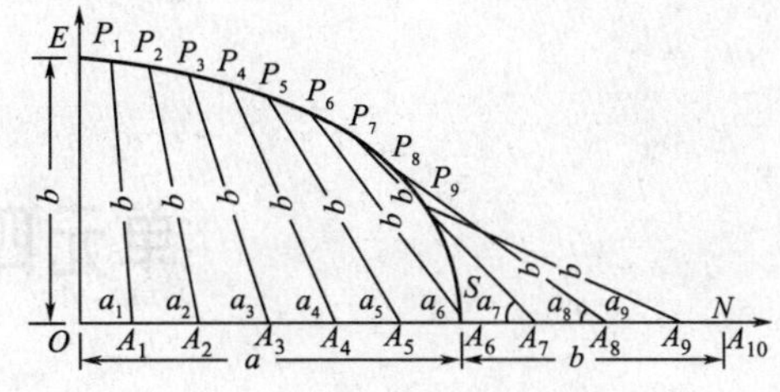

图 3-31　线坡法放样斜桥锥坡

思　考　题

1. 桥梁基线的设置应满足哪些要求?
2. 桥梁水准基点的布设原则有哪些?
3. 水准测量注意事项有哪些?
4. 对于高桥墩和斜拉桥及悬索桥中的索塔等高大构造物,其高程的放样有哪些?
5. 简述图解法放样锥体护坡的方法与步骤。
6. 简述涵洞放样的方法及步骤。
7. 简述后方交会放样点位的方法及步骤。
8. 桥梁施工放样的基本方法有哪些?

单元四　桥梁基础施工技术

知识点
1. 各类基础的施工程序和作业方法；
2. 各类基础施工中故障的处理方法；
3. 各类基础施工质量检测与质量控制方法。

技能点
1. 进行明挖扩大基础、灌注桩基础、沉井基础施工作业；
2. 排除基础施工中的故障；
3. 基础施工质量检测与质量控制操作。

课题一　明挖基础施工技术

明挖基础常称大开口基础。按河床中有水、无水，又可分为有水开挖基础和无水开挖基础两种。明挖基础的主要工程量在于基坑的开挖，尤其是在有水河床中开挖基础，其工作尤为艰巨。

一、基坑开挖

1. 一般规定和施工要求

(1)基坑顶面应设置防止地面水流入基坑的拦水(土埂、围堰)和排水(沟道)设施。

(2)基坑顶面有动荷载时，坑顶边与动荷载间应有不小于1m宽的护道，如荷载过大时宜设宽护道。如工程地质不良，应采取加固措施。

(3)为减轻基坑坡壁顶面静荷载，沿基坑顶面四周至少在1m范围内不得堆置土方、物料。

(4)基坑底部工作面：

①地下水位低于基坑底面高程的工作面(图4-1)。

②一般土质采用集水坑明排水时的工作面(图4-2)。

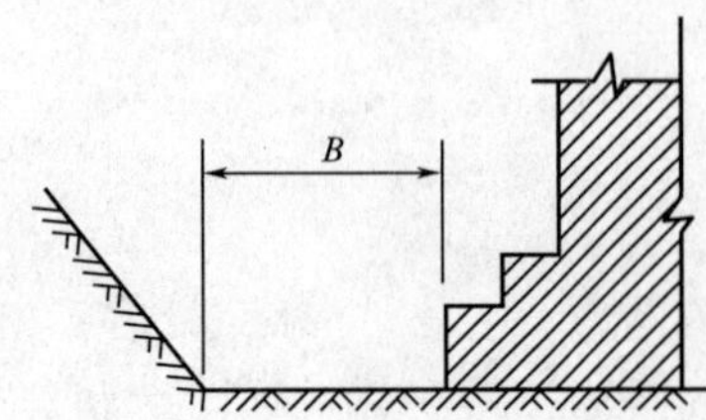

图4-1　地下水位低于基坑底面高程的工作面
砌筑砖石时：$B=25\sim40$cm；
混凝土及钢筋混凝土时：$B=30\sim50$cm

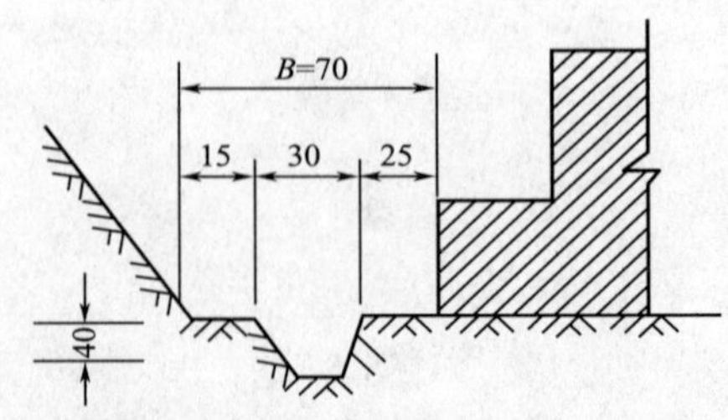

图4-2　一般土质采用集水坑明排水时的工作面(尺寸单位：cm)

③软土采用集水坑明排水时的工作面(图 4-3)。

④无支撑挖土时的工作面(图 4-4)。

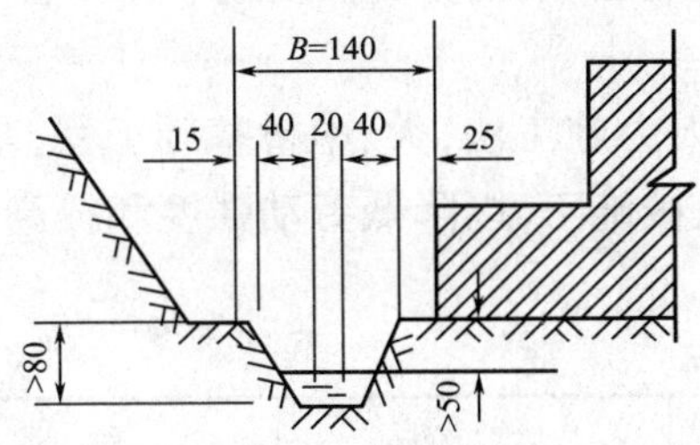

图 4-3　软土采用集水坑明排水时的工作面(尺寸单位:cm)

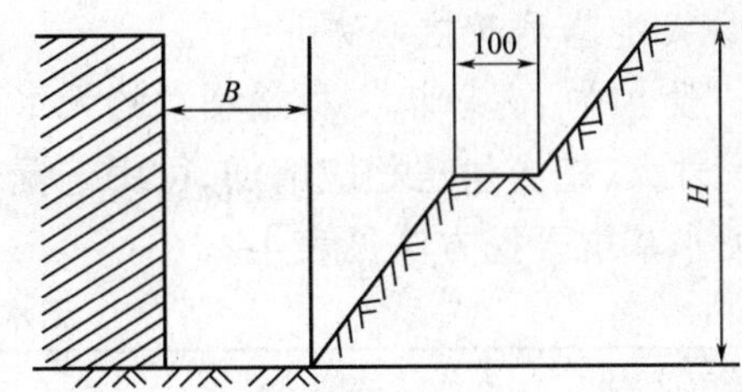

图 4-4　无支撑挖土时的工作面(尺寸单位:cm)

⑤板桩内挖土时的工作面(图 4-5)。

2. 坑壁坡度与防护措施

①基坑坑壁坡度,应按地质条件、基坑深度、施工经验和现场具体情况等确定。

②当基坑深度在 5m 以内,施工期较短、基坑底在地下水位以上、土的湿度正常(接近最佳含水量)、土层构造均匀时,基坑坑壁坡度可参考表 4-1。

基坑坑壁坡度　　表 4-1

坑壁土类	坑壁坡度		
	坡顶无荷载	坡顶有静荷载	坡顶有动荷载
砂类土	1:1	1:1.25	1:1.5
卵石、砾类土	1:0.75	1:1	1:1.25
粉质土、黏质土	1:0.33	1:0.5	1:0.75
极软岩	1:0.25	1:0.33	1:0.67
软质岩	1:0	1:0.1	1:0.25
硬质岩	1:0	1:0	1:0

③基坑深度大于 5m 时,应将坑壁坡度放缓或加设平台(台阶)(图 4-6)。

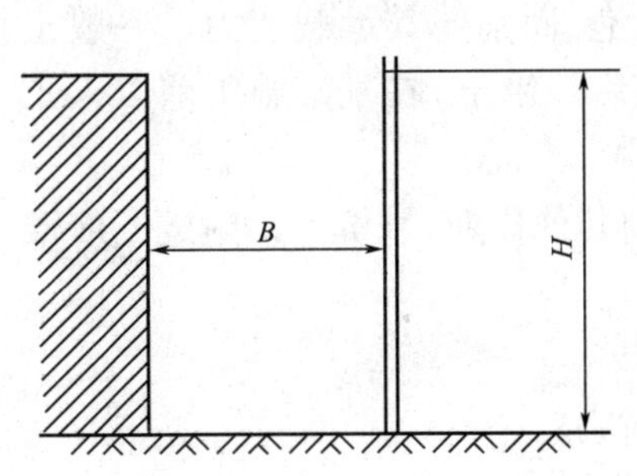

图 4-5　板桩内挖土时的工作面

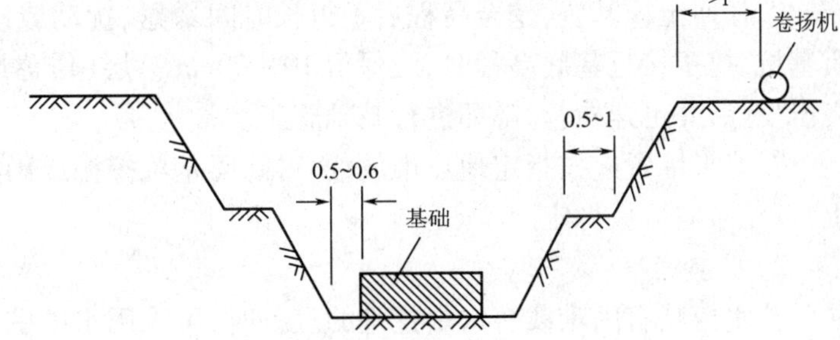

图 4-6　基坑布置图(尺寸单位:m)

④土的湿度可能引起坑壁坍塌时,坑壁坡度应缓于该湿度下土的天然坡度。

⑤没有地面水,但地下水在基坑底以上时,地下水位以上部分可以放坡开挖;地下水以下部分,若土质易坍塌或水位在基坑底以上较深时,应加固坑壁开挖。

⑥须防止基坑周围地面水流入坑内,应采取措施。如坑口筑小的土埂引水排除;基坑顶有动载时,坑顶与动载间至少应留有 1m 宽的护道;如工程地质和水文地质不良或动载过大,宜增宽护道或采取加固措施。

⑦基坑壁坡不易稳定并有地下水影响，或放坡开挖场地受到限制，或放坡开挖工程量大、不符合技术经济要求时，可按具体情况，采用挡板支撑、钢木结合支撑、混凝土护壁（喷射混凝土护壁、现浇混凝土护壁）、钢板桩围堰、钢筋混凝土板桩围堰、锚杆支护及地下连续墙等。

3. 无水基坑开挖方法

一般小桥、湿基础，工程量不大的无水基坑，可用人力施工法；大、中桥基础工程，基坑深、平面尺寸大，挖方量也相应增加，可用挖掘机械或半机械施工，以降低劳动强度和提高工作效率。无水基坑开挖方法见表4-2。

无水基坑开挖方法 表4-2

地质及支撑	挖掘方法	提升方法	运输方法	说　明
土质、无支撑	挖土机（正铲）	挖土机（正铲）	挖土机直接装车	挖土机置放在坑底
土质、无支撑	挖土机（反铲）	挖土机（反铲）	挖土机回旋弃土	挖土机在坑缘上
土质、无支撑	挖土机（索铲）	挖土机（索铲）	挖土机回旋弃土	挖土机在坑缘上
土质或石质 无撑或有撑	人力或风动工具	传送带（$H<4.5$m）	传送带接运	传送带可分设 在坑上或坑下
土质或石质 无撑或有撑	人力或风动工具	吊车、动臂吊机 配活底吊斗	回旋弃土 或直接装车	吊升机具设 在坑缘或坑下
土质，无撑 或有撑	吊车抓泥斗	抓泥（土）斗	动臂回旋弃土 或直接装车	
土质或石质 无撑或有撑	人力或风动工具	人力吊杆 带活底木斗	吊车回旋自动 弃土或装车	
土质或石质 无撑或有撑	人力或风动工具	爬坡车	爬坡车接斗 车或手推车	
土质，无撑或有撑	人力挖掘	铁锹向上翻弃	弃土或装车	

4. 挖基注意要点与水中挖基

1）挖基注意要点

①根据施工期限、设备条件、工地环境及地质情况，基坑可以使用机械或人工开挖，但不论采取何种方法施工，基底均应避免超挖，已经超挖或松动部分，应将松动部分予以清除。

②任何土质基坑，挖至高程后不得长时间暴露、扰动或浸泡，而削弱其承载能力。一般土质基坑，挖于接近基底高程时，应保留10～20cm一层（俗称最后一锹土）在基础施工前以人工突击挖除，并迅速检验，随即进行基础施工。

③弃土堆置应按指定地点堆放，不得妨碍基坑挖掘或影响其他作业，基坑上口附近不应堆土，以免影响边坡稳定。

2）水中挖基

排水挖基有困难或有水中挖基的设备时，可采用水中挖基法。

（1）水力吸泥机

适用于砂类土及砾卵石类土，不受水深限制，其出土效率可随水压、水量的增加而提高。

（2）空气吸泥机

适用于水深5m以上的砂类土或夹有少量碎卵石的基坑，浅水基坑不宜采用。在黏土层使用时，应与射水配合进行。

（3）挖掘机水中挖基

适用于各种土质，但开挖时须注意不能破坏基坑边坡的稳定。

5. 基坑支撑

当地下水位高于基底高程，土壤的渗透性较大，坑壁土质不稳定，或基坑开挖受场地限制时，可采取支撑措施。常用的支撑方式及适用条件见表4-3。

常用支撑方式及适用条件　　表4-3

支撑方式	简图	适用条件
断续的水平支撑（一挖到底再行支撑）	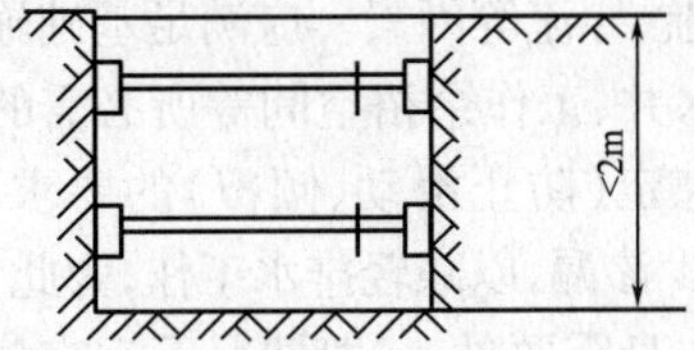	能保持直立的干土或天然湿度的黏土类土，地下水很少，坑深<2m
带间隔的水平支撑（井撑）	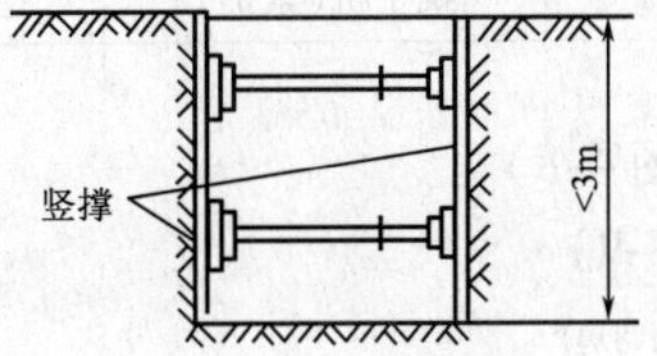	能保持直立的干土或天然湿度的黏土类土，地下水很少，坑深<3m，并随着坑深的开挖相应设置支撑
连续的水平支撑（密撑）	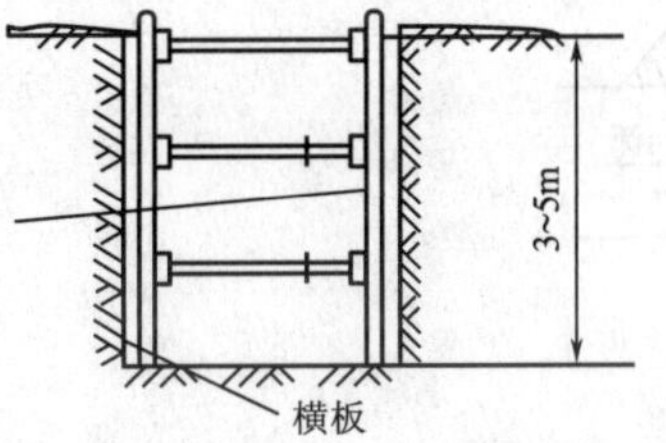	在可能坍落的干土或天然湿度的黏土类土中，地下水较少，坑深一般在3~5m之间
深基坑（沟）二层支撑（挖至一定深度后，再向下挖掘时进行第二层撑固）	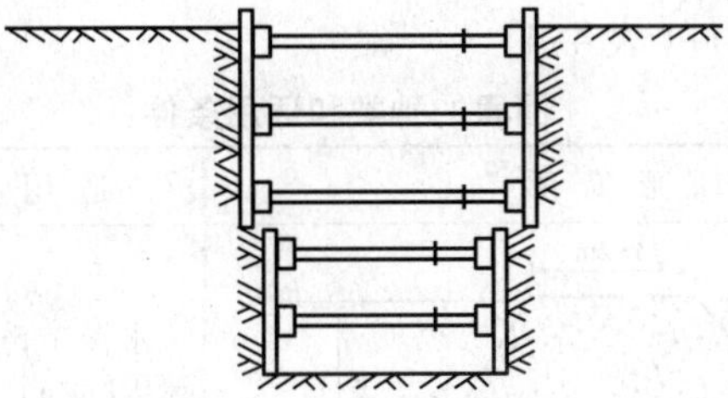	挖土深度较大，基坑（沟槽）下部又有含水层，下部坑宽应考虑工作面，为此，开挖前要留有余裕尺寸（可按土质好坏和地下水影响确定）
基坑上部放坡达一定高度后直立坑壁支撑加固	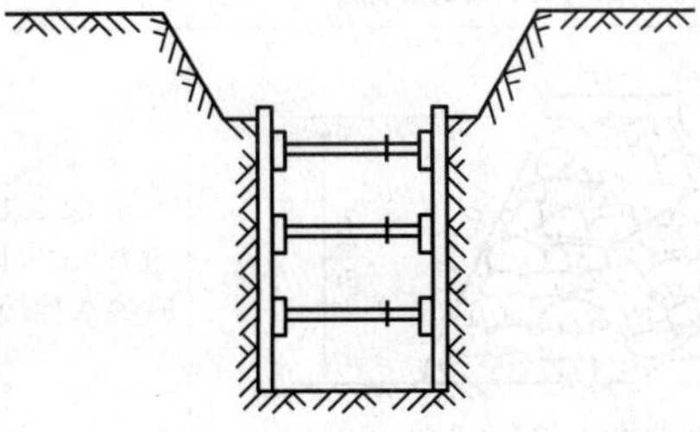	挖土较深，现场亦较开阔，上部可放坡后再直立坑壁支撑加固

二、围堰与排水

1. 围堰

1)一般要求

围堰高度应高出施工期间可能出现的最高水位(包括浪高)50~70cm。应考虑河流断面被压缩后,流速增大引起水流对围堰、河床的集中冲刷及影响通航、导流等因素。应满足基础施工的需要(包括坑内集水沟、排水井、工作余裕空间等所必需的工作面)。应满足堰身强度和稳定(防止滑动、倾覆)的要求。围堰修筑要求防水严密,尽量减少渗漏,以减轻排水工作,为此,须注意堰身修筑质量。除工程本身需要外,一般情况下宜充分利用枯水期施工,如在洪水、高潮时期,应做好周密保护。

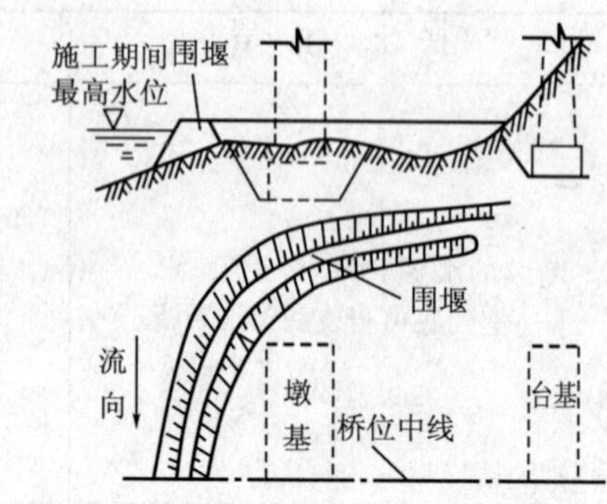

图 4-7　墩台施工围堰

为保持主航道通航,墩、台基在围堰内施工

2)围堰使用布置实例

(1)墩台施工围堰(图 4-7)

(2)河宽限制上下游围堰(图 4-8)

(3)驳岸挡墙施工围堰(图 4-9)

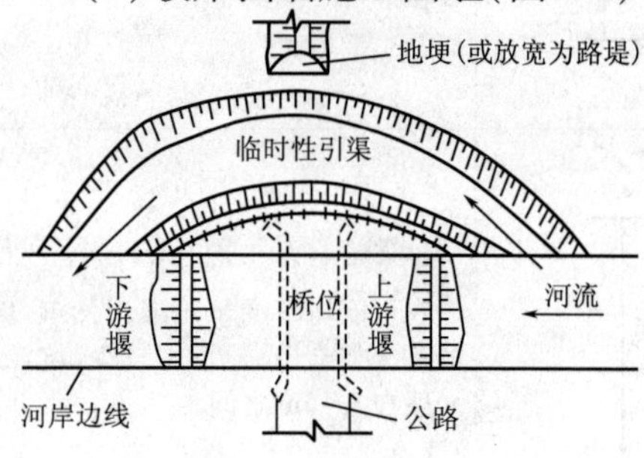

图 4-8　全断面围堰

中、小桥梁受地形限制,为维持水流与正常通航,临时引渠

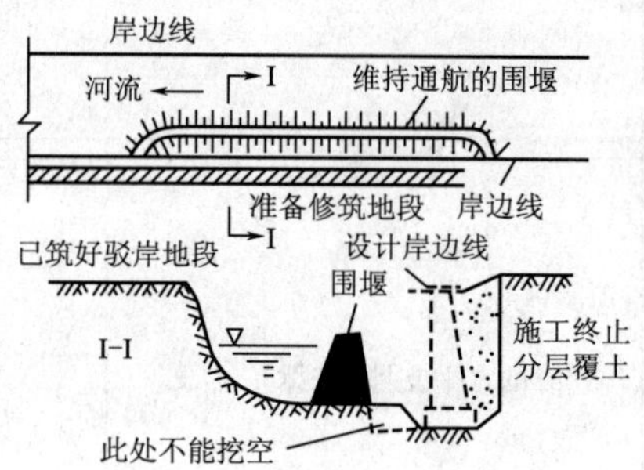

图 4-9　挡墙施工围堰

沿河流修筑土墙、驳岸时,为防止水浸,施工地段修建临时围堰

3)围堰的种类和适用条件(表 4-4)

围堰的种类和适用条件　　表 4-4

围堰种类	堰形简图	适用条件	说明
土围堰	1~2m　≥0.5m　1:2~1:3　1:1~1:1.5　2~3m	水深 1.5m 以内、流速 0.5m/s 以内,河床土质渗水性较小	筑堰宜用黏质土或砂夹黏土,填土出水面后应进行夯实;堰底河床上的树根、石块、杂物应予清除;筑堰时由上游开始向下游合拢
土袋围堰	1~2m　0.5m　1:1~1:1.5　1:0.2~1:1　2~4m　有黏土心墙时,顶宽2~2.5m	水深 3.0m 以内、流速 1.5m/s 以内,河床土质渗水性较小	堆码在水中的土袋,其上下层和内外层应相互错缝,尽量堆码密实整齐;必要时可由潜水配合进行,并整理坡脚

续上表

围堰种类	堰形简图	适用条件	说明
单行板桩围堰	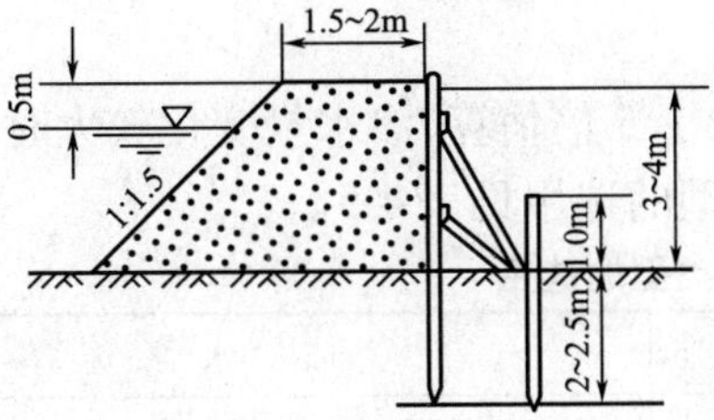 1.5~2m；0.5m；1:1.5；3~4m；1.0m；2~2.5m	水深3~4m，土质河床	可节省部分筑堰用土量，增加打拔木板桩工作量，由于支撑关系，坑内工作面尺寸加大
双行板桩围堰	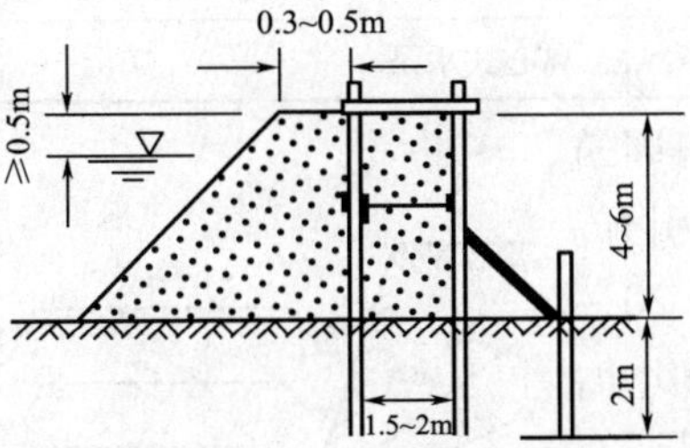 0.3~0.5m；≥0.5m；4~6m；2m；1.5~2m	水深达4m以上，河床土质松软	板桩与板桩之间应尽量严密，沉入时注意防止歪斜，随时校正位置，行与行之间用金属拉系拉结牢固
木桩土围堰	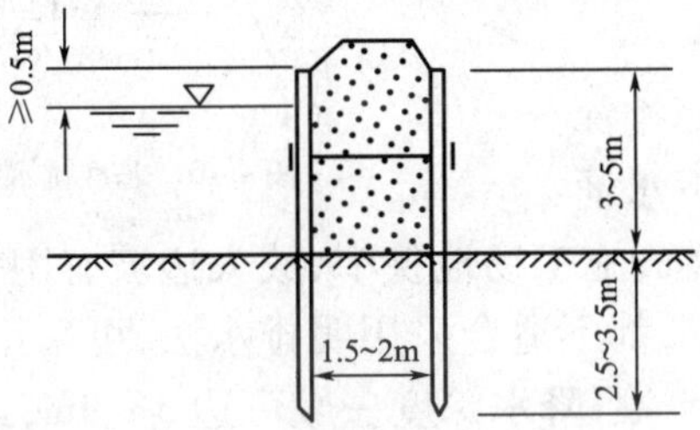 ≥0.5m；3~5m；2.5~3.5m；1.5~2m	水深3~5m，流速在1.5m/s以上	先打入两排木桩，桩与桩在一排中的间距为1.0~1.5m，排与排之间间距为1.5~2.0m/s，并以金属螺栓（拉条）或8号铁丝拉紧，插入竹笆填土
竹笼围堰	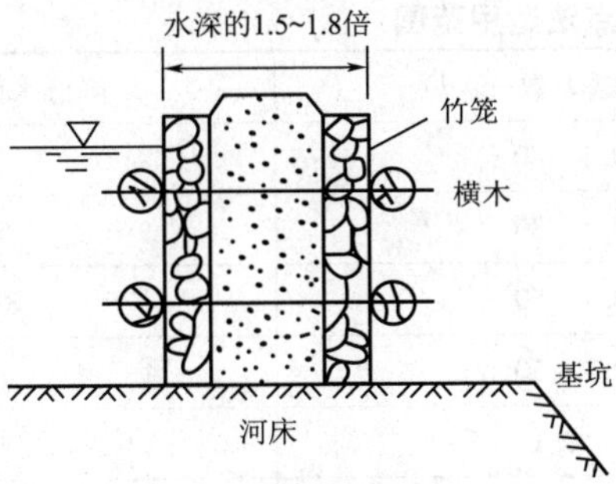 水深的1.5~1.8倍；竹笼；横木；基坑；河床	水深4~5m，流速在1.5~2.0m/s左右，或风浪较大	用竹片编成长圆竹笼，直径为80~120cm，内装卵石或石块，笼长视堰高而定，竹笼与竹笼之间，以铁丝成十字形连接，填黏土墙心
钢板桩围堰	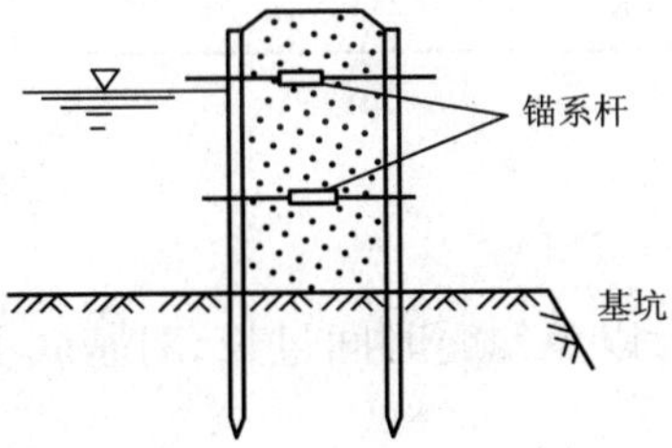 锚系杆；基坑	适用于水流较深，流速较大的河床	钢板桩施打要求板桩竖直，接口严密，减少和避免渗水，降低排水工作量

2. 基坑排水

1)明排水法与基坑布置

明排水法是指从基坑内直接排除(用泵汲抽除与人工降低地下水位两类),并持续至基础工程完成进行回填土后才停止。

排水设备的总排水量一般可按渗水量的1.5倍估算,渗水量变化较大时,宜用多台小排水量的水泵,以利施工过程随时调节。水泵类型的选用见表4-5。

水泵类型的选用 表4-5

渗水量(m^3/h)	水 泵 选 择
<20	膜式水泵、手压水泵、离心式水泵或潜水泵
20~60	膜式水泵、离心式水泵或潜水泵
>60	离心式水泵

为防止地面水流入基坑,一般在坑口四周筑截水土堰(可利用弃土作土埂),并将抽出水引开。在坑内基础范围外设排水沟和集水井,每隔20~40m设一个,井的直径或边宽一般为60~80cm,深度可为80~100cm(潜水泵抽汲时,必须保证在水中抽汲,故不宜太浅)。见图4-10。

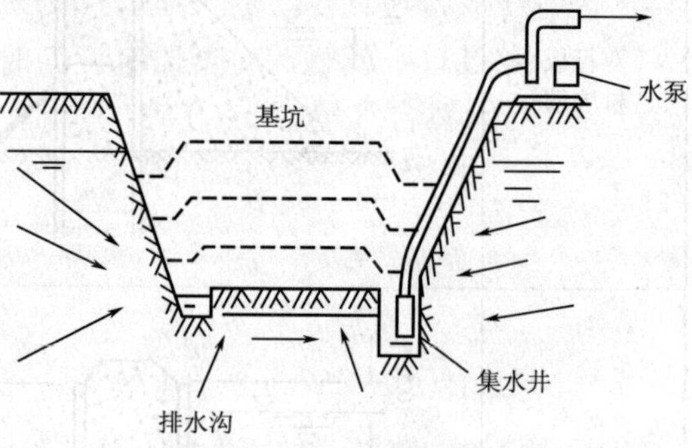

图4-10 基底排水布置

2)井点排水法

当土质为粉、细砂土和地下水位较高,而挖深较大时,易发生流砂现象;当基坑有大量地下水涌出时,易导致坑臂滑坍或引起附近建筑物下沉;施工场地狭窄,放大边坡有困难;泥水混杂,排水时夹砂带泥随水排出降低坑底地基强度等,都不适合采用明排水法,可采用井点排水法,井点排水适用于渗透系数为0.5~150m/d的土壤;降水深度一般可达3~9m,最大可达20m以上。各种井点法的选用可视土层渗透系数、降低水位深度和工程特点而定,见表4-6。

各种井点法适用范围 表4-6

井 点 种 类	土层渗透系数(m/d)	降低水位深度(m)
一级轻型井点	0.1~80	3~6
二级轻型井点	0.1~80	6~9
喷射井点	0.1~50	8~20
射流泵井点	0.1~50	≤6
电渗井点	<0.1	5~6
管井井点	20~200	3~5
深井泵	10~80	>15

三、基底检验与处理

1. 一般基底检验内容

①基底挖至设计高程时,须及时进行检验,以免暴露时间过长,对基底不利;检验符合要求时,方可砌筑基础或其他工序;

②检查基底地质情况是否与设计文件相符合;

③检查基坑开挖高程、尺寸是否满足设计规定要求；

④基坑中线位置、形状是否与设计文件相符；

⑤基坑尺寸、形状、位置、基底高程、中线位置如有变化，须查明设计变更依据文件；

⑥对基坑的排水及地下水处理，必须确保基坑圬工的质量；

⑦对土质基底须检查有否超挖回填、扰动原状土的情况；

⑧对石质基底应检查岩层风化程度，对倾斜的基底还需检查台阶开挖情况；

⑨在永冻基底，应检查防融温层的敷设是否良好；

⑩对土质基底有疑问时，应作土壤分析或其他试验进行核实，以便确定是否进行基底加固等处理。

2. 基底检验

1）小桥和涵洞基底的检验

（1）一般经过直观或触探器确定土质与设计要求符合时，即可签认进行浇砌基础。

（2）经过直观或触探对土质有疑问时，应取土样做土的物理力学性能试验，如颗粒分析、天然密度、天然含水量、天然孔隙比、液限、塑限、密度、可塑性、压缩性和抗剪强度等试验，以鉴定土的容许承载力，或钻探 2 ~ 4m 以上，检查下卧层土质。

（3）特殊设计的小桥涵对地基沉降有严格要求，当属于下列不良土质情况时，宜进行载荷试验。

①风化颇重的岩层；

②松散砂类土的相对密实度 $D_r \leqslant 0.33$；

③黏质土的天然孔隙比超过下列限度时；黏土质砂（SC）$e_0 > 0.7$，低液限黏土（CL）$e_0 > 1$，高液限黏土（CH）$e_0 > 1$；

④含有大量有机物的吹填土或砂土、黏土；

⑤含有大块杂质（尤其是多量碎砖瓦等）的填筑土。

⑥对经过加固处理的地基，应根据不同加固方法的质量要求采用相应的检验方法，但包括量测加固范围、桩位偏差和桩体垂直度偏差，用环刀法取样或灌砂法测定压实度或干密度，用静力触探或动力触探检验加固处理后的效果。

2）大、中桥和填土在 12m 以上涵洞基底的检验

①一般由检验人员用直观、触探、挖试坑或钻探（钻探至少 4m 以上）试验等方法确定土质容许承载力，确认符合设计要求后，即可进行基础施工。

②在地质特别复杂，或在设计文件中有特殊要求必须做载荷试验时，才做载荷试验。必要时还应做土工试验，以与载荷试验核对。

③在特殊地基上已经加固处理，又经触探、密实度检验后，尚有疑问时，则应再做载荷试验。确认符合设计要求后，才能进行基础圬工的施工。

3）检验注意事项

①地基经检验后，需要作大的加固处理时，应由施工单位邀请建设单位及设计单位共同研究确定。加固处理完毕，应再检验合格后，方可进行基础施工。

②桥涵地基检验，除了平面、尺寸和地基变形观测外，检验方法主要有静力触探、动力触探、标准贯入试验，土压力、孔隙水压力及土位移测试，载荷试验、旁（横）压试验，排水固结法加固的地基有时还需要做十字板剪切试验。无论何种测试方法，都有一定的局限性，故宜采用多种方法进行综合评价。现场测试要辅以取样做室内土工试验，如加固设计已规定有检验项目和检验方法的，按设计规定办理。

③为了有较好的可比性,加固前后两次的测试项目应力求对应,甚至最好由同一组织用同一仪器按同一标准进行。

3. 基底处理

根据基底不同地质情况,分别处理。

1)岩层

应先将岩面清洁,再筑基础。在风化的岩层基底上建筑基础时,应按基础尺寸凿除已风化的表面岩层,在砌筑基础圬工的同时将基坑填满、封闭;岩层倾斜时,应将岩层面凿平或凿成台阶,使承重面与重力线垂直;砌筑前,岩层表面用水冲洗干净。

2)碎石类或砂类土层

整修平整基底后在基底上铺筑一层15~25cm厚的碎石或片石,砌筑前铺一层2cm厚的水泥砂浆,然后在其上砌筑基础;并保持新砌筑的基础圬工不受水浸。

3)黏土层

铲平基底(不得用回填土),必要时,于基底上加铺一层10~15cm厚的夯填碎石,碎石面不得高出基底设计高程;当基底土的含水量较大,出现松软“弹簧”现象,不得夯填,须另作加固处理;基坑处理后,应在最短期间砌筑基础,避免暴露过久。

4)软土层

可根据软土层的厚度和力学性质及施工条件,采用换填土、砂砾垫层、袋装砂井、塑料排水板、土工织物(土工布)、生石灰桩、真空预压或粉体喷射搅拌等处理方法。

5)湿陷性黄土

基底必须有防水措施。根据土质条件,使用重锤夯实、换填、挤密桩等措施,进行加固,改善土层性质;基础回填不得使用砂、砾石等透水土壤,应用原土加夯封闭。

6)冻土层

按保持冻结的原则设计的明挖基础,其多年平均地温等于或高于-3℃时,应于冬季施工;多年平均地温低于-3℃时,可在其他季节施工,但应避开高温季节;按容许融化的原则设计埋置在季节冰层以下的基础,应防止冻层继续加深。

7)溶洞

暴露的溶洞应用浆砌片石、混凝土填充,或填砂、砾石后,压注水泥浆充实加固;对大的溶洞除可采用混凝土掺片石灌填外,亦可用钢筋混凝土加盖处理。

8)泉眼

基底地基及基础圬工不得受水浸泡,对基底的泉眼应加以处理,再筑基础圬工。处理方法:

①堵眼断流。用有螺口的钢管紧紧打入泉眼,旋上螺母并拧紧,阻止泉水流出;或向泉眼内压注速凝水泥砂浆,再打入木塞堵眼。

②引流排出。堵眼有困难时,可采用管子塞入泉眼,将水引至集中坑排出或在基底下设置盲沟引流排出,待基础施工完成后,向盲沟压注水泥砂浆塞。

课题二 钻(挖)孔灌注桩基础施工技术

采用不同的成孔方法,在土中形成一定直径的井孔,达到设计高程后,将钢筋骨架(笼)吊入井孔内,灌注混凝土形成的基础称为灌注混凝土桩基础。本课题主要介绍钻(挖)孔灌注桩施工,分成孔和灌注水下混凝土两大步骤。

一、钻孔方法和机具设备

1. 钻孔方法分类

(1)冲击法

用冲击钻机或卷扬机带动冲锥,借助锥头自重下落产生的冲击力,反复冲击破碎土石或把土石挤入孔壁中,用泥浆浮起钻渣,借助机械排出而形成钻孔。

(2)冲抓法

用Y抓锥依靠自重产生的冲击力,切入(破碎)土层,叶瓣抓出土形成钻孔。

(3)旋转法

用人力或机械通过钻杆带动锥(钻头)旋转切削土层,用泥浆浮起钻渣,借助机械排出而形成钻孔。

2. 常用的钻孔方法和适用条件

机动推钻:适用于黏质土,砂土,砾石粒径小于10cm、含量少于30%的碎石土,孔径60~160cm。

回转钻机:适用于黏质土,砂土,砾卵石粒径小于2cm、含量少于20%的碎石土,软岩,孔径80~250cm。

潜水钻机:适用于淤泥,黏质土,砂土,砾卵石粒径小于10cm、含量少于20%的碎石土,孔径60~150cm。

冲(击)抓锥:适用于各类土层,孔径60~200cm。

3. 常用钻孔机及性能

ZKL—400(600)(800):长螺旋,钻削,钻孔深度12~18m。

ZUY1500:伸缩钻杆短螺旋、钻斗,钻削,钻孔深度42m。

QJ250、XF—3、ZJ150—1、红星400:转盘式,钻削正反循环,最大钻孔深度:红星40~400m。

GZQ—800(1250)(1500):潜水钻机,潜水钻削,钻孔深度50m。

BRM—08(1)(2)(3):转盘式,正反循环钻削,钻孔深度40~60m,其中BRM4达100m。

二、施工工艺流程

钻孔灌注桩施工工艺流程见图4-11所示。

1. 钻孔准备工作

1)钻孔场地准备

①场地为旱地时,应清除杂物,换除软土,整平夯实。

②场地为陡坡时,可用枕木、型钢等搭设工作平台。

③场地为浅水时,宜采用筑岛施工,筑岛面积应根据钻孔、设备大小等要求确定。

④场地为深水或淤泥层较厚时,可搭设工作平台,平台须牢固稳定,能承受工作时所有静、动荷载,并考虑施工机械能安全进出。

如水流平稳,水位升降缓慢,全部工序可在船舶或浮箱上进行,但须锚碇稳固,桩位准确。

如流速较大,但河床可以整理平顺时,可采用钢板或钢丝网水泥薄壁浮运沉井,就位后灌水下沉至河床,然后在其顶部搭设工作平台,在其底部安设护筒;浮运沉井的要求可参照有关浮式沉井要求处理;在某些情况下,可在钢板桩围堰内搭设钻孔平台。

2)钻孔护筒形式选择

护筒有保护孔口不坍塌,隔离地面水和保持孔内水位高出施工水位以维护孔壁,导向等作用。

护筒种类有:木料护筒(图4-12),钢制护筒(图4-13),钢筋混凝土护筒(图4-14)。

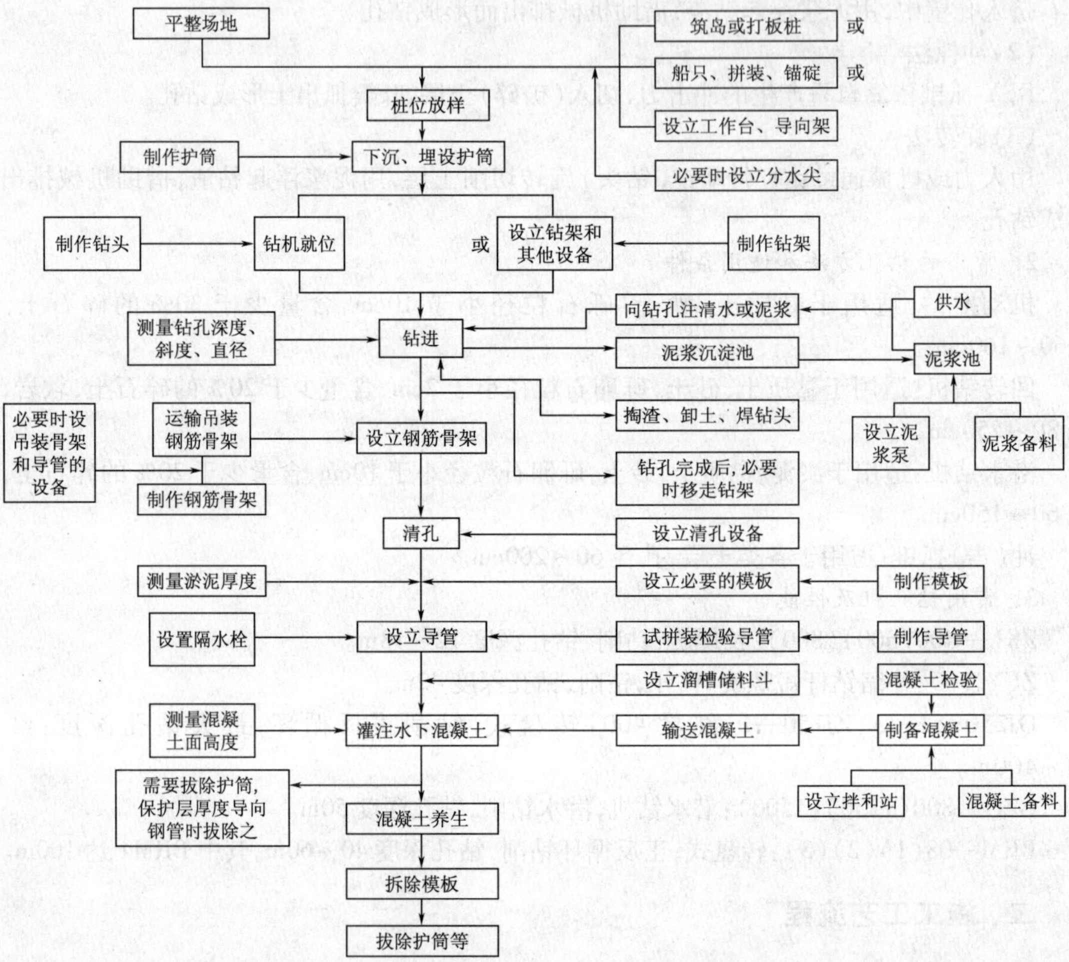

平整场地
筑岛或打板桩 或
船只、拼装、锚碇 或
设立工作台、导向架
必要时设立分水尖
桩位放样
制作护筒
下沉、埋设护筒
制作钻头
钻机就位
或
设立钻架和其他设备
制作钻架
测量钻孔深度、斜度、直径
钻进
向钻孔注清水或泥浆
泥浆沉淀池
供水
泥浆池
掏渣、卸土、焊钻头
设立泥浆泵
泥浆备料
必要时设吊装骨架和导管的设备
运输吊装钢筋骨架
设立钢筋骨架
钻孔完成后,必要时移走钻架
制作钢筋骨架
清孔
设立清孔设备
测量淤泥厚度
设立必要的模板
制作模板
设置隔水栓
设立导管
试拼装检验导管
制作导管
设立溜槽储料斗
混凝土检验
测量混凝土面高度
灌注水下混凝土
输送混凝土
制备混凝土
设立拌和站
混凝土备料
需要拔除护筒,保护层厚度导向钢管时拔除之
混凝土养生
拆除模板
拔除护筒等

图4-11 钻孔灌注桩施工工艺流程

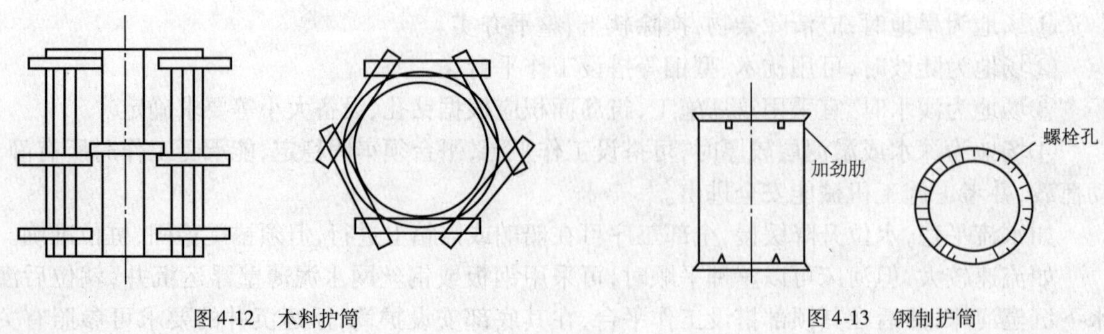

图4-12 木料护筒

图4-13 钢制护筒

护筒内径应比桩径稍大；当护筒长度在 2 ~ 6m 范围时，机动推钻和有钻杆，导向的正反循环回转钻宜大 20 ~ 30cm；无钻杆导向的正、反潜水电钻和冲抓冲锥宜大 30 ~ 40cm；深入处的护筒内径至少应比桩径大 40cm。

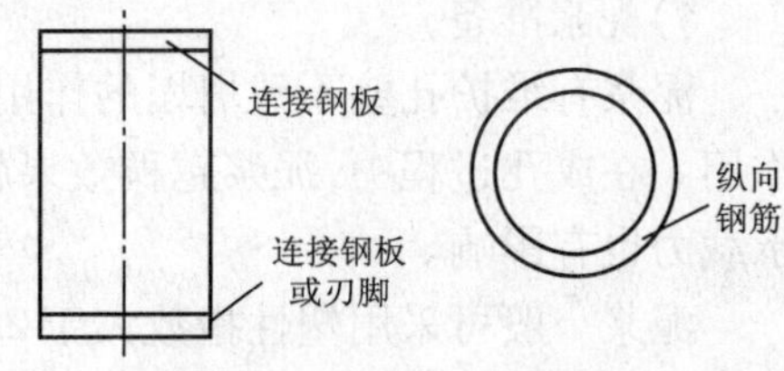

图 4-14 钢筋混凝土护筒

3）护筒埋设方法选择（表 4-7）

护筒埋设方法 表 4-7

方法	简 图	适用条件及说明
挖埋式护筒	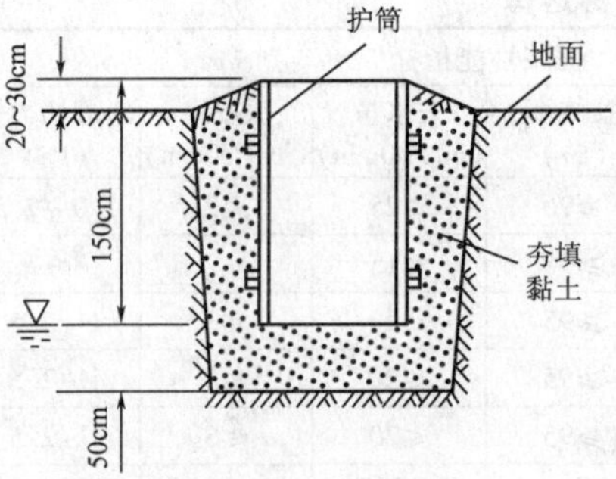	适用于旱地或岸滩，当地下水位在地面以下大于 1m，当河床为很松散的细砂地层，挖坑不易成型时，可采用双层护筒
填筑式护筒	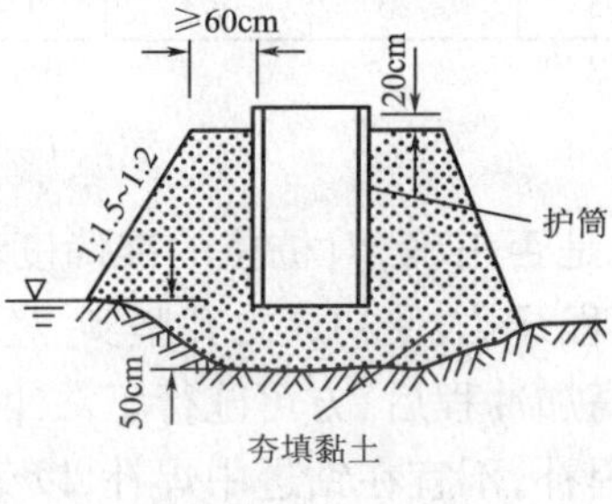	适用于桩位处地面高程与施工水位（或地下水位）的高差小于 1.5 ~ 2.0m（按钻孔方法和土层情况而定）时，宜采用本法（如图示），填筑的土台高度，应使护筒顶端比施工水位（或地下水位）高 1.5 ~ 2.0m。土台边坡以 1∶1.5 ~ 1∶2.0 为宜
围堰筑岛护筒	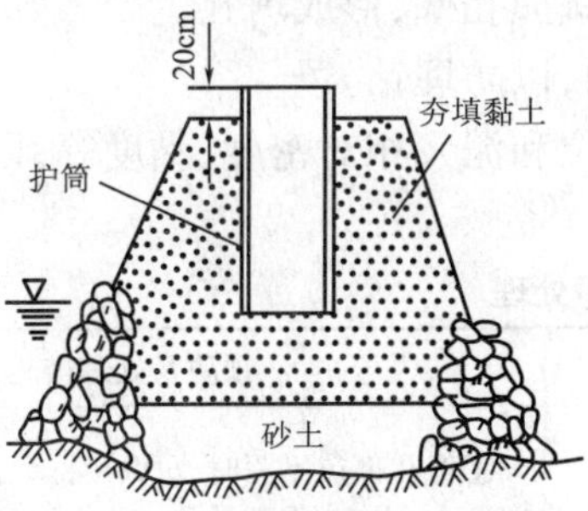	水深小于 3m 的浅水处，一般须围堰筑岛埋设护筒。岛面应高出施工水位 1.5 ~ 2.0m。亦可适当提高护筒顶面高程，以减少筑岛填土体积。若岛底河床为淤泥或软土，应予挖除换以砂土；若排淤换土工作量较大，则可采用长护筒，使其沉入河底土层中
深水护筒	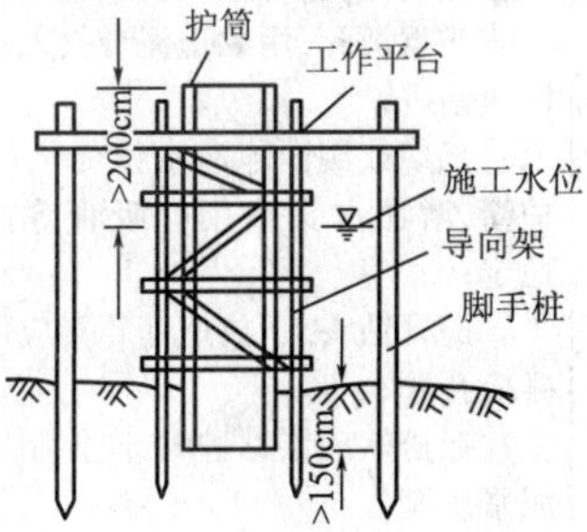	适用于水深在 3m 以上的深水河床中。其主要工序为搭设工作平台（有搭设支架、浮船、钢板桩围堰、浮运薄壳沉井、木排、筑岛等方法），下沉护筒的定位导向架与下沉护筒等

4）泥浆准备

泥浆有维护孔壁不致坍塌的作用。在正循环钻进中还起着悬浮钻渣，并挈带钻渣流出的作用。在成孔过程中，泥浆越稠效果越好。但泥浆太稠对排渣和灌注水下混凝土不利，对桩的承载力也有影响。

泥浆一般可采用塑性指数大于25，粒径小于0.005mm的黏粒含量大于50%的黏土制浆。制浆时，应将黏土加水浸透，然后以搅拌机或人工拌制。冲击钻进时，可在钻孔内直接投放黏土，以钻锥冲击制成泥浆。调制的泥浆应根据钻孔方法和地层情况采用不同性能指标，一般可参照表4-8选用。

泥浆性能指标选择 表4-8

钻孔方法	地层情况	泥浆性能指标							
		相对密度	黏度（s）	含砂率（%）	胶体率（%）	失水量（mL/30min）	泥皮厚（mm/30min）	静切力（Pa）	酸碱性（pH）
正循环	一般地层	1.05～1.20	16～22	8～4	≥96	≤25	≤2	1.0～2.5	8～10
	易坍地层	1.20～1.45	19～28	8～4	≥96	≤15	≤2	3～5	8～10
反循环	一般地层	1.02～1.06	16～20	≤4	≥95	≤20	≤3	1～2.5	8～10
	易坍地层	1.06～1.10	18～28	≤4	≥95	≤20	≤3	1～2.5	8～10
	卵石土	1.10～1.05	20～35	≤4	≥95	≤20	≤3	1～2.5	8～10
推钻冲抓	一般地层	1.10～1.20	18～24	≤4	≥95	≤20	≤3	1～2.5	8～11
冲击	易坍地层	1.20～1.40	22～30	≤4	≥95	≤20	≤3	3～5	8～11

2. 钻孔

1）注意事项

①采用正、反循环钻造孔时，开孔第一钻的位置是否正确，对桩位的准确度和竖直度的影响很大，须十分注意。采用冲击法造孔时，应以小冲程开孔，使初成之孔坚实、竖直、圆顺，能起导向作用，并防止孔口坍塌。钻进深度超过钻锥全高加冲程后，方可施行正常冲程的冲击。

②每孔开钻前应检查钻锥直径，如过小应及时焊补，不宜在钻进中焊补，以免卡钻。

③起、落钻锥速度应均匀，不得突然加速，以免碰撞孔壁，形成坍孔。

④停钻时，孔口应加护盖，并严禁钻锥留在孔内，以防埋钻。

⑤在抽渣或停钻时，应保持孔内具有规定的水位和泥浆相对密度、黏度等，以防坍孔。

2）事故原因及处理（表4-9）

灌注桩施工故障处理 表4-9

类别	原因分析	预防及处理措施
坍 孔	①护筒埋置过浅，周围封填不密漏水； ②操作不当，如提升钻头、冲击（抓）锥或掏渣筒倾倒，或放钢筋骨架时碰撞孔壁； ③泥浆稠度小，起不到护壁作用； ④泥浆水位高度不够，对孔壁压力小； ⑤向孔内加水时流速过大，直接冲刷孔壁； ⑥在松软砂层中钻进，进尺太快	①坍孔部位不深时，可改用深埋护筒，将护筒周围回填土，夯实，重新钻孔； ②轻度坍孔，可加大泥浆相对密度和提高水位； ③严重坍孔，用黏土泥膏投入，待孔壁稳定后采用低速钻进； ④汛期或潮汐地区水位变化过大时，应采取升高护筒，增加水头或用虹吸管等措施保证水头相对稳定； ⑤提升钻头，下放钢筋管架应保持垂直，尽量不要碰撞孔壁； ⑥在松软砂层钻进时，应控制进尺速度，并用较好泥浆护壁

续上表

类别	原 因 分 析	预防及处理措施
钻孔偏斜	①桩架不稳、钻杆导架不垂直，钻机磨耗，部件松动； ②土层软硬不匀，致使钻头受力不均； ③钻孔中遇有较大孤石、探头石； ④扩孔较大处，钻头摆动偏向一方； ⑤钻杆弯曲，接头不正	①检查、纠正桩架，使之垂直安置稳固，并对导架进行水平与垂直校正和对钻孔设备加以检修； ②偏斜过大时，填入土石（砂或砾石）重新钻进，控制钻速； ③如有探头石，宜用钻机钻透，用冲孔机时，用低速，将石打碎，倾斜基岩时，可用混凝土填平，待其凝固后再钻
卡　钻	①孔内出现梅花孔、探头石、缩孔等未及时处理； ②钻头被坍落下的石块或误落入孔内的大工具卡住； ③入孔较深的钢护筒倾斜或下端被钻头撞击严重变形； ④钻头尺寸不统一，焊补的钻头过大； ⑤下钻头太猛，或钢绳过长，使钻头倾斜卡在孔壁上； ⑥冲击钻孔，尤易产生卡钻情况	①对于向下能活动的上卡，可用上下提升法，即上下提动钻头，并配以将钢丝绳左右拔移、旋转； ②卡钻后不宜强提，只宜轻提，轻提不动时，可用小冲击钻锥冲或用冲、吸的方法将钻锥周围的钻渣松动后再提出； ③施工中注意保持护筒垂直，防止倾斜；钻头尺寸应统一，下钻应控制钻进速度，不要过猛过快
掉　钻	①卡钻时强提强拉、操作不当，使钢丝绳或钻杆疲劳断裂； ②钻杆接头不良或滑丝； ③电动机接线错误，使不应反转的钻机反转，钻杆松脱	①卡钻时应设有保护绳方能适度强提，严防钻头空打； ②经常检查钻具、钻杆、钢丝绳和联结装置； ③掉钻落物时，宜迅速用打捞叉、钩、绳套等工具打捞，若落体已被泥沙埋住，则应用冲、吸的方法，先清除泥砂，使打捞工具接触落体后再打捞
扩孔及缩孔	①扩孔是因孔壁坍塌或钻锥摆动过大所致； ②缩孔原因是钻锥磨损过甚，焊补不及时或因地层中有软塑土，遇水膨胀后使孔径缩小	①注意采取防止坍孔和防止钻锥摆动过大的措施； ②注意及时焊补钻锥，并在软塑地层采用失水率小的优质泥浆护壁； ③已发生缩孔时，宜在该处用钻锥上下反复扫孔，以扩大孔径
安全要求	在任何情况下，严禁施工人员进入没有护筒或其他防护设施的钻孔中处理故障。当必须下人护筒或其他防护设施的钻孔时，应在检查孔内无有害气体，并备齐防毒、防溺、防坍埋等安全设施后，方可行动	

3. 清孔

1）抽浆清孔法

空气吸泥机清孔（图 4-15），离心吸泥泵清孔（图 4-16），此法清孔较彻底，适用于各种方法钻孔的柱桩和摩擦桩，一般用反循环钻机、空气吸泥机、水力吸泥机或离心吸泥泵等进行。

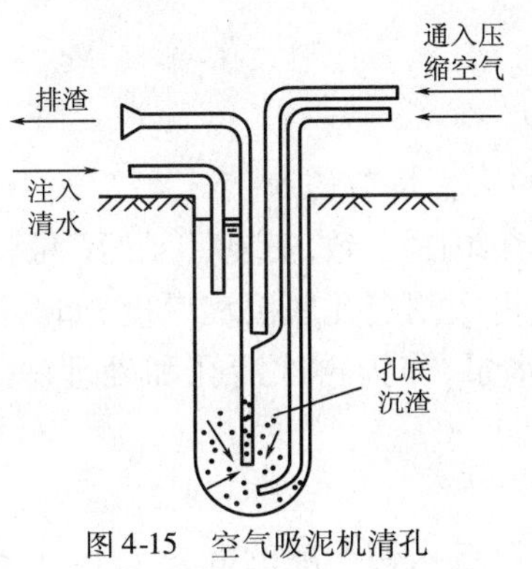

图 4-15　空气吸泥机清孔

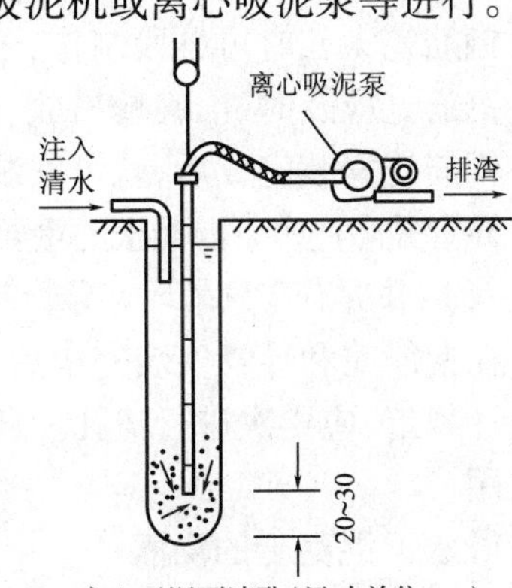

图 4-16　离心吸泥泵清孔（尺寸单位：cm）

2)换浆清孔法

适用于正循环钻孔法的摩擦桩,于钻孔完成后,提升钻锥距孔底10~20cm,继续循环,以相对密度较低(1.1~1.2)的泥浆压入,把钻孔内的悬浮钻渣和相对密度较大的泥浆换出。

3)掏渣清孔法

用抽渣筒、大锅锥或冲抓钻清掏孔底粗钻渣,仅适用于机动推钻、冲抓、冲击钻孔的各类土层摩擦桩的初步清孔,掏渣前可先投入水泥1~2袋,再以钻锥冲出数次,使孔内泥浆、钻渣和水泥形成混合物,然后用掏渣工具掏渣。当要求清孔质量较高时,可使用高压水管插入孔底射水,使泥浆相对密度逐渐降低。

4)喷射清孔法

只宜配合其他清孔法使用,是在灌注混凝土前对孔底进行高压射水或射风数分钟,使剩余少量沉淀物飘浮后,立即灌注水下混凝土。

5)注意要点

①不论采用何种清孔方法,在清孔排渣时,必须注意保持孔内水头,防止坍孔;

②柱桩应以抽浆法清孔,清孔后,将取样盒(开口铁盒)吊至孔底,待灌注水下混凝土前取出,检查沉淀在盒内的渣土,渣土厚度应符合规定的要求;

③用换浆法和掏浆法清孔后,孔口、孔中部和孔底提出的泥浆的平均值应符合质量标准要求;灌注水下混凝土前,孔底沉淀厚度应不大于设计规定;

④不得用加深孔底深度的方法代替清孔。

6)质量检验与质量标准

在终孔和清孔后,应使用仪器对成孔的孔位、孔深、孔形、孔径、竖直(斜)度、泥浆相对密度、孔底沉淀厚度等进行检验。

孔的中心位置:群桩的不大于10cm、单排桩的不大于5cm。

孔径:不小于设计桩径。

倾斜度:直桩的要小于1/100、斜桩的要小于设计斜度的±25%。

孔深:摩擦桩不小于设计规定,柱桩比设计深度超深不小于5cm。

孔底沉淀厚度:摩擦桩的不大于(0.4~0.6)d(d为设计桩径),柱桩的不大于设计规定。

清孔后泥浆指标:相对密度为1.05~1.2,黏度为17~20s,含砂率小于4%。

4. 水下混凝土的灌注

清孔结束后,随即吊放钢筋笼。钢筋笼应每隔2.0~2.5m设置加强箍筋一道。钢筋笼的主筋外侧应设置控制保护层厚度的垫块,其间距竖向为2m,横向圆周不小于4处,顶端设置吊环。钢筋笼太长时可分段制作,于吊放时进行焊接。

钢筋笼应及时、准确地吊放、焊接、就位,就位后应牢固定位。

钢筋笼安装完成后,就可安装导管。

导管是灌注水下混凝土的重要工具。其直径一般为20~30cm。每节长1~2m,最下端一节宜为4~6m,并焊有2只吊环。导管制作要求准确、坚固、圆滑、顺直、内径一致,安装后保证不漏水。

在钢筋笼和导管安装完毕后,开始浇灌水下混凝土前应再次测定孔底沉淀厚度,如沉淀超过设计规定,应再次进行清孔。所以应当配备吸泥机、高压水泵,作为再次清孔和处理灌注事故之用。

1)水下混凝土的浇灌

用导管法灌注水下混凝土,混凝土拌和物是通过导管下口进入初期灌的混凝土下面,托着初期混凝土及其上面的水和泥浆上升。所以必须做到以下两点。

其一,导管顶端比孔内水位至少高出4m以上,以保证升托导管底端以上混凝土及泥浆所必需的压力。这一点对浇灌最后的3~5m时尤为重要。

其二,尽量缩短灌注时间,使灌注工作在首批混凝土仍具有塑性的时间内完成。

在开始浇灌首批混凝土时,导管下口至孔底的距离以25~40cm为宜。首批混凝土的浇灌是否顺利,对灌注桩的质量和成败有着重要关系。故必须注意以下两点。

其一,首批混凝土与导管内的水之间,必须采取隔离措施。

其二,首批混凝土的储运量应满足初次埋深不小于1.0m的要求。其浇灌应连续不断快速进行(图4-17)。

灌注水下混凝土时,必须认真做记录。

在灌注过程中,应经常控测混凝土面的高度,及时提升和拆除导管,使导管在混凝土内埋置深度为2.0~4.0m,最大埋深不得大于6.0m(图4-18)。

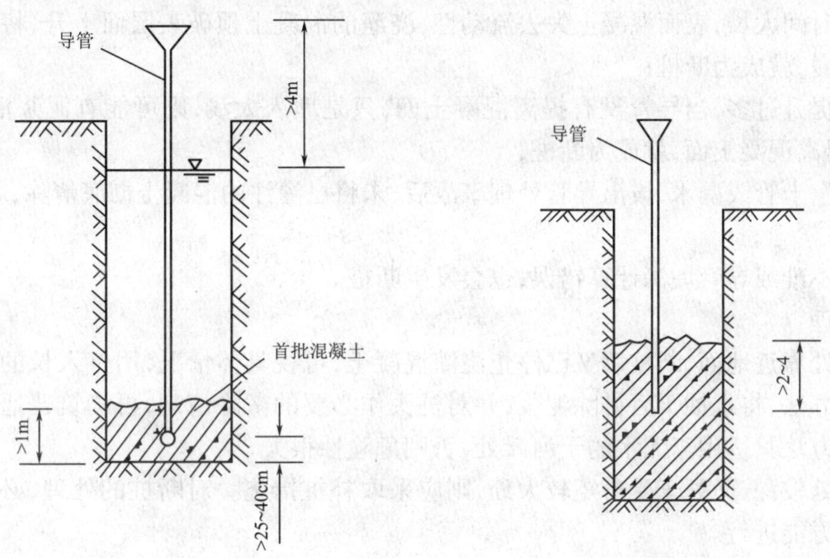

图4-17　导管位置　　图4-18　导管位置(尺寸单位:m)

混凝土拌和物运到灌注地点时,如有离析、坍落度不符合要求等现象,应在不提高水灰比的原则下重新拌和。重新拌和后仍达不到要求时不得使用。

在灌注过程中应注意防止钢筋笼被混凝土顶托上升,或提升导管时被法兰盘带上来。

探测混凝土顶面的测深锤应有足够的重量和形状。一般可用不小于4kg的锥形锤。系锤之绳宜用轻质、拉力强、遇水不伸缩、标有尺度的测绳。

灌注将近结束时,泥浆沉淀增厚,泥浆相对密度、黏度和静压力增加,混凝土面的位置用测深锤不易鉴别,此时应该用可分节接长的钢管,下端安一活盖铁盒,插入混凝土内取样鉴别。

灌注桩顶高程应比设计高出0.5~1.0m,以清除浮浆,确保桩头质量。在灌注过程中,应经常观察管内情况,正确组织施工,避免发生故障。

2)事故原因和处理

(1)卡管

混凝土堵塞在导管内下不去叫做卡管。其原因有以下几种:

①混凝土坍落度太小,流动性差,且夹有大粒径石料;

②混凝土拌和不均匀，或运输中产生严重离析；

③导管漏水，混凝土受冲洗后，粗集料集中在一处而卡住；

④混凝土在导管中停留过久。

为防止卡管，必须做到：

①组装导管时，螺栓要拧紧，且各个螺栓的拧紧程度要均匀，以防止法兰盘处漏水；

②材料规格要严格，严禁过大粒径的石料拌入混凝土中；

③混凝土坍落度及拌和时间要按规定掌握；

④开始浇灌混凝土时，速度要快，要连续，中间拆除导管时间要短，不要停留太久；

⑤混凝土在运输中若发生离析，应重新进行拌和后，才能使用。

(2)断桩

泥浆把灌注的混凝土隔开，或使截面积严重受损，称为断桩。断桩是严重质量事故，常见原因有以下几种：

①灌注时间太长，表面混凝土失去流动性，浇灌的混凝土顶破表层而上升，将混有泥浆的表层覆盖包裹，就成为断桩；

②导管提升过多，当导管没有提离混凝土面，只是埋入太浅，则可能有泥浆混入，形成夹泥，如导管提离混凝土面，就成为断桩；

③当发生卡管或漏水，拔出导管处理事故后，未将已灌注的混凝土彻底清除，就恢复灌注，也形成断桩；

④测深不准或导管埋深计算错误，也会发生断桩。

断桩处理：

如断桩处靠近地面，断桩后又已停止浇灌混凝土，可视具体情况，用打入长的钢护筒或沉入小沉井等办法，将水抽干后排除泥浆，并对桩头作必要的凿除清理，再浇筑普通混凝土达到桩头。这种方法只适用于无水的干河滩处，否则危险性很大。

如断桩处较深，又处于受弯矩较大处，则应采取补桩措施。对断桩的处理，必须经监理工程师同意后方能进行。

5. *质量检查和质量标准*

在施工时，如果发现断桩、夹层和混凝土有质量问题的迹象，就需要钻芯或用其他方法检测。对大桥的钻孔灌注桩，应逐根检测。取芯检测或用其他方法检测的比例，应在承包合同中写明。

钻孔灌注桩的允许偏差如表4-10。

钻孔灌注桩的允许偏差

表4-10

检查项目		允许值	检查方法
混凝土		按规范标准	试件强度
轴线偏位	群桩	100m	用经纬仪检查
	单排桩	50mm	
	直桩	<1/100	查检查记录
	斜桩	<2.5/100	
桩长		不短于设计	查检查记录
沉淀	摩擦桩	0.4~0.6桩径	查检查记录
	支承桩	50mm	
钢筋骨架底面高程		±50mm	查检查记录

三、挖孔灌注桩

1. 一般要求

(1)适用范围

挖孔灌注桩适用于无地下水或少量地下水，且较密实的土层或风化岩层。若孔内产生的空气污染物超过现行《环境空气质量标准》(GB 3095—1996)规定的三级标准浓度限值时，必须采取通风措施，方可采用人工挖孔措施。

(2)挖孔直径

应按照设计规定。挖孔过程中，应经常检查桩孔尺寸、平面位置和竖轴线倾斜情况，如有偏差应随时纠正。

2. 技术要求

①挖孔施工应根据地质和水文地质情况，因地制宜选择孔壁支护方案报批，并应经过计算，确保施工安全并满足设计要求。

②孔内遇到岩层须爆破时，应专门设计，宜采用浅孔松动爆破法，严格控制炸药用量并在炮孔附近加强支护。

③孔深大于5m时，必须采用电雷管引爆。孔内爆破后应先通风排烟15min，并经检查无有害气体后，施工人员方可下井继续作业。

④挖孔达到设计深度后，应进行孔底处理。必须做到孔底表面无松渣、泥、沉淀土。如地质复杂，应钎探了解孔底以下地质情况是否能满足设计要求，否则应与监理、设计单位研究处理。

⑤挖孔内无积水时，可不采用水下灌注混凝土施工，当不采用水下灌注混凝土时要按有关章节所述要求施工。

课题三　沉井基础施工技术

沉井是用钢筋混凝土制成的井筒(下有刃脚)结构物。施工时，先按基础的外形尺寸，在基础的设计位置上，制成井筒，然后在井内挖土，使井筒在自重作用下，缓缓下沉；当第一节井筒顶面下沉到接近地面时，再接第二节井筒，继续挖土，逐步接筑，直至下沉到设计高程为止，最后，灌注混凝土封底，并用混凝土或砂砾石填充井孔；在顶部浇筑钢筋混凝土顶板，即成为一个深埋的实体基础。

沉井的平面形式有柱形、矩形、圆端形。沉井的立面形式有柱形、外侧阶梯形、内侧阶梯形。

一、基本要求

沉井施工前，应对沉井入土地层及基底岩面地质资料切实掌握，并据以进行分析研究，制订确切可行的下沉方案。

沉井下沉前，须对附近构筑物、建筑物和施工设备采取有效的防护措施，并在下沉过程中，经常进行沉降观测。出现不正常变化或危险情况，应立即进行加固支撑等，确保安全，避免事故。

沉井施工前，应对洪汛、凌汛、河床冲刷、通航及漂流物等作好调查研究，需要在施工中渡洪、渡凌的沉井，应制订必要的措施，确保安全。

沉井位于浅水或可能被水淹没的岸滩上时，宜就地筑岛制作沉井；在制作至下沉过程中无被水淹没可能的岸滩上时，可就地整平夯实制作沉井；在地下水位较低的岸滩，若土质较好时，可开挖基坑制作沉井。

位于深水中的沉井，可采用浮式沉井。根据河岸地形、设备条件，进行技术经济比较，确定沉井结构、制订场地及下水方案。

二、沉井制作

沉井制作方法及适用条件见表4-11。

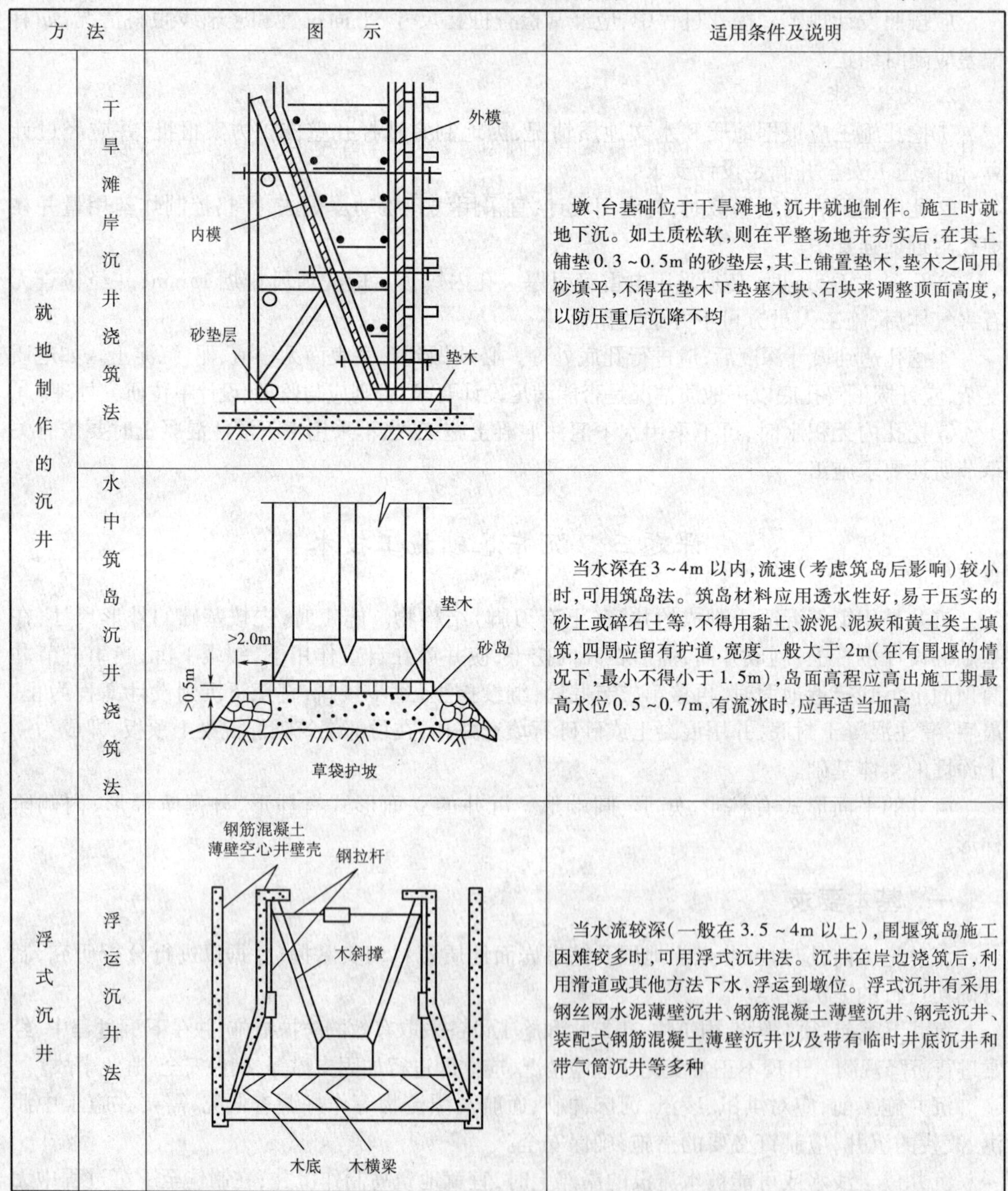

沉井制作方法及适用条件　　表4-11

方法		图示	适用条件及说明
就地制作的沉井	干旱滩岸沉井浇筑法		墩、台基础位于干旱滩地，沉井就地制作。施工时就地下沉。如土质松软，则在平整场地并夯实后，在其上铺垫0.3～0.5m的砂垫层，其上铺置垫木，垫木之间用砂填平，不得在垫木下垫塞木块、石块来调整顶面高度，以防压重后沉降不均
	水中筑岛沉井浇筑法		当水深在3～4m以内，流速（考虑筑岛后影响）较小时，可用筑岛法。筑岛材料应用透水性好，易于压实的砂土或碎石土等，不得用黏土、淤泥、泥炭和黄土类土填筑，四周应留有护道，宽度一般大于2m（在有围堰的情况下，最小不得小于1.5m），岛面高程应高出施工期最高水位0.5～0.7m，有流冰时，应再适当加高
浮式沉井	浮运沉井法		当水流较深（一般在3.5～4m以上），围堰筑岛施工困难较多时，可用浮式沉井法。沉井在岸边浇筑后，利用滑道或其他方法下水，浮运到墩位。浮式沉井有采用钢丝网水泥薄壁沉井、钢筋混凝土薄壁沉井、钢壳沉井、装配式钢筋混凝土薄壁沉井以及带有临时井底沉井和带气筒沉井等多种

三、沉井入土下沉

1. 沉井入土下沉注意要点

下沉方法分为不排水下沉和排水下沉两种，一般宜用不排水下沉法，当限于设备条件，在稳定的土层中，亦可采用排水除土下沉。但均应注意安全措施，特别是排水除土下沉，更应有安全措施，防止发生人身安全事故。

沉井入土下沉过程中，必须掌握土层情况，并作好下沉测量记录，随时分析和检验土的阻力与沉井重量的关系，选用下沉最有利的下沉方法。

在沉井正常下沉时，应自中间向刃脚处均匀对称除土，不使内隔墙底部受到底土顶托，对于排水除土下沉的底节沉井，设计支承位置处的土应在分层除土中同时挖除；由几个井室组成的沉井，应控制各井室的除土高差基本接近，一般不宜大于30~50m。

下沉时应随时注意正位，保持竖直下沉，至少每下沉1m检查一次；沉井入土深度尚未超过其平面最小尺寸的1.5~2倍时，最易出现倾斜，应及时注意校正，此时纠偏亦较易，但偏斜时的竖直校正，一般均将引起平面位置的移动，因此，沉井下沉初期尤应特别注意严格保持垂直下沉。

合理安排沉井外弃土的堆放地点（或直接装运），尽量避免对沉井引起偏压；在水中下沉时，应注意河床因冲淤引起的土面高差，必要时可用沉井外弃土调整。

采用吸泥吹砂等方法在不稳定土质或砂土中下沉时，必须备有向井内补水的设施，保持井内外的水位相平或井内略高于井外，以防止翻砂；吸泥器应均匀吸水，防止局部吸泥过深，造成沉井下沉偏斜。

沉井下沉至设计高程以上2m左右时，须适当放慢下沉速度，并注意控制井内除土量和除土位置，使沉井竖直平稳下沉，正确就位。

没井下沉遇障碍物时应立即停止下沉，进行详细检查，针对产生原因，采取措施排除障碍后方可继续下沉。

2. 沉井偏差原因及预防措施

①筑岛被水流冲击损坏或沉井一侧的土被水冲空：在受水流冲击的一侧抛卵石或片石等进行防护。

②沉井刃脚下土层软硬不均：多挖土层较硬地段，土层较软地段少挖，多留台阶或适当回填和支撑。

③未按规定操作程序对称抽除垫木或未及时填砂夯实：严格按施工规程要求施工；对称抽除垫木，并及时填砂夯实。

④除土不均匀，井内底面高差过大：严格控制井内除土底面高差。

⑤刃脚下掏空过多，沉井突然下沉：严格控制刃脚下除土量。

⑥刃脚一侧被障碍物搁住，未及时发现和处理：及时注意，发现和处理障碍物，对未被障碍物搁住的地段，应适当回填或支垫，防止倾侧。

⑦排水开挖时，井内大量翻砂：刃脚处应适当留有土台，不宜挖通，以免在刃脚下形成翻砂涌水通道，引起沉井偏斜。

⑧土层或岩面倾斜过大，沉井沿斜面滑动：应将表面松软岩层或风化岩层凿去，并尽量整平，使沉井刃脚的2/3以上嵌搁在岩层上，嵌入深度最小处不宜小于0.25m，其余未到岩层的刃脚部分，可由工人或潜水员用袋装混凝土等填塞缺口，刃脚以内井底的倾斜面应作成台阶或

榫槽,清渣封底。

⑨在软塑至流动状态的淤泥土中,沉井易于偏斜:可采用轻型沉井,踏面宽度宜适当加宽,以免沉井下沉过快而失去控制。

⑩井外弃土或河床高低相差过大,偏土压对沉井产生水平推移:弃土应尽量远弃,或弃于水流冲刷作用较大的一侧,对河床较低的一侧可抛土(石)回填。

3. 常用沉井的防偏纠偏措施

①偏除土纠偏法:纠正偏斜时,在刃脚较高的一侧除土,在刃脚较低的一侧加撑支垫(轨枕或枋木)、随着沉井下沉,即可纠正。纠正位移时,先有意偏除土使沉井偏位方向倾斜下沉,当沉井底面中心与设计中心位置相合或接近时,再进行偏斜纠正。

②井顶施加水平力,刃脚底一侧加设支垫纠偏法:在井顶偏低侧支撑与井壁成30°夹角圆木,并在偏高侧向井顶施以水平拉力,从而使沉井在逐渐下沉中纠偏。

③井顶施加水平力,井外射水,井内偏除土纠偏法:在井顶偏高一侧施以水平拉力,并在井内靠偏高一侧以吸泥机偏除土,同时在其外部冲射高压水,从而校正偏差。

④增偏土压纠偏法:在沉井偏斜的一侧抛石填土,使该侧土压力较另一侧为大,可纠正沉井偏斜。

⑤沉井位置扭转纠正法:可采用在沉井两组对角偏除土或偏填土,从而借助刃脚不相等的土压所形成的扭矩,使沉井在下沉过程中逐渐纠正其位置。

四、基底处理

沉井沉达设计高程后,应检验基底的地质情况是否与设计相符,排水下沉时,可直接检验、处理;不排水下沉时,应由潜水员进行水下检查、处理,必要时取样鉴定。

基底面应尽量整平,高差要保证水下封底混凝土在刃脚和内隔墙下满足设计要求的最小厚度,以提高水下混凝土的灌注质量。

防止封底混凝土和基底间掺入有害夹层;基底为岩层时,岩面残留物(风化岩碎块、卵石、砂)应清除干净,清除后的有效面积(沉井底面积扣除在刃脚下一定宽度不可能完全清除干净的面积)不得小于设计要求。

基底为砂质或黏质土时,应铺以碎石或砾石垫层,以铺至刃脚尖以上20cm为好。对排水下沉的沉井,还须沿刃口周边下面以碎石或砾石填平夯实。

井壁隔墙及刃脚与封底混凝土接触面处的污泥应予清除。

基底检验合格后,应及时进行封底。对于排水下沉的沉井,在清基时,如渗水量上升速度小于或等于6mm/min,可按普通混凝土浇筑方法进行封底;若渗水量大于上述规定时,宜采用水下混凝土(导管法灌注)进行封底。

五、导管法水下混凝土封底

用于沉井封底的混凝土坍落度宜为15~20cm。

灌注封底水下混凝土时,需要的导管间隔及根数应根据导管作用半径和封底面积确定。

导管灌注顺序为先低后高、先周围后中部,使混凝土保持大致相同的高程。

开始灌注时应注意:

①应控制混凝土下降速度,在开始下降时,一般可采用系吊的隔水塞下送一段距离。

②导管下口与井底的间距,在放隔水塞时宜稍大于塞厚,放出塞后应立即减少到10~20cm。

混凝土面最终灌注高度，要求比设计提高不小于15cm，待混凝土强度满足要求后，再抽水凿除表面松弱层。

六、井孔填实与顶板灌筑

沉井井孔的填实与否应按设计规定进行处理；当基础设计考虑全部断面均承荷载时，应将井孔按设计填实。

沉井采用不排水封底时，应在封底混凝土强度满足抽水后受力要求后方可抽水，并校验抽水后的浮力稳定性。

当沉井顶部需要浇筑钢筋混凝土顶板时，必须在抽水回填后再进行灌注。

七、沉井质量要求

1. 沉井下沉就位的质量要求

①沉井刃脚底面高程应符合设计要求。

②底面和顶面中心与设计中心的允许偏差，纵横方向为沉井高度的1/50。

③沉井的最大倾斜度为1/50沉井高度。

④矩形、圆端形沉井的平面扭转角偏差，就地制作的沉井小于1°，浮式沉井小于2°。

2. 沉井制作允许偏差

沉井制作允许偏差见表4-12。

沉井制作允许偏差 表4-12

部位尺寸		允许偏差
沉井平面尺寸	长度、宽度	±5%；当长、宽大于24m时，±12cm
	曲线部分的半径	±5%；当半径大于12m时，±6cm
	两对角线的差异	对角线长度的±1%，最大±18cm
沉井井壁厚度	混凝土、片石混凝土	±40mm；-30mm
	钢筋混凝土	±15mm

课题四 地下连续墙施工技术

一、一般规定

1. 一般规定

用专用的挖槽（孔）设备，沿着深基础或地下构筑物周边，采用泥浆护壁，开挖出具有一定宽度（或直径）与深度的沟槽（或孔），在槽（或孔）内设置钢筋笼，采用导管法浇筑混凝土，筑成一个单元墙（或桩柱）段，依次施工，以某种接头方式连接成一道连续的地下钢筋混凝土墙，作为基坑开挖时的防渗、挡土、邻近建筑物基础的支护以及直接成为承受垂直荷载的基础结构物的一部分。这种地下墙体即是现浇钢筋混凝土地下连续墙。

地下连续墙适于作为地下挡土墙、挡水围堰、承受竖向和侧向荷载的桥梁基础、平面尺寸大或形状复杂的地下构造物，及适用于除岩溶和地下承压水很高处的其他各类土层中施工。

地下连续墙可采用直线单元节段式施工，也可采用桩排式施工方式。

地下连续墙工程施工前,必须具备工程地质资料、区域内障碍物资料、必要的试验资料等。特别是地下土层变化,各种地下管线等情况,障碍物的穿越及其复杂性和影响必须在施工前掌握,以便采取相应措施,妥善处理,保证正常施工进展。

在原有构造物附近施工前,必须了解原有构造特点及基础情况,如影响构造物的安全时,应研究采取有效处理措施。

2. 分类

按成墙方式分:①桩排式;②壁板式;③组合式。

按墙的用途分:①用做临时挡土墙;②用作多边形基础兼作墙体的地下连续墙。

按挖槽方式分:①抓斗式;②冲击式;③回转式。

二、导墙的构筑

1. 导墙的作用和要求

用泥浆护壁挖槽构成的地下连续墙应筑导墙。导墙应满足地下墙的施工导向、蓄积泥浆并维护其表面高度,支承挖槽机械设备和其他荷载,维护槽顶表土层的稳定与阻止地面水流入沟槽。

导墙和地下墙中心线一致,内外两导墙轴线平行,内壁净向距应按地下墙的墙体厚度另加4~6cm。它指示挖槽位置而起导向作用,直接影响地下墙平面位置和墙体厚度,导墙的垂直精度是决定地下墙保持垂直的必要条件,导墙顶部应平整,以利于导向钢轨的架设定位。

导墙可以防止槽壁顶部坍塌,由于地表层较深层土质差,而且经常受到邻近地面超载的影响,为了保持地面土体稳定,经常在导墙之间每隔2~3m加设临时木支撑。

施工过程中,导墙经常承受钢筋笼、浇筑混凝土导管和钻机等静、动荷载作用。

为了保持槽面地层的稳定,需要有一个泥浆面极少变化的液面,特别是在地下水位很高的地层,为达到稳定液面应高出地下水位1m的要求,导墙就要高出地面。

导墙宜采用钢筋混凝土材料构筑。混凝土等级不宜低于C20。

导墙底端埋入土内深度宜大于1m。基底土层应夯实,遇有特殊情况须作妥善处理,导墙顶端应高出地面。遇地下水位较高时,导墙顶端应高于地下水位,墙后应填土与墙顶齐平。

2. 导墙施工顺序

导墙的施工顺序见图4-19所示。

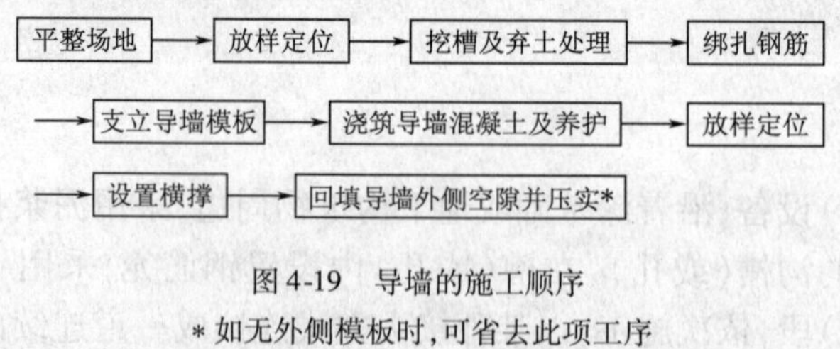

图4-19　导墙的施工顺序

* 如无外侧模板时,可省去此项工序

3. 导墙施工质量要求

①导墙构筑质量直接关系到地下连续墙的工程质量,为此,必须注意导墙内侧净空尺寸、垂直与水平精度和平面位置等的施工要求。

②为保证导墙成为一个整体,防止因强度不足或施工不善而发生事故,导墙的水平钢筋必须连接起来。

③为使地下连续墙的厚度满足设计要求,便于挖槽机作业,导墙内侧净空应较地下墙的厚度稍有放宽,其尺寸随挖槽方法略有差异,一般在4~6cm,最大在5~10cm范围内。

④导墙内侧的净空宽度在压力及地面上的各种荷载作用下,有被挤压而缩小的可能,因此每隔一定距离(2~3m)设置横撑。

⑤导墙施工的允许偏差:中心线偏差为±10mm;顶面全长范围内高程偏差为±10mm。

三、地下连续墙施工

1. 施工工艺流程

现浇地下连续墙的施工工艺流程见图4-20。

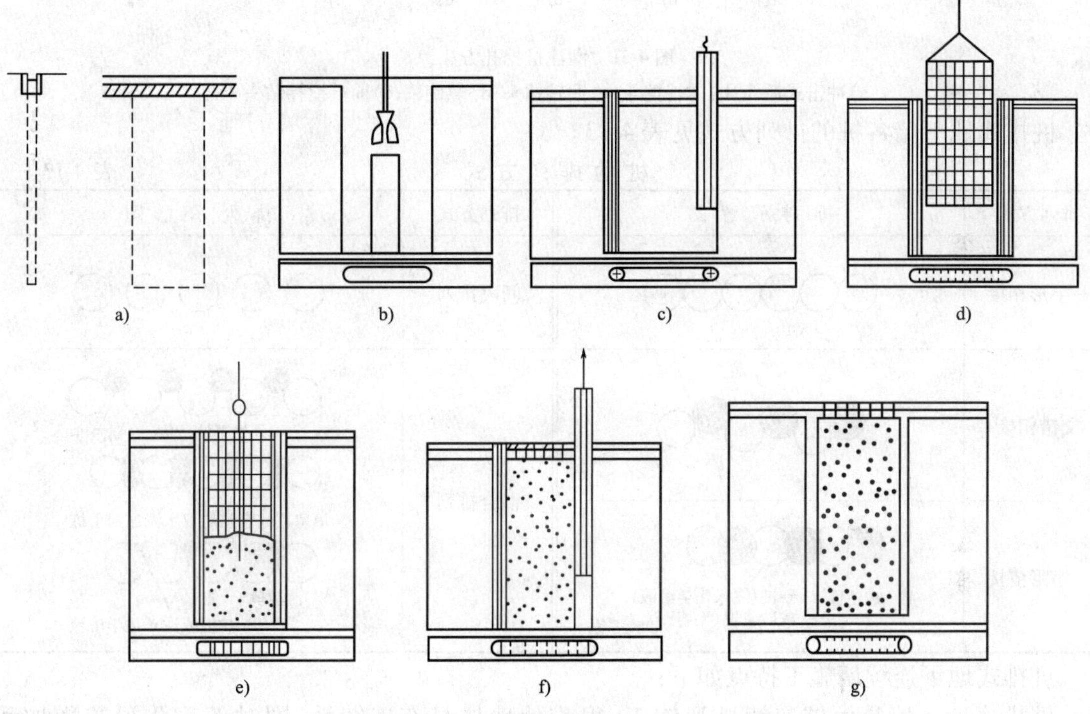

图4-20　现浇地下连续墙的施工工艺流程图

a)准备开挖的深槽;b)用专用机械进行深槽开挖;c)安放接头管;d)吊放钢筋笼下入槽内;e)下灌注导管并灌注混凝土;f)拔出接头管;g)单元墙段完成

2. 桩排式地下连续墙

桩排式地下连续墙是将灌注桩或预制混凝土桩并排连续组合起来建造地下墙的一种施工方法。根据成墙墙体区分,有灌注桩式或预制桩式两种。

灌注桩式连续墙施工方法:

①机械钻(挖)孔之后,向孔内插入钢筋,用导管灌注混凝土。

②用土中螺旋钻挖孔至设计深度之后,在提升钻杆的底端注入水泥砂浆,而后插入钢筋或H型钢。

③把特殊钻头安装在空心钻杆的底端,一面从底端注入砂浆,一面旋转钻杆向深处钻进,提升钻杆时,也同样重复该动作,而后插入钢筋。

灌注桩挖孔方法见图4-21。

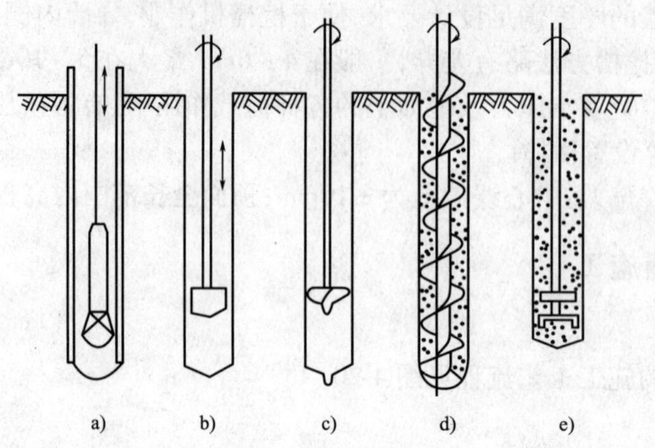

图 4-21　灌注桩挖孔方法

a)冲击式抓斗；b)回转挖斗；c)回转钻头；d)螺旋钻；e)前端搅拌钻头

桩排式地下墙各桩的排列方式见表 4-13。

桩的排列方式　　表 4-13

排列方式	排列示意图	排列方式	排列示意图
一字形相接		间隔排列	
交错相接		混合排列	开挖基坑一侧　MIP桩 填塞桩间空隙的双水泥加固土桩 开挖基坑一侧　MIP桩或注入化学溶液
一字形搭接	螺钻桩　砂桩(注入化学溶液)或砂浆桩(无筋)		

桩排式地下连续墙施工特点如下：

桩排式地下墙是由桩连续排列施工，很难使墙体具有连续性，同时随着孔深的增加和垂直施工精度影响，截水防渗不容忽视，为此采用桩排式施工的同时，根据施工目的和地质条件，同时采取一些辅助加固措施，如灌注化学浆或水泥浆等，以使墙体达到挡土或截水防渗的目的。

3. 槽壁(板)式地下连续墙

1)一般要求

槽壁式(或称壁板式)地下墙沟槽开挖时，应按已划分的单元节段，决定各段开挖先后次序，挖槽施工开始后应连续进行，直到节段完成。

成槽机械开挖一定深度后，应立即输入调制好的泥浆，并宜保持槽内泥浆面不低于导墙顶面 30cm。配制优质泥浆，起到良好的护壁作用是成槽的关键。重复使用的泥浆，若性质变化，应进行再生处理或舍弃。

挖掘的槽壁及接头处应保持竖直，接头处相邻两槽段的挖槽中心线在任一深度的偏差值不得大于墙厚的 1/3，槽底高度不得高于墙底设计高度。

挖槽时应加强观测，如槽壁发生坍塌时，应查明原因，采取相应措施，妥善处理。对于严重大面积坍塌时，应提出挖槽机械后，填入较好的黏质土，必要时可掺拌10%～20%的水泥，回填至坍塌处以上1～2m，待沉积密实后再进行挖掘。

对于局部坍塌，可加大泥浆相对密度和黏度，已坍入的土块宜清理后再继续挖掘。

挖槽过程中还应注意下列要求：

①挖掘时如遇到沟槽偏斜等故障，应查明原因，予以排除；

②槽段开挖达到槽底设计高程后，应对成槽质量进行检查，符合规定要求后，方可进行下一清底、换浆工序；

③挖槽施工应做好施工记录，妥善处理废弃泥浆及钻渣，防止环境污染，及时清理场地，文明施工。

2）槽段清底和施工接头要求

（1）槽段清底工作要求

槽段清底工作应在吊放接头装置之前进行，清底工作包括清除槽底沉淀的泥渣和置换槽中的泥浆，清底的技术要求是：

①清底工作前，应检测节段平面位置、横截面和竖面，如槽壁竖面倾斜、弯曲和宽度等超过允许偏差时，应进行修槽工作，使其符合要求，节段接头处应用刷子或高压射水清扫；

②清底工作宜视设备条件采用抓斗排渣法、反循环泥浆泵排泥法、潜水电泵排泥法、空气升液排泥法等。

（2）清底与置换泥浆要求

清底的方法不同，清底所需时间也不同，但一般是在挖槽和置换泥浆工作结束1h后，应进行检验，槽底以上20cm处的泥浆相对密度不应大于1.15，槽底沉淀物厚度应符合设计要求。

（3）对施工接头的要求

施工接头应符合设计要求，当设计未规定时，可按下列规定办理。

①对受力和防渗要求较小的施工接头，宜采用接头管式接头。当初期的单元节段开挖完成并清底后，应用吊机将钢制接头管竖直吊放入槽内，紧靠单元节段两端，接头管底端应插入槽底以下100～150mm，管长应略大于地下连续墙设计值，接头管可分节于管内用销子连接固定。管外平顺无突出物质，管外径宜比墙厚小50mm。此后可进行吊放钢筋骨架、灌注水下混凝土工序。灌注水下混凝土时，应经常转动及小量提升接头管。待混凝土初凝后将接头管拔出，拔管时不得损坏接头处的混凝土。

②防渗和整体性要求较大的接头装置宜采用接头箱式或隔板式接头，接头箱式其吊放的钢筋骨架一端带有堵头板，堵头钢板向外伸出的水平钢筋可插入接头箱管中，灌注混凝土时，由堵头板挡住，使混凝土不流入接头箱管内。混凝土初凝后，逐步吊出接头箱管，先灌节段骨架的外伸钢筋可灌入邻段混凝土内。

③当地下连续墙设计与梁、承台或墩柱连接时，应于连接处设置结构接头。结构接头的形式应按照设计规定。施工时应在连接处按照设计文件埋设连接钢筋，待墙体混凝土灌注并凝固后，开挖墙体内侧土体，并凿去混凝土保护层，露出预埋钢筋。将其弯成所需形状，与后浇的梁、承台或墩柱的主钢筋连接。

3）钢筋骨架制作与混凝土灌注

（1）钢筋骨架制作和吊放要求

除有关钢筋制作的一般规定要求外，须注意下列各点：

①钢筋骨架应根据设计图和单元节段的划分长度制作，并宜在工地的工作台上试装配成

型，骨架中间应留出上下贯通的导管位置；

②吊放钢筋骨架时，必须使骨架中心对准单元节段中心，竖直不变形并准确地下放插入槽内，不得使骨架发生摆动；

③全部钢筋骨架入槽后，应固定在导墙上，并应使骨架顶端高度符合设计要求；

④当钢筋骨架不能顺利插入槽内时，应重新吊起，查明原因，解决后，重新放入，不得强行压入槽内。

(2)灌注混凝土要求

混凝土拌和物应采用导管法灌注。单元节段长度小于 4m 时，可采用 1 根导管灌注，单元节段长度超过 4m 时，宜采用 2 或 3 根导管同时灌注。采用多根导管灌注时，导管间净距不宜大于 3m，导管距节段端部不宜大于 1.5m。各导管灌注的混凝土拌和物表面高差大于 0.3m。导管内径不宜小于 200mm。

思 考 题

1. 简述各种基坑支撑方法的适用条件。
2. 围堰有哪些方法？各适用什么条件？
3. 各种钻孔设备的适用性如何？
4. 简述钻孔灌注桩工艺流程。
5. 简述护筒埋设程序及质量控制要点。
6. 简述钻孔灌注桩施工钻孔、混凝土浇筑事故原因分析及故障处理方法。
7. 简述沉井基础施工要点。
8. 简述管柱基础施工程序。

单元五　桥梁墩台施工技术

知识点　1. 石砌墩台、高桥墩和墩台附属工程的施工程序和作业方法；
2. 墩台施工质量检查和质量控制方法。

技能点　1. 石砌墩台、混凝土墩台、装配式墩台、高桥墩和墩台附属工程的施工操作；
2. 墩台施工质量控制。

课题一　圬工墩台施工技术

一、石砌墩台施工挂线

墩台在砌筑之前，首先要放好样，才能使砌石工作的进行有所依据。放样是根据施工测量定出的墩台中心线，放出砌筑墩台的轮廓线，并根据墩台的轮廓线进行砌筑。砌筑过程石料的定位可采用下列两种方法进行。

1. 垂线法

当墩台身和基础较低时，可依平面轮廓线砌筑圬工，对于直坡墩台可用吊垂砣的方法来控制定位石的位置，为了吊砣方便，吊砣点与轮廓线间留有 1～2cm 的距离，如图 5-1 所示；对于斜坡墩台可以用规板控制定位石的位置，如图 5-2 所示。规板构造见图 5-3，使用时以斜边靠近墩台面，悬垂线若与所划墨线重合，则表示所砌墩台斜度符合要求。

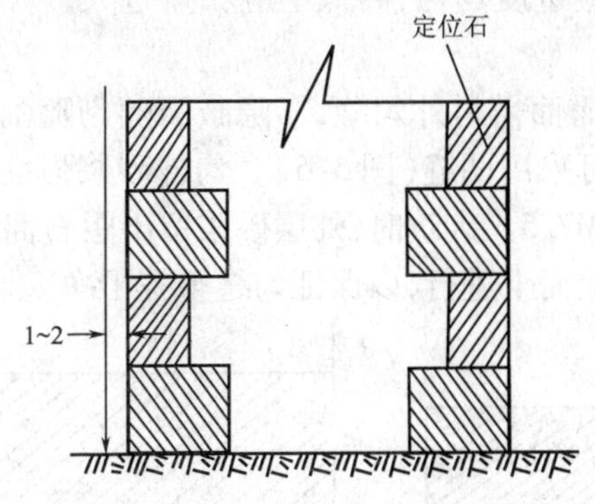

图 5-1　垂直墩台挂线(尺寸单位:cm)

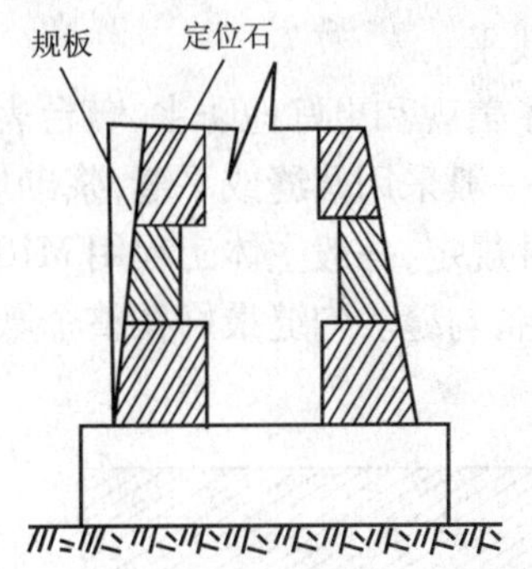

图 5-2　斜坡墩台挂线

2. 瞄准法

当墩台身较高时，可采用瞄准法控制定位石的位置，见图 5-4。当墩台身每升高 1.5～2m 时，沿墩台平面棱角埋设铁钉，使上下铁钉位于一个垂直平面上，并挂以铅丝。砌筑时，拉直铅丝，使与下段铅丝瞄成一直线，即可依此安砌定位石于正确位置。采用这种方法定位时，每砌高 2～3m 时，应用仪器测量中线，进行各部尺寸的校核，以确保各部尺寸的正确。

二、石砌墩台的施工程序和作业方法

1. 墩台砌筑程序和作业方法

1）基础砌筑

当基础开挖完毕并进行处理后，即可砌筑基础。砌筑时，应自最外边缘开始（定位行列），砌好外圈后填砌腹部（图5-5）。

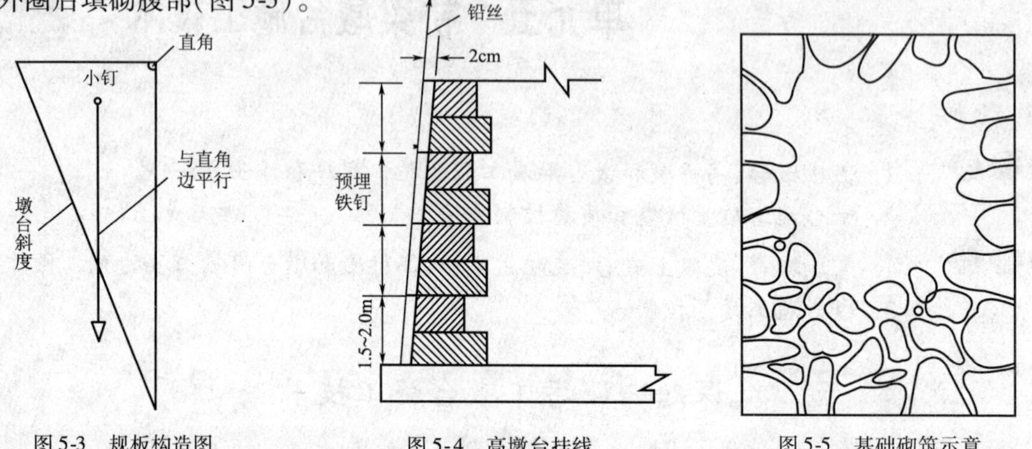

图5-3　规板构造图　　图5-4　高墩台挂线　　图5-5　基础砌筑示意

基础一般采用片石砌筑。当基底为土质时，基础底层石块可不铺座灰，石块直接干铺于基土上；当基底为岩石时，则应铺座灰再砌石块。第一层砌筑的石块应尽可能挑选大块的，平放铺砌，且轮流丁放或顺放，并用小石块将空隙填塞，灌以砂浆，然后开始一层一层平砌。每砌2～3层就要大致找平后再砌。

2）墩台身砌筑

当基础砌筑完毕，并检查平面位置和高程均符合设计要求后，即可砌筑墩台身。砌筑前应将基础顶洗刷干净。砌筑时，桥墩先砌上下游圆头石或分水尖，桥台先砌四角转角石，后在已砌石料上挂线，砌筑边部外露部分，最后填砌腹部。

墩台身可采用浆砌片石、块石或粗料石砌筑（内部均用片石填腹）。表面石料一般采用一丁一顺的排列方法，使之连接牢固。墩台砌筑时应进度均匀，高低不应相差过大，每砌2～3层应大致找平。

为了美观和更好地防水，墩台表面砌缝，靠外露面需另外勾缝，靠隐蔽面随砌随刮平。勾缝的形式，一般采用凸缝或平缝，浆砌规则块材料也可采用凹缝（图5-6）。勾缝砂浆强度等级应按设计文件规定，一般主体工程用M10，附属工程用M7.5。砌筑时，外层砂浆留出距石面1～2cm的空隙，以备勾缝。勾缝最好在整个墩台砌好后，自上而下进行，以保证勾缝整齐干净。

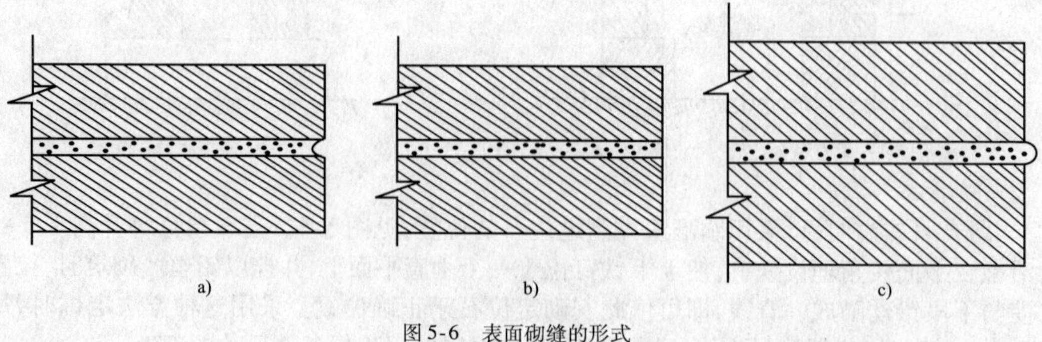

图5-6　表面砌缝的形式

a）凹缝；b）平缝；c）凸缝

2. 墩台砌筑工艺

1)浆砌片石

(1)灌浆法

砌筑时片石应水平分层铺放,每层高度 15~20cm,空隙应以碎石填塞,灌以流动性较大的砂浆,边灌边撬。对于基础工程,可用平振捣器振捣,振捣时平板振捣器应放置在石块上面的砂浆层上振动,直至砂浆不再渗入砌体后,方可结束。

(2)铺浆法

先铺一层座灰,把片石铺上,每层高度一般不超过 40cm,并选择厚度合适的石块,用作砌平整理,空隙处先填满较稠的砂浆,再用适当的小石块卡紧填实。然后再铺上座灰,以同样方法继续铺砌上层石块。

(3)挤浆法

先铺一层座灰,再将片石铺上,左右轻轻揉动几下,再用手锤轻击石块,将灰缝砂浆挤压密实。在已砌好片石侧面继续安砌时,应在相邻侧面先抹砂浆,再砌片石,并向下和抹浆的侧面用手挤压,用锤轻击,使下面和侧面的砂浆挤实。分层高度宜在 70~120cm 之间,分层与分层间的砌缝应大致砌成水平。

2)浆砌块石

一般多采用铺浆法和挤浆法。砌体应分层平砌,石块丁顺相间,上下层竖缝应尽量错开,错缝距离应不小于 8cm,分层厚度一般不小于 20cm。对于厚大砌体,如不易按石料厚度砌成水平层时,可设法搭配,使每隔 70~120cm 能够砌成一个比较平整的水平层,如图 5-7 所示。

3)浆砌粗料石

砌筑前应按石料及灰缝厚度,预先计算层数,使其符合砌体竖向尺寸。石块上下和两侧修凿面都应和石料表面垂直,同一层石块和灰缝宽度应取一致。

砌筑时宜先将已修凿的石块试摆,为求水平缝一致,可先干放于木条或铁棍上,然后将石块沿边棱(A-A)翻开(图 5-8),在石块砌筑地点的砌石上及侧缝处铺抹砂浆一层并将其摊平,再将石块翻回原位,以木槌轻击,使石块结合紧密,垂直缝中砂浆若有不满,应补填插捣至溢出为止。石块下垫放的木条或铁棍,在砂浆捣实后即行取出,空隙处再以砂浆填补压实。

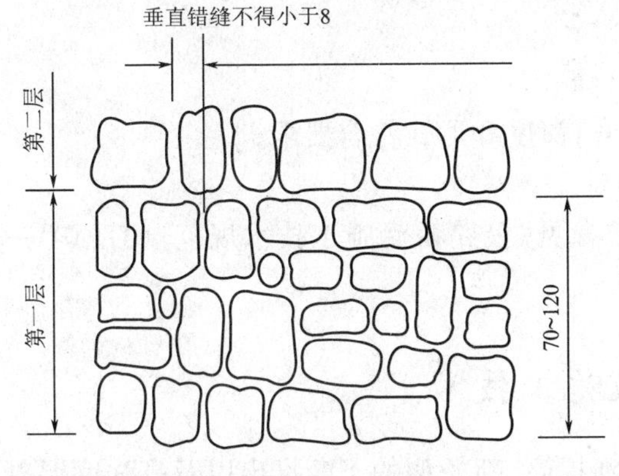

图 5-7 块石砌筑方法(尺寸单位:cm)

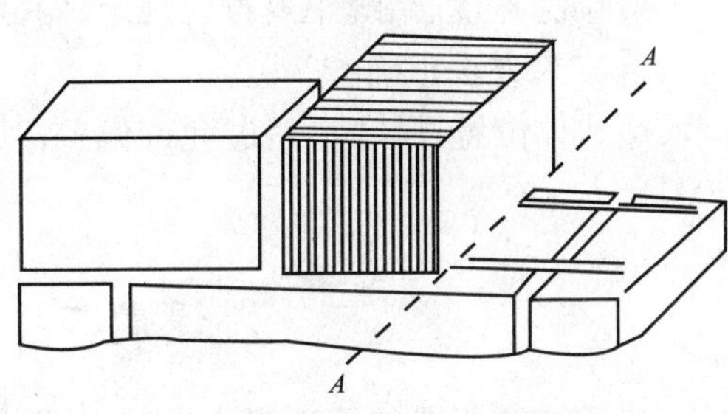

图 5-8 粗料石砌筑方法

3. 砌筑注意事项

为了使各个石块结合而成的砌体结合紧密,能抵抗作用在其上的外力,砌筑时必须做到下列几点：

①石料在砌筑前应清除污泥、灰尘及其他杂质，以免妨碍石块与砂浆的结合。在砌筑前应将石块充分润湿，以免石块吸收砂浆中的水分。

②浆砌片石的砌缝宽度不得于大于 4cm；浆砌块石不得大于 3cm；浆砌料石不得大于 2cm。上下层砌石应相互压叠，竖缝应尽量错开，浆砌粗料石，竖缝错开距离不得小于 10cm，浆砌块石不得小于 8cm，这样集中力能分布到砌体整体上，否则集中力将由一个柱体承受（图 5-9）。

图 5-9 错缝示意

a）错误；b）正确

③应将石块大面向下，使其有稳定的位置，不得在石块下面用高于砌砂浆层厚度的石块支垫。

④浆砌砌体中石块都应以砂浆隔开，砌体中的空隙应用石块和砂浆填满。

⑤在砂浆尚未凝固的砌层上，应避免受外力碰撞，砌筑中断后应洒水润湿，进行养护。重新开始砌筑时，应将原砌筑表面清扫干净，洒水润湿，再铺浆砌筑。

三、墩台施工质量检查和控制

对砂浆及小石子混凝土的抗压强度应按不同强度等级、不同配合比分别制取试件，重要及主体砌筑物，每工作班应制取试件 2 组，一般及次要砌筑物，每工作班可制取试件 1 组。

小石子混凝土抗压强度评定方法同一般混凝土，砂浆抗压强合格条件如下。

（1）同等级试件的平均强度不低于设计强度等级。

（2）任意一组试件最低值不低于设计强度等级的 75% 砌体质量应符合下列规定：

①砌体所用各项材料类别、规格及质量符合要求；

②砌缝砂浆或小石子混凝土铺填饱满，强度符合要求；

③砌缝宽度、错缝距离符合规定，勾缝坚固，整齐，深度和形式符合要求；

④砌筑方法正确；

⑤砌体位置、尺寸不超过允许偏差，其允许偏差参见《公路桥涵施工技术规范》（JTJ 041—2000）。

课题二 高桥墩施工技术

随着交通事业的不断深入发展，公路等级的不断提高，新桥型的不断推出以及高强度混凝土的不断推广应用，高桥墩（塔）也不断出现，但随着桥墩高度的增加，其施工难度及技术要求也相应增大和提高。目前比较成熟的方法有：提升模板法、滑动模板法和预制拼装法。提升模板法与滑动模板法的具体施工要点如表 5-1 所示。

高桥墩施工方法及具体施工要点 表 5-1

施工方法	施工要点与要求	示 意 图
提升模板法	1. 单面整体提升模板法 单面整体提升模板可分为拼装式模板和自制式模板。索塔施工时，应分节段支模和浇筑混凝土，每一节段的高度应视索塔尺寸、模板数量和混凝土浇筑能力而定，一般宜为 3～6m。用手拉葫芦或吊机吊起大块模板，安装好第一节段模板，其组装方法与高墩台组装模板相同。模板安装好后在浇筑第一节段混凝土时，应在塔身内预埋螺栓，以支承第二节段模板和安装脚手架，如图 A、图 B 所示。 2. 翻模法 这种模板系统依靠混凝土对模板的黏着力自成体系，且制造简单，构件种类少，模板的大小可根据施工能力灵活选用，混凝土接缝较易处理，施工速度快。但模板本身不能爬升，要依靠塔吊等起重设备提升。施工程序为先安装第一层模板（接缝节 + 标准节 + 接缝节），浇筑混凝土，完成一个基本节段的施工；以已浇混凝土为依托，拆除最下一层的接缝节和标准节（顶节接缝节不拆），向上提升，将标准节接于第一层的顶节接缝节上，并将拆下的接缝节立于标准节，安装对拉螺杆和内撑，完成第二层模板安装，如图 C、图 D、图 E 所示。 3. 爬模法 爬模按提升设备不同可分为倒链手动爬模、电动爬架拆翻模和液压爬升模。 1）倒链手动爬模 此种装置一般由钢模、提升桁架及脚手架三部分组成，其中模板由背模，前模，及左、右侧模组成。其施工要点是：利用提升架上的起重设备，拆除下一节钢模，将其安装到上一节钢模上，浇筑上节钢模内的混凝土并养生。同时绑扎待浇节段的钢筋，待混凝土达到规定强度后，用倒链将提升架沿背模轨向上提升（倒链葫芦的数量、起吊力的选择一定要依据可提升物的重力等考虑足够的安全系数，并考虑做保险链），再拆除最下节钢模。如此循环操作，全部施工设备随塔柱的升高而升高，具体步骤如图 D 所示。	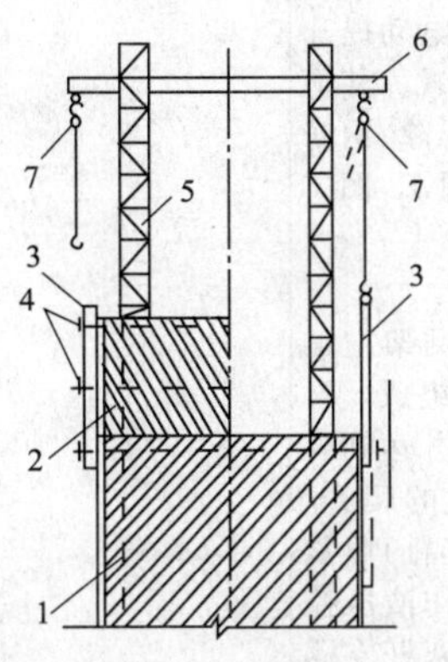 图 A 单面整体提升模板示意图 1-已浇索塔；2-待浇节段；3-模板；4-对拉螺杆；5-钢架立柱；6-横梁；7-手拉葫芦 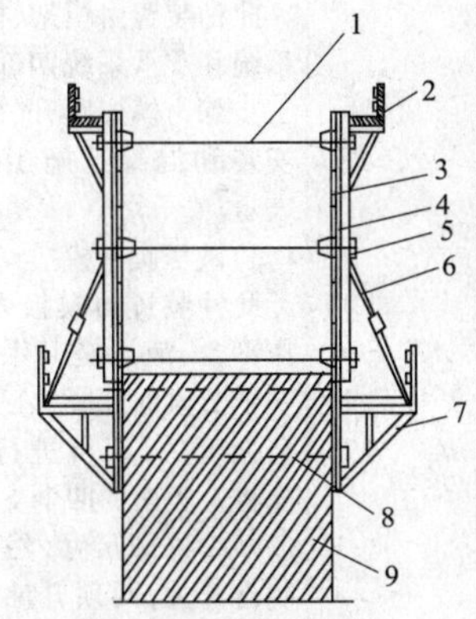 图 B 拼装式模板的组装方式 1-拉杆；2-上脚手；3-模板；4-立柱；5-横肋；6-可调斜撑；7-下脚手；8-预埋螺栓；9-已浇索塔 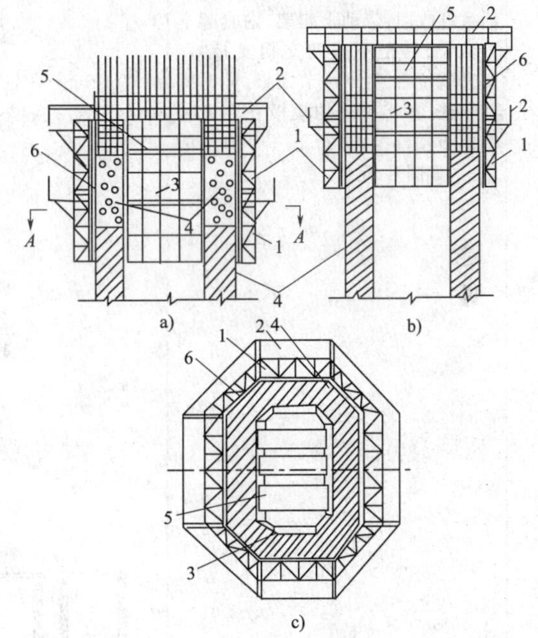 图 C 多节模板交替提升示意图 a）浇筑混凝土、安装钢筋；b）模板交替提升；c）*A-A* 剖面 1-模板桁架；2-工作平台；3-内模板；4-已浇混凝土；5-内模平台；6-外模板

续上表

施工方法	施工要点与要求	示 意 图
提升模板法	2）电动爬架拆翻模 此种装置由模架、模板、电动提升系统和支承系统四部分组成。其施工步骤为模架爬升、模板拆除、钢筋安装和混凝土施工，如图 E、图 F 表示。 3）液压爬升模 此种装置由模板系统、网架主工作平台、液压提升系统等组成。当一个节段的混凝土已浇筑并达到规定强度后，即可进行模板的爬升。先将上爬架的四个支腿（爬靴）收紧以缩小外廓尺寸，然后操作液压控制台开关，两顶升油缸活塞杆支承在下爬架上，两缸体同时向上顶升，并通过上爬架、外套架带动整个爬模向上爬升。待行程达到要求的高度时，停止爬升，调节专门杆件，伸出四个支腿，并使就位爬靴支在爬升支架上，然后操纵液压控制台，使活塞杆收回，带动下爬架、内套架上升就位，并把下爬架支腿支撑好。爬升就位后，拆下一节模板，同时绑扎钢筋，并将拆下的模板立在上一节模板顶部，再进行下一个节段的施工，如图 G 所示	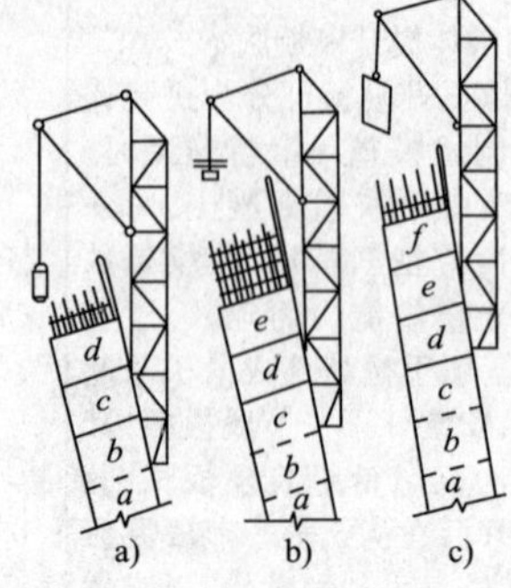 图 D　爬模施工步骤 a）浇混凝土；b）养生、绑扎钢筋；c）爬升模架、安装模板 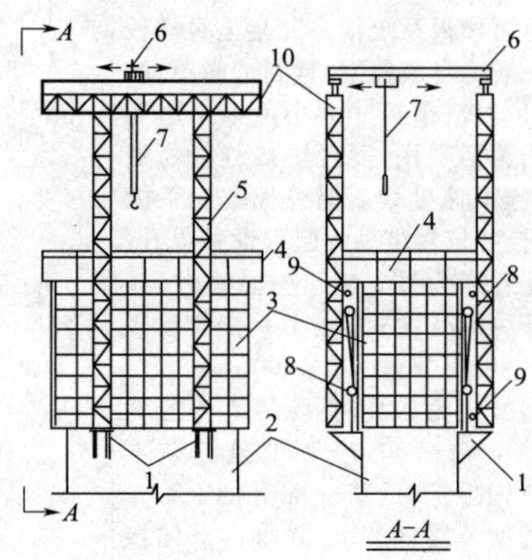 图 E　电动爬架拆翻模示意图 1-支承系统；2-索塔；3-模板；4-工作平台；5-钢立柱；6-桁车；7-电动葫芦；8-提升系统；9-导向轮；10-模板桁架 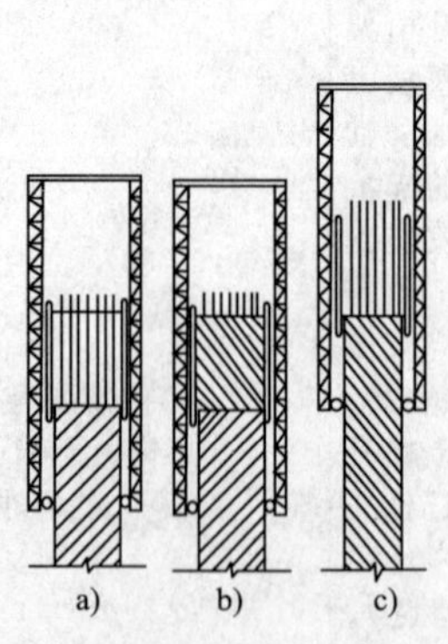 图 F　电动爬架拆翻模施工步骤 a）钢筋及模板安装；b）浇筑混凝土；c）提升模架 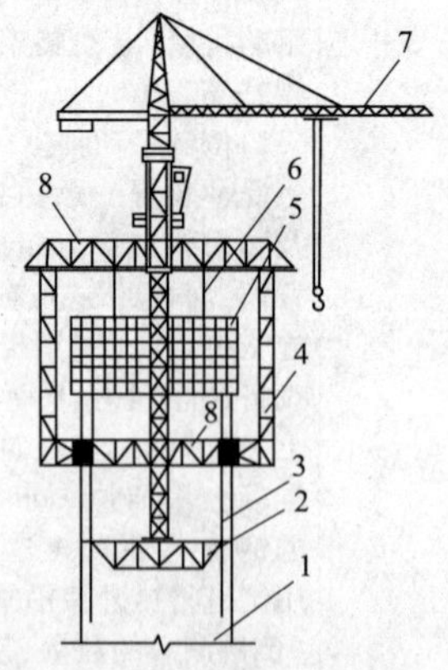 图 G　液压爬升模示意图 1-已浇索塔；2-下爬架；3-爬架轨道及液压提升系统；4-L 形爬架支腿；5-模板；6-内吊脚手架；7-塔吊；8-网架主工作平台

续上表

施工方法	施工要点与要求	示 意 图
滑动模板法	1. 基本原理 滑动模板系将板悬挂在工作平台的围圈上,沿着所施工的混凝土结构截面的周界组拼装配,并随着混凝土的灌筑由千斤顶带动向上滑升。 2. 基本构造 滑动模板的构造,由于桥墩类型、提升工具的类型不同也稍有差异,但其主要部件与功能则大致相同。一般主要由工作平台、内外模板、混凝土平台、工作吊篮和提升设备等组成,如图H所示。 3. 提升工艺 1)螺旋千斤顶提升工艺(图I) ①转动手轮2使螺杆3旋转,使千斤顶顶座4及顶架上横梁5带动整个滑模徐徐上升。此时,上卡头6、卡瓦7、卡板8卡住顶杆1而下卡头9、卡瓦7、卡板8则沿顶杆向上滑行,当滑至与上下卡瓦接触或螺杆不能再放置时,即完成一个行程的提升。 ②向相反方向转动手轮,此时,下卡头、卡瓦、卡板卡住顶杆,整个滑模处于静止状态。仅上卡头、卡瓦、卡板连同螺杆、手轮沿顶杆向上滑行,至上卡头与顶架上横梁接触或螺杆不能再旋转时为止,即完成一个循环。 2)液压千斤顶提升工艺(图J) (1)进油提升 利用油泵将油压入缸盖3与活塞5间,在油压作用时上卡头6立即卡紧顶杆1,使活塞固定于杆顶上。随着缸盖连同缸筒4、底座9及整个滑模结构一起上升,直至上卡头6、下卡头8顶紧时,提升暂停。此时,缸筒内排油弹簧完全处于压缩状态。 (2)排油归位 开通回油管路,解除油压。用排油弹簧7推动下卡头使其与顶杆卡紧,同时推动上卡头将油排出缸筒,在千斤顶及整个滑模位置不变的情况下,使活塞回到进油前位置。至此,完成一个提升循环。为了使各液压千斤顶能协同一致地工作,应将油泵与各千斤顶用高压油管连通,由操纵台统一集中控制。 提升时,滑模与平台上临时荷载全由支承杆承受。顶杆多用A_3与A_5圆钢制作,直径25mmA_5圆钢的承载能力约为12.5kN(A_3:10kN)。顶杆一端埋置于墩、台结构的混凝土中,一端穿过千斤顶芯孔,每节长2.0~4.0m,用工具或焊接	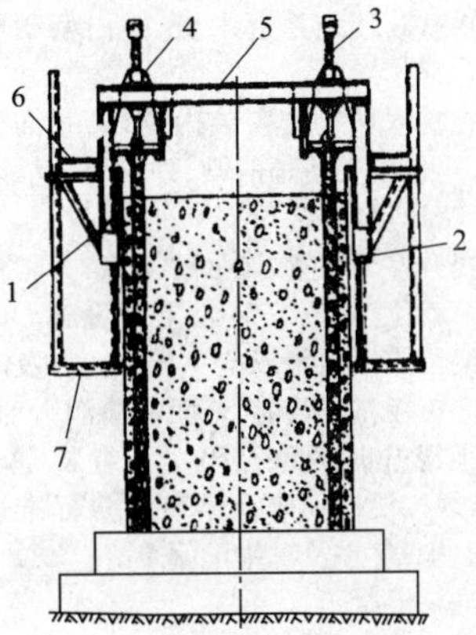 图H 滑模构造示意图 1-模板;2-围圈;3-支承杆;4-千斤顶;5-顶架;6-操作平台;7-吊架

续上表

施工方法	施工要点与要求	示 意 图
滑动模板法	连接。为了节省钢材，使支承顶杆能重复利用，可在顶杆外安上套管，套管随同滑模整个结构一起上升，待施工完毕后，可拔出支承顶杆。 4. 施工工序要点 1）滑模组装 ①在基础顶面搭枕木垛，定出桥墩中心线。 ②在枕木垛上先安装内钢环，并准确定位，再依次安装辐射梁、外钢环、立柱、顶杆、千斤顶、模板等。 ③提升整个装置，撤去枕木垛，再将模板落下就位，随后安装余下的设施。内外吊架子待模板滑长至一定高度，及时安装。模板在安装前，表面需涂润滑剂，以减小滑升时的摩擦阻力。组装完毕后，必须按设计要求及组装质量标准进行全面检查，并及时纠正偏差。 2）灌注混凝土 滑模宜灌注低动流度或半干硬性混凝土，灌筑时应分层，分段对称地进行，分层厚度以20～30cm为宜，灌筑后混凝土表面距模板上缘宜有不小于10～15cm的距离；混凝土入模时，要均匀分布，应采用插入式振动器捣固，振捣时应避免触钢筋模板，振动插入一层混凝土的深度不得超过5cm；脱模时混凝土强度应为0.2～0.5MPa，以加强提升，脱模后8h左右开始养生，用吊在下吊架上的不绕墩身的带小孔的水管来进行。养生水管一般设在距模板下缘1.8～2.0m处效果较好。 3）提升与收坡 整个桥墩灌筑过程可分为初次滑升、正常滑升和末次滑升三个阶段。从开始灌注混凝土到模板首次试升为初次滑升阶段，初灌混凝土的高度一般为60～70cm，分三次灌注，在底层混凝土强度达到0.2～0.4MPa时即可试升，将千斤顶同时缓慢提升5cm，以观察底层混凝土的凝固情况，现场鉴定可用手指按刚脱模的混凝土表面，基础按不动，但留有指痕，砂浆不沾手，用指甲划过有痕，滑升时能耳闻“沙沙”的摩擦声，这些表明混凝土已具备0.2～0.4MPa的脱模强度，可以开始再缓慢提升20cm左右。初升后，经全面检查设备，即可进行正常滑升阶段：每灌注一层混凝土，滑模提升一次，使每次灌注的厚度与每提升的高度基本一致。在正常气温条件下，提升时间不宜超过1h。末次滑升阶段是混凝土	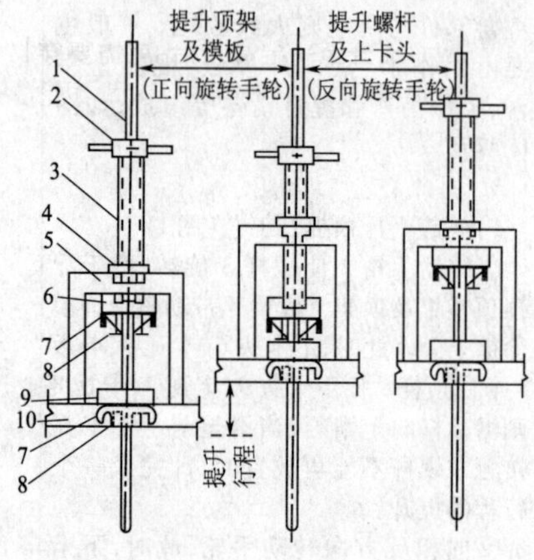 图I　螺旋千斤顶提升示意图 1-顶杆；2-手轮；3-螺杆；4-顶座；5-顶架上横梁；6-上卡头；7-卡瓦；8-卡板；9-下卡头；10-顶架下横梁

续上表

施工方法	施工要点与要求	示 意 图
滑动模板法	已经灌注到需要高度,不再继续灌注,但模板尚需继续滑升的阶段。灌完最后一层混凝土后,每隔 1 ~ 2h 将模板提升 5 ~ 10cm,滑动 2 ~ 3 次后即可避免混凝土与模板胶合,滑模提升时应做到垂直、均衡一致,顶架间高差不大于 20mm,顶架模梁水平高差不大于 5mm。并要求三班连续作业,不得随意停工。 4)接长顶杆、绑扎钢筋 模板每提升至一定高度后,就需要穿插进行顶杆、绑扎钢筋等工作。为不影响提升的时间,钢筋接头均应事先配好,并注意将接头错开。对预埋件及预埋的接头钢筋,滑模抽离后,要及时清理,使之外露。 5)混凝土停工后的处理 在整个施工过程中,由于工序的改变,或发生意外事故,使混凝土的灌注工作停止较长时间,即需要进行停工处理,例如,每隔半小时左右稍微提升模板一次,以免黏结,停工时在混凝土表面要插入短钢筋等,以加强新老混凝土的黏结;复工时还需要将混凝土表面凿毛,并用水冲走残渣,湿润混凝土表面,灌注一层厚度为 2 ~ 3cm 的 1:1 水泥砂浆,然后再灌筑原配合比的混凝土,继续滑板施工	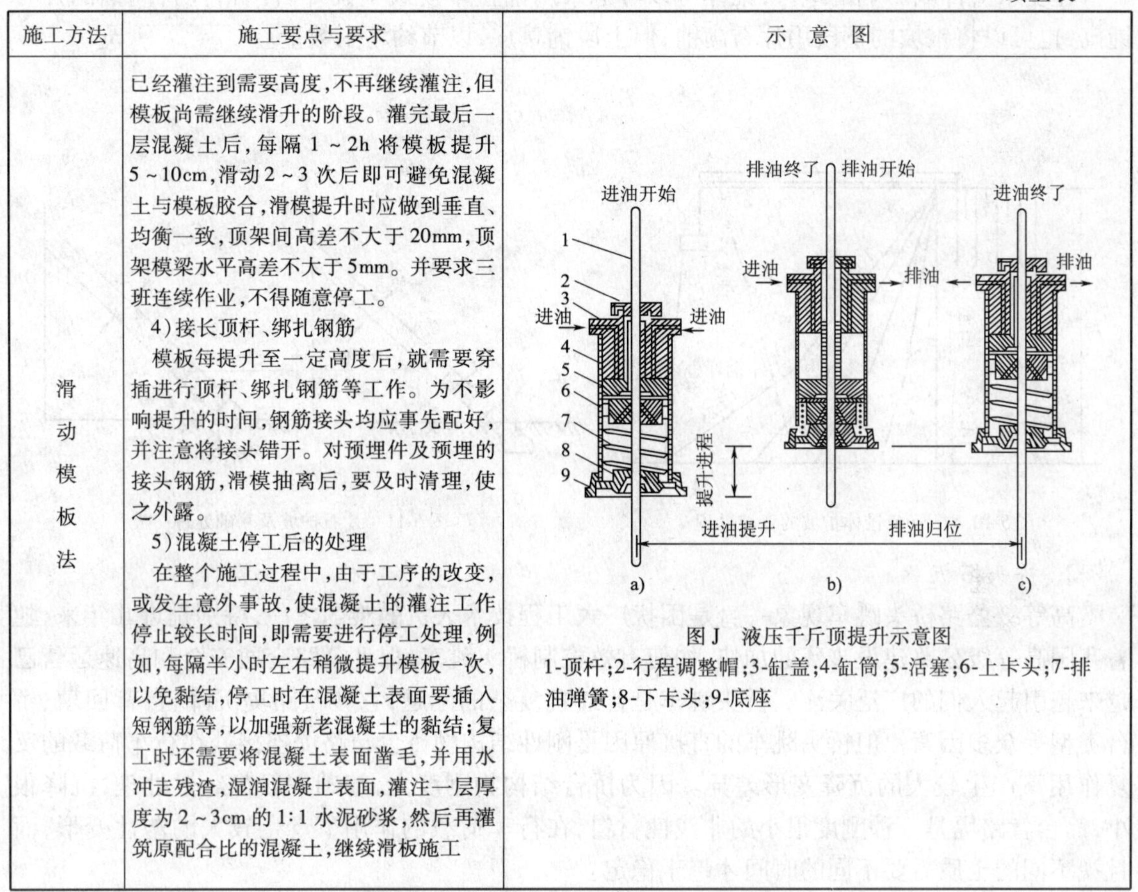 图 J 液压千斤顶提升示意图 1-顶杆;2-行程调整帽;3-缸盖;4-缸筒;5-活塞;6-上卡头;7-排油弹簧;8-下卡头;9-底座

课题三　墩台附属工程施工技术

一、墩台附属工程的种类及适用范围

1. 翼墙、锥体护坡

翼墙、锥坡是用来连接桥台和路堤的防护建筑物,它的作用是稳固路堤,防止水流的冲刷。

设翼墙的桥台称为八字形轻型桥台。翼墙设于桥台两侧,在平面上形成“八”字,立面上为一变高度的直线墙,其坡度变化与台后路堤边坡的坡度相适应,翼墙的竖直截面为梯形,翼墙顶设帽石。翼墙一般为浆砌片石或浆砌块石结构。根据地基情况,翼墙基础采用浆砌片石或片石混凝土。

锥坡一般与实体式桥台、埋置式桥台配套使用,底面一般为椭圆形曲线,锥体坡面沿长轴方向与路基边坡相同,一般为 1:1.5,沿短轴方向为 1:1,锥体坡顶与路基外侧边沿同高。当台后填土高度大于 6m,路堤边坡采用变坡时,锥坡也应作相应变坡处理,以相配合,见图 5-10。

锥坡内部用砂土或卵砾石填筑夯实,表面用片石干砌或浆砌,一般砌筑厚度为 20 ~ 35cm。坡脚以下根据地基情况及流速大小设置基础,或将坡脚伸入地面以下一段,并适当加厚趾部,如图 5-11。

在受水流冲刷影响的地方，锥体可以考虑采用铺盖草皮或干砌片石网格代替满铺的片石铺砌，也可以将锥坡的下段用片石满铺，但上段铺草皮，以节约圬工数量。

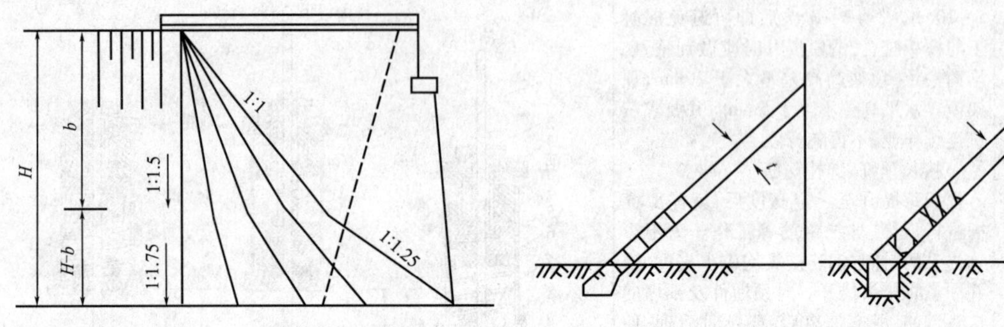

图 5-10　$H > 6$m 锥体护坡的变坡处理　　图 5-11　片石护坡及基础处理

2. 桥头搭板

高等级公路桥头跳车现象一直是困扰广大工程技术人员的难题之一，特别是近几年来，随着我国高等级公路建设步伐的加快，如何有效控制桥头跳车、保证公路交通安全和高速运营已越来越引起人们的广泛关注。桥头跳车是普通且复杂的问题，它涉及路堤沉降、台背回填、桥台类型等众多因素。但桥头跳车的直接原因是刚性结构物桥台与路堤连接处在行车荷载的反复作用下产生较大的沉降变形差异。因为桥台结构物刚度大，基础一般都经过处理，沉降很小，而台背路堤是一种刚度很小的非浅性材料，在行车荷载的作用下产生较大的塑性变形，而且视不同的土质需要不同的时间才趋于稳定。

针对桥头跳车，目前采取的措施一般有：桥头搭板；选择恰当的填筑材料，充分压实；修建低路堤，延长土方填筑与路面铺筑间隔时间等。

二、附属工程的施工

1. 锥体护坡的放样

锥体护坡常用的放样方法有：图解法、直角坐标法。

1）图解法

（1）双圆垂直投影图解法

根据锥体的高度 H 和坡率 m 及 n 计算出锥坡底面椭圆的长半轴 a 和短半轴 b，从桥台前墙角点 E 沿纵向量取短半轴 b 值得 O 点，以 O 为圆心，以 a 和 b 为半径，画出四分之一同心圆，然后将圆同分成若干等分，由等分点 1、2、3…分别与圆心相连，得到若干条径向直线，从各条径向线与两个圆周的交点引互相垂直的线，交于 P_1、P_2、P_3 等点，为椭圆上的点，连接 E、P_1、P_2、P_3…F 即为所需四分之一椭圆曲线。如图 5-12 所示。

（2）交会图解法

自桥台前墙角点 E 沿桥台宽（横桥向）量取长半轴 a，得 D 点，从 D 点作 ED 的垂直线 OF，使 $OF = b$（短半轴），将 ED、DF 分别等分得等分点 1、2、3…及 1′、2′、3′…然后将各等分点分别相连得各连线 $E1'$、$12'$、$23'$、$34'$…$6F$ 的交点 P_1、P_2、P_3…连接 E、P_1、P_2、P_3…F 各点得锥坡底的边线，即 1/4 椭圆曲线。如图 5-13 所示 。

以上两种方法只能用于锥体护坡坡角在同一水平面上。当地形起伏变化较大时，可先在图纸上以1:50或1:100的比例尺，用图解法画出椭圆，并求出椭圆曲线上若干点的定位距离（双距），再把这些点拿到实地放样。

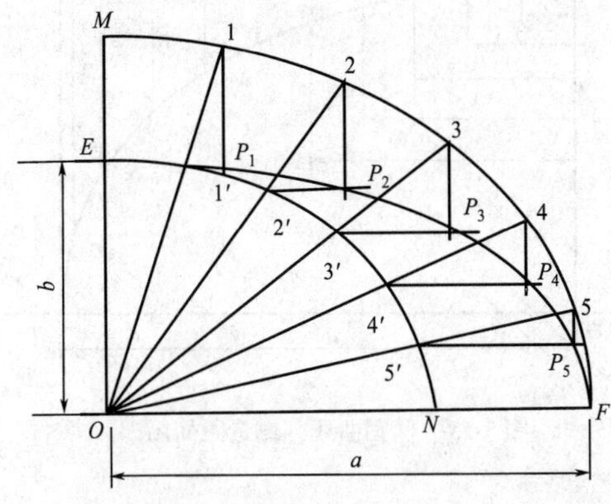

图5-12　双圆垂直投影简图

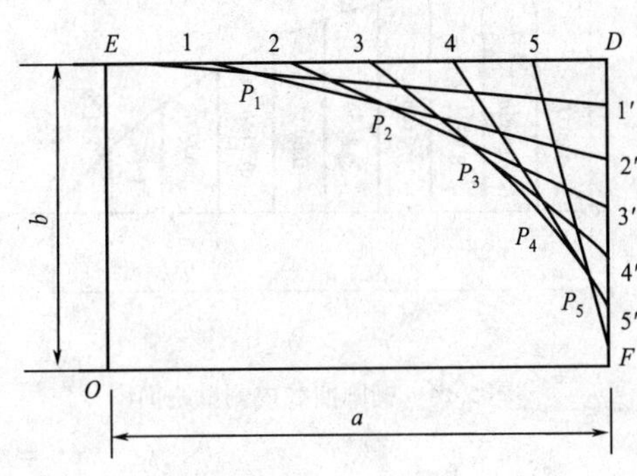

图5-13　交会法简图

2）直角坐标法

（1）椭圆曲线内侧量距法

先根据锥形护坡的高度和坡率 m 及 n，计算出锥坡底面的长、短半轴。

长半轴为 a，短半轴为 b，坐标计算公式为：

$$\begin{cases} x = na \\ y = b\sqrt{1-n^2} \end{cases}$$

式中：n —— 等分值，若长半轴等分10份，则 $n_i = i/10, i = 1,2,3,\cdots,10$。

一般把 a 分成10等分，每一等分的长度等于 $a/10$。第一等分值为 $n_1 = 1/10$，第二等分值为 $n_2 = 2/10$，以此类推 n_3、n_4…将等分值代入上列公式可计算各纵坐标 y_1、y_2、y_3…值，列于表5-2。由此坐标值，从椭圆曲线内侧量距，即可放出椭圆曲线，如图5-14。

椭圆内侧量距坐标表　　表5-2

等分 n 值	横坐标	x 值	纵坐标	y 值
1/10	x_1	$0.1a$	y_1	$0.995b$
2/10	x_2	$0.2a$	y_2	$0.980b$
3/10	x_3	$0.3a$	y_3	$0.954b$
4/10	x_4	$0.4a$	y_4	$0.917b$
5/10	x_5	$0.5a$	y_5	$0.866b$
6/10	x_6	$0.6a$	y_6	$0.800b$
7/10	x_7	$0.7a$	y_7	$0.714b$
8/10	x_8	$0.8a$	y_8	$0.600b$
9/10	x_9	$0.9a$	y_9	$0.436b$
9.5/10	$x_{9.5}$	$0.95a$	$y_{9.5}$	$0.312b$
10/10	x_{10}	a	y_{10}	0

（2）椭圆曲线外侧量距法

在桥梁施工时，有时将弃土堆在锥坡内，内侧量尺，发生困难，则可在椭圆形曲线外即 OF

轴对面的平曲线 ED 上(如图 5-15),按直角坐标值测定曲线上各点,其坐标计算公式为:

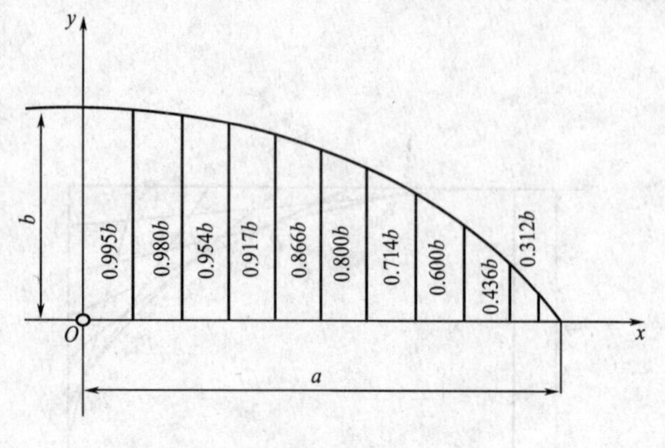

图 5-14 椭圆曲线内侧量距简图

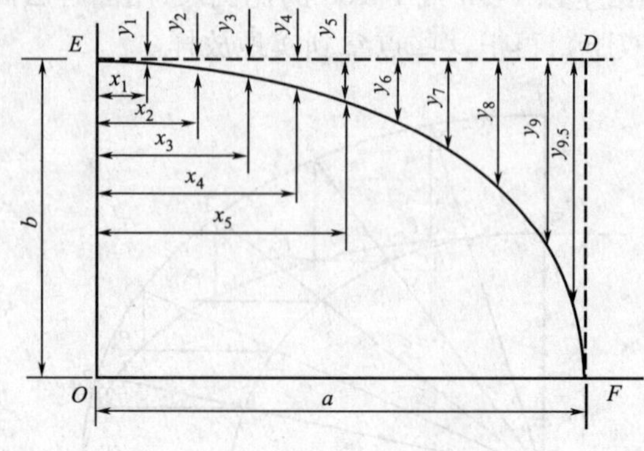

图 5-15 椭圆曲线外侧量距简图

$$\begin{cases} x = n_i a \\ y = b(1 - \sqrt{1 - n_i^2}) \end{cases}$$

为了校核 ED 线长度和方向是否正确,可用皮尺连 EF 和 DF,构成直角三角形 EFD,定出 D 点。

(3)对角线上量距法

有时按上述方法量距离遇障碍时,很难确定出 y 值,可以 AB 连接为基线,分 AB 线为 10 等分,在此线上由 B 点量出 $n_i c$(n_i =0.1,0.2,…,1,c 为对角线分度)距离,并在平行于 OB 轴线方向量 y_n 值得 P_n 点,$y_n = b(\sqrt{1 - n_i^2} + n_i - 1)$,用同样的方法定出各点,连接曲线,如图5-16 所示,曲线上各点的坐标值如表 5-3。

对角线上量距表 表 5-3

距 B 点距离	0.1c	0.2c	0.3c	0.4c	0.5c	0.6c	0.7c	0.8c	0.9c	0.95c	A 点
纵向 y_n 值	0.095b	0.180b	0.254b	0.317b	0.366b	0.400b	0.414b	0.400b	0.336b	0.262b	0

(4)斜桥锥坡放样法

地形平坦,干地、高度不大的锥坡,椭圆曲线仍可采用坐标值量距法定点放样,但不能直接使用前述直角坐标值,必须根据桥梁与河道间的交角大小,将 a 值乘以不同的角度系数值 C,只要知道斜度 α,算出 $C = \sec\alpha$,然后用 C 值乘以表 5-2 中的横坐标值,即 $x = n_i a\sec\alpha$,纵坐标 y 值与表 5-3 的 y 值完全相同。如图 5-17。

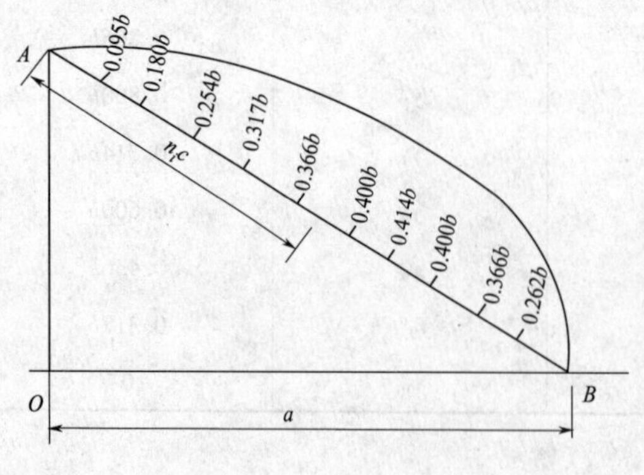

图 5-16 对角线上量距简图

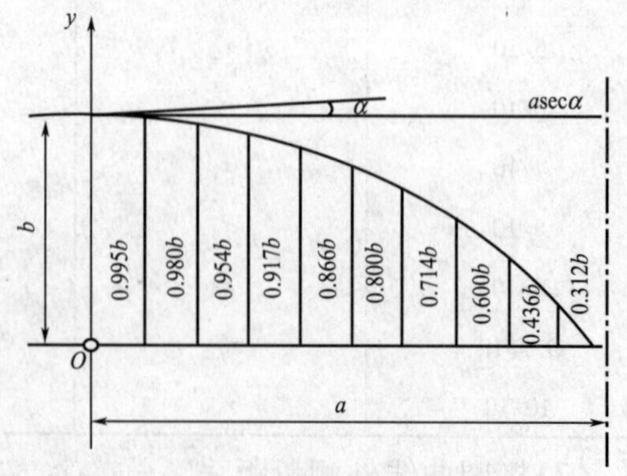

图 5-17 斜桥锥坡放样简图

3)锥体护坡的施工要点

①石砌锥坡、护坡和河床铺砌层等工程，必须在坡面或基面夯实，整平后，方可开始铺砌，以保证护坡稳定。

②锥坡填土易采用透水性的土壤，不得采用含有泥草、腐殖物或冻土块的土。

③填土应在接近土料最佳含水量的情况下，采用分层填筑，分层夯实，每层压实厚度不超过25～30cm，密实度一般达到90%～98%。砂砾土类，可以洒水、夯填；采用不易风化的块石填料，应注意层次的均匀、铺填密实，不可自由堆砌。有坡面防护的锥坡，在锥坡填土时，应留出坡面防护的砌筑位置。

④锥体填土应按设计高程及坡度填足，砌筑片石厚度不够时再将土挖去，不允许填土不足，临时边砌石边补填土。锥坡拉线放样时，坡顶应预先放高约2～4cm，使锥坡随同锥体填土沉降后，坡度仍符合设计规定。

⑤砌石时，放样拉线要张紧，表面要平顺，锥坡片石背后应按规定做碎石倒滤层，防止锥体土方被水侵蚀变形。坡面砌筑一般采用干砌或浆砌片石，并以碎石或砂做垫层，随砌随垫，保证垫层厚度。砌筑时，必须做到垫层密实，石块相互挤紧，砌缝砂浆饱满，防止出现空洞，以免雨水风浪袭击，造成坍塌；特别是坡角部分与基础衔接处更加注意。

⑥锥坡与路肩或地面的连接必须平顺，以利排水，避免砌体背后冲刷或渗透坍塌。

⑦在大孔土地区，应检查锥坡基底及其附近有无陷穴，并彻底进行处理，保证锥坡稳定。

⑧干砌片石锥坡，用小石子砂浆勾缝时，应尽可能在片石护坡砌筑完后间隔一段时间，待锥体基本稳定再进行勾缝，以减少灰缝开裂。

⑨砌体勾缝除设计有规定外，一般可采用凸缝或平缝，且宜待坡体土方稳定后进行。浆砌砌体，应在砂浆初凝后，覆盖养生7～14d。养护期间应避免碰撞、振动或承重。

⑩锥坡填土应与台背填土同时进行，并应按设计宽度一次填足。

2. 台后填土要求

①台后填土应与桥台砌筑协调进行。填土宜采用透水性材料，不得采用含有泥草、腐殖物或冻土块的土。

②台背填土顺路线方向长度，应自台身起，顶面不小于桥台高度加2m，底面不小于2m；拱桥台背填土长度一般不应小于台高的3～4倍。

③台背填土的质量直接关系到竣工后行车的舒适与安全，应严格控制分层厚度和密实度，应设专人负责监督检查，检查频率每50m^{2}检验一点，不足50m^{2}时至少检验一点，每点都应合格，宜采用小型机械压实。透水性材料不足时，可采用石灰土或水泥稳定土回填；回填土的分层夯实宜为0.1～0.2m。高速公路和一级公路的桥台、涵台背后和涵洞顶部的填土压实度标准，从填土基底或涵洞顶部至路床顶面均为95%，其他公路为93%。软土地基的台背填土应符合设计要求。

④台背填土的顺序应符合设计要求。拱桥台背填土必须与拱圈施工的程序相配合，使拱的推力与台后土侧压力保持一定的平衡；填土宜在主拱圈安装或砌筑以前完成。梁式桥的轻型桥台台后填土，宜在梁体安装完成以后，在两侧平衡地进行；柱式桥台台背填土，宜在柱侧对称、平衡地进行。如设计有专门要求，应按设计要求办理。

3. 台后搭板的施工要点

①设置搭板是解决台后错台跳车的重要工程措施，其效果与搭板之下的路堤压缩程度和搭板长度有密切关系。日本高速公路规定使用期台后错台高度须小于2cm。

②桥头搭板应设置一个较大的纵坡 i_2，若路线纵坡为 i_1，则搭板纵坡应符合 $10\% \leq i_2 - i_1 \leq 15\%$，以保证在台后长度方向上的沉降分布较均匀，并逐渐减小。搭板的末端顶面应与路基顶面平齐。搭板前端顶面应留有路面面层的厚度。

③对台后填土应有严格的压实要求。应先清理基坑，使其尺寸符合要求。接着进行基底压实，如压路机使用困难，可用小型手推式电动振动打夯机压实，并用环刀法测定压实度。基底之上填筑并压实岩渣，其最大粒径应小于 12cm，含泥量应小于 8%，压实后的干密度应不小于 $2t/m^3$。达到规定高程后，便可填筑并压实二灰碎石，一般可用 12 ~ 15t 压路机压实，每层碾 6 ~ 8 遍。对于边角部位可用小型打夯机补压。可在填压达到搭板顶部的高程，压实或通行车辆一段时间后，再挖开浇筑搭板和枕梁。分层压实的厚度一般不大于 20cm。

④上述填筑台后路堤材料有困难时，至少应选用透水性良好的砂性土，或掺用 40% ~ 70% 的砂石料。分层厚度 20 ~ 30cm，压实度不小于 95%。靠近后墙部位(1.5m 宽)可用小型打夯机，也可填筑块片石及级配砂砾石，用振动器振实。用透水性材料填筑时，应以干密度控制施工质量。

⑤台背填筑前应在土基上或某一合适高度设置泄水管或盲沟，并注意将泄水管及盲沟引出路基之外。

⑥钢筋混凝土箱形通道的搭板可水平设置，但其上应留出路面面层的厚度。路堤填筑的施工要求与台后搭板相同。

4. 台后泄水盲沟施工要点

①地下水较小时，泄水盲沟以片石、碎石或卵石等透水材料砌筑，并按坡度设置。沟底用黏土夯实，盲沟应建在下游方向，出口处应高出一般水位 0.2m。平时无水的干河沟应高出地面 0.3m。

②如桥台在挖方内，横向无法排水时，泄水盲沟在平面上可在下游方向的锥体填土内折向桥台前端排水，在平面上成 L 形。

③地下水较大时，盲沟的一般构造可参见图 5-18。

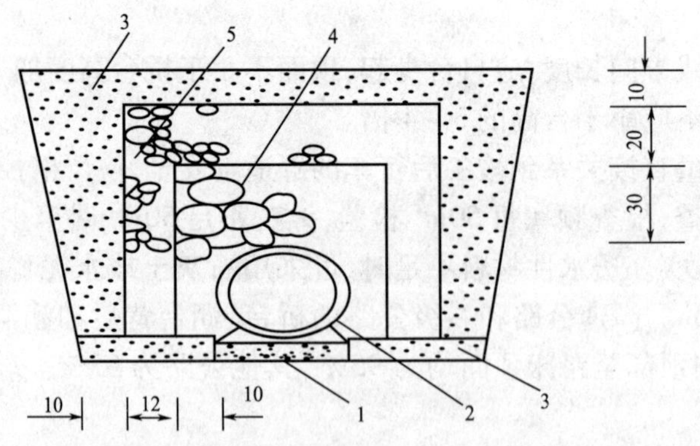

图 5-18　盲沟的一般构造(尺寸单位:cm)

1-渗水管基座;2-渗水管;3-粗砂砾;4-粒径 2 ~ 3cm 砾石;5-粒径小于 2cm 卵石

盲沟施工时应注意下列事项：

①盲沟所用各类填料应洁净、无杂质，含泥量应小于 2%；

②各层的填料要求层次分明，填筑密实；

③盲沟应分段施工，当日下管填料一次完成；

④盲沟滤管一般采用无砂混凝土管或有孔混凝土管，也可用短节混凝土管代替，但应在接

头处留 1 ~2cm 间隙，供地下水渗入；

⑤盲沟滤管基底应用混凝土浇筑，并与滤管密贴，纵坡应均匀，无反向坡；管节应逐节检查，不合格者不得使用；

⑥管道安装完毕后，应将管内砂浆残渣、杂物清除干净。

思　考　题

1. 圬工结构的优、缺点有哪些？
2. 砌体勾缝的作用是什么？
3. 砌体勾缝的注意事项有哪些？
4. 简述石料及混凝土砌块墩台施工要点？
5. 砌体质量应符合哪些规定？
6. 大体积混凝土分块浇筑时应符合哪些规定？
7. 简述混凝土浇筑施工要点？
8. 墩台用片石混凝土时，应遵守哪些规定？
9. 墩台的预埋件施工应注意什么？
10. 各支座的安装应注意什么？

单元六　钢筋混凝土梁桥施工技术

知识点

1. 支架与模板的构造、类型与适用场合；
2. 钢筋的性能、种类与加工方法和要求；
3. 混凝土的施工方法与要求。

技能点

1. 进行支架与模板的安装；
2. 进行钢筋加工与制作；
3. 进行混凝土工作；
4. 进行预制构件的起吊安装。

课题一　支架与模板的施工

支架、模板是公路桥涵就地浇筑和工地、工厂预制构件的水泥混凝土、钢筋混凝土、预应力混凝土和砖石圬工施工的基本设备。它们的主要作用是定型和支撑。

一、支架

就地浇筑混凝土梁桥的上部结构，首先应在桥孔位置搭设支架，以支承模板和混凝土以及其他施工荷载。

1. 支架的类型和构造

支架按其构造分为立柱式支架、梁式支架和梁—柱式支架；按材料可分为木支架、钢支架、钢木混合结构和万能杆件拼装的支架等。图6-1示出了按构造分类的几种支架构造图。其中a)、b)为立柱式支架，可用于旱桥、不通航河道以及桥墩不高的小桥施工；c)、d)为梁式支架，钢板梁适用于跨径小于20m，钢桁梁适用于跨径大于20m的情况；e)、f)为梁—柱式支架，适用于桥墩较高、跨径较大且支架下需要排洪的情况。

支架按材料可分为以下几种。

1)满布式木支架

满布式木支架主要适用于跨度和高度都不大的工程量较小的引桥、通道、立交桥。高度大于6m，跨度大于16m，桥位处水位深的桥梁，很少采用木支架施工。其形式根据支架所需跨径的大小等条件，采用排架式、人字撑式或八字撑式。排架式为最简单的满布式支架，主要由排架及纵梁等部件组成。其纵梁为抗弯构件，因此，跨径一般不大于4m。人字撑式和八字撑式的支架构造较复杂，其纵梁需加设人字撑式、八字撑式为可变形结构。因此，需在浇筑混凝土时适当安排浇筑程序和保持均匀、对称地进行，以防发生较大变形。这类支架的跨径可达8m左右。由于我国木材资源日趋匮乏，使用木支架费工多，安全可靠性差，重复利用率低，成本高,因此,木支架在桥梁建设中已逐步被品种繁多的钢支架所代替。

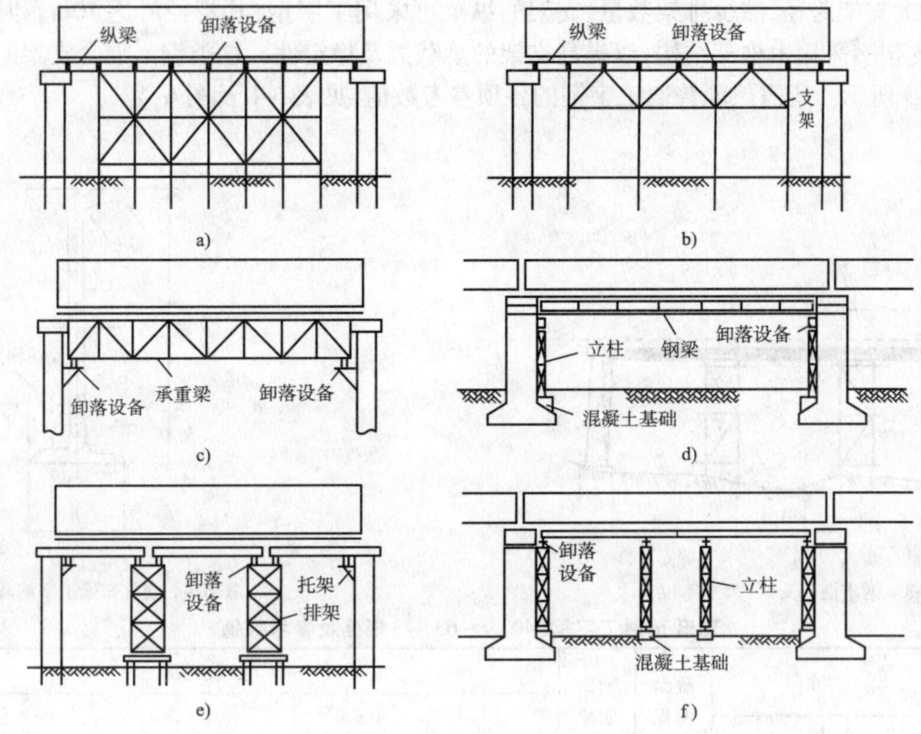

图 6-1 常用支架的主要结构

满布式木支架的排架,可设置在枕木上或桩基上,基础需坚实可靠,以保证排架的沉陷值不超过规定。当排架较高时,为保证排架横向的稳定,除在排架上设置撑木外,尚需在排架两端外侧设置斜撑木或斜立柱。

满布式支架的卸落设备一般采用斜度为 1∶8 的木楔、木马或砂筒(图 6-2)等,可设置在纵梁支点处或桩顶帽木上面。

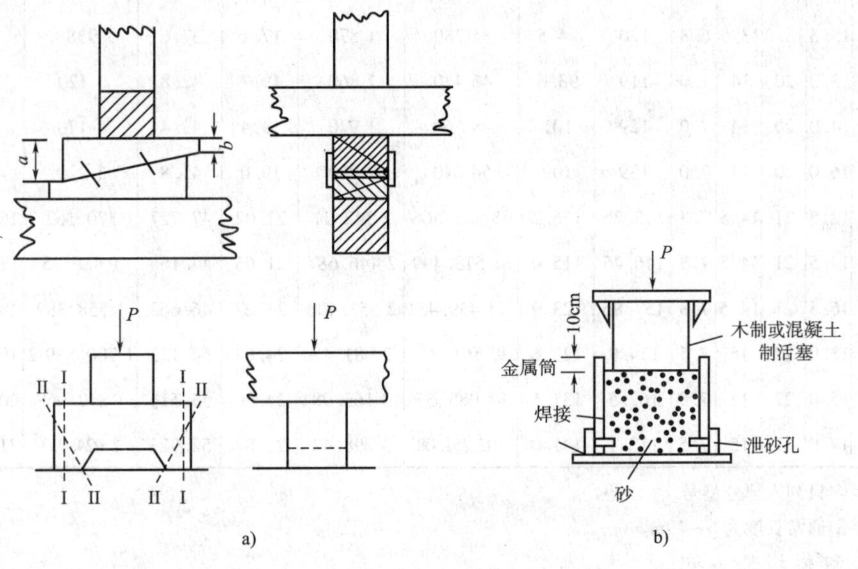

图 6-2 支架支垫形式

2)钢木混合支架

为加大支架跨径,减少排架数量,支架的纵梁可采用工字钢,其跨径可达 10m。但在这种情况下,支架多采用木框架结构,以提高支架的承载力及稳定性。这类钢木混合支架的构造通常如图 6-3 所示。所需热轧普通工字钢的各项参考数值,见表 6-1 及图 6-4。

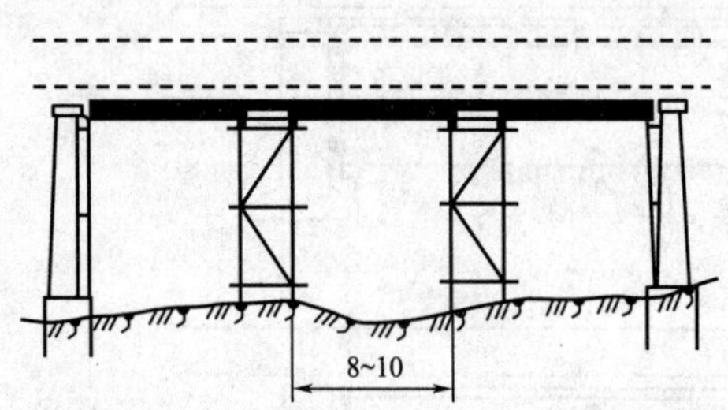

图 6-3　钢木混合支架(尺寸单位:m)

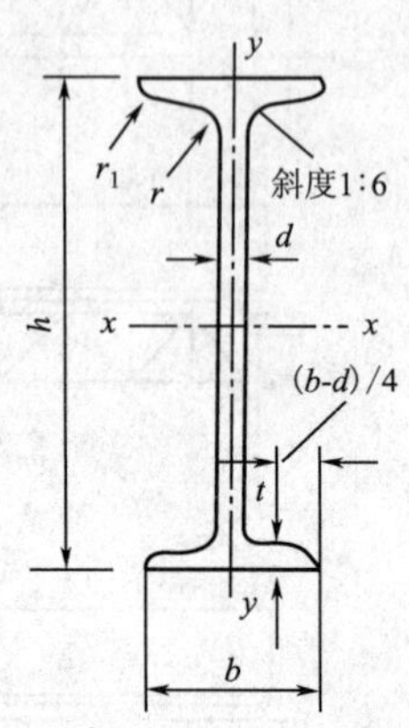

图 6-4　热轧普通工字钢截面形状

热轧普通工字钢(40 号~63 号)规格及参考数值　　表 6-1

型号	尺寸						截面面积	理论质量	参考数值						
									x-x				y-y		
	h	b	d	t	r	r_1	(cm^2)	(kg/m)	I_x(cm^4)	W_x(cm^3)	i_x(cm)	$l_x:S_x$	I_y(cm^4)	W_y(cm^3)	i_y(cm)
40a	400	142	10.5	16.5	12.5	6.3	86.1	67.6	21 720	1 090	15.9	34.1	660	93.2	2.77
40b	400	144	12.5	16.5	12.5	6.3	94.1	73.8	22 780	1 140	15.6	33.6	692	96.2	2.71
40c	400	146	14.5	16.5	12.5	6.3	102	80.1	23 850	1 190	15.2	33.2	727	99.6	2.65
45a	450	150	11.5	18.0	13.5	6.8	102	80.4	32 240	1 430	17.7	38.6	855	114	2.89
45b	450	152	13.5	18.0	13.5	6.8	111	87.4	33 760	1 500	17.4	38.0	894	118	2.84
45c	450	154	15.5	18.0	13.5	6.8	120	94.5	35 280	1 570	17.1	37.6	938	122	2.79
50a	500	158	12.0	20	14	7.0	119	93.6	46 470	1 860	19.7	42.8	1 120	142	3.07
50b	500	160	14.0	20	14	7.0	129	101	48 560	1 940	19.4	42.4	1 170	146	3.01
50c	500	162	16.0	20	14	7.0	139	109	50 640	2 080	19.0	41.8	1 220	151	2.96
56a	560	166	12.5	21	14.5	7.3	135.25	106.2	65 585.566	2 342.31	22.02	47.727	1 370.162 7	165.079	3.182
56b	560	168	14.5	21	14.5	7.3	146.45	115.0	68 512.499	2 446.687	21.63	47.166	1 486.75	174.247	3.162
56c	560	170	16.5	21	14.5	7.3	157.85	123.9	71 439.43	2 551.408	21.27	46.663	1 558.389	183.339	3.158
63a	630	176	13.0	22	15	7.5	154.9	121.6	93 916.18	2 981.47	24.62	54.173	1 700.549 2	193.244	3.314
63b	630	178	15.0	22	15	7.5	167.5	131.5	98 083.63	3 163.98	24.20	53.514	1 812.069	203.603	3.289
63c	630	180	17.0	22	15	7.5	180.1	141.0	102 251.08	3 298.42	23.82	52.923	1 924.913	213.879	3.268

注:①本表内只列入部分型号。

②工字钢通常长度为 6~19m。

3)万能杆件拼装支架

用万能杆件可拼装成各种跨度和高度的支架,其跨度需与杆件本身长度成整数倍。

用万能杆件拼装的桁架的高度，可达2m、4m、6m或6m以上。当高度为2m时，腹杆拼为三角形；高度为4m时，腹杆拼为菱形；高度超过6m时，则拼成多斜杆的形式。

用万能杆件拼装墩架时，柱与柱之间的距离应与桁架之间的距离相同。桩高除柱头及柱脚外应为2m的倍数。

用万能杆件拼装的支架，在荷载作用下的变形较大，而且难以预计其数值，因此，必要时应考虑预加压重，预压质量相当于浇筑的混凝土及其模板和支架上机具、人员的质量。

4）装配式公路钢桥桁架节拼装支架

用装配式公路钢桥桁架节，可拼装成桁架梁和支架。为加大桁架梁孔径和利用墩台做支承，也可拼成八字斜撑以支撑桁架梁。桁架梁与桁架梁之间，应用抗风拉杆和木斜撑等进行横向联结，以保证桁架梁的稳定。

用装配式公路钢桥桁架节拼装的支架，在荷载作用下的变形很大，因此，应进行预压。

5）轻型钢支架

桥下地面较平坦、有一定承载力的梁桥，为节省木料，宜采用轻型钢支架。轻型钢支架的梁和柱，以工字钢、槽钢或钢管为主要材料，斜撑、联结系等可采用角钢。构件应制成统一规格和标准；排架应预先拼装成片或组，并以混凝土、钢筋混凝土枕木或木板作为支承基底。为了防止冲刷，支承基底需埋入地面以下适当的深度。为适应桥下高度，排架下应垫以一定厚度的枕木或木楔等。

为便于支架和模板的拆卸，纵梁支点处应设置木楔。轻型钢支架构造示例如图6-5所示。

6）CKC门式脚手架钢支架

CKC门式脚手架因其轻巧、灵活、使用简单方便，在桥梁建设中曾广泛应用。其品种规格多，适宜支撑各种形状的混凝土构造物，但因它轻巧而刚度小，采用插接和销接，连接间隙较大，虽本身配有小交叉杆，还是容易晃动，特别是多层门架叠合使用时更明显，为了保证支架的整体稳定性，一定要有纵横大交叉杆，常用ϕ48mm×3mm的钢管将门架纵横交叉联结。联结用管扣（排栅夹）较方便，亦安全可靠。

CKC门式钢脚手架的安装形式有六种，搭设方法见图6-6。

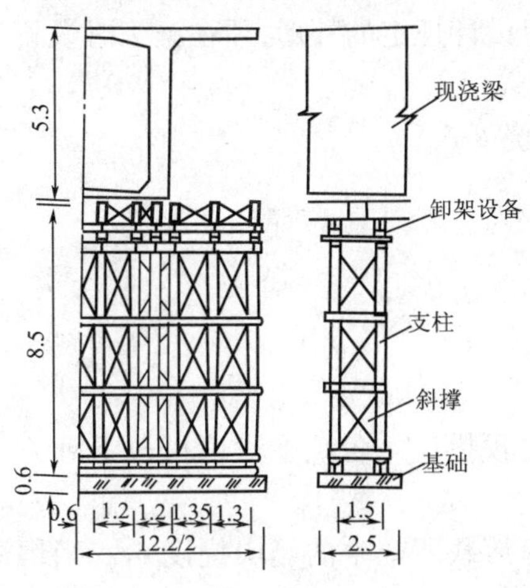

图6-5　轻型钢支架（尺寸单位：m）

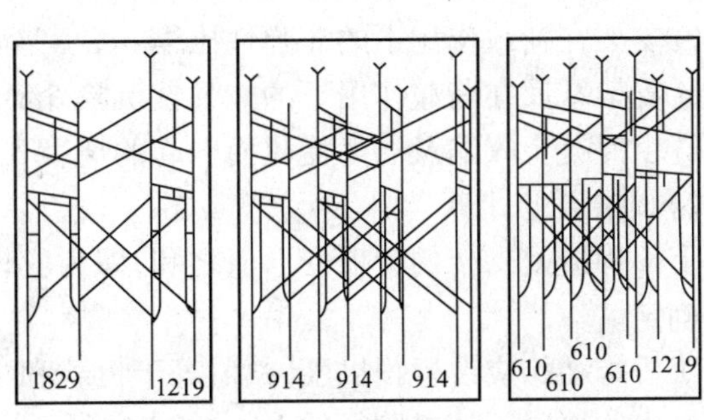

图6-6　CKC门式钢脚手架搭设方法

7)WDJ 碗扣式多功能脚手架钢支架

WDJ 碗扣式多功能脚手架是一种先进的承插式钢管脚手架,已广泛应用于建筑、市政及交通的各个领域。

8)墩台自承式支架

在墩台上留下承台式预埋件,上面安装横梁及架设适宜长度的工字钢或槽钢,即构成模板的支架。这种支架适用于跨径不大的梁桥,但支立时仍需考虑梁的预拱度、支架梁的伸缩以及支架和模板的卸落等所需条样。

9)模板车式支架

这种支架适用于跨径不大,桥墩为立柱式的多跨梁桥的施工,形状如图 6-7 所示。在墩柱施工完毕后即可立即铺设轨道,拖进孔间,进行模板的安装,这种方法可简化安装工序和节省安装时间。

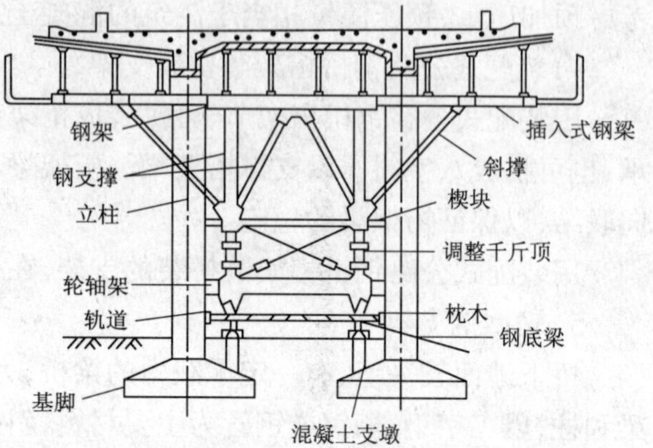

图 6-7　模板车式支架

当上部构造混凝土浇筑完毕,强度达到要求后,模板车即可整体向前移动。但移动时需将斜撑取下,将插入式钢梁节段推入中间钢梁节段内,并将千斤顶放松。

2. 支架的基础

为了保证现浇的梁体不产生大的变形,除了要求支架本身具有足够的强度、刚度,以及具有足够的纵、横、斜三个方面的连接杆件来保证支架的整体性能外,支架的基础必须坚实可靠,以保证其沉陷值不超过施工规范的规定。对于跨径不大且采用满布式的木支架排架[图 6-1a)],可以将基脚设置在枕木上,枕木下的垫基层必须夯实;对于梁—柱式支架,因其荷载较集中,故其基脚宜支承在临时桩基础上[图 6-1e)、f)],也可以直接支承在永久结构的墩身或基础的上面[图 6-1c)、d)]。

3. 支架的预拱度

1)确定预拱度时应考虑的因素

在支架上浇筑梁式上部构造时,在施工时和卸架后,上部构造要发生一定的下沉和产生一定的挠度。因此,为使上部构造在卸架后能满意地获得设计规定的外形,须在施工时设置一定数值的预拱度。在确定预拱度时应考虑下列因素:

①卸架后上部构造本身及活载一半所产生的竖向挠度 δ_1;

②支架在荷载作用下的弹性压缩 δ_2;

③支架在荷载作用下的非弹性压缩 δ_3;

④支架基底在荷载作用下的非弹性沉陷 δ_4;

⑤由混凝土收缩及温度变化而引起的挠度 δ_5。

2)预拱度的计算

上部构造及支架的各项变形值之和,即为应设置之预拱度。各项变形值可按下列方法计算和确定。

①桥跨结构应设置预拱度,其值等于恒载和半个静活载所产生的竖向挠度 δ_1。当恒载和静载产生的挠度不超过跨径的 1/1 600 时,可不设预拱度。

②满布式支架,当其杆件长度为 L,弹性模量为 E,压应力为 σ 时,其弹性变形 δ_2 等于

$\sigma L/E$；当支架为桁架等形式时应按具体情况计算其弹性变形。

③支架在每一个接缝处的非弹性变形，在一般情况下，横纹木料为3mm，顺纹木料为2mm，木料与金属或木料与圬工的接缝为1～2mm，顺纹与横纹木料接缝为2.5mm。

卸落设备砂筒内砂料压缩和金属筒变形的非弹性压缩量，根据压力的大小、砂子细度模数及筒径、筒高确定。一般200kN压力砂筒为4mm，400kN压力砂筒为6mm，砂未预先压紧者10mm。

④支架基底的沉陷，可通过试验确定或参考表6-2估算。

支架基底沉陷(cm)　　表6-2

土壤	枕梁	柱	
		当柱上有极限荷载时	柱的支承能力不充分利用时
砂土	0.5～1.0	0.5	0.5
黏土	1.5～2.0	1.0	0.5

3）预拱度的设置

根据梁的挠度和支架的变形所计算出来的预拱度之和，为预拱度的最高值，应设置在梁的跨径中点。其他各点的预拱度，应以中间点为最高值，以梁的两端为零，按直线或二次抛物线进行分配。

二、模板

1. 对模板的要求

模板是供浇筑混凝土用的临时结构物，它不仅关系到预制梁尺寸的精度，而且对工程质量、施工进度和工程造价有直接影响。因此模板应满足下列要求：

①具有足够的强度和稳定性，能可靠地承受施工中的各项荷载；

②具有足够的刚度，在施工中不变形，保证结构的设计形状、尺寸和模板各部件之间相互位置的准确性；

③模板的接缝严密，不漏浆，施工操作方便，保证安全；

④制作便利、装拆方便，提高模板的周转使用率。

2. 模板的种类

模板的种类按使用材料的不同可分为以下几种。

1）木模

在桥梁建筑中最常用的模板是木模。它的优点是制作容易，但木材耗量大，成本较高。

木模由模板、肋木（带木）、立柱或横枋、拉杆等组成（图6-8），模板可以竖直或水平拼装。模板厚度通常为3～5cm，板宽15～20cm，不得过宽，以免翘曲。肋木一般用8cm×12cm或10cm×12cm枋木，肋木间距L_1即为模板的跨度，根据模板的厚度、受力的大小、模板的强度、刚度进行验算而定。立柱可用10cm×12cm或10cm×14cm的枋木、也可用100mm×100mm×12mm角钢制作，或用万能杆件代用。

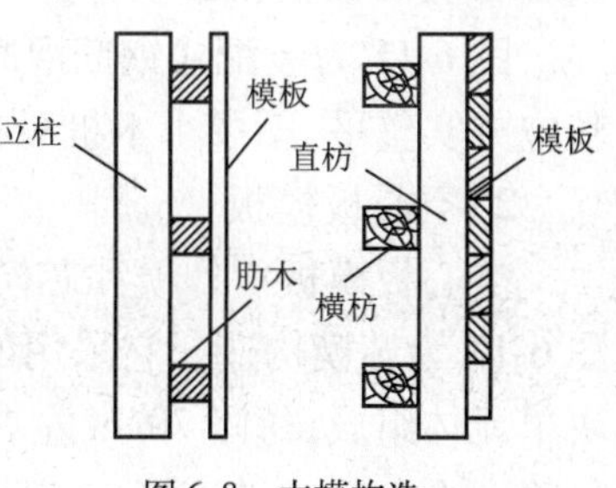

图6-8　木模构造

立柱的间距L_2即肋木的跨度，根据对肋木的强度和刚度的演算而定。拉杆一般采用两端带丝扣的圆钢，是立柱的支点，承受立柱传来的反力，据此，选定拉杆所需的直径，通常采

用 $\phi16$ 或 $\phi12$ 圆钢。拉杆的间距,在水平方向按立柱间距设置,竖直方向即立柱的跨度,在选定了立柱的断面以后,由对立柱的强度和刚度验算求得。

2)钢模

钢模是用钢板代替模板,用角钢代替肋木和立柱。钢板厚度一般为4mm,角钢尺寸应根据计算确定。

钢模造价虽高,但周转次数多,实际成本低,且结实耐用,接缝严密,能经受强力振捣,浇筑的构件表面光滑,故目前采用日益增多(图6-9)。

3)钢木结合模

钢木结合模用角钢作支架,木模板用平头开槽螺栓连接于角钢上,表面钉以黑铁皮。这种模板节约木料,成本较低,同时具有较大的刚度和稳定性。如图6-10所示。

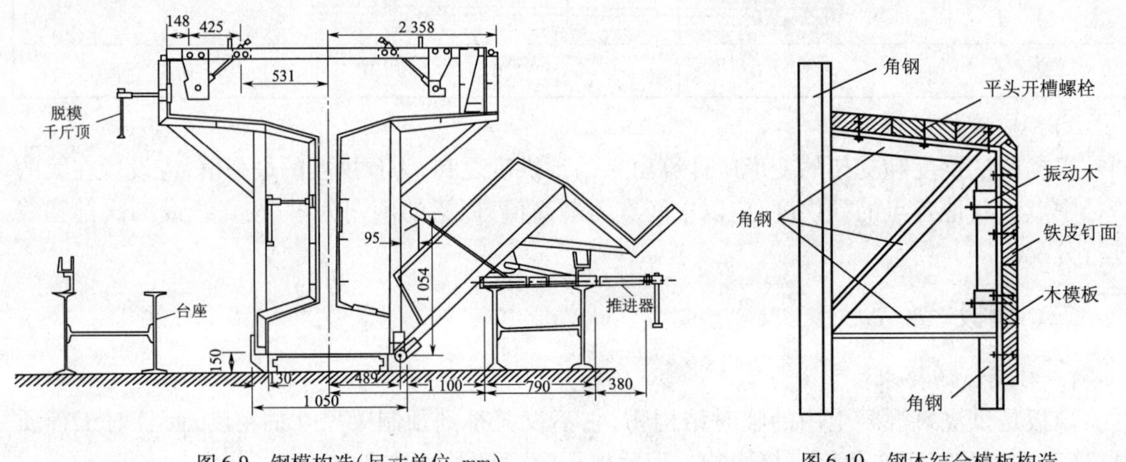

图6-9 钢模构造(尺寸单位:mm)

图6-10 钢木结合模板构造

4)土模

土模节约木材和铁件,但用工较多,制作要求严格,预埋构件较难固定,雨季施工困难。

土模按其位置高低可分为三种。

(1)地下式土模

在已平整的地坪上就地放样,挖槽成型,构件大都埋入地下,外漏5cm左右。

(2)半地下式土模

构件一半埋入地下,所挖出的土作为两边侧模。

(3)地上式土模

构件全部外露在地坪上,侧模由填土夯筑而成。

3. 上部结构模板构造实例

1)实心板模板

图6-11为装配式钢筋混凝土预制实心模板构造。模板为单元可折式的。设置模板的地基应夯实整平,图中小木桩只在地基较软的情况下才采用。

2)空心板模板

空心板模板由外模和芯模组成。图6-12为装配式钢筋混凝土预制空心板的横截面构造,图6-13为芯模构造。它采用四合式活动模板,为了便于搬运装拆,按桥长分为两节,每节由四块单元体组成,每隔70cm左右设木骨架一道,且以扁铁条相连接。中间设活动支承板,支承板除一个角用铰链连接外,其余三个角均以活榫支撑,支撑板中间开孔,用来适应拉条在立芯模和拆芯模时的活动范围。芯模在底板浇筑后架立，顶上用临时支架固定，在两侧混凝土浇筑高度达芯模的2/3时，可将顶上的临时支架拆除。

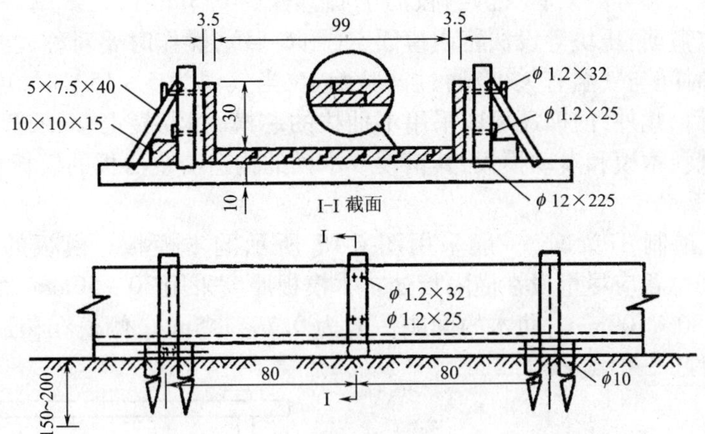

图6-11　实心板模板图(尺寸单位:cm)

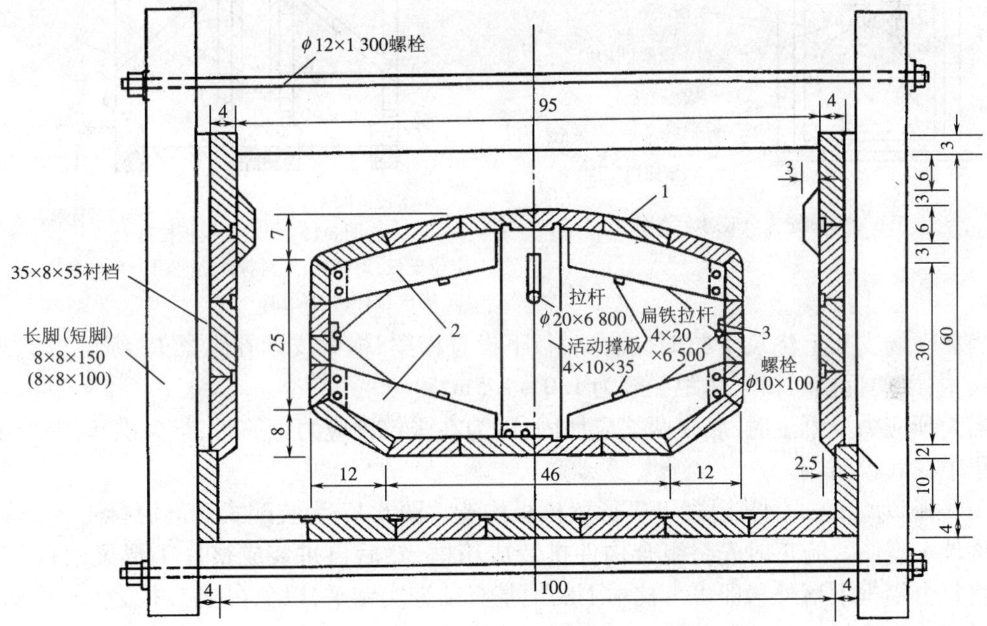

图6-12　空心板的横截面构造(铁件单位:mm;其他单位:cm)

1-芯模;2-骨架;3-铁铰链

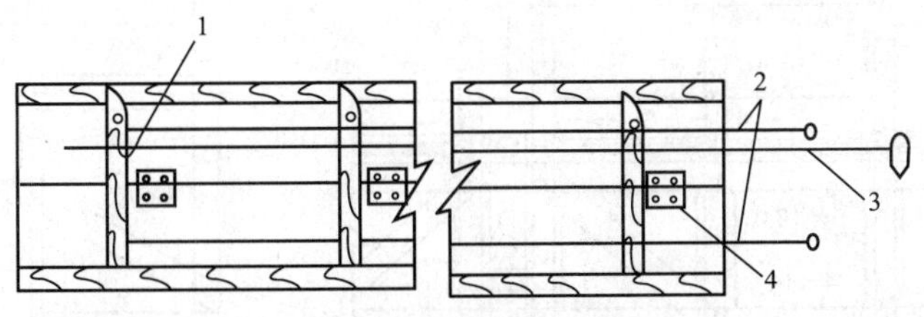

图6-13　芯模构造

1-活动支承板;2-扁铁条;3-拉条;4-铁铰

对于空心板的芯模，目前常用的是充气橡胶管内模施工法，该法使用方便，容易装拆。它主要由橡胶和纺织品加工成胶布，用氯丁胶冷凝制成设计的内模形状，以充气橡胶管或囊的形式出现，橡胶管被充气后即成内模。胶管在使用前，需经过检查不得漏气，使用后应将表面的水泥浆清洗干净，妥善保管，防止日晒和有机物的侵蚀。所充气压的大小与胶管的直径、新浇筑混凝土的压力、气温等因素有关。当板的空心直径为 0.3m 时，宜采用 39.2 ~ 49kPa 气压。浇筑前，应用定位箍筋、压块等设法将内模固定(图 6-14)，操作时要对称、均衡，并防止胶管偏位。胶管放气的时间与气温有关，应通过试验确定，当气温为 5 ~ 15℃时，可在混凝土施工完毕后 8 ~ 10h 进行。此外，内模还可以采用不抽拔的芯模，如混凝土管、纸管、钢丝管等。箱梁的内模可采用钢模、木模和滑动模板，其钢模或木模的构造与空心板的模板相似。

3) T 形梁模板

当在预制厂预制 T 梁时，一般采用图 6-15 所示的木模板。模板的单元长度一般取 4 ~ 5m，模板接头位置应尽量设在横隔板处。木模板厚度采用 30 ~ 50mm，加劲肋采用方木。方木截面边长为 80 ~ 100mm，肋木的间距一般为 0.7 ~ 1.5m。侧模在构造上应考虑设置能安装振捣器的构件。

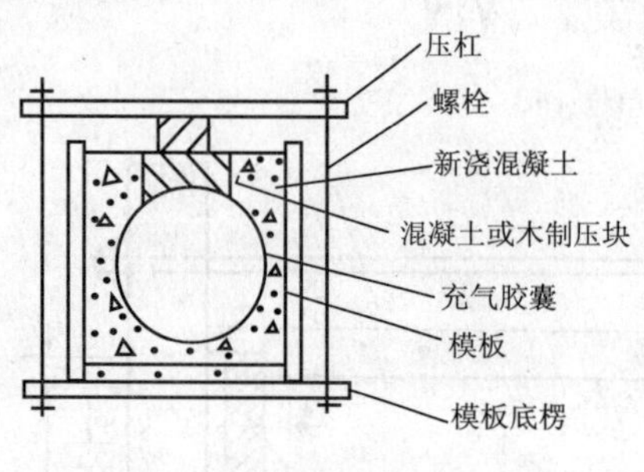

图 6-14　固定充气胶囊示意图

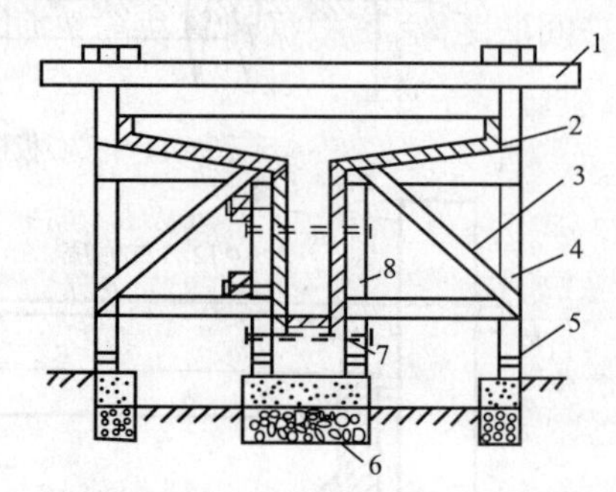

图 6-15　T 梁木模板构造

1-定位模板；2-模板；3-斜撑木；4-立柱；5-木楔；6-基础；7-螺栓拉杆；8-加劲肋

当在现场支架上浇筑 T 梁时，应在底板下设置横梁，横梁支承在纵梁上，纵梁与支架之间设置楔木，以便拆模。横梁间距一般为 1.0 ~ 1.5m。

当为预应力混凝土时，底模两端应加固，因为在张拉预应力钢筋时，梁会拱起，整个梁的重量会集中在底模两端。

图 6-16 为装配式钢筋混凝土 T 形梁模板构造。图 6-17 为装配式钢筋混凝土 T 形梁模板组合构件示意图。施工时先将组合构件拼装成箱框，然后再拼装成整片 T 形梁模板，拆模时只要将每个箱框下落外移即可。枕木下的地基必须夯实整平，以免在施工中发生不均衡沉陷，必要时可打小木桩。

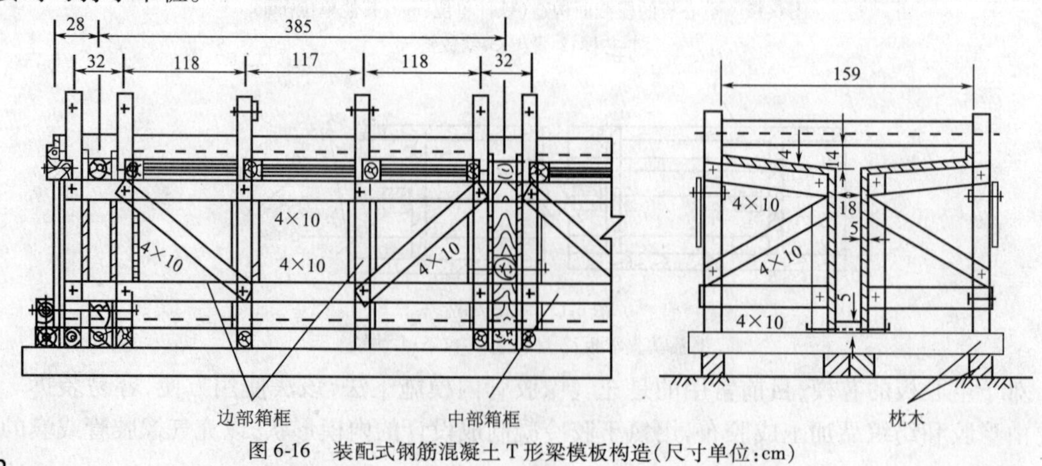

图 6-16　装配式钢筋混凝土 T 形梁模板构造(尺寸单位:cm)

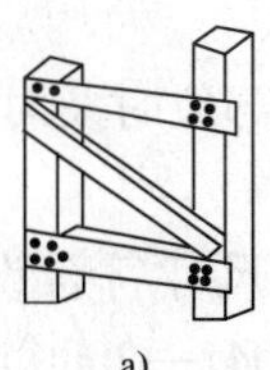
a)
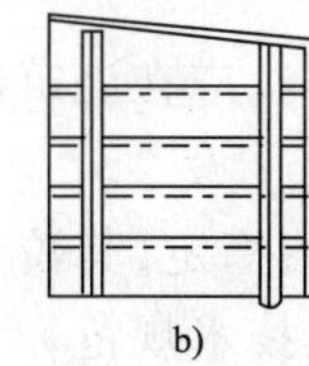
b)
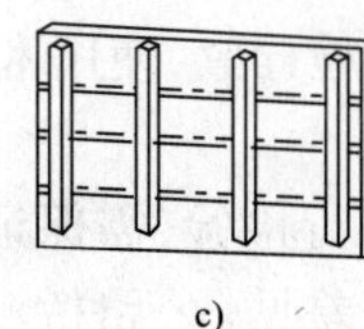
c)
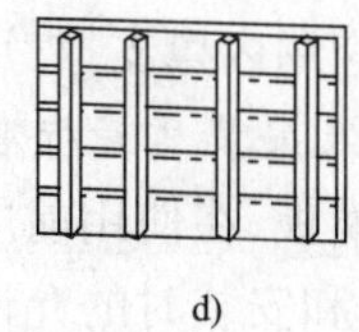
d)

图 6-17　装配式钢筋混凝土 T 形梁模板组合构件

a) 框架；b) 横隔梁侧板；c) 翼板；d) 主梁侧板

4. 桥墩模板

图 6-18 为桥墩模板骨架。这种模板的位置是固定的，整个桥墩模板由壳板、肋木、立柱、撑木、拉条、枕梁和铁件组成。肋木间距 L_1 取决于板壳厚度及混凝土侧压力的大小，肋木跨径 L_2 等于立柱间的距离，可根据计算决定。如果水平肋木与立柱的每个交点处都设置拉杆，则立柱不受弯曲。

立柱与底框可采用圆木，肋木一般用方木制成。圆形部分的拱肋木条由 2 ~5 层木板交错重叠用钢件结合，里面做成与墩面相配合的曲线形状。墩端圆头部分混凝土的压力，假定垂直作用于模板表面，有使拱肋木与相接的直肋木拉开的趋势。因此，连接拱肋木的螺栓或钉子应根据计算设置。

为了保证模板在风力作用下的稳定，安装好的模板应用临时内部联结杆与拉索固定起来（图 6-19）。

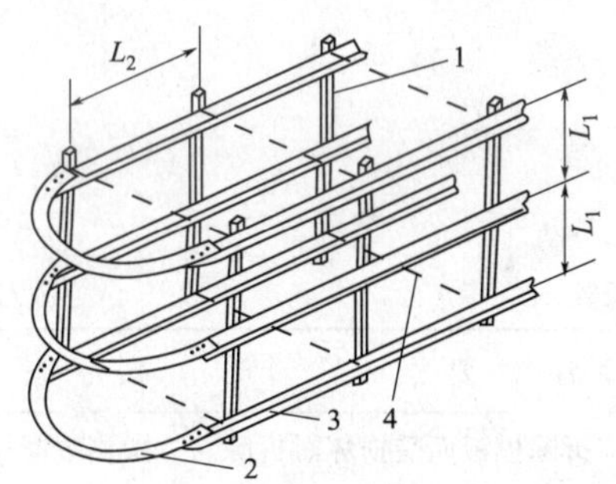

图 6-18　桥墩模板骨架

1-立柱；2-拱肋木；3-肋木；4-拉杆

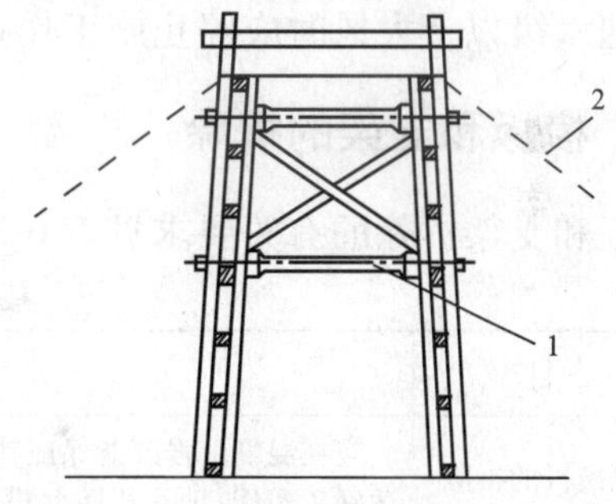

图 6-19　桥墩模板的稳定措施

1-临时撑木；2-拉索

三、模板和支架的制作与安装

1. 模板及支架在制作和安装时的注意事项

①构件的连接应尽量紧密，以减小支架变形，使沉降量符合预计数值；

②为保证支架稳定，应防止支架与脚手架和便桥等接触；

③模板的接缝必须密合，如有缝隙，需塞堵严密，以防跑浆；

④建筑物外露面的模板应抛光并涂以石灰乳浆、肥皂水或润滑油等润滑剂；

⑤为减少施工现场的安装拆卸工作和便于周转使用，支架和模板应尽量制成装配式组件或块件；

⑥钢制支架宜制成装配式常备构件，制作时应特别注意构件外形尺寸的准确性，一般应使用样板放样制作；

⑦模板应用内撑支撑，用螺栓栓紧，使用木内撑时，应在浇筑到该部位时及时将支撑撤去。

2. 制作及安装质量标准

支架和模板，在使用前应进行检验，需保证坚固、稳定，其位置及尺寸符合设计要求。支架、模板制作和安装时的允许偏差见《公路桥涵施工技术规范》（JTJ 041—2000）中表9.6.1、表9.6.2的规定。

3. 支架和模板的安装

①安装前按图纸要求检查支架和自制模板的尺寸与形状，合格后才准进入施工现场；

②安装后不便涂刷脱模剂的内侧模板应在安装前涂刷脱模剂，顶板模板安装后，绑扎钢筋前涂刷脱模剂；

③支架结构应满足立模高程的调整要求，按设计高程和施工预拱度立模；

④承重部位的支架和模板，必要时，应在立模后预压，消除非弹性变形和基础的沉陷；预压重力相当于以后所浇筑混凝土的重力，当结构分层浇筑混凝土时，预压重力可取浇筑混凝土质量的80%；

⑤相互连接的模板，模板面要对齐，连接螺钉不要一次紧到位，整体检查模板线形，发现偏差及时调整后再锁紧连接螺钉，固定好支撑杆件；

⑥模板连接缝间隙大于2mm应用灰膏类填缝或用胶带密封；预应力管道锚具处空隙大时用海绵泡沫填塞，防止漏浆；

⑦主要起重机械必须配备经过专门训练的专业人员操作，指挥人员、驾驶员、挂钩工人要统一信号；

⑧遇六级以上大风时应停止施工作业。

四、模板和支架的拆除

模板和支架拆除的有关要求见表6-3。

模板和支架的拆除　　表6-3

项　目	拆除注意要点
非承重侧模板的拆除	应在混凝土强度能保证其表面及棱角不应拆除模板而受损坏时拆除。一般当混凝土抗压强度达到2.5MPa时可拆除侧模板
承重模板、支架的拆卸	钢筋混凝土结构的承重模板、支架，应在混凝土强度能承受其自重力及其他可能的叠加荷载时，方可拆除；一般跨径等于或小于3m的梁、板达到设计强度的70%时方可拆除。如设计上对拆除承重模板、支架另有规定，应按照设计规定执行
卸落支架的程序	应按设计所规定的要求进行。如无设计规定时，应详细拟定卸落程序，分几个循环卸完，卸落量开始宜小，以后逐渐增大，在纵向应对称、均衡卸落。在拟定卸落程序时应注意以下几点： ①在卸落前应在卸架设备（如简单木楔和组合木楔等）上画好每次卸落量的标记； ②简支梁、连续梁宜从跨中向两支座依次循环卸落；悬臂梁宜先卸挂梁及悬臂的支架，再卸无铰跨内的支架
墩台模板的拆除	桥墩、台模板宜在其上部结构施工前拆除。拆除模板、卸落支架时，不允许用猛力敲打和强扭等粗暴的方法进行
其他注意事项	模板、支架拆除后，应将其表面灰浆、污垢清除干净，并应维修整理，分类妥善存放，防止变形开裂

课题二　钢筋加工与安装

钢筋工作的特点是使用的材料规格多,加工工序也多。成品的形状、尺寸各不相同,焊接和安装的好坏对构件质量影响很大,而在工程完工后又难以检查,如有缺陷,事后无法纠正。所以钢筋工作的各道工序,一定要严格控制。

钢筋混凝土梁桥的钢筋工程包括普通钢筋的加工,钢筋骨架的拼装等工作。普通钢筋从加工到形成钢筋骨架需要经过钢筋整直、切断、除锈、弯钩、焊接、绑扎等工序,在加工之前首先应对所用的钢筋进行抽检。

一、准备工作

1. 钢筋的检查与保管

1)钢筋的外观检查和力学性能检查

进厂钢筋应具有出厂质量证明书,对中小桥所用的钢筋,使用前可不进行抽检;对于大桥所用的钢筋,应进行抽检。检验内容主要包括钢筋的冷拉、冷弯和可焊性试验,试验的有关规定应按《公路桥涵施工技术规范》(JTJ 041—2000)进行。

2)钢筋的保管

钢筋进厂后,还应妥善保管,具体应做到:

①堆放场地选择在地势较高处,尽量用料棚遮盖,钢筋下面要放垫块,使其离地不小于20cm;

②钢筋应按不同等级、牌号、规格等分类挂牌堆放,并标明数量,做到账、物、牌三相符;

③钢筋不要和酸、碱、油一类物品一起存放,以免污染。

2. 钢筋调直

直径10mm以下的细钢筋多卷成盘形,粗钢筋常弯成“发卡”形,以便运输和储存。因此,运到工地的钢筋应先调直。

盘条钢筋应先放开,把它截成30~40m的长度,然后用人力或电动绞车拉直,也可用钢筋调直机调直。图6-20所示为人工绞磨拉直钢筋的装置。钢筋在调直机上调直时,应注意不得使钢筋受损伤,调直后如发现被擦伤的表面伤痕超过钢筋截面的5%时,该段钢筋不得使用。拉直时应对拉力进行控制,使任一段的伸长率不超过1%。

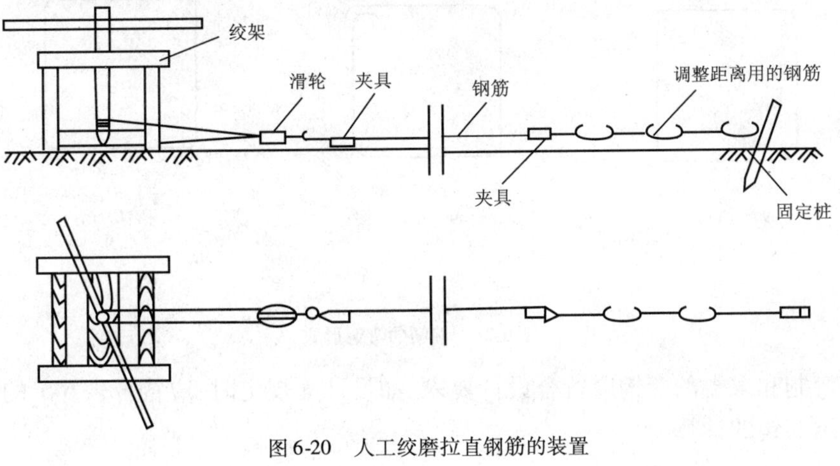

图6-20　人工绞磨拉直钢筋的装置

粗钢筋可放在工作台上用手锤敲直,也可用手工扳子或自动机床矫直。调直后的钢筋,应平直、无局部曲折。

3. 钢筋的除锈去污

钢筋的表面应洁净,以保证钢筋与混凝土之间的握裹力。油渍、漆污及用锤敲击时能剥落的浮皮、铁锈,应在使用前清除干净。带有颗粒状或片状老锈的钢筋不得使用。

除锈的方法很多,有手工除锈(如采用钢丝刷、砂轮等工具除锈)、钢筋冷拉或调直过程中除锈、机械方法除锈(如采用电动除锈机)、喷砂或酸洗除锈等。

如除锈后钢筋表面有严重的麻坑、斑点等已伤蚀截面时,应降级使用或剔除不用,带有蜂窝状锈迹的钢丝不得使用。

4. 钢筋的配料、下料及切断

钢筋加工应根据施工设计图将不同直径、不同长度的钢筋按规格和编号顺序填制配料,如表 6-4 所示,然后按规格型号分别配料加工。

钢 筋 配 料 单 表 6-4

工程名称:

构件号	图号	钢号	钢筋编号	直径	形状	下料长度	根数	总数	备注

1)钢筋的弯钩

为了增加受力主钢筋在混凝土内的抗滑移能力和锚固作用,绑扎钢筋骨架中的光圆钢筋的端部应做成半圆弯钩,弯心直径不小于 2.5d;螺纹钢筋因本身已有足够的黏结能力,一般可不设弯钩或仅设直钩;需要弯起的钢筋和斜钢筋的两端做成圆弧段,曲率半径不小于 20d(见表 6-5)。

用 R235 级钢筋制作的箍筋,其末端应做弯钩,弯心直径应大于受力主筋的直径,且不小于箍筋直径的 2.5 倍。弯钩平直部分长度,一般结构不宜小于箍筋直径的 5 倍;有抗震要求的结构,不应小于箍筋直径的 10 倍。弯钩的形式,如设计无要求时,可按图 6-21a)、b)形式加工;有抗震要求的结构,应按图 6-21c)形式加工。

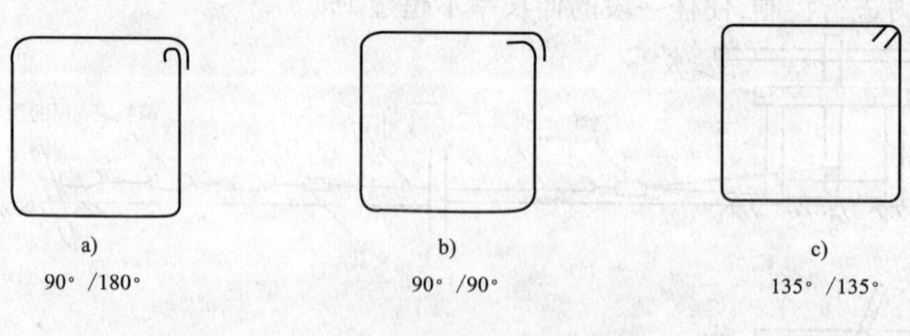

图 6-21 箍筋的弯钩形式

钢筋的弯制和末端的弯钩应符合设计要求,如设计无规定时,应符合表 6-5 的规定。

下面介绍弯钩的计算。

受力主钢筋制作和末端弯钩形状　　表 6-5

弯曲部位	弯曲角度	形状图	钢筋种类	弯曲直径 D	平直部分长度	备注
末端弯钩	180°		I	$\geqslant 2.5d$	$\geqslant 3d$	d 为钢筋直径
	135°		HRB335	$\phi 8 \sim \phi 25$ $\geqslant 4d$	$\geqslant 5d$	
			HRB400	$\phi 28 \sim \phi 40$ $\geqslant 5d$		
	90°		HRB335	$\phi 8 \sim \phi 25$ $\geqslant 4d$	$\geqslant 10d$	
			HRB400	$\phi 28 \sim \phi 40$ $\geqslant 5d$		
中间弯钩	90°以下		各类	$\geqslant 20d$		

（1）半圆弯钩（180°弯钩）

如图 6-22 所示，按弯心直径 D 不小于 $2.5d$，作 180°的圆弧弯曲。计算公式如下。

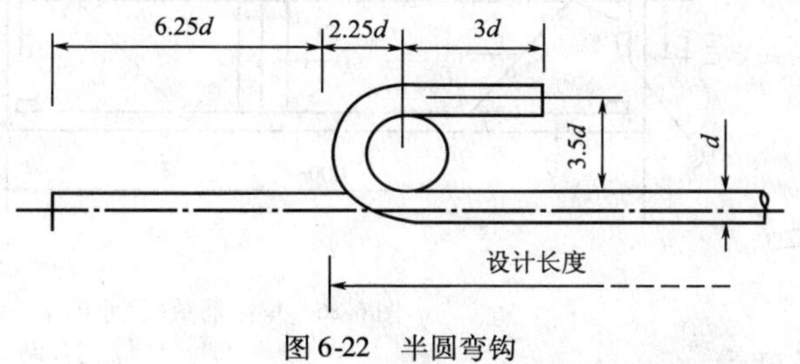

图 6-22　半圆弯钩

半圆弯钩全长：

$$3d + \frac{3.5\pi d}{2} = 8.5d$$

半圆弯钩增加长：

$$8.5d-2.25d=6.25d$$

(2)斜弯钩(135°弯钩)

如图6-23所示，所增加的钢筋长度为：

$$3d+\frac{3}{8}\times 2\pi\times(2.5d/2+d/2)-2.25d=4.9d$$

(3)直弯钩(90°弯钩)

如图6-24所示，所增加的钢筋长度为：

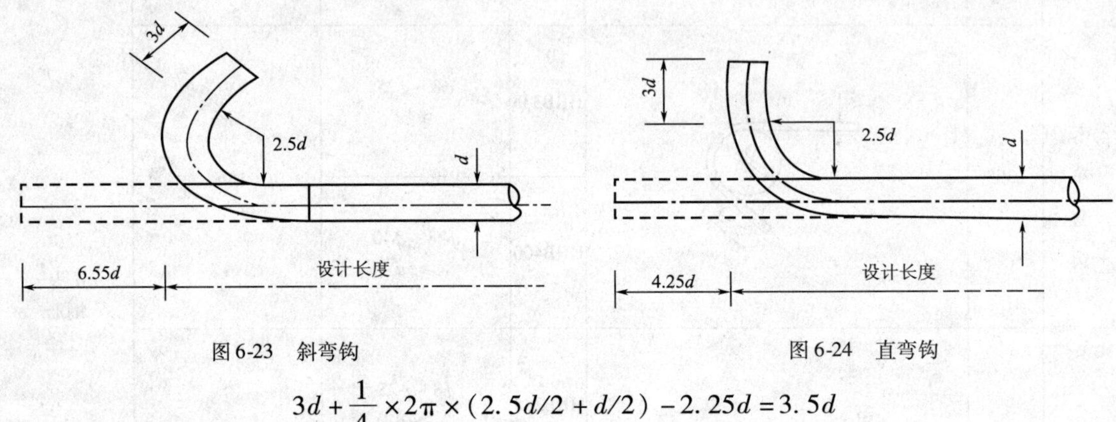

图6-23　斜弯钩　　图6-24　直弯钩

$$3d+\frac{1}{4}\times 2\pi\times(2.5d/2+d/2)-2.25d=3.5d$$

2)钢筋的弯折

根据结构受力要求，有时需要将部分受力钢筋进行弯折，这时弧长比两切线之和短些，如图6-25所示，其计算长度应减去折减数值(钢筋直径小于10mm时可忽略不计)。

3)下料长度计算

不同钢筋下料长度计算采用以下公式：

直钢筋下料长度 = 构件长度 − 保护层厚度 + 弯钩增加长度

弯起钢筋下料长度 = 直段长度 + 斜段长度 − 弯曲量度差 + 弯钩增加量

箍筋下料长 = 箍筋周长 + 箍筋调整值

4)下料长度计算实例

梁 L_0 的配筋如图6-26所示，计算各根钢筋的下料长度。

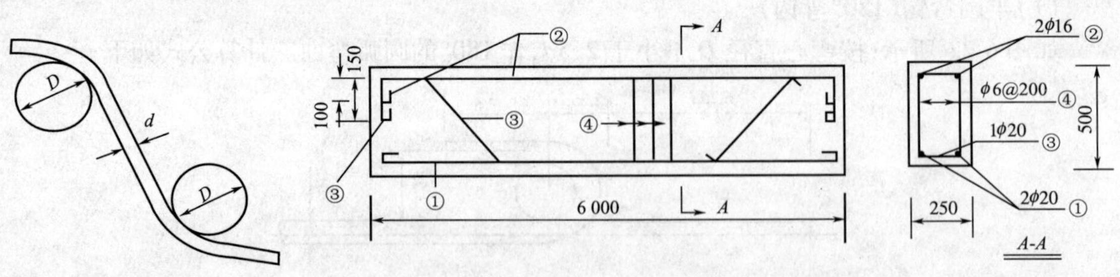

图6-25　钢筋的弯折　　图6-26　梁配筋图(尺寸单位：mm)

解：①号筋下料长度为：

$$6\,000-2\times 10+2\times 6.25\times 20=6\,230(\text{mm})$$

②号筋下料长度为：

$$6\ 000 - 2 \times 10 + 2 \times 100 - 2 \times 0.8 \times 16 + 2 \times 6.25 \times 16 = 6\ 355(\mathrm{mm})$$

③号筋下料长度为：

$6\ 000 - 2 \times 10 + 2(\sqrt{2} - 1)(500 - 2 \times 50 - 2 \times 6) + 2 \times 150 - 4 \times 0.5 \times 20 - 2 \times 0.8 \times 20 + 2 \times 6.25 \times 20 = 6\ 821(\mathrm{mm})$

④号筋下料长度为：

$$[(500 - 2 \times 50) + 250 - 2 \times 25)] \times 2 + 44 = 1\ 344(\mathrm{mm})$$

二、钢筋加工

1．钢筋接长

钢筋接长的方法有闪光接触对焊、电弧焊和绑扎搭接三种。闪光接触对焊接长钢筋，其优点是钢筋传力性能好，省钢料，能电焊各种钢筋，避免了钢筋的拥挤，故一般电焊均以采用闪光焊为宜。绑扎接头的质量差，费钢料，只有在没有焊接条件的情况下，才可采用。普通钢筋混凝土中直径大于25mm的钢筋，宜采用焊接。

1）闪光接触对焊

闪光接触对焊，可分不加预热的连续闪光和加预热的闪光两种方法。一般常用不加预热的连续闪光焊，若对焊机功率不足，不能用连续闪光焊时，对直径较粗的钢筋，可采用加预热的闪光焊。HRB500钢筋必须采用闪光接触对焊。

采用不加预热的连续闪光焊时，系将夹紧于对焊机钳口内的钢筋，在接通电源时，以不大的压力移近钢筋两头，使轻微接触。在移近过程中，钢筋端隙间向四面喷射火花，而钢筋端头则逐渐发生熔化。缓慢地移拢钢筋端部，以保持连续闪光。在钢筋熔融到既定的长度值后，便对钢筋进行快速的顶锻，至此焊接操作即告完成。

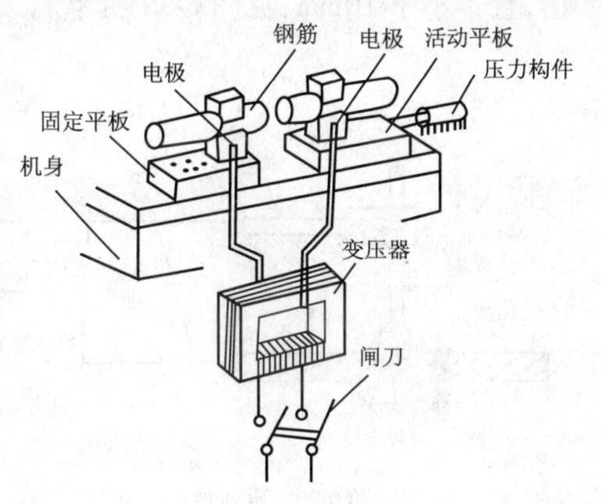

图6-27　接触对焊示意图

采用预热闪光焊接时，系将钢筋移拢，使两端面轻微接触，以便立即激发瞬时的闪光过程，然后移开钢筋。这种连续移拢或移开使钢筋端部逐渐加热。移近次数视钢筋直径、对焊机功率而定，一般在3~20次范围内变动，最后对钢筋进行快速顶锻。图6-27为接触对焊示意图。图6-28为接触对焊的接头形式。

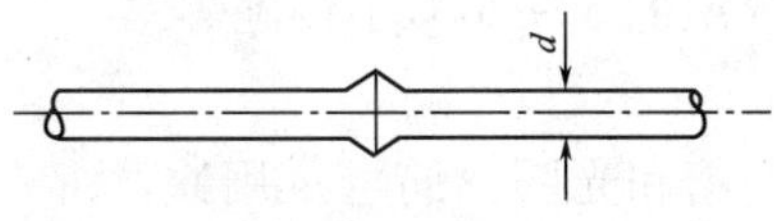

图6-28　接触对焊接头

为保证对焊接头质量，被焊钢筋的焊接端应裁切平整，端部断面应与钢筋轴线垂直，两焊接端面应彼此平行。焊接时被挤出接头外的熔渣应予除去。

钢筋对焊的质量应分批切取试件进行力学性能试验。当每次改变钢筋类型、直径或调换焊工时，应用同批的钢筋制作两个试件检查焊接质量。外观检查应满足下列要求：

①接头应有适当的镦粗和均匀的金属毛刺；

②钢筋表面没有裂缝和明显的烧伤；

③接头如有弯折，其角度不得大于4°；

④两根钢筋的轴线在接头处的偏移不得大于钢筋直径的0.1倍，亦不得大于2mm。

钢筋焊接的质量验收参照《公路桥涵施工技术规范》(JTJ 041—2000)的附表 E-2 检查。

2)电弧焊接

采用电弧焊时,系将一根导线接在被焊钢筋上,另一根导线接在夹有焊条的焊钳上,合上开关,将接触焊件接通电流,此时立即将焊条提起 2~3mm,产生电弧。电弧温度高达4 000℃,将焊条和钢筋熔化并汇合成一条焊缝,至此焊接过程结束。图6-29 为电弧焊接示意图。

焊接接头其技术要求如下:

①被焊接的两根钢筋的轴线应位于同一直线上,即将两钢筋搭接端部预先折向一侧。

②当采用帮条焊接,两帮条的轴线与被焊接的两钢筋轴线处于同一平面内。

③帮条焊接的帮条应用与被焊接钢筋同钢种、同直径的钢筋制作,其总截面面积不应小于被焊钢筋的截面积。

④钢筋接头采用搭接或帮条电弧焊接时,应尽量做成双面焊缝,只有当不能做成双面焊缝时,才允许采用单面焊缝。

⑤采用双面焊时,焊缝长度为 $5d$,采用单面焊时,焊缝长度为 $10d$(d 为钢筋直径)。

⑥接头处钢筋轴线的偏移不得大于钢筋直径的 0.1 倍,亦不得大于 3mm。

⑦焊缝高度应等于被焊接钢筋直径的 0.25 倍,且不小于 4mm;焊缝宽度应为直径的 0.7 倍,且不小于 10mm,见图 6-30 所示。

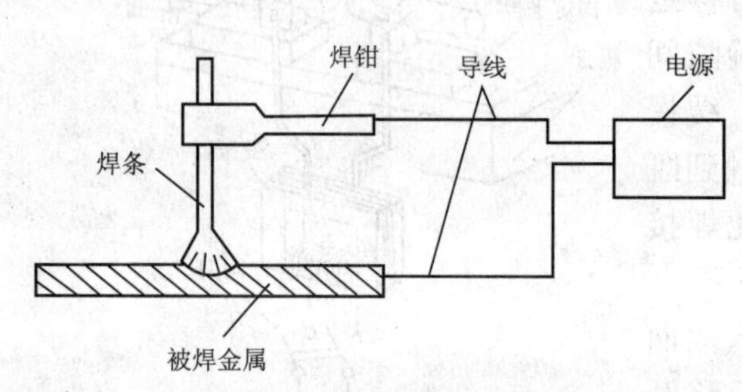

图 6-29　电弧焊接示意图

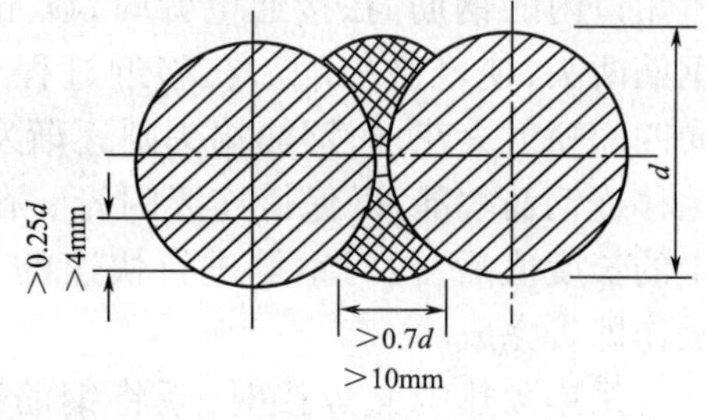

图 6-30　焊缝宽度和高度

⑧钢筋接头外观检查和抗拉试验要求:焊缝表面平顺,没缺口、凹陷、气孔和焊瘤。抗拉极限强度应不小于被焊钢筋的抗拉极限强度。

⑨焊接时对施焊场地和焊工应有适当的防风、雨、雪、严寒和钢料预热高温侵害的保护设施。场地气温为 5~-20℃时,对被焊钢筋应采取技术措施,气温低于-20℃不得施焊。

3)铁丝绑扎搭接

当没有条件采用焊接时,直径等于或小于 25mm 的螺纹钢筋和光圆钢筋可采用铁丝绑扎接头;但对轴心受拉和小偏心受拉构件中主钢筋均应焊接,不得采用绑扎接头。接头的搭接长度见表 6-6 规定,并注意以下要求:

①受拉区的Ⅰ级钢筋绑扎接头的末端应做弯钩,HRB335、HRB400 牌号钢筋的绑扎接头末端可不做弯钩。

②直径等于和小于 12mm 的受压Ⅰ级钢筋的末端,以及轴心受压构件中任意直径的受力钢筋的末端,可不做弯钩,但搭接长度不应小于钢筋直径的 30 倍。

③钢筋搭接处,应在中心和两端用铁丝扎牢。

受拉钢筋绑扎接头的搭接长度 表6-6

钢筋类型		混凝土强度等级		
		C20	C25	高于C25
Ⅰ级钢筋		35d	30d	25d
月牙纹	HRB335牌号钢筋	45d	40d	35d
	HRB400牌号钢筋	55d	50d	45d

注：①当带肋钢筋直径d不大于25mm时，其受拉钢筋的搭接长度应按表中值减少5d采用；当带肋钢筋直径d大于25mm时，其受拉钢筋的搭接长度应按表中值增加5d采用。

②当混凝土在凝固过程中受力钢筋易受扰动时，其搭接长度宜适当增加。

③在任何情况下，纵向受拉钢筋的搭接长度不应小于300mm；受压钢筋的搭接长度不应小于200mm。

④当混凝土强度等级低于C20时，Ⅰ级、HRB335钢筋的搭接长度应按表中C20的数值相应增加10d；HRB500钢筋不宜采用。

⑤对有抗震要求的受力钢筋的搭接长度，当抗震烈度为七度（及以上）时应增加5d。

⑥两根不同直径的钢筋的搭接长度，以较细的钢筋直径计算。

2. 钢筋接头在结构中的位置

对于有接头的钢筋，配料时应注意使焊接或绑扎接头设置在内力较小处，并错开布置。对于绑扎接头，两接头间距离不小于1.3倍搭接长度。对于焊接接头，在接头长度区段内，同一根钢筋不得有两个接头，配置在接头长度区段内的受力钢筋，其接头的截面面积占总截面面积的百分率应符合表6-7的规定。对于绑扎接头，其接头的截面面积占总截面面积的百分率也应符合表6-7的规定。

接头长度区段内受力钢筋接头面积的最大百分率 表6-7

接头形式	接头面积最大百分率（%）	
	受拉区	受压区
主钢筋绑扎接头	25	50
主钢筋焊接接头	50	不限制

注：①焊接接头长度区段内是指35d（d为钢筋直径）长度范围内，但不得小于500mm，绑扎接头长度区段是指1.3倍搭接长度。

②在同一根钢筋上应尽量少设接头。

③装配式构件连接处的受力钢筋焊接接头可不受此限制。

④绑扎接头中钢筋的横向净距不应小于钢筋直径且不应小于25mm。

⑤环氧树脂涂层钢筋绑扎搭接长度，对受拉钢筋应至少为涂层钢筋锚固长度的1.5倍且不小于375mm；对受压钢筋为无涂层钢筋锚固长度的1.0倍且不小于250mm。

电弧焊接和绑扎接头与钢筋弯曲处的距离不应小于10倍钢筋直径，也不应位于构件的最大弯矩处。

三、钢筋安装

1. 钢筋骨架的组成

混凝土内的钢筋骨架是由纵向钢筋（主筋）、架立筋、箍筋、弯起钢筋（斜筋）、分布钢筋以及附加钢件构成。关于这些钢筋的作用及截面的计算详见《结构设计原理》（孙元桃主编）一书。图6-31示出了普通矩形截面梁的钢筋骨架构造。

图6-32所示是计算跨径为8.45m，整体现浇肋板梁桥的钢筋细部构造。其中的a)图为主梁的钢筋布置，其基本构造与图6-31中的相似；b)图为连续桥面板的钢筋布置。

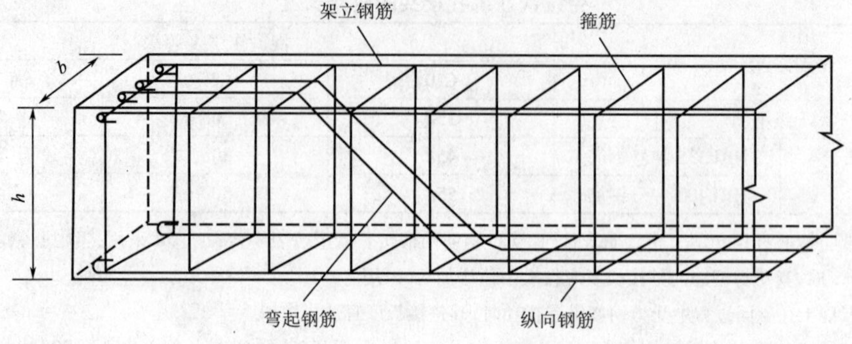

图6-31　普通矩形截面梁的钢筋骨架构造

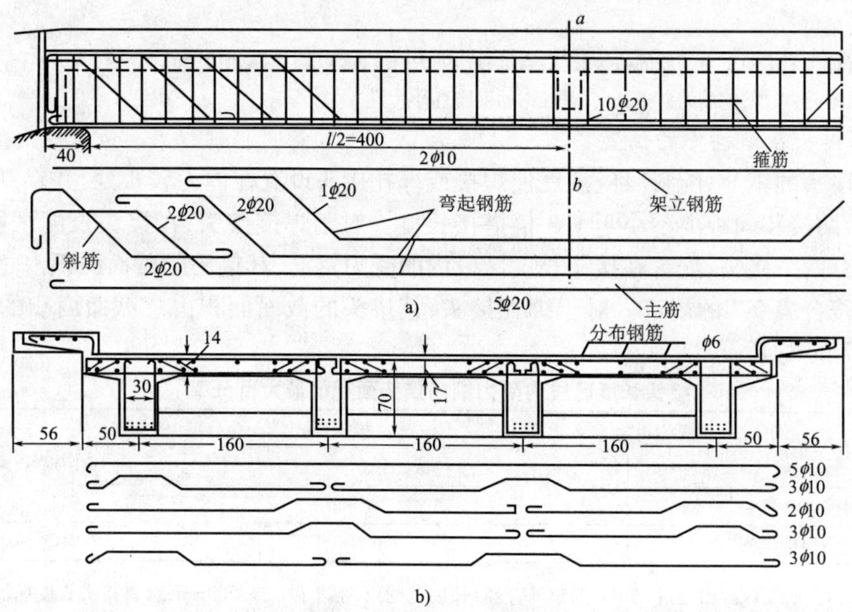

图6-32　整体现浇肋板梁桥的钢筋细部构造(尺寸单位:cm)

a)梁的纵剖面;b)剖面 a-b

2. 钢筋制作成型

钢筋应按设计图纸的尺寸和形状用冷弯的方法弯制成型。弯制钢筋可用人工弯筋器在成型台上弯制或用电动弯筋机弯制。现介绍如下。

1)人工弯筋器

人工弯筋器由扳手与底盘组成,如图6-33所示。底盘固定于成型台两端,底盘上有固定的扳柱,扳柱一般为直径22mm的圆钢,扳柱间的净距应较弯曲的最大钢筋直径大2mm。当弯曲较细的钢筋时,应加以适当厚度的钢套,以保持一定的净距,防止钢筋弯曲时向扳手一侧滑

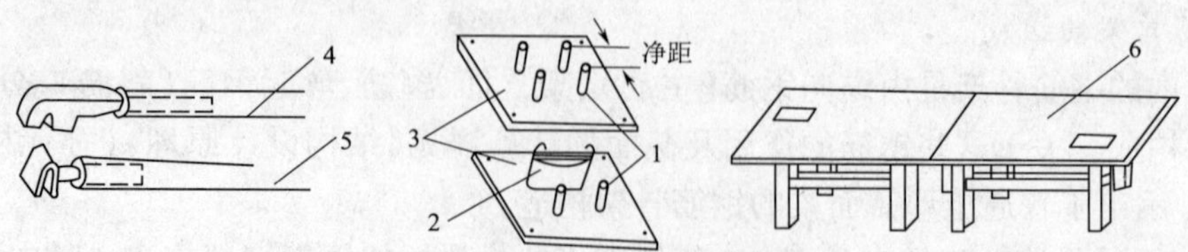

图6-33　人工弯筋设备及成型台

1-扳柱;2-钢套;3-底盘;4-横口扳子;5-深口横口扳子;6-成型台

动。扳手的扳口以较钢筋直径大2mm为宜。

扳手与扳柱间的净距称为扳距，如图6-34所示。为保证钢筋弯制的形状和尺寸准确，弯制钢筋时，应有一定的扳距，扳距随钢筋直径与弯曲角度的大小决定，如表6-8所示。弯制钢筋时，应缓慢进行，不能骤然加力，以免弯曲处发生裂痕。

扳距参考表 表6-8

角度 / 直径(mm)	180°	90°	45°	135°
8	40	20	10	30
12	50	25	15	40
16	70	40	20	50
19	80	45	25	60
22	100	50	30	70
25	110	55	35	80
28	120	60	40	90

2)电动弯筋机

电动弯筋机能弯制直径6~40mm的钢筋，并可弯成各种角度，如图6-35所示。扳柱插入能转的弯曲盘及固定两侧的方铁上的柱孔中，方铁上的扳柱只插进料一侧，扳柱的位置按钢筋直径及弯曲的不同来选择。弯曲旋转的角度由电气开关控制，当弯曲某种角度的弯钩时，应在弯曲盘将要转动而未到达该角度时即切断电路，因电路切断后，弯曲盘仍将向前转动一个小角度后才停止，故切断电路的时间应使转盘恰好转到需要角度停止，这主要依靠熟练的技术和经验来决定，一般经试弯几次后确定位置，并做出标记，以便控制。

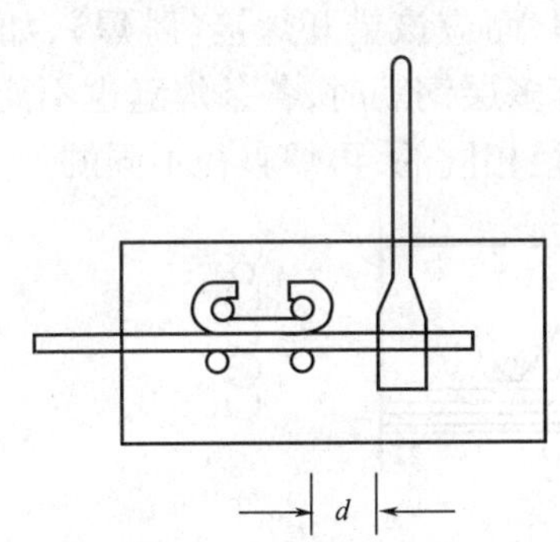

图6-34 扳距

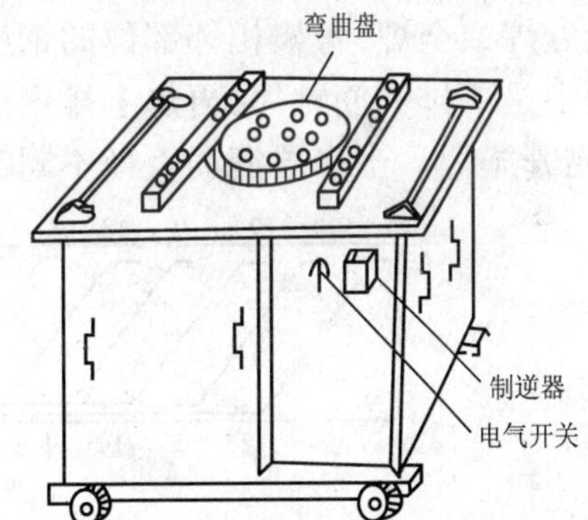

图6-35 电动弯筋机

弯制每种钢筋的第一根时，应反复修正，使其与设计尺寸和形状相符，并以此样件做标准，用以检验以后弯制的钢筋。成型后的钢筋，对受力钢筋其偏差顺长度方向全长的净尺寸不得大于+5 mm或-10mm、弯起钢筋的位置不得大于+20mm或-20mm。

成型后的钢筋应按设计编号堆码，并挂标牌，标牌上注明钢筋编号、形状、长度、直径、数量等。钢筋不得存放在露天，且应设置平稳的堆放台。

3. 钢筋骨架焊接与安装

1)钢筋骨架焊接

钢筋骨架焊接应采用电弧焊，先焊成平面骨架，然后再将平面骨架焊成立体骨架，使骨架有足够的刚性和不变形性，以便吊运。

钢筋在焊接过程中，由于温度变化，骨架将会发生翘曲变形，使骨架的形状和尺寸不能符合设计要求，同时会在焊缝内产生收缩应力而使焊缝开裂。因此，为了防止施焊过程中骨架的变形，在施工工艺上要采取一定的措施。一般常在电焊工作台上用先点焊后跳焊（错开焊接次序）的方法进行焊接；另外采用双面焊缝使骨架的变形尽可能均匀对称。

工作台的形式很多，如图6-36所示。台高一般为30～40mm，钢筋按照骨架的外框尺寸用角钢固定在台面上，每根斜筋的两侧也用角钢固定。

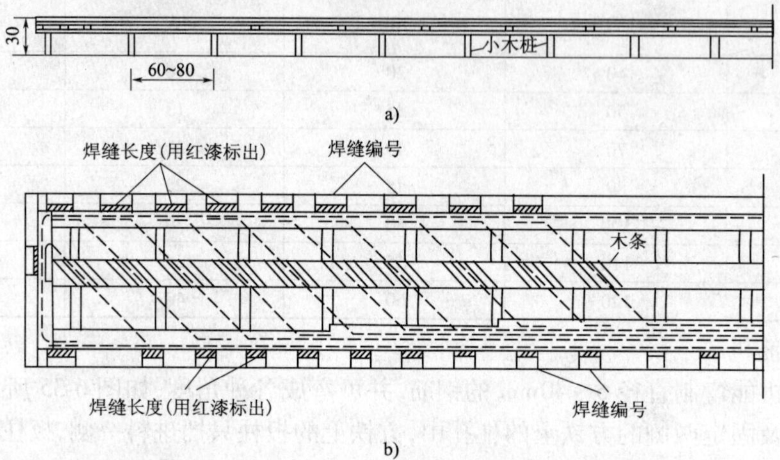

图6-36 T形梁钢筋单片骨架拼焊台（尺寸单位：mm）

a）半立面；b）半平面

钢筋按设计图布置就绪后，各钢筋用点焊固定相对位置，使钢筋骨架各部位不致因施焊时加热膨胀及冷却收缩而走动。

无论点焊或全焊，骨架相邻部位的钢筋不能连续施焊，而应该错开焊接（跳焊），如图6-37所示。图中是下排钢筋跳焊，再焊上排钢筋。同一部位有多层钢筋时，各条焊缝也不能一次焊好，而应错开施焊。当多层钢筋直径不同时，可先焊两直径相同的，再焊直径不同的。

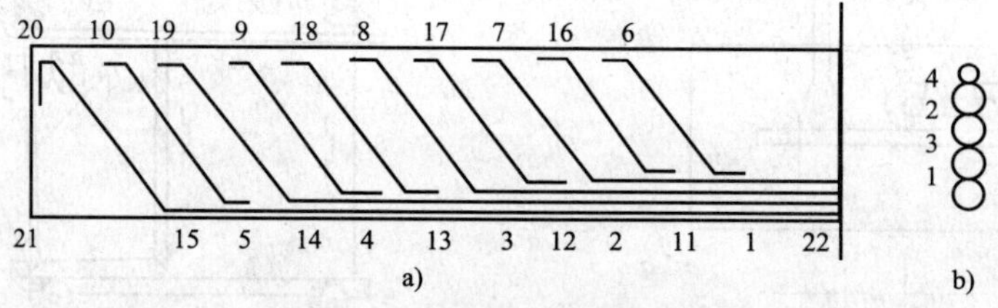

图6-37 钢筋骨架焊接顺序

在拼装T形骨架时，还应考虑焊接变形和梁的预拱度对骨架尺寸的影响而设预留拱度，其值可参考表6-9的规定。

焊接骨架预留拱度值

表6-9

T梁跨度	10	13	16	20
工作台上预拱度(mm)	3	3～5	4～6	5～7

2）钢筋骨架和钢筋网的运输

为保证安装质量和加快施工进度，常常将钢筋网或钢筋骨架分块或分段绑扎，然后运到现场拼装。分块或分段的大小应根据结构配筋特点和起重运输能力而定。一般钢筋网的分块面积为6～20m^2，钢筋骨架的分段长度为6～12m。

为防止钢筋网或钢筋骨架在运输过程中发生歪斜变形，应采取临时加固措施。跨度小于或等于6m的钢筋骨架一般采用两点起吊，跨度大于6m的钢筋骨架一般采用四点起吊。

3)钢筋骨架和钢筋网的支垫

应在钢筋与模板间设置垫块,垫块应与钢筋扎紧,并互相错开。非焊接钢筋骨架的多层钢筋之间,应用短钢筋支垫,保证位置准确。钢筋混凝土保护层厚度应符合设计要求。钢筋的保护层厚度以及钢筋的间距对保持钢筋与混凝土的握裹力,防止钢筋锈蚀,保证结构的耐久性具有重要的作用,因此,必须严格使其符合设计要求。条文中提出了保证保护层厚度的几种方法,重要的是垫块要绑扎牢固,间距不能过大,以起到支垫的效果。

4)钢筋骨架的安装

钢筋骨架安装之前,应详细检查模板各部尺寸,并检查模板有无歪斜、裂缝及变形等。所有变形和尺寸不符之处应在安装钢筋之前予以修正。

焊接成型的钢筋骨架,安装时用起重设备吊入模板内即可。

绑扎钢筋的安装,事先应确定好安装顺序。一般的梁肋钢筋,先安箍筋,再安下排主筋,后安上排钢筋。在钢筋安装中,为保证位置正确,达到设计及构造要求,需注意以下几点:

①钢筋的交叉应用铁丝绑扎结实,必要时亦可用电焊焊接;

②除设计有特殊规定外,梁中的箍筋应与主筋垂直;

③箍筋弯钩的叠合处,在梁中应沿梁长方向置于上面并交错布置;

④为了保证混凝土保护层的必需厚度,应在钢筋与模板间设置混凝土垫块,垫块应错开布置,并与钢筋扎紧;

⑤为保证及固定钢筋相互间的横向净距,两排钢筋之间可使用混凝土隔块,或用短钢筋扎结固定;

⑥为保证钢筋骨架有足够的刚度,必要时,可以增加架立钢筋。

安装钢筋时的允许偏差,不得大于表6-10的规定值。

安装钢筋时的允许偏差　　表6-10

<table>
<tr><th colspan="3">检查项目</th><th>允许偏差(mm)</th></tr>
<tr><td rowspan="4">受力钢筋间距</td><td colspan="2">两排以上排距</td><td>±5</td></tr>
<tr><td rowspan="2">同排</td><td>梁、板、拱肋</td><td>±10</td></tr>
<tr><td>基础、锚碇、墩台、柱</td><td>±20</td></tr>
<tr><td colspan="2">灌注桩</td><td>±20</td></tr>
<tr><td colspan="3">箍筋、横向水平钢筋、螺旋筋间距</td><td>0, -20</td></tr>
<tr><td rowspan="2" colspan="2">钢筋骨架尺寸</td><td>长</td><td>±10</td></tr>
<tr><td>宽、高或直径</td><td>±5</td></tr>
<tr><td colspan="3">弯起钢筋位置</td><td>±20</td></tr>
<tr><td rowspan="3" colspan="2">保护层厚度</td><td>柱、梁、拱肋</td><td>±5</td></tr>
<tr><td>基础、锚碇、墩台</td><td>±10</td></tr>
<tr><td>板</td><td>±3</td></tr>
</table>

课题三　混凝土施工

一、混凝土施工配合比

1. 混凝土施工配合比的确定

试验室配合比计算是以干燥材料为基准的,而实际施工现场存放的砂、石材料都含有一定水分，且经常变化，所以应根据工地上砂石材料的含水量，将试验室配合比换算为施工配合比。水泥混凝土试验室配合比设计在其他课程中已作了详细介绍，在这里就不再赘述，以下主要介绍混凝土施工配合比的确定。

在施工时，每立方米混凝土的水和砂、石的实际称量为：

水的称量 = 用水量 - 砂、石材料中含水的质量

砂的称量 = 砂的用量 + 砂中含水的质量

石的用量 = 石的用量 + 石料中含水的质量

水泥称量不变。

例如：设计好的混凝土配合比为每立方米混凝土用水泥 360 kg、砂 612kg、石子 1 241kg、水 187kg。交到工地后，假定工地所用的砂含水量为 3%、碎石含水量为 2%。则调整的各组成材料用量如下：

砂：612 + (612 × 0.03) = 630(kg)

石：1 241 + (1 241 × 0.02) = 1 260(kg)

水：187 - (612 × 0.03) - (1 241 × 0.02) = 144(kg)

水泥用量不变仍为 360kg。因此，每立方米混凝土材料用量经调整后为：水泥 360kg、砂 630kg、碎石 1 260kg、水 144kg，则施工配合比为：

水泥：砂：石：水 = 360：630：1 260：144 = 1：1.75：3.52：0.4

2. 混凝土搅拌时每次投料量的计算

施工时，应根据搅拌机的容量，一次以使用若干整包水泥为一盘，计算相应的砂、石、水的每盘用料量。配料时要求称量准确，否则将影响混凝土质量。

施工现场通常以一袋水泥(50kg)或两袋水泥为基数按确定配比配料进行拌和。以上述施工配合比为例，如以两包水泥为一盘，则各种材料用量如下：

水泥用量 = 2 × 50 = 100(kg)

砂用量 = 100 × 1.75 = 175(kg)

石用量 = 100 × 3.52 = 352(kg)

水用量 = 100 × 0.4 = 40(kg)

二、混凝土的拌制

混凝土拌制是混凝土施工技术中的重要环节，对混凝土的质量将产生重要影响，因此拌制混凝土的每个环节都不可大意。

混凝土拌制通常以机械为主，人工为辅。主要的基本工程工作量一般为机械拌制，工程中少量的塑性混凝土才用人工拌制。

1. 人工拌和

人工拌和混凝土是指在铁板或其他不渗水的拌和板上用人工进行拌和。其具体做法是，先将每次拌和所需的材料准备好，按以下程序双人对拌：

砂 + 水泥 $\xrightarrow{\text{分层上料，6人3组，干拌均匀}}$ 石子 $\xrightarrow{\text{6人3组，干拌均匀}}$ 中心扒槽 + 1/2 水 $\xrightarrow{\text{6人3组，湿拌均匀}}$ 中心再次扒槽 + 1/2 水 $\xrightarrow{\text{湿拌均匀}}$ 出料。

2. 机械拌和

采用机械拌和的优点是混凝土质地均匀、强度高、速度快。预制场及较大工地的混凝土拌

和,一般都采用固定式的混凝土拌和台,其布置如图6-38所示。拌和台的高度与混凝土的运输方式有关,以搅拌机出料槽稍高于混凝土运输工具为原则,装料平台的高度可与搅拌机的料斗同高或稍低,以便倒料。

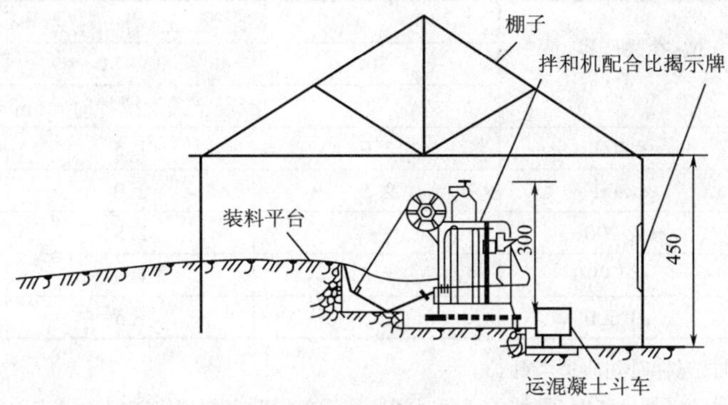

图6-38　混凝土拌和台(尺寸单位:cm)

1)配料

拌制混凝土配料时,各种衡器应保持准确。对集料的含水率应经常进行检测,雨天施工应增加测定次数,据以调整集料和水的用量。

2)装料

在确定混凝土各种原材料的投料顺序时,应考虑到如何才能保证混凝土的搅拌质量,减少机械磨损和水泥飞扬,减少混凝土的粘罐现象,降低能耗和提高劳动生产率等。目前采用的装料顺序有一次投料法和两次投料法等。

(1)一次投料法

这是目前广泛使用的一种方法,也就是将砂、石、水泥依次放入料斗后再和水一起进入搅拌筒进行搅拌。这种方法工艺简单、操作方便。当采用自落式搅拌机时常用的加料顺序是先倒石子,再加水泥,最后加砂。这种加料顺序的优点是水泥位于砂石之间,进入拌筒时可减少水泥飞扬,同时砂和水泥先进入拌筒形成砂浆,可缩短包裹石子的时间,也避免了水向石子表面聚集产生的不良影响,可提高搅拌质量。

(2)两次投料法

两次投料法又可分为预拌水泥砂浆法和预拌水泥净浆法。预拌水泥砂浆法是指先将水泥、砂和水投入拌筒搅拌1~1.5min后加入石子再搅拌1~1.5min。预拌水泥净浆法是指先将水和水泥投入拌筒搅拌1/2的规定时间,再加入砂石搅拌到规定时间。试验表面,由于预拌水泥砂浆或水泥净浆对水泥有一种活化作用,因而搅拌质量明显高于一次投料法。若水泥用量不变,混凝土强度可提高15%左右,或在混凝土强度相同的情况下,可减少水泥用量约15%~20%。

3)搅拌

在整个施工过程中,应注意拌和速度与混凝土浇筑速度的密切配合,随时注意检查与校正混凝土的坍落度,严格计量水泥、砂、石料的质量,过磅的衡器必须定期检定,严格控制水灰比,配合比不得任意更改,并按规定制作混凝土试件。

用机械搅拌时,自全部材料装入搅拌筒至开始出料的最短搅拌时间应按设备出厂说明书的规定,并经试验确定。混凝土的最短搅拌时间可参考表6-11。

4)检查

对于在施工现场集中搅拌的混凝土,应检查混凝土拌和物的稠度、水灰比、水泥含量及均匀性。要求混凝土拌和物应拌和均匀,颜色一致,不得有离析和泌水现象。实测的水灰比和水泥含量应符合配合比设计要求。

混凝土搅拌完毕后，应检测混凝土拌和物的坍落度，同时观察混凝土拌和物的黏聚性和保水性。

混凝土最短搅拌时间 表 6-11

搅拌机类别	搅拌机容量(L)	混凝土坍落度(mm)		
		30	30~70	70
		混凝土最短搅拌时间(min)		
自落式	≤400	2.0	1.5	1.0
	≤800	2.5	2.0	1.5
	≤1 200	—	2.5	1.5
强制式	≤400	1.5	1.0	1.0
	≤1 500	2.5	1.5	1.5

注：①当掺有外加剂时，搅拌时间应适当延长。

②当采用其他形式的搅拌设备时，搅拌的最短时间应按设备说明书的规定或经验确定。

三、混凝土的运输

混凝土的运输能力应适应混凝土凝结速度和浇筑速度的需要，使浇筑工作不间断并使混凝土运到浇筑地点时仍保持均匀性和规定的坍落度。当混凝土拌和物运距较近时，可采用无搅拌器的运输工具；当运距较远时，宜采用搅拌运输车运输。

1. 运输工具

运输混凝土的工具很多，根据工程情况和设备配置情况选用。

1）手推车

主要用于短距离水平运输，具有轻巧、方便的特点，其容量为 0.07~0.1m^3。

2）机动翻斗车

具有轻便灵活、速度快、效率高、能自动卸料、操作简便等特点，容量为 0.4m^3。一般与出料容积为 400L 的搅拌机配套使用，使用于短距离混凝土的运输或砂石等散材料的倒运。

3）混凝土搅拌运输车

是一种用于长距离混凝土运输的施工机械，它是将运输混凝土的搅拌筒安装在汽车底盘上，把在预拌混凝土搅拌站生产的混凝土成品装入拌筒内，然后运至施工现场。在整个运输过程中，混凝土搅拌筒始终在作慢速转动，从而使混凝土在经过长期运输后，仍不会出现离析现象，以保证混凝土的质量。

当运输距离很长，采用上述运输工具难以保证运输质量时，可采用装载干料运输、拌和用水另外存放的方法，当快到浇筑地点时加水搅拌，待到达浇筑地点时已拌和完成，便可进行浇筑。混凝土搅拌运输车的外形如图 6-39 所示。

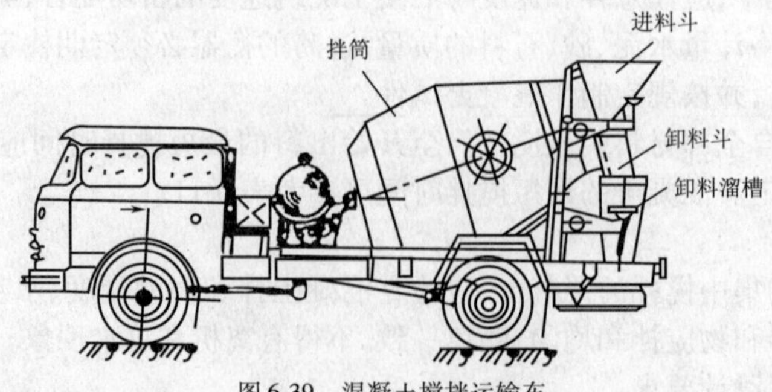

图 6-39 混凝土搅拌运输车

4)混凝土泵

混凝土泵输送混凝土是当今混凝土工程施工中新的输送方式。其工作原理就是利用泵体的挤压力将混凝土挤进管路系统并到达浇筑地点,同时完成水平运输和垂直运输。混凝土泵既能连续浇筑混凝土、中间不停顿、施工速度快、生产效率高,使工人劳动强度明显降低,又可提高混凝土的强度和密实度。混凝土泵适用于一般多层建筑、水下及隧道等工程的施工。

混凝土泵的种类很多,有活塞泵、气压泵和挤压泵等类型,目前应用最广泛的是活塞泵。根据其构造和工作机理的不同,活塞泵又可分为机械式和液压式两种。

活塞式混凝土泵的规格很多,性能各异,一般以最大泵送距离和单位时间最大输出量作为其主要指标。目前,混凝土的最大运输距离,水平运输可达800m,垂直运输可达300m。

采用混凝土泵泵送混凝土时的注意事项:

①在采用混凝土泵泵送混凝土前,应先开机用水湿润管道,然后泵送适量的、与混凝土内成分相同的水泥砂浆,使管道处于充分润滑状态后,再正式泵送混凝土。

②混凝土的供应能力应保证混凝土泵连续工作,尽量避免中途停歇。若混凝土供应能力不足时,宜减慢泵送速度。混凝土出现离析现象时,应立即用压力水冲洗管道内残留的混凝土,避免混凝土凝固在管道内。泵送间歇时间不宜超过15min。

③在泵送过程中,受料斗内应具有足够的混凝土,以防止吸入空气产生阻塞。

④高温条件施工时在水平输送管上覆盖两层湿草袋,以防止阳光直照,并每隔一段时间洒水湿润,这样能使管道中的混凝土不至于吸收大量热量而失水,导致管道堵塞。

⑤输送管道宜直,转弯宜缓(<45°),接头应严密。如管道向下倾斜,应防止混入空气,导致堵塞。

⑥输送管应选用适宜的泵送管径。

2. 运输过程中的质量控制

混凝土在运输过程中应保持其匀质性,不分层、不离析、不漏浆,运到浇筑地点后具有规定的坍落度,坍落度先后相差不超过30%,并保证有充足的时间进行浇筑振捣。若混凝土到达浇筑地点时已出现离析、严重泌水或坍落度不符合要求时,应进行二次搅拌。二次搅拌时不得任意加水,确有必要时,可同时加水和水泥以保持其原水灰比不变。如二次搅拌仍不符合要求,则不得使用。

混凝土应以最少的转运次数和最短的时间,从搅拌地点运至浇筑现场。混凝土从搅拌机中卸出到浇筑完毕的延续时间不宜超过如表6-12所示的规定。

混凝土从搅拌机中卸出到浇筑完毕的延续时间(min) 表6-12

混凝土强度等级	气 温	
	≤25℃	>25℃
≤C30	120	90
>C30	90	60

注:①对掺有外加剂或采用快硬水泥拌制的混凝土,其延续时间应按试验确定。

②对轻集料混凝土,其延续时间应适当缩短。

在运输过程中混凝土坍落度往往会有不同程度的减小,减小的原因主要是运输工具失水漏浆、集料吸水、夏季高温天气等。故为保证混凝土运至施工现场后能顺利浇筑,运输工具应严密不漏浆,运输前用水湿润容器,夏季应采取措施防止水分大量蒸发。

四、混凝土的浇筑

混凝土的浇筑对于混凝土的密实性、结构的整体性和构件的尺寸准确性都起着决定性的作用，故在混凝土浇筑工程中，需采取一系列技术措施来保证混凝土工程的质量。

1. 一般要求

1）浇筑前准备工作

混凝土浇筑前应检查模板的高程、尺寸、位置、强度、刚度等内容是否满足要求，模板接缝是否严密；钢筋及预埋件的数量、型号、规格、摆放位置、保护层厚度等是否满足要求，并做好隐蔽工程；模板中的垃圾应清理干净；木模板应浇水湿润。钢筋上的泥污及洒落于钢筋上的水泥浆等应清除。

2）混凝土的自由倾落高度

自高处向模板内倾卸混凝土时，为防止混凝土离析，应遵守下列规定：

①从高处直接倾卸时，其自由倾落高度一般不宜超过 2m，以不发生离析为度；

②当倾落高度超过 2m 时，应通过串筒、溜管（槽）或振动溜管等设施下落，并应保证混凝土出口的下落方向垂直，如图 6-40 所示；倾落高度超过 10m 时，应设置减速装置，如图 6-41 所示；

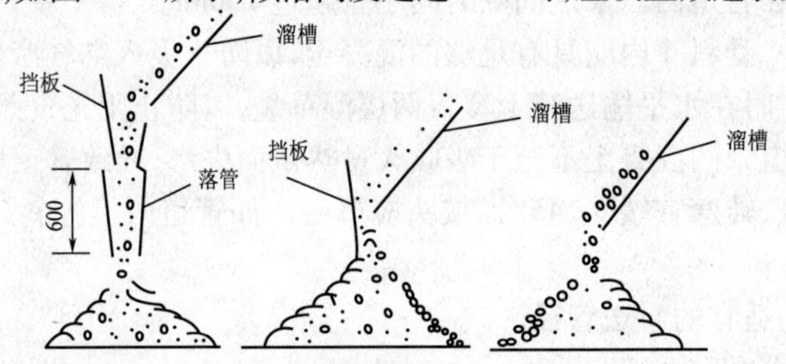

图 6-40　混凝土在转运中的离析现象（尺寸单位：cm）

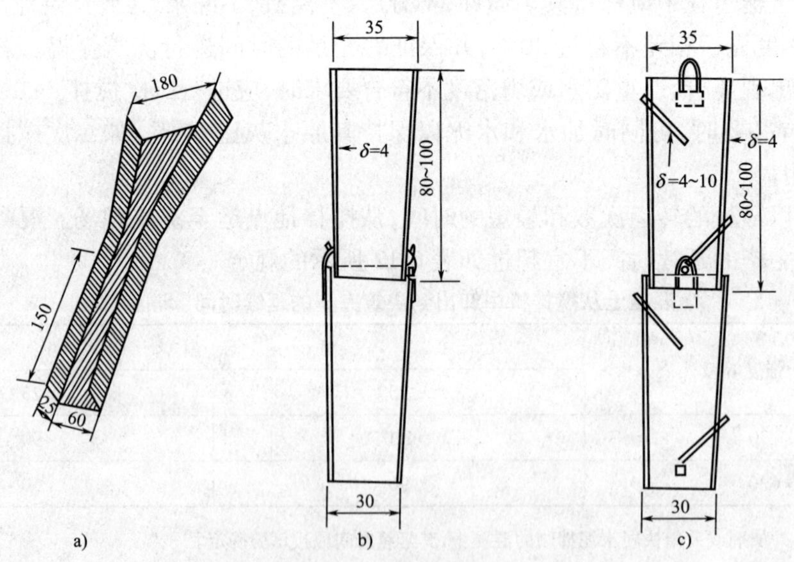

图 6-41　垂直运送混凝土设备（尺寸单位：cm；厚度 δ 单位：mm）

a）滑槽；b）串筒；c）有减速设备的串筒

③在串筒出料口下面，混凝土堆积高度不宜超过 1m；

④浇筑钢筋较密的混凝土时，自由倾落高度一般不宜超过 30cm，以免因钢筋碰撞而导致

石子与砂浆分离。

3)混凝土浇筑层厚度

混凝土应按一定厚度、顺序和方向分层浇筑,应在下层混凝土初凝或能重塑前浇筑完成上层混凝土。上下层同时浇筑时,上层与下层前后浇筑距离应保持 1.5m 以上。在倾斜面上浇筑混凝土时,应从低处开始逐层扩展升高,保持水平分层。混凝土分层浇筑厚度不宜超过表 6-13 的规定。

混凝土分层浇筑厚度 表 6-13

捣实方法		浇筑层厚度(mm)
用插入式振动器		300
用附着式振动器		300
用表面振动器	无筋或配筋稀疏时	250
	配筋较密时	150
人工捣实	无筋或配筋稀疏时	200
	配筋较密时	150

注:表列规定可根据结构物和振动器型号等情况适当调整。

4)工作缝的处理

混凝土的浇筑工作需连续进行,如必须停歇时,其间歇时间应尽量缩短,并在前层混凝土初凝前完成次层混凝土的浇筑。混凝土运输浇筑的间断时间不得超过表 6-14 所示的规定。当间歇时间超过表中的数值时,应按工作缝处理,其方法如下:

①须待下层混凝土强度达到 1 200kPa(钢筋混凝土为 2 500kPa)后方可浇筑上层混凝土;

②在浇筑混凝土前应凿除施工缝处下层混凝土表面的水泥砂浆和松弱层;

③经凿毛处理的混凝土表面,应用水冲洗干净,且不得留下积水;在浇筑新混凝土前,垂直缝应刷一层净水泥浆;水平缝应在全部连接面上铺一层厚为 1~2cm 的水泥砂浆;

④无筋构件的工作缝应加锚固钢筋和石榫。

浇筑混凝土的允许间断时间 表 6-14

项次	混凝土的入模温度(℃)	允许间断时间(min)	
		使用普通硅酸盐水泥	使用矿渣水泥、火山灰水泥或粉煤灰水泥
1	20~30	90	120
2	10~19	120	150
3	5~9	150	180

2. *混凝土浇筑方法*

1)一般混凝土的浇筑

小跨度简支梁桥的浇筑,一般采用水平分层浇筑,如图 6-42 所示。空心板梁一般也是先浇底板水平层混凝土,如图 6-43 所示。

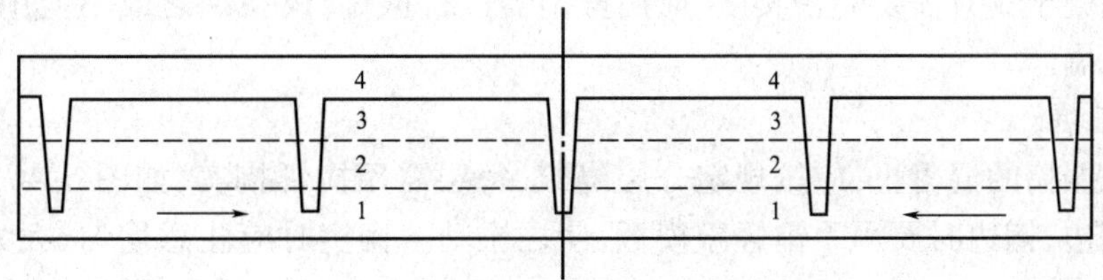

图 6-42 从两端对称地向跨中全面分层浇筑

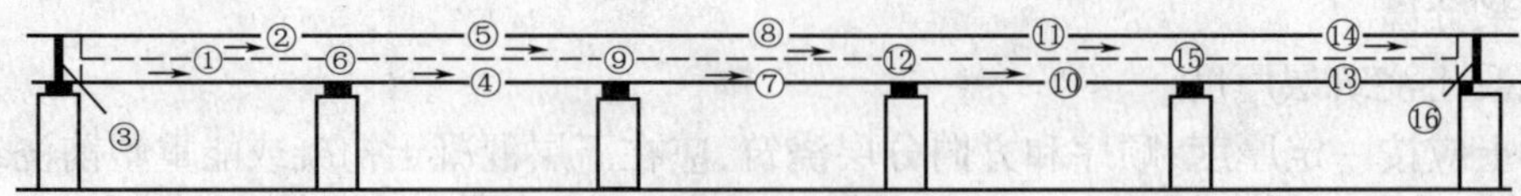

图 6-43　空心板梁混凝土浇筑顺序

2）大体积混凝土的浇筑

大型构造物，由于每小时混凝土浇筑量相当大，将使混凝土的生产能力很难适应，采用斜层浇筑方法，可使浇筑面积减少，从而减少每小时混凝土浇筑量。大跨度简支梁桥的浇筑，可采用分段分层的方法浇筑，如图 6-44 所示。也可采用斜面分层方法浇筑，如图 6-45 所示。先浇纵横梁，待纵横梁浇筑后，再沿桥的全宽浇筑桥面板混凝土，此时桥面板与纵横梁间应设施工缝，其布置如图 6-44 中虚线所示。

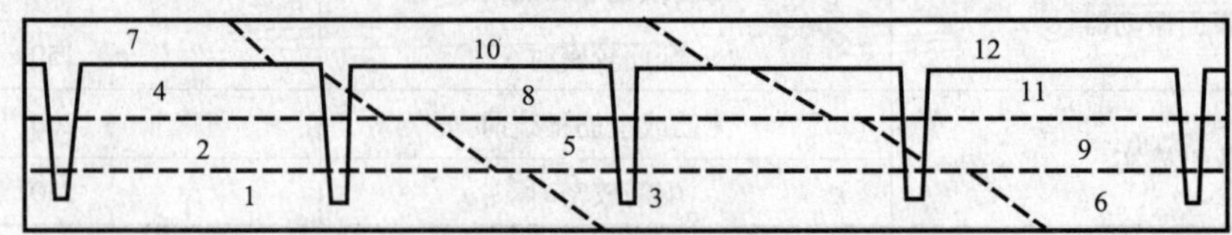

图 6-44　分段分层浇筑方法

注：图中数字表示浇筑顺序。

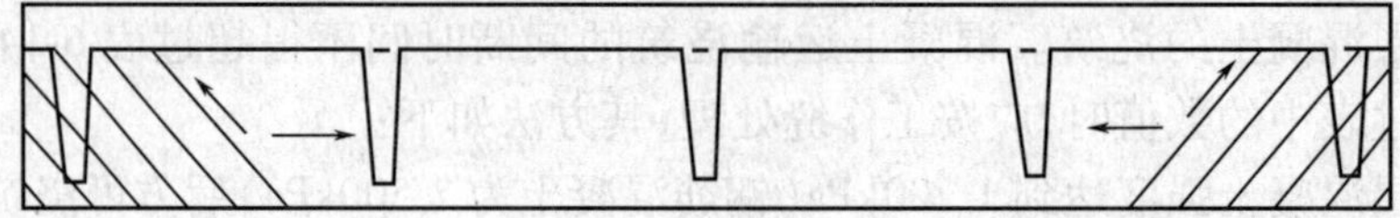

图 6-45　斜面分层浇筑方法

对于大型构造物，当其面积超过 100 ~150m^2 时，为了减少混凝土每小时的需要量，可把整体混凝土分成几个单元来浇筑，每个单元的面积最好不小于 50m^2，高度不小于 1.5m。上下两个单元之间的垂直缝应彼此相间，互相错开 1 ~1.5m。单元相互间应很好结合，结合处应按工作缝处理。大体积混凝土应参照下述方法控制混凝土水化热温度：

①用改善集料配级、降低水灰比、掺入混合料、掺入外加剂、掺入片石等方法减少水泥的用量；

②采用水化热低的大坝水泥、矿渣水泥、粉煤灰水泥等低热水泥；

③减小浇筑层厚度，加快混凝土散热温度；

④混凝土用料应避免日光暴晒，以降低用料的初始温度；

⑤混凝土内埋设冷却管通水冷却。

五、混凝土的振捣

为了使混凝土具有需要的密实度，应用振捣器进行振捣，仅在缺乏或不能用振捣器时，方可采用人工振捣。

1. 人工振捣

采用人工振捣的混凝土，应按规定分层浇筑，每层需用捣钎捣实，如图 6-46 所示，并注意沿模板边缘捣边，捣边时要用手锤轻敲模板，使之振动。捣实时应注意均匀，大力振捣不如用小力振捣快而有效。

2. 机械振捣

采用机械振捣的混凝土,可获得较大的密实度。桥梁工地用的机械振捣方法有以下三种。

1)平板式振捣

采用平板振捣器放在浇筑层的表面振捣,通过平板振动力传给混凝土,使之密实,适用于振捣面积较大的混凝土,如矩形板、空心板的底板和顶板。振捣时振捣器每次振捣的有效面积应与已振部分重叠,如图6-47所示。

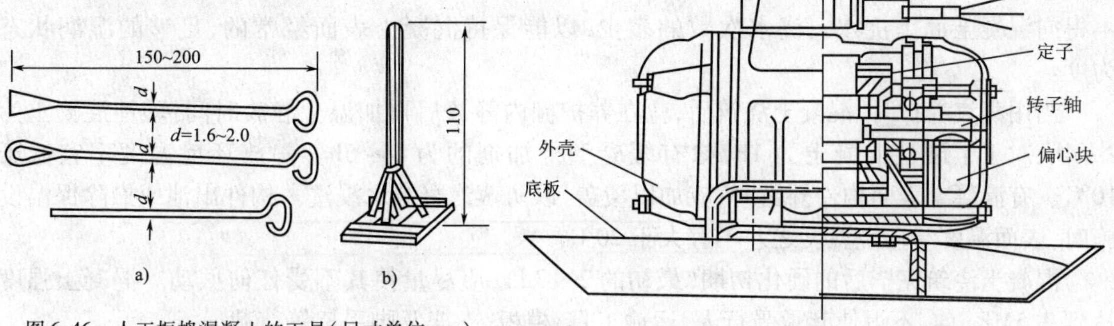

图6-46 人工振捣混凝土的工具(尺寸单位:cm)

a)捣钎;b)木夯

图6-47 简易平板式表面振捣器

2)附着式振捣

采用附着式振捣器安装在模板外部振捣,适用薄壁构件,如T形梁的主梁和横隔板。振捣器的布置与构件厚度有关,当厚度15cm时,可两面交错布置;当厚度大于15cm时,应两面对称布置。振捣器布置的间距不应大于它的作用半径。这种方法因系借助振动模板以捣实混凝土,效果并不理想,且对模板要求较高,故一般只有在钢筋过密而无法采用插入式振捣器时方可采用。

3)插入式振捣

采用插入式振捣器插入混凝土内部振捣。振捣棒插入混凝土时应垂直,不可触及模板和钢筋。插点要均匀,可按行列式或交错式进行,两点间距离以1.5倍作用半径为宜,如图6-48所示。作用半径可实际测得,一般为40~50cm。振捣上一层的混凝土时应将振捣器略微插入下层3~5cm,以消除两层之间的接触面。

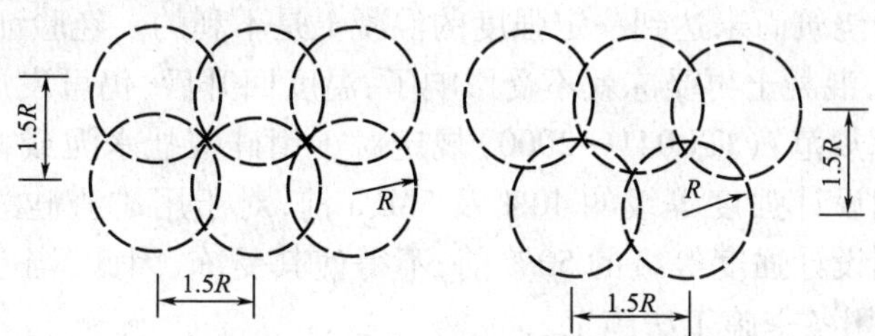

图6-48 插入式振捣器移位示意图

振捣器的振捣时间可借肉眼观察,以混凝土不再下沉、气泡不再发生、水泥砂浆开始上浮、表面平整为止。要达到这种程度所需要的时间,平板式振捣器约为25~40s;插入式振捣器约为15~30s。过久地振捣所造成的危害比振捣不足更大。

六、混凝土的养护与模板拆除

1. 混凝土的养护

混凝土浇筑后即需进行适当的养护,目前采用最多的是自然养护法。此法是指在一般情况下，对塑性混凝土应在浇筑后12h以内，对于干硬性混凝土应在浇筑后1～2h内，用湿麻袋、草帘或湿砂遮盖，并经常洒水，以保证构件经常处于湿润状态。自然养护法经济，但混凝土强度增长较慢、模板占用时间长。为了加速模板周转和施工进度，可采用蒸汽养护法。

自然养护法的养护时间随环境气温和水泥品种而异，在常温下（15～25℃），用普通水泥拌制的不得少于7d；用矾土水泥拌制的不得少于3d；用矿渣水泥、火山灰质水泥拌制的或在施工中掺用塑化剂的不得少于14d。干燥、炎热天气应适当延长，气温低于5℃时，应覆盖保温，不得向混凝土面上浇水。浇水次数的多少，以能保持混凝土表面经常的、足够的湿润状态为度。

当用蒸汽养护时，混凝土浇筑后，应在养护棚内静放后再加温。静放时间：塑性混凝土为2～4h，对于干硬性混凝土为1h，掺有缓凝型外加剂的为4～6h。静放环境温度不宜低于10℃。有混凝土表面构件外露时，应加以覆盖，以防蒸汽凝结水浸洗。构件出池或撤除保温设施时，表面温度与环境温度之差不宜大于20℃。

混凝土浇筑完毕后的硬化初期（最初的2～3d），应尽量使其不受任何振动。混凝土强度达到2.5MPa前，不得使其承受行人、运输工具、模板、支架及脚手架等荷载。

2. 模板与支架的拆除

钢筋混凝土桥模板和支架的卸落应从挠度最大处（一般为正弯矩最大处）开始，分别向两支点对称、均匀、逐次进行，务使整个承重结构逐渐受力，以免突然受力而遭到破坏。拆模的顺序是先拆除不承重的侧面模板，然后拆除承重荷载的水平方向模板。

模板和支架的拆除应在混凝土强度能承受其自重力及其他可能的叠加荷载时，方可拆除。当构件跨度不大于4m时，在混凝土强度符合设计强度标准值的50%的要求后，方可拆除；当构件跨度大于4m时，在混凝土强度符合设计强度标准值的75%的要求后，方可拆除。

为了判定混凝土强度是否已达到拆模所需的要求，要根据与构件同条件养护的混凝土试件的强度试验结果来确定。

七、混凝土冬季施工要点

寒冷的气候，对新浇筑尚未达到一定强度的混凝土是不利的。经验证明，当混凝土硬化达到设计强度的70%时，混凝土再受冻就不受影响了，温度回升后，仍可发展到正常的强度。所以《公路桥涵施工技术规范》（JTJ 041—2000）规定对于用硅酸盐水泥或普通水泥配制的混凝土，在其抗压强度达到设计强度等级的40%及5MPa前，对于用矿渣硅酸盐水泥配制的混凝土，在其抗压强度达到设计强度等级的50%前，不得使其受冻，因此，当室外日平均气温连续五天低于5℃时，应采用冬季施工法施工。

冬季施工的技术措施，主要有以下四个方面。

1. 一般措施

优先选用硅酸盐水泥、普通硅酸盐水泥，水泥的强度不宜低于42.5MPa，水灰比不宜大于0.5。增加拌和时间，并在运输工具周围设置保温装置，以减少热量损失。采用蒸汽养护时宜优先选用矿渣硅酸盐水泥。用加热法养护掺加外加剂的混凝土，严禁使用高铝水泥。使用其他品种的水泥时，应注意其掺和材料对混凝土强度、抗冻、抗渗等性能的影响。

2. 原材料加热

①拌制混凝土的各项材料的温度，应满足混凝土拌和物搅拌合成后所需要的温度。当材

料原有温度不能满足需要时，应首先考虑对拌和用水加热，仍不能满足需要时，再考虑对集料加热。水泥只保温，不得加热。各项材料需要加热的温度应根据冬期施工热工计算公式计算确定，但不得超过表6-15的规定。

②冬期搅拌混凝土时集料不得带有冰雪和冻结团块。严格控制混凝土的配合比和坍落度；投料前，应先用热水或蒸汽冲洗搅拌机，投料顺序为集料、水，搅拌，再加水泥搅拌，时间应较常温时延长50 %。混凝土拌和物出机温度不宜低于10℃，入模温度不得低于5℃。

拌和水及集料最高温度(℃) 表6-15

项　　目	拌和水	集料
强度等级小于52.5的普通硅酸盐水泥、矿渣硅酸盐水泥	80	60
强度等级等于及大于52.5的普通硅酸盐水泥、矿渣硅酸盐水泥	60	40

注：当集料不加热时，水可加热到100℃，但水泥不应与80℃以上的水直接接触。投料顺序为先投集料和已加热的水，然后再投入水泥。

3. 掺用早强剂

拌和混凝土时掺入一定数量的早强剂，既可加快混凝土强度发展，又可降低混凝土内水的冰点，从而防止早期冻结。常用的有氯化钙、氯化钠、三乙醇胺、亚硝酸钠复合剂等。

浇筑混凝土宜掺用引气剂、引气型减水剂等外加剂，以提高混凝土的抗冻性。在钢筋混凝土中掺用氯盐类防冻剂，氯离子含量不得超过水泥用量的0.06%，且不宜采用蒸汽养生，当超过0.06%时，宜采用掺加阻锈剂 、增加保护层厚度、提高混凝土密实度等防锈措施；对于干燥环境中的小型构件，氯离子含量可提高1倍。当采用素混凝土时，氯盐含量不得大于水泥质量的3%。预应力混凝土不得掺用引气剂、引气型减水剂及氯盐防冻剂。

4. 提高养护温度

1)蓄热法

用蓄热法养护时不得低于10℃，外界气温不低于-20℃。一般采用加厚模板、双层模板、覆盖稻草、草帘、锯末等作为保温材料。

2)暖棚法

此法是在棚内生火，温度一般宜保持在10℃左右，不低于5℃，并应保证足够的强度。

3)电热法

它是在混凝土内埋入导线(钢筋或铅丝)，然后通电，使电能变为热能。

4)蒸汽加热法

它是把构件放在封闭的养护室内，通以湿热蒸汽加以养护。

蒸汽养护分三个阶段。

(1)升温阶段

为防止混凝土因体积膨胀太快而产生裂缝，塑性混凝土不宜超过10 ~15℃/h，干硬性混凝土不宜超过30~35℃/h，厚大构件不宜超过10℃/h，且当表面系数小于6时，也不得超过10℃/h。

(2)恒温阶段

硅酸盐水泥、普通水泥拌制的混凝土不宜超过60℃，其他类别水泥拌制的混凝土不宜超过80~85℃。恒温时间宜通过试验确定，一般经验为8~12h。

(3)降温阶段

不宜超过15 ~20℃/h，对厚大构件不宜超过10℃/h。

八、混凝土的质量检查

对混凝土的质量检查应贯穿于工程施工的全过程,从混凝土的配料、搅拌、运输、浇筑直至最后对混凝土试块强度的评定。只有对每一个施工环节认真施工、加强监督,才能保证最终获得合格的混凝土产品。

1. 浇筑混凝土前的检查

①施工设备和场地。

②混凝土组成材料及配合比(包括外加剂)。

③混凝土凝结速度等性能。

④基础、钢筋、预埋件等隐蔽工程及支架、模板。

⑤养护方法及设施,安全设施。

2. 拌制和浇筑混凝土时的检验

①混凝土组成材料的外观及配料、拌制,每一工作班至少检验 2 次,必要时随时抽样试验。

②混凝土的和易性(坍落度)等,每工作班至少检验 2 次。

③砂石材料的含水率,每日开工前 1 次,气候有较大变化时随时检测;当含水率变化较大、将使配料偏差超过规定时,应及时调整。

④钢筋、模板、支架等的稳固性和安装位置。

⑤混凝土的运输、浇筑方法和质量。

⑥外加剂使用效果。

⑦制取混凝土试件。

3. 浇筑混凝土后的检验

①养护情况。

②混凝土强度,拆模时间。

③混凝土外露面或装饰质量。

4. 结构外观检查及允许偏差

混凝土结构拆模后,应从其外观上检查其表面有无麻面、蜂窝、漏筋、孔洞等缺陷,预留孔道是否畅通无堵塞,如有应加以修正。

1)麻面

是指构件表面呈现无数的小凹点,而无钢筋外露现象。产生原因主要是模板表面粗糙、清理不干净、接缝不严密发生漏浆或振捣不充分等。

2)蜂窝

是指结构中出现蜂窝状的窟窿,集料间有空隙存在。产生原因主要是材料配合比不准确、浆少石多,或振捣中严重漏浆或振捣不充分等原因。

3)露筋

是指结构内钢筋没有被混凝土包裹住而暴露在外。产生原因主要是垫块位移,钢筋紧贴模板,使混凝土保护层厚度不够;石子粒径过大、配筋过密、水泥少浆不能充满钢筋四周;混凝土振捣不密实、漏浆等。

对于面积较小且数量不多的蜂窝、露筋、露石的混凝土表面,可在表面进行修补。具体办法是先用钢丝刷或压力水洗刷基层,再用 1:2 ~ 1:2.5 的水泥砂浆抹平即可。

对于较大面积的蜂窝、露筋、露石应按其全部深度凿去薄弱的混凝土层和个别突出的混凝土颗粒，然后用钢丝刷或压力水将表面冲洗干净，再用比原混凝土强度高一级的细集料混凝土堵塞，并仔细振捣密实。

4）孔洞

是指混凝土结构构件局部没有混凝土，形成空腔。产生原因主要是混凝土漏振，混凝土离析，石子成堆，泥块、冰块、杂物等掺入混凝土中等。

孔洞一般处理方法是将混凝土表面按施工缝的方法进行修理，即先将孔洞处松软的混凝土和突出的集料颗粒剔除掉，顶部要凿成斜面，然后用清水冲洗干净，保持湿润状态72h以后，用与混凝土集料成分相同的水泥砂浆或水泥将结合面抹一遍，再用比原混凝土强度高一级的细集料混凝土浇筑，振捣密实并加强养护。水灰比可控制在0.5以内，并掺入水泥用量万分之一的铝粉，分层捣实。

5）裂缝

是指混凝土结构常见的质量缺陷，产生的原因较复杂，如养护不当、表面失水过多、温差过大等易产生干缩裂缝或温度裂缝；地基不均匀沉降造成构件产生贯穿性裂缝，对结构危害极大。

裂缝修补方法根据具体情况而定。对于结构构件承载力和整体性影响较小的表面细小裂缝可先用压力水将裂缝冲洗干净，再用水泥砂浆填补。当裂缝较大、较深时，需先将裂缝凿成凹槽，用压力水冲洗干净后，再用1∶2～1∶2.5水泥砂浆或环氧胶泥填补。对结构整体性和承载力有明显影响或影响结构防水、防渗性能的裂缝，应根据实际情况采用灌浆的方法进行修补；对于宽度小于0.5mm的裂缝可采用化学灌浆；对于宽度大于0.5mm的裂缝可采用水泥灌浆。

结构混凝土浇筑后表面应密实、平整；如有蜂窝、麻面，其面积不超过结构同侧面积的0.5%；如有裂缝，其宽度不得大于设计规范的有关规定；预制桩桩顶、桩尖等重要部位无掉边或蜂窝、麻面；小型构件无翘曲现象。

总之，对于影响结构性能的缺陷，应会同设计单位共同研究，制订出合理、可靠的修补方案。对于现浇混凝土结构，其构件尺寸的允许偏差应符合现行《公路工程质量检验评定标准》（JTG F80/1—2004）。

课题四　装配式构件的起吊、运输和安装

一、预制构件的起吊、堆放

构件的起吊，是指把预制构件从预制厂的底座上移出来，称为“出坑”。装配式桥构件在脱底模、移运、堆放、吊装时，混凝土的强度不应低于设计所要求的吊装强度，一般不得低于设计强度的75%。对孔道已压浆的预应力混凝土构件，其孔道水泥浆的强度不应低于设计要求，如设计无规定时，一般不低于30MPa。

1. 起吊位置

构件移运时的起吊位置应按设计规定，一般即为吊环或吊孔的位置。如设计无规定，又无预埋的吊环或吊孔时，对上、下面有相同配筋的等截面直杆构件的吊点位置，一点吊可设在离端头0.29L处，两点吊可设在离端头0.21L处（L为构件长）。其他配筋形式的构件应根据计算决定吊点位置。

2. 起吊方法

1）三脚扒杆偏吊法

将手拉葫芦斜挂在三脚扒杆上，偏吊一次，移动一次扒杆，把构件逐步移出，如图6-49所示。

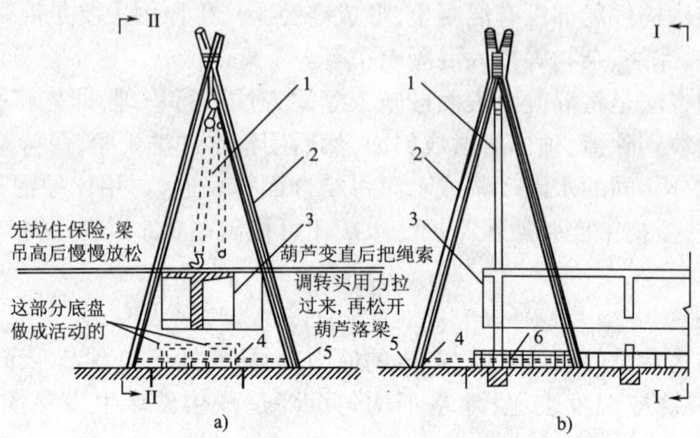

图6-49　三角扒杆偏吊法

a）I-I断面；b）II-II断面

1-手拉葫芦；2-三角扒杆；3-梁；4-绊脚绳；5-木楔；6-底座

2）横向滚移法

就是把构件从预制底座上抬高后，在构件底面两端装置横向移动设备，用手拉葫芦牵引，把构件移出底座，如图6-50所示。

在装置横向滚移设备时，从底座上抬高构件的办法有吊高法和顶高法。吊高法是用小型门架配神仙葫芦把构件从底座吊起，如图6-51所示。顶高法是用如图6-52所示的特制的凹形托架配千斤顶把构件从底座顶起，如图6-53所示。滚移设备包括走板、滚筒和滚道三部分，如图6-54所示。走板托在构件底面，与构件一起行走。滚筒放在走板与滚道之间，由于它的滚动而使构件行走。滚筒用硬木或无缝钢管制成，其长度比走板宽度每边长出15～20cm，以便操作。滚道是滚筒的走道，有木滚道和钢轨滚道两种。

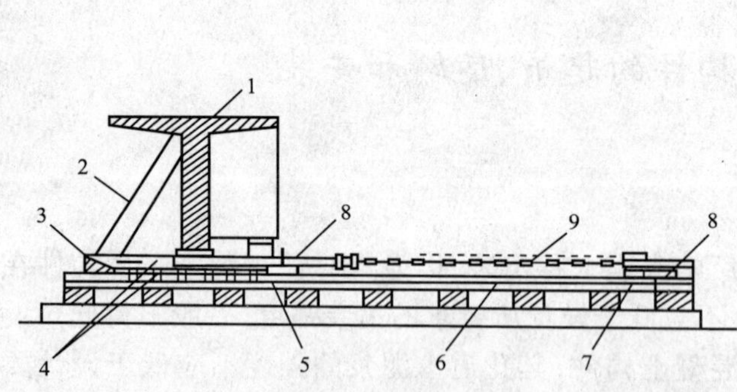

图6-50　横向滚移法

1-梁；2-临时支撑；3-保险三角木；4-走板及滚筒；5-端横隔板下垫木板；6-滚道；7-手拉葫芦用木块垫平；8-千斤索；9-手拉葫芦

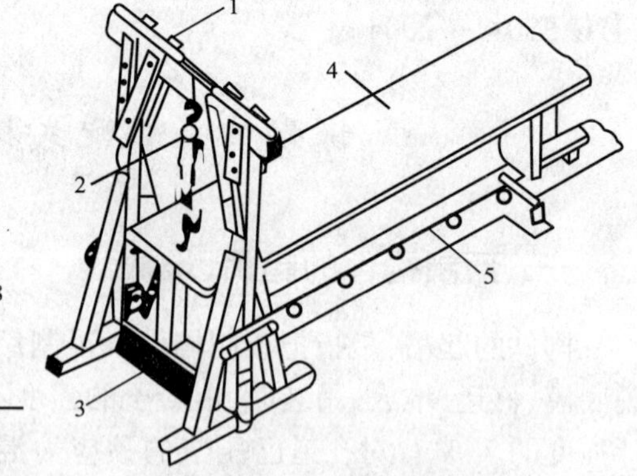

图6-51　小型门架吊梁

1-小型门架；2-手拉葫芦；3-滚移设备；4-梁；5-梁的底座

3）龙门吊机法

就是用专设的龙门吊机把构件从底座上吊起，横移至运输轨道，卸落在运构件的平车上。

龙门吊机（也称龙门架）是由底座、机架和起重行车三部分组成，运行在专用的轨道上。

吊机的运动方向有三个，即荷重上下升降、行车的横向移动和机架的纵向运动。推动这三种运动的动力可用电力或人力。

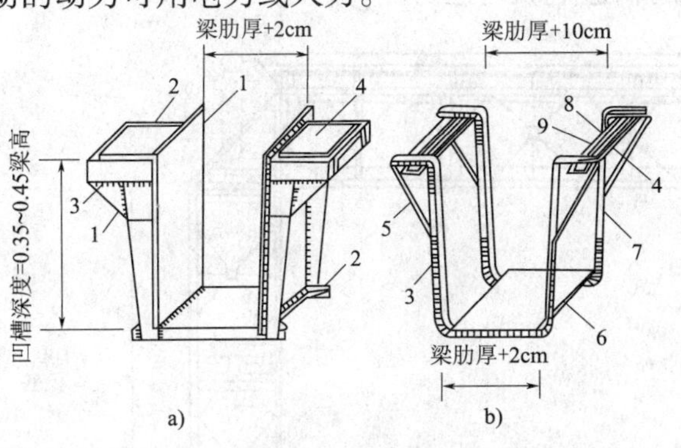

图 6-52 凹形托架

a）槽钢和钢板组合；b）小钢轨弯制组合

1-钢板；2-槽钢；3-焊缝；4-加强钢板；5-圆钢加强；6-支承钢板；7-小钢轨骨架；8-定位钢板；9-钢轨

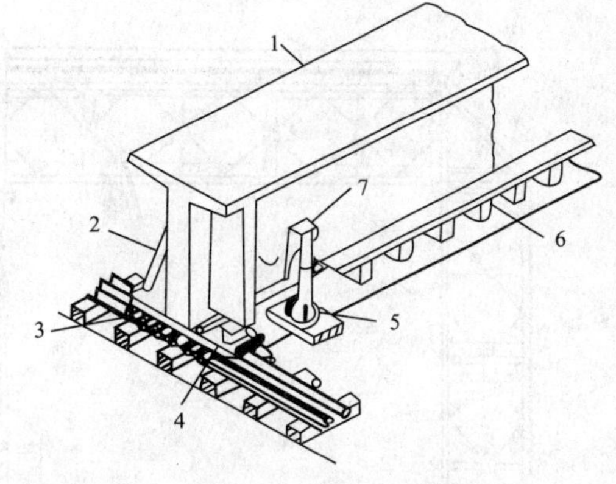

图 6-53 千斤顶顶梁

1-梁；2-斜支撑；3-滚移设备；4-端横隔梁下用木楔塞紧；5-千斤顶；6-梁的底座；7-凹形托梁

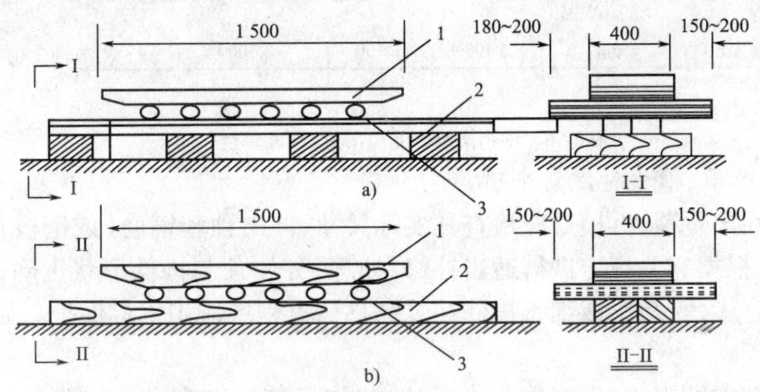

图 6-54 滚移设备（尺寸单位：cm）

a）钢轨滚道；b）木滚道

1-走板；2-滚道；3-滚筒

龙门吊机的结构有钢木组合和钢桁架组合两种。图 6-55 为钢木组合龙门吊机。它是以工字梁为行车梁、以原木为支柱组成的支架，安装在窄轨平车和方木组成的底座上，可以在专用的轨道上纵向运行。

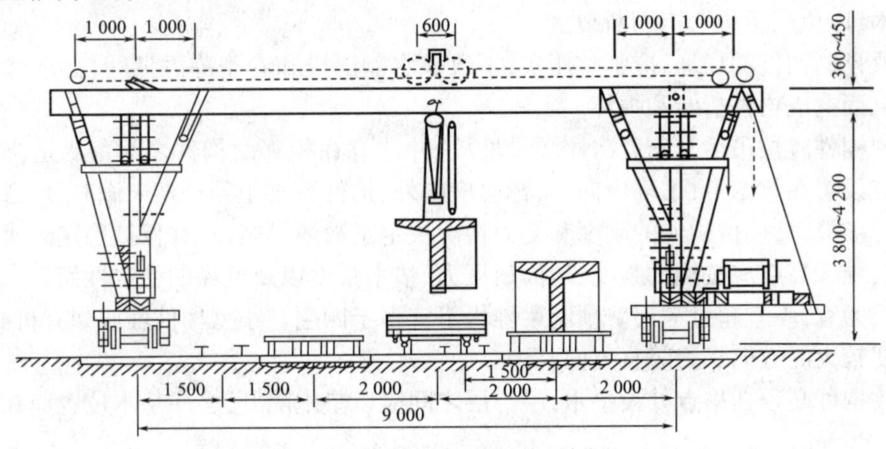

图 6-55 钢木组合龙门吊机（尺寸单位：mm）

图 6-56 为钢桁架组合龙门吊机。它以钢桁架片为主要构件，配上少量原木组成的机架，安装在由平车和方木组成的底座上，也在专用的轨道上纵向运行。

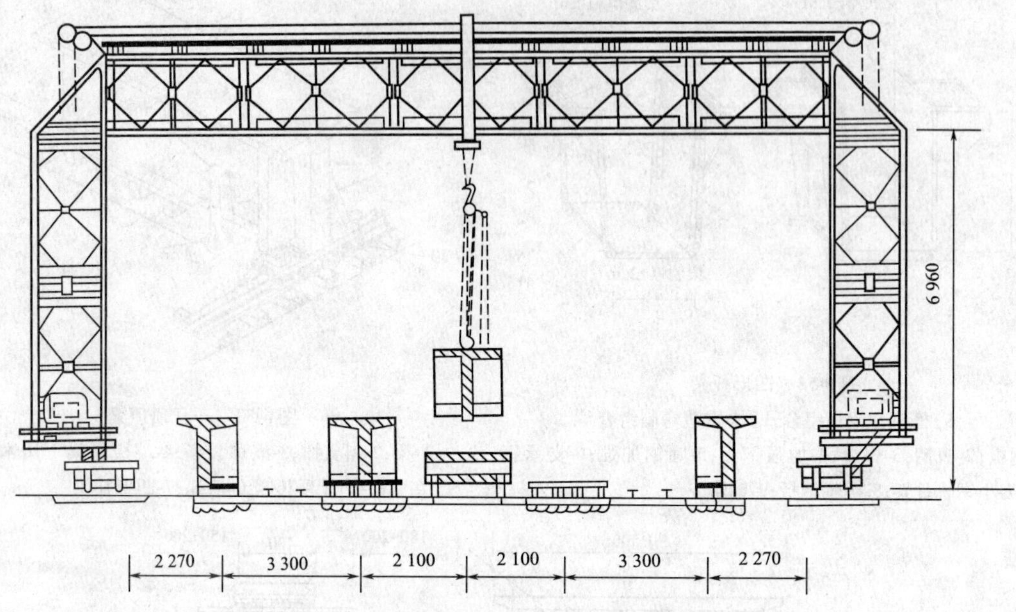

图 6-56　钢桁架组合龙门吊机（尺寸单位：mm）

3. 预制构件起吊、堆放时注意事项

①预制构件在出坑前、拆模后应检查其实际尺寸、伸出预埋钢筋（或钢板）、吊环的位置及混凝土的质量，并根据有关规定进行适当补修、处理，务使预制构件形状正确，表面光滑，安装时不致发生困难。尖角、凸出或细长构件在装卸移运过程中应用木板保护。如有必要，试拼的构件应注上号码。

②构件的吊环应顺直，如发现弯曲必须校正，使吊环能顺利套入。吊绳（千斤绳）交角大于60°时，必须设置吊架或扁担，使吊环垂直受力，以防吊环折断或破坏临时吊环处的混凝土。如用钢丝绳捆绑起吊时，需用木板、麻袋等垫衬，以保护混凝土的棱角。

③预制板、梁构件移运和堆放时的支点位置应与吊点位置一致，并应支承牢固。起吊及堆放板式构件时，注意不要吊错上下面位置，以免折断。顶起构件时必须垫好保险垛。构件移运时应有特制的固定架，构件应竖立或稍微倾斜放置，注意防止倾覆。如平放，两端吊点处必须设支搁方木，以免产生负弯矩而断裂。

④堆放预制构件的场地，应平整压实，不致积水。雨季和春季冻融期间，必须注意防止地面软化下沉而造成构件折断和损坏。

⑤预制构件应按吊运及安装次序顺号堆放，并注意在相邻两构件之间留出适当通道。构件堆垛时应设置在垫木上，吊环应向上，标志应向外；构件混凝土养护期未满时，应继续养护。

⑥构件堆放时，应按构件的刚度和受力情况决定平放还是竖放，并保持稳定。水平分层堆放构件时其堆垛高度应按构件强度、地面耐压力、垫木强度以及堆垛的稳定性而定。一般大型构件以两层为宜，不宜超过三层。预制梁堆垛不宜多于四层。小型构件堆放如有折断可能时，应以其刚度较大的方向作为竖直方向。

⑦堆放构件必须在吊点处设垫木，层与层之间应以垫木隔开，多层垫木位置应在一条垂直线上。

二、构件的运输

装配式混凝土预制板、梁及其他预制构件通常在桥头附近的预制场或桥梁预制厂内预制。为此,需配合吊装架梁的方法,通过一定的运输工具将预制梁运到桥头或桥孔下,从工地预制场到桥头或桥孔下的运输称为场内运输,将预制梁从桥梁预制厂(或场)运往桥孔或桥头的运输称为厂外运输。

1. 场内运输

1)纵向滚移法运梁

用滚移设备,以人力或电动绞车牵引,把构件从工地预制场运往桥位。其设备和操作方法与横向滚移基本相同,不过走板的宽度要适当加宽,以便在走板装置斜撑,使T形梁具有足够的稳定性。这种方法运梁的布置如图6-57所示。

2)轨道平车法运梁

把构件吊装在轨道平车上,用电动绞车牵引,沿专用临时铁路线运往桥位。轨道平车设有转盘装置,以便装上车后能在曲线轨道上运行。同时装设制动装置,以便在运行过程中发生情况时制动。运构件时,牵引的钢丝绳必须挂在后面一辆平车上,或从整根构件的下部缠绕一周后再引向导向轮至绞车。对于T形梁,还应加设斜撑,以确保稳定。这种方法运梁的布置如图6-58所示。

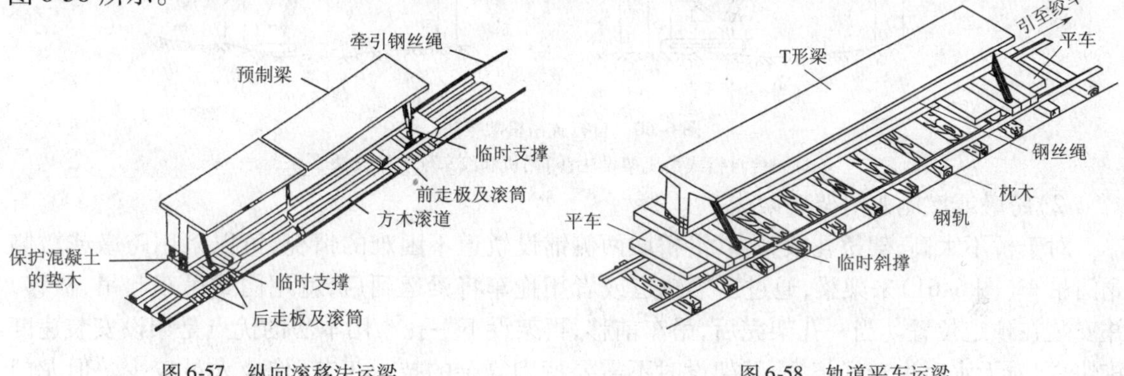

图6-57 纵向滚移法运梁

图6-58 轨道平车运梁

2. 场外运输

距离较远的场外运输,通常采用汽车、大型平板拖车、火车或驳船。

受车厢长度、载质量的限制,一般中、小跨径的预制板、梁或小构件(如栏杆、扶手等)可用汽车运输。50kN以内的小构件可用汽车吊装卸;大于50kN的构件可用轮胎吊、履带吊、龙门架或扒杆装卸。要运较长构件时,可在汽车上先垫以长的型钢或方木,再搁放预制构件,构件的支点应放在近两端处,以避免道路不平、车辆颠簸引起的构件开裂。特别长的构件应采用大型平板拖车或特制的运梁车运输。运输道路应平整,如有坑洼而高低不平时,应事先修理平整,或采取如图6-59所示的措施,防止构件产生负弯矩。使用大型平板拖车运梁时,车长应满足支承间距要求,构件下的支点需设活动转盘,以免搓伤混凝土。梁运输时应顺高度方向竖立放置,同时应设固定措施防止倾倒。用斜撑支撑梁时,应支在梁腹上,不得支在梁翼缘板上,以防止根部开裂。装卸梁时,必须等支撑稳妥后,才许卸除吊钩。

三、构件的安装

简支式梁、板构件的架设,不外乎起吊、纵移、横移、落梁等工序。从架梁的工艺类别来分,有陆地架设、浮吊架设和高空架设法等。下面简要介绍各种常用的架梁方法的工艺特点。

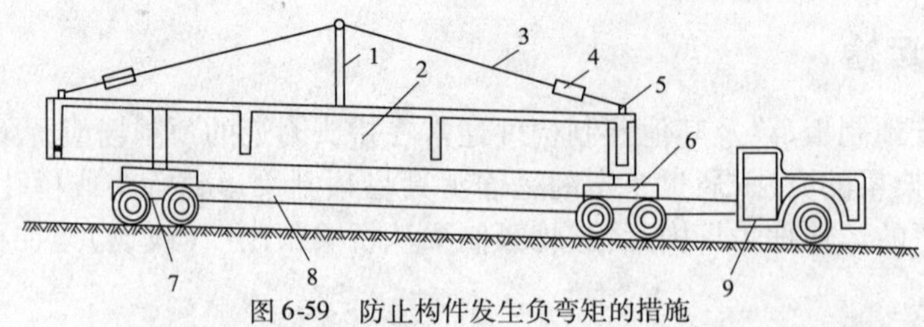

图 6-59　防止构件发生负弯矩的措施

1-立柱;2-构件;3-钢丝绳;4-花篮螺丝;5-吊环;6,7-转盘装置;8-连接杆;9-主车

1. 陆地架梁法

1)自行式吊机架梁法

当桥梁跨径不大、质量较轻时可以采用自行式吊车(汽车吊车或履带吊车)架梁。其特点是机动性好,架梁速度快。如果是岸上的引桥或者桥墩不高时,可以视吊装质量的不同,用一台或两台(抬吊)吊车直接在桥下进行吊装[图 6-60 a)],也可配合绞车进行吊装[图 6-60 b)]。

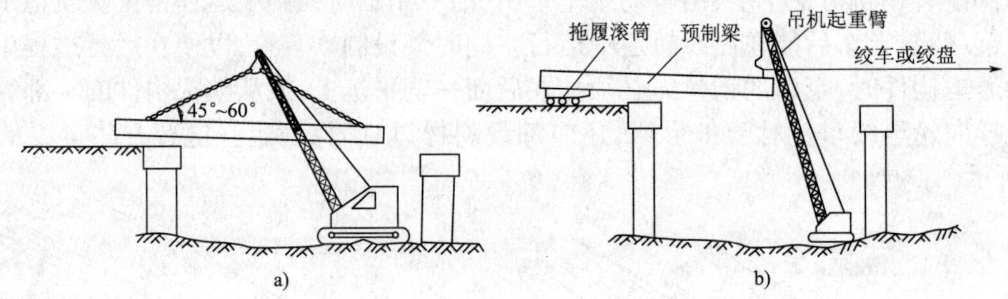

图 6-60　自行式吊机架梁法

a)一台自行式吊机架设法;b)吊机和绞车配合架设法

2)跨墩或墩侧龙门架架梁法

对于桥不太高,架桥孔数又多,沿桥墩两侧铺设轨道不困难的情况,可以采用跨墩或墩侧龙门吊车(图 6-61)来架梁,通过运梁轨道或者用拖车将梁运到后,就用门式吊车起吊、横移,并安装在预定位置。当一孔架完后,吊车前移,再架设下一孔。用本法的优点是架设安装速度较快,河滩无水时也较经济,而且架设时不需要特别复杂的技术工艺,作业人员较少。但龙门吊机的设备费用一般较高,尤其在高桥墩的情况。

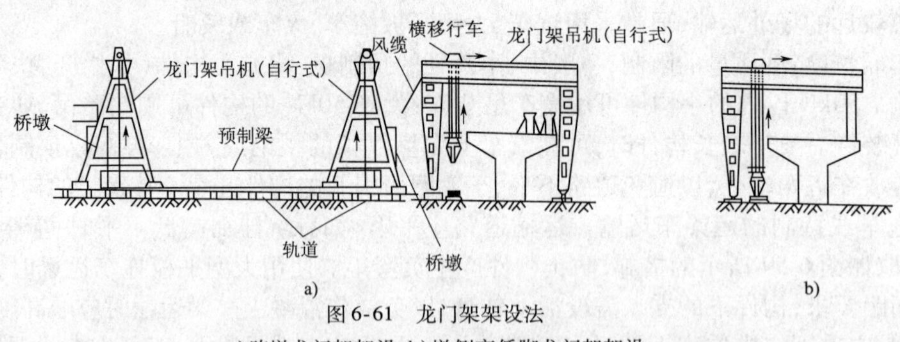

图 6-61　龙门架架设法

a)跨墩龙门架架设;b)墩侧高低脚龙门架架设

3)移动支架架梁法

对于高度不大的中、小跨径桥梁,可在桥下顺桥轴线方向铺设轨道,其上设置可移动支架来架梁。如图 6-62 所示,预制梁的前端搭在支架上,通过移动支架将梁移运到要求的位置后,再用龙门架或人字扒杆吊装;或者在桥墩上设枕木垛,用千斤顶卸下,再将梁横移就位。

4)摆动式支架架梁法

摆动式支架架梁法较适宜用于桥梁高跨比稍大的场合。本法是将预制梁沿路基牵引到桥台或已架成的桥孔上并稍悬出一段,悬出距离根据梁的截面尺寸和配筋确定。从桥孔中心河床上悬出的梁端底下设置人字扒杆或木支架,如图 6-63 所示,前方用牵引绞车牵引梁端,此时支架随之摆动而到对岸。

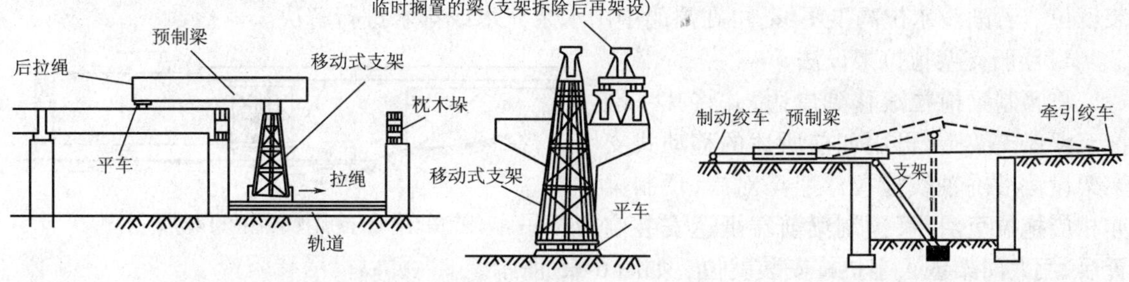

图 6-62　移动式支架架设法　　图 6-63　摆动式支架架设法

为防止摆动过快,应在梁的后端用制动绞车牵引制动,配合前牵引逐步放松。

当河中有水时也可用此法架梁,但需在水中设一个简单小墩,以供设立木支架用。

2. 浮运架梁法

浮运架梁法是将预制梁用各种方法移装到浮船上,并浮运到架设孔以后就位安装。采用浮运架梁法时,要求河流须有适当的水深,以浮运预制梁时不致搁浅为准;同时水位应平稳或涨落有规律,流速及风力不大,河岸能修建适宜的预制梁装卸码头,具有坚固适用的船只。本法的优点是桥跨中不需设临时支架,可以用一套浮运设备架设多跨同跨径预制梁,设备利用率高,较经济,架梁时浮运设备停留在桥孔的时间很少,不影响河流通航。

浮运架设的方法有如下三种。

1)将预制梁装船浮运至架设孔起吊就位安装法

此法吊装预制梁的浮船结构如图 6-64 所示。预制梁上船可采用在引道栈桥或岸边设置栈桥码头,在码头上组拼龙门架,用龙门架吊运预制梁上船。

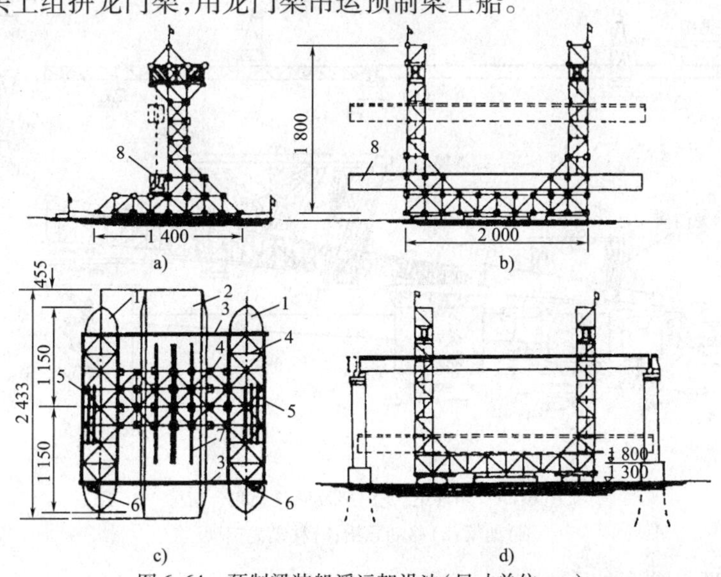

图 6-64　预制梁装船浮运架设法(尺寸单位:cm)

a)侧面;b)正面;c)平面;d)墩位安装

1-190kN 浮运船;2-800kN 铁驳船;3-联结 36 号工字钢;4-万能杆件;5-吊点位置;6-50kN 卷扬机;7-56 号工字钢;8-预制梁

2)对浮船充排水架设法

将预制梁装载在一艘或两艘浮船中的支架枕木垛上，使梁底的高度高于墩台支座顶面0.2~0.3m，然后将浮船托运至架设孔，充水入浮船，使浮船吃水加深，降低梁底高度，使预制梁安装就位。在有潮汐的河流上架设预制梁时，可利用潮汐时水位的涨落来调整梁底高程，安装就位。若潮汐水位高度不够，可在浮船中用水泵充水或排水进行解决。

3)浮船支架拖拉架设法

将预制梁拖拉滚移到岸边，并将其一端拖至浮船支架上，再用如前所述的移动式支架架设法沿桥轴线拖拉浮船至对岸，预制梁亦相应拖拉至对岸，预制梁前端抵达安装位置后，用龙门架或人字扒杆安装就位。如图6-65所示。

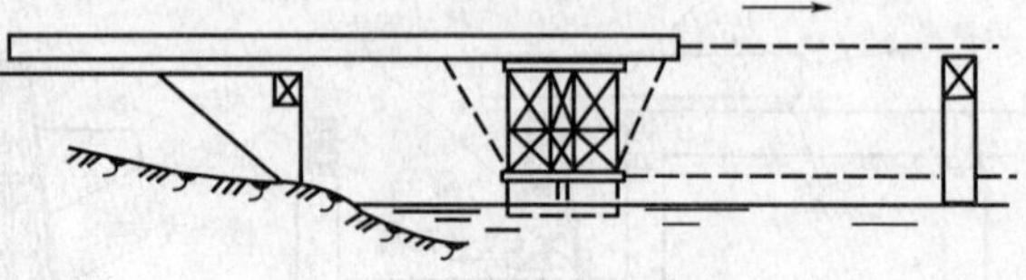

图6-65 浮船支架拖拉架设法

3. 高空架梁法

1)联合架桥机架梁(蝴蝶架架梁法)

此法适用于架设安装30m以下的多孔桥梁，其优点是完全不设桥下支架，不受水深流急影响，架设过程中不影响桥下通航、通车，预制梁的纵移、起吊、横移、就位都比较方便。缺点是架设设备用钢量较多，但可周转使用。

联合架桥机由两套门式吊机、一个托架(蝴蝶架)、一根两跨长的钢导梁三部分组成，如图6-66所示。钢导梁顶面铺设运梁平车和托架行走的轨道，门式吊车顶横梁上设有吊梁用的行走小车。

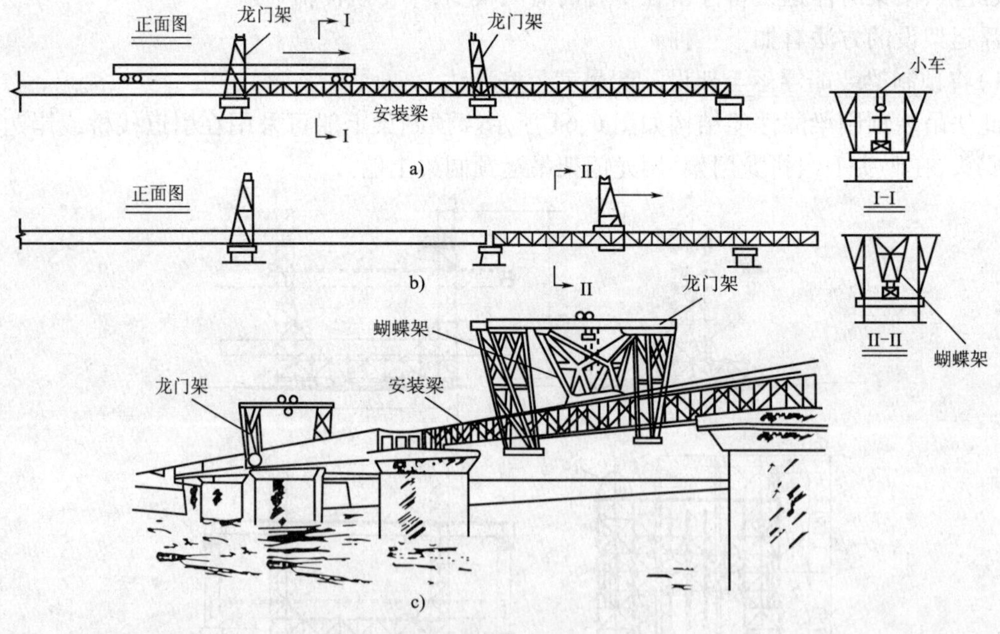

图6-66 用导梁、龙门架及蝴蝶架联合架梁

a)架梁；b)移动导梁；c)移动龙门架

联合架桥机架梁顺序如下：

①在桥头拼装导梁，梁顶铺设钢轨，并用绞车纵向拖拉导梁就位[图6-67a)]；

②拼装蝴蝶架和门式吊机，用蝴蝶架将两个门式吊机移运至架梁孔的桥墩(台)上[图

6-67b)、c)]；

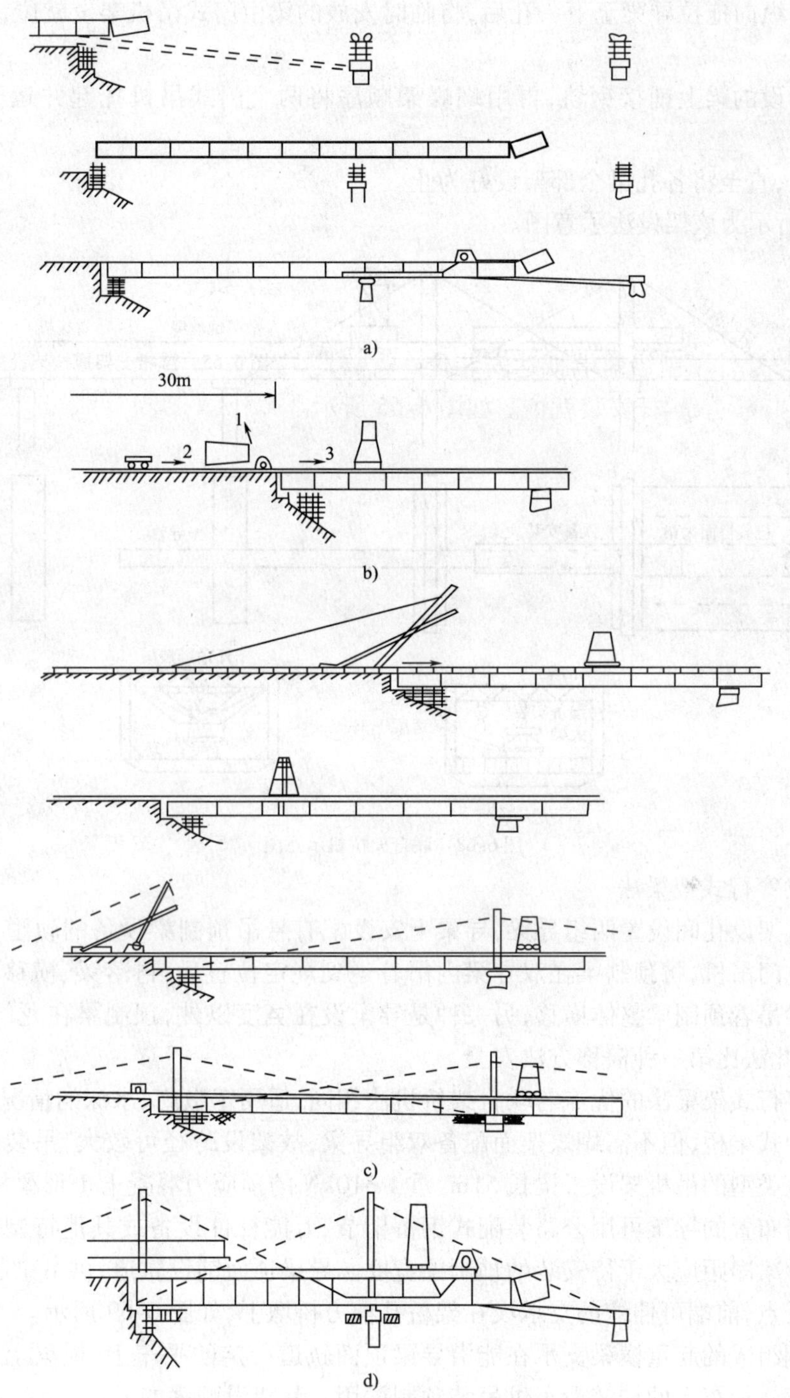

图 6-67　联合架桥机架梁顺序

a)拼装导梁、纵移就位；b)拼装蝴蝶架；c)拼装龙门架，用蝴蝶架运至墩台就位；d)用平车运输预制梁

1-拼装蝴蝶架；2-平车前移；3-蝴蝶架吊上平车后推入桥孔

③用平车将预制梁沿轨道运送至架梁孔位，将导梁两侧可以安装的预制梁用两个门式吊机吊起，横移并落梁就位[图 6-67d)]；

④将导梁所占位置的预制梁临时安放在已架设好的梁上；

⑤用绞车纵向拖拉导梁至下一孔后，将临时安放的梁由门式吊机架设就位，并用电焊将各梁连接起来；

⑥在已架设的梁上铺接钢轨，再用蝴蝶架顺序将两个门式吊机托起并运至前一孔的桥墩上。

如此反复，直至将各孔梁全部架设好为止。

图6-68所示为该架设法示意图。

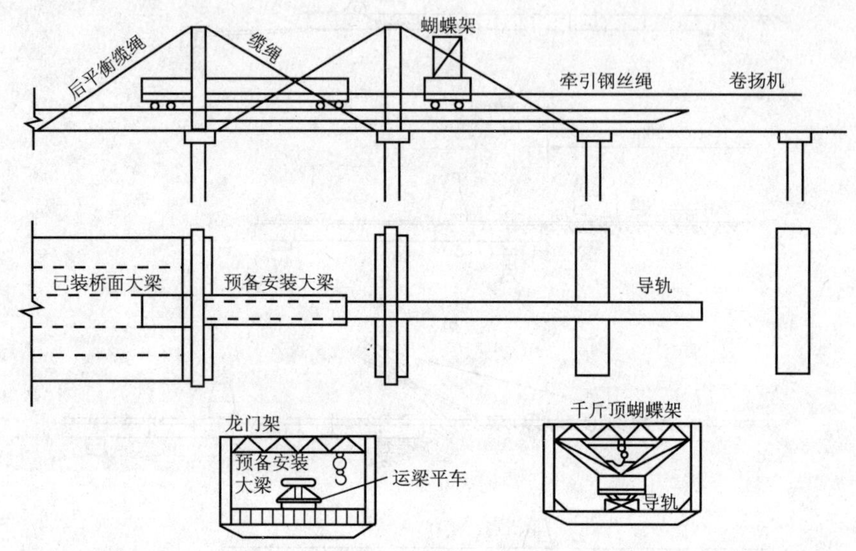

图6-68　联合架桥机示意图

2）双导梁穿行式架梁法

本法是在架设孔间设置两组导梁，导梁上安设配有悬吊预制梁设备的轨道平车和起重行车或移动式龙门吊机，将预制梁在双导梁内吊着运到规定位置后，再落梁、横移就位。横移时可将两组导梁吊着预制梁整体横移，另一种是导梁设在宽度以外，预制梁在龙门吊机上横移，导梁不横移，此法比第一种横移方法安全。

双导梁穿行式架梁法的优点与联合架桥机法相同，适用于墩高、水深的情况下架设多孔中小跨径的装配式梁桥，但不需蝴蝶架而配备双组导梁，故架设跨径可较大，吊装的预制梁可较重。我国用该类型的吊机架设了梁长51m、重1 310kN的预应力混凝土T形梁桥。

两组分离布置的导梁可用公路装配式钢桥桁节、万能杆件设备或其他特制的钢桁节拼装而成。两组导梁净距应大于待安装的预制梁宽度。导梁顶面铺设轨道，供吊梁起重行车行走。导梁设三个支点，前端可伸缩的支承设在架桥孔前方桥墩上，如图6-69所示。

两根型钢组成的起重横梁支承在能沿导梁顶面轨道行走的平车上，横梁上设有带复式滑车的起重行车。行车上的挂链滑车供吊装预制梁用。其架设顺序如下：

①在桥头路基上拼装导梁和行车，并将拼装好的导梁用绞车拖拉就位，使可伸缩支脚支承在架梁孔的前墩上；

②先用纵向滚移法把预制梁运到两导梁间，当梁前端进入前行车的吊点下面时，将预制梁前端稍稍吊起，前方起重横梁吊起，继续运梁前进至安装位置后，固定起重横梁；

③用横梁上的起重行车将梁落在横向滚移设备上，并用斜撑撑住，以防倾倒，然后在墩顶

横移落梁就位(除一片中梁处);

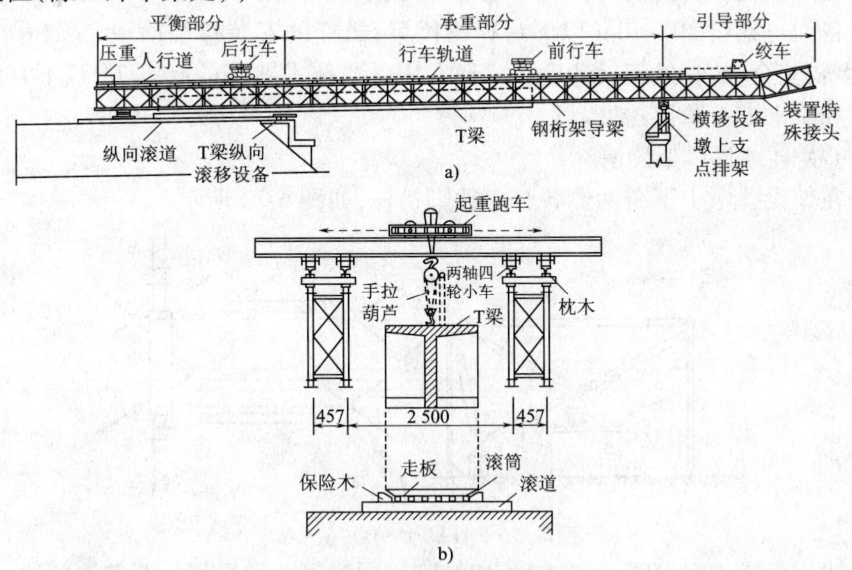

图 6-69　双导梁穿行式架梁法(尺寸单位:mm)

a)导梁纵断面;b)导梁横断面

④用以上步骤并直接用起重行车架设中梁。

如用龙门吊机吊着预制梁横移,其方法同联合架桥机架梁。此法预制梁的安装顺序是先安装两个边梁,再安装中间各梁。全孔各梁安装完毕并符合要求后,将各梁横向焊接联系,然后在梁顶铺设移运导梁的轨道,将导梁推向前进,安装下一孔。

重复上述工序,直至便桥架梁完毕。

3)自行式吊车桥上架梁法

在预制梁跨径不大,重量较轻,且梁能运抵桥头引道上时,可直接用自行式伸臂吊车(汽车吊或履带吊)来架梁。但是,对于架桥孔的主梁,当横向尚未连成整体时,必须核算吊车通行和架梁工作时的承载能力。此种架梁方法简单方便,几乎不需要任何辅助设备,如图 6-70 所示。

4)扒杆架梁法

(1)扒杆纵向"钓鱼"架梁法

此法是用立在安装孔墩台上的两副人字扒杆,配合运梁设备,以绞车互相牵吊,在梁下无支架、导梁支托的情况下,把梁悬空吊过桥孔,再横移落梁,就位安装的架梁法。其架梁示意图如图 6-71 所示。

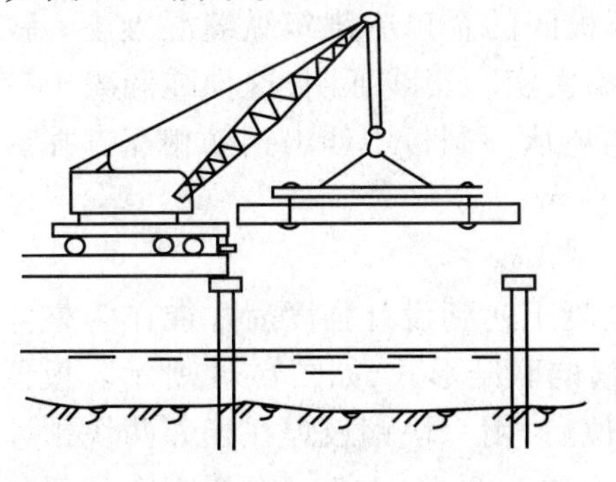

图 6-70　自行式吊车桥上架梁法

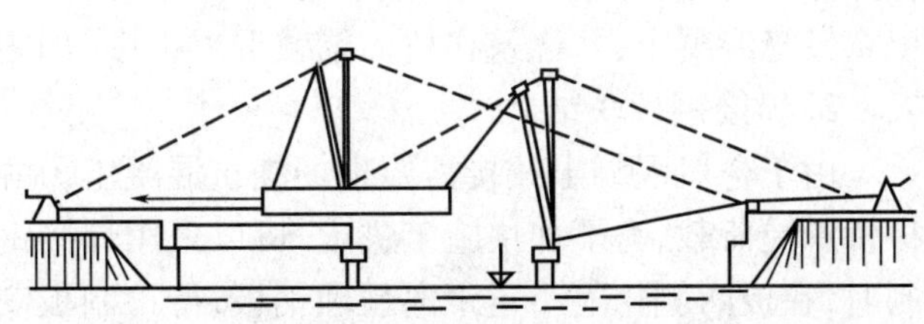

图 6-71　扒杆纵向"钓鱼"架梁法

本法不受架设孔墩台高度和桥孔下地基、河流水文等条件影响；不需要导梁、龙门吊机等重型吊装设备而可架设 30～40m 以下跨径的桥梁；扒杆的安装移动简单，梁在吊着状态时横移容易，且也较安全，故总的架设速度快。但本法需要技术熟练的起重工，且不宜用于不能设置缆索锚碇和梁上方有障碍物处。

(2)扒杆横向"钓鱼"架梁法

本法是在架设孔墩上下游两侧各竖立独脚扒杆，如图 6-72 所示。

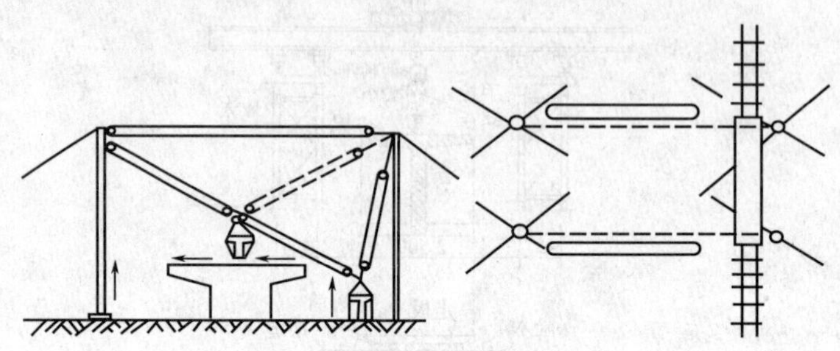

图 6-72 扒杆横向"钓鱼"架梁法

本法只适用于施工时河流无水或浅水时情况，同时河滩较平坦。与前法相比，本法的预制梁运送和扒杆的转移较方便、安全。

四、装配式混凝土梁(板)的横向联结

装配式钢筋混凝土和预应力混凝土简支梁(板)的施工工序一般为：

装配式梁(板)等构件预制→构件移运堆放→运输→预制梁(板)架设安装→横向联结施工→桥面系施工。

装配式混凝土简支梁(板)桥横向一般有多片主梁(板)组成，为了使多片装配式主梁(板)能联成整体共同承受桥上荷载，必须使多片主梁(板)间有横向联结，且有足够的强度。

1. 装配式混凝土板桥的横向联结

装配式板桥的横向联结常用企口混凝土铰联结和钢板焊接联结等形式。板与板之间的联结应牢固可靠，在各种荷载作用下不松动、不解体，以保证各预制装配式板通过企口混凝土铰接缝或焊接钢板联结联成整体共同承受车辆荷载。

1)企口混凝土铰接

企口混凝土铰接缝是在板预制时，在板两侧(边板为一侧)按设计要求预留各种形状的企口(如菱形、漏斗形、圆形等)，预制板安装就位后，在相邻板间的企口中浇筑纵缝混凝土。铰缝混凝土应采用 C30 以上细集料混凝土，施工时注意插捣密实。实践证明，这种纯混凝土铰已能保证传递竖向剪力，使各预制板共同参与受力。有的还从预制板中伸出钢筋相互绑扎后填塞铰缝混凝土，并浇筑在桥面铺装混凝土中，如图 6-73 所示。

2)焊接钢板联结

由于企口混凝土铰接需要现场浇筑混凝土，并需待混凝土达到设计强度后才能作为整体板桥承受荷载，为了加快施工进度，可以采用焊接钢板的横向联结形式，如图 6-74 所示。板预制时，在板两侧相隔一定距离预埋钢板，待预制板安装就位后，用一块钢板焊在相邻两块预埋钢板上形成绞接构造。焊接钢板的联结构造沿纵向中距通常为 0.8～1.5m，在桥跨中间部分布置密，向两端支点逐渐减疏。

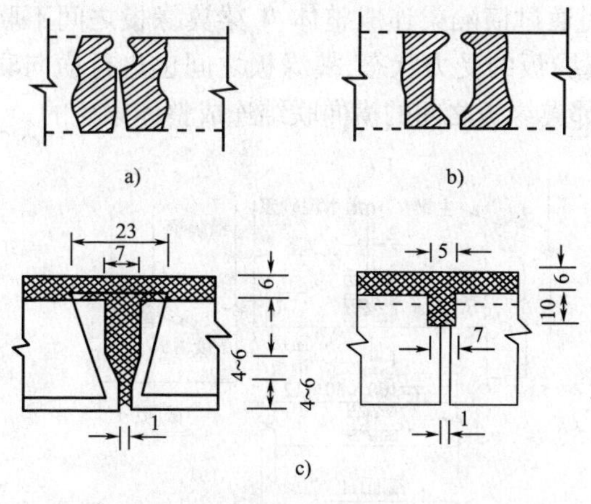

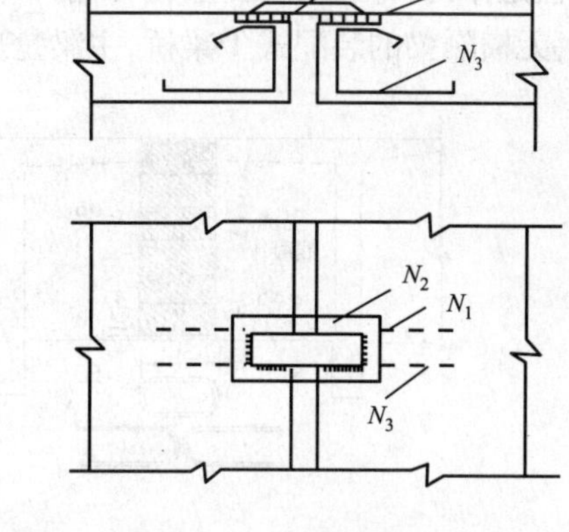

图 6-73　企口混凝土铰接缝(尺寸单位:cm)

图 6-74　焊接钢板接头

2. 装配式混凝土简支梁桥的横向联结

预制装配式混凝土简支梁桥,待各预制梁在墩台安装就位后,必须进行横向联结施工,把各片主梁连成整体梁桥,才能作为整体桥梁共同承担二期恒载和活载。实践证明,横向联结刚度越大,各主梁共同受力性能越好,因此,必须重视横向联结施工。

装配式简支梁桥的横向联结可分成横隔梁的联结和翼缘板的联结两种情况。

1)横隔梁的横向联结

通常在设有横隔梁的简支梁桥中均通过横隔梁的接头把所有主梁联结成整体。接头要有足够的强度,以保证结构的整体性,并在桥梁营运过程中接头不致因荷载反复作用和冲击作用而发生松动。横隔梁接头通常有扣环式、焊接钢板和螺栓接头等形式。

(1)扣环式接头

扣环式接头是在梁预制时,在横隔梁接头处伸出钢筋扣环 A(按设计计算要求布置),待梁安装就位后,在相邻构件的扣环两侧安装上腰圆形的接头扣环 B,再在形成的圆形环内插入短分布筋后,现浇混凝土封闭接缝。接缝宽度约为 0.2~0.6m。通过接缝混凝土将各主梁连成整体,如图 6-75a)所示。

随着装配式混凝土梁主梁间距的加大,为了减小预制梁的外形尺寸和吊装重力,T 形梁的翼缘板和横隔梁都采用这种扣环式横向联结形式,以达到既经济,施工吊运又简单的目的。1983 年我国编制的装配式钢筋混凝土和预应力混凝土 T 形简支梁桥标准图,主梁间距均采用 2.2m,而预制主梁的翼缘板和横隔梁宽仅为 1.6m,0.6m 就是采用扣环式连接的接缝宽度。

(2)焊接钢板接头

在预制 T 梁横隔梁接头处下端两侧和顶部的翼缘内预埋接头钢板(应焊在横梁主筋上),当 T 梁安装就位后,在横隔的预埋钢板上再加焊盖接钢板,将相邻 T 梁联结起来,并在接缝处灌筑水泥浆封闭,见图 6-75b)所示。

(3)螺钉接头

为简化接头的现场施工,可采用螺钉接头,如图 6-75c)所示。预埋钢板和焊接钢板接头,钢盖板不是用电焊,而是用螺钉与预埋钢板联结起来,然后用水泥砂浆封闭。为此,钢板上要预留螺钉孔。这种接头不需特殊机具,施工迅速,但在营运中螺钉易松动,挠度较大。

2)翼缘板的横向联结

以往具有横隔梁的装配式T梁桥中,主梁间通过横隔梁连成整体,T梁翼缘板之间不联结,翼缘板是作为自由悬臂处理的。目前,为改善翼缘板的受力状态,翼缘板之间也进行横向联结。另外,无横隔梁的装配式T梁桥,主梁是通过相邻翼缘板之间的横向联结连成整体梁桥的。

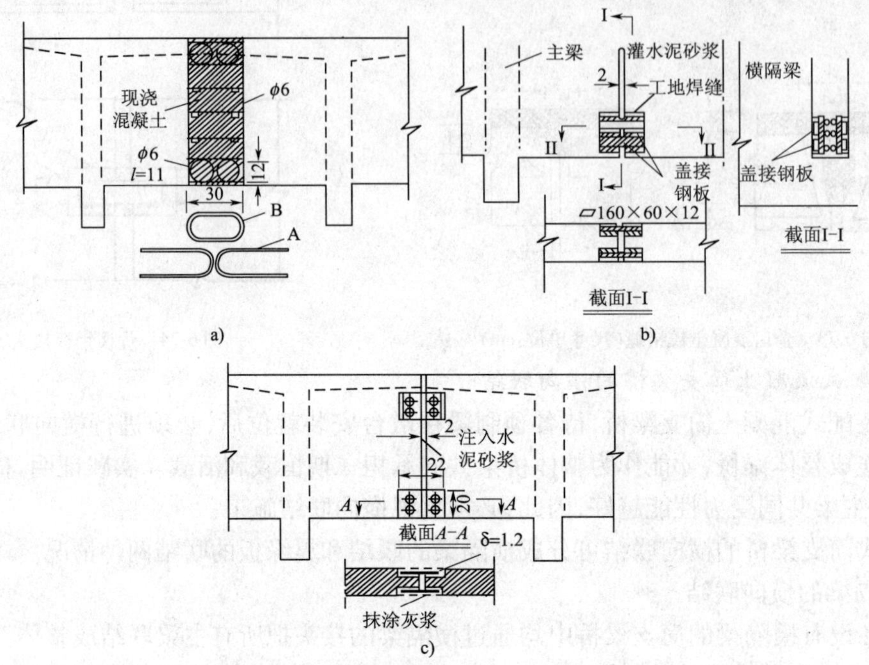

图6-75　横隔梁横向联结(尺寸单位:cm)

a)扣环式接头;b)焊接钢板接头;c)螺栓接头

翼缘板之间通常做成企口铰接式的联结,如图6-76所示。由主梁翼缘板内伸出连接钢筋,横向联结施工时,将此钢筋交叉弯制,并在接缝处再安放局部的$\phi6$钢筋网,然后将它们浇筑在桥面混凝土铺装层内,如图6-76a)所示。也可将主梁翼缘板内的顶层钢筋伸出,施工时将它弯转并套在一根沿纵向通长布置的钢筋上,形成纵向铰,然后浇筑在桥面混凝土铺装层中,如图6-76b)所示。接缝处的桥面铺装层内应安放单层钢筋网,计算时不考虑铺装层受力。这种联结构造由于连接钢筋较多,对施工增加了一些困难。

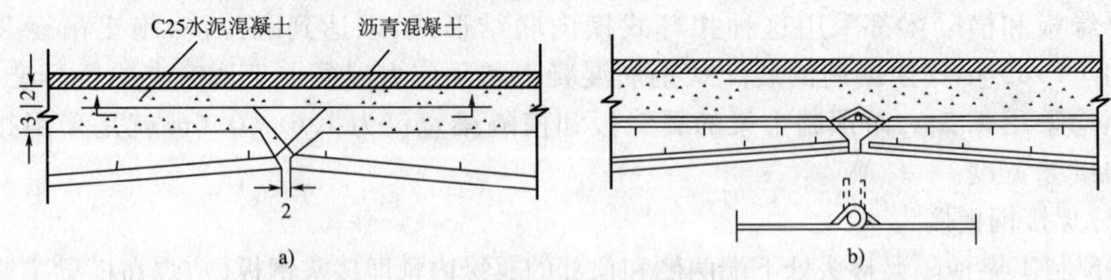

图6-76　主梁翼缘板联结构造(尺寸单位:cm)

3. 装配式混凝土梁(板)桥横向联结施工注意事项

横向联结施工是将单个预制梁(板)连成整体使其共同受力的关键施工工序,施工时必须保证质量,并注意以下几点:

①相邻主梁(板)间连接处的缺口填充前应清理干净,结头处应湿润。

②填充的混凝土和水泥浆应特别注意质量,在寒冷季节,要防止较薄的接缝或小截面连接处填料热量的损失,这时采取保温和蒸汽养护等措施以保证硬化。在炎热天气,要防止填料干

燥太快，黏固不牢，以致开裂。若接缝处很薄（约5mm左右），可灌入纯水泥浆。

③横向联结处有预应力筋穿过时，接头施工时应保证现浇混凝土不致压扁或损坏力筋套管。套管内的冲洗应在接头混凝土浇筑后进行。

④钢材及其他金属连接件，在预埋或使用前应采取防腐措施，如刷油漆或涂料等。也可用耐腐蚀材料制造预埋连接件，焊接时，应检查所用钢筋的可焊性，并应由熟练焊工施焊。

思　考　题

1. 钢筋混凝土梁式桥常用支架的类型有哪些?

2. 空心板的心模目前常用的是什么施工法?

3. 模板及支架在制作和安装时的注意事项有哪些?

4. 施工预拱度应如何设置?

5. 钢筋进厂后应如何保管?

6. 试计算如图6-77所示的 L_1 梁的钢筋下料长度，并编制钢筋配料单（假定共有5根 L_1）。

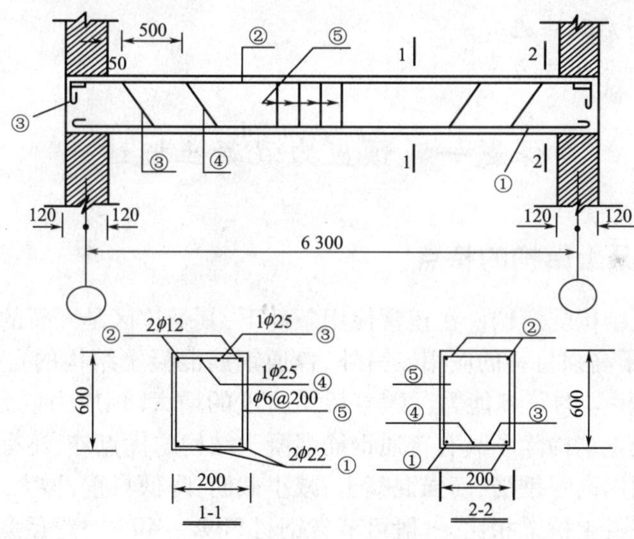

图6-77　L_1 配筋图（尺寸单位：mm）

7. 现在试验室求得一立方米混凝土的各种材料用量为：水泥325kg、水180kg、砂670kg、碎石1 308kg。

（1）试计算该混凝土试验室配合比；

（2）如工地所用砂含水率为2.8%，碎石含水率为3.2%，求该混凝土施工配合比；

（3）计算使用两包水泥（100kg）时各材料用量（材料用量取整数，配合比取两位小数）。

8. 桥梁工地用的机械振捣混凝土的方法有哪几种? 各适用于什么情况?

9. 混凝土外观质量检查的项目有哪些? 并分析其产生原因。

10. 装配式构件在出坑、移运、堆放时，对构件混凝土的强度有何要求?

11. 简述用联合架桥机架梁的顺序。

12. 如何进行装配式钢筋混凝土简支梁桥横隔梁的联结?

单元七　预应力混凝土桥梁施工技术

知识点

1. 常用张拉机具的类型及使用要领；
2. 张拉的方法、特点、要求及程序；
3. 预应力筋放松的方法及程序；
4. 制孔器的抽拔时间及孔道压浆的时间和要求。

技能点

1. 识别并选用张拉设备和夹具，进行常规操作，并排除常见故障；
2. 进行先张法施工；
3. 进行后张法施工；
4. 控制张拉应力。

课题一　预应力混凝土概述

一、预应力混凝土结构的特点

普通钢筋混凝土结构受弯构件在正常使用条件下，其受拉区是开裂的，影响构件的正常使用和耐久性，并限制了高强材料的应用。另外，普通钢筋混凝土结构的自重大，增加了施工的难度，大大地限制了桥梁的跨越能力。随着桥梁跨度的增大，预应力混凝土结构将更具有优势。因为预应力混凝土结构除了具有普通钢筋混凝土结构的优点外，还有下述重要特点。

①能最有效地利用高强钢筋、高强混凝土，减小截面，降低自重，增大跨越能力。

②与普通钢筋混凝土桥梁相比，一般可节省钢材30% ~40% ，跨径愈大，节省愈多。

③预应力混凝土梁在正常使用条件下不出现裂缝，鉴于能全截面参与工作。故可显著减小建筑高度，使大跨径桥梁做得轻柔美观，扩大了对各种桥型的适应性，提高了结构的耐久性。

④预应力技术的采用，为现代装配式结构提供了最有效的装配、拼装手段。根据需要，可在纵向、横向和竖向施加预应力，使装配式结构集整成理想的整体，扩大了装配式桥梁的使用范围。

当然，预应力混凝土结构要有作为预应力筋的优质高强钢材和要可靠保证高强混凝土的制备质量，同时要有一整套专门的预应力张拉设备和材质好、精度高的锚具，并要掌握复杂的施工工艺。

二、施加预应力的方法

施加预应力一般是靠张拉在混凝土中配置的高强度钢筋来实现的。目前，在桥梁工程中常用的方法有先张法和后张法两种。

1．先张法

如图 7-1 为先张法施工程序示意图(具体详见课题二)。先张法生产工序少、效率高,适宜工厂化大批量生产。张拉钢筋时,只需夹具,无需锚具,预应力筋自锚于混凝土之中。但先张法需要专门的张拉台座,构件中钢筋一般只能采用直线配筋,施加的应力较小,一般只适合于制作跨径在 25m 内的中小跨径梁(板)。

2．后张法

如图 7-2 为后张法的施工程序示意图(具体详见课题三)。后张法的张拉设备简单,不需要专门台座,便于在现场施工,预应力筋可布置成直线和曲线,施加的力较大,适合预制大型构件。后张法是一种极有效的拼装手段,在大跨度桥梁施工中广泛应用。但需要大量锚具且不能重复使用,施工工序多,工艺复杂。

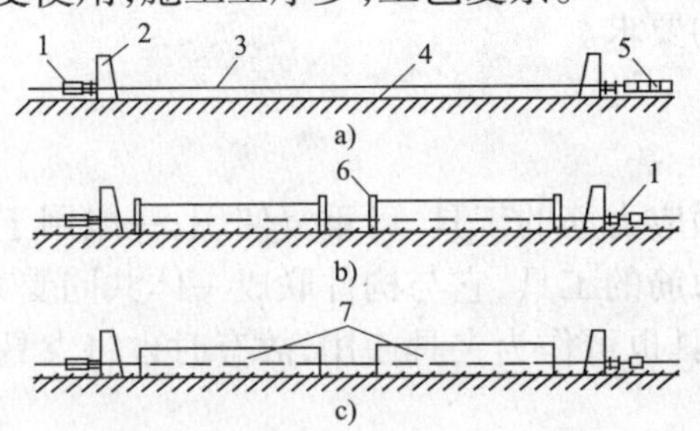

图 7-1　先张法的施工程序示意图

a)张拉钢筋;b)浇筑混凝土;c)放松或切断预应力筋;1-锚具;2-台座;3-预应力筋;4-台面;5-张拉千斤顶;6-模板;7-预应力混凝土构件

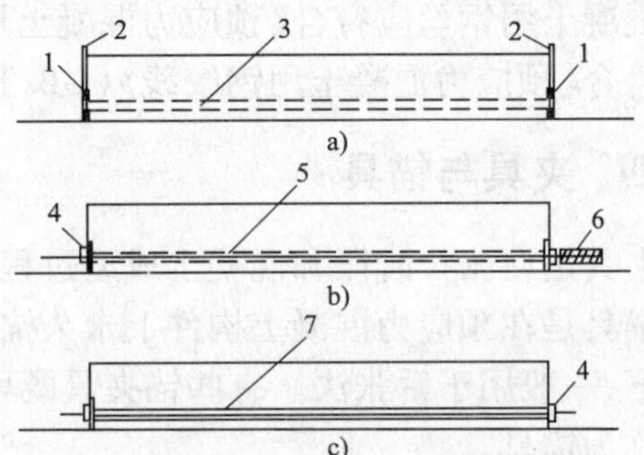

图 7-2　后张法的施工程序示意图

a)制作混凝土构件;b)张拉钢筋;c)封端和孔道压浆 1-预埋钢板;2-模板;3-预留孔道;4-锚具;5-预应力钢筋;6-张拉千斤顶;7-孔道压浆

三、预应力混凝土结构的材料

采用高强度等级混凝土和高强度钢材是预应力混凝土结构的典型特点。

1．混凝土

公路桥梁预应力混凝土构件的混凝土强度等级不宜低于 C30;当采用碳素钢丝、钢绞线、热处理钢筋(Ⅴ级钢筋)作预应力钢筋时,混凝土强度等级不宜低于 C40、C50,而普通钢筋混凝土结构常用的是 C25、C30 混凝土。

用于预应力混凝土结构的混凝土,不仅要求高强度,而且要求有很高的早期强度,以便能早日施加预应力,从而提高构件的生产效率和设备的利用率。

2．钢材

预应力混凝土结构中的钢材有钢筋、钢丝和钢绞线三大类,桥涵工程中常用的有下列几种。

1)冷拉钢筋及Ⅴ级钢筋

目前,使用较多的是冷拉Ⅳ级钢筋,冷拉Ⅲ级钢筋大多用作竖向及横向预应力钢筋,冷拉Ⅱ级钢筋因其强度较低,较少使用。需要注意的是冷拉Ⅳ级钢筋虽使用性能良好,但可焊性能较差,在使用时必须有合理的焊接工艺。Ⅴ级钢筋(热处理钢筋)强度较高,可直接用作预应力钢筋。

2)高强钢丝

在预应力混凝土结构中,常用的高强钢丝有碳素钢丝和刻痕钢丝。我国生产的高强钢丝有直径为 2.5mm、3.0mm、4.0mm 和 5.0mm 四种,直径愈细强度愈高,其中直径 2.5mm 的钢丝强度最高。

3）冷拔低碳钢丝

冷拔低碳钢丝是由Ⅰ级钢筋（多为小直径的盘圆）经多次冷拔后得到的钢筋，有直径为3mm、4mm、5mm三种。由于冷拔低碳钢丝材性不稳定、分散性大，所以仅用于次要结构或小型构件中。

4）钢绞线

钢绞线是把多根平行的高强钢丝围绕一根中心芯线用绞盘绞捻成束而形成。我国生产的钢绞线的规格有7ϕ2.5、7ϕ3.0、7ϕ4.0、7ϕ5.0四种。如7ϕ5.0钢绞线系由六根直径为5mm的钢丝围绕一根直径为5.15～5.20mm的钢丝扭结后，经低温回火处理而成。

预应力混凝土用热处理钢筋应符合《预应力混凝土用热处理钢筋》（GB 4463）的要求；预应力混凝土用钢丝应符合《预应力混凝土用钢丝》（GB/T 5223）的要求；预应力混凝土用钢绞线应符合《预应力混凝土用钢绞线》（GB/T 5224）的要求。

四、夹具与锚具

夹具是在张拉阶段和混凝土成型过程中夹持预应力筋的工具，可重复使用，一般用于先张法。锚具是在预应力混凝土构件上永久锚固预应力筋的工具，它与构件联成一体共同受力，不再取下，一般用于后张法。有些锚夹具既可作为锚具也可作为夹具使用，故有时也将夹具和锚具统称为锚具。

1. 夹具

夹具一般分圆锥形夹具和螺杆销片夹具两类。

1）圆锥形夹具

圆锥形夹具有钢丝用的、钢筋用的和钢绞线用的三种。

钢丝用的圆锥形夹具，如图7-3所示，是由套筒与销子两部分组成，适用于张拉ϕ4、ϕ5碳素钢丝或冷拔钢丝。图中销子上的浅槽尺寸，带括弧者是锚固ϕ5钢丝的，不带括弧者是锚固ϕ4钢丝的，槽内须凿毛。将销子做成一条槽时，可适用于锚固单根钢丝。

钢筋用的圆锥形夹具，是由套筒与圆锥形夹片组成，如图7-4所示。套筒内壁呈圆锥形，与夹片锥度吻合。夹片为两个或三个圆片，圆片的圆心部分形成半圆形凹槽，并刻有细齿，钢筋就夹紧在夹片中的凹槽内。这种夹具适用于锚固直径12～16mm的冷拉Ⅱ、Ⅲ、Ⅳ级钢筋。

钢绞线用的圆锥形夹具，由套筒与三片式圆锥形夹片组成，如图7-5所示，有两种规格，分别锚固ϕ^S12.7mm（7ϕ4）和ϕ^S15.2mm（7ϕ5）单根钢绞线。

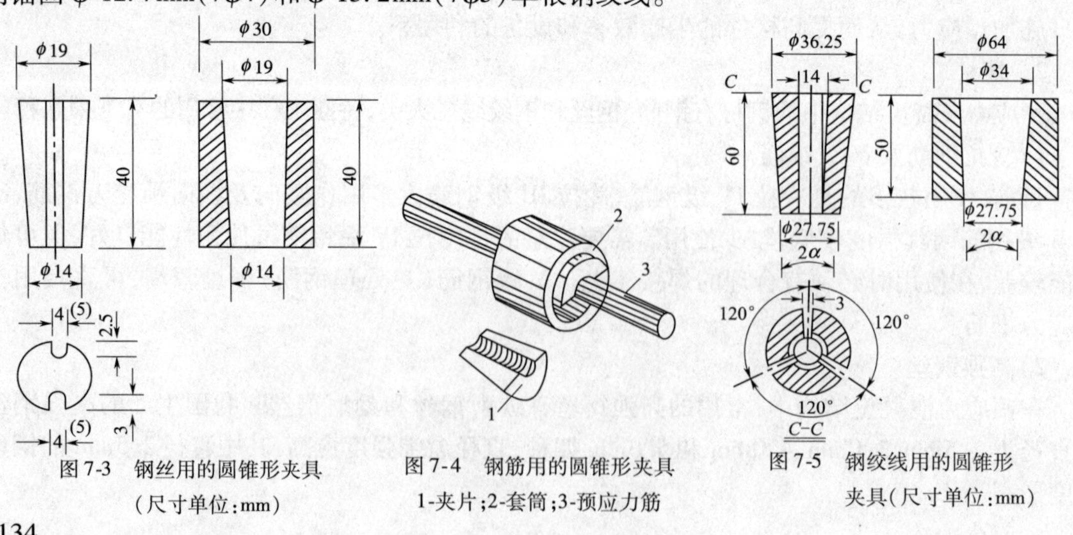

图7-3　钢丝用的圆锥形夹具（尺寸单位：mm）

图7-4　钢筋用的圆锥形夹具　1-夹片；2-套筒；3-预应力筋

图7-5　钢绞线用的圆锥形夹具（尺寸单位：mm）

2)螺杆销片夹具

该夹具在后张自锚工艺或先张工艺中,用于成束张拉和临时锚固直径为12mm、14mm的冷拉Ⅱ、Ⅲ、Ⅳ级钢筋。它由锚板、销片、螺杆、螺母组成,如图7-6所示。锚板有6、8、10孔的三种,以适应不同根数的钢筋束。销片为两个半圆片,中部开有半圆形凹槽,钢筋即是被锚夹于两销片中间。

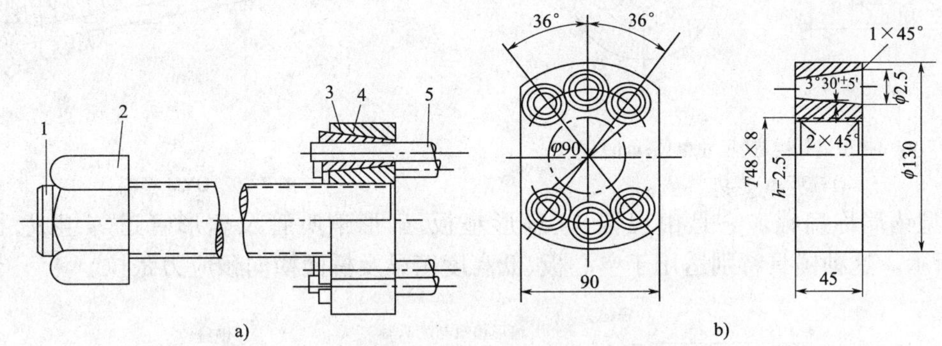

图7-6　螺杆销片夹具(尺寸单位:mm)

1-螺杆;2-螺母;3-锚板;4-销片;5-预应力筋

2. 锚具

常用的锚具主要有螺丝端杆锚具、锥形锚具(弗氏锚)、钢绞线束锚具、钢丝束镦头锚具等四类。

1)螺丝端杆锚具

由螺丝端杆和螺母组成,如图7-7所示。使用时将螺丝端杆与预应力钢筋焊成一个整体(在预应力钢筋冷拉以前进行),张拉后用螺母锚固。它适用于锚固直径为12~40mm的冷拉Ⅲ、Ⅳ级钢筋。

2)锥形锚具(弗氏锚)

它由锚环和锚塞两部分组成,如图7-8所示。锚环内壁与锚塞锥度要吻合,且锚塞上刻有细齿槽。锚固时,将锚塞塞入锚环,顶紧,钢丝就夹紧在锚塞周围。该锚具适用于锚固18~24根直径为5mm的碳素钢丝。

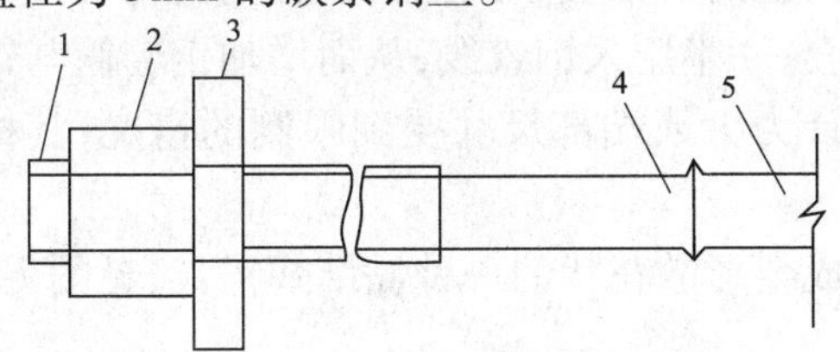

图7-7　螺丝端杆锚具

1-螺丝端杆;2-螺母;3-垫板;4-对焊;5-预应力筋

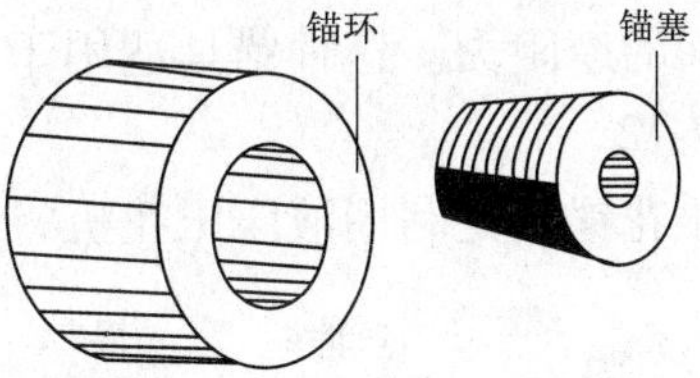

锚环

锚塞

图7-8　锥形锚具

3)钢绞线束锚具

(1)张拉端锚具

JM型锚具由锚环和楔块(夹片)组成。楔块的两个侧面设有带齿的半圆槽,每个楔块卡在两根钢绞线之间,这些楔块与钢绞线共同形成组合式锚塞,将钢绞线束楔紧。JM型锚具更换夹片后也可用于锚固冷拉粗钢筋,其构造如图7-9所示。

OVM锚具由锚板和夹片组成,锚孔为直孔,夹片为二片式,并在夹片背面上部锯有一条弹性槽,以提高锚固性能。OVM锚具实物如图7-10所示。

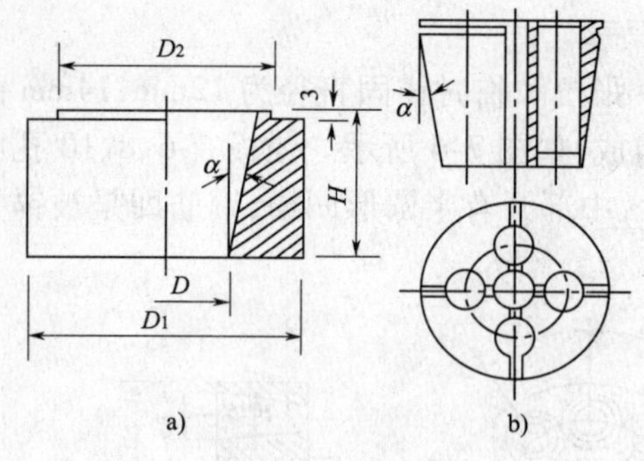

图 7-9　JM 型锚具构造（尺寸单位：mm）

a）锚环；b）楔块

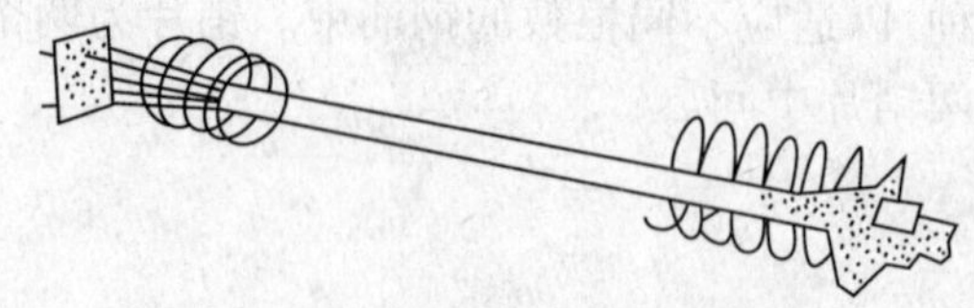

图 7-10　OVM 型锚具

BM 型锚简称扁锚。它是由扁锚头、扁形垫板、扁形喇叭管及扁形管道等组成，构造如图 7-11所示。这种锚具特别适用于空心板、低高度箱梁及桥面横向预应力张拉。

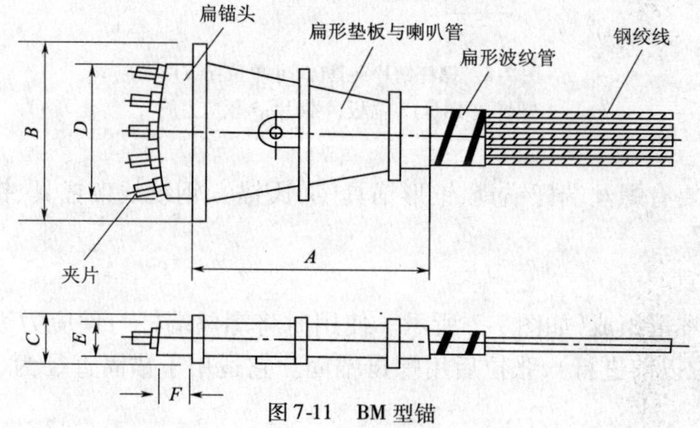

图 7-11　BM 型锚

（2）固定端锚具

钢绞线固定端锚具，除了可以采用与张拉端相同的锚具外，还可以选用挤压锚具和压花锚具。

挤压锚具是用压头机将套筒挤紧在钢绞线端头上的一种支承式锚具。套筒内衬有硬钢丝螺丝圈，在挤压后硬钢丝全部脆断，一半嵌入外钢套，一半压入钢绞线，从而增加钢套筒与钢绞线之间的摩阻力。这种锚具适用于构件端部的设计力大或端部尺寸受到限制的情况，其构造见图 7-12。

压花锚具是利用液压压花机将钢绞线端部压成梨形散花状的一种黏结式锚具，见图 7-13。

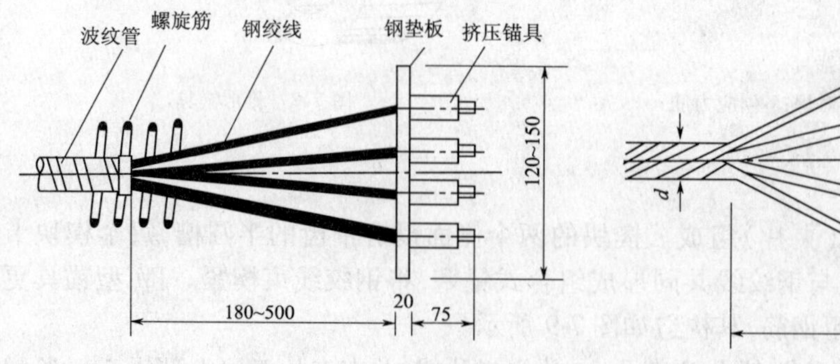

图 7-12　挤压锚构造（尺寸单位：mm）

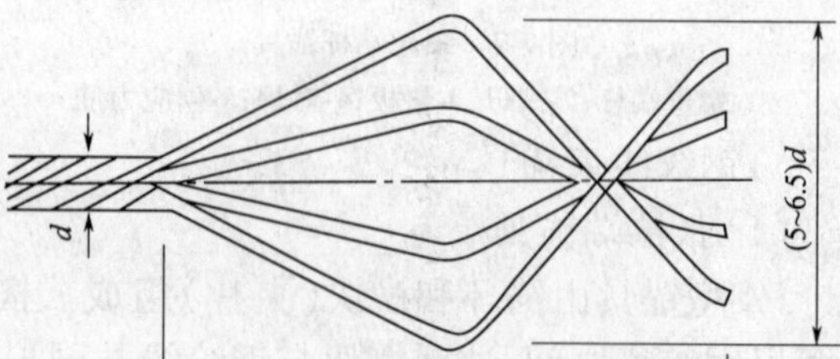

图 7-13　压花锚具（尺寸单位：mm）

4)钢丝束镦头锚具

该锚具是利用钢丝的镦粗头来锚固预应力钢丝的一种支承式锚具,这种锚具对钢丝等长下料的要求严格。其构造如图7-14所示,分A型和B型两种。A型锚具由锚杯和固定锚杯的螺母组成,用于张拉端,锚杯内装上工具式张拉螺杆,再通过工具螺母与千斤顶相连,即可进行张拉。B型锚具系一锚板,用于固定端。

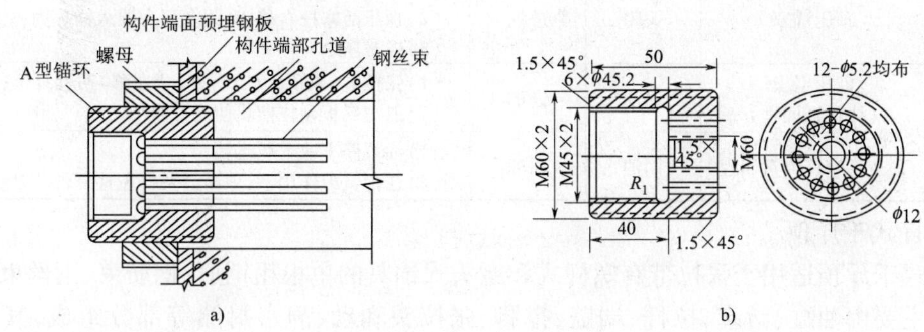

图7-14　镦头锚具(尺寸单位:mm)

五、张拉机具

张拉机具是制作预应力构件的专用设备,它主要由张拉千斤顶、高压油泵和压力表三部分组成。

1. 张拉千斤顶

液压千斤顶按其构造可分为锥锚式、拉杆式和穿心式三种形式。

1)锥锚式千斤顶

锥锚式千斤顶适用于张拉用锥形锚具锚固的钢丝束。它主要由张拉油缸、顶压油缸、退楔装置、楔形卡盘等组成,其构造简图见图7-15。

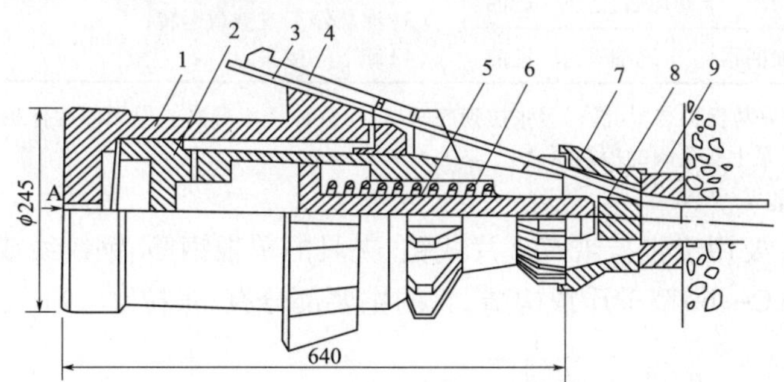

图7-15　锥锚式千斤顶(TD—60型)(尺寸单位:mm)

1-张拉杆;2-顶压缸;3-钢丝;4-楔块;5-顶锚活塞杆;6-弹簧;7-对中套;8-锚塞;9-锚环

其操作顺序如表7-1所示。

锥锚式千斤顶操作顺序　　表7-1

顺　序	工序名称	进、回油情况		动 作 情 况
		A油嘴	B油嘴	
1	张拉前准备	回油	回油	(1)油泵停车或空载运转; (2)安装锚环、对中套、千斤顶; (3)开泵后将顶压油缸伸出一定长度,供退楔用; (4)将钢丝按顺序嵌入卡盘槽内,用楔块夹紧

续上表

<table>
<tr><th rowspan="2">顺 序</th><th rowspan="2">工序名称</th><th colspan="2">进、回油情况</th><th rowspan="2">动 作 情 况</th></tr>
<tr><th>A 油嘴</th><th>B 油嘴</th></tr>
<tr><td>2</td><td>张拉预应力筋</td><td>进油</td><td>回油</td><td>(1)顶压缸右移顶住对中套、锚环;
(2)张拉缸带动卡盘左移张拉钢丝束</td></tr>
<tr><td>3</td><td>顶压锚塞</td><td>关闭</td><td>进油</td><td>(1)张拉缸持荷,稳定在设计的张拉力;
(2)顶压活塞杆右移,将锚塞强力顶入锚环内;
(3)弹簧压缩</td></tr>
<tr><td>4</td><td>液压退楔
(张拉缸回程)</td><td>回油</td><td>进油</td><td>(1)张拉缸(或顶压缸)右移(或左移)回程复位;
(2)退楔翼板顶住楔块使之松脱</td></tr>
<tr><td>5</td><td>顶压活塞杆弹簧回程</td><td>回油</td><td>回油</td><td>(1)油泵停车或空载运转;
(2)在弹簧力作用下,顶压活塞杆左移复位</td></tr>
</table>

2)拉杆式千斤顶

拉杆式千斤顶适用于张拉带有螺杆式和镦头式锚具的单根粗钢筋、钢筋束、钢丝束。拉杆式千斤顶主要由油缸、活塞、拉杆、端盖、撑脚、张拉头和动、静密封圈等部分组成,其构造如图 7-16所示。YL60 型千斤顶操作顺序如表 7-2 所示。

YL60 型千斤顶操作顺序 表 7-2

<table>
<tr><th rowspan="2">顺 序</th><th colspan="2" rowspan="2">工序名称</th><th colspan="2">进、回油情况</th><th rowspan="2">动 作 情 况</th></tr>
<tr><th>A 油嘴</th><th>B 油嘴</th></tr>
<tr><td>1</td><td colspan="2">张拉前准备</td><td>回油</td><td>回油</td><td>(1)油泵停车或空载运转;
(2)连接头拧入螺丝端杆;
(3)千斤顶对中就位</td></tr>
<tr><td>2</td><td colspan="2">张拉预应力钢筋</td><td>进油</td><td>回油</td><td>(1)油缸和撑脚顶住构件端面;
(2)活塞拉杆右移张拉钢筋;
(3)钢筋张拉到设计张拉力后持荷,拧紧螺丝端杆上的螺母</td></tr>
<tr><td rowspan="3">3</td><td rowspan="3">液压差动回程</td><td>单路进油回程</td><td>关闭</td><td>进油</td><td rowspan="3">(1)差动阀活塞杆顶开锥阀,A、B 油腔连通,活塞拉杆右移回程;
(2)复位后,打开油泵上的控制阀;
(3)油泵停车或空载运转;
(4)卸下连接头</td></tr>
<tr><td>双路进油回程</td><td>(卸荷后)进油</td><td>进油</td></tr>
<tr><td>带压双路进油回程</td><td>进油</td><td>进油</td></tr>
</table>

注:YL60 型千斤顶有张拉保护装置,满行程张拉到底时,张拉缸油压不升高。但无回程保护装置,操作时应注意防止回程超压,或调整泵上安全阀的控制压力。

3)穿心式千斤顶

穿心式千斤顶主要用于张拉带有夹片式锚、夹具的单根钢筋、钢绞线或钢筋束、钢绞线束。如图 7-17 为常用的YC—60型千斤顶构造,它的主要部分有:张拉缸、顶压缸、顶压活塞及弹簧

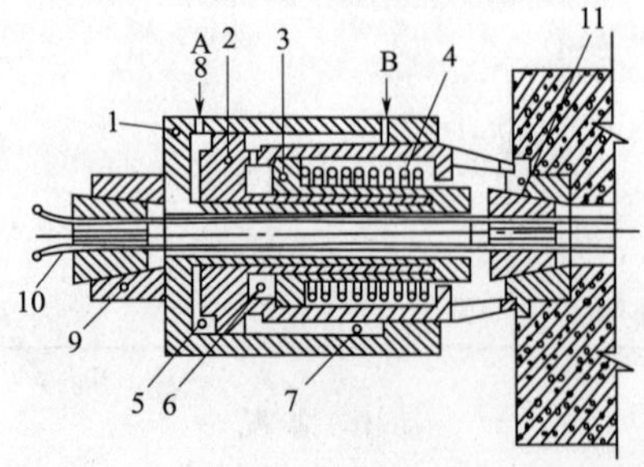

图 7-16 拉杆式千斤顶(YL60 型)

1-大缸;2-小缸;3-顶压活塞;4-弹簧;5-张拉工作油室;6-顶压工作油室;7-张拉回程油室;8-后油嘴;9-工具式锚具;10-钢绞线;11-锚具

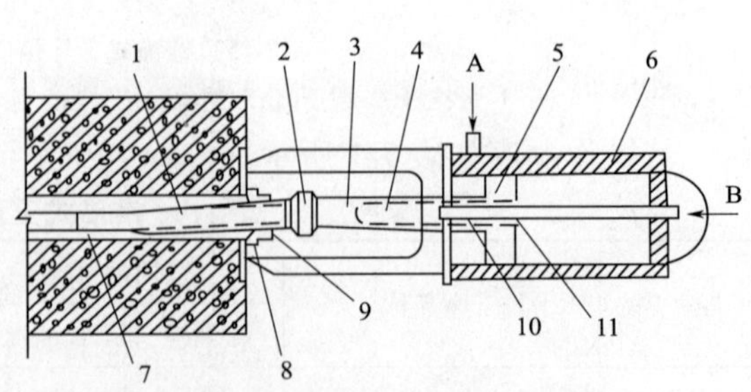

图 7-17 穿心式千斤顶(YC—60 型)

1-预应力筋;2-连接器;3-拉杆;4-副缸;5-主缸活塞;6-主缸;7-预留孔道;8-垫板;9-锚固螺母;10-副缸活塞;11-油封

等。YC—60 型千斤顶张拉顺序如表 7-3 所示。

YC—60 型千斤顶操作顺序 表 7-3

顺　序	工序名称	进、回油情况		动 作 情 况
		A 油嘴	B 油嘴	
1	张拉前准备	回油	回油	(1)油泵停车或空载运转; (2)安装锚具、穿筋后安装工具锚; (3)千斤顶对中就位
2	张拉预应力筋	进油	回油	(1)顶压缸和撑套右移顶住锚环; (2)张拉缸左移,张拉预应力筋
3	顶压锚固	关闭	进油	(1)张拉缸持荷,稳定在设计的张拉力; (2)顶压活塞右移,将夹片强力顶入锚环内; (3)顶压活塞回程弹簧压缩
4	张拉缸液压回程	回油	进油	张拉缸(或顶压缸)右移(或左移)复位、工具锚松脱
5	顶压活塞弹簧回程	回油	回油	(1)油泵停车或空载运转; (2)在弹簧力作用下,顶压活塞左移复位; (3)卸下工具锚和千斤顶

注:①顶压锚固时,张拉缸内油压将会升高,应控制其升高值,使预应力筋的应力不超过流限(钢筋束)或条件流限(钢绞线束)。

②在张拉、顶压和液压回程时,为防止误操作产生过高的油压,可调整油泵相应油路中安全阀的溢流压力。

③作为拉杆式千斤顶使用时,操作顺序为表中的 1、2、4、5。

2. 高压油泵

高压油泵与液压千斤顶配套使用,为千斤顶供油。常用的有电动高压油泵和手动高压油泵两种。图 7-18 为目前常用的 ZB4/500 电动高压油泵,由泵体、控制阀、油箱小车和充电设备等部分组成。

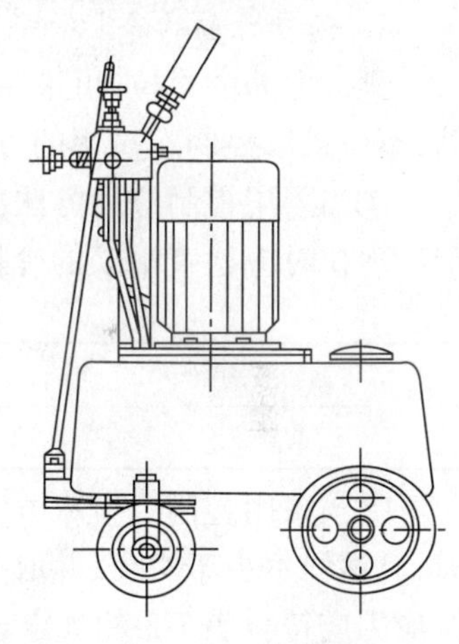

图 7-18　电动高压油泵(ZB4/500 型)

3. 油压表

油压表是测量压力的仪表。它安装在油泵上,从油压表的读数上反映出千斤顶工作活塞上单位面积所承受的压力。千斤顶对钢筋施加的拉力,可由油压表上的读数与千斤顶工作活塞面积的乘积求得。油压表的种类很多,为保证读数的精度,并确保安全与不易损坏,一般均选用精度不低于 1.5 级的弹簧管油压表。其表面的最大读数,应为实际使用读数的 1.5 ~ 2.0 倍。

六、预应力筋制作

1. 预应力筋下料

①预应力筋的下料长度应通过计算确定,计算时应考虑结构的孔道长度或台座长度、锚夹具厚度、千斤顶长度、焊接接头或镦头预留量、冷拉伸长值、弹性回缩值、张拉伸长值和外露长度等因素。

钢丝束两端采用镦头锚具时,同一束中各根钢丝下料长度的相对差值,当钢丝束长度小于或等于 20m 时,不宜大于 1/3 000;当钢丝束长度大于 20m 时,不宜大于 1/5 000,且不大于 5mm。长度不大于 6m 的先张构件,当钢丝成组张拉时,同组钢丝下料长度的相对差值不得大于 2mm。

②钢丝、钢绞线、热处理钢筋、冷拉Ⅳ级钢筋、冷拔低碳钢丝及精轧螺纹钢筋的切断,宜采

用切断机或砂轮锯,不得采用电弧切割。

2. 冷拉钢筋接头

①冷拉钢筋的接头,应在钢筋冷拉前采用一次闪光顶锻法进行对焊,对焊后应进行热处理,以提高焊接质量。钢筋焊接后其轴线偏差不得大于钢筋直径的1/10,且不得大于2mm,轴线曲折的角度不得超过4°。采用后张法张拉的钢筋,焊接后尚应敲除毛刺,但不得减损钢筋截面面积。

②预应力筋有对焊接头时,除非设计另有规定,宜将接头设置在受力较小处,在结构受拉区及在相当于预应力筋直径30倍长度的区段(不小于500mm)范围内,对焊接头的预应力筋截面面积不得超过该区段预应力筋总截面面积的25%。

③冷拉钢筋采用螺丝端锚具时,应在冷拉前焊接螺丝端杆,并应在冷拉时将螺母置于端杆端部。

3. 预应力筋镦粗头

预应力筋镦头锚固时,对于高强钢丝,宜采用液压冷镦;对于冷拔低碳钢丝,可采用冷冲镦粗;对于钢筋,宜采用电热镦粗,但Ⅳ级钢筋镦粗后应进行电热处理。冷拉钢筋端头的镦粗及热处理工作,应在钢筋冷拉之前进行,否则应对镦头逐个进行张拉检查,检查时的控制应力应不小于钢筋冷拉的控制应力。

4. 预应力筋的冷拉

预应力筋的冷拉,可采用控制应力或控制冷拉率的方法。但对不能分清炉批号的热轧钢筋,不应采取控制冷拉率的方法。

①当采用控制应力方法冷拉钢筋时,其冷拉控制应力下的最大冷拉率,应符合表7-4的规定。冷拉时应检查钢筋的冷拉率,当超过表中的规定时,应进行力学性能检验。

冷拉控制应力及最大冷拉率 表7-4

钢筋级别	钢筋直径(mm)	冷拉控制应力(MPa)	最大冷拉率(%)
Ⅳ级	10~28	700	4.0

②当采用控制冷拉率方法冷拉钢筋时,冷拉率必须由试验确定。测定同炉批钢筋冷拉率时,其试样不少于4个,并取其平均值作为该批钢筋实际采用的冷拉率。测定冷拉率钢筋的冷拉应力应符合表7-5的规定。

测定冷拉率时钢筋的冷拉应力 表7-5

钢筋级别	钢筋直径(mm)	冷拉应力(MPa)
Ⅳ级	10~28	730

注:当钢筋平均冷拉率低于1%时,仍应按1%进行冷拉。

冷拉多根连接的钢筋,冷拉率可按总长计,但冷拉后每根钢筋的冷拉率应符合表7-4的规定。

③钢筋的冷拉速度不宜过快,宜控制在5MPa/s左右。冷拉至规定的控制应力(或冷拉率)后,应停置1~2min再放松。冷拉后,有条件时宜进行时效处理。应按冷拉率大小分组堆放,以备编束时选料。冷拉钢筋时应做记录。

当采用控制应力方法冷拉钢筋时,对使用的测力计应经常进行校验。

5. 预应力筋的冷拔

预应力筋采用冷拔低碳钢丝时,应采用6~8mm的Ⅰ级热轧钢筋盘条拔制。拔丝模孔为盘条原直径的0.85~0.9,拔制次数一般不超过3次,超过3次时应将拔丝退火处理。拉拔总压缩率应控制在60%~80%,平均拔丝速度应为50~70m/min。冷拔达到要求直径后,应按有关规定进行检验,以决定其组别和力学性能(包括伸长率)。

6. 预应力筋编束

预应力筋由多根钢丝或钢绞线组成时,同束内应采用强度相等的预应力钢材。编束时,应逐根理顺,绑扎牢固,防止互相缠绕。

七、滑丝、断丝的原因和处理

预应力筋(钢丝、钢绞线、钢筋)在张拉与锚固时,由于各种原因,不可避免地产生个别力筋滑移和断裂现象。

1. 滑丝的原因

滑丝的原因很多,一般是锚圈锥孔与夹片之间有夹杂物;力筋和千斤顶卡盘内有油污;锚下垫板喇叭口内有混凝土和其他残渣;锚具偏离锚下垫板止口;锚具(锚圈、锚塞、夹片)质量存在问题,由于其硬度不足不匀而产生变形。此外,回油过猛,力筋粗细不一致也是滑丝产生的因素之一。滑丝一般退顶后发生,有时张拉结束后半天至一天内发生。

2. 断丝的原因

断丝的发生,一般是:钢材材质不均匀或严重锈蚀;锚圈口处分丝时交叉重叠;操作过程中没有做到孔道、锚圈、千斤顶三对中,造成钢丝偏中,受力不匀,个别钢丝应力集中;油压表失灵,造成张拉力过大;千斤顶未按规定校验。

3. 滑丝、断丝的处理原则

在预应力张拉过程中或锚固时,预应力筋滑丝、断丝数量超过设计或表7-6、表7-7的规定,应予以处理。

先张法预应力筋断丝限制　　表7-6

项　次	类　别	检 查 项 目	控 制 数
1	钢丝、钢绞线	同一构件内断丝数不得超过钢丝总数的比例	1%
2	钢　筋	断　筋	不 容 许

后张法预应力筋断丝、滑丝限制(钢丝、钢绞线、钢筋)　　表7-7

项　次	类　别	检 查 项 目	控 制 数
1	钢丝束、钢绞线束	每束钢丝断丝或滑丝	1根
		每束钢绞线断丝或滑丝	1丝
		每个断面断丝之和不超过该断面钢丝总数的比例	1%
2	单根钢筋	断筋或滑移	不允许

注:①钢绞线断丝是指钢绞线内钢丝的断丝。

②断丝包括滑丝失效的钢丝。

③滑移量是指张拉完毕锚固后部分钢丝或钢绞线向孔道内滑移的长度。

4. 滑丝的处理

张拉完成后应及时在钢丝(或钢绞线)上作好醒目的标记,如发现滑丝,解决的措施一般是:采用YC122千斤顶和卸荷座,将卸荷座支承在锚具上,用YC122千斤顶张拉滑丝钢绞线,直至将滑丝夹片取出，换上新夹片，张拉至设计应力即可。如遇严重滑丝或在滑丝过程中钢绞线受到了严重的伤害，则应将锚具上的所有钢绞线全部卸荷，找出原因并解决，再重新张拉（见图7-19）。

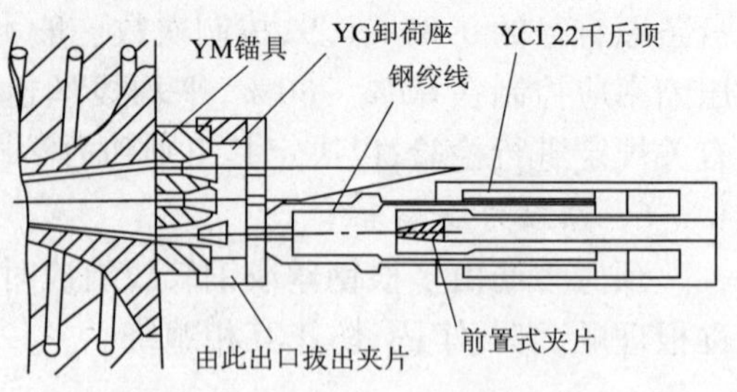

图 7-19 滑丝处理示意图

5. 断丝的处理

断丝的处理，常用的方法有：

①提高其他钢丝束的控制张拉力作为补偿。

②换束。卸荷、松锚、换束、重新张拉至设计应力值。

③启用束。对于一些重要的结构，设计时往往留有备用孔道或备用束，当施工过程中发生严重断丝特殊情况时，即启用备用束。

滑丝与断丝现象发生在顶锚以后，处理方法还可采用如下方法。

①钢丝束放松。将千斤顶按张拉状态装好，并将钢丝在夹盘内楔紧。一端张拉，当钢丝受力伸长时，锚塞稍被带出。这时立即用钢钎卡住锚塞螺纹（钢钎可用5mm 的钢丝、端部磨尖制成，长 20 ~ 30cm ）。然后主缸缓慢回油，钢丝内缩，锚塞因被卡住而不能与钢丝同时内缩。主缸再次进油，张拉钢丝，锚塞又被带出。再用钢钎卡住，并使主缸回油，如此反复进行至锚塞退出为至。然后拉出钢丝束更换新的钢丝束和锚具。

②单根滑丝单根补拉。将滑进的钢丝楔紧在卡盘上，张拉达到应力后顶压楔紧。

③人工滑丝放松钢丝束。安装好千斤顶并楔紧各根钢丝。在钢丝束的一端张拉到钢丝的控制应力仍拉不出锚塞时，打掉一个千斤顶卡盘上钢丝的楔子，迫使 1 ~ 2 根钢丝产生抽丝。这时锚塞与锚圈的锚固力就减小了，再次拉锚塞就较易拉出。

八、施加预应力的一般规定

①张拉机具应与锚具配套使用，在进场时进行检查和校验。千斤顶与压力表应配套校验，以确定张拉力与压力表读数之间的关系曲线。张拉机具应由专人使用和保管，并经常维护，定期校验。

②预应力钢材及所有锚具、夹具应有出厂合格证书，进场时应按有关要求分批进行检验。

③预应力筋的张拉控制应力 σ_K 应符合下列规定。

对于钢丝、钢绞线：$\sigma_K \leqslant 0.75R_y^b$。

对于冷拉粗钢筋：$\sigma_K \leqslant 0.90R_y^b$。

预应力筋的最大控制应力：钢丝、钢绞线不应超过 $0.8R_y^b$；冷拉粗钢筋不超过 $0.95R_y^b$。

④张拉时应采用应力和伸长值双控制，实际伸长值与理论伸长值相比较，应控制在 ±6% 以内，否则应暂停张拉，待查明原因并采取措施加以调整后，方可继续张拉。

课题二　先张法施工

先张法生产工序少、效率高，适宜工厂化大批量生产。张拉钢筋时，只需夹具，无需锚具，预应力钢筋自锚于混凝土之中。但先张法需要专门的张拉台座，构件中钢筋一般只能采用直线配筋，施加的应力较小，一般只适合于制作跨径在 25m 内的中小跨径梁（板）。基本工艺流程见图 7-20。

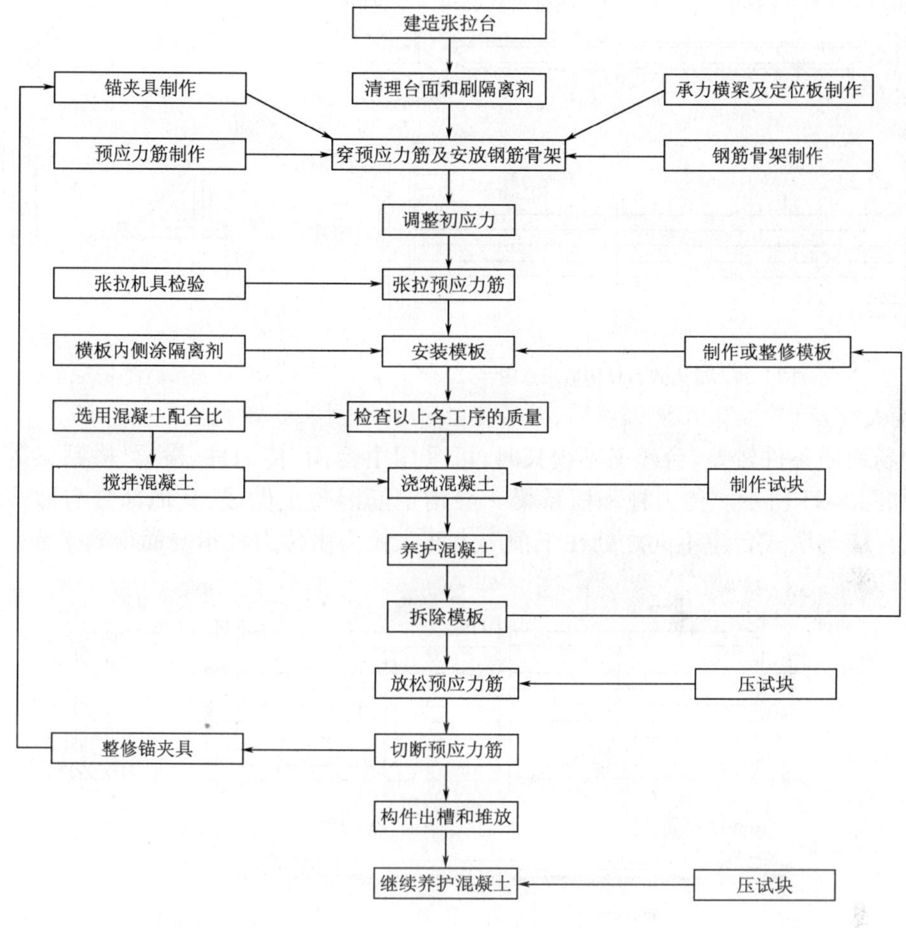

图 7-20　先张法工艺流程图

一、张拉台座

张拉台座是先张法生产的主要设备之一，它承受预应力筋的全部张拉力，因此须有足够的强度、刚度和稳定性。台座按构造形式分为墩式和槽式两类。

1. 重力式台座

重力式台座是靠自重和土压力来平衡张拉力所产生的倾覆力矩，并靠土壤的反力和摩擦力来抵抗水平位移。其适用于地质条件良好、张拉线较长的状况，它由台面、承力架、横梁和定位钢板等组成，如图 7-21 所示。

台面是制作构件的底模，要求平整、光滑。一般采用在夯实平整的基土上浇一层 5 ~ 8cm 的 C15 ~ C20 素混凝土，并每隔 10 ~ 20m 留伸缩缝，且沿长度方向有 0.3% 的坡度，以利排水。承力架也叫传力墩，它要承受全部的张拉力，须保证变形小、经济、安全和操作方便。承力架可因地制宜地采用图 7-22 所示的形式。横梁是将预应力筋张拉力传给承力架的构件，常用型钢设计制成，应保证其刚度和稳定性，避免受力后产生变形和挠曲。定位钢板用来固定预应力筋的位置，其圆孔位置按梁体预应力筋的设计位置确定，孔径比预应力筋大 2 ~ 5mm，以便穿筋。

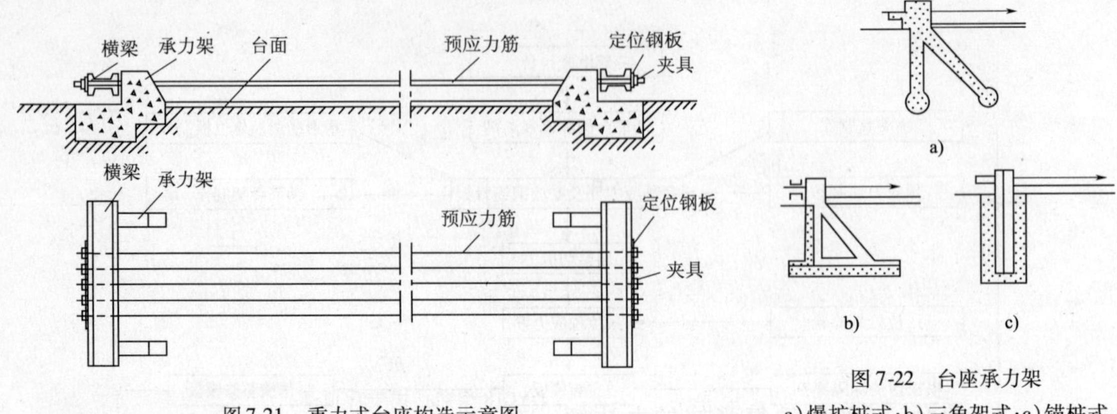

图 7-21　重力式台座构造示意图

图 7-22　台座承力架
a)爆扩桩式;b)三角架式;c)锚桩式

2. 槽式台座

当现场地质条件较差、台座又不很长时,可采用由台面、传力柱、横梁、横系梁等组成的槽式台座,如图 7-23 所示。传力柱和横系梁一般用钢筋混凝土做成,其他部分与墩式台座的相同。槽式台座与墩式台座不同之处在于预应力筋张拉力由传力柱承受而得到平衡。

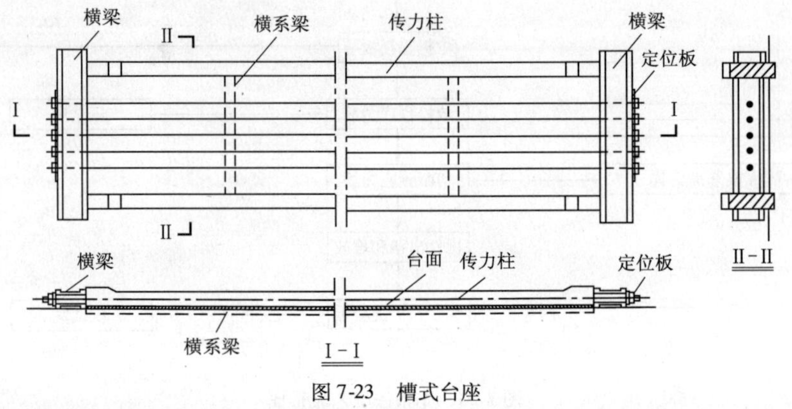

图 7-23　槽式台座

二、预应力筋的张拉

1. 张拉前的准备工作

张拉前应先在端横梁上安装并检查定位钢板,其孔位和孔径应符合设计要求,然后将定位钢板固定在横梁上。安装定位板时要保证最下层和最外侧预应力筋的混凝土保护层尺寸。进而在台座上安装预应力筋,将其穿过端横梁和定位板后用锚具固定在板上,沿台面每隔一定距离放置钢筋头垫起预应力筋,对于长线台座,预应力筋或者预应力筋与拉杆、拉索的连接,必须先用连接器串联后才能张拉,如图 7-24 所示。

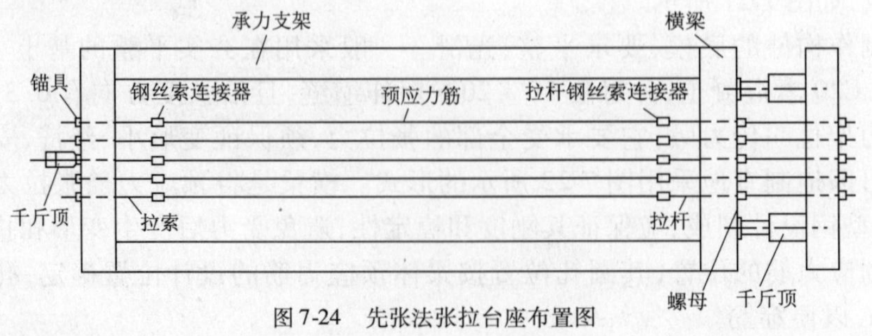

图 7-24　先张法张拉台座布置图

2. 张拉工艺

先张法张拉预应力筋,分单根张拉和多根整批张拉,单向张拉和双向张拉。单根张拉设备比较简单,吨位要求小,但张拉速度慢,为避免台座承受过大的偏心力,应先张拉靠近台座截面重心处的预应力筋,然后向两侧对称张拉。多根同时张拉需一个或两个大吨位千斤顶,张拉速度快,但控制要求较高,要保证每根钢筋的初始长度一致,活动横梁与固定横梁保持平行。如遇钢筋的伸长值大于千斤顶油缸最大工作行程时,可采用重复张拉的办法解决。图 7-25 ~ 图 7-27 为单根张拉与多根同时张拉的示意图。

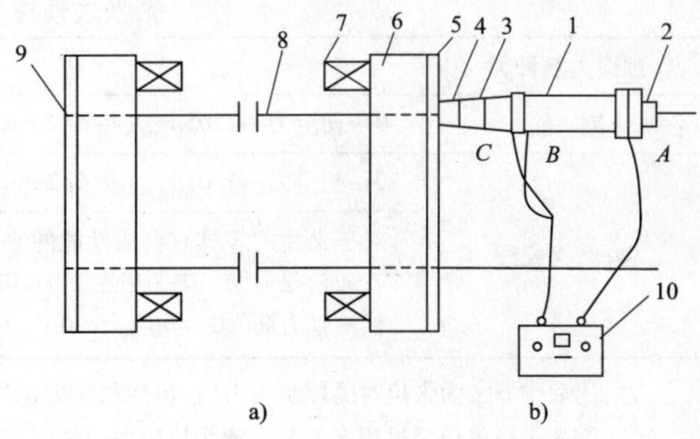

图 7-25　单根筋张拉工艺布置图

1-YC18 型穿心式千斤顶;2-千斤顶尾部锥形锚具;3-顶压头;4-圆锥形夹具;5-定位板;6-横梁;7-承力支架;8-预应力筋;9-镦粗头;10-高压油泵

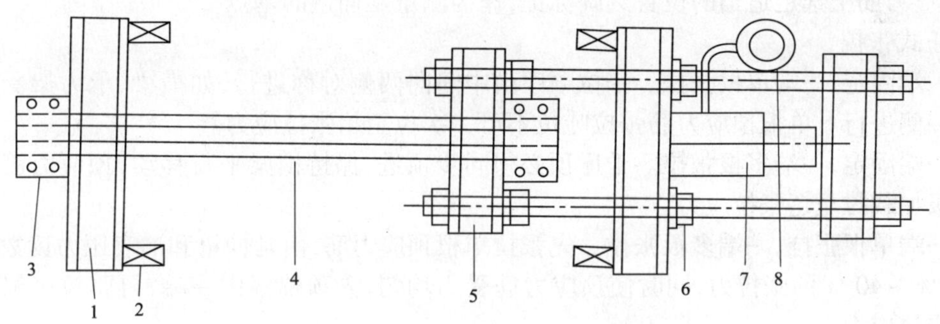

图 7-26　多根筋成批张拉工艺布置图

1-横梁;2-承力支架;3-夹具;4-预应力筋;5-张拉架;6-螺母;7-千斤顶;8-压力表

3. 张拉程序

钢筋张拉的程序依钢筋的类型而异,如表 7-8 所示。表中初应力一般取 $10\% \sigma_d$,以保证成组张拉时每根钢筋应力均匀,张拉至 $105\sigma_d\%$ 是超张拉方法,目的是减少预应力损失。应力由 $105\sigma_d\%$ 退至 $90\sigma_d\%$,主要是为了设置预埋件、绑扎钢筋和支模时的安全。

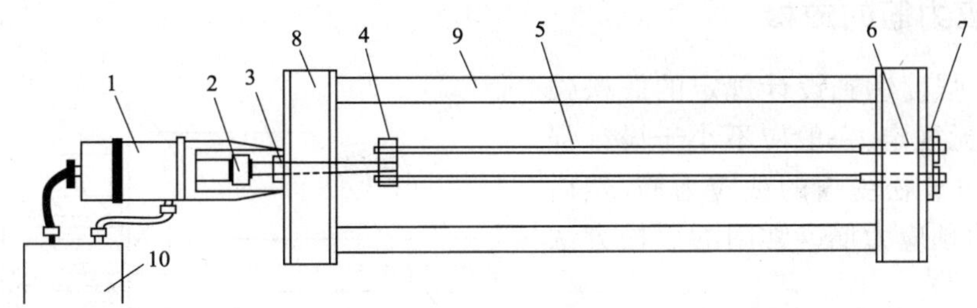

图 7-27　多根钢筋成批张拉图

1-60t 拉杆式千斤顶;2-千斤顶套碗;3-固定螺母;4-镦头夹具;5-预应力筋;6-螺丝端杆锚具;7-定位板;8-横梁;9-承力压杆;10-高压油泵

先张法预应力筋张拉程序 表7-8

预应力筋种类	张 拉 程 序
钢 筋	0→初应力→$1.05\sigma_{con}$(持荷2min)→$0.9\sigma_{con}$→σ_{con}(锚固)
钢丝、钢绞线	0→初应力→$1.05\sigma_{con}$(持荷2min)→0→σ_{con}(锚固)
	对于夹片式等具有自锚性能的锚具: 普通松弛力筋 0→初应力→$1.03\sigma_{con}$(锚固) 低松弛力筋 0→初应力→$0\sigma_{con}$(持荷2min锚固)

注:①表中σ_{con}为张拉时的控制应力值,包括预应力损失值。

②超张拉数值超过规定的最大超张拉应力限值时,应按规定的限制张拉应力进行张拉。

③张拉钢筋时,为保证施工安全,应在超张拉放张至$0.9\sigma_{con}$时安装模板、普通钢筋及预埋件等。

4. 一般操作

1)调整预应力筋长度

采用螺栓杆锚具,拧动端头螺母,调整预应力筋长度,使每根预应力筋受力均匀。

2)初始张拉初始张拉一般施加10 %的张拉应力,将预应力筋拉直,锚固端和连接器处拉紧,在预应力筋上选定适当的位置刻画标记,作为测量延伸量的基点。

3)正式张拉

①一端固定,一端单根张拉。张拉顺序由中间向两侧对称进行,如横梁、承力架受力安全也可从一侧进行。单根预应力筋张拉吨位不可一次拉至超张拉应力。

②一端固定,一端多根张拉。千斤顶必须同步顶进,保持横梁平行移动,预应力筋均匀受力。分级加载拉至超张拉应力。

③一端单根张拉,一端多根张拉。先张拉单根预应力筋,由延伸量和油表压力读数双控制施加30 %~40 %的张拉力,同时使预应力筋受力均匀,先顶锚锚固一端,再张拉多根预应力筋至超张拉应力。

4)持荷

按预应力筋的类型选定持荷时间2~5min,使预应力筋完成部分徐舒,完成量约为全部量的20 %~25 %,以减少钢丝锚固后的应力损失。

5)锚固

补足或放松预应力筋的拉力至控制应力。测量、记录预应力筋的延伸量,并核对实测值与理论计算值,其误差应在±6 %范围内,如不符合规定,则应找出原因及时处理。张拉满足要求后,锚固预应力筋,千斤顶回油至零。

三、预应力筋的放松

当混凝土强度达到设计规定的放松强度后(若设计无规定,一般应不小于设计强度的70%),可放松受拉的预应力筋,然后再切割端部的预应力筋。常用的放松方法有以下几种。

1. 螺杆放松

放松时只要将螺母反向拧动即可(图7-28),此法一般用于放松用螺丝端杆或工具式张拉螺杆固定的预应力筋。

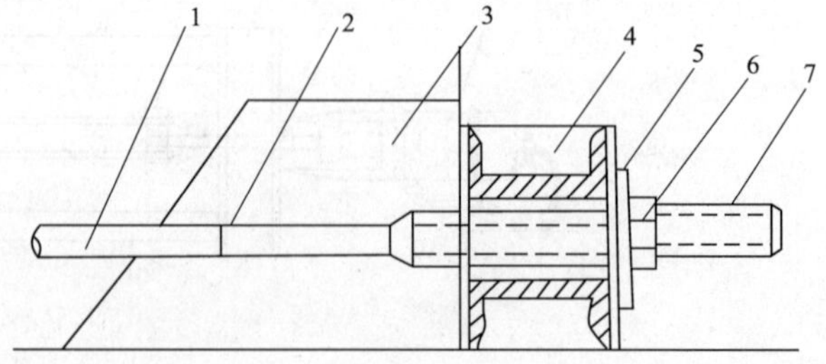

图7-28 螺杆放松示意图

1-预应力筋;2-对焊接头;3-台座;4-钢横梁;5-钢垫板;6-螺母;7-螺丝端杆

2. 千斤顶放松

在台座固定端的承力架与横梁之间，张拉之前预先安放千斤顶。放松时，两个千斤顶同时回程，使拉紧的预应力筋徐徐回缩，张拉力被放松，如图 7-29 所示。

3. 砂箱放松

用砂箱（图 7-30）代替千斤顶。使用时从进砂口灌满烘干的砂子，加上压力打紧。放松时，打开砂口，砂子慢慢流出，预应力筋徐徐回缩，张拉力被放松。

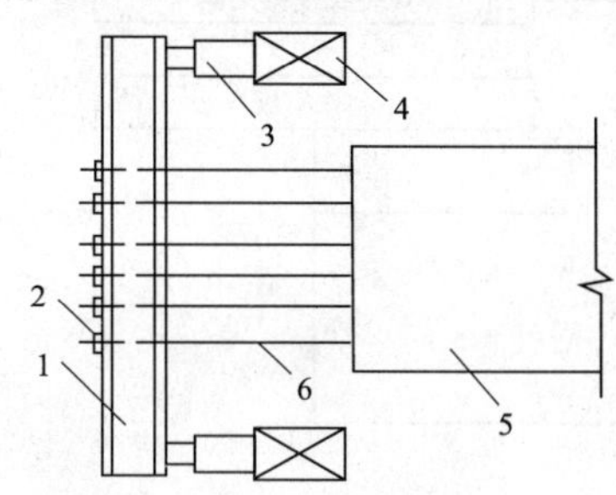

图 7-29 千斤顶放松示意图

1-横梁；2-夹具；3-千斤顶；4-承力架；5-构件；6-钢丝

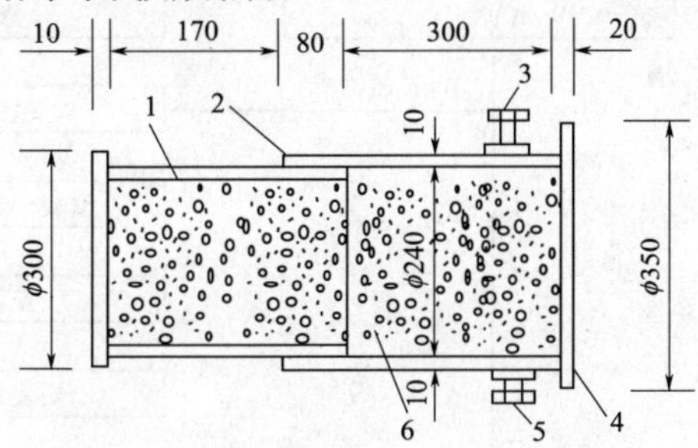

图 7-30 砂箱放松示意图（尺寸单位：mm）

1-活塞；2-钢套箱；3-进砂口；4-钢套箱底板；5-出砂口；6-砂子

放松程序见表 7-9。

钢筋放松后可用氧炔焰切割，但应防止烧坏钢筋端部。钢丝放松后，可用割锯断或剪断的方法切断。切割后的外露端头，应用砂浆封闭以防生锈。

先张法预制梁预应力筋的放松程序 表 7-9

阶 段	每阶段放松数量（cm）	第一次	第二次	第三次	
I	1～2	1，4	2，3	5，6	5 6 1 2 3 4
II	2～4	1，4	2，3	5，6	
III	全部	6，5	1，4	2，3	

四、安全技术和注意事项

1. 安全技术

①张拉前要对张拉设备、锚具作认真检查。张拉时要有统一指挥。按操作程序施工。

②使用千斤顶时不准超载，张拉时，台座两端不得站人，操作人员应站在放在台座侧面的油泵外侧面进行工作。

③钢筋拉到张拉力后，要停 2～3min，待稳定后再锚固。

④台座两端应有防护措施。张拉时，沿台座长度方向每隔 4～5m 应放一防护架。

2. 注意事项

①当多根钢筋同时张拉时，必须先调整初应力，确保应力一致。

②预应力筋张拉完毕后，位置偏差不得大于 5mm，亦不得大于构件截面最短边长的 4%。

③用三横梁、四横梁整批张拉时，千斤顶应对称布置，防止活动横梁倾斜。

④张拉时，张拉方向与预应力钢材在一条直线上。

⑤顶紧锚塞时，用力不要过猛，以防钢丝折断；在拧紧螺母时，应注意压力表读数始终保持在控制张拉力上。

课题三　后张法施工

后张法的张拉设备简单，不需要专门台座，便于在现场施工，预应力筋可布置成直线和曲线，施加的力较大，适合预制大型构件。

后张法制作预应力混凝土构件，常采用抽拔芯管成型孔道，其基本工艺流程见图7-31。

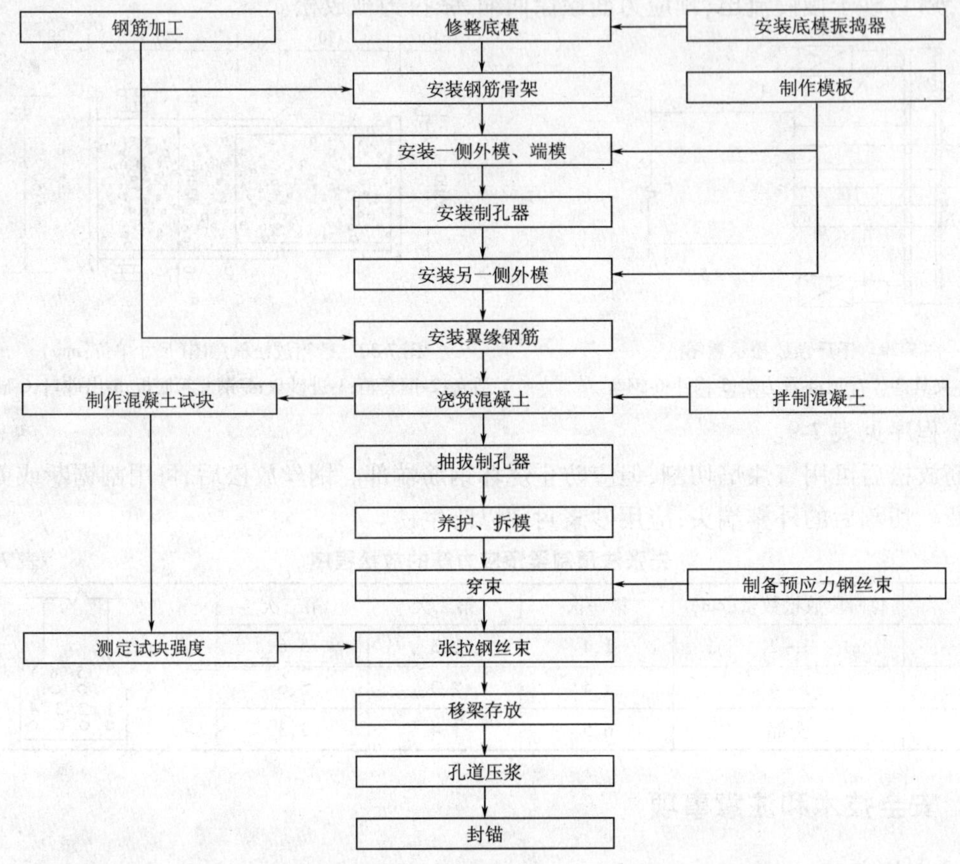

图7-31　后张法预制T梁工艺流程图

一、张拉前准备

张拉前需要完成梁内预留孔道、制索、制锚、穿索和张拉机具的准备工作。

1．预留孔道工艺

预留孔道是后张构件制作的特殊工序，孔道的形状、尺寸和质量对后张构件的质量有直接影响，其预留孔道主要有直线和曲线两种形式。

1)制孔的方法

(1)埋设管道法

主要用于曲线管孔的制作。一般采用薄铁皮管和铝合金波纹管，它在梁体制成后将留在梁内，使用后不能回收，成本高，金属材料耗用量大。

(2)抽芯管法

主要用于直线管孔制作。是预先将其安放在预应力筋的设计位置上，待混凝土终凝后将它拔出,构件内即具有孔道,它能周转使用,应用较广。抽拔式制孔器有橡胶、金属伸缩管和钢管三种形式。抽拔制孔器的时间与预制时所处环境的气温有关,必须严格掌握,否则将会出现塌孔或拔不出的情况。一般以混凝土抗压强度达到 0.4 ~0.8MPa 时为宜。抽拔时间通过试验确定,也可参考表 7-10 进行。

制孔器抽拔时间参考表 表 7-10

环境温度(℃)	抽拔时间(h)	环境温度(℃)	抽拔时间(h)
30 以上	3	20 ~10	5 ~8
30 ~20	3 ~5	10 以下	8 ~12

抽拔制孔器的顺序宜先上后下,先曲后直,分层浇筑的混凝土应根据各层凝固情况确定抽拔顺序。芯管采用橡胶管或钢管时,可用机械抽拔,抽拔时拖拉方向应和管道轴线重合;胶管先抽出芯棒,再抽胶管,抽出后清洗干净,卷盘存放。

2)制孔器和通孔器

制孔器可采用橡胶管、无缝钢管、铁皮管、金属波纹管等。现将几种常见的制孔器简介如下。

(1)橡胶管

此法应用较普遍。常见的胶管有:外径 48mm ±2mm、内径 26mm、六层布筋橡胶管;外径 51mm,内径 21 mm 纯橡胶管等。一般胶管抗拉力约为 5kN ,在拉力作用下管道径向收缩不小于 2mm ,取消拉力后残余变形小,有良好的挠曲性和耐磨性。它不仅适用于直线孔,也能用于曲线孔中。制孔时,胶管位置靠定位架固定,定位架间距为 40 ~60cm ,沿箍筋间隔设置,曲线孔道适当加密。为增加胶管的刚性和防止浇筑混凝土过程中胶管挠曲离开设计位置及局部变形,需在橡胶管内置一圆钢筋或钢丝束(称芯棒),芯棒直径应较胶管内径小 8 ~10mm ,长度较胶管长 1 ~2m ,以便先抽拔芯棒。对于曲线束的孔道,宜由两段胶管在跨中对接,对接接头处套一段长为 0.3 ~0.5m 铁皮管,见图 7-32,也可用塑料布包裹后并用铁丝绑扎。接头要牢固严密,以防浇筑混凝土时脱节和漏浆,胶管从梁的两端抽拔,铁皮管则留在架内。为易于胶管拔出,也有采用胶管内充气、充水的方法,充气后胶管径向扩张 3 ~5mm。通常需气压:0.7 ~0.8MPa ,混凝土初凝后终凝前即可放气使胶管收缩抽出。

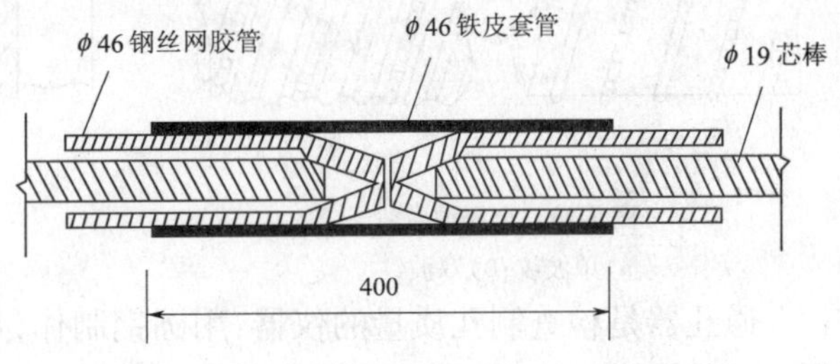

图 7-32 橡胶制孔器的接头(尺寸单位:mm)

(2)无缝钢管

用于直线孔道制孔。钢管要求平直,表面应光滑,焊接接头处应仔细清理干净保持平顺,过长孔道的中间活动接头,可用白铁管套接,钢管架立间距以钢管无下垂为度,在活动接头处至少要架立两点,使白铁套管不受力;结构混凝土浇筑完成后,应定时转动钢管,防止钢管与混凝土黏结,钢管长度以混凝土浇筑后能使钢管转动为宜,钢管预埋前应除锈、刷油。

(3)铁皮管

预埋在孔道内成为孔道的一部分,常用 0.5 ~0.75mm 厚黑铁皮卷制而成。为防止漏浆,纵向采用咬口接缝,并与节之间采用套接,大头直径放大 2mm。接头间用氧焊焊接。曲线管道在木模上压制成型。为便于穿过预应力钢束,各管节均按同向套接。为防止咬口处漏浆,可涂热沥青一道。铁皮管架设应符合孔道形状,绑扎在钢筋骨架上要牢固,防止平移或上浮。预埋铁皮管成孔方法需要大量铁皮,故多用于抽拔胶管有困难的梁体上或管道十分密集的部位,以防互相串浆。

(4)金属伸缩套管

主要由铝锌合金等制作。为防止漏浆,增加套管可靠度,伸缩套层数至少在两层以上。操作时,将伸缩套管穿入定位架或孔道筋位置后,将套管孔径扩大到预留孔径,使其与孔道筋绑牢,接头处可用铁皮管处理,在管内 50cm 以上时,管径可比伸缩套管扩大后的直径大 1~2mm,并用腻子把接头抹死。

(5)金属波纹管

如图 7-33 所示,金属波纹管一般是用厚 0.3 ~0.6mm 的镀锌钢带,由制管机卷制而成,管分为“通用段”和“连接段”。钢带的厚度根据管径而定,管表面有螺旋状的凸肋,既增加了管的刚性,又可在接头处旋入直径稍大的连接管段。成型后的管沿纵向和径向具有一定的刚度,沿长度又有较好的柔性,而且便于排布各种曲线道,故称为半刚性管。管的直径通常以 25mm 为起点,按 5mm 的模数递增直到 130mm。在需要接长时,两段管之间旋入一段长约 40mm 的连接管段作为搭接头,在接缝处缠绕塑料胶带密封,以防漏浆。“连接段”与“通用段”两种管的形状相同,“连接段”仅直径增大 3~5mm。金属波纹管的连接如图 7-34 所示。用金属波纹管做孔道预埋管,可提高孔道位置的准确度和防止孔道间掉浆。

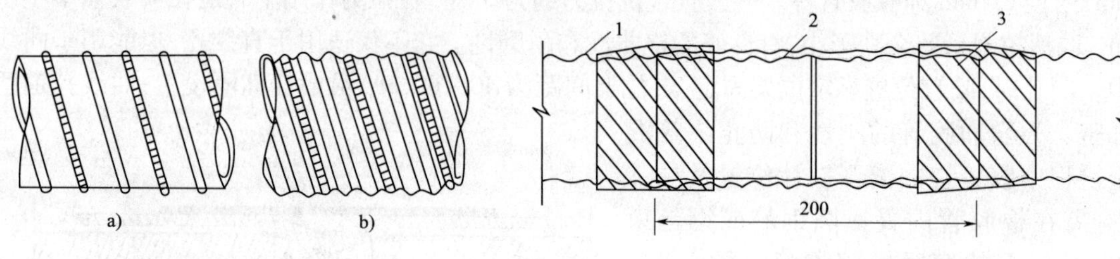

图 7-33　金属波纹管

a)单波纹;b)双波纹

图 7-34　波纹管的连接(尺寸单位:mm)

1-波纹管;2-接头管;3-密封胶带

通孔器是检查制孔质量的仪器,用圆钢制作,长 100~120mm ,中间一段呈圆柱形,直径比预应力筋孔道小 4~7mm ,两端为截头圆锥形,并各钻一小孔,通过小孔来固定牵引钢丝。

3)制孔器的安装

安装制孔器时,可先将其沿梁体长度方向顺序穿越各定位钢筋的“井”字网眼,如图 7-35 所示,然后在梁中部安装好接头,最后穿入钢筋芯棒。“井”字定位钢筋的位置可依预应力筋坐标图来确定,如图 7-36 下部所示。其间距一般为 0.4~0.6m,曲线管道应适当加密。接头布置在跨中附近,但不同孔道接头不宜在同一断面上(同一断面是指顺制孔器长度方向为 1m 的范围内)。

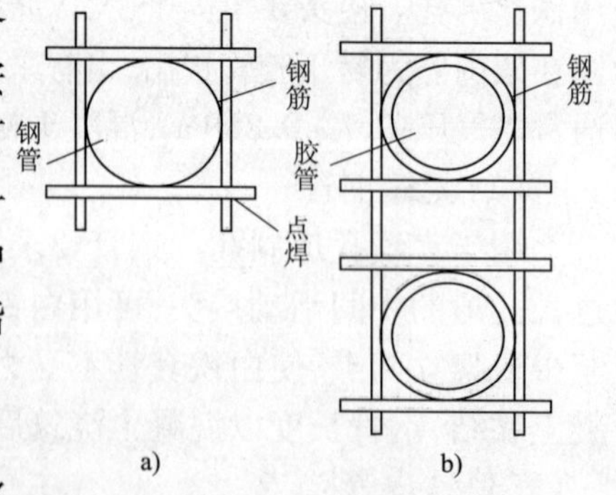

图 7-35　固定钢管或胶管用的“井”字架

a)单孔井字架;b)双孔井字架

4)压浆孔及排气孔的预留

除非锚具上已设置,无论何种管道或孔道均须设置压浆孔及排气孔,一般排气孔应设在孔道最高位置。压浆孔直径不小于 20~25mm,排气孔直径为 8~10mm,可用木塞或钢筋头顶紧预留,混凝土初凝后拔出。螺丝端杆、锥形螺杆锚具的垫板上有槽口,只留灌浆孔,可不留排气孔;锥形锚具、JM 锚具在锚塞正中留有小孔能灌浆及排气,不需留灌浆孔和排气孔。

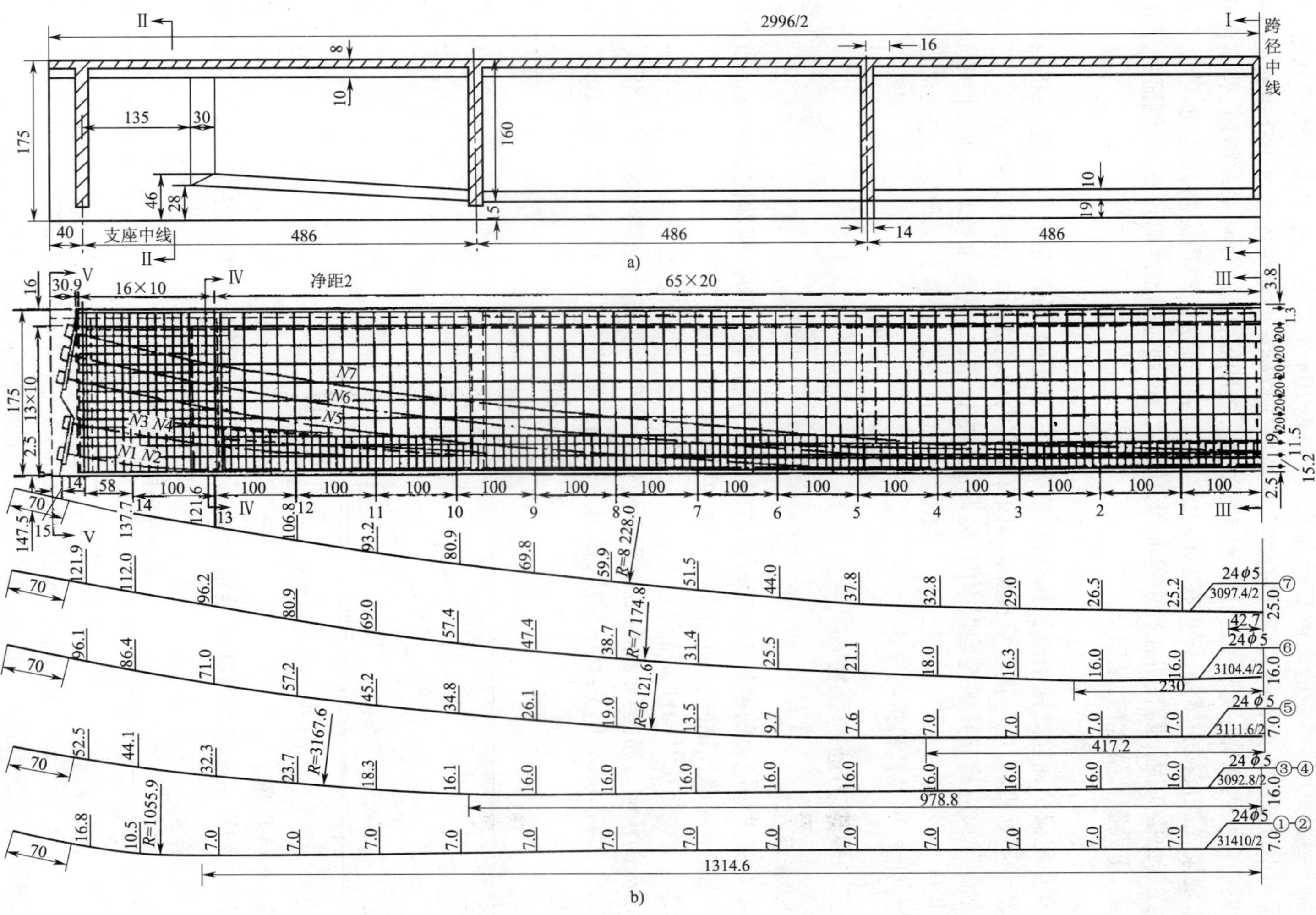

图 7-36　预应力钢筋坐标示意图（尺寸单位：cm）

a）内梁半立面图；b）梁内配筋图

2. 孔道检查

制孔后，应用通孔器检查，若发现孔道堵塞，应清除孔道内的杂物，为力筋穿孔创造条件。检查时，一般用大小不一的两种直径通孔器（相差10mm左右），先用大直径的试通，若通不过，再用小直径的试通，并用芯棒检查堵孔位置并作以标记。对仅能通过小直径的孔道可采用螺纹钢筋在孔内通捣（或来回拉孔）；对不通的孔，查明原因后，分别采取措施，若是由于断胶管、水泥浆或铁皮接头堵塞，则可在芯棒上焊制钢钩将其钩出或用力将其捣通；若是金属伸缩套管或其他接头因拉断残留在孔中等原因，堵塞严重，则应标出准确位置，从侧面凿开取出，疏通孔道，重设制孔器，修补缺口。

3. 穿束

穿束前应全面检查锚垫板和孔道，锚垫板应位置正确，若锚垫板移位，造成垫板平面和孔道中轴线不垂直时，应用楔形垫板加以纠正；孔道内应畅通，无水分和杂物，孔道应完整无缺。制好的钢丝束应检查其绑扎是否牢固、端头有无弯折现象；钢丝束按长度和孔位编号，穿束时核对长度，对号穿入孔道。穿束工作一般采用人工直接穿束，较长的预应力筋可借助一根长钢丝作为引线，用卷扬机进行穿束。

二、预应力筋的张拉

1. 张拉原则

①对曲线预应力筋或长度≥25m的直线预应力筋，宜在构件两端同时张拉。如设备不足时，可先在一端张拉锚固后，再在另一端张拉补足预应力值。

②为避免张拉时构件截面呈过大的偏心受压状态，应分批、分段对称张拉，先张拉靠近截面重心处的预应力筋，再张拉距截面重心较远处的预应力筋。如图7-37所示的钢丝束宜按C_4、C_5、C_6、C_7、C_3、C_2、C_1的顺序张拉，如图7-38所示宜按C_5、C_4、C_6、C_8、C_2、C_7、C_9、C_1、C_3的顺序张拉。

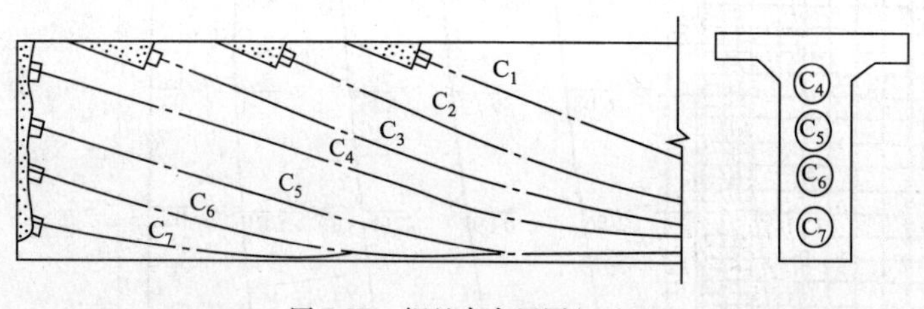

图7-37 钢丝束布置图(一)

C1 C2 C3
C4 C5 C6
C7 C8 C9

图7-38 钢丝束布置图(二)

2. 张拉程序

张拉程序与预应力钢材的类别和锚具的形式有关，各种张拉程序可按表7-11的规定进行。

后张法预应力筋张拉程序 表7-11

预应力筋		张拉程序
钢筋、钢筋束		0→初应力→1.05σ_{con}（持荷2min）→σ_{con}（锚固）
钢胶线束	对于夹片式等具有自锚性能的锚具	普通松弛力筋 0→初应力→1.03σ_{con}（锚固） 低松弛力筋 0→预应力→σ_{con}（持荷2min锚固）
	其他锚具	0→初应力→1.05σ_{con}（持荷2min）→σ_{con}（锚固）
钢丝束	对于夹片式等具有自锚性能的锚具	普通松弛力筋 0→初应力→1.03σ_{con}（锚固） 低松弛力筋 0→初应力→σ_{con}（持荷2min锚固）
	其他锚具	0→初应力→1.05σ_{con}（持荷2min）→0→σ_{con}（锚固）

续上表

预应力筋		张拉程序
精轧螺纹钢筋	直线配筋时	0→初应力→σ_{con}(持荷2min锚固)
	曲线配筋时	0→σ_{con}(持荷2min)→0(上述程序可反复几次)→初应力→σ_{con}(持荷2min锚固)

注:①表中σ_{con}为张拉时的控制应力值,包括预应力损失值。

②两端同时张拉时,两端千斤顶升降压、画线、测伸长、插垫等工作应基本一致。

③梁的竖向预应力筋可一次张拉到控制应力,然后于持荷5min后测伸长和锚固。

④超张拉数值超过规定的最大超张拉应力限值时,应按规定的限值进行张拉。

3. 张拉前的准备工作

张拉前,应检验构件的外观和尺寸,构件端部预埋铁板与锚具和垫板接触处的焊渣、毛刺、混凝土残渣应清除干净。混凝土强度不应低于设计强度的70%。穿筋前,螺丝端杆的丝扣部分要用水泥袋纸或破布缠绕两三层并用细铁丝扎牢或用套筒保护,防止损伤螺口。钢丝束、钢绞线束、钢筋束等穿束时,将一端打齐,顺序编号并套上穿束器,将穿束器的引线穿过孔道,然后向前拉动,直至两端均露出所需长度为止。穿束器如图7-39所示。

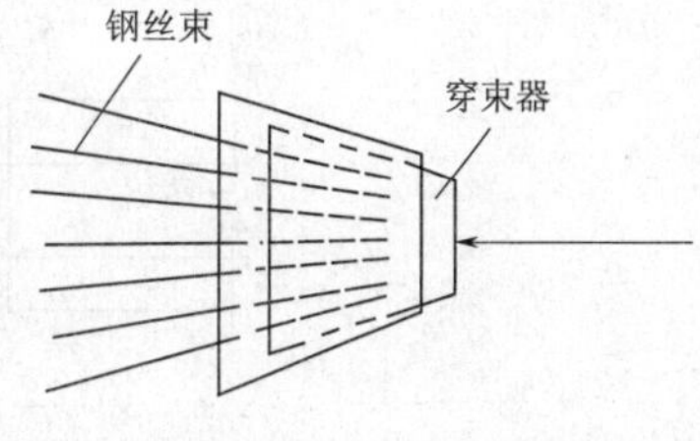

图7-39　穿束器示意图

4. 操作方法

预应力筋张拉操作方法与配用的锚具及千斤顶的类型有关,现介绍两种常见的操作示例。

1)钢绞线束、钢筋束配JM12型穿心式千斤顶的张拉操作步骤和方法

①在穿束前先将JM12型锚具圆锚环用电焊固定在构件预埋铁板上。锚具的位置应与孔道中心对正,焊接时可用木塞固定其位置,以保证位置准确。对曲线孔道,当端头面与孔道中心线不垂直时,可在锚环下另加斜垫板调整准确。

②穿束时,将每一束内的各根钢材顺序编号,在构件两端对号检查,防止其在孔道内交叉扭结。

③将清洗过的夹片,按原来在锚具中的片位号依次嵌入预应力钢材之间。此时注意当预应力钢材为螺纹钢筋时应将其两条纵肋放在两夹片的空隙间,不可将其夹在夹片中,否则容易造成钢筋滑动。夹片嵌入后,随即用手锤轻轻敲击,使其夹紧预应力钢材,但夹片外露长度应整齐一致。

④安装千斤顶。将预应力钢材束穿入千斤顶,锚环对中,并将张拉油缸先伸出2~4cm,再在千斤顶尾部安上垫板及工具锚,将预应力钢材夹紧。为便于松开销片,工具锚环内壁可涂少量润滑油。

⑤使顶压油缸处于回油状态,向张拉缸供油,开始张拉。同时注意工具锚和固定端的工作锚,使夹片保持整齐(一般差3mm时影响不大);张拉至初应力,做好标记,作为测量伸长值的起点。

⑥按规定程序张拉至规定吨位或换算的油压值,并测量预应力钢材的伸长值以校核应力。

⑦在保持张拉油缸调压阀阀口开度不变的情况下向顶压缸供油,直至需要的顶压力。在顶压过程中,如张拉油缸升压超过最大张拉力规定时,应使张拉油缸适当降压。

⑧在保持继续向顶压油缸供油的情况下,使张拉油缸缓慢回油,完成油缸回油动作。

⑨打开顶压阀的回油缸,油泵停车,千斤顶借助其内部回程弹簧作用,顶压活塞自动回程,张拉锚固结束。

2)钢丝束配用钢质锥形锚具、锥锚式千斤顶的张拉操作步骤和方法

①张拉前的准备工作。先把锚环套在钢丝束外面，锚塞放在钢丝束中央，并将钢丝均匀分布在锚塞周围，用手锤轻敲锚塞；装上对中套，千斤顶就位，将钢丝按顺序嵌入千斤顶的分丝盘槽沟和卡环槽口内，再用楔块卡住。然后调整千斤顶的位置，使管道、锚圈、千斤顶处在一条轴线上。轻敲楔块使钢丝初步固定在卡环上，如图7-40所示为钢丝束张拉示意图。

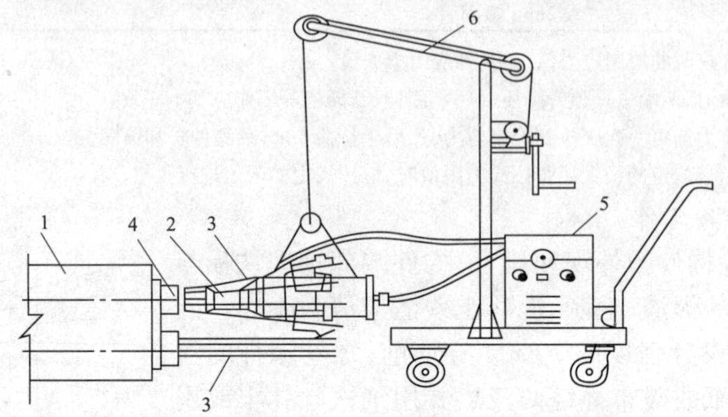

图7-40　钢丝束张拉示意图

1-梁体；2-锥锚式千斤顶；3-张拉钢丝；4-锚具；5-高压油泵；6-手动升降绞车

②初始张拉。使千斤顶大缸进油，两端同时张拉至初应力。由于钢丝在卡环上未楔紧，允许钢丝有滑移现象，从而可调整钢丝长度，使张拉中均匀受力。滑丝停止后，打紧楔块或工具锚锚塞（用穿心千斤顶时），使钢丝牢牢地固定在卡环上或工具锚上。然后，两端同时补足张拉至初应力。在分丝盘沟槽处的钢丝上刻划标记，作为测量钢丝伸长量的基点，并在卡环前端的钢丝上刻划标记，用以辨认是否滑丝。

③正式张拉。初拉调整后，继续开动油泵，稳步使千斤顶大缸进油，当张拉到超张拉值时，稳住进油量，持荷5min，大缸回油，使张拉力退回到控制张拉力止。此时，测量钢筋伸长量。

④顶锚。当测量的钢丝伸长值与计算值相符合，即可进行顶压锚塞。顶锚时，关闭大缸油路，小缸进油，使小缸活塞猛顶锚塞，将钢丝锚紧。然后大小缸同时回油，打去卡环上的楔块，退出千斤顶。顶锚后，钢丝因内缩而发生预应力损失，因此，应在另一端张拉时补足损失。如果在另一端顶锚时，回缩量大于3mm，必须再张拉，以补回预应力损失。

三、孔道压浆及封锚

1. 压浆

孔道压浆是用水泥浆填满孔道中预应力筋周围的空隙，目的是为了保护预应力筋不致锈蚀，并使预应力筋与梁体结成整体，从而提高梁的承载能力、抗裂性能和耐久性。孔道压浆是用专门的活塞式压浆机进行，要求张拉后尽快压浆（一般不宜超过14d），压浆时要求密实、饱满。

1）准备工作

压浆前烧割锚外钢丝时，应采取降温措施，以免锚具和预应力筋因过热而产生滑丝。用环氧砂浆或棉花和水泥浆填塞锚塞周围的钢丝间隙。用压力水冲洗孔道，排除孔内杂物并吹去孔内积水。

2）水泥浆的技术条件

孔道压浆一般宜采用水泥浆，空隙大的孔道，水泥浆中可掺入适量的细砂。水泥浆的强度不应低于构件本身混凝土强度的80%，且不低于C30。水泥宜采用硅酸盐水泥或普通水泥，水泥的强度等级不宜低于42.5。水灰比宜采用0.4～0.45，掺入适量减水剂时，水灰比可减少到

0.35。水泥浆的泌水率最大不超过3%，拌和后3h的泌水率应控制在2%。水泥浆中可掺入适当膨胀剂如铝粉等，但其自由膨胀率应小于10%。水泥浆自调制至压入孔道的延续时间一般不宜超过45min。

3)压浆方法

压浆的顺序，应先压下孔道，后压上孔道；应将集中的孔道连续一次压完，以免孔道串浆，将附近孔道阻塞；对于曲线孔道应由最低点的压浆孔压入，由最高点的排气孔排气及溢出水泥浆。

压浆工艺有“一次压注法”和“二次压注法”两种，前者用于不太长的直线形孔道，对于较长的孔道或曲线形孔道以“二次压注法”为好。二次压浆时，第一次从甲端压入直至乙端流出浓液浆时将乙端的孔用木塞塞住，待灰浆的压力达到要求(一般为0.5~0.7MPa)，且各部无漏水现象时再将甲端喷嘴拔出并立即用木塞塞住。待第一次压浆后约30min，拔掉甲、乙端的塞子，自乙端再进行第二次压浆，重复上述步骤，待第二次压浆完成经约30min后，卸除压浆管，压浆工作便告完成。

2. 封锚

孔道压浆后应立即将梁端水泥浆冲洗干净，并将端面混凝土凿毛，绑扎端部钢筋和安装封锚模板后浇筑锚端混凝土。封锚混凝土强度等级不宜低于构件混凝土强度等级的80%，亦不宜低于C30。浇完封锚混凝土并静置1~2h后，应进行带模浇水养护。脱模后在常温下一般养护时间不少于7昼夜。

四、安全技术及注意事项

①操作高压油泵人员应戴护目镜，防止油管破裂时或接头不严时喷油伤眼。

②高压油泵与千斤顶之间所有连接点、紫铜管的喇叭口或接口必须完好无损，并应将螺母拧紧。

③张拉时，构件两端不得站人，并应设置防护罩。高压油泵应放在构件端部的两侧；拧紧螺母时，操作人员应站在预应力钢材位置的侧面。张拉完毕后，稍等几分钟再拆卸张拉设备。

④雨天张拉时，应搭设防雨棚，防止张拉设备淋雨；冬季张拉时，张拉设备应有保暖措施，防止油管和油泵受冻，影响操作。

⑤孔道压浆时，掌握喷浆嘴的人必须戴护目镜、穿水鞋、戴手套。喷嘴插入孔道后，喷嘴后面的胶皮垫圈须压紧在孔洞上。堵压浆孔时应站在孔的侧面，以防灰浆喷出伤人。

⑥张拉地区应有明显标记，禁止非工作人员进入张拉场地。

思　考　题

1. 预应力混凝土构件的特点有哪些？施加预应力的方法有哪几种？

2. 先张法施工的台座有哪几种类型？其构造如何？分别适合于什么情况下使用？张拉程序是怎样的？

3. “初应力”与“超张拉”的要求及目的分别是什么？

4. 预应力筋放松的方法有哪几种？

5. 后张法预应力筋的孔道是怎样形成的？对制孔器的抽拔有哪些要求？张拉程序是怎样的？

6. 孔道压浆的目的是什么？怎样操作？

单元八　悬臂梁、连续梁及刚构桥施工技术

知识点

1. 悬浇施工的程序和施工要点，挂篮的作用及类型；
2. 块件预制的方法和要求；
3. 顶推施工的主要设备，预应力束的特点及保证施工稳定、安全的措施；
4. 逐孔施工的程序和施工要点。

技能点

1. 0号段的施工及墩梁临时固结；
2. 构件的吊装和拼接，接缝的处理；
3. 安装滑移装置，进行顶推施工操作；
4. 进行移动模架逐孔浇筑施工操作。

课题一　体系及受力特点

梁式桥——结构在垂直荷载作用下，支座只产生垂直反力而无推力的梁式体系的总称，按静力特性可分为简支梁桥、悬臂梁桥、连续梁桥、T形刚构桥及连续刚构桥五种体系。

1. 简支梁桥

两点支承，见图8-1，它的受力最简单，梁中只有正弯矩，是梁式桥中应用最早，使用最广泛的桥型。由于简支梁是静定结构，结构内力不受地基变形的影响，对基础要求较低，能适用于地基较差的桥址上建桥。在多孔简支梁桥中，相邻桥孔各自单独受力，便于预制、架设，简化施工。目前，世界上预应力混凝土简支梁最大跨径已达76m。

图8-1　河南开封黄河公路大桥——简支梁桥

但是由于简支梁的设计主要受跨中正弯矩的控制，图8-2所示为各种梁式体系在恒载作用下的弯矩图，图中各种梁式体系的跨径布置相同，假定恒载集度也相同，显然简支梁的各跨跨中弯矩最大，见图8-2a)，因此设计的梁高和配筋也最多，桥型显得笨重。当跨径越大时，消耗在自重上的承载力所占的比例也越大，从而限制了简支梁桥的跨越能力，我国预应力混凝土

简支梁的标准跨径在40m以下。

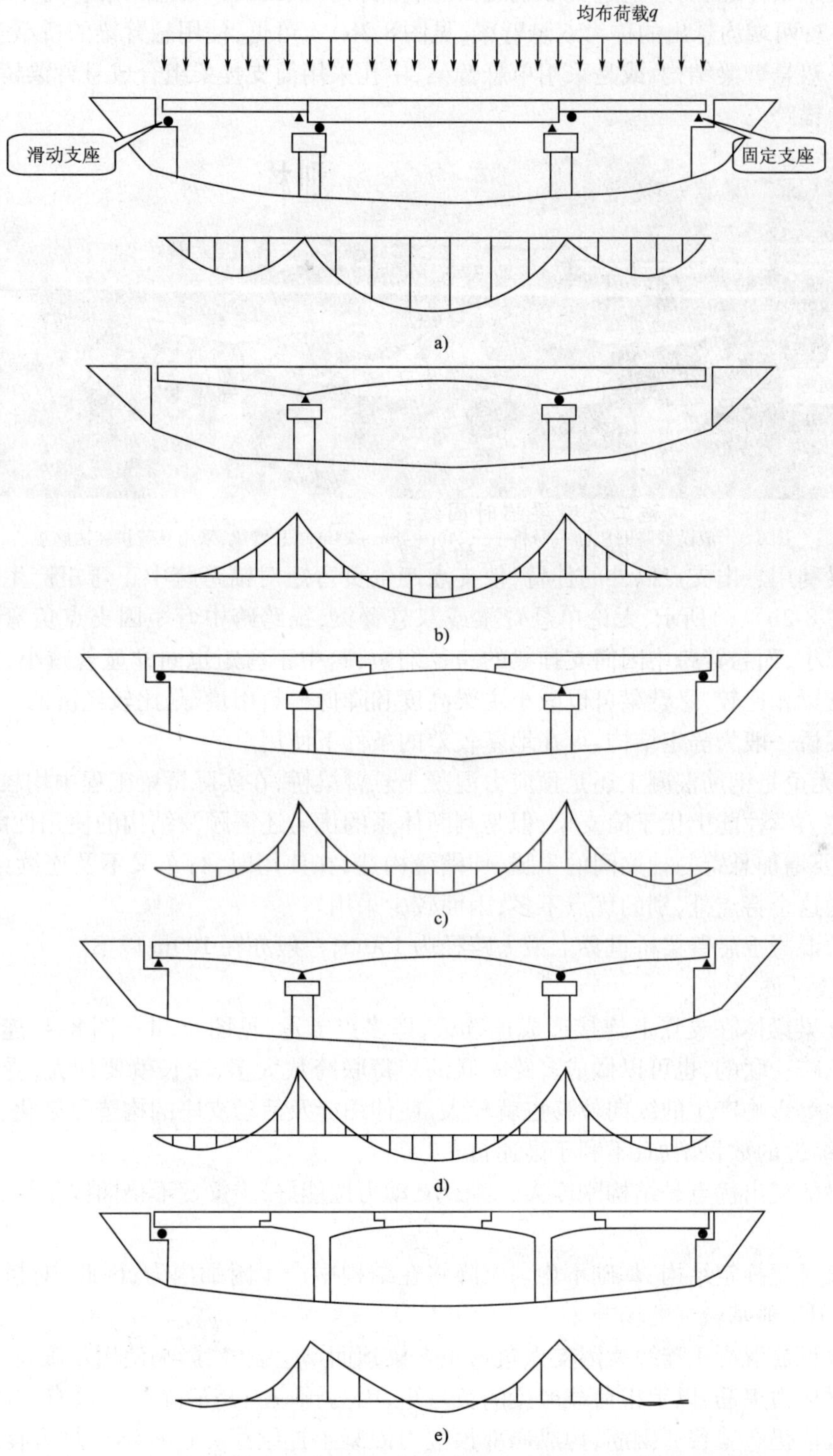

图8-2　弯矩比较图

a)简支梁;b)双悬臂梁;c)单悬臂梁;d)连续梁;e)带挂梁的T形刚构

注:图中圆形的代表滑动支座,三角形的代表固定支座。

2. 悬臂梁桥

将简支梁梁体加长,并越过支点就成为悬臂梁桥。仅梁的一端悬出的称为单悬臂梁,见图8-2c)、图8-3;两端均悬出的称为双悬臂梁,见图8-2b)。可见,使用悬臂梁的桥型至少有三孔,或是采用一双悬臂梁结构,或是采用单悬臂梁,中孔采用简支挂梁组合成悬臂梁桥。习惯称悬臂梁主跨为锚跨。

图8-3 成昆铁路旧庄河一号桥——24m+48m+24m单悬臂梁,采用悬臂拼装法施工

悬臂梁利用悬出支点以外的伸臂,使支点产生负弯矩对锚跨跨中正弯矩产生有利的卸载作用。如图8-2b)、c)所示,无论单悬臂梁或双悬臂梁,锚跨跨中弯矩因支点负弯矩的卸载作用而显著减小,而悬臂跨中因简支挂梁的跨径缩短,跨中正弯矩也同样显著减小,见图8-2c)。因此与简支梁相比较,悬臂梁可以减小主梁高度和降低材料用量,是比较经济的。

悬臂梁桥一般为静定结构,可在地基较差的条件下使用。

但是,无论是钢筋混凝土还是预应力混凝土悬臂梁桥,在实际桥梁工程中均较少采用。悬臂梁虽然在力学性能上优于简支梁,但是判断体系的优劣还需顾及结构的使用性能,与连续梁相比,跨中要增加悬臂与挂梁间的牛腿、伸缩缝构造,在使用时,行车又不及连续梁平顺,除了是静定结构这个特点外,别的优点不多,因而较少采用。

预应力混凝土悬臂梁桥世界上最大跨径为150m,一般亦在100m以下。

3. 连续梁桥

将简支梁梁体在支点上连接形成连续梁,即多点支承,见图8-2d)、图8-4,连续梁可以做成两跨或三跨一联的,也可以做成多跨一联的。每联跨数太多,联长就要加大,受温度变化及混凝土收缩等影响产生的纵向位移也就较大,使伸缩缝及活动支座的构造复杂化;每联长度太短,则使伸缩缝的数目增加,不利于高速行车。

连续梁的突出优点是结构刚度大,变形小,动力性能好,主梁变形挠曲线平缓,有利于高速行车。

连续梁是超静定结构,基础不均匀沉降将在结构中产生附加内力,因此,对桥梁基础要求较高,通常用于地基较好的场合。

为克服钢筋混凝土连续梁因支点负弯矩在梁顶面产生裂缝,影响使用年限,在支点负弯矩区段布置预应力束筋,以承担荷载产生的负弯矩,因为预应力是消除裂缝最有效的方法;在梁的正弯矩区段仍布置普通钢筋,构成局部预应力混凝土连续梁。这种结构具有良好的经济及使用效果,施工较预应力混凝土连续梁方便。

预应力混凝土连续梁的应用非常广泛,尤其是悬臂施工法、顶推法、逐孔施工法在连续梁桥中的应用,这种充分应用预应力技术的优点使施工设备机械化,生产工厂化,从而提高了施工质量，降低了施工费用。

预应力连续梁常用跨径为40～60m。其最大跨径受支座最大吨位限制，目前国内最大跨径尚未超过165m，南京长江二桥北汊桥，其跨径布置为90m+3×165m+90m。

图8-4　德国WINNINGEN桥——连续梁桥

4. T形刚构桥

T形刚构是一种墩梁固结、具有悬臂受力特点的梁式桥。因墩上两侧伸出悬臂，形同"T"字，由此得名。由于悬臂承受负弯矩，T形刚构几乎都是预应力混凝土结构。

预应力混凝土T形刚构分为跨中带剪力铰和跨中设挂梁两种基本类型。图8-2e）、图8-5是跨中设挂梁的类型。

图8-5　乌龙江桥——带挂梁的T形刚构

带铰的T形刚构桥，是国外20世纪50年代初采用的一种桥型，它的上部结构全部是悬臂部分，相邻两悬臂通过剪力铰相连接。所谓剪力铰是一种只能传递竖向剪力，但不能传递水平推力和弯矩的连接构造。当在一个T形结构单元上作用有竖向力时，相邻的T形单元将因剪力铰的存在而同时受到作用，从而减轻了直接受荷的T形单元的结构内力。从结构受力与牵制悬臂变形来看，剪力铰起了有利作用。带铰的、对称的T形刚构桥在活载作用下是超静定结构，受日照温差、混凝土收缩徐变和基础不均匀沉降等因素的影响，必然产生附加内力，在运营中发现，铰处往往因下挠形成折角，导致车辆跳动，且剪力铰也易损坏。

带挂梁的T形刚构是静定结构，与带铰的T形刚构相比，虽由于各个T构单元单独作用而在受力和变形方面略差一些，但它受力明确，不受各种内外因素的影响，虽增加了牛腿构造，但免去了结构复杂的剪力铰。其缺点是桥面上伸缩缝增多，对高速行车不利。目前国内主要是采用带挂梁的T形刚构桥。与连续梁相比，同样采用悬臂施工方法，而后者要增加两道施工工序：一是在墩上临时固结，以利于悬臂施工；二是在跨中要合龙。

T形刚构桥虽桥墩粗大,但在大跨径桥中省去了价格昂贵的大型支座和避免今后更换支座的困难。它在跨中有一伸缩缝,行车平顺条件虽不如连续梁,但由于上述各种因素,其综合的材料用量和施工费用却比连续梁经济。当然,在结构刚度、变形、动力性能方面,T形刚构都不如连续梁。

预应力混凝土T形刚构的常用跨径为60~200m。

预应力混凝土T形刚构的受力特点是长悬臂体系,全桥以承受负弯矩为主,预应力束筋布置于梁的顶面,它与节段悬臂施工方法的协调配合是它的主要特点。并为这种桥型的施工悬空作业机械化、装配化提供了有利条件,尤其对跨越深水、深谷、大河、急流的大跨径桥梁的施工十分有利,并能获得满意的经济指标。

5. 连续刚构桥

连续刚构桥是预应力混凝土大跨梁式桥的主要桥型之一,它综合了连续梁和T形刚构桥的受力特点,将主梁做成连续梁体,与薄壁桥墩固结而成,见图8-6、图8-7。它同连续梁一样,可以做成一联多孔。在长桥中,可以在若干中间孔以剪力铰或简支挂梁相连。

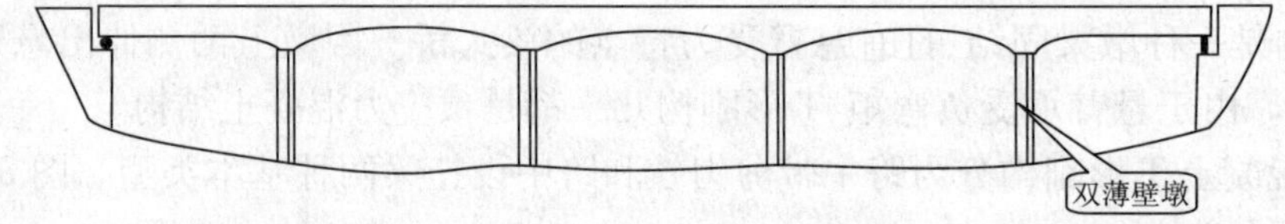

图8-6 连续刚构示意图

图8-7 虎门辅航道桥——1997年建成,主跨270m,连续刚构桥

连续刚构体系上部结构的受力性能如同连续梁一样,而薄壁墩底部所承受的弯矩、梁体内的轴力,随着墩高的增大而急剧减小。在跨径大而墩高的连续刚构桥中,由于体系温度的变化,混凝土收缩等将在墩顶产生较大的水平位移。为减小水平位移在墩中产生的弯矩,连续刚构桥常采用水平抗推刚度较小的双薄壁墩,见图8-6。

由于连续刚构体系除保持了连续梁的各个优点外,墩梁固结节省了大型支座的昂贵费用,减少了墩及基础的工程量,并改善了结构在水平荷载作用下的受力性能。目前,在大跨径预应力混凝土梁桥中,已成为主要考虑的桥型方案,最大跨径已达301m,挪威Stolma桥,跨径布置为94m+301m+72m。

课题二 悬臂施工法

悬臂施工法也称为分段施工法,它不需要在河中搭设支架,而是以桥墩为中心向两岸对称地、逐节悬臂接长，并施加预应力，使其与已建成部分连接成整体。

悬臂施工法最早主要用于修建预应力T形刚构桥，由于悬臂施工方法的优越性，后来被推广用于预应力混凝土悬臂梁桥、连续梁桥、斜腿刚构桥、桁架桥、拱桥及斜拉桥等。近年来，悬臂施工法在国内外大跨径预应力混凝土桥梁中得到广泛采用。

悬臂施工法分为悬臂浇筑和悬臂拼装两类。

一、悬臂施工的特点

①如果将悬伸的梁体与墩柱做成刚性固结，这样就构成了能最大限度发挥悬臂施工优越性的预应力混凝土T形刚构桥。因此，在预应力连续梁及悬臂梁桥的施工中，需要进行体系转换，即在悬臂施工时，梁体与墩柱采取临时固结，结构为T形刚构，合龙前，撤销梁体与墩柱的临时固结，结构呈悬臂梁受力状态，待结构合龙后形成连续梁体系。设计时应对施工状态进行配束验算。

②桥跨间不需搭设支架，施工不影响桥下通航或行车。施工过程中，施工机具和人员等重力均由已建梁段承受，随着施工的进展，悬臂逐渐延伸，机具设备也逐步移至梁端，需用支架作支撑。

③多孔桥跨结构可同时施工，加快施工进度。

④悬臂施工法充分利用预应力混凝土承受负弯矩能力强的特点，将跨中正弯矩转移为支点负弯矩，使桥梁跨越能力提高，并适合变截面桥梁的施工。

⑤悬臂施工用的悬拼吊机或挂篮设备可重复使用，施工费用较省，可降低工程造价。

二、悬臂浇筑

悬臂浇筑(简称悬浇)采用移动式挂篮作为主要施工设备，以桥墩为中心，对称向两岸利用挂篮浇筑梁段混凝土，待混凝土达到要求强度后，张拉预应力束，再移动挂篮，进行下一节段的施工。悬臂浇筑每个节段长度一般2~6m，节段过长，将增加混凝土自重及挂篮结构重力，同时还要增加平衡重及挂篮后锚设施；节段过短，影响施工进度。所以施工时，应根据设备情况及工期，选择合适的节段长度。

1. 悬臂浇筑的分段及程序

悬臂浇筑施工时，梁体一般要分四部分浇筑，见图8-8。I为墩顶梁段(0号块)，II为由0号块两侧对称分段悬臂浇筑部分，III为边孔在支架上浇筑部分，IV为主梁在跨中合龙段。主梁各部分的长度视主梁形式和跨径、挂篮的形式及施工周期而定。0号块一般为5~10m，悬浇分段一般为3~5m，支架现浇段一般为2~3个悬臂浇筑分段长，合龙段一般为1~3m。

悬臂浇筑程序如下：

①在墩顶托架上浇筑0号块，并实施墩梁临时固结系统，见图8-8a)。

②在0号块上安装悬臂挂篮，向两侧依次对称地分段浇筑主梁至合龙前段，见图8-8b)。

③在临时支架或梁端与边墩间的临时托架上支模浇筑现浇梁段，见图8-8c)。当现浇梁段较短时，可利用挂篮浇筑；当与现浇段相接的连接桥是采用顶推施工时，可将现浇梁段锚固在顶推梁前端施工，并顶推到位。此法无需现浇支撑，省料省工。

④主梁合龙段可在改装的简支挂篮托架上浇筑，见图8-8d)。多跨合龙段浇筑顺序按设计或施工要求进行。

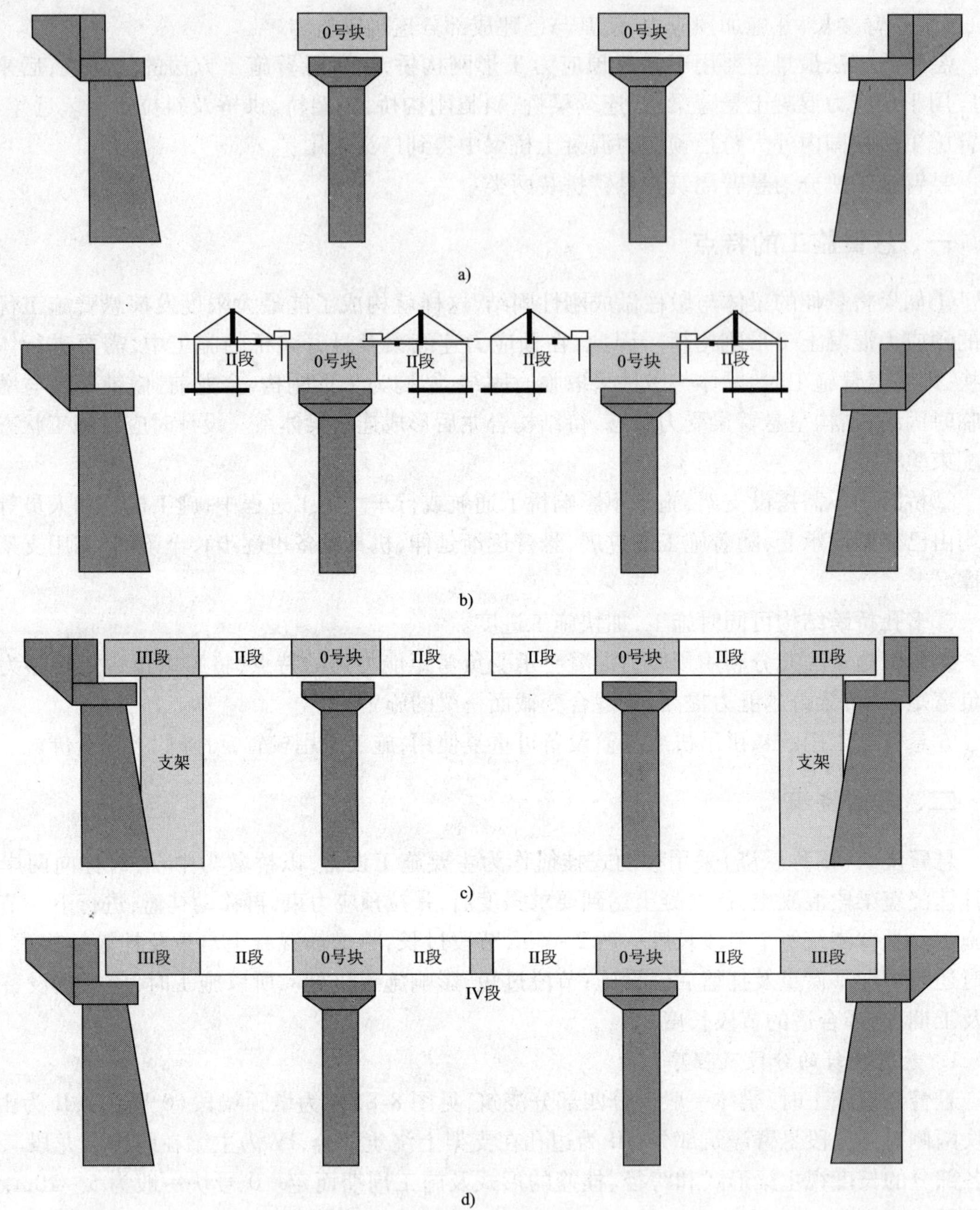

图 8-8　悬臂浇筑程序示意图

a)托架上浇筑 0 号块;b)利用挂篮浇筑 II 梁段;c)临时支架上浇筑 III 梁段;d)浇筑 IV 梁段合龙

2. 墩顶 I 梁段(0 号块)施工

墩顶 0 号块采用在托架上立模现浇,见图 8-9,并在施工过程中设置临时梁墩锚固,使 0 号块能承受两侧悬臂施工时产生的不平衡力矩。

0 号块结构复杂,预埋件、钢筋、各向预应力钢束及其孔道、锚具密集交错,梁面有纵横坡度,端面与待浇段密切相连,务必精心施工。视其结构形式及高度,一般分 2 ~ 3 层浇筑,先底板、再腹板、后顶板。

1)施工程序

①安装墩顶托架平台；

②浇筑支座垫石及临时支座；

③安装永久盆式橡胶支座；

④安装底、侧钢梁及降落木楔或千斤顶；

⑤安装底板部分堵头模板；

⑥托架平台试压；

⑦调整模板位置及高程；

⑧绑扎底板和腹板的伸入钢筋；

⑨安装底板上的竖向预应力管道和预应力筋；

⑩监理工程师验收；

⑪浇筑底板第一层混凝土；

⑫混凝土养护；

⑬绑扎腹板、横隔梁钢筋；

⑭安装腹板纵向、横隔梁横向预应力管道和预应力筋；

图 8-9　托架上浇筑墩顶 0 号块

⑮安装全套模板；

⑯监理工程师验收；

⑰浇筑腹板横隔板；

⑱混凝土养护；

⑲拆除部分内模后，安装顶板模；

⑳安装顶板端模；

㉑绑扎顶板底层钢筋网及管道定位筋；

㉒安装顶板纵向预应力管道及横向预应力管道和预应力筋；

㉓安装顶板上层钢筋网；

㉔监理工程师验收；

㉕浇筑顶板混凝土；

㉖纵向胶管抽拔；

㉗管孔清理及混凝土养生；

㉘拆除顶、底板端模；

㉙两端混凝土连接面凿毛；

㉚混凝土强度达到设计要求强度后张拉竖横向预应力筋；

㉛竖横向预应力管道压浆；

㉜拆除内模、侧模和底模；

㉝拆除墩顶托架平台。

若墩梁刚性固结时，可省去②、③施工程序。

2）施工托架

施工托架可根据承台形式、墩身高度和地形情况，分别支承在承台、墩身或地面上。常用施工托架有扇形托架（图 8-10）、高墩托架（图 8-11）、墩顶预埋牛腿托架平台（图 8-12）、临时墩及型钢结构支承平台（图 8-13）等。托架的顶面尺寸，视拼装挂篮的需要和拟浇梁段的长度而定，横桥间的宽度一般应比箱梁底板宽出1.5~2m，以便设立箱梁边肋的外侧模板。

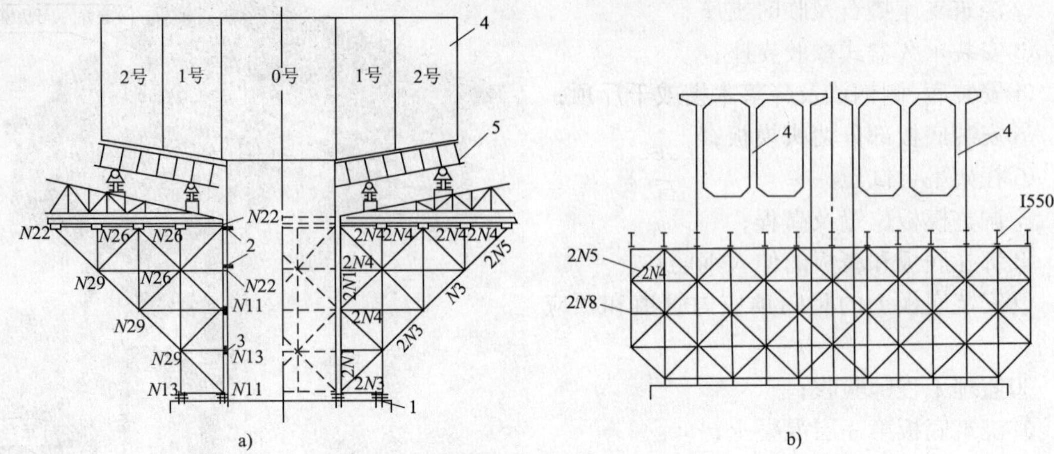

图8-10　扇形托架

a)顺桥向；b)横桥向

1-ϕ18预埋螺栓；2-预埋钢筋；3-硬木；4-箱梁；5-底模垫梁

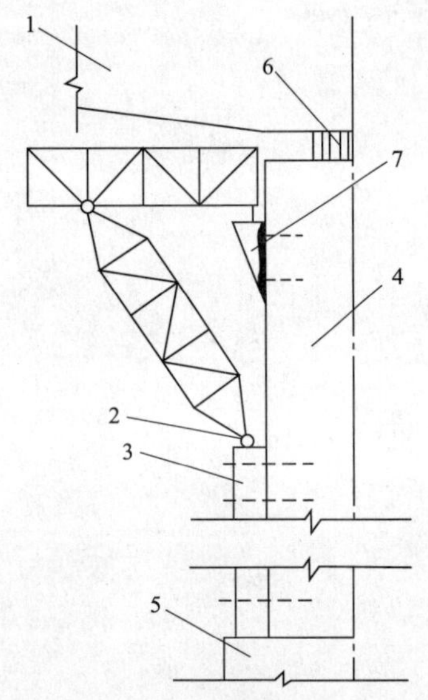

图8-11　高墩托架

1-箱梁；2-圆柱形铰；3-承托槽钢；4-墩身；5-承台；6-支座；7-预埋牛腿

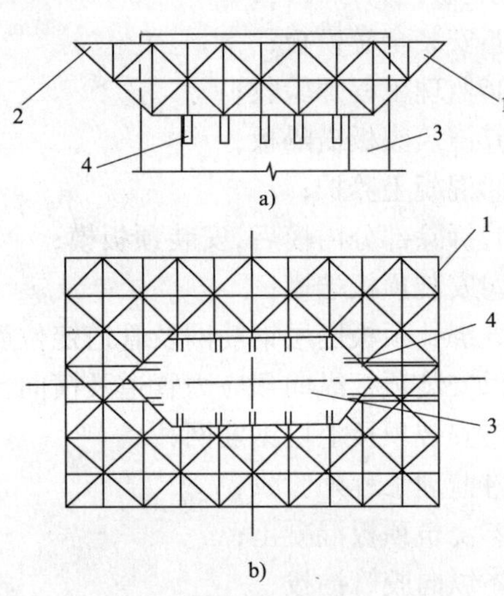

图8-12　墩顶预埋牛腿托架平台

a)顺桥向；b)平面

1-万能杆件托架；2-平台面层结构；3-桥墩；4-预埋牛腿支点

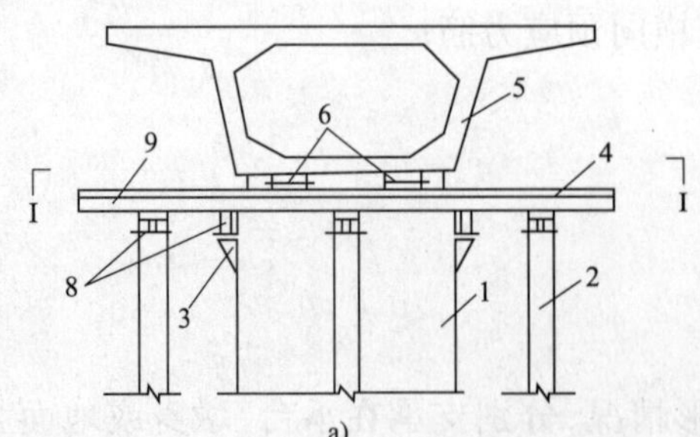

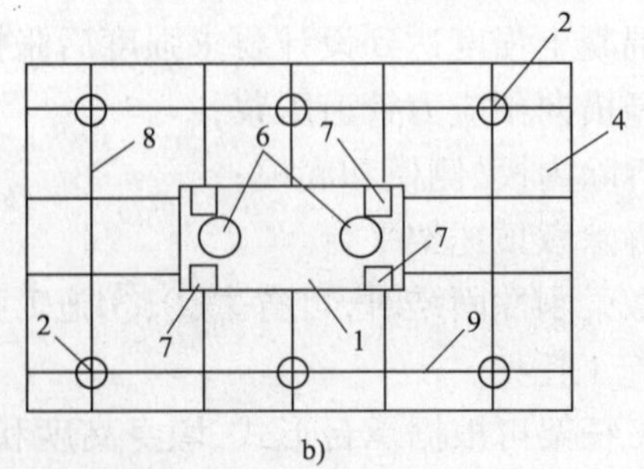

图8-13　临时墩及型钢结构支承平台

a)顺桥向立面；b)I-I平面

1-墩柱；2-临时墩；3-牛腿；4-支承平台；5-箱梁；6-支座；7-临时支座；8-平台纵梁；9-平台横梁

3）支座

（1）支座垫石

垫石是永久支座的基石。由于支座安装平整度和对中精度要求高，因此垫石四角及平面高差应小于1mm，为此垫石分两层浇筑。首层浇筑高程比设计高程低15cm。第二层应利用带微调整平器的模板，控制浇筑高程比设计高程稍高，再利用整平器及精密水准仪量测，反复整平混凝土面。在安装支座前凿毛垫石，铺2～3cm厚与墩身等强的砂浆，砂浆浇筑高程较设计高程略高3mm，然后安放支座就位，用锤振击，使符合设计高程，偏差不得大于1mm；水平位置偏差不得大于2mm。

（2）临时支座

临时支座的作用是在施工阶段临时固结墩梁，结构为T形刚构，能承受两侧悬臂施工时产生的不平衡力矩，并便于拆除和体系转换。

临时支座一般采用C40混凝土，并用塑料包裹的锚固钢筋穿过混凝土预埋梁底和墩顶中。在混凝土支座中层设有10～20cm厚夹有电阻丝的硫磺砂浆层，便于拆除时加热熔化，或采用静态爆破等其他方法解除固结，其布置见图8-14。

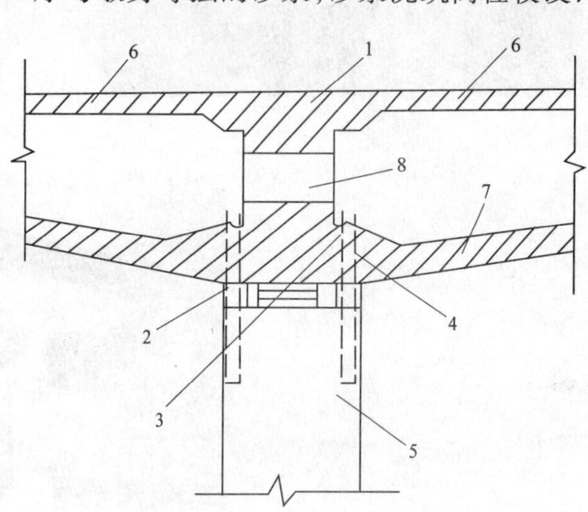

图8-14　连续梁悬浇施工墩顶临时锚固支座纵剖面图

1-悬浇箱梁；2-临时锚固支座；3-支座垫石及永久支座；4-临时支座预埋临时锚固钢筋；5-桥墩；6-箱梁顶板；7-箱梁底板；8-通道

3. Ⅱ梁段悬浇施工

1）Ⅱ梁段悬浇施工程序

施工程序见图8-15。

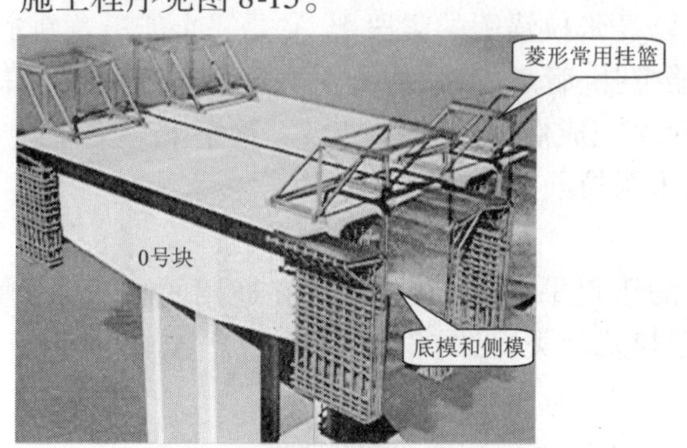

a）

b）

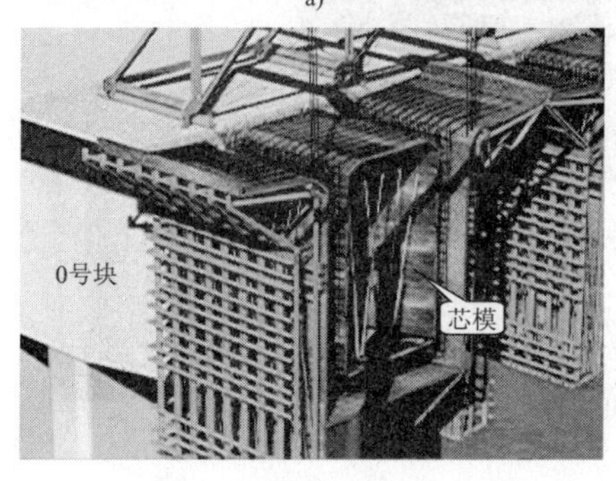

c）

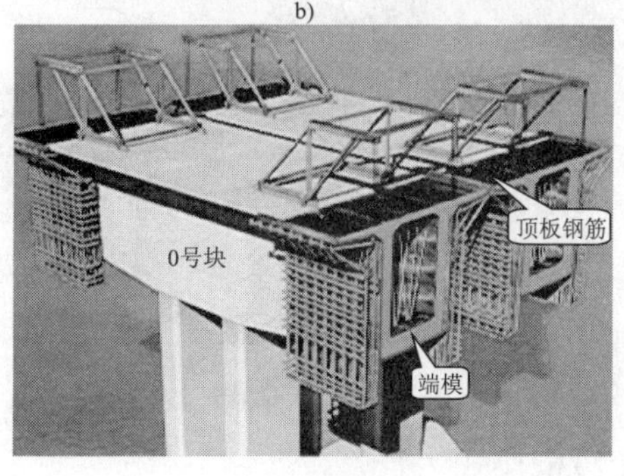

d）

图　8-15

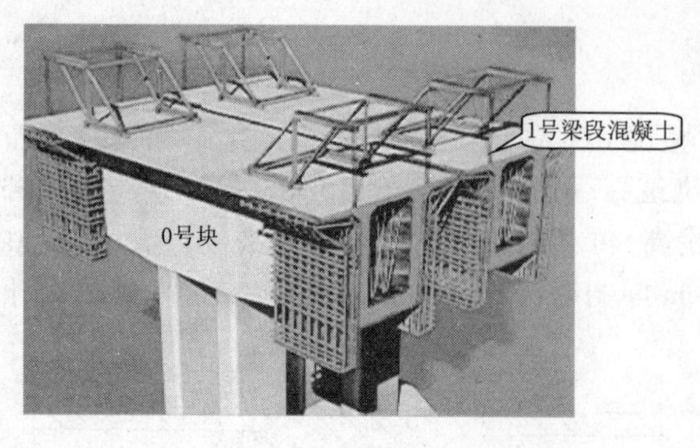

e)

f)

g)

图 8-15　II 梁段悬浇施工程序

a)拼装挂篮,安装底模和侧模;b)绑扎底板和腹板钢筋,安装预应力管道;c)安装芯模;d)浇筑底板、腹板混凝土,绑扎顶板钢筋,安装预应力管道;e)浇筑顶板、腹板混凝土,达到强度后,穿束、张拉、压浆;f)挂篮从 0 号块移至 1 号梁段,开始浇筑 2 号梁段;g)重复上述步骤,逐节接长悬臂

挂篮是悬臂浇筑施工的主要机具,悬挂在已经张拉锚固的梁段上,它是一个能沿着轨道行走的活动脚手架,悬臂浇筑时的模板安装、钢筋绑扎、管道安装、混凝土浇筑、预应力张拉、压浆等工作均在挂篮上进行。当一个梁段的施工程序完成后,挂篮解除后锚,移至下一梁段施工。所以挂篮既是空间的施工设备,又是预应力筋未张拉前梁段的承重结构。

2)挂篮的分类

随着施工技术的不断改进,挂篮已由过去的压重平衡式,发展成现在通用的自锚平衡式。自锚式施工挂篮结构的形式主要有桁架式和斜拉式两类,见图 8-16、图 8-17。

图 8-16　桁架式挂篮悬浇 II 梁段

(1)桁架式

按构成形状的不同,可分为平行桁架式、平弦无平衡重式、弓弦式、菱形等多种,见图 8-18。

图 8-17　斜拉式挂篮悬浇Ⅱ梁段

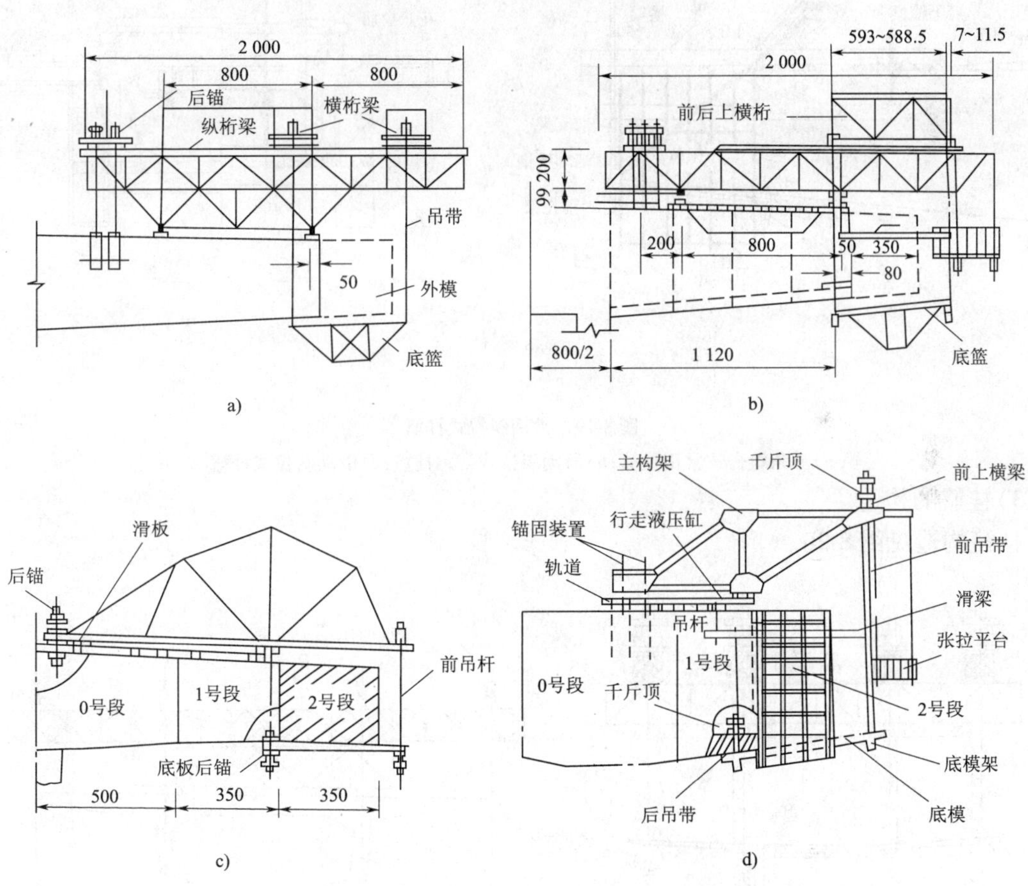

图 8-18　常用桁架式挂篮(尺寸单位:cm)

a)平行桁架式挂篮;b)常用平弦无平衡重挂篮;c)常用弓弦式挂篮;d)常用菱形挂篮

(2)斜拉式

斜拉式挂篮也叫轻型挂篮,随着桥梁跨径越来越大,为了减轻挂篮自重,以达到减少施工阶段增加的临时钢丝束,在桁架式挂篮的基础上研制了斜拉式挂篮。

斜拉式挂篮主要有三角斜拉、预应力筋斜拉、体内斜拉等多种,见图 8-19。

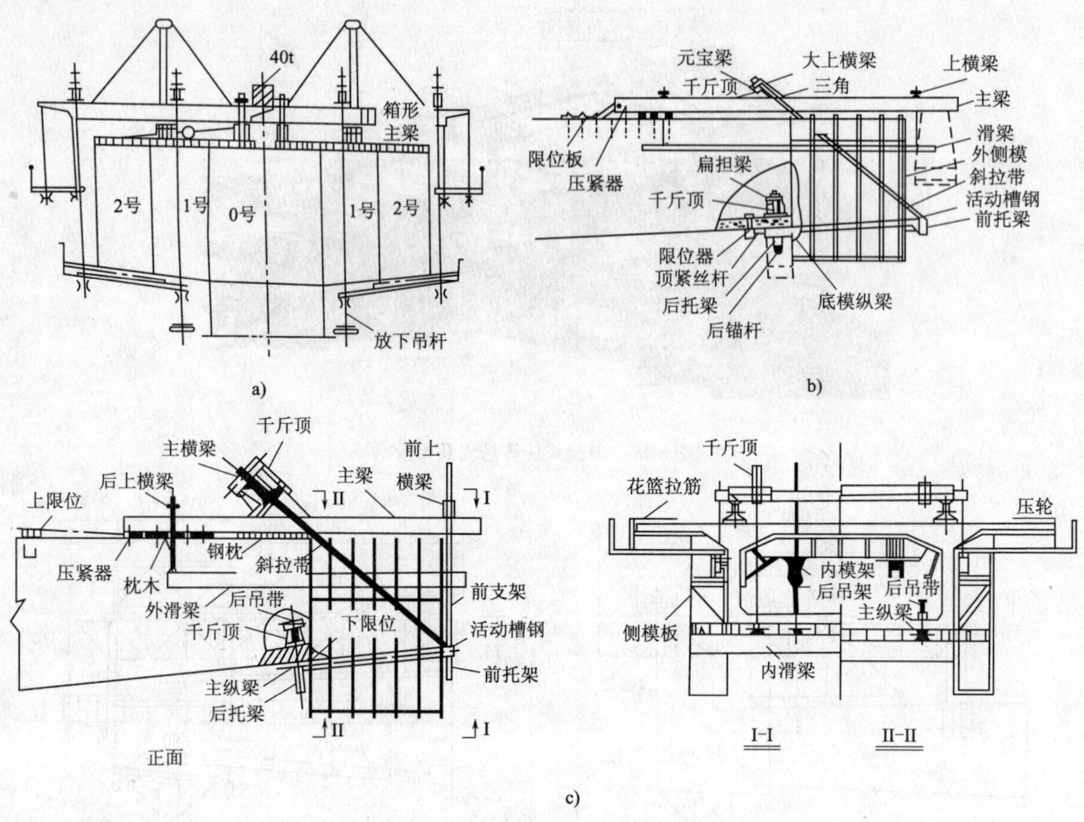

图 8-19　常用斜拉式挂篮

a)三角组合式常用挂篮；b)滑动斜拉式常用挂篮；c)滑动斜拉式挂篮

3)挂篮的构造

挂篮构造见图 8-20。

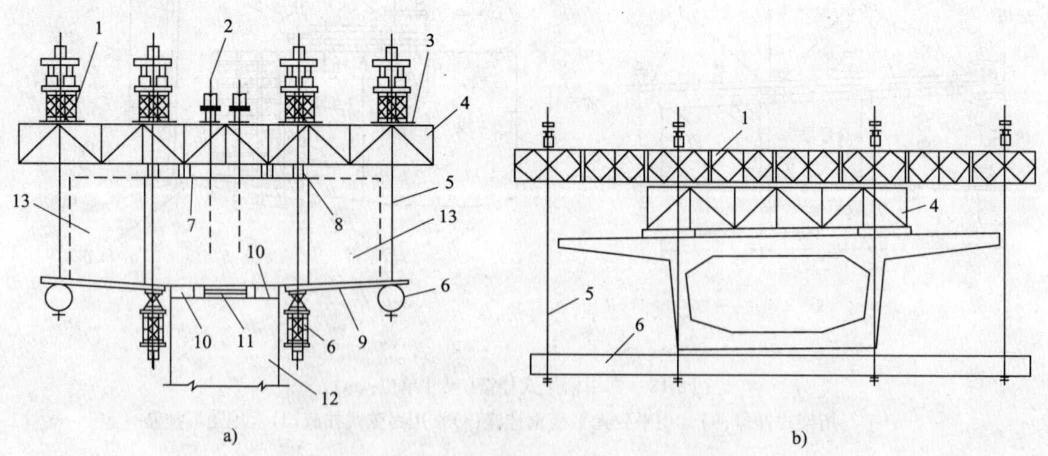

图 8-20　挂篮纵横桁梁系布置

a)挂篮施工纵断面；b)挂篮施工正面

1-主横桁梁；2-后锚点；3-行走滑板；4-主纵桁梁；5-吊杆；6-底篮横梁(钢管)；7-后支点；8-前支点；9-底模；10-临时固定支座；11-永久支座；12-桥墩；13-待浇梁段

(1)主纵、横桁梁

主纵、横桁梁是挂篮悬臂承重结构,可由万能杆件或贝雷桁架(或装配式公路钢桁架)组拼或型钢加工而成。

(2)行走系统

行走系统包括支腿和滑道及拖移收紧设备。采用电动卷扬机牵引,通过圆棒滚动或在铺设的滑道上移动。滑道要求平整光滑,摩阻小,铺拆方便,能反复使用。目前大多采用上滑道覆一层不锈钢薄板,下滑道用槽钢,内设聚四氟乙烯板,行走方便、安全,稳定性好。

(3)底篮

底篮直接承受悬浇梁段的施工重力,可供立模板、绑扎钢筋、浇筑混凝土、养生等工序用。由下横桁梁和底模纵梁及吊杆(吊带)组成。横梁可用万能杆件、贝雷桁架、型钢、钢管构成,底模纵梁用多根 24 ~ 30 号槽钢或工字钢;吊杆一般可用 ϕ32mm 的精轧螺纹钢筋或 16Mn 钢带。

(4)后锚系统

后锚是主纵桁梁自锚平衡装置,由锚杆压梁、压轮、连接件、升降千斤顶等组成,目的是防止挂篮在浇筑混凝土梁段时倾覆失稳。

4)挂篮的安装

①挂篮组拼后,应全面检查安装质量,并做载重试验,以测定其各部位的变形量,并设法消除其永久变形。

②在起步长度内梁段浇筑完成并获得要求的强度后,在墩顶拼装挂篮。有条件时,应在地面上先进行试拼装,以便在墩顶熟练有序地开展挂篮拼装工作。拼装时应对称进行。

③挂篮的操作平台下应设置安全网,防止物件坠落,以确保施工安全。挂篮应呈全封闭形式,四周设围护,上下应有专用扶梯,方便施工人员上下挂篮。

④挂篮行走时,须在挂篮尾部压平衡重,以防倾覆。浇筑混凝土梁段时,必须在挂篮尾部将挂篮与梁进行锚固。

5)挂篮试压

为了检验挂篮的性能和安全,并消除结构的非弹性变形,应对挂篮试压。试压通常采用试验台加压法、水箱加压法等。

(1)试验台加压法

新加工的挂篮可用试验台加压法检测桁架受力性能和状况。试验台可利用桥台或承台和在岸边梁中预埋的拉力筋锚住主桁梁后端,前端按最大荷载计算值施力,并记录千斤顶逐级加压变化情况,测出挂篮弹性变形和非弹性变形参数,用作控制悬浇高程依据,见图 8-21。

(2)水箱加压法

对就位待浇混凝土的挂篮,可用水箱试压法检查挂篮的性能和状况。加压的水箱一般设于前吊点处,后吊杆穿过紧靠墩顶梁段边的底篮和纵桁梁,锚固于横桁梁上,或穿过已浇箱梁中的预留孔,锚于梁体,在后吊杆的上端装设带压力表的千斤顶,反压挂篮上横桁梁,计算前后施加力后,分级分别进行灌水和顶压,记录全过程挂篮变化情况即可求得控制数据,见图 8-22。

6)浇筑混凝土时消除挂篮变形的措施

每个悬浇段的混凝土一般可两次或三次浇筑完成(混凝土数量少的也可采用一次浇筑完成)。为了使后浇混凝土不引起先浇混凝土的开裂,需要消除后浇混凝土引起挂篮的变形。一般可采取如下的几种措施。

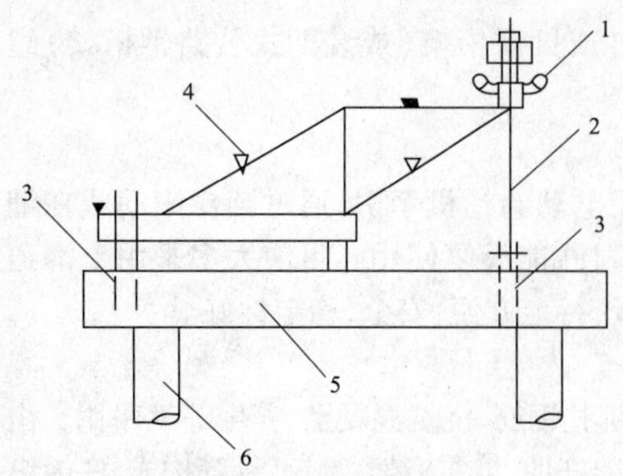

图 8-21　菱形挂篮试验台试压示意图

1-压力表千斤顶；2-拉杆；3-预埋钢筋；4-观测点；5-承台；6-桩

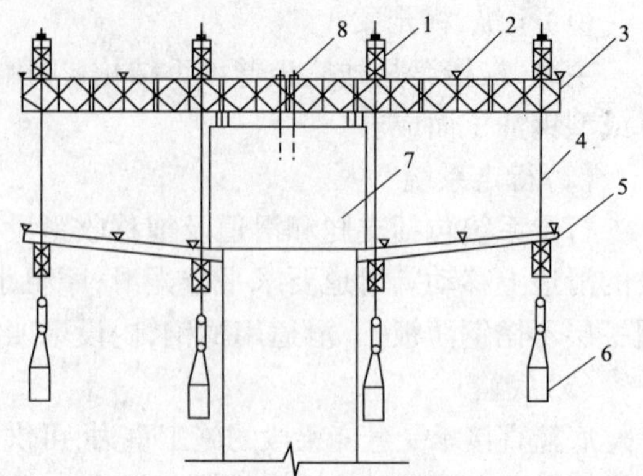

图 8-22　挂篮水箱法试压示意图

1-横桁梁；2-观测点；3-纵横梁；4-吊杆；5-底篮；6-水箱；7-墩顶梁段；8-后锚固

(1)箱梁混凝土一次浇筑法

箱梁混凝土的浇筑采用一次浇筑，并在底板混凝土凝固前全部浇筑完毕。也就是要求挂篮的变形全部发生在混凝土塑性状态之间，避免裂缝的产生。但需在浇筑混凝土前预留准确的下沉量。

(2)水箱法

水箱法的布置见图 8-22。浇筑混凝土前先在水箱中注入相当于混凝土质量的水，在混凝土浇筑过程中，逐步放水使挂篮的负荷和挠度基本不变。

(3)抬高挂篮的后支点法

浇筑混凝土前将模板前端设计高程抬高 10 ~ 30mm，预留第一次浇筑混凝土的下沉量，同时用螺旋式千斤顶顶起挂篮后支点，使之高于滑道或钢轨顶面（一般顶高约 20 ~ 30mm）。在浇筑第一次混凝土时千斤顶不动，浇筑混凝土质量使挂篮的下沉量与模板的抬高量相抵消。在浇筑第二次混凝土时，将千斤顶分次下沉，并随即收紧后锚系的螺栓，使挂篮后支点逐步贴近滑道面或轨道面。随着后支点的下降，以前支点为轴的挂篮前端必然上升一数值，此数值应正好与第二次混凝土质量使挂篮所产生的挠度相抵消，保证箱梁模板不发生下沉变形。此法需用设备很少，较水箱法简单，但需顶起量合适，顶起量应由实测确定。

斜拉式挂篮因其总变形小，一般可在浇筑混凝土前预留下沉量，不必在浇筑过程中进行调整。也可试用某桥的施工实践，挂篮底模承重横梁采用直径 1 ~ 1.2m 加劲钢管，管内与水泵及泄水管连通，使加卸载控制灵活。在梁段混凝土浇筑过程中，逐渐泄水，保持挂篮的负荷和挠度基本不变。

4. 现浇 III 梁段施工

III 梁段为边跨支架上的现浇部分，支架可在墩旁搭设临时墩支承平台，一般采用万能杆件、贝雷架等拼装，在其上分段浇筑。当与采用顶推法施工的连接桥相接时，可把Ⅲ梁段临时固结在顶推梁上，到位后再进行梁的联结。

5. IV 梁段(合龙段)施工和连续梁施工的体系转换

连续梁的分段悬浇施工，常采用对称施工。全梁施工过程是从各墩顶 0 号段开始至该 T 构的完成，再将各 T 构拼接而形成整体连续梁。这种 T 构的拼接就是合龙。合龙是连续梁施工和体系转换的重要环节，合龙施工必须满足受力状态的设计要求和保持梁体线形，控制合龙段的施工误差。

利用连续梁成桥设计的负弯矩预应力筋为支承,是连续梁分段悬浇施工的受力特点。悬浇过程中各独立T构的梁体处于负弯矩受力状态,随着各T构的依次合龙,梁体也依次转化为成桥状态的正负弯矩交替分布形式,这一转化就是连续梁的体系转换。因此,连续梁悬浇施工的过程就是其应力体系转换的过程,也就是悬浇时实行支座临时固结、各T构的合龙、固结的适时解除、预应力的分配以及分批依次张拉的过程。

多跨连续梁合龙的原则是由边至中,即先合龙各边跨,再各次边跨,最后为中跨。

三、悬臂拼装

悬臂拼装(简称悬拼)是悬臂施工法的一种,它是利用移动式悬拼吊机将预制梁段起吊至桥位,然后采用环氧树脂胶和预应力钢丝束连接成整体,主要工序见图8-23。采用逐段拼装,一个节段张拉锚固后,再拼装下一节段。悬臂拼装的分段,主要决定于悬拼吊机的起重能力,一般节段长2~5m。节段过长则自重大,需要悬拼吊机的起重能力大,节段过短则拼装接缝多,工期也延长。一般在悬臂根部,因截面积较大,预制长度比较短,以后逐渐增长。悬拼适应于预制场地及运吊条件较好,特别是工程量大和工期较短的桥梁工程。

1. 悬拼特点

悬拼和悬浇均利用悬臂原理逐段完成全联梁体的施工,悬浇以挂篮为支承逐段现浇,悬拼以吊机逐段完成梁体拼装。因此,悬拼和悬浇与支架现浇等施工方法相比除有许多共同优点外,悬拼还有以下特点。

1)进度快

悬浇一节段梁在天气好时也需要1周时间;而采用悬拼法,梁体的预制可与桥梁下部构造施工同时进行,平行作业缩短了建桥工期。

2)制梁条件好,混凝土质量高

悬拼法将大跨度梁化整为零,预制场或工厂化的梁段预制生产利于整体施工的质量控制。

3)收缩和徐变小

预制梁段的混凝土龄期比悬浇成梁的长,从而减少悬拼成梁后混凝土的收缩和徐变。

4)线形好

梁段预制采用长线法,长线法是在按梁底曲线制作的固定底模上分段浇筑混凝土的方法,能保证梁底线形。

悬拼施工的主要工序:梁段预制、运输、吊拼、悬拼梁体体系转换、合龙。

2. 梁段预制

1)预制方法

悬拼施工是将梁沿纵轴向根据起吊能力分成适当长度的节段,在工厂或桥位附近的预制场进行预制,然后运到桥位处用吊机进行拼装。节段预制的质量直接关系着梁段悬拼的速度和质量,因此预制时应严格控制梁段断面及形体的精度,并应充分注意场地的选择与布置,台座和模架的制作,工艺流程的拟定以及养护和储运的每一环节。

梁段预制方法有长线法和短线法两类。

(1)长线预制

长线预制是在预制厂或施工现场按桥梁底缘曲线制作固定台座,在台座上安装底模进行节段混凝土浇筑工作。组成T构半悬臂或全悬臂的诸梁段均在固定台座上的活动模板内浇筑，且相邻段的拼合面应相互贴合浇筑，缝面浇前涂抹隔离剂，以利脱模。

a)

b)

c)

图 8-23　利用移动式吊车悬拼施工主要工序

a）驳船将梁段运至施工点吊拼；b）铰接缝处理；c）在张拉平台上张拉钢筋

长线预制需要较大场地，台座两侧常设挡土墙，内填不沉降的砂石加 20cm 厚混凝土封顶并抹上高强找平砂浆，其上加铺一层镀锌铁皮，待砂浆未达到要求强度前用铁钉固定。长线法台座见图 8-24。

模板常采用钢模，每段一块，以便于装拆使用。为加快施工进度，保证节段之间密贴，常采用先浇筑奇数节段，然后利用奇数节段混凝土的端面弥合浇筑偶数节段。也可以采用分阶段的预制方法。当节段混凝土强度达到设计强度 70% 以上后，可吊出预制场地。

（2）短线预制

梁段在固定台位能纵移的模内浇筑，待浇梁段一端设固定模架，另一端为已浇梁段（配筑梁段)，浇毕达到要求强度后运出原配筑梁段，达到要求强度梁段为下一待浇段配筑，如此周而复始。短线法台座见图8-25。

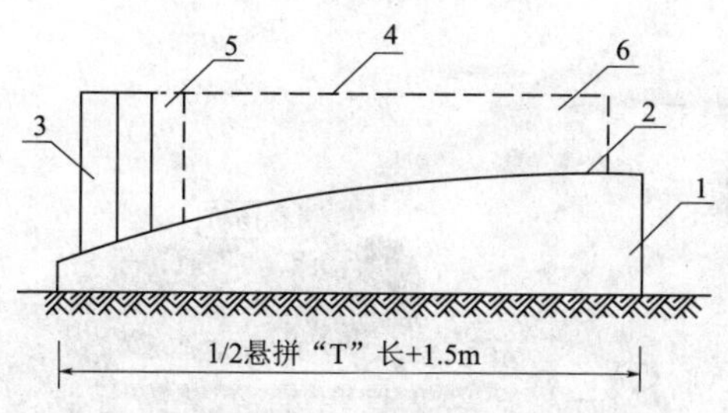

图8-24 长线法台座

1-长线台座;2-梁底线形;3-预制梁段;4-梁顶线形;5-待浇梁段;6-待浇梁段位置

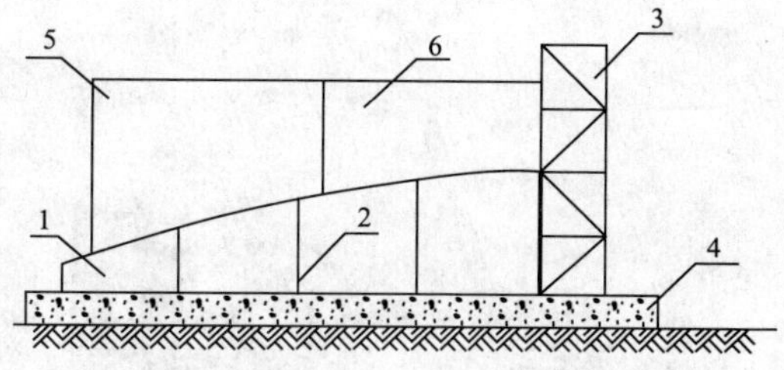

图8-25 短线法台座

1-短线台座;2-可调底模;3-封闭式端模;4-基础;5-配筑梁段;6-待浇梁段

长线法的优点是由于台座可靠，因而成桥后梁体线形较好，长线的台座使梁段存储有较大余地；缺点是占地较大，地基要求坚实，混凝土的浇筑和养护移动分散。

短线法的优点是场地相对较小，浇筑模板及设备基本不需移机，可调的底、侧模便于平、竖曲线梁段的预制，主要缺点是精度要求高，施工要求严，另外施工周转不便，工期相对较长。

2)密贴预制及剪力齿、定位销的设置

(1)密贴预制

为提高预制梁段拼接面的吻合度，一般宜在长线台座上将待浇梁段与已浇梁段端接面密贴浇筑，中间用不带硬化剂的环氧树脂作为隔离层分隔，预应力束孔用金属管分隔。也可用图8-26所示分隔板分隔。

(2)剪力齿

为提高梁段拼接面的抗剪强度，拼接面做成齿合，见图8-26。

(3)定位销

为固定两梁段位置，设有定位销。定位销一般均衡布置在顶板上，可固位，又可传递剪力。

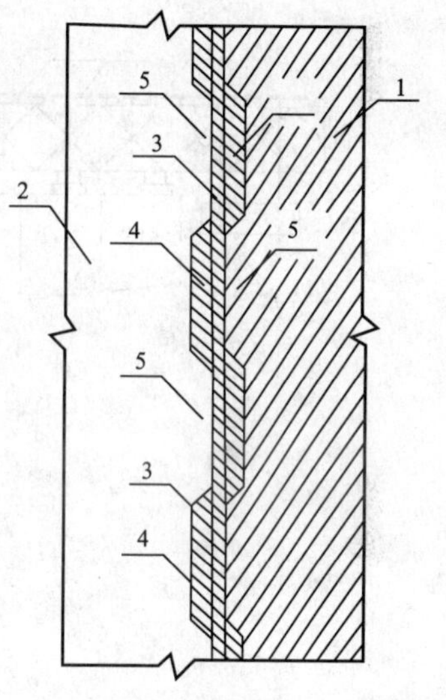

图8-26 预制箱梁拼接面剪力凹凸齿示意图

1-已浇箱梁;2-待浇箱梁;3-钢或木制分隔板;4-凹齿;5-凸齿

3. 梁段的吊拼及其设备

悬拼按起重吊装的方式不同分为：浮吊悬拼、连续千斤顶或卷扬机滑轮组悬拼(吊机悬拼)、缆索起重机(缆吊)悬拼及移动导梁悬拼等。

1)浮吊悬拼

浮吊见图8-27，重型的起重机械装配在船舶上，全套设备在水上作业就位方便，40m的吊高范围内起重力大，辅助设备少，相应的施工速度较快，但台班费用较高。一个对称干接悬拼的工作面，一天可完成2～4段的吊拼。

2)连续千斤顶或卷扬机滑轮组悬拼(悬拼吊机)

连续千斤顶或卷扬机滑轮组吊拼时，均需架设悬臂起重桁架，其上安装起重设备，驳船将待拼梁段运至施工点吊拼。

悬臂起重桁架多采用贝雷架、万能杆件及型钢等拼配制作，由承重梁、横梁、锚固装置、起吊装置、行走系统和张拉平台等几部分组成。

图 8-28 为移动式吊车，外形似挂篮，其工作程序见图 8-23。

图 8-27　浮吊

图 8-28　移动式吊车

图 8-29 为贝雷桁架拼装的悬拼吊机吊拼梁段示意图，起吊设备为卷扬机和滑轮组。

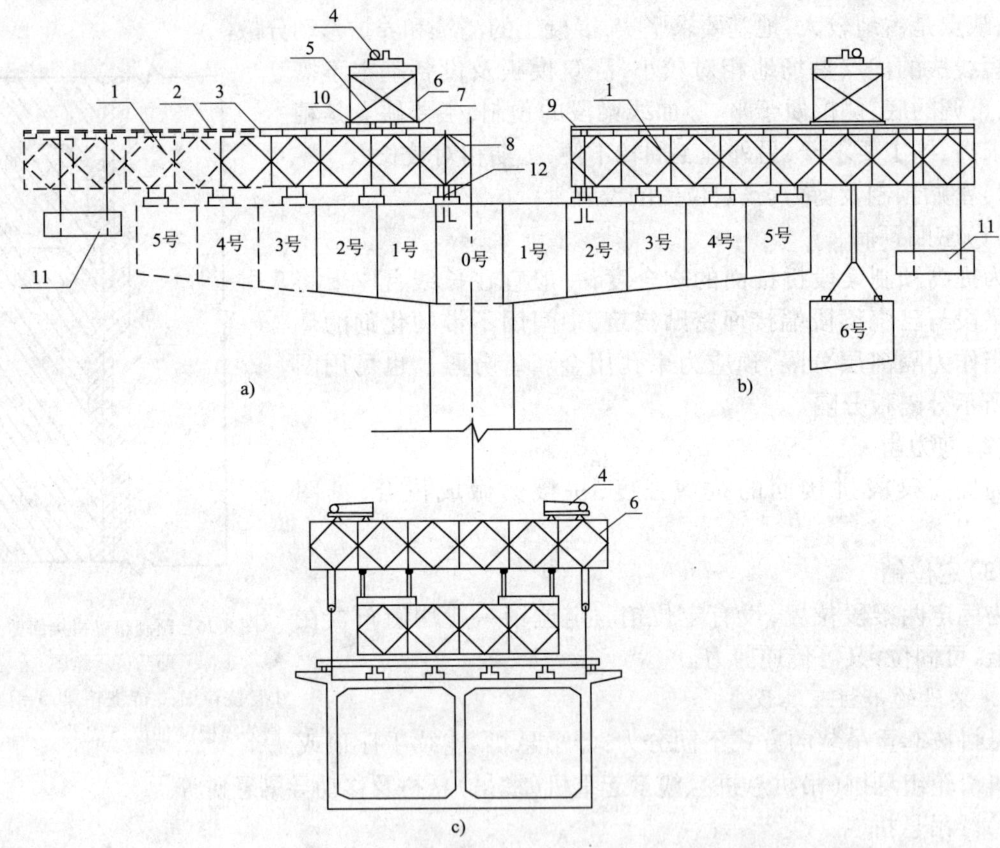

图 8-29　贝雷桁梁拼装的悬拼吊机吊拼梁段示意图

a) 吊拼 1 ~ 5 号梁段立面；b) 吊拼 6 ~ 9 号梁段立面；c) 侧面

1-吊机桁梁；2-钢轨；3-枕木；4-卷扬机；5-撑架；6-横向桁梁；7-平车；8-锚固吊环；9-工字钢；10-平车之间用角钢联结成整体；11-工作吊篮；12-锚杆

图 8-30 为贝雷桁架连续千斤顶悬拼吊机吊拼梁段示意图。连续千斤顶占用面积小、质量轻，起重力与吊重力之比约为 1∶100。当 0 号梁段顺桥向的长度不能满足起步长度或采用吊机悬吊 1 号梁段时，需在墩侧设立托架。

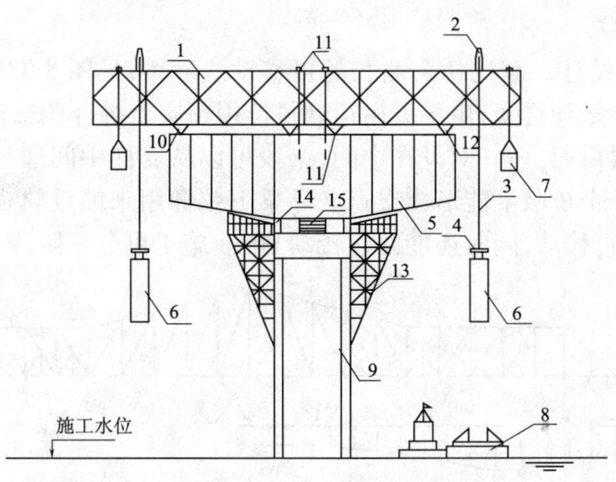

图 8-30　贝雷桁架连续千斤顶悬拼吊机吊拼梁段示意图

1-贝雷纵梁;2-ZLD—100 连续千斤顶;3-起重索;4-起重连接器;5-已安装定位梁段;6-待吊安装梁段;7-工作吊篮;8-运梁驳船;9-桥墩;10-前支点;11-锚筋;12-前支点;13-托架;14-临时支座;15-支座

连续千斤顶或卷扬机滑轮组作业设备简单,适应性强。图 8-31 为梁段吊装正面示意图。

3)缆索起重机(缆吊)悬拼

缆吊无需考虑桥位状况,且吊运结合,机动灵活,作业的空间大,在一定设计范围内缆吊几乎可以负责全桥从下部到上部,从此岸到彼岸的施工作业,因此缆吊的利用率和工作效率很高。其缺点是一次性设备投资大,设计跨度和起吊重力有限,一般起吊重力不宜大于 500kN,而一般混凝土预制梁段的重力多逾 500kN,目前我国使用缆吊悬拼连续梁都是由两个独立单箱单室并列组合的桥型,为了充分利用缆吊的空间特性,特将预制场及存梁布设在缆吊作用面内。缆吊进行拼合作业时增加风缆和临时手拉葫芦,以控制梁段就位的精度。缆机运吊结合的优势,大大缩短了采用其他吊运方式所需的转运时间,可以将梁段从预制场直接吊至悬拼结合面。施工速度可达日拼 2 个作业面 4 段,甚至可达 3 个作业面 6 段。

图 8-32 为某桥缆索起重机塔柱图。

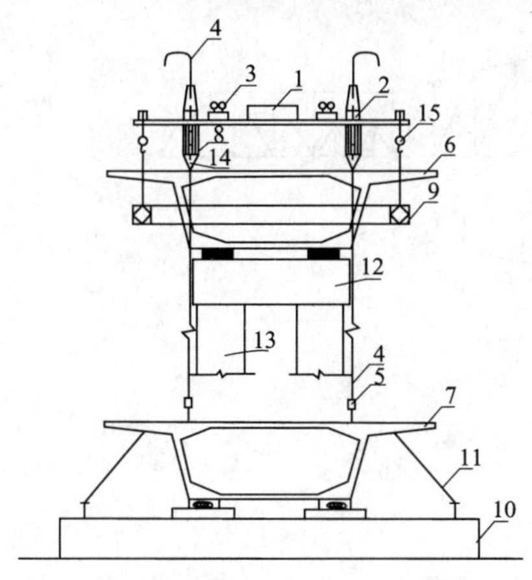

图 8-31　梁段吊装正面示意图

1-提吊中心控制台;2-ZLD—100 连续千斤顶;3-油泵;4-9 × ϕ15 钢绞线;5-起重连接器;6-已安装定位梁段;7-待吊安装梁段;8-贝雷主桁梁;9-贝雷梁组合工作吊篮;10-运梁段船只;11-梁段稳定风缆;12-墩帽;13-双柱式桥墩;14-悬梁前支点;15-升降手拉葫芦

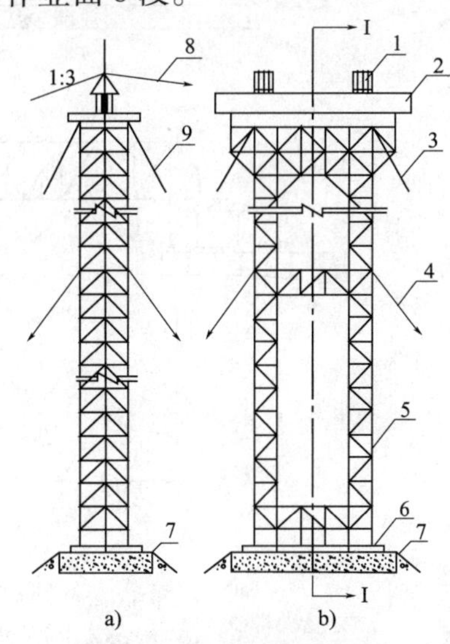

图 8-32　缆索起重机塔柱图

a)Ⅰ-Ⅰ剖面图;b)正面图

1-索鞍;2-型钢;3-八字风缆;4-八字腰风缆;5-万能杆件墩柱;6-铰接;7-基础;8-主索;9-风缆

4）移动式导梁悬拼

这种施工方法需设计一套比桥跨略长的可移动式导梁，见图 8-33，安装在悬拼的工作位置，梁段沿已拼梁面运抵导梁旁，由导梁吊运到拼位用预应力拼合在悬臂端上。导梁设有两对固定支架，一对在导梁后面，另一对设在中间，梁段可以从支柱中间通过。导梁前端有一个活动支柱，使导梁在下一个桥墩上能形成支点。导梁下弦杆用来铺设轨道以支承运梁平车。平车可使梁段水平和垂直移动，同时还能使它转动 90°。施工可分三阶段进行，见图 8-33。

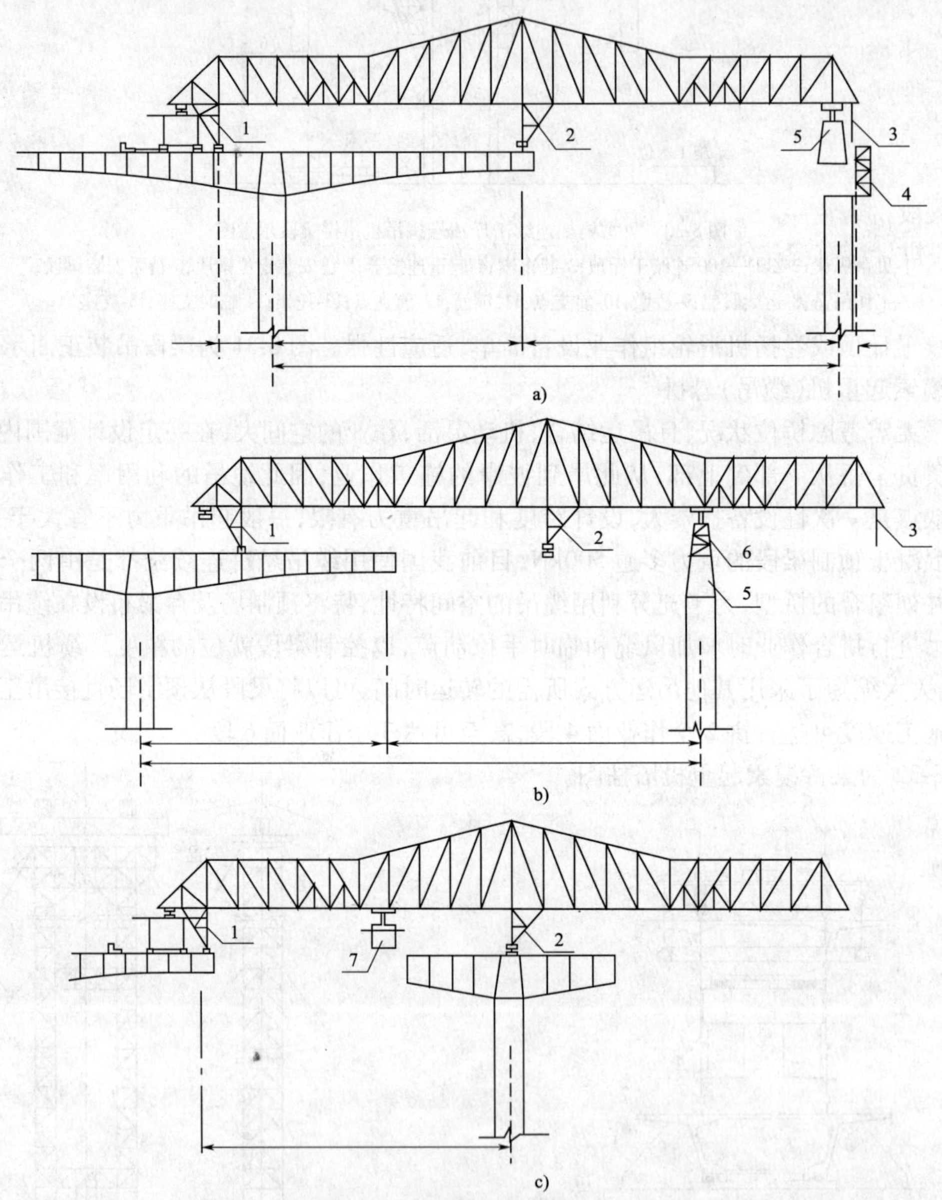

图 8-33　移动式导梁悬拼梁段示意图

a）吊装中间梁段；b）导梁移至前方桥墩；c）吊装其他梁段

1-后支架；2-中支架；3-临时前支架；4-支柱；5-墩顶梁段；6-临时支架；7-移梁段小车

（1）吊装墩顶梁段

导梁放在三个支点上，即后支架，靠近已拼悬臂端头的中支架和借助临时支柱而与装在下一桥前方的前支柱相接形成第三支点。

(2)导梁前移

通过后支架的滚轮滚动和前支架的滑轮装置,使导梁向前移动。

(3)吊装其他梁段

拼装其他梁段时,导梁由后支架和中间支架支承。中间支架锚固在墩顶梁段上,后支架锚固在已建成的悬臂梁端。

4. 梁段的拼装施工

1)支座临时固结或设置临时支架

为了确保连续梁分段悬拼施工的平衡和稳定,常与悬浇方法相同,需要临时固结成T构。当临时固结支座不能满足悬拼要求时,一般考虑在墩两侧或一侧加临时支架。悬拼完成,T构合龙(合龙要点与悬浇相同),即可恢复原状,拆除支架。

2)梁段拼装程序

梁段拼接缝有湿接、铰接两种形式,不同的施工阶段和不同部位常采用不同的接缝形式。

(1)湿接缝拼装梁段

湿接缝是相邻梁段间浇筑一段10~20cm宽的混凝土作为接头的连接缝,用以调整随后梁段(基准梁段)的位置,使准确地控制其后续梁段的安装精度。

1号梁段是紧邻0号梁段两侧的第一个节段,也是悬拼T构的基准梁段,是全跨安装质量的关键,一般采用湿接缝连接。

1号梁段安装的允许偏差见表8-1。

1号梁段安装允许偏差(mm) 表8-1

高程	中线	平面位置长度	扭转高差	转角高差
±1	±1	1	1	0.5/m

(2)铰接缝拼装梁段

铰接缝是在梁段接触面上涂一层约0.8mm厚的环氧树脂加水泥薄层而形成。它在施工中起润滑作用,使接缝密贴,在凝固后提高结构的抗剪能力、整体刚度和不透水性。

梁段吊上并基本定位后(此时接缝宽约10~15cm),先将临时预应力筋穿入,安好连接器,再开始涂胶及合龙,张拉临时预应力筋,使固化前铰接缝的压应力不低于0.3MPa,这时可以解除吊钩。

(3)拆除吊机后,穿入永久预应力筋,张拉预应力筋后,可移动挂篮,进行下一段梁的吊装。

课题三 顶推施工法

一、概述

预应力混凝土连续梁桥顶推安装法是钢桥拖拉架设法在预应力混凝土桥型中的运用和发展。本法是沿桥纵轴方向的台后开辟预制场地,分节段预制混凝土梁身,并用纵向预应力筋连成整体,然后通过水平液压千斤顶施力,借助不锈钢板与聚四氟乙烯滑块特制的滑动装置,将梁逐段向对岸顶进,就位后落架,更换正式支座完成桥梁施工。

顶推法于1959年首次在奥地利的阿格尔桥上使用,该桥全长280m,为四跨一联预应力混凝土连续梁桥,最大跨径85m。该桥分节段预制,每段8.5m,段间采用0.5m现浇混凝土接缝,待全桥节段组拼完成后一次顶推施工。1962年在委内瑞拉建成的卡罗尼河桥,对顶推施工作了改进。该桥全长550m,主桥为六跨一联的预应力混凝土连续梁桥,最大跨径96m,采用了分节段预制、逐段顶推的工艺。它使预制场地固定,节约了大量施工场地,减少了施工程序。同时该桥在顶推梁的前端设置钢导梁,减少了梁在施工过程中的受力,并在最大跨的跨中设置临时墩,使桥梁顶推施工时的跨径减少到48m。迄今,世界各国采用顶推法施工的大桥约有近200座。不设临时支墩也无其他辅助设施的最大顶推跨径为63m,顶推法施工的最大跨径是联邦德国的沃尔斯(Worth)桥,该桥为3跨连续梁,全长404m,最大跨径168m,其间采用两个临时支墩,顶推跨径56m。

我国于1974年首先在狄家河铁路桥采用顶推法施工,该桥为4×40m预应力混凝土连续梁桥。1977年在广东东莞县修建了40m+54m+40m三跨一联的万江桥。之后,湖南望城沩水河桥4×38m+2×38m两联连续梁,首次使用柔性墩多点顶推,为我国采用顶推法施工创造了成功经验。

顶推法施工不仅用于连续梁桥和钢桥,也可用于其他桥型。如简支梁桥,可先连续顶推施工,就位后解除梁跨间的连续;拱桥的拱上纵梁,可在立柱间顶推施工;斜拉桥的主梁采用顶推法等。

连续梁桥采用顶推法施工的概况见图8-34、图8-35。

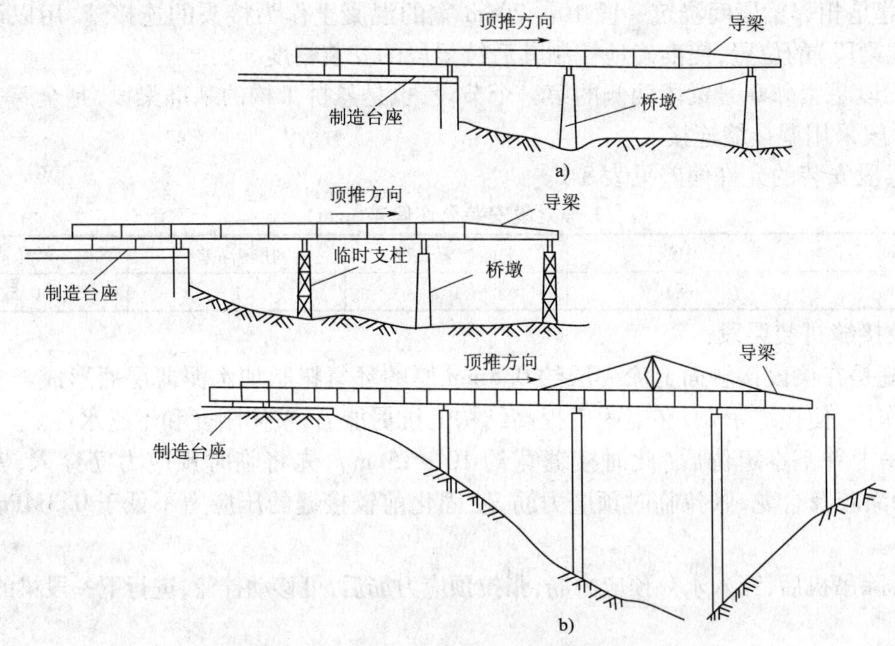

图8-34 顶推法施工的概况

a)短跨径情况;b)长跨径情况

图8-35 预应力混凝土连续梁顶推安装

1. 顶推施工的优缺点

1）优点

①由于聚四氟乙烯与不锈钢板间的摩擦系数约为0.02～0.05，即使梁重达10 000t，也只需500t以下的力即可推出。因此，顶推力远比梁体自重小，所以顶推设备轻型简便，不需大型吊运机具。

②不影响桥下通航或行车，对紧急施工，寒冷地区施工，架设场地受限制等特殊条件下，其优点更为明显。

③仅需一套模板周转，节省材料，施工工厂化，易于质量管理。

④施工安全，干扰少。

⑤节约劳力，减轻劳动强度，改善工作条件。

2）缺点

①由于顶推过程中，各截面正、负弯矩交替变化，致使施工临时预应力筋增多，且装拆与张拉繁杂，梁体截面高度比其他施工方法大。

②由于顶推悬臂弯矩不能太大，且施工阶段的内力与营运阶段的内力也不能相差太大，所以顶推只适用较多跨（少跨不经济），且跨径不大于50m的桥型，以42m跨径受力最佳。

③对于多孔长桥，因工作面（最多两岸对顶）所限，顶推过长，施工工期相对较长。

2. 顶推法施工程序

预应力混凝土连续梁桥上部结构采用顶推法施工的程序见图8-36。

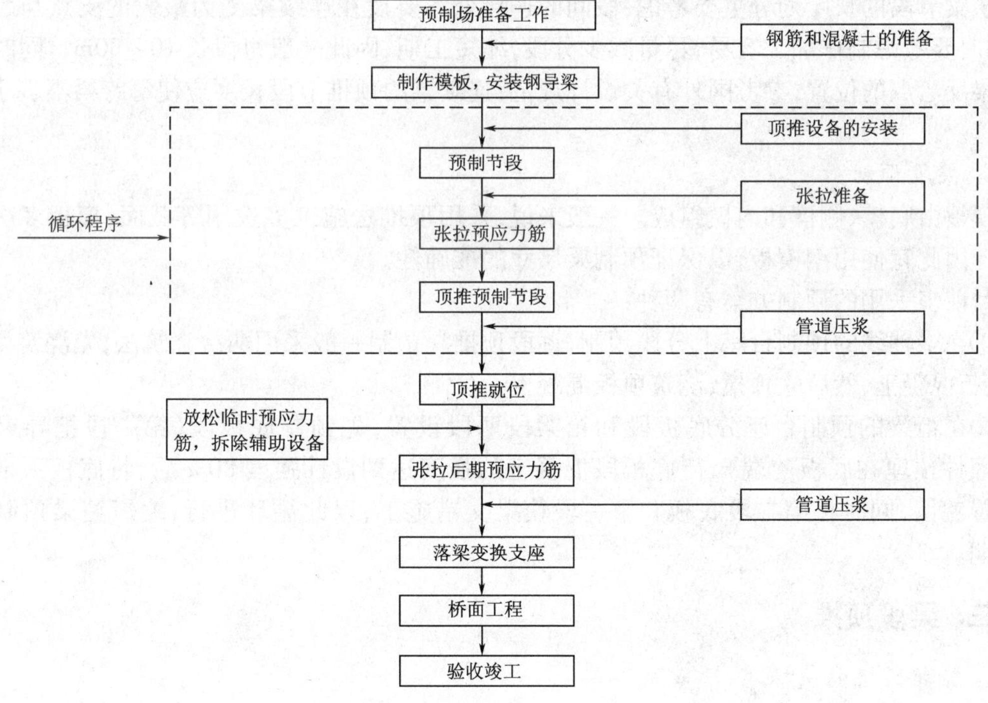

图8-36 顶推法施工程序图

二、梁段预制

1. 预制场布置

顶推法的制梁有两种方法：一种是在梁轴线的预制场上连续预制逐段顶推；另一种是在工

厂制成预制块件，运送桥位连接后进行顶推，在这种情况下，必须根据运输条件决定节段的长度和重量，一般不超过5m，同时增加了接头工作，需要起重、运输设备，因此，以现场预制为宜。

主梁节段预制完成后，要将节段向前顶推，空出预制台座继续浇筑下一节段。对于顶出的梁段要求顶后无高程变化，梁的尾端不能产生转角，因此在到达主跨之前要设置过渡孔。

预制场地包括：预制台座和从预制台座到标准顶推跨之间的过渡孔。

预制场地一般设在桥台后面的引桥或者引道上。500m 左右的桥长，通常只设一端预制场。较长的桥梁，或者中间跨为不同结构时，也可在桥两端设预制场地，相向顶推。

预制场地布置应综合考虑以下因素。

①梁体顶推过程的抗倾覆安全度。为此，整个预制场地内滑道支承墩宜作小间距布置，使梁段在预制场地范围内逐步顶推过渡到标准跨。

②尽量将预制场地向前靠，充分利用设计的永久墩台的基础和墩身，少占引桥或引道位置，减小顶推工作量，避免顶推到最后时，梁的尾端出现长悬臂。

③预制台座、滑道支承墩均应牢固可靠，局部沉降不宜大于5mm，防止在浇筑和顶推梁体时发生沉陷现象，影响成型构件的拼装或梁体的顶推。

④预制场地其他设施的平面布置，例如拼装导梁的场地，设备材料的运输，起吊设备的安装，混凝土拌和站的位置以及普通钢筋、预应力筋的下料、制作、安装场地。

2. 确定分段长度

主梁节段的长度划分主要考虑：段间的连接处不要设在连续梁受力最大的支点与跨中截面，同时要考虑制作加工容易，尽量减少分段，缩短工期，因此一般每段长 10～30m。同时根据连续梁反弯点的位置，参考国外有关设计规范，连续梁的顶推节段长度应使每跨梁不多于2个接缩缝。

3. 梁段预制

模板由底模、侧模和内模组成。一般来说，采用顶推法施工多选用等截面，模板多次周转使用。因此宜使用钢模板，以保证预制梁尺寸的准确性。

目前多采用的预制方案有两种：

①在梁轴线的预制台座上分段预制，逐段顶推。预制一般采用两次浇筑法，先浇筑梁的底板、腹板混凝土，然后立顶模，浇筑顶板混凝土。

②在箱梁的预制台座分底板段和箱梁段两段设置，先预制底板段（第一段把导梁的下弦预埋件预埋在底板前端），待底板段混凝土的强度达到设计强度80%后，将底板顶推至箱梁位置就位，同时将第二段底板和第一段箱梁交错施工，以此循环进行，缩短箱梁预制的施工周期。

三、梁段顶推

1. 顶推方法的选择

1）单点顶推

全桥纵向只设一个或一组顶推装置，顶推装置通常集中设置在梁段预制场附近的桥台或桥墩上，而在前方各墩上设置滑移支承。

按顶推装置分为两种：水平—竖直千斤顶法，拉杆千斤顶法。

（1）水平—竖直千斤顶法

水平千斤顶与竖直千斤顶联合使用，施工程序为顶梁、推移、落下竖直千斤顶和收回水平千斤顶的活塞杆,见图8-37。顶推时,升起竖直千斤顶活塞,使临时支承卸载,开动水平千斤顶去顶推竖直千斤顶,由于竖直千斤顶下面设有滑道,千斤顶的上端装有一块橡胶板,即竖直千斤顶在前进过程中带动梁体向前移动。当水平千斤顶达到最大行程时,降下竖直千斤顶活塞,使梁体落在临时支承上,收回水平千斤顶活塞,带动竖直千斤顶后移,回到原来位置,如此反复不断地将梁顶推到设计位置。

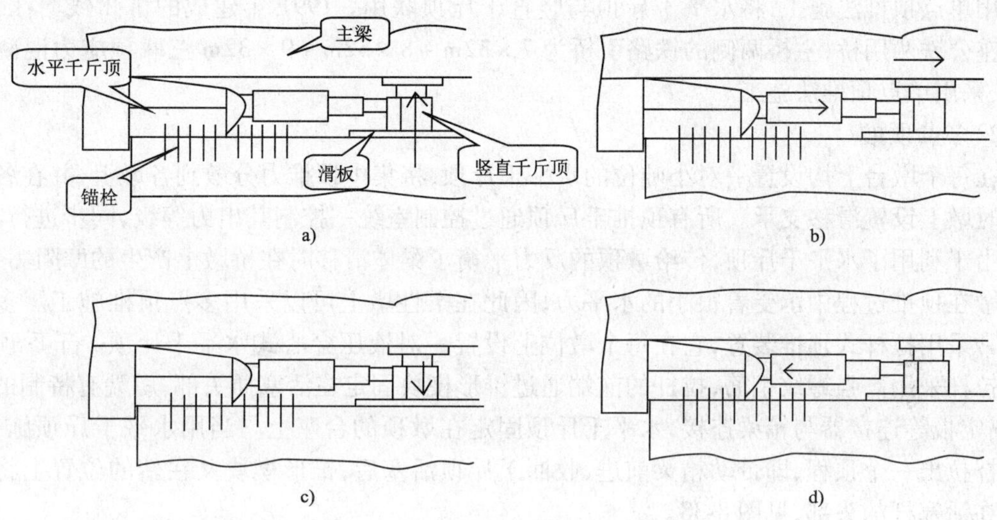

图8-37　水平千斤顶与竖直千斤顶联用顶推

a)升顶——升起竖直千斤顶活塞;b)滑移——开动水平千斤顶去顶推竖直千斤顶,梁体前移;c)落下——降下竖直千斤顶活塞;d)复原——收回水平千斤顶活塞

(2)拉杆千斤顶法

将水平液压千斤顶布置在桥台前端,底座紧靠桥台,由楔形夹具固定在梁底板或侧壁锚固设备的拉杆与千斤顶连接,通过千斤顶的牵引作用,带动梁体向前移动。千斤顶回程时,固定在油缸上的刚性拉杆便从楔形夹具上松开,在锚头中滑动,随后重复下一循环,见图8-38。

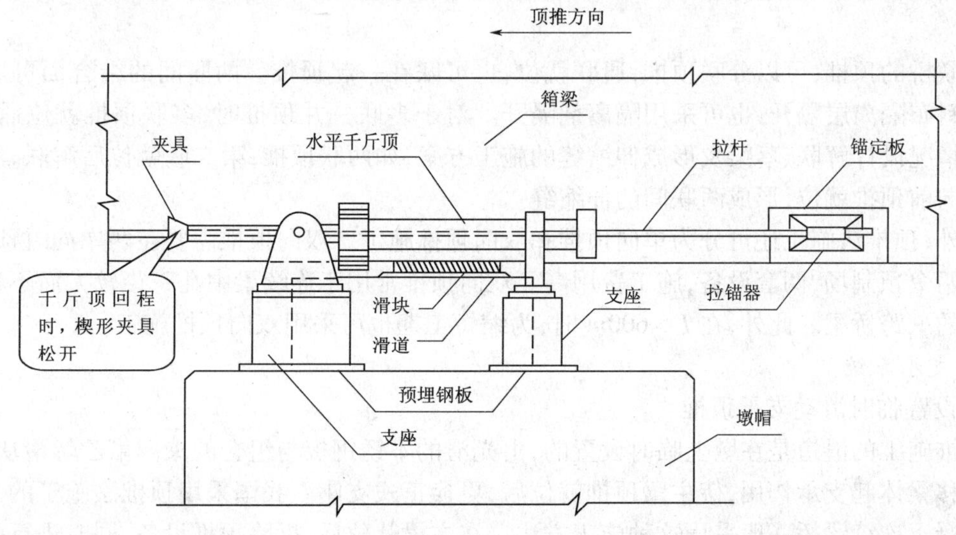

图8-38　拉杆式顶推装置

滑移支承设在桥墩顶的混凝土垫块上,垫块上放置光滑的不锈钢板或镀铬钢板形成滑道,

组合的聚四氟乙烯滑块由聚四氟乙烯板表层和带有钢板夹层的橡胶块组成,外形尺寸有420mm×420mm、200mm×400mm、500 mm×200mm 等数种,厚度也有 21mm、31mm、40mm 等多种。顶推时,滑块在前方滑出,通过在滑道后方不断喂入滑块,使梁身前移时始终支承在滑块上。

单点顶推在国外称 TL 顶推法,单点顶推力可达 3 000~4 000kN。我国狄家河桥、万江桥均采用单点顶推法施工,将水平千斤顶与竖直千斤顶联用。1991 年建成的杭州钱塘江二桥,是一座公铁两用桥,主桥两侧的铁路引桥为 7×32m+8×32m+9×32m 三联预应力混凝土连续梁,采用单点顶推法施工。

2)多点顶推

在每个墩台上均设置一对小吨位的水平千斤顶,将集中顶推力分散到各墩上,并在各墩上及临时墩上设置滑移支承。所有顶推千斤顶通过控制室统一控制其出力等级,同步进行。

由于利用了水平千斤顶,传给墩顶的反力平衡了梁体滑移时在桥墩上产生的摩阻力,从而使桥墩在顶推过程中承受着很小的水平力,因此在柔性墩上可以采用多点顶推施工。多点顶推通常采用拉杆式顶推装置,它在每个墩位上设置一对液压穿心式水平千斤顶。千斤顶中穿过的拉杆采用高强螺纹钢筋,拉杆的前端通过锥形楔块固定在活塞插头部,后端有特制的拉锚器、锚定板等连接器与箱梁连接,水平千斤顶固定在墩顶的台座上。当用水平千斤顶施顶时,将拉杆拉出一个顶程,即带动箱梁前进,收回千斤顶活塞后,锥形楔块又在新的位置上将拉杆固定在活塞杆的头部,见图 8-38。

多点顶推法也称 SSY 顶推法,除采用拉杆式顶推系统外也可用水平千斤顶与竖直千斤顶联合作业。

多点顶推法与单点顶推法比较,可以免用大规模的顶推设备,并能有效地控制顶推梁的偏移,顶推时桥墩承受的水平推力小,便于结构采用柔性墩。在顶推弯桥时,由于各墩均匀施加顶力,能顺利施工。在顶推时如遇桥墩发生不均匀沉降,只要局部调整滑板高度即可正常施工。采用拉杆式顶推系统,免去了在每一循环顶推中用竖直千斤顶将梁顶起和使水平千斤顶复位的操作,简化了工艺流程,加快了顶梁速度。但多点顶推所需的设备较多,操作要求也比较高。

多联桥的顶推,可以分联顶推,通联就位,也可联在一起顶推。两联间的结合面可用牛皮纸或塑料布隔离层隔开,也可采用隔离剂隔开。对于多联一并顶推时,多联顶推就位后,可根据具体情况设计解联、落梁及形成伸缩缝的施工方案,如两联顶推,第二联就位后解联,然后第一联再向前顶推就位,形成两联间的伸缩缝。

此外,顶推法施工还可分为单向顶推和双向顶推施工。双向顶推需要在两岸同时预制,因此要有两个预制场,两套设备,施工费用高。双向顶推常用于连续梁中孔跨径较大而不宜设置临时墩的三跨桥梁。此外,在 $L>600$m 时,为缩短工期也可采用双向顶推施工。

2. 支承系统

1)设置临时滑动支承顶推

顶推施工的滑道是在墩上临时设置的,由光滑的不锈钢板与组合的聚四氟乙烯滑块组成,用于滑移梁体起支承作用,待主梁顶推就位后,更换正式支座。我国采用顶推法施工的几座预应力混凝土连续梁桥一般采用这种施工方法。在主梁就位后,拆除顶推设备,同时进行张拉后期预应力束和管道压浆工作,待管道水泥浆达到设计强度后,用数只大吨位竖直千斤顶同步将一联主梁顶起,拆除滑道及滑道底座混凝土垫块,安放正式支座。

2）使用与永久支座合一的滑动支承顶推

采用施工临时滑动支承与竣工后永久支座组合兼用的支承构造进行顶推的方法。它将竣工后的永久支座安置在墩顶的设计位置上，施工时通过改造作为顶推滑道，主梁就位后，恢复为永久支座状态，它不需拆除临时滑动支承，也不需要采用大吨位千斤顶进行顶梁作业。

上述兼用支承的顶推方法在国外称RS施工法，它的滑动装置由RS支承、滑动带、卷绕装置等组成，见图8-39。RS顶推装置的特点是采用兼用支承，滑动带自动循环，因而操作工艺简单，省工、省时，但支承本身的构造复杂，价格较高。

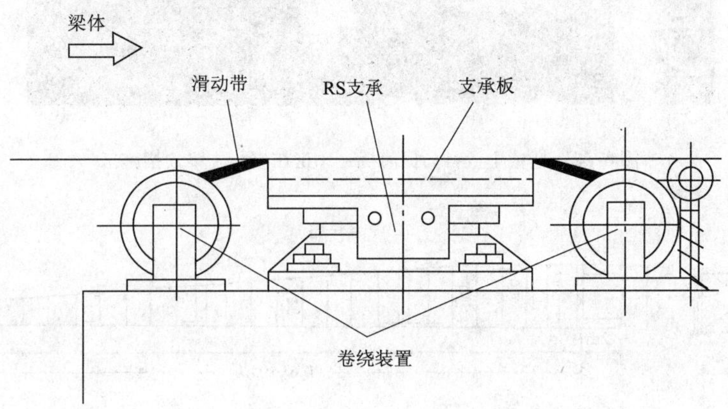

图8-39　RS支承的构造

四、导梁和临时墩

为减小顶推过程中梁的受力大小，一般可采取的方法有：顶推前端使用导梁；在架设孔跨中设置临时墩；导梁和临时墩并用；两端同时顶推至跨中合龙；在梁上设拉索加劲体系。

1. 导梁

导梁设置在主梁的前端，为等截面或变截面的钢桁架梁或钢板梁，主梁前端装有预埋件与钢导梁栓接。导梁在外形上，底缘与箱梁底应在同一平面上，前端底缘呈向上圆弧形，以便于顶推时顺利通过桥墩。

导梁设置的长度一般为顶推跨径的0.6～0.8倍，导梁的刚度为主梁的1/9～1/15，过大或过小都将增加主梁顶推时的内力。为减轻自重最好采用从根部至前端为变刚度的或分段变刚度的导梁。

1）导梁的分类

（1）钢板导梁

顶推跨径较大时，为了尽量减少导梁本身的挠度变形，宜采用刚度大的专用钢导梁为好。但一次性投资大，运输不方便，完工后无其他用途。

专用导梁多为变截面工字形实腹钢板梁，见图8-40、图8-41，它由主梁和联系杆件组成。主梁的片数与箱梁腹板相对应，为了便于运输，纵向分成了多块，用拼接板和精制螺栓拼成整体，主梁的材料一般为16Mn钢板。导梁一般在专业厂家制作，运输到工地拼装成型。

（2）钢桁架导梁

拼装式钢桁架导梁对于顶推跨径不大，或者桥横向又分成多个小箱顶推的桥梁，一般可用贝雷桁架、万能杆件或六四军用桁架拼装成钢桁架梁，便于周转使用。

2）导梁和主梁端部的连接

图 8-40　斯威士兰科马提河桥——正在进行主梁顶推施工

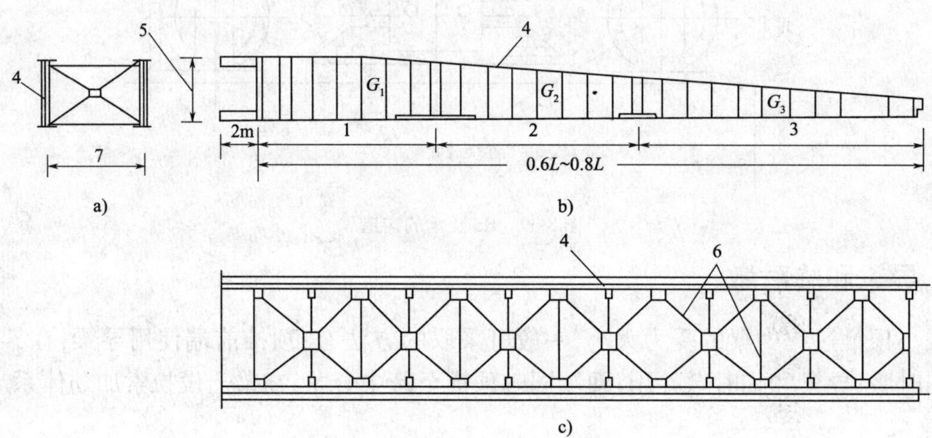

图 8-41　钢导梁示意图

a）剖面图；b）钢导梁侧面图；c）钢导梁平面图

1-第一节；2-第二节；3-第三节；4-导梁主桁；5-箱梁高；6-钢管（型钢）横撑杆；7-主桁宽

G_1，G_2，G_3-相应各节重力；L-跨径

一般是先在主梁端的顶板、底板内预埋厚钢板或型钢伸出梁端，再与拼装成型后的导梁连接，埋入长度由计算决定，一般不宜小于导梁高度。为了防止主梁端部接头混凝土在承受最大正、负弯矩时，产生过大拉应力而产生裂缝，必须在接头附近施加预应力。

2. 临时墩

当梁的设计跨径大于 50m 时，宜考虑设置临时墩。使用临时墩要增加桥梁的施工费用，但是可以节省上部结构材料用量，需要从桥梁分跨、通航要求、桥墩高度、水深、地质条件等方面做综合技术经济比较。

临时墩应能承受顶推时最大竖直荷载和最大水平摩阻力引发的变形。墩基可用打入桩、混凝土浅基础或钻孔灌注桩，墩身尽可能设计为能重复使用的构件。一般采用装配式空心钢筋混凝土柱或钢管柱，前者与后者比较，荷重和温度变化产生的变形小，但后者安装和拆除快，回收利用率高。

为加强临时墩的抗推能力，可以用斜拉索或水平拉索锚于永久墩下部或其墩帽，见图 8-42。

临时墩上一般仅设滑道，而不设顶推装置。

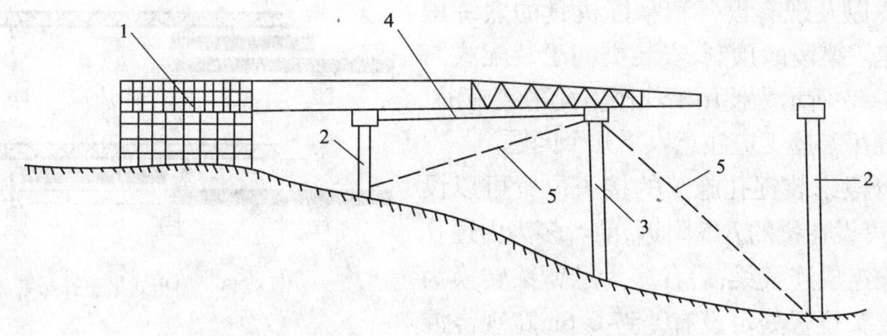

图8-42　用斜拉索和水平拉索加强的临时墩示意图
1-工作平台;2-永久桥墩;3-临时墩;4-水平拉索;5-斜拉索

课题四　逐孔施工法

一、概述

逐孔施工法是从桥梁的一端开始,采用一套施工设备或一、二孔施工支架逐孔施工,周期循环,直到全部完成。它使施工单一标准化、工作周期化,降低了工程造价,自20世纪50年代末期以来得到了广泛的应用和发展。

逐孔施工可以为预制,也可以为现浇,预制又分为吊装和搭设临时支承装配两种。

1. 整孔吊装或分段吊装逐孔施工

这种方法是早期连续梁采用逐孔施工的唯一方法,近年来,由于起重能力增强,使桥梁的预制构件向大型化方向发展,从而更能体现逐孔施工速度快的特点。

2. 用临时支承组拼预制节段逐孔施工

它是将每一桥跨分成若干段,节段预制完成后,在临时支承上逐孔组拼施工。

3. 使用移动支架逐孔现浇施工

此法亦称移动模架法,它是在可移动的支架、模架上完成一孔桥梁的全部工序,即模板工程、钢筋工程、浇筑混凝土和张拉预应力筋等。待混凝土有足够强度后,张拉预应力筋,移动支架、模板,进行下一孔梁的施工。由于此法是在桥位上现浇施工,可免去大型运输和吊装设备,使桥梁整体性好,同时它又具有工厂化预制生产的特点,可提高机械设备的利用率和生产效率。

由于采用逐孔施工,随着施工的进展,桥梁结构的受力体系在不断地变化,由此结构内力也随之变化。逐孔施工的体系转换有三种:由简支梁转换为连续梁;由悬臂梁转换为连续梁;由少跨连续梁逐孔延伸转换为所要求的体系。

二、整孔吊装或分段吊装逐孔施工

整孔吊装和分段吊装的施工过程一般为:在工厂或现场预制整孔梁或分段梁;预制梁段的起吊、运输;采用吊装设备逐孔架设施工;根据需要进行结构体系转换。

预制梁段采用后张法预应力混凝土梁。由于施工过程中结构受力的变化,布设在梁体内的预应力钢束往往采用分阶段张拉方式,即在预制时先张拉部分预应力束,拼装就位后进行二次张拉。当然,在有些桥梁结构中,梁段预制时即将全部预应力钢束一次张拉到位。张拉顺序取决于根据施工方法确定的设计要求。

在施工中可选用的吊装机具有桁式吊、浮吊、龙门起重机、汽车吊等多种,可根据起吊重力、桥梁所在的位置以及现有设备和掌握机具的熟练程度等因素决定。梁段的预制、安装类同于装配式简支梁桥。图 8-43 所示为使用桁式吊整孔吊装施工。

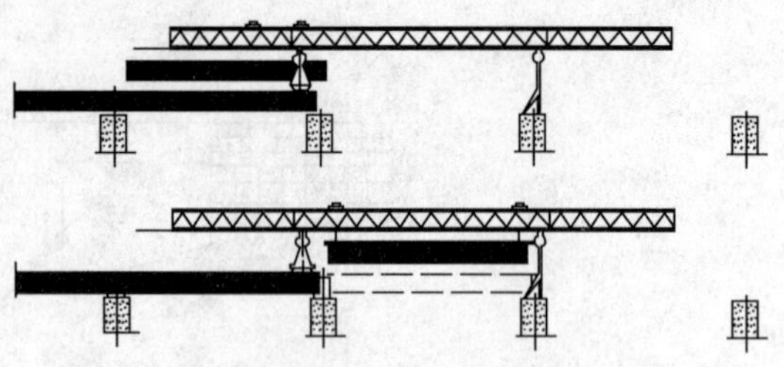

图 8-43　用桁式吊整孔吊装施工

采用逐孔吊装施工应注意以下几个问题。

①采用分段组装逐孔施工的接头位置可以设在桥墩处，也可设在梁的 $L/5$ 附近，前者多为由逐孔施工的简支梁连成连续梁；后者多为悬臂梁转换为连续梁。在接头位置处可设有0.5~0.6m宽现浇混凝土接缝，当混凝土达到设计强度后张拉连接预应力筋，完成体系转换。

②桥的横向是否分隔主要根据起重能力和截面形式决定。当桥梁较宽，起重能力有限的情况下，可以采用 T 梁或工字梁截面，分片架设之后再进行横向及纵向的整体化、连续化。横向连接采用类似简支梁的构造形式，也可在主梁的翼缘板间设 0.5m 宽的现浇接头以增加横向刚度。

③对于先简支后连续的施工方法，通常在简支梁架设时使用临时支座，待连接和张拉后期钢束完成桥面连续后拆除临时支座，转由永久支座支承整体结构。为使临时支座便于卸落，可在橡胶支座与混凝土垫块之间设置一层硫磺砂浆。

④在梁的反弯点附近设置接头，在有可能的情况下，可在临时支架上进行接头。

广东省广珠公路的细滘桥，采用整孔吊装，按先简支后连续的方法施工。主桥为五跨一联预应力混凝土连续梁，分跨为 42.5m + 3 × 54m + 42.5m，桥面宽 14.5m，采用 6 梁式 T 形梁截面，主梁间距 2.4m，其中预制梁宽 1.9m，各梁翼缘板之间留有 0.5m 宽作为现浇湿接缝，以加强上部结构的整体性。简支梁在现场预制，采用浮吊船分批安装。其施工程序：首先安装第一、二、三跨预制简支梁，见图 8-44a)，安装前在墩顶设置两个临时支座，当第三跨简支梁就位后，现浇主梁接头混凝土，张拉二期预应力筋，拆除临时支座，使结构转换为三跨连续梁，见图

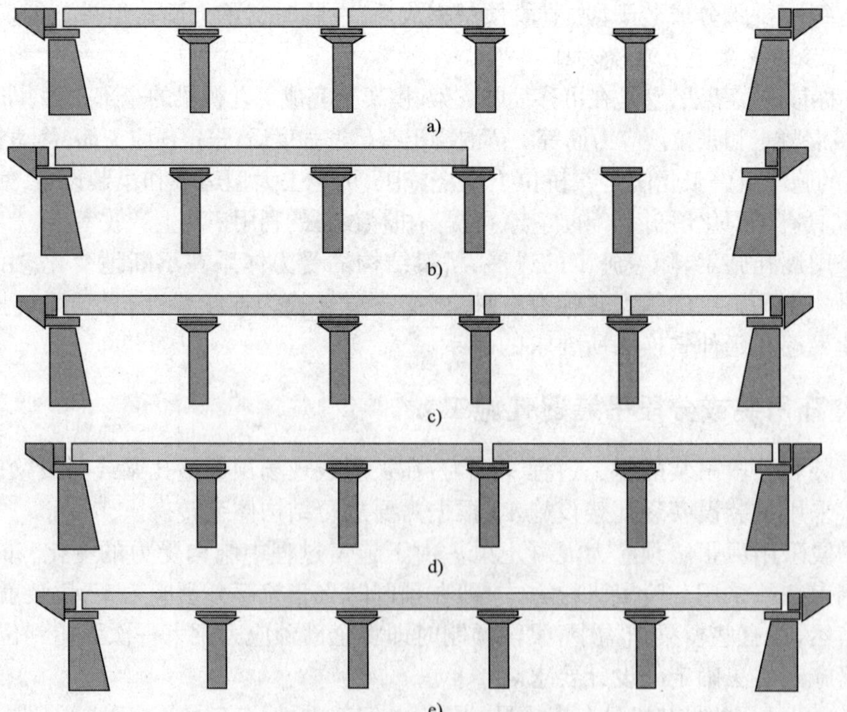

图 8-44　细滘桥整孔吊装施工程序

8-44b)；架设第四、五跨简支梁，见图 8-44c)，并从另一岸开始进行两跨连续梁的转换施工，见图 8-44d)；最后在三跨连续梁和两跨连续梁之间合龙，成为五跨一联连续梁，见图 8-44e)；在每片主梁形成五跨连续梁后，现浇横梁和横向湿接头，横向将梁连成整体。

上海莲西大桥是采用分段吊装的预应力混凝土连续梁桥，主桥为三跨一联预应力连续梁，跨径为 30m + 40m + 30m 等截面，桥宽 9m，采用 5 梁式 T 形截面，梁间距 1.9m，预制梁宽 1.4m，相邻梁翼缘板间有 0.5m 宽现浇接头，根据起重能力，将三跨连续梁在纵向分为五段，各段间有 0.6m 宽的现浇接头，在支架上完成现浇接头，其施工程序见图 8-45。

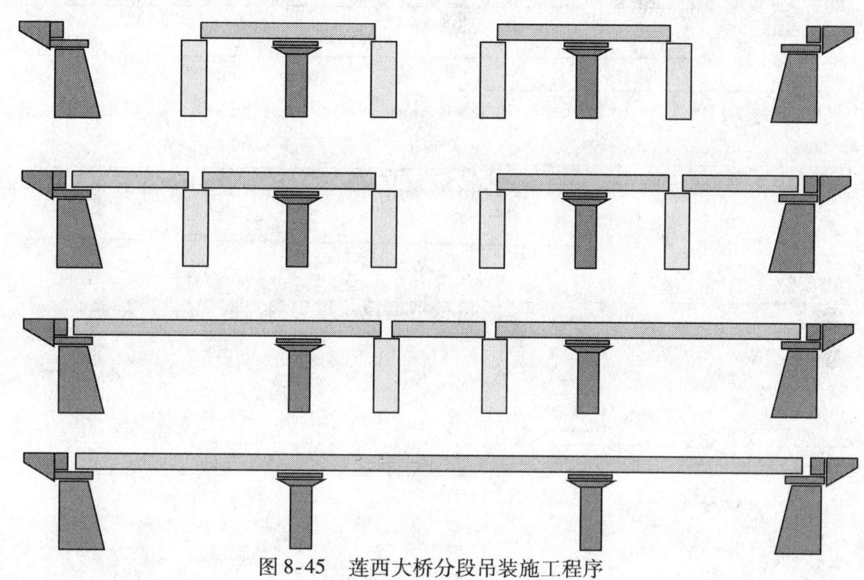

图 8-45　莲西大桥分段吊装施工程序

三、用临时支承组拼预制节段逐孔施工

对于多跨长桥，在缺乏较大起重能力的起重设备时，可将每跨梁分成若干段，在预制厂生产，架设时采用一套支承梁临时承担组拼节段的自重力，并在支承梁上张拉预应力筋，将安装跨的梁与施工完成的桥梁结构按照设计的要求连接，完成安装跨的架梁工作，随后，移动临时支承梁至下一桥跨。或者采用递增拼装法，从梁的一端开始安装到另一端结束。

1. 节段的类型

按节段组拼进行逐孔施工，一般的组拼长度为桥梁的跨径。主梁节段长度根据起重能力划分，一般取 4 ~ 6m，已成梁体与连接的梁节段的接头设在桥墩处。为结合连续梁桥结构的受力特点，并满足预应力钢束的连接、张拉及简化施工，每跨内的节段通常分为桥墩顶节段和标准节段。

节段的腹板设有齿键，顶板和底板设有企口缝，使接缝剪应力传递均匀，并便于拼装就位。前一跨墩顶节段与安装跨第一节段间可以设置就地浇筑混凝土封闭接缝，用以调整安装跨第一节段的准确程度，但也可不设。封闭接缝宽 15 ~ 20cm，拼装时由混凝土垫块调整。在施加初预应力后用混凝土封填，这样可调整节段拼装和节段预制误差，但施工周期要长些。采用节段拼合可加快拼装速度，但对预制组拼施工精度要求较高。

2. 拼装架设

1）钢桁架导梁法架设施工

按桥墩间跨长选用的钢桁架导梁支承在设置于桥墩上的横梁或横撑上，钢桁架导梁的支承处设有液压千斤顶用于调整高程，导梁上可设置不锈钢轨，配合置于节段下的聚四氟乙烯板，便于节段在导梁上移动。对钢导梁，要求便于拆装和移运，以适应多次转移逐孔拼装，同时钢梁需设预拱度，以满足桥梁纵面高程要求。

当节段组拼就位，封闭接缝混凝土达到一定强度后，张拉预应力筋与前一桥跨结构组拼成整体。

图 8-46 为韩国江边都市高速公路上一座桥梁的施工顺序图，标准跨径 50m，体外预应力体系，采用履带吊配合导梁进行吊装组拼。

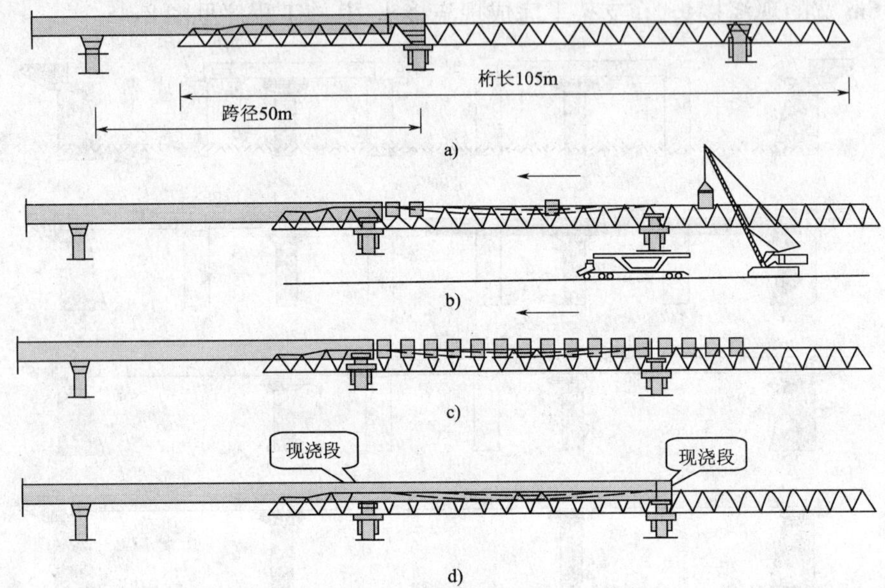

图 8-46 某桥梁施工顺序图

a) 导梁移动；b) 节段吊装；c) 节段拼合；d) 张拉预应力钢筋

2）下挂式高架钢桁梁

图 8-47 为用下挂式高架钢桁梁逐孔组拼施工。

施工时，预制节段可由平板车沿已安装的桥孔运至桥位后，借助架桥机的吊装设备起吊，并将第一跨梁的各节段分别悬吊在架桥机的吊杆上，当各节段位置调整准确后，完成该跨预应力束张拉工艺，并使梁体落在支座上。

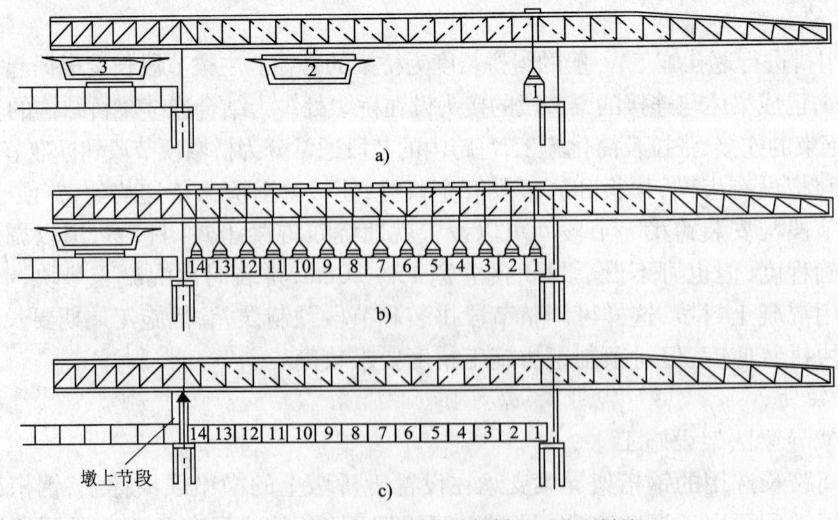

图 8-47 用下挂式高架钢桁梁架桥机逐孔组拼施工

四、使用移动支架逐孔现浇施工

可使用移动模架法进行现浇施工的桥梁结构形式有简支梁、连续梁、刚构桥和悬臂梁桥等钢筋混凝土或预应力混凝土桥。所采用的截面形式可为T形或箱形截面等。

对中小跨径连续梁桥或建造在陆地上的桥跨结构，可以使用落地式或梁式移动支架，见图8-48。

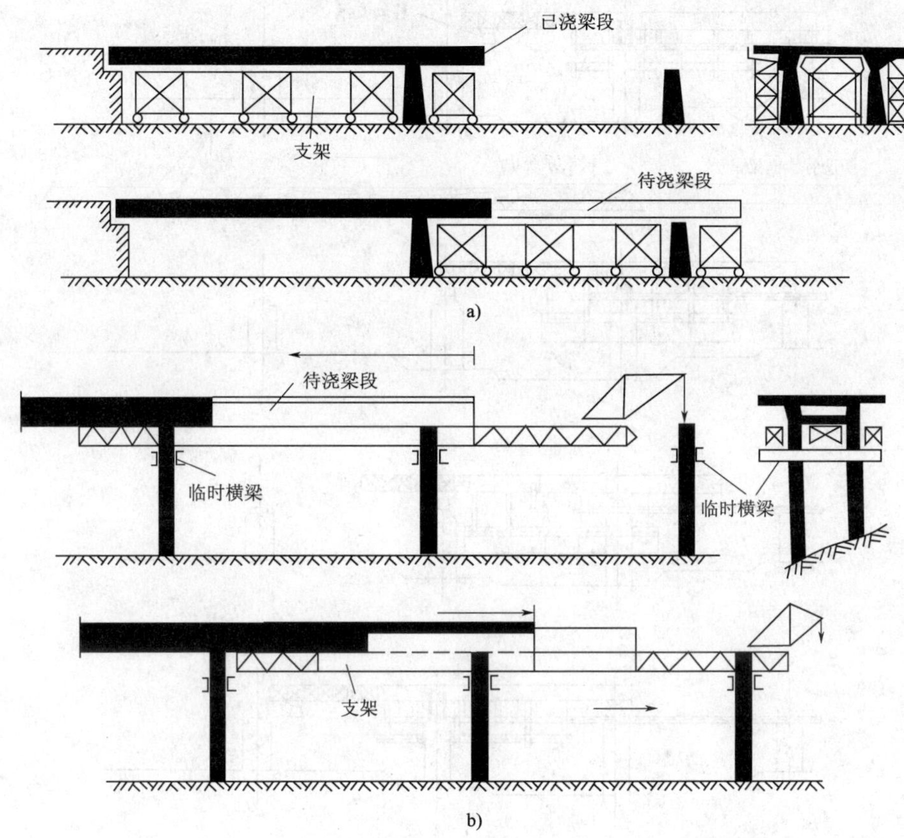

图8-48　使用移动支架逐孔现浇施工

a）落地式支架；b）梁式支架

当桥墩较高、桥跨较长或桥下净空受到限制时，可以采用非落地支承的移动模架逐孔现浇施工。

1．移动模架法的施工特点

①移动模架法不需要设置地面支架，不影响通航或桥下交通，施工安全、可靠；

②有良好的施工环境，保证施工质量，一套模架可多次周转使用，具有可在类似预制场生产的优点；

③机械化、自动化程度高，节省劳力，降低劳动强度，缩短工期；

④通常每一施工梁段的长度取用一跨的跨长，接头的位置一般选在桥梁受力较小的地方，即离支点 $L/5$ 附近；

⑤移动模架设备投资大，施工准备和操作都比较复杂；

⑥此法宜在桥梁跨径小于50m的桥上使用。

2. 常用的移动模架

分为移动悬吊模架与支承式活动模架两种类型。

1)移动悬吊模架施工

移动悬吊模架的形式有很多,构造各异,就其基本构造包括三个部分:承重梁、肋骨状横梁和移动支承,见图 8-49。

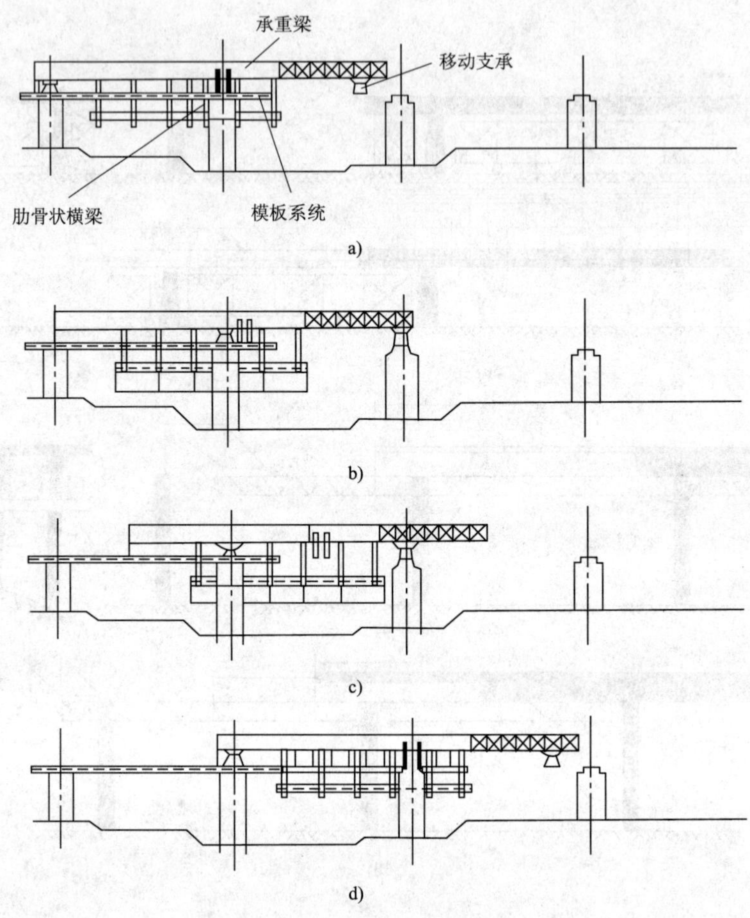

图 8-49 移动悬吊模架的施工程序

a)施工完成;b)放模板,移承重梁;c)前移;d)就位,安装模板

承重梁通常采用钢箱梁,长度大于两倍桥梁跨径,是承担施工设备自重力、模板系统重力和现浇混凝土重力的主要承重构件。承重梁的后端通过移动式支架落在已完成的梁段上,承重梁的前方支承在桥墩上,工作状态呈单悬臂梁。承重梁除起承重作用外,在一跨梁施工完成后,作为导梁将悬吊模架纵移到前方施工跨。承重梁的移位及内部运输由数组千斤顶或起重机完成,并通过控制室操作。

在承重梁的两侧悬臂出许多横梁覆盖全桥宽,并由承重梁向两侧各用 2 ~ 3 组钢束拉住横梁,以增加其刚度。横梁的两端各用竖杆和水平杆形成下端开口的框架并将主梁包在其中。当模板支架处于浇筑混凝土状态时,模板依靠下端的悬臂梁和锚固在横梁上的吊杆定位,并用千斤顶固定模板;当模架需要纵向移位时,放松千斤顶及吊杆,模板安放在下端悬臂梁上,并转动该梁前端一段可转动部分,使模架在纵移状态时顺利通过桥墩。

2）支承式活动模架施工

支承式活动模架的基本结构由承重梁、导梁、台车和桥墩托架等组成，它采用两根承重梁，分别设置在箱形梁的两侧，承重梁用来支承模板和承受施工荷载，承重梁的长度要大于桥梁的跨径，浇筑混凝土时承重梁支承在桥墩托架上。导梁主要用于移动承重梁和活动模架，因此需要大于两倍桥梁跨径的长度。当一跨桥梁施工完成进行脱模卸架后，由前方台车（在导梁上移动）和后方台车（在已完成的梁上移动），沿纵向将承重梁的活动模架运送到下一跨，承重梁就位后，导梁再向前移动并支承在前方墩上。支承式活动模架的使用和移置如图8-50，其工作过程见图8-51。

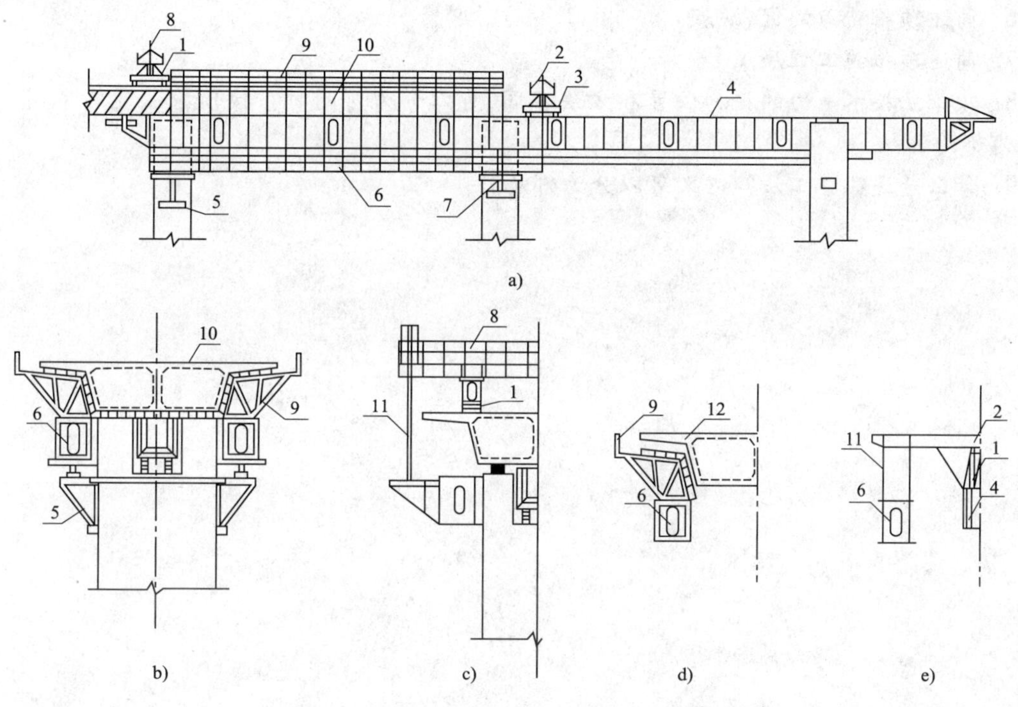

图8-50　支承式活动模架的使用和移置工作状态

a）浇筑混凝土时的状态；b）浇筑混凝土时桥墩的支承状态；c）移置时后支承状态；d）移置时主桁梁状态；e）移置时前支承状态

1-后方台车；2-前方门架；3-前方台车；4-导梁；5-后方托架；6-主桁梁；7-前方托架；8-后方门架；9-外侧模；10-现浇箱梁；11-吊杆；12-已浇箱梁

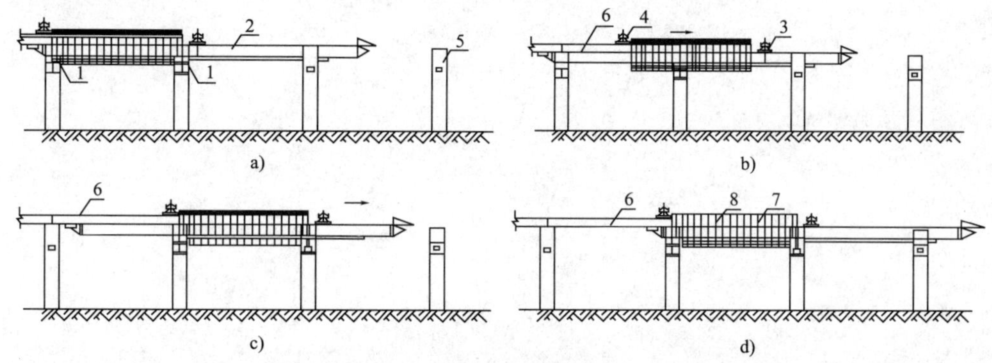

图8-51　支承式活动模架移动程序

a）托模、解拆模板；b）主桁梁前进；c）导梁前进；d）导梁及模板就位

1-托架；2-导梁；3-前方台车；4-后方台车；5-桥墩；6-已浇梁段；7-模板系统；8-待浇梁段

思 考 题

1. 简述简支梁、悬臂梁、连续梁、T形刚构、连续刚构桥的受力特点。

2. 简述悬臂浇筑的施工程序。

3. 简述挂篮的分类及其构造。

4. 简述梁段的预制方法及其各自的优缺点。

5. 按起重吊装的方式不同,悬拼可以分为哪几种?

6. 简述顶推施工的优、缺点。

7. 简述顶推施工程序。

8. 顶推法按水平力的施加位置和方法不同,可以分为哪两种?按顶推装置的不同,又可以分为哪两种?

9. 什么是逐孔施工法?它又可以分为哪几种?

单元九　拱桥施工技术

知识点

1. 拱桥的分类及特点；
2. 拱架的形式、构造及适用性；
3. 拱架卸落的时间及程序要求，拱圈浇(砌)筑的施工程序，拱上建筑的施工要求；
4. 缆索吊装设备的组成部分与作用。

技能点

1. 各种拱圈、拱架放样操作；
2. 拱圈及拱上建筑砌筑施工操作；
3. 拱圈及拱上建筑砌筑质量检查；
4. 确定正确的吊装方法、吊点位置和合理的加载程序。

课题一　拱桥的特点、分类及组成

一、拱桥的特点

拱桥是我国公路上使用广泛且历史悠久的一种桥梁结构形式，它外形宏伟优美，且经久耐用。拱桥与梁桥不仅外形不同，而且在受力性能上也有着本质的区别。

①梁桥在竖向荷载作用下，梁内主要产生弯矩，是受弯构件，支承处仅产生竖向反力；而拱桥在竖向荷载作用下，除半圆拱外，支承处不仅有竖向反力，还有水平推力，由于这个水平推力，使拱内的弯矩大为减小，主要产生轴向压力，是偏心受压构件，这就使得抗压性能好而抗拉性能差的石料和混凝土材料得到充分利用。

②在竖向荷载作用下，梁截面上的应力分布不均匀，当边缘应力达到极限时，中性轴附近的应力还很小；而拱截面上的应力分布均匀，能充分发挥材料的作用，因而拱桥的跨越能力较梁桥大，见表9-1。

世界大跨径拱桥排名　　表9-1

序　号	桥　名	主跨(m)	结构形式	所在国家	建成年份
1	卢浦大桥	550	全钢结构系杆拱桥	中国	2003
2	西弗吉尼亚大桥	518	钢桁架拱	美国	1976
3	贝尔桥	504	钢桁架拱	美国	1931
4	悉尼港桥	503	钢桁架拱	澳大利亚	1932
5	巫山长江大桥	460	钢管混凝土拱	中国	2005
6	万县长江大桥	420	钢筋混凝土箱形拱	中国	1997

③由于存在着较大的水平推力，拱桥对地基的要求更高，因此更适宜在砂砾地基上建拱。

二、拱桥的分类

1．按建拱的材料分

可分为：圬工拱桥、钢筋混凝土拱桥、钢拱桥。

1）圬工拱桥

包括：石拱桥、混凝土预制块砌筑的拱桥、拱圈不配钢筋的混凝土拱桥，适用于较小跨径。

2）钢筋混凝土拱桥

为减小拱的截面尺寸，减轻拱的自重，在混凝土中配置受力钢筋，称为钢筋混凝土拱桥。

3）钢拱桥

钢材的强度更高，能适应更大的跨径，见图9-1。

图9-1　钢桁架拱——澳大利亚，悉尼港桥，1932年建成，主跨径503m，居世界第四

2．按拱上结构的形式分

可分为：实腹式拱桥和空腹式拱桥。

1）实腹式拱桥

实腹式拱桥构造简单，但重力大，常用于跨径小于20m的拱桥，见图9-2。

图9-2　四孔桥——实腹式石拱桥

2）空腹式拱桥

空腹式拱桥圬工体积小，自重小，桥型美观，还可以增大泄洪能力，但施工不如实腹式拱桥简单，常用于跨径25m以上的拱桥，见图9-3。

图 9-3　赵州桥——空腹式石拱桥

3. 按拱的横截面形式分

可分为：板拱桥、肋拱桥、双曲拱桥、桁架拱桥、箱形拱桥。

我国是一个多山的国家，石料资源丰富，板拱是石拱桥的主要形式。我国建造的钢筋混凝土拱桥的形式更是繁花似锦，式样之多当属世界之最。其中建造得比较多的是肋拱桥、双曲拱桥、桁架拱桥、箱形拱桥，它们大多数是上承式拱桥，桥面宽敞，造价低廉。

1）板拱桥

作为承重结构的主拱圈在整个宽度砌成矩形。它的特点是构造简单，施工方便，因而使用广泛。从力学角度来看，截面愈高抵抗矩愈大，在相同截面面积的条件下，实体矩形比其他形式截面的截面抵抗矩小，一般用于圬工拱桥，见图 9-4。

图 9-4　石砌板拱

2）肋拱桥

在板拱的基础上，将拱划分成为两条或两条以上，形成分离的、高度较大的拱肋，肋与肋之间用横系梁连接。这样就可用较小的截面获得较大的截面抵抗矩，以节省较多材料，减轻拱圈自重，从而增大跨越能力，多用于钢筋混凝土拱桥或钢拱桥，见图 9-5。

3）双曲拱桥

由于这种拱桥在纵向和横向均呈曲线形，故称为双曲拱桥。由于双曲拱的截面抵抗矩较相同材料用量的板拱大得多，因此可以节省材料，加上具有装配式桥梁的特点，适合于工业化生产，具有加快施工进度，缩短工期，施工工艺简单等优点，在 20 世纪 70 年代得到广泛推广，但由于其横向整体性和稳定性较差，因此逐步被箱形拱桥所取代，见图 9-6。

图 9-5　从化拱桥——钢筋混凝土肋拱

图 9-6　无锡卫东桥——双曲拱桥

4）桁架拱桥

桁架拱桥又称拱形桁架桥，承重结构是桁架拱片，拱片采用预制装配式，以横向联系集成整体。拱片由上下弦杆和腹杆组成，下弦杆为拱形，上弦杆一般为水平，在跨中部分，因上下弦杆靠得很近而做成实腹段。拱形结构的水平推力减小了跨间弯矩,使跨中实腹段在恒载作用下主要承受轴向压力,在活载作用下将承受弯矩,成为偏心受压构件。空腹段的桁架杆件主要承受轴向力。

由于桁架拱兼备了桁架和拱式结构的有利因素,因此能充分发挥材料的受力性能。同时在一般拱桥中,桥面和拱圈之间需要设置传递荷载的拱上结构,现利用拱上结构与拱圈形成桁架,使之整体受力,增强了整体性,节省了材料,减轻了自重。但由于交汇于节点的腹杆易开裂,影响整体刚度和耐久性,因此桁架拱桥的应用范围以20~50m为宜,见图9-7。

5)箱形拱桥

箱形拱桥的外形和板拱相似,由于截面挖空,使箱形拱的截面抵抗矩较相同材料用量的板拱大得多,所以节省材料,又由于它是闭口箱形截面,截面的抗扭刚度大,横向整体性和稳定性均较双曲拱好,特别适用于无支架施工。但由于箱形截面施工复杂,常用于跨径50m以上的拱桥,见图9-8。

图9-7　三门上叶桥——双孔44m钢筋混凝土桁架拱桥,每孔4片拱片

图9-8　万县长江大桥——1997年建成,主跨径420m,是世界跨径最大的劲性骨架混凝土箱形拱

4. 按桥面行车道的位置分

可分为:上承式、中承式和下承式拱桥。

1)上承式拱桥

即桥面行车道位于拱的上部,万县长江大桥就是一座上承式拱桥。

2)中承式拱桥

即桥面行车道位于拱的中部,见图9-9。

3)下承式拱桥

即桥面行车道位于拱的下部,见图9-10。

图9-9　日本神户大桥——中承式

图9-10　下承式拱桥

5. 按静力体系分

可分为:三铰拱、无铰拱、两铰拱和组合体系拱桥。

1)三铰拱

三铰拱属于静定结构,温度变化、基础沉陷等原因引起的变形不会在拱圈截面内产生附加内力。所以在地基条件较差地区建造拱桥时,可以采用三铰拱。但是由于铰的存在,使其构造复杂,施工困难,而且降低整体刚度,因此主拱圈一般不采用三铰拱,而常用于拱上建筑的腹拱圈,见图 9-11a)。

2)无铰拱

无铰拱属于三次超静定结构,在结构重力和外荷载作用下,拱的内力分布比三铰拱好,所以无铰拱的材料用量较三铰拱省。由于没有设铰,整体刚度大,而且构造简单,施工方便。但是它的超静定次数高,温度变化、材料收缩、墩台位移将使拱内产生附加内力。因此,在地基条件比较好的地区建造拱桥时,可以采用无铰拱,是圬工拱桥和钢筋混凝土拱桥中普遍采用的形式,见图 9-11c)。

3)两铰拱

两铰拱属于一次超静定结构,它的特性介于三铰拱和无铰拱之间。由于取消了跨中铰,使结构的整体刚度比三铰拱大。在基础条件差不宜修建无铰拱的地区,可以采用两铰拱,见图 9-11b)。

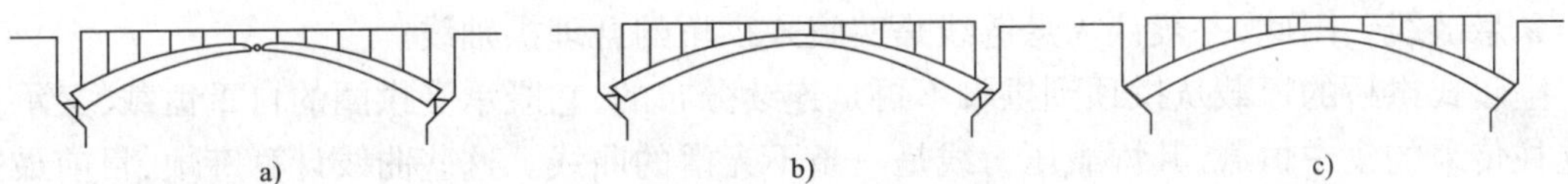

图 9-11　三铰拱、两铰拱、无铰拱

a)三铰拱;b)两铰拱;c)无铰拱

4)拱式组合体系桥

拱式组合体系桥是将主要承受压力的拱肋和行车道梁组合起来共同受力,由拱肋、吊柱或立柱、行车道梁、桥面所组成。根据拱肋和行车道梁的联结不同,可分为有推力和无推力两种。无推力的拱式组合体系桥称为系杆拱,即拱和梁组合的桥跨结构简支或多点支承在墩台上,墩台仅受竖向荷载作用,无需承受水平推力,兼有拱桥的较大跨越能力和简支梁桥对地基适应能力强的两大特点,在我国有较大的发展,尤以江浙一带较为突出。系杆拱除在美观上胜于普通梁桥外,造价上也有较大优势。

系杆拱一般设置竖直吊杆,吊杆的作用是把桥面荷载传递给拱肋,在结构中承受拉力。也有把吊杆布置成斜吊杆的,斜吊杆不仅受拉,还参与主要承重工作,能降低拱肋中的弯矩,比竖直吊杆可省材料 10% ~15%。拱肋在曲面内的稳定性也较好,但构造和施工复杂,因此我国目前采用不多。

世界跨径最大的拱桥是有着“世界第一拱”之称的上海卢浦大桥,建成于 2003 年,为主跨径 550m 的全钢结构中承式系杆拱桥,见图 9-12。

图 9-12　全钢结构中承式系杆拱桥——上海卢浦大桥

6. 按主拱圈所采用的拱轴线形分

可分为:圆弧拱、抛物线拱和悬链线拱。

拱轴线的形状直接影响主拱截面的内力分布与大小,选择拱轴线的原则,也就是尽可能降低由于荷载产生的弯矩值。最理想的拱轴线是与拱上各种荷载的压力线相吻合,这时主拱截面上只有轴向压力,而无弯矩及剪力作用,应力均匀,能充分利用材料强度和圬工材料的良好抗压性能,我们把这样的拱轴线称为合理拱轴线。根据混凝土拱恒载比重大的特点,实际上一般采用恒载压力线作为拱轴线。

1)圆弧拱

线形简单,全拱曲率相同,施工方便,但与实际的恒载压力线有偏离。因此一般用于20m以下的小跨径拱桥。

2)抛物线拱

在均匀荷载作用下,拱的合理拱轴线是二次抛物线。因此,对于恒载分布接近均匀的拱桥,可以采用二次抛物线作为拱轴线。在一些大跨径拱桥中,为了使拱轴线尽量与恒载压力线相吻合,也常采用高次抛物线(三次或四次抛物线)作为拱轴线。

3)悬链线拱

悬链线是一种曲线,它的形状因与两端悬挂的绳子在均匀地引力作用下掉下来的形状相似而得名。悬链线是目前大、中跨径拱桥采用最普遍的拱轴线形。

实腹式拱桥,其单位长度上的恒载是由拱顶向拱脚连续分布、逐渐增大的,其恒载压力线为一条悬链线。因此,一般认为悬链线是实腹式拱桥的合理拱轴线。

空腹式拱桥的恒载从拱顶到拱脚不再是连续分布的,它既承受拱圈的自重恒载,又承受拱上立柱传来的集中恒载,其恒载压力线是一条不光滑的曲线。这些曲线计算麻烦,目前最普遍的还是采用悬链线作为空腹式拱的拱轴线,仅需使拱轴线与恒载压力线在拱顶、跨径1/4点和拱脚五个点相重合,称为“五点重合法”即可。采用悬链线拱轴对空腹拱主拱的受力是有利的。

三、拱桥的组成

拱桥同其他桥梁一样,也是由上部结构及下部结构两部分组成。拱桥上部结构是由主拱圈及其上面的拱上建筑所组成。拱圈是拱桥的主要承重结构。由于拱圈是曲线形,车辆无法直接在弧面上行驶,所以在桥面系与拱圈之间需要有传递压力的构件或填充物,以使车辆能在平顺的桥面上行驶。桥面系和这些传力构件或填充物统称为拱上建筑。

拱桥的下部结构由桥墩、桥台及基础等组成。

拱圈最高处横向截面称为拱顶,拱圈和墩台连接处的横向截面称为拱脚或起拱面,拱圈各横向截面的形心连线称为拱轴线,拱圈的上曲面称为拱背,下曲面称为拱腹,起拱面与拱腹相交的直线称为起拱线,见图9-13。

矢跨比——矢高f与跨径L的比值。当跨径不变,矢跨比越大,即矢高越大,则墩台所受的水平推力越小,当矢跨比为1/2时即半圆拱,水平推力为零,但建筑高度和上部构造的用料增大;矢跨比越小,则拱上建筑体积越小,桥头路基填土高度降低,但推力和附加应力增大。对圬工拱桥矢跨比一般采用1/4~1/8。因此在一些不等跨的拱桥中,为平衡桥墩的水平推力,大跨径用矢跨比较大的拱,以减小推力,小跨径用矢跨比较小的拱,以增大推力,使两相邻的拱在不同恒载作用下的不平衡推力尽量减小。

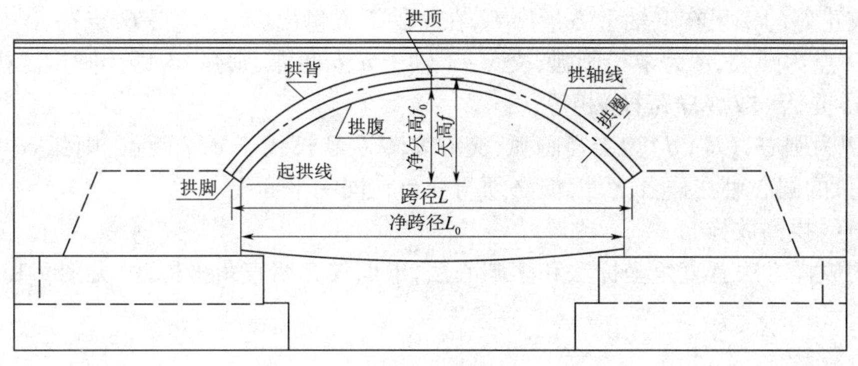

图 9-13　实腹式拱桥上部构造

课题二　有支架施工

一、概述

拱桥的施工方法可以分为有支架施工和无支架施工两类。拱桥的施工方法由拱桥的结构形式、跨径、材料和桥址环境而定，可以说设计决定了施工方法，同时施工技术的发展反过来也影响着设计。长期以来拱桥的建造都依赖于搭设拱架，而塔设拱架一般只适合中小跨径，大跨径拱桥河面较宽，水深流急，拱架较难搭设，并且阻断通航，因而制约了大跨径拱桥的发展。20世纪60年代，拱桥无支架施工方法的采用，使得大跨径甚至超大跨径拱桥的施工成为可能，又提高了拱桥的竞争力。

有支架施工是在桥位上搭设拱架，在拱架上砌筑拱圈石或立模浇筑混凝土，待砂浆或混凝土强度达到后，再卸落拱架。主要用于石拱桥、混凝土预制块砌筑的拱桥及就地浇筑的混凝土拱桥。

无支架施工是指不搭设拱架的各种施工方法的总称，它包括：钢管混凝土、劲性骨架法、缆索吊装法、悬臂法和转体施工法。

二、拱圈及拱架的放样

拱圈是拱桥的主要部分，它的各部分尺寸必须和设计图纸严格吻合，为了做到这一点，最可靠的方法是按设计图先在地上放出1:1的拱圈大样，然后按照大样制作拱架和拱石样板。因此放样工作十分重要，应当做到精确细致。

1. 放样台制作

放样工作必须在平坦结实的样台上进行，才能准确。由于样台应用时间较长，必须保证在施工期间不发生超过容许的变形。样台宜位于桥位附近的平地上，先用碎石或卵石夯实，再铺一层2～3cm厚的水泥砂浆，也可采用三合土地坪。对于左右对称的拱圈，为节约用地，一般只需放出半孔。

2. 拱圈放样

1）圆弧拱圈放样

常用放样方法有圆心推磨法和直角坐标法，下面仅介绍圆心推磨法，见图9-14。

①在样台上用经纬仪放出 $x-x$、$y-y$ 坐标；

②用校正好的钢尺在 y 轴上方量出 f_0，在 y 轴下方量出 $(R-f_0)$ 得 O' 点；

③以 O' 点为圆心，R 为半径画弧，交 $x-x$ 轴于 a、b 两点，则弧 ab 即为圆拱之拱腹线，并用钢尺校核 ab 是否与 L_0（净跨径）相等；

④以 O' 为圆心，$(R+d)$ 为半径画弧，交 $O'a$、$O'b$ 延长线于 c、d 两点，则弧 cd 即为圆弧拱之拱背线，弧的圆心可在样台之外，但必须与样台在同一平面上。

2）悬链线拱圈放样

常用的放样方法有直角坐标法和多圆心法，下面仅介绍直角坐标法，见图 9-15。

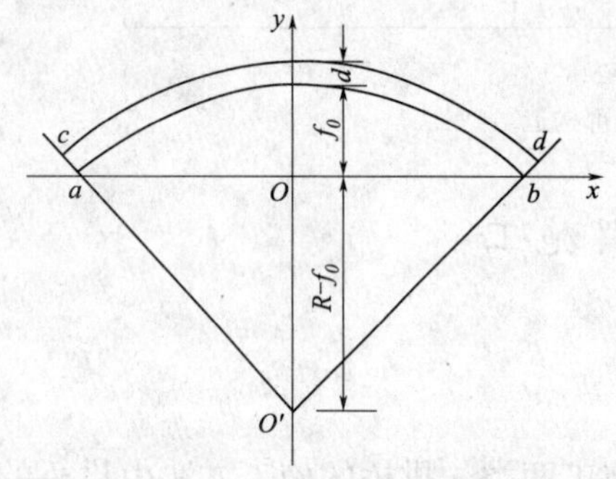

图 9-14　圆心推磨法

图 9-15　直角坐标法

①在样台上，以拱顶为坐标原点，用经纬仪放出 $x-x$ 和 $y-y$ 两轴线和 AA、BB、CC、DD 等辅助线，并校核诸四边对角线是否相等；

②沿 x 轴方向将半跨进行 12 等分，画出 12 个大小一致的矩形；

③在矩形的 y 轴方向，量出各等分点的拱腹、拱轴、拱背坐标 y_1，用铁钉或油漆标出；y_1 坐标可根据等分点的 x 坐标由拱轴线方程计算而得，常用拱轴线方程见表 9-2；

④用 $\phi6\sim\phi8$ 钢筋将拱腹、拱轴、拱背各点圆滑地连接成弧线。

常用拱轴线方程　　表 9-2

拱轴线形	拱轴线方程	拱轴线形	拱轴线方程
圆弧线	$x^2+{y_1}^2-2Ry_1=0$ $x=R\sin\varphi$ $y_1=R(1-\cos\varphi)$ $R=l/2[1/(4f/l)+f/l]$	悬链线	$y_1=f[\mathrm{ch}(k\xi)-1]/(m-1)$ $k=\ln(m+\sqrt{m^2-1})$ $\mathrm{ch}(k\xi)=(e^{k\xi}+e^{-k\xi})/2$ 或 $y_1=$（表 9-3 值）$\times f$
二次抛物线	$y_1=4fx^2/l^2$		

注：x，y_1——以拱顶为坐标原点，拱轴上任意点的横、纵坐标；

f——拱的计算矢高；

l——拱的计算跨径；

R——圆弧拱半径；

φ——圆弧拱任意一点至圆心 O' 的连线与垂线的交角；

m——拱轴系数；

k——与 m 有关的参数；

ξ——横坐标参数，$\xi=x/l_1$，$l_1=l/2$；

$\mathrm{ch}(k\xi)$——双曲余弦。

变截面悬链线无铰拱拱轴坐标 y_1/f 值　　表 9-3

截面号	0	1	2	3	4	5	6	7	8	9	10	11	12
m	拱脚						1/4 跨径						拱顶
1.000	1.000 0	0.840 3	0.694 4	0.562 5	0.444 4	0.340 3	0.250 0	0.173 6	0.111 1	0.062 5	0.027 8	0.007 0	0
1.347	1.000 0	0.833 1	0.683 0	0.549 3	0.431 2	0.328 4	0.240 0	0.166 0	0.105 9	0.059 4	0.026 4	0.006 6	0
1.756	1.000 0	0.825 6	0.671 4	0.535 9	0.417 9	0.316 3	0.230 0	0.158 4	0.100 7	0.056 3	0.024 9	0.006 2	0
2.240	1.000 0	0.818 0	0.659 5	0.522 3	0.404 4	0.304 2	0.220 0	0.150 8	0.095 5	0.053 2	0.023 5	0.005 9	0
2.814	1.000 0	0.810 1	0.647 3	0.508 5	0.390 8	0.292 0	0.210 0	0.143 2	0.090 3	0.050 2	0.022 1	0.005 5	0
3.500	1.000 0	0.801 9	0.634 8	0.494 4	0.377 1	0.279 8	0.200 0	0.135 7	0.085 2	0.047 2	0.020 8	0.005 2	0
4.324	1.000 0	0.793 5	0.622 1	0.480 1	0.363 2	0.267 5	0.190 0	0.128 2	0.080 2	0.044 3	0.019 4	0.004 8	0
5.321	1.000 0	0.784 9	0.609 0	0.465 6	0.349 1	0.255 2	0.180 0	0.120 8	0.075 1	0.041 3	0.018 1	0.004 5	0
6.536	1.000 0	0.775 8	0.595 5	0.450 7	0.334 9	0.242 8	0.170 0	0.113 3	0.070 1	0.038 4	0.016 8	0.004 1	0
8.031	1.000 0	0.766 7	0.581 6	0.435 6	0.320 5	0.230 3	0.160 0	0.106 0	0.065 2	0.035 6	0.015 5	0.003 8	0
9.889	1.000 0	0.756 7	0.567 3	0.420 0	0.305 9	0.217 7	0.150 0	0.098 6	0.060 3	0.032 7	0.014 2	0.003 5	0

注：拱轴图形见图 9-16。

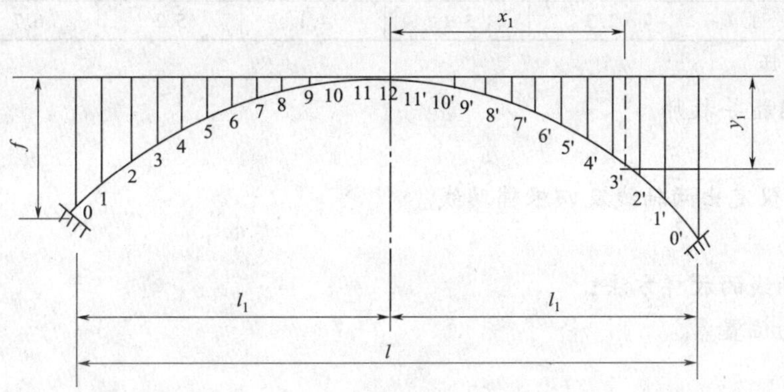

图 9-16　悬链线拱轴坐标计算

附【实训模块】

一、实训项目

拱圈放样。

二、实训目的

通过实训练习，熟悉放样步骤，理解放样要领，掌握放样技能。

三、实训内容

拱圈放样坐标见表 9-4。

$l_0 = 20\text{m}, f_0/l_0 = 1/6, d = 0.65\text{m}, m = 5.321$。

四、实训准备

①场地（放样台）：篮球场。

教学讲解：放样台标准。

②仪器工具：经纬仪、钢尺、花杆和画线工具。

教学讲解：仪器工具要求，仪器检验方法及标准。

五、实训组织与实施

1. 组织

（1）学生分组

4～6人为一组，每两组设一监理组（两人组成）。

拱圈放样坐标（单位：cm） 表9-4

截面号		0	1	2	3	4	5	6
偏角		43°07′	37°57′	32°29′	27°23′	22°45′	18°36′	15°06′
上弧	x'	1 045	957.3	869.6	782.0	694.3	606.9	519.6
	y'	318.5	242.8	180.9	130.3	89.4	56.6	30.2
下弧	x	1 000	917.3	834.7	752.1	669.2	586.1	502.8
	y	365.8	294.0	235.7	188.1	149.4	118.1	93.0
预拱度		0	0	0.1	0.3	0.5	0.8	1.2
截面号		7	8	9	10	11	12	
偏角		11°48′	9°06′	6°9′	4°12′	2°03′	0°00′	
上弧	x'	432.6	345.9	259.3	172.8	86.4	0.00	
	y'	9.5	−6.4	−18.4	−26.2	−31.0	−32.5	
下弧	x	419.4	335.7	251.9	168.0	84.0	0.00	
	y	73.1	57.8	46.4	38.6	34.0	32.5	
预拱度		1.7	2.3	3.1	4.1	5.2	6.7	

（2）指导教师

每两组一名指导教师。

2. 实施

（1）用经纬仪定出两轴线及四根辅助线。

教学讲解：

①第二根轴线的放样方法；

②辅助线的位置。

注意：

①拱顶为坐标原点；

②校核四边对角线是否相等。

（2）在x轴及与x轴平行的辅助线上定出$x(x')$坐标，在相应的连线上量取$y(y')$坐标，并用油漆标出；再量取预拱度坐标，用其他颜色的油漆标出。

教学讲解：坐标量取的方法。

注意：x与x'，y与y'不能混淆。

（3）用钢筋或铁丝将$y(y')$、预拱度坐标圆滑地连接起来，得到相应的拱背线、拱腹线、预拱线。

教学讲解：曲线连接方法。

注意：预拱线与拱腹线的区分。

3. 检查与评定

4. 收尾工作

仪器、工具检查清点与归还；实训场地整理等。

六、实训报告

三、拱架

拱架是有支架施工建造拱桥必不可少的辅助结构，在拱桥的整个施工期间，用以支承拱圈和拱上建筑的重力，并保证拱圈的形状符合设计要求。因此，要求拱架具有足够的强度、刚度和稳定性。同时，拱架又是一种施工临时结构，要求其构造简单，制作容易，节省材料，装卸方便，并能重复使用。

拱架的架设一般从两拱脚开始，合龙于拱顶。拱架的卸落一般从拱顶开始向拱脚对称卸落。

1. 拱架的种类和构造

拱架的种类很多，按使用材料可分为木拱架、竹拱架、竹木拱架、钢拱架、钢木组合拱架、扣件式钢管拱架、斜拉式贝雷平梁拱架等，另外对于小跨径旱桥或季节性河流上的拱桥，还可以采用土牛拱胎施工法，即将土填筑成弧形土胎，利用土胎作为拱架，在其上砌筑拱石或浇筑混凝土，最后再将土清除。

1）木拱架

目前在修建中、小跨径的圬工拱桥时，仍常采用木拱架。木拱架按其构造形式可分为：满布式拱架和拱式拱架。

（1）满布式拱架

满布式拱架是在桥孔中间设有或多或少的支架。它的优点是：施工可靠，技术简单，木材和铁件规格要求较低。缺点是：木材用量大，木材及铁件的损耗率也较高；受洪水威胁大，在水深流急、漂流物较多及要求通航的河流上不能采用。

满布式拱架通常由拱架上部（拱盔）、卸架设备、拱架下部（支架）三部分组成。常用的形式有：排架式和撑架式。

①排架式

排架式拱架上部是由斜梁、立柱、斜撑和拉杆等组成的拱形桁架，下部是由立柱及横向联系（斜夹木和水平夹木）组成的支架，上下部之间放置卸架设备（木楔或砂筒等），见图9-17。

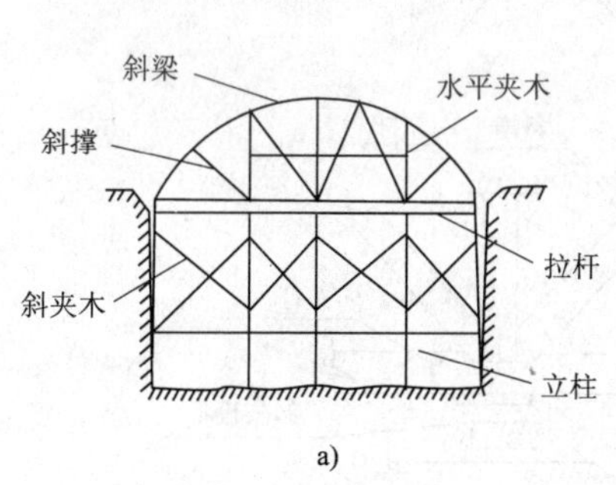

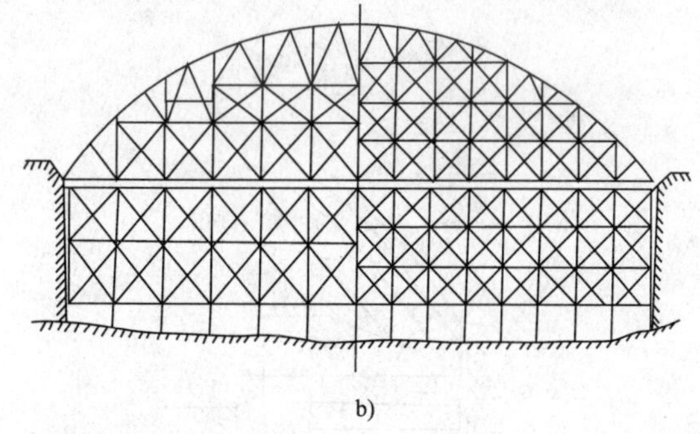

图9-17　排架式木拱架

a）l：8～15m；b）l：40～60m

在斜梁上钉以弧形垫木以适应拱腹的曲线形状，通常将斜梁和弧形垫木合称为弓形木。弓形木支撑在立柱或斜撑上，长度一般为2～3m。在弓形木上设置横梁，其间距一般为0.6～0.7m，上面再纵向铺设4～5cm厚的模板，就可在上面砌筑拱石或作现浇混凝土拱的底模板。当拱架横向的间距较密时，也可不设横梁，而直接在弓形木上面铺设6～7cm厚的模板。

立柱间距按桥梁跨径及承受拱圈重力的不同，一般在1.5～5m之间。拱架在横桥向的间距一般为1.2～1.7m。为了增强横向稳定性，拱架各片之间应设置横向联系（斜夹木和水平夹木）。

排架式拱架的结构简单且稳定性好，但其排架间距小，立柱数目很多，适用于流速小、不受洪水威胁的不通航河流上的桥孔。

②撑架式

撑架式拱架是用少数框架式支架加斜撑来代替数目众多的立柱。木材用量较排架式拱架少,构造上也不复杂,而且能在桥孔下留出适当的空间,减小洪水及漂流物的威胁,并在一定程度上满足通航的要求。因此,它是实际中采用较多的一种形式,见图9-18。

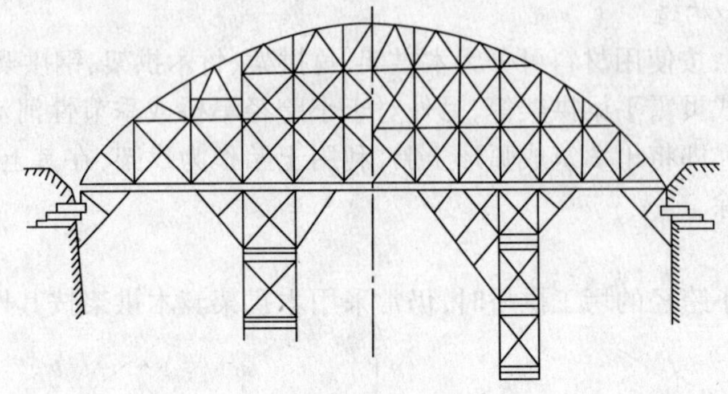

图9-18 撑架式木拱架(l:40~60m)

无论是排架式还是撑架式拱架,都应使构造简单,受力明确,避免采用复杂的节点和接头形式。连接处要紧密,以保证拱架在荷载作用下变形最小,且变形曲线圆滑。满布式拱架常用的节点构造见图9-19。

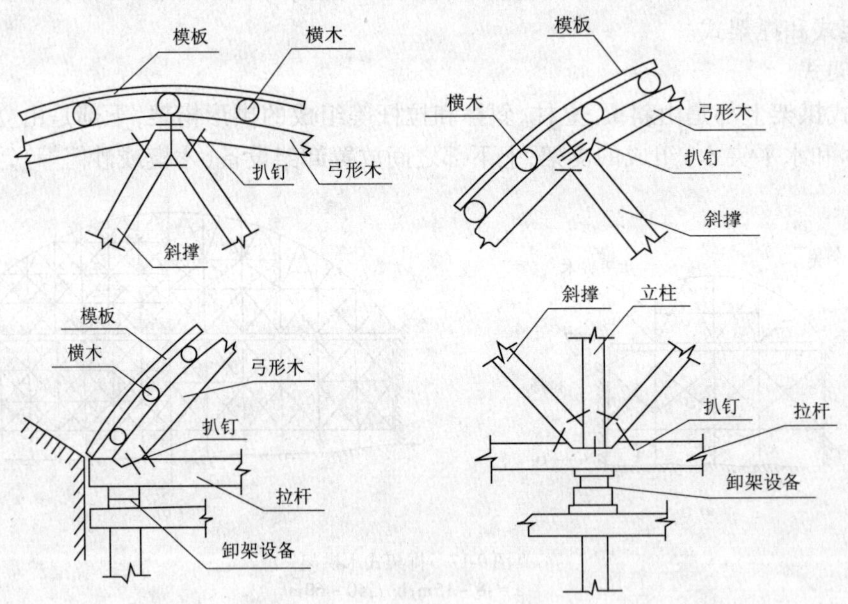

图9-19 满布式拱架的节点构造

支架基础必须稳固,承重后应能保持均匀沉降且沉降量不得超过设计允许范围。

基础为石质时,将表土挖去,立柱根部岩面应凿低、凿平。

基础为密实土时,如施工期间不会被流水冲刷,可采用枕木或铺砌石块做支架基础;如基础施工期间可能被流水冲刷或为松软土质时,需采用桩基、框架结构或其他加固措施,如采用夯填碎石补强,砂砾土用水泥固结,再在其上浇混凝土基座作为支架基础等措施。

(2)拱式拱架

与满布式拱架相比较,拱式拱架不受洪水、漂流物的影响,在施工期间能维持通航,适用于墩高、水深、流急或要求通航的河流。

三铰木桁拱架是拱式木拱架中常用的一种形式，由两片对称的弓形桁架在拱顶拼装而成，两端直接支承在墩台所挑出的牛腿上或紧贴墩台的临时排架上，跨中一般不另设支架，卸架设备一般设在拱端支承处，见图9-20。其材料消耗率低，但要求有较高的制作水平和架设能力。三铰木桁拱架的纵、横向稳定应特别注意。除在结构构造上须加强纵横向联系外，还需设抗风缆索，以加强拱架的整体稳定性。

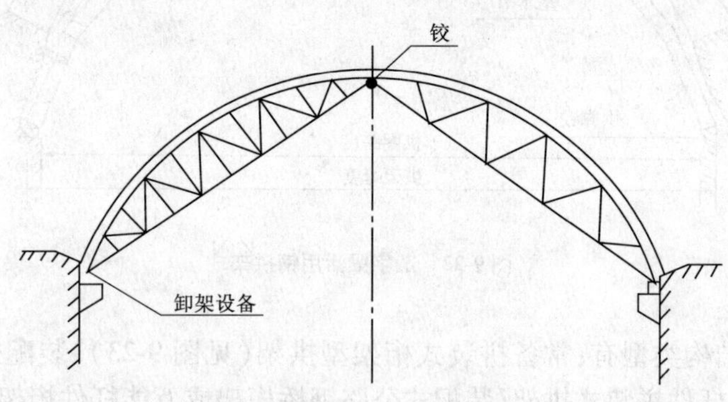

N式三铰木桁拱架　V式三铰木桁拱架

图9-20　拱式拱架的形式

在多跨连拱拱桥的施工中，应考虑与邻孔的对称均衡问题，以防桥墩承受过大的单向推力。拱式拱架在施工时，拱架和拱圈圬工的重力作用在拱桥的墩台上，为避免在砌筑时各孔加载不均，对桥墩造成过大的单向推力，拱式拱架应适当安排各孔砌筑程序，保持各孔对称均匀砌筑；而满布式拱架在施工时，拱架和拱圈圬工的重力是靠支架基础来承受的，拱架卸落后拱圈圬工的重力将由墩台承受，因此满布式拱架应适当安排各孔拱架的卸落程序，保持各孔拱架均衡卸落。

2）钢拱架与钢木组合拱架

（1）工字梁钢拱架

工字梁钢拱架可采用两种形式：一种是有中间木支架的钢木组合拱架，一种是无中间木支架的活用钢拱架。

钢木组合拱架是在木支架上用工字钢梁代替木斜梁，以加大斜梁的跨度，减少支架用量。工字钢梁顶面可用垫木垫成拱模弧形线。但在工字梁接头处应适当留出间隙，以防拱架加载沉降后顶死，见图9-21。

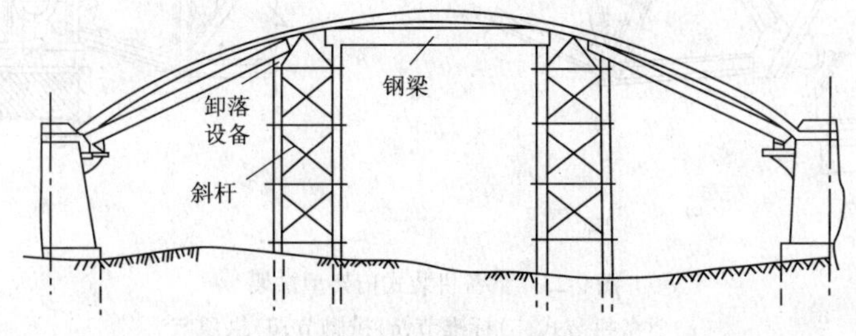

图9-21　钢木组合拱架

工字梁活用钢拱架由基本节和楔形插节连成，构造简单，拼装方便，且可重复使用，适用于施工期间需保持通航、墩台较高、河水较深或地质条件较差的桥孔，见图 9-22。

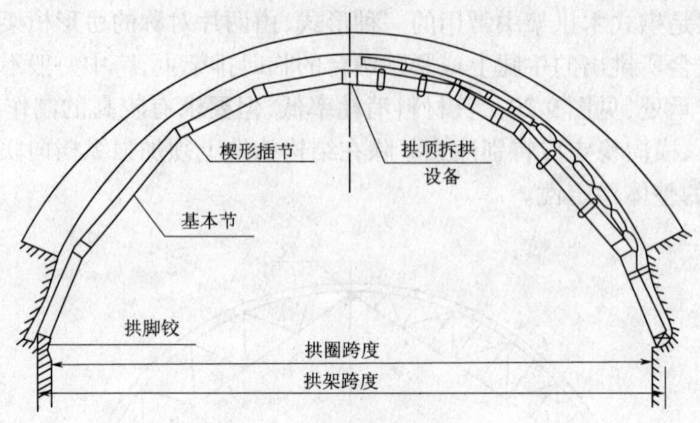

图 9-22　工字梁活用钢拱架

(2) 钢桁架拱架

钢桁架拱架的结构类型有：常备拼装式桁架型拱架（见图 9-23）、装配式公路钢桥桁架节段拼装式拱架、万能杆件拼装式拱架、装配式公路钢桥桁架或万能杆件桁架与木拱盔组合的钢木组合拱架。

钢桁架拱架顺桥向由一至两片拱形桁架构成，横桥向片数视桥宽及受力而定，由纵、横联结联系成整体，可拼成三铰、两铰或无铰拱架。它拆装容易，运输方便，适用范围广，利用效率高，尽管具有一次性投资大、钢材用量较多的缺点，在我国仍得到广泛采用。

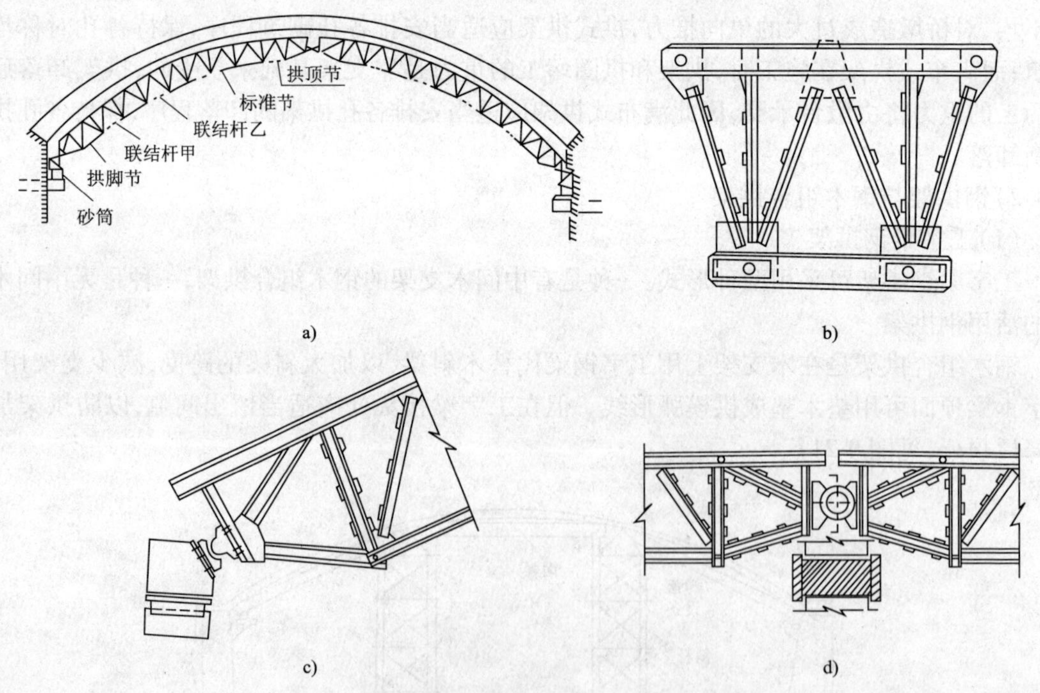

图 9-23　常备拼装式桁架型拱架

a) 常备拼装式；b) 标准节；c) 拱脚节；d) 拱顶节

3) 扣件式钢管拱架

将房建施工用的钢管脚手架移植到拱桥施工中作为拱架，一般有满堂式、预留孔满堂式及立柱式扇形等几种。满堂式钢管拱架用于高度较小，在施工期间对桥下空间无特殊要求的桥孔。预留孔满堂式钢管拱架是在满堂式拱架中利用扣件钢管做成小拱，形成通道，其跨径可达20m左右。预留孔满堂式钢管拱架构造复杂，使用在河流中部水深流急，立杆无法设置，或施工期间有小船、车辆通过的桥孔。立柱式扇形钢管拱架构造更复杂，但可节省钢管，用于拱架很高的情况。它是先用型钢组成立柱，以立柱为基础，在起拱线以上范围用扣件钢管组成扇形拱架。

扣件式钢管拱架一般不分支架和拱盔部分，它是一个空间框架结构，所有钢管通过扣件实现联结，不需卸落设备。钢管直径一般为 ϕ48.25mm、壁厚3.5mm；也有采用 ϕ50mm、壁厚3mm的钢管。扣件式钢管拱架一般由立杆、小横杆（顺水流方向）、大横杆（顺桥轴线方向）、剪刀撑、斜撑、扣件和缆风索组成。立杆是承受和传递荷载给地基的主要受力杆件，纵向间距取1～1.2m，横向间距取0.5～1.1m为宜。大、小横杆起到在纵、横向联结立杆的作用，见图9-24。

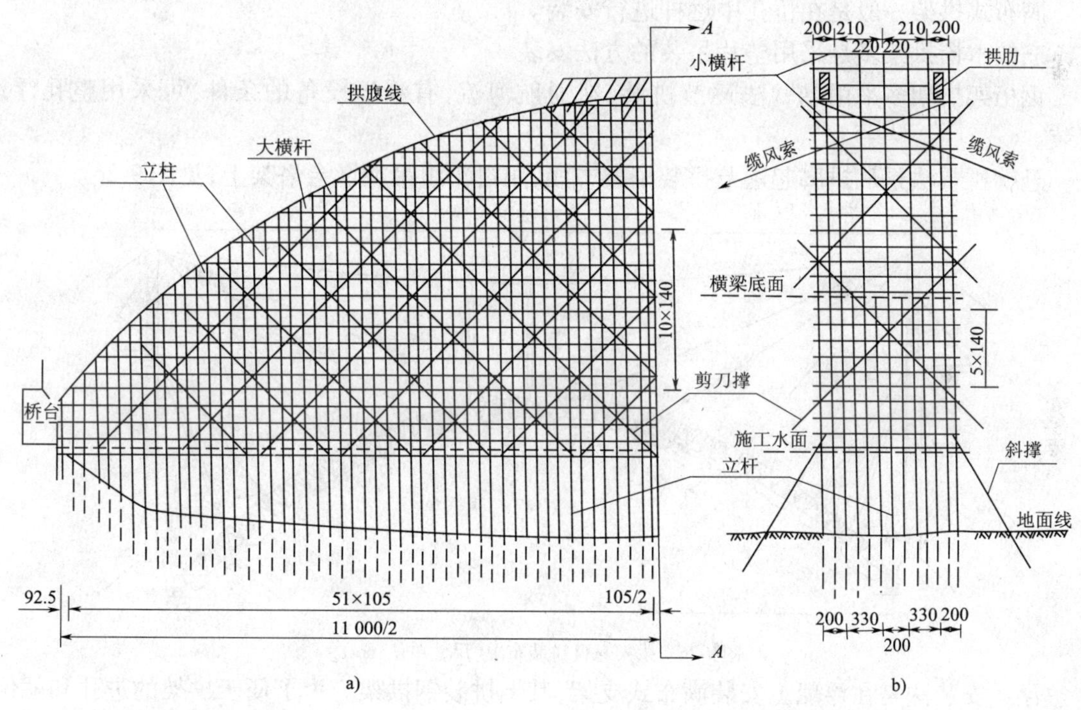

图9-24 满堂式钢管拱架（尺寸单位：cm）

a）半立面（小横杆未全部绘出）；b）*A-A* 断面（大横杆未绘出）

扣件式钢管拱架的安装一般不需要技术工人，常常无正规施工设计图纸，安装工具仅需扳手。一般由两拱脚开始，全拱圈宽度推进，合龙于拱顶处。这种拱架所需杆件轻，运输方便，搭设进度快，但施工时注意立杆要垂直打入土中，所有扣件要求拧紧，严防松滑。

4）斜拉式贝雷平梁拱架

一般应用在几跨连续施工的情况，在距边墩一定距离处设置临时墩，在中间墩墩顶各设一个塔柱，塔柱顶端伸出斜拉杆拉住贝雷平梁，平梁上设拱盔，形成几孔连续的斜拉式贝雷平梁拱架结构，见图9-25。

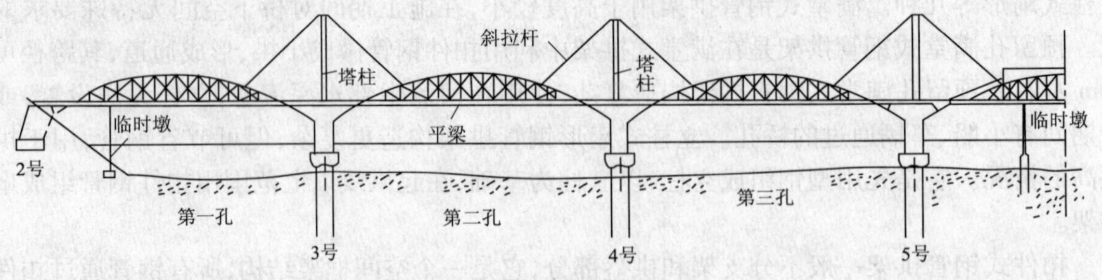

图 9-25　斜拉式贝雷平梁拱架

2. 拱架的安装

为了使拱架具有准确的外形及各部尺寸，在制作拱架前，一般要在样台上放出拱架大样。应注意：放出的拱架大样应计入预拱度。放出大样后，就可以制作杆件的样板，以便按样板进行杆件的加工。杆件加工完毕，一般须进行试拼 1～2 片，根据试拼情况，再对构件作局部修改后，即可在桥孔中进行安装。

满布式拱架一般是在桥孔中逐杆进行安装。

三铰木桁拱架多是采用整片吊装的方法安装。

钢桁架拱架多采用悬臂法逐节拼装，在通航河流，有浮运设备的条件，可采用整孔浮运安装。

悬臂拼装法是从拱脚起逐节拼装桁架节段，用滑车组吊在墩台塔架上，见图 9-26。

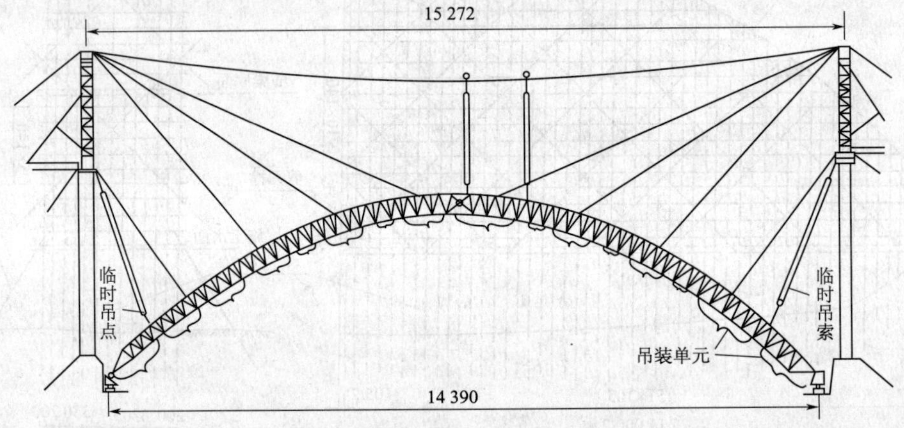

图 9-26　拱架悬臂拼装布置(尺寸单位:cm)

浮运安装法是在浮船上安装满布式支架，其上拼装钢拱架。为了便于拱架的进孔和就位，拱架拼装时的矢高应稍大于设计矢高，在拱架进孔后，用挂在墩台上的大滑车和放置于支架中部的千斤顶来调整矢高，并用水压舱，以降低拱架，使拱架逐渐就位，见图 9-27、图 9-28。

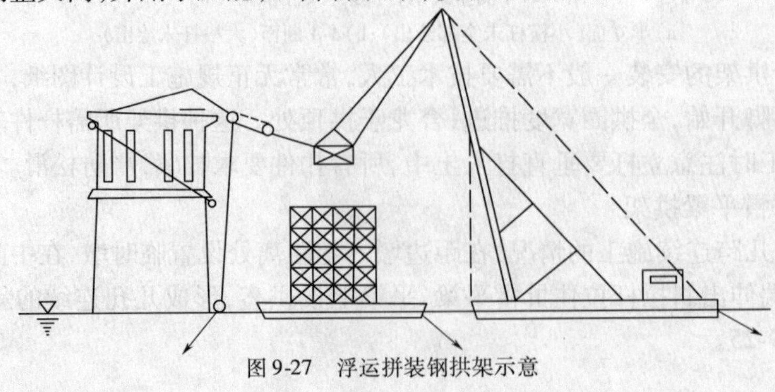
图 9-27　浮运拼装钢拱架示意

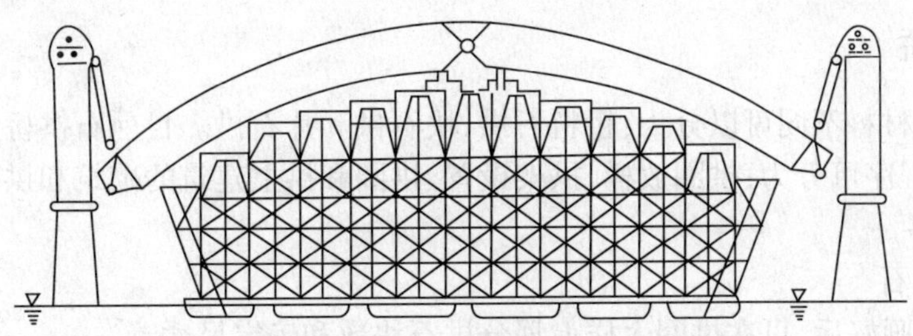

图 9-28　钢拱架浮运安装就位示意

拱架安装好后，其轴线和高程等主要技术指标应符合设计要求。拱架上用于拼装或浇筑拱圈的垫木或底模的顶面高程误差不应超过 +20mm、-10mm。而纵轴的平面位置偏差不应大于跨径的 1/1 000，并不应超过 30mm。

3. 卸拱架

拱架在拱圈砌筑或现浇期间，支承拱圈的全部重力，须待砂浆或混凝土达到一定强度后方可拆除拱架。为使拱架所支承的重力逐渐转移到由拱自身来承受，切忌将拱架突然拆除，或仅将其某一部分拆除。为此，在安装拱架时，必须预先将卸架设备安放在适当位置，如在满布式拱架中，安放在拱盔立柱下面；在拱式拱架中则安放在拱铰的位置上。

拱圈砌筑或现浇混凝土完毕，待达到一定强度后方可拆除拱架。对于石拱桥，待砂浆强度达到设计强度的 70% 后方可拆除，当跨径在 20m 以内，一般为拱圈砌筑完成后 20 天；当跨径大于 20m，一般为拱圈砌筑完成后 30 天。对于混凝土拱桥，待混凝土强度达到设计强度的 75% 后方可拆除。

常用的卸架设备有木楔、砂筒和千斤顶。

1）木楔

木楔有简单木楔和组合木楔两种形式。

（1）简单木楔

由两块 1∶6～1∶10 斜面的硬木楔形块组成。落架时，用锤轻轻敲击木楔小头，将木楔取出，拱架下落。它的构造最简单，但缺点是敲出时振动较大，易造成下落不均，可用于中、小跨径拱桥，见图 9-29a）。

（2）组合木楔

由三块楔形木和一根拉紧螺栓组成。卸架时，只需扭松螺栓，木楔徐徐下降，拱架逐渐降落。它的构造简单而完善，可用于 40m 以下的满布式拱架和 20m 以下的拱式拱架，见图 9-29b）。

2）砂筒

砂筒一般用钢板制成，筒内装以烘干的砂子，上部插入活塞（木制或混凝土制）。卸落是靠砂子从筒下部的预留泄砂孔流出，因此要求筒内的砂子干燥、均匀、清洁。砂筒与活塞间用沥青填塞，以免砂子受潮而不易流出。由砂子泄出量来控制拱架的卸落高度，这样就能通过泄砂孔的开与关，分数次进行卸架，并能使拱架均匀下降而不受振动，使用效果良好，多用于 50m 以上的满布式拱架和 30m 以上的拱式拱架，见图9-29c）。

3）千斤顶

采用千斤顶降落拱架常与拱圈调整内力同时进行。一般在拱顶预留放置千斤顶的缺口，千斤顶用来消除混凝土的收缩、徐变以及弹性压缩的内力和使拱圈脱离拱架。

四、石拱桥

根据所用的材料不同可以分为:粗料石拱、块石拱和片石拱。目前石拱桥主要采用拱架施工法,上部施工程序可分为:拱圈放样、拱架设置、拱圈和拱上建筑的砌筑和拱架卸落。

1．拱石规格

1)粗料石拱石

拱圈的弧线画好后,可在拱圈大样上划分拱石块数和确定尺寸。

(1)粗料石拱石的形状和尺寸应符合的规定

①当拱圈曲线半径较大时,拱石可做成矩形;曲线半径较小且辐射缝上下宽度相差超过30%时,拱石应做成楔形;

②厚度 t_1 不小于 20cm,见图 9-30;

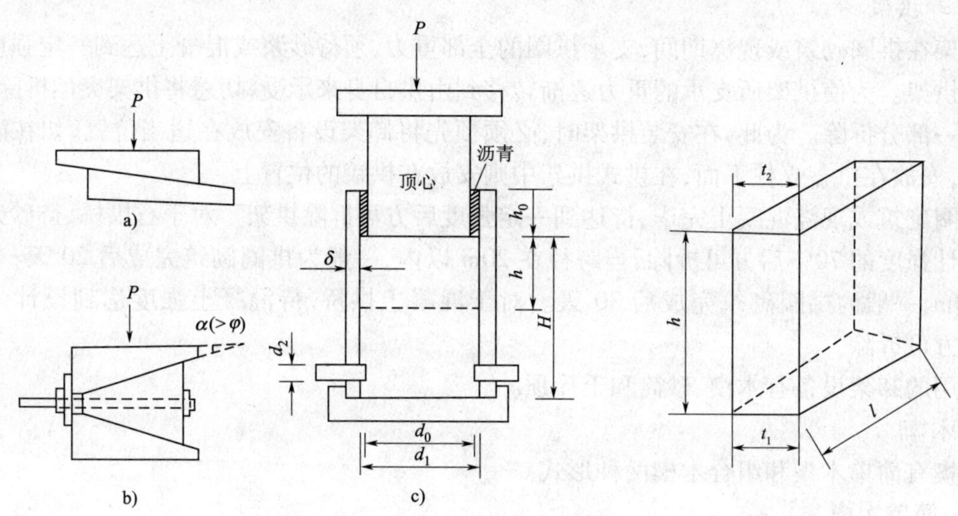

图 9-29　卸架设备

a)简单木楔;b)组合木楔;c)砂筒

图 9-30　粗料石拱石规格

③高度 h 应为最小厚度 t_1 的 1.2～2 倍,以使上下拱石相互错缝搭接 15～20cm;

④长度 l 应为最小厚度的 2.5～4 倍,一般为 50～70cm。

(2)粗料石拱石的放样与编号

划分拱石前,应首先决定拱石厚度及砌缝宽度。拱石厚度通常以 30～40cm 较为合适,尺寸过大,会给搬运带来不便;过小,则块数太多,开采、砌筑所需劳动力及砂浆用量均增多。砌缝宽度一般在 1～2cm 之间。砌缝过宽,将降低砌体强度,增加砂浆用量;砌缝过窄,砂浆不易灌注饱满,影响砌体质量。

根据确定的拱石厚度和砌缝宽度,即可沿拱圈内弧用钢尺定出每一砌缝中点,再经此点顺相应的内弧半径方向画线,即可定出外弧线上的砌缝中点。连接内、外弧砌缝中点,垂直此线向两边各量出缝宽的一半,画线,即得砌缝边线。然后根据要求的高度和错缝长度可划分全部拱石。拱石划分后,应立即编号,见图 9-31。拱石编号后,还要依样台上拱石的尺寸,做成样板,写明各边尺寸、号码、长度、块数。样板可用木板和镀锌铁皮制成。

当用块石和片石砌筑时,石料的加工程序大为简化,无须制作样板和按样加工,只需对所开采的石料进行挑选,将较好的留作砌筑拱圈,并在安砌时稍加修凿。

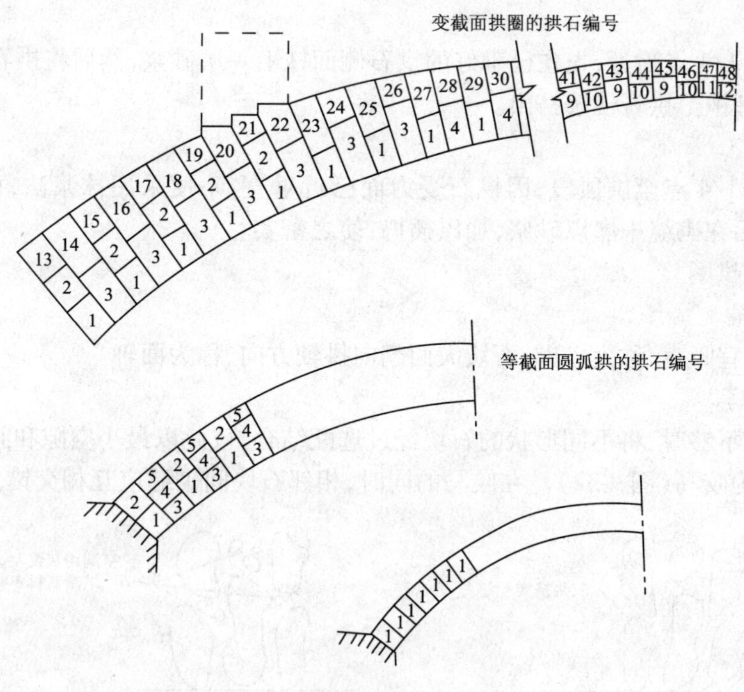

图9-31　拱石的编号

2）块石拱石

块石形状应大致方正，上下面大致平整，厚度为20～30cm，宽度约为厚度的1～1.5倍，长度约为厚度的1.5～3倍。

3）片石拱石

片石应具有两个较大的平行面，且厚度不小于15cm。

4）混凝土预制块拱石

规格应与粗料石相同，强度不低于C25，预制块应在拱圈合龙前2～4个月预制，以减少混凝土的收缩变形对拱圈的影响。

2. 砂浆和小石子混凝土

砌筑拱圈用的砂浆，一般宜为水泥砂浆，大、中跨径拱桥其强度等级不得小于M7.5，小跨径拱桥不得小于M5。砂子宜选用中砂或粗砂，砂浆必须具有良好的和易性，石砌体砂浆稠度以标准圆锥体沉入深度表示，宜为4～7cm。

为了节省水泥，在有条件的地方，可以用小石子混凝土代替砂浆砌筑片石或块石拱，其砌体强度比用同强度等级水泥砂浆砌筑的砌体强度高，而且一般可以节省水泥用量1/4～1/3。小石子混凝土的粗集料可采用细卵石或碎石，最大粒径不宜大于2cm，拌和料应具有良好的和易性和保水性，片石砌体的坍落度宜为5～7cm，块石砌体宜为7～10cm。

3. 拱圈的砌筑工艺

1）块、料石拱圈

（1）坐浆法

适用于拱脚至跨径1/4点段，或其余各段上下环的砌缝上。砌筑时，先在底块拱石面上铺一层厚薄均匀的砂浆，然后将上面的拱石压下，利用石料的自重将砂浆压实，并在灰缝上加以插捣，锤击拱石，直至灰浆表面出现水膜为止。

(2)抹浆法

适用于跨径 1/4 点附近,先在已砌好的拱石侧面抹上一层砂浆,然后将拱石抹浆的侧面用手挤压,并用木锤锤击拱石使浆挤出。

(3)灌浆法

适用于跨径 1/4 点至拱顶段,因拱石受力面已近垂直,不便采用抹浆法,而改为灌浆法。先安砌拱石,然后在砌缝中灌以砂浆,加以插捣,使之密实。

2)浆砌片石拱圈

(1)立砌面轴

砌筑时石块宜竖直,称为立砌;石块大面朝向拱轴方向,称为面轴。

(2)错缝咬马

当拱石高度不够时,将不同形状的石块经过选配结合,彼此以最小空隙和间距相互衔接嵌挤成一整体,称为咬马(图 9-32)。在咬马的同时,相邻石块间砌缝应互相交错。

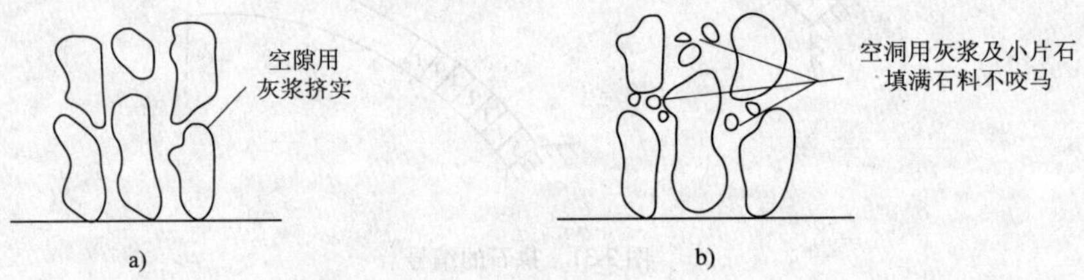

图 9-32 错缝咬马

a)正确的砌法;b)错误的砌法

(3)嵌缺平修脚

将大石块之间的空隙,以适当大小的石块及砂浆填塞,称为嵌缺。片石拱圈靠拱腹的一面,可略加锤改、打平,并用砂浆及大小适宜的石块填补缺口,称为平修脚(图 9-33)。

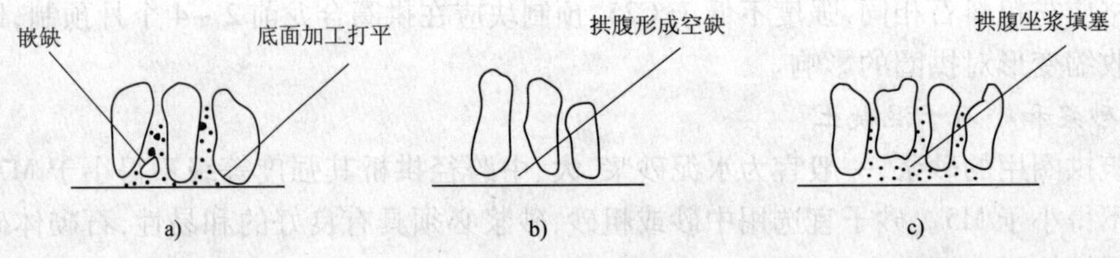

图 9-33 嵌缺平修脚

a)正确;b)不正确;c)不正确

(4)宁高勿低

用片石砌筑拱圈,拱圈厚度不易掌握,因此,砌筑时拱石可略高于拱背线,以保证拱圈的有效截面。

4. 拱圈的砌筑方法和顺序

砌筑拱圈时,为了保证在整个施工过程中拱架受力均匀,变形最小,使拱圈的质量符合设计要求,必须选择适当的砌筑方法和顺序。

预加压力砌筑法是在砌筑前,在拱架上预加一定重力,可以有效地预防拱圈产生不正常的变形和开裂。压重材料可以利用砌筑拱圈所用的拱石,加压顺序应与计划砌筑拱圈的顺序一致。砌筑时,应尽量利用附近压重拱石就地安砌,随拆随砌,使拱架保持稳定。

1）按顺序对称连续砌筑

跨径13m以下的拱圈，当采用满布式拱架砌筑时，可按拱圈的全宽和全厚，由两拱脚对称均衡地向拱顶砌筑，最后砌拱顶石合龙，应争取以最快的速度施工，使在拱顶合龙时，拱脚处砌缝中的砂浆尚未凝结。

2）分段砌筑

当跨径较大时，如果再采用连续砌筑的顺序，则在砌筑拱脚一段时，必然因拱石重力而使该段拱架下沉，拱顶部则受两边拱石重力的挤压而向上拱起，见图9-34a）；当连续砌筑到拱顶时，拱顶部拱架转为下沉，拱跨 $L/4$ 处拱架拱起，见图9-34b），使拱圈轴线偏离设计拱轴线过多，增加拱圈内力或引起灰缝开裂，所以一般采用分段砌筑法，即全拱分为数段，同时对称砌筑，以保持拱架受力平衡。

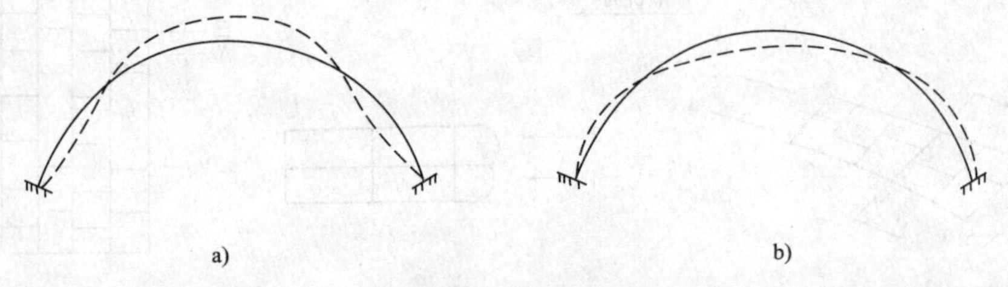

图9-34　拱架变形

跨径在13～25m的拱圈、采用满布式拱架砌筑以及跨径在10～25m的拱圈、采用拱式拱架砌筑时，可采取每半跨分成三段的分段对称砌筑方法。分段位置一般在跨径1/4点及拱顶（3/8点）附近，每段长度不宜超过6m。砌筑顺序如图9-35所示，先对称地砌Ⅰ段和Ⅱ段，后砌Ⅲ段。

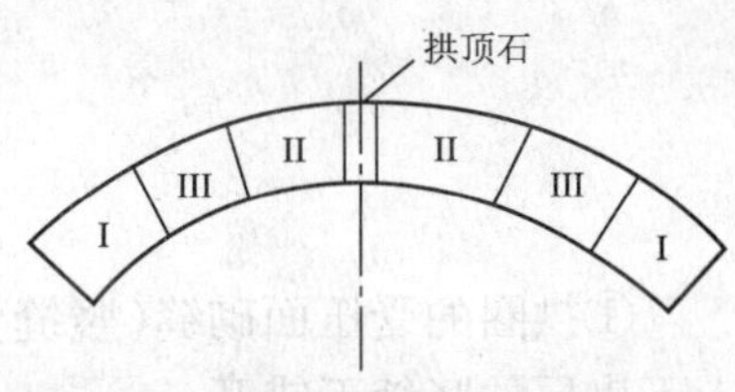

图9-35　跨径小于25m的拱圈分段砌筑顺序

跨径大于25m的拱圈，在两半跨各分成若干段，均匀对称地砌筑，每段长度一般不超过8m。

拱圈分段砌筑时，各段间应预留空缝，以防止拱圈因拱架变形而开裂，并起部分预压作用。

分段砌筑拱圈时，如拱段倾斜角大于拱石与模板间的摩擦角约20°，则拱段将沿切线方向产生一定的滑动。为了防止拱段向下滑动，必须在拱段下方临时设置分段支撑。分段支撑的构造应按支撑强度的要求确定。支撑强度较大时，应制成三角支撑形式，并支撑于拱架上。较平坦的拱段，可简单地用横木、立柱、斜撑木等支撑于拱架或模板上。分段支撑的设置见图9-36。

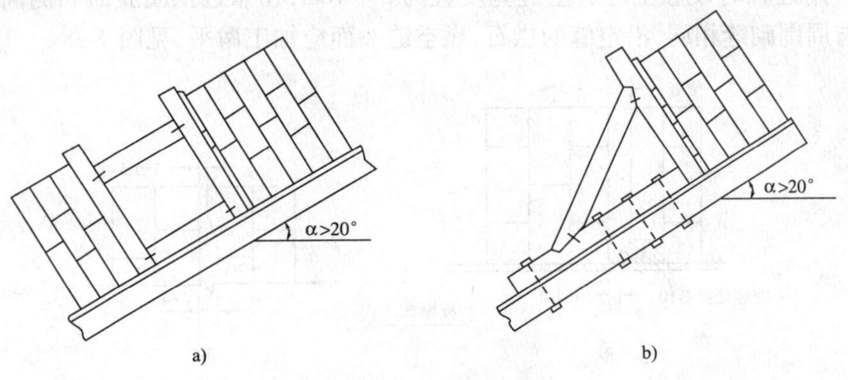

图9-36　分段支撑

a）支撑支顶在下一拱段；b）三角支撑支顶在模板上

3）分环分段砌筑

跨径较大的石拱桥，当拱圈厚度较大、由3层以上的拱石组成时，可将全部拱圈厚度分成几环砌筑，每一环可分为若干段对称、均衡地砌筑，砌一环合龙一环。当下环砌筑完并养护数日后，砌缝砂浆强度达到设计强度的75%以上时，再砌筑上一环。按此方法砌筑拱圈时，下环可与拱架共同负担上环的重力，因而可减轻拱架的荷载，节省拱架材料且保证施工安全。

5. 拱圈砌缝和空缝

1)砌缝

采用砂浆砌筑拱圈时：粗料石砌缝宽度一般为1～2cm；混凝土预制块砌缝宽度不应大于1cm；块石砌缝宽度为1～3cm；片石砌缝宽度为1～4cm。

采用小石子混凝土砌筑拱圈时：片石砌缝宽度为4～7cm，块石砌缝不应大于5cm。

根据受力需要，砌缝在构造上应满足以下要求，见图9-37。

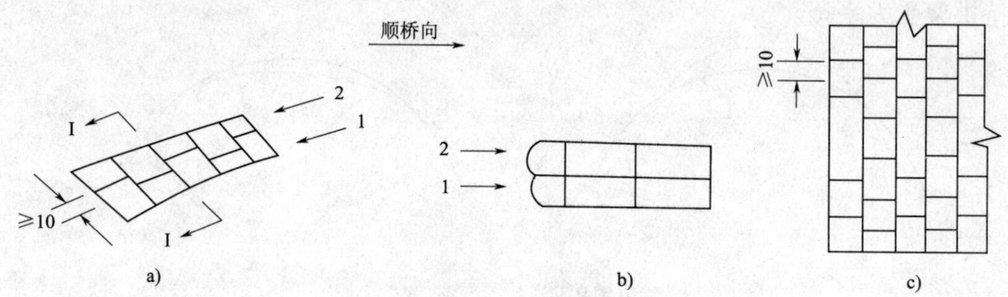

图9-37　拱圈错缝(尺寸单位：cm)

a)拱立面；b)Ⅰ-Ⅰ截面；c)拱底面

1-下层；2-上层

①拱圈的受压面砌缝(竖缝)应成辐射且与拱轴线垂直，这种辐射向砌缝一般为通缝，即上下砌层的竖缝不错开。

②当拱圈厚度不大时，可采用单层拱石砌筑；当拱圈厚度较大时，可采用多层拱石砌筑，但相邻两排的各层砌缝，包括横缝和竖缝，必须相互错开(同一排内上下层砌缝可不错开)，错开间距不小于10cm。

2)空缝

(1)空缝的设置

砌筑拱圈时，应在拱脚、拱顶石两侧、分段点等部位临时设置空缝；小跨径拱圈不分段砌筑时，应在拱脚附近临时设置空缝。空缝宽度宜为3～4cm，在靠近拱圈底面和侧面10cm范围内，缝宽应与周围砌缝相同，沿空缝的拱石，靠空缝一面应加工凿平，见图9-38。

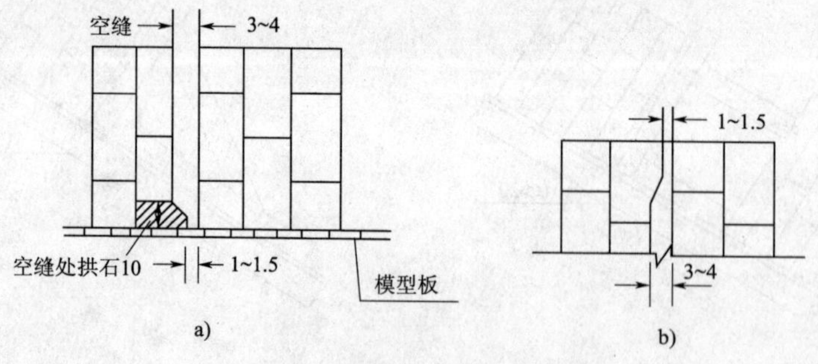

图9-38　空缝的设置(尺寸单位：cm)

a)纵剖面；b)俯视图

(2)空缝的垫隔

为保证在砌筑拱圈过程中，空缝的宽度和形状不发生改变，同时能将上侧拱段压力传到下侧拱段，应在空缝中设置坚硬垫块。垫块可采用铁条或水泥砂浆预制块。

(3)空缝的填塞

空缝的填塞应在所有拱段砌完，且砌缝砂浆强度达到设计强度的70%后，宜在一天中较低温度时进行。对于各种跨径的拱圈，都可采用各空缝同时填塞的顺序。对于16m以下的较小跨径拱圈，可采用从拱脚向拱顶对称逐条填塞的顺序。

填塞空缝可用M20以上或体积比为1:1、水灰比为0.25的半干砂浆填塞，砂子宜选用细砂。填塞应分层进行，每层约厚10cm，每层可用插钎捣筑直至表面露出水珠。当须加大挤压力时，可在空缝填满后用木槌或木夯夯捣砂浆。

6. 拱圈合龙

1)安砌拱顶石合龙

砌筑拱圈时，常在拱顶预留一合龙口，在各拱段砌筑完成后安砌拱顶石完成拱圈合龙。为防止拱圈因温度变化产生过大的附加应力，拱圈合龙应按设计规定的温度和时间进行。如设计无规定，拱圈合龙宜选择在接近当地年平均温度或5~15℃时进行。分段砌筑的拱圈应待填塞空缝的砂浆强度达到设计强度的50%后进行。

2)刹尖封拱

对于小跨径拱圈，为提高拱圈应力和有利于拱架的卸落，可采用刹尖封顶完成拱圈合龙。刹尖封顶应在拱圈砌缝砂浆达到设计强度的70%后方可进行。

此法是：在砌筑拱顶石前，先在拱顶缺口中打入若干组木楔，使拱圈挤紧、拱起，然后嵌入拱顶石合龙。刹尖木楔须用硬木制作，每组木楔由三块硬木组成，槌击木楔可用木槌或木夯，槌至拱圈脱离拱架、不再有显著拱起为止。槌击完成后，立即在木楔组与组之间空挡中嵌入拱顶石，用稠砂浆挤紧、塞严。第一批拱石嵌入后即可移出木楔，在其空档内嵌入第二批拱顶石，完成拱圈合龙。

五、钢筋混凝土拱圈(或拱肋)的就地浇筑

1. 拱圈(或拱肋)的浇筑

1)连续浇筑

跨径小于16m的拱圈(或拱肋)混凝土，应按拱圈全宽度、自两端拱脚向拱顶对称地连续浇筑，并在拱脚处混凝土初凝前全部完成。如预计不能在限定时间内完成，则须在拱脚处预留一个隔缝，并最后浇筑隔缝混凝土。

2)分段浇筑

跨径≥16m的拱圈(或拱肋)，为避免拱架变形而产生裂缝以及减小混凝土的收缩应力，应采用分段浇筑的施工方法。分段长度一般为6~15m。分段位置确定的原则应使拱架受力对称、均匀，并使拱架变形小。因此，在拱架支点、节点处，拱顶、拱脚等处，一般宜设置分段点并适当预留间隔缝。间隔缝的宽度一般为50~100cm，以便于施工操作和钢筋连接。为缩短拱圈合龙和拱架拆除的时间，间隔缝内的混凝土强度可采用比拱圈高一等级的半干硬性混凝土。各段的接缝面应与拱轴线垂直。

分段浇筑应对称于拱顶进行，使拱架变形保持对称均匀和尽可能地小。填充间隔缝混凝土，应由两拱脚向拱顶对称进行。拱顶及两拱脚间隔缝应在最后封拱时浇筑。间隔缝混凝土应在拱圈分段混凝土强度达到70%设计强度后进行，封拱合龙温度应符合设计要求，如设计无规定时，一般宜在接近当地的年平均温度或在5~15℃之间进行。

3)分环、分段浇筑

大跨径拱桥一般采用箱形截面的拱圈(或拱肋),为减轻拱架负担,一般采取分环、分段的浇筑方法。分段的方法与上述相同。

分环的方法一般有两种。

(1)分成两环浇筑

先分段浇筑底板(第一环),然后分段浇筑腹板、隔墙板及顶板混凝土(第二环)。

(2)分成三环浇筑

先分段浇筑底板(第一环),然后分段浇筑腹板和隔墙板(第二环),最后分段浇筑顶板(第三环)。

分环、分段浇筑时,拱圈(或拱肋)的合龙方法有两种:一种是采取分环填充间隔缝合龙;另一种是全拱圈(或拱肋)浇筑完成后,最后一次填充间隔缝合龙。采取分环填充间隔缝合龙时,已合龙的环层可起到拱架作用。在浇筑后一环混凝土时,可减轻拱架的负担,但施工工期较一次合龙的方法长。采用最后一次合龙时,拱圈(或拱肋)仍必须一环一环地分段浇筑,但不是浇完一环合龙一环,而是在最后一环混凝土浇完后,一次填充各环间隔缝完成拱圈(或拱肋)的合龙。因此,采用这种合龙方法时,上下环的间隔缝位置应互相对应和贯通,其宽度一般为2m左右,有钢筋接头的间隔缝一般为4m左右。

图9-39为箱形截面拱圈采用分环、分段浇筑方法的例子。

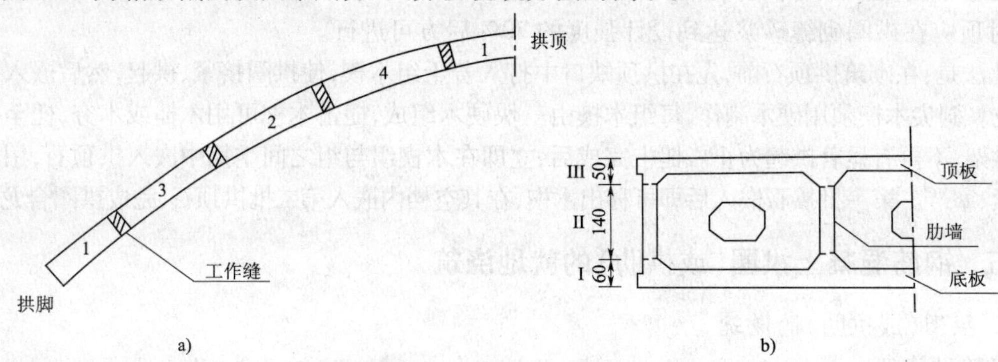

图9-39 箱形截面拱圈分环、分段浇筑的施工程序(尺寸单位:cm)

a)分段方法;b)分环方法

2. 拱圈(或拱肋)钢筋的绑扎

1)拱脚钢筋预埋

钢筋混凝土无铰拱拱圈(或拱肋)的主钢筋一般需伸入墩台内,因此在浇筑墩台混凝土时,应按设计要求的位置和深度将钢筋端头预埋入混凝土中。

2)钢筋接头的布置

为适应拱圈(或拱肋)在浇筑过程中的变形,拱圈(或拱肋)的主钢筋或钢筋骨架一般不使用通长钢筋,而在适当位置的间隔缝中设置钢筋接头,且最后浇筑的间隔缝必须设钢筋接头。

图9-40为主钢筋接头位置布置示意图,有"＊"符号处为有主钢筋接头的间隔缝。

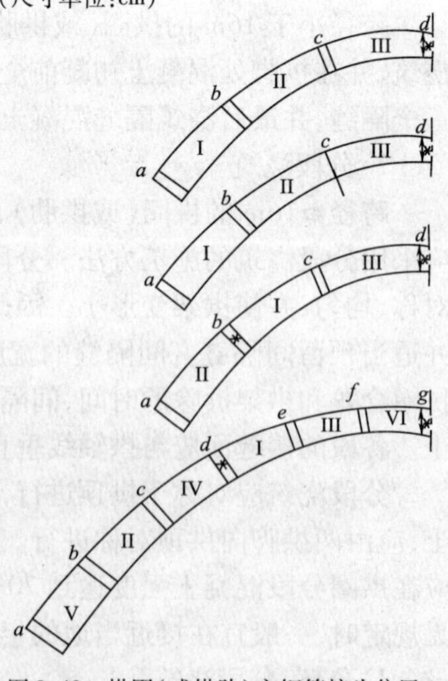

图9-40 拱圈(或拱肋)主钢筋接头位置

3)钢筋绑扎顺序

分环浇筑拱圈(或拱肋)时,钢筋可分环绑扎。分环绑扎时各种预埋钢筋应予临时固定，并在浇筑混凝土前进行检查和校正。

课题三　无支架施工

无支架施工的方法主要有两大类。

第一种实质上就是靠体内支架进行施工，包括：钢管混凝土和劲性骨架法。钢管混凝土是在薄壁圆形钢管内填充混凝土，形成"骨包肉"的结构；而劲性骨架法是在劲性骨架上，系吊吊篮逐段浇筑混凝土，形成"肉包骨"的结构。钢管或型钢既是拱圈的组成部分，又是施工时的临时拱架。可以预见，以上两种桥型有可能使拱桥的最大跨度达到甚至超过斜拉桥。

第二种是靠机械设备完成架设，包括：缆索吊装法、转体施工法和悬臂施工法。缆索吊装法是通过设置吊运天线来完成预制拱圈节段的纵向与竖向运输，从而完成拱圈拼装。转体施工法是在两岸现浇半拱，然后绕拱座作水平或竖直转动合龙成拱。悬臂施工法是自拱脚开始采用悬臂浇筑或拼装逐渐形成拱圈至拱顶合龙成拱，对拱圈合龙前的悬臂状态则用斜拉索进行挂扣。

一、钢管混凝土拱桥

采用钢管混凝土修建大跨径拱桥可以简化施工。该法首先采用转体施工或无支架缆索吊装钢管拱圈，然后在钢管内填充混凝土，待混凝土达到设计强度后即形成最终结构，避免了大量的高空施工作业。钢管混凝土拱桥施工的关键是钢管拱圈加工（特别是焊接和钢管表面防护）、管内混凝土的浇筑以及施工监控等。

1. 钢管混凝土的优缺点

钢管混凝土是在薄壁圆形钢管内填充混凝土而形成的一种复合材料，它一方面借助内填混凝土增强钢管壁的稳定性，同时又利用钢管对核心混凝土的套箍作用，使核心混凝土处于三向受压状态，从而使其具有更高的抗压强度和抗变形能力。钢管混凝土本质上属于套箍混凝土，因此，除具有一般套箍混凝土的强度高、塑性好、质量轻、耐疲劳、耐冲击外，尚具有以下几方面的独特优点。

①钢管本身就是耐侧压的模板，因而浇筑混凝土时，可省去支模、拆模等工序，并可适应先进的泵送混凝土工艺。

②钢管本身就是钢筋，它兼有纵向钢筋和横向箍筋的作用，既能受压，又能受拉。

③钢管本身又是劲性承重骨架，在施工阶段可起劲性骨架的作用，在使用阶段又是主要的承重结构，因此可以节省脚手架，缩短工期，降低工程造价。

④在受压构件中采用钢管混凝土，可大幅度节省材料。理论分析和工程实践都表明，钢管混凝土与钢结构相比，在保持结构自重力相近和承载力相同的条件下，可节省钢材约50%，焊接工作量显著减少；与普通钢筋混凝土相比，在保持钢材用量相当和承载能力相同的条件下，可减少构件横截面积约50%，混凝土和水泥用量以及构件自重也相应减少一半。

⑤钢管混凝土具有刚度大、承载能力大、质量轻等优点，这些优点与桥梁转体施工工艺相结合，可以解决转体质量大和转体结构强度、刚度的矛盾。据计算，对跨度500m的钢管混凝土拱桥采用无平衡重转体施工，所需的扣索拉力和锚碇系统受力为4 000kN，刚好与跨度200m的钢筋混凝土箱形拱桥涪陵乌江大桥相当。

钢管混凝土的缺点：一是钢管一旦膨胀，混凝土脱空；二是泵送混凝土的密实性难以保证；

三是钢管表面防锈维护费用高;四是钢管的制造、安装技术要求较高。

2. 我国钢管混凝土拱桥的建设成就

钢管混凝土在桥梁工程中的应用已有一百多年的历史。早在1879年,英国的铁路桥建设中就采用了钢管桥墩,当时在管中灌注混凝土,主要用来防止内部锈蚀并承受压力。进入20世纪80年代,钢管混凝土在我国桥梁工程中开始得到研究和应用。1991年建成国内第一座钢管混凝土拱桥——四川旺苍东河桥,见图9-41。此后,钢管混凝土拱桥在我国迅速发展。2000年建成广州丫髻沙大桥,见图9-42。2005年建成重庆巫山长江大桥,净跨径460m,是世界上跨径最大的钢管混凝土拱桥,见图9-43。

图9-41 四川旺苍东河桥——净跨径115m,下承式钢管混凝土系杆拱桥

图9-42 广州丫髻沙大桥——2000年建成,主跨径360m,中承式钢管混凝土拱桥

图9-43 重庆巫山长江大桥——钢管混凝土中承式拱桥

3. 钢管混凝土拱桥的各部构造

钢管混凝土拱桥由钢管混凝土拱肋、立柱或吊杆、横撑、行车道系、下部构造等组成。钢管混凝土拱肋是主要的承重结构,它承受桥上的全部荷载,并将荷载传递给墩台和基础。

1)钢管混凝土拱肋

(1)拱肋横截面形式

按钢管的根数及布置方式,通常分为:单肢型、双肢哑铃型、四肢格构型、三角格构型和集束型,见图9-44。

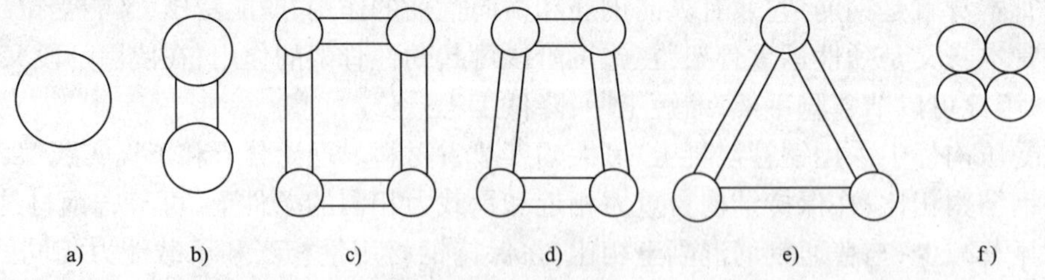

图9-44 拱肋横截面形式

①单肢型

断面构造简单,见图9-44a),受力明确,但跨径过大,相应要求增大钢管直径和壁厚,对钢管制作和混凝土浇筑不太方便,适用于跨径80m以内的小跨径拱桥。

②双肢哑铃型

见图9-44b),由上下两个钢管通过缀板连接而成,抗压刚度大,由于承压面距中心轴较远，因此纵向抗弯刚度大，占用桥面空间少，是一种理想的断面形式，四川旺苍东河桥就采用哑铃型断面，见图9-41。缀板内混凝土既可以填充，也可以不填充，一般应予填充，以增大承压面积。缺点是侧向刚度相对较小，因此桥面以上必须设置风撑，以确保横向稳定，适用于跨径80~120m的拱桥。

③三角格构型

断面纵向刚度大，横向刚度也大，适合于无风支撑钢管混凝土拱桥，见图9-44e)。

④四肢格构型

根据钢管的布置方式，又分为四肢矩形格构型和四肢梯形格构型，见图9-44c)、d)，由弦杆、腹杆和横联组成，是大跨径钢管拱桥常用的一种形式。

⑤集束型

将钢管桁架改成集束钢管，钢管间采用螺栓、电焊以及钢板箍连成整体形成拱肋，与钢管桁架相比可节省腹杆，但纵向刚度减弱，见图9-44f)。

(2)钢管

钢管直径及壁厚尺寸将直接影响结构的强度，考虑到防腐等要求，壁厚不宜小于12mm。钢管与混凝土面积之比称为含钢率，其值不宜小于5%，否则不能发挥钢管混凝土弦杆的套箍作用，但也不宜大于10%，以免耗用过多的钢材，造成浪费。

钢管应采用16Mn钢、15Mn或A3钢。钢管混凝土拱所用钢管直径大，一般采用钢板卷制焊接管，其中对桁式钢管拱中直径较小的腹杆、横联管可直接采用无缝钢管。

上、下弦杆管及管内要填充混凝土的腹杆管，管内需除锈（喷砂），管外需除锈与防护；对管内不充填混凝土的腹杆管，需对管内壁除锈并按要求进行防护，目前一般采用热喷涂。

2)横撑

横撑主要设置在拱顶、拱脚、拱肋与桥面系交接处，横撑的主要作用是将钢管混凝土拱肋联结成整体，确保结构稳定。

钢管混凝土拱肋的横撑多采用钢管桁架，钢管可以是空心的，也可以内填混凝土，做成钢管混凝土横撑。

横撑在拱脚段多做成桁式K形撑（见图9-45）或X形撑（见图9-42），以获得更好的稳定

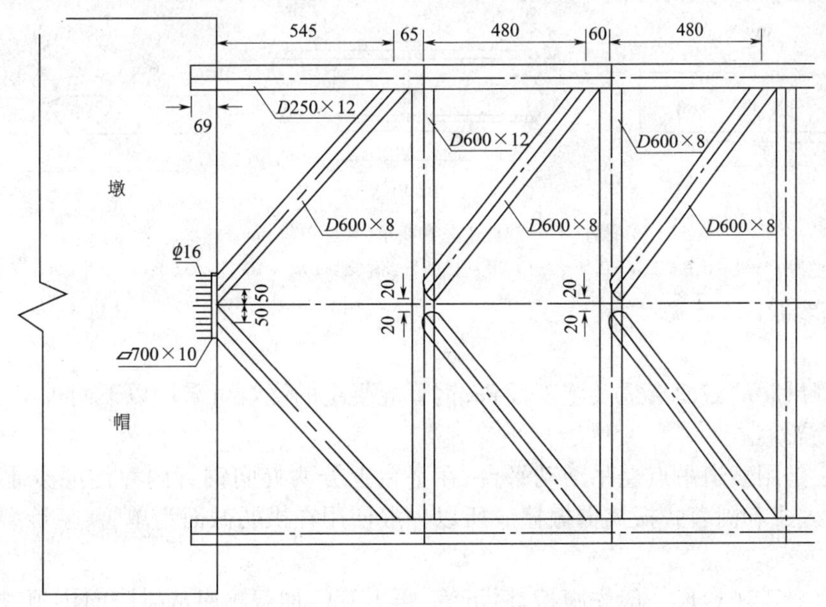

图9-45　K形撑构造图（尺寸单位：cm；钢管与钢板尺寸单位：mm）

性，在桥面系以上则多采用直撑（见图9-41）、K形撑或H形撑。

3）吊杆

中、下承式钢管混凝土拱桥需设置吊杆。锚固在拱肋上的吊杆锚具，为避免直接暴露在大气中，常设置在拱肋弦杆内或缀板处，见图9-46。

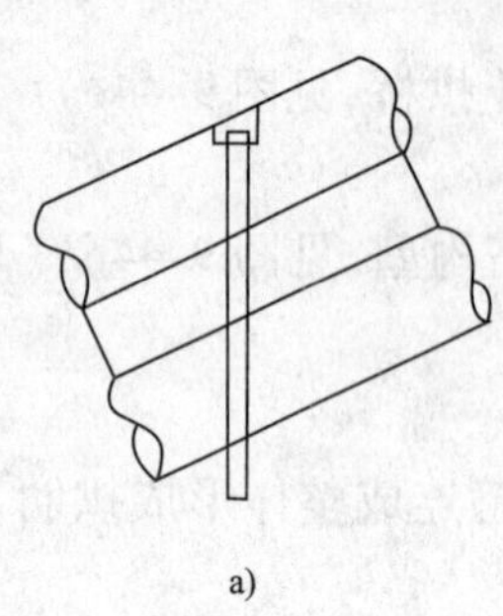
a)

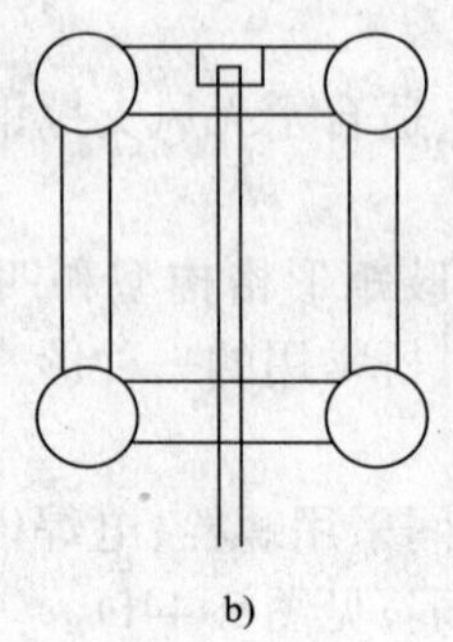
b)

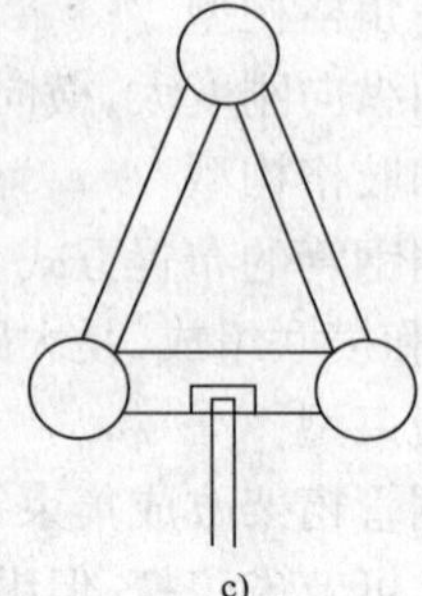
c)

图9-46 拱肋吊杆锚具布置

吊杆可采用平行钢绞线或平行钢丝束，外套无缝钢管或热挤聚乙烯层防护。

4. 焊接

1）钢管的对接焊

为确保焊接质量，对焊接一般采用有衬焊，即在管内接缝处设置附加衬管，其宽度为20mm，厚度为3mm，衬管与被焊钢管内壁间应留有0.5mm膨胀间隙。也可采用无衬管全熔透对接焊接。对接焊缝坡口如图9-47a）所示。

2）钢管的搭接焊

搭接焊的最小互搭量应是所连较薄管件壁厚的5倍，且不小于25mm，如图9-47b）所示。

3）弦杆与腹杆连接焊

对桁构式钢管拱，其钢管弦杆与腹杆的连接可通过直接焊接完成。由于腹杆端面为一复杂的空间曲面，切割精度控制较难，施工时应注意确保接缝和坡口（单坡口）宽度一致，腹杆壁厚不宜大于弦杆管壁厚度，腹杆不得穿入弦杆。腹杆和弦杆连接的偏心距 e 的绝对值不得大于1/4弦杆直径，腹杆间的距离 a 应大于50mm，如图9-47c）所示。

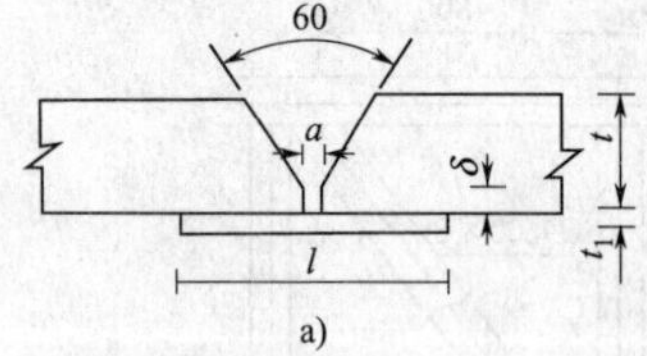

a)

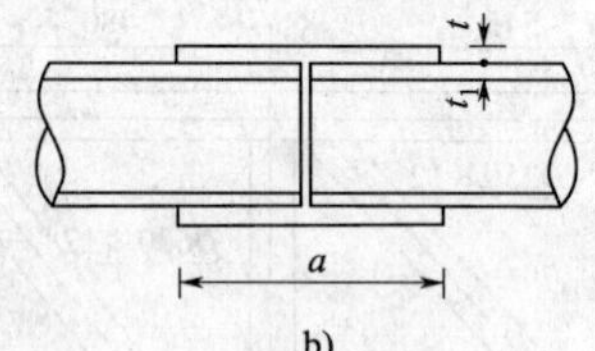

b)

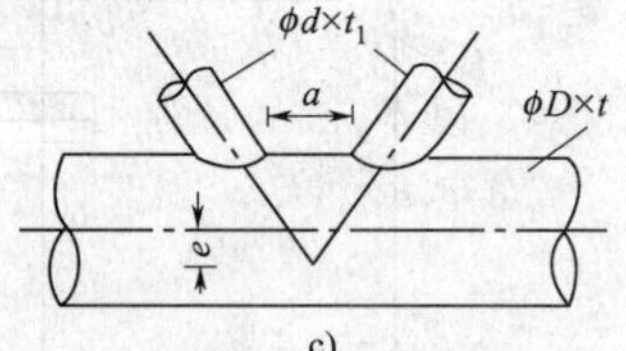

c)

图9-47 焊接工艺和要求（尺寸单位：mm）

a）衬管壁厚 $t_1=4\sim6,\delta=2,a=0.5\sim2,l=20\sim25$；b）$t\geqslant t_1,a\geqslant10t_1+10$ 且 $a\geqslant60$；c）$a\geqslant5,t\geqslant t_1,e\leqslant1/4D$

5. 钢管混凝土的浇筑

1）浇筑方法

根据钢管拱肋的截面形式及施工设备，钢管混凝土的浇筑可采用以下两种浇筑方法。

（1）人工浇筑法

这种方法是用索道吊点悬吊活动平台，在平台上分两处向钢管内灌注混凝土。混凝土由人工铲进，插入式和附着式振捣器振捣。所以一般使用在拱肋截面为单管、哑铃型等实体形钢管拱肋形式。

浇筑程序对于哑铃形一般先腹板、后下管、再上管。加载顺序从拱脚向拱顶，按对称、均衡的原则进行。并可通过严格控制拱顶上帽及墩顶位移来调整浇筑顺序，以使施工中钢管拱肋的应力不超过规定值，并保证拱肋的稳定性，但应尽量采用泵送顶升浇筑法以保证质量。

（2）泵送顶升浇筑法

这种方法适用于桁架式钢管拱肋内混凝土的浇筑，也可用于单管、哑铃型等实体形拱肋截面的混凝土浇筑。

一般输送泵设于两岸拱脚，对称泵送混凝土。在钢管上应每隔一定距离开设气孔，以减少管内空气压力，泵送之前，应先用压力水冲洗钢管内壁，再用水泥砂浆通过，然后连续泵送混凝土。用泵送顶升法浇筑管内混凝土，一般应按设计规定的浇筑顺序进行，如设计无规定，应以有利于拱肋受力和稳定性为原则进行浇筑，并严格控制拱肋变位。

2）注意事项

钢管混凝土填充的密实度是保证钢管混凝土拱桥承载能力的关键问题。施工中除应按设计要求进行外，还应注意以下几点。

①每根钢管的混凝土须由拱脚至拱顶一次连续浇筑完成，且浇筑完成时间不宜超过第一盘入管混凝土的初凝时间，当钢管直径较大，混凝土初凝时间内不能浇完一根钢管时，可设隔板把钢管分为 3 段或 5 段、分段灌注。隔板钢板厚度应大于 1.5 倍钢管壁厚。下一段开口应紧靠隔板，使两段混凝土通过隔板严密结合。隔板周边应与钢管内壁焊接。

②浇筑入口应设在浇筑段根部，应从两拱脚向拱顶对称浇筑。用顶升法浇筑时，严禁从中部或顶部抛灌。

③浇筑混凝土的前进方向，应每隔 30m 左右设一个排气孔，有助于排出空气，加强管内混凝土的密实度。

④桁式钢管拱肋混凝土的浇筑顺序，一般为先下管、后上管或上、下管和相邻的混凝土浇筑按一定程序交错进行或按设计要求进行。

⑤因浇筑管道较小，要求混凝土有较高的和易性，为减小混凝土凝结时收缩，施工时应加入适量的减水剂和微膨胀剂，并注意振捣密实。

⑥管内混凝土的配合比及外掺剂等，应通过设计、试验来确定。施工中须严格管理，以确保钢管混凝土的质量。

⑦钢管拱肋混凝土全部浇筑完后，可用敲听音法、超声波测试法等方法检查管内混凝土密实度、与管壁的黏结性能及完好性，并可用多次压浆法使之密实。

图 9-48 为桁式钢管拱肋采用泵送顶升法施工示例。

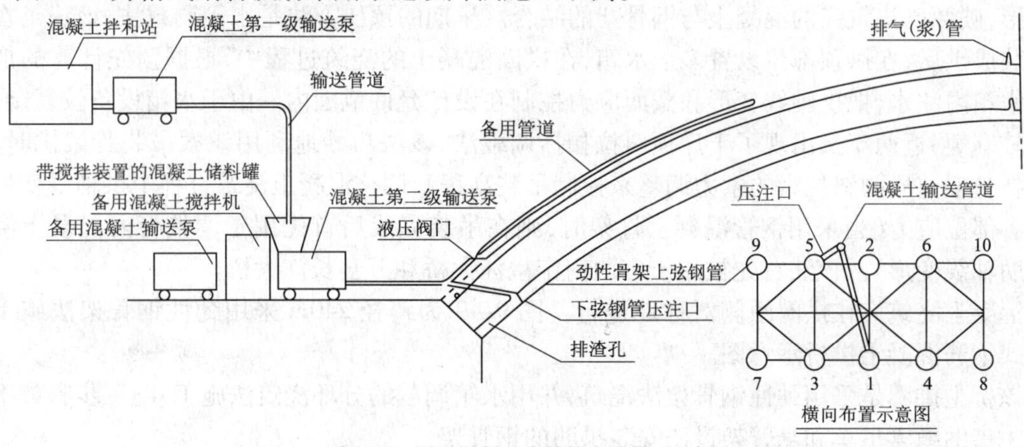

图 9-48　泵送混凝土浇筑管内混凝土示例

二、劲性骨架法

劲性骨架法是特大跨径(>200m)拱桥的施工方法之一,其实质上就是一种体内支架法,即先采用无支架缆索吊装或转体架设拱形劲性骨架,然后围绕骨架浇筑混凝土,把骨架作为混凝土的钢筋骨架,不再拆卸收回,因此又叫埋入式钢拱架。劲性骨架在施工阶段起支架和承重结构之用,成桥后作为受力筋埋置在混凝土内,与外包混凝土一起共同承受荷载。该法的特点是混凝土浇筑全部在空中进行,工序复杂,工期长,需特别注意施工过程中结构的变形与应力监控。

进入20世纪90年代,劲性骨架混凝土拱桥无论在设计理论还是在施工工艺上都得到了迅速发展,先后建成几座特大跨径拱桥,如1996年建成的广西南宁邕江大桥,主跨径312m,为中承式劲性骨架混凝土拱桥;1997年建成的万县长江大桥,主跨径420m,为上承式劲性骨架混凝土箱形拱桥,见图9-8。

劲性骨架法包括:劲性钢骨架法和钢管混凝土劲性骨架法,前者的劲性骨架由型钢构成,后者由钢管混凝土构成。

劲性骨架一般采用拱形桁架结构,由上弦杆、下弦杆、竖杆、斜腹杆等组成。

上弦杆和下弦杆是拱形桁架的主要受力构件,可以采用型钢,也可以采用钢管,当钢管内填充混凝土后,即成为钢管混凝土拱形桁架,钢管混凝土拱形桁架具有刚度大、用钢量省的特点。

竖杆和斜腹杆可以采用钢管混凝土或型钢。钢管混凝土刚度大,但需要浇筑管内混凝土,给施工带来困难;采用型钢,节点容易处理,可以省去向腹杆内浇筑混凝土的工序,而且混凝土的包裹效果好。万县长江大桥和广西南宁邕江大桥均采用型钢作为竖杆和斜腹杆。

1. 劲性钢骨架法

此法先将拱圈的全部受力钢筋按设计形状和尺寸制成,采用无支架缆索吊装或转体安装就位,合龙形成钢骨架,然后用系吊在钢骨架上的吊篮逐段浇筑混凝土,当钢骨架全部由混凝土包裹后,就形成钢筋混凝土拱圈(或拱肋)。

用这种方法施工的钢骨架,不但须满足拱圈的要求,而且在施工中还起临时拱架的作用,因此,须有一定的刚性。一般选用劲性钢材如角钢、槽钢、钢管等作为拱圈的受力钢筋。且施工时最好按设计的拱圈混凝土重力对钢筋骨架进行预压,以防止钢筋骨架在浇筑混凝土时产生变形,破坏已浇筑完的混凝土与钢骨架的结合。早期的预压方法是水箱调载法,该法是在骨架吊装成拱后,在拱顶部位设置多个水箱,在拱圈混凝土的浇筑过程中,根据预先计算的加载重向水箱内注水,把拱轴线变形和截面应力控制在设计允许范围内。由于水箱设备较复杂,操作也较麻烦,近两年又出现了千斤顶斜拉扣挂调载法,该法巧妙地利用缆索吊装骨架拱时,用于扣挂骨架节段的斜拉索的索力调整来控制吊装高程和调整混凝土浇筑过程中拱轴线变形和结构各部位应力(当采用钢管混凝土骨架时,则在吊装完成后首先用于调整管内混凝土浇筑时拱肋轴线变形)。该法首先被用于广西南宁邕江大桥和万县长江大桥。

混凝土浇筑应在拱圈两侧对称地进行。图9-49为跨径240m采用劲性钢骨架法施工的中承式钢筋混凝土拱桥示意图。

该桥主拱圈是采用劲性钢骨架法浇筑,并用水箱调载的分环浇筑法施工,施工步骤如下:

①借助缆索吊车和悬臂架设法安装拱肋的钢骨架;

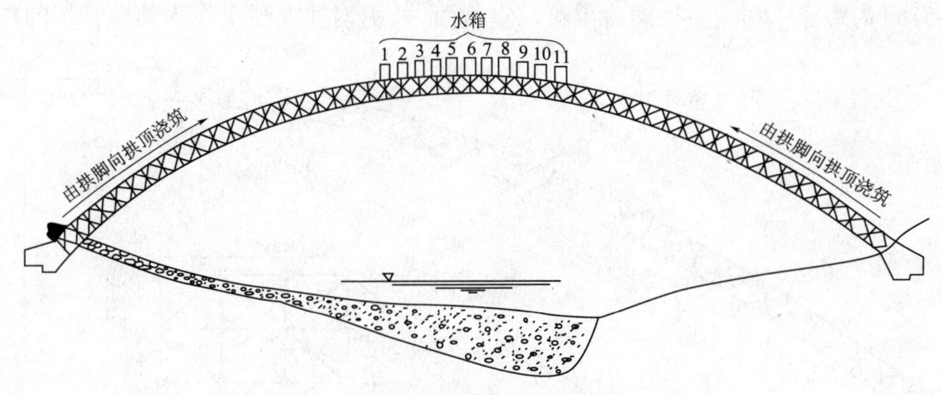

图 9-49　用劲性骨架及水箱调载施工的 240m 箱形拱施工示意

②安装横向剪刀撑的劲性钢骨架；

③在中部布置 8 个蓄水后重力为 120kN 的水箱；

④在劲性骨架上安装箱肋底板、腹板、顶板的受力钢筋和分布钢筋网；

⑤采用混凝土泵由拱脚向拱顶分环对称平衡地浇筑混凝土，将钢骨架和分布钢筋包裹在混凝土中。

2. 钢管混凝土劲性骨架法

钢管混凝土用在拱桥上有两种形式：一是直接用做主拱结构，即钢管混凝土拱桥；二是利用钢管混凝土作为劲性骨架。

钢管混凝土劲性骨架采用不同形状的钢管（如单管形、哑铃形、矩形、三角形或集束形），或者以无缝钢管作弦杆，以槽钢、角钢等作为腹杆组成空间桁架结构，先分段制作成钢骨架，然后吊装合龙成拱，再利用钢骨架作支架，浇筑钢管内混凝土，待钢管内混凝土达到一定强度后，形成钢管混凝土劲性骨架，然后在其上悬挂模板，按一定的浇筑程序分环、分段浇筑拱圈混凝土，直至形成设计的拱圈截面。

先浇的混凝土凝结成形后，可作为承重结构的一部分与劲性骨架共同承受后浇各部分混凝土的重力；同时，钢管中混凝土也参与钢骨架共同承受钢骨架外包混凝土的重力，从而降低了钢骨架的用钢量，减少了钢骨架的变形。故利用钢管混凝土作为劲性骨架浇筑拱圈的方法比劲性钢骨架法更具优越性。

[**施工示例**]万县长江大桥（见图 9-8 和图 9-50）。

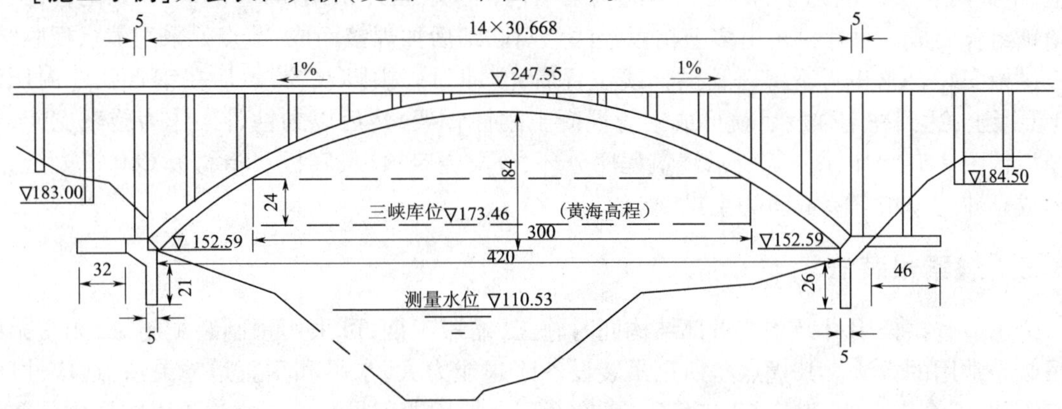

图 9-50　万县长江大桥桥孔布置图（尺寸单位：m）

图 9-51a）为跨径 420m、主拱圈为单箱三室截面、采用钢管混凝土作为劲性骨架的构造图。

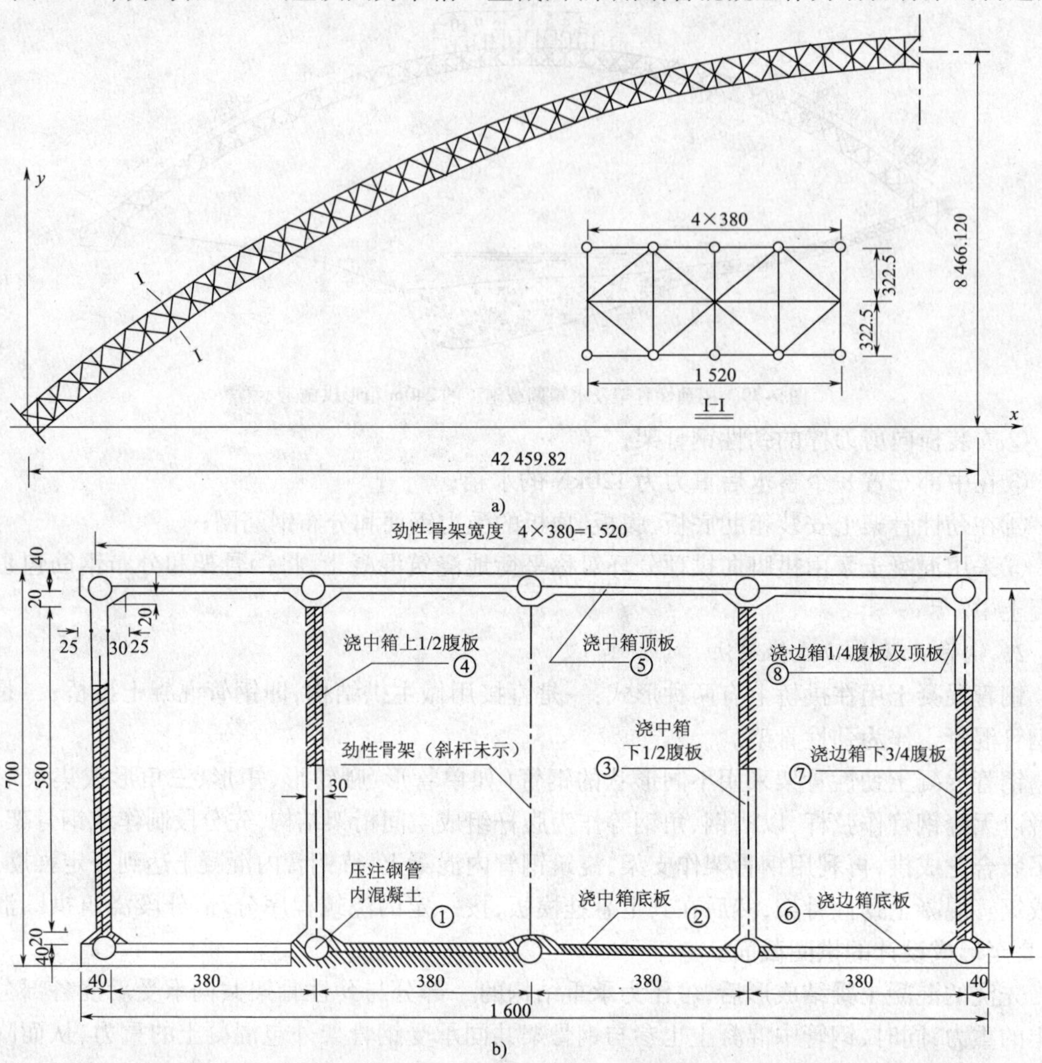

图 9-51　万县长江大桥钢管混凝土劲性骨架构造及浇筑顺序图（尺寸单位：cm）

劲性拱桁横向由 5 片组成，其中 1、2、4、5 片对应于拱圈箱肋位置，第 3 片仅为加劲用。拱桁上、下共两层横向联结系，拱桁成空间桁架结构，上、下弦杆采用 16Mnϕ400×16 钢管，腹杆由角钢组合而成。每片拱桁由多节桁段经法兰盘联结后加焊接而成，节点处采用节点板联结。劲性拱桁安装合龙并调整高程及拱轴线位置后，立即封好拱脚双铰，然后在钢管弦杆内压注 C60 混凝土，达到一定强度后就形成钢管混凝土劲性骨架，然后以劲性骨架作为施工支架，悬挂模板按图 9-51b）中①～⑧所示浇筑程序分环、分段浇筑顶板、底板及箱肋板 C60 混凝土，直至形成设计的单箱三室截面的主拱圈。

三、缆索吊装法

为了节省拱架用材，使上、下部结构同时施工，缩短工期，可采用预制装配施工，无支架缆索吊装是常用的方法。其优点是所用吊装设备跨越能力大，水平和垂直运输灵活，适应性广，施工方便、安全。自 20 世纪 60 年代以来，在全国各地用缆索吊装施工方法施工的拱桥从数量上看几乎占施工拱桥总长的 60%。它不仅用于单跨大、中型拱桥施工，在修建特大跨径或连续多孔的拱桥中更能显示其优越性。通过长期的实践，该法已得到了很大发展，并积累了丰富的经验。目前，缆索的最大单跨跨径已达500m以上，并由单跨缆索发展到双跨连续缆索，其最大单跨跨径已达400m以上，吊装质量也达到75t，能够顺利地吊装跨径达160m分段预制的箱形拱桥。缆索架桥设备也逐渐配套、完善，并已成套生产。

在采用缆索吊装的拱桥上，为了充分发挥缆索的作用，拱上建筑也应尽量采用预制装配构件，这样就能提高桥梁工业化施工的水平，并有利于加快桥梁建设的速度。例如：主桥全长1 250m的长沙湘江大桥，17孔共408节拱肋和其中8孔76m跨径的拱上建筑预制构件（立柱、盖梁、腹拱圈等）全部由两套缆索吊机吊装，仅用了65个工作日就安装完成。这对于加快大桥建设速度、减少模板用量、降低桥梁造价等方面都起了很大的作用。

拱桥缆索吊装施工内容包括：拱肋（箱）的预制、移运和主拱圈的吊装，拱上建筑的砌筑和桥面结构的施工等主要工序。

1. 缆索吊装设备

缆索吊装设备适用于高差较大的垂直吊装和架空纵向运输，吊运量自几吨至几十吨范围内变化，纵向运距自几米至几百米。缆索吊装设备包括：主索、天线滑车、起重索、起重及牵引绞车、主索地锚、塔架、风缆、扣索、扣索排架、扣索地锚、扣索绞车等，见图9-52。

2. 缆索吊装方法

拱桥的构件一般在河滩上或桥头岸边预制和预拼后，送至缆索下面，由起重车起吊牵引至预定位置安装，见图9-52a）。为了使端段基肋（拱箱、拱肋或桁架拱片）在合龙前保持一定位置，在其上用扣索临时系住后才能松开吊索，见图9-52b）。吊装应自一桥孔的两端向中间对称进行，见图9-52c）、d）。其最后一节构件吊装就位，并将各接头位置调整到规定高程以后，才能放松吊索，从而合龙，见图9-52f），最后才将所有扣索撤去。

四、转体施工

转体施工法一般适用于各类单孔拱桥的施工，其基本原理是：将拱圈或整个上部结构分为两个半跨，分别在河流两岸利用地形或简单支架现浇或预制装配半拱，然后利用动力装置将其两半跨拱体转动至桥轴线位置（或设计高程）合龙成拱。拱桥转体施工法据其转动方位的不同分为平面转体、竖向转体和平竖结合转体三种。采用转体法施工拱桥的特点是：结构合理，受力明确，节省施工用材，减少安装架设工序，变复杂的、技术性强的水上高空作业为岸边陆上作业，施工速度快。不但施工安全、质量可靠，而且不影响通航、可减少施工费用和机具设备，造价低。转体施工是具有良好技术经济效益的拱桥施工方法之一。

1. 平面转体

平面转体施工就是按照拱桥设计高程先在两岸边预制半拱，当结构混凝土达到设计强度后，借助设置于桥台底部的转动设备和动力装置，在水平面内将其转动至桥位中线处合龙成拱。由于是平面转动，因此，半拱的预制高程要准确。通常需要在岸边适当位置先做模架，模架可以是简单支架，也可以做成土牛胎模。

平面转体分为有平衡重转体和无平衡重转体两种。

1）有平衡重转体

有平衡重转体时以桥台背墙作为平衡重和拱体转体拉杆（或拉索）及上转盘（拱座）组成平衡转动体系，其重心位置通过转盘中心。平衡重大小由转动半拱的重力大小决定。由于平衡重过大不经济，所以采用本法施工的拱桥跨径不宜过大，一般适用于跨径100m以内的整体转体。

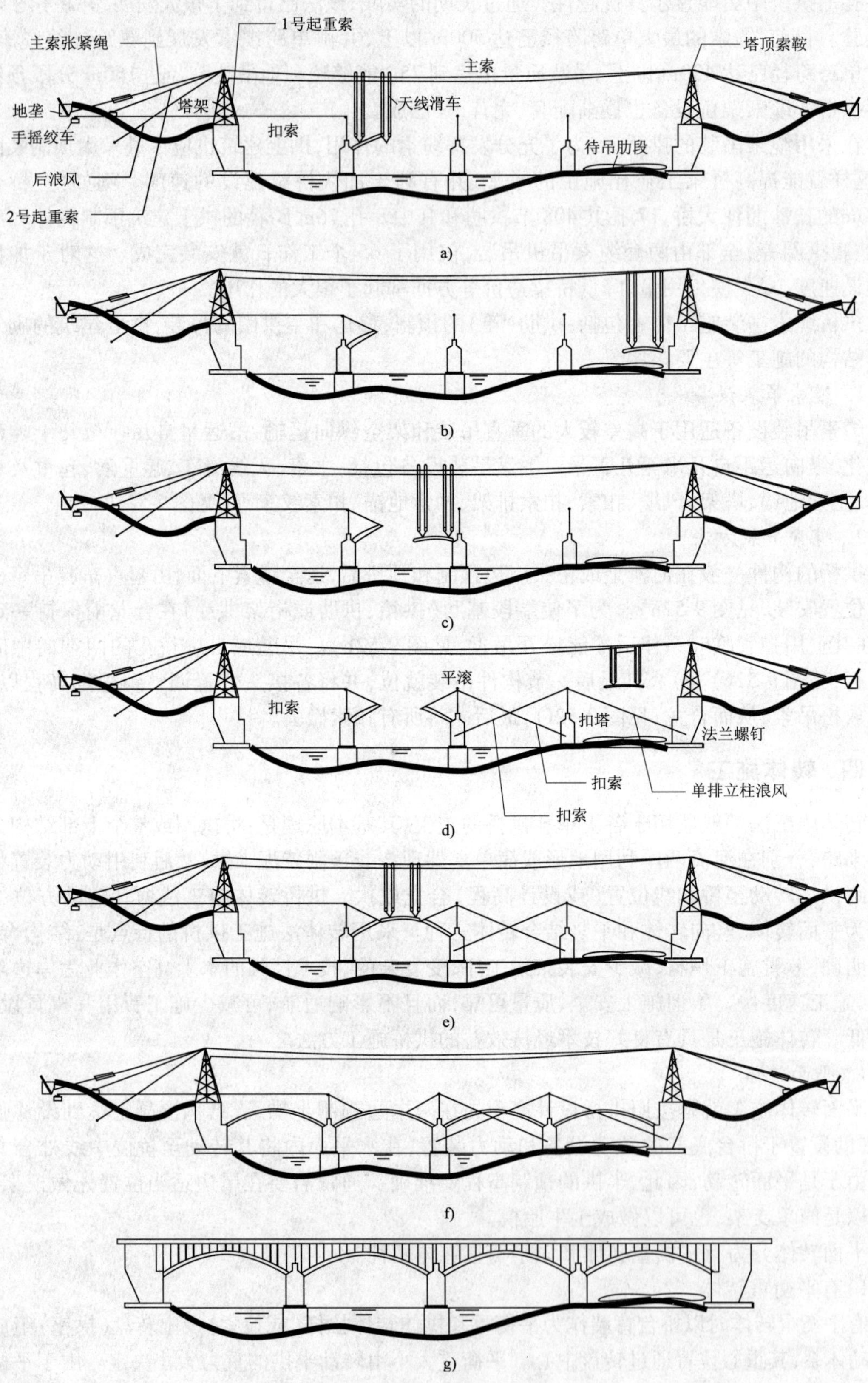

图 9-52　缆索吊装施工过程

有平衡重转体施工的特点是转体质量大，施工的关键是转体。要把成百上千吨的拱体结构顺利、稳妥地转到设计位置，主要依靠以下措施实现：正确的转体设计；制作灵活可靠的转体装置，并布设牵引驱动系统。

(1)转体装置分类

目前国内使用的转体装置有两种，都是通过转体实践考验，行之有效的。

①聚四氟乙烯滑板环道转体

利用四氟材料摩擦系数特别小的物理特性，使转体成为可能。根据试验资料，四氟板之间的静摩擦系数为0.035~0.055，动摩擦系数为0.025~0.032；四氟板与不锈钢板或镀铬钢板之间的摩擦系数比四氟板间的摩擦系数要小，一般静摩擦系数为0.032~0.051，动摩擦系数为0.021~0.032，而且随着正压力的增大而减小，其构造见图9-53a)。

②球面转轴辅以滚轮转体

转体装置是用混凝土球缺面铰作为轴心承受转动体系重力，四周设保险滚轮(或千斤顶)，转体设计时要求转动体系的重心落在轴心上。这种装置一方面由于铰顶面涂了二硫化钼(或黄油四氟粉)润滑剂，减少了牵引阻力(根据几座桥实测，动摩擦系数约为0.06)，另一方面由于牵引转盘直径比球铰的直径大许多倍，而且又用了牵引增力滑轮组，因而转体也是十分方便可靠的，其构造见图9-53b)。

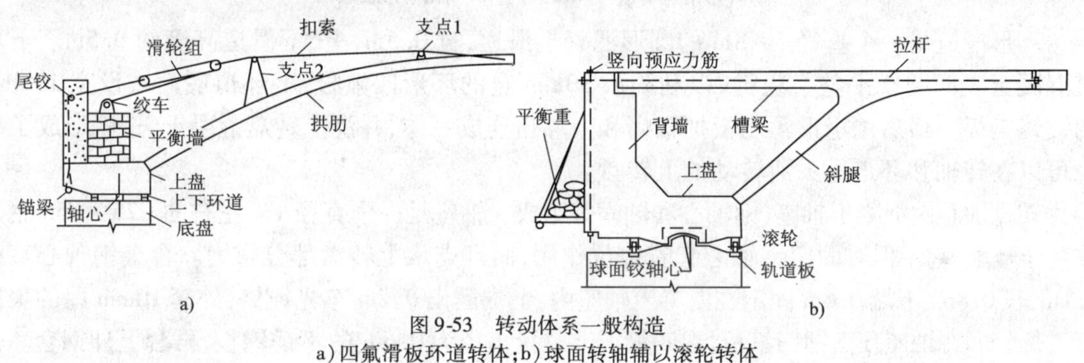

图9-53　转动体系一般构造

a)四氟滑板环道转体；b)球面转轴辅以滚轮转体

(2)牵引驱动系统

通常由卷扬机(绞车)、倒链、滑轮组、普通千斤顶等机具组成。近来又出现了采用自动连续顶推系统作为转体动力设备的实例，其特点是：转体能连续同步、匀速、平稳、一次到位、结构紧凑、占地少、施工方便，见图9-54。

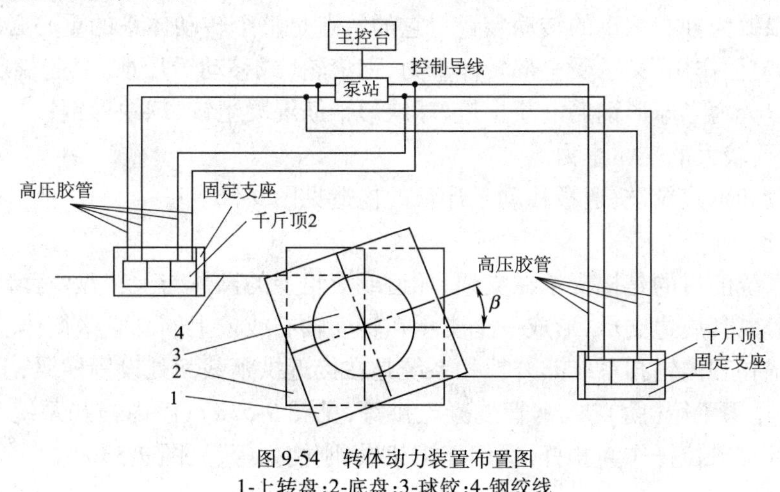

图9-54　转体动力装置布置图

1-上转盘；2-底盘；3-球铰；4-钢绞线

(3)转动体系的构造

转动体系主要由底盘、上转盘、锚扣系统、背墙、拱体构造、拉杆(或拉索)等组成。底盘与上转盘都是桥台基础的一部分,底盘固定,上转盘与转体形成整体并可在底盘上旋转,从而实现拱体转动。

①底盘与上转盘

a.聚四氟乙烯滑板环道

由设在底盘和上转盘间的轴心和环形滑道组成,见图9-55。

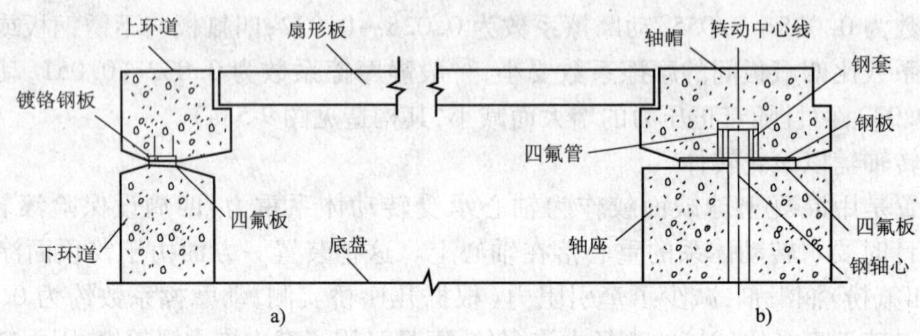

图9-55 聚四氟乙烯滑板环道

a)环形滑道构造;b)轴心构造,其间由扇形板联结

环形滑道是一个直径7~8m的圆形混凝土滑道,宽0.5m,上、下滑道高度约0.5m。下环道混凝土表面要既平整又粗糙,以利铺放80mm宽的环形四氟板,上环道底面嵌设宽100mm的镀铬钢板。最后用扇形预制板把轴帽和上环道连成一体,并浇上转盘混凝土,这就形成了一个可以在转轴和环道上灵活转动的上转盘。

转盘轴心由混凝土轴座、钢轴心和轴帽等组成。轴座是一个直径1m左右的C25~C50钢筋混凝土矮墩,它不但对固定钢轴心起着定位作用,而且支承上转盘部分重力。合金钢轴心直径0.1m,长0.8m,下端0.6m固定在混凝土轴座内,上端露出0.2m车光镀铬,外套10mm厚的聚四氟乙烯管。在轴座顶面铺四氟板,在四氟板上放置直径为0.6m的不锈钢板,再套上外钢套。钢套顶端封固,下缘与钢板焊牢,浇筑混凝土轴帽,凝固脱模后轴帽即可绕钢轴心旋转自如。

这种装置平稳、可靠、承载力大,转动体系的重心与下转盘轴心可以允许有一定数量的偏心值,适用于转体重力大、转动体系重心高的结构。

b.球面铰辅以轨道板和钢滚轮(或移动千斤顶)

这是一种以铰为轴心承重的转动装置。它的特点是整个转动体系的重心必须落在轴心铰上,球面铰既起定位作用,又承受全部转体重力,钢滚轮(或移动千斤顶)只起稳定保险作用。

球面铰可以分为半球形钢筋混凝土铰、球缺形钢筋混凝土铰、球缺形钢铰。前两种由于直径较大,故能承受较大的转体重力。

各种球面铰和钢滚轮、轨道板移动千斤顶的构造见图9-56。

②锚扣系统

设置锚扣系统的目的是把支承在支架、环道或滚轮上的拱体与上转盘、背墙全部联结成一个转动体系并脱离其周边支承,形成一个支承在转动轴心或铰上的悬空平衡体。

可分为外锚扣和内锚扣系统。外锚扣系统是在接近拱顶截面处设置横梁,上系扣索,以承受半拱水平力,适用于箱(肋)拱、钢管混凝土拱等,见图9-53a);而内锚扣系统是以结构本身或在其杆件内部穿入拉杆作为扣杆,适用于桁架拱、刚构拱等,见图9-53b)。

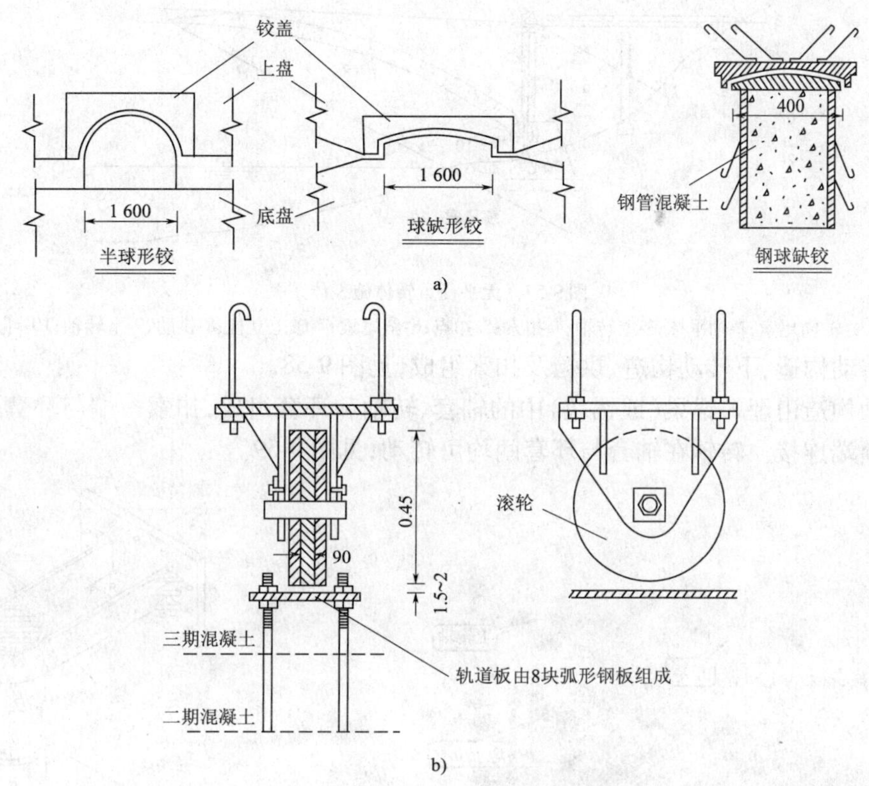

图9-56 球面铰、轨道板和滚轮构造(尺寸单位:mm)

a)球面铰;b)轨道板和滚轮

2)无平衡重转体

采用有平衡重转体施工修建拱桥,转动体系中的平衡重一般选用桥台背墙。但随着桥梁跨径的增大,需要的平衡重力急剧增加,不但桥台不需如此巨大圬工,而且转体重力太大也增加了转体困难。

无平衡重转体以两岸山体岩石锚洞作为锚碇来平衡半跨拱体悬臂状态所产生的水平拉力,借助拱脚处立柱下端转盘和上端转轴使拱体作平面转动。由于取消了平衡重,可大大减轻转动体系重力和圬工数量。本法适用于地质条件好的V形河床上的大跨径拱转体施工。

无平衡重转体施工是把有平衡重转体施工中的拱圈扣索锚在两岸岩体中,从而节省了庞大的平衡重。锚碇拉力是由尾索预加应力传给引桥桥面板(或平撑、斜撑),以压力的形式储备,桥面板的压力随着拱箱转体的角度变化而变化,当转到位时达到最小。

无平衡重转体施工具有锚固、转动、位控三大体系,其一般构造见图9-57。

(1)锚固体系

由锚碇、尾索、平撑、锚梁(或锚块)及立柱组成。锚碇设在引道或边坡岩石中,锚梁(或锚块)支承于立柱上,两个方向的平撑及尾索形成三角形稳定体,使锚块和上转轴为一确定的固定点。拱箱转至任意角度,由锚固体系平衡拱箱扣索力。

(2)转动体系

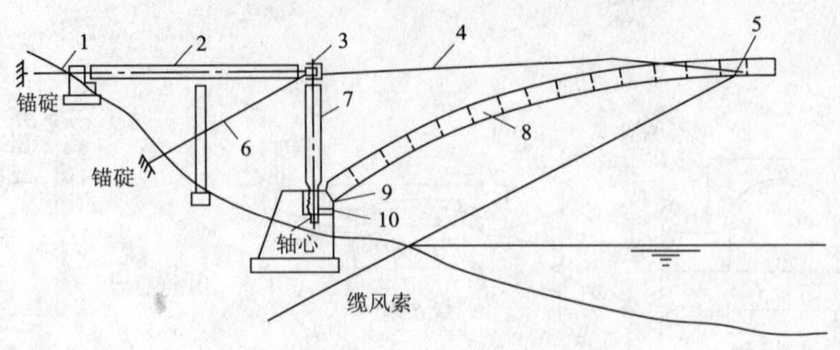

图 9-57　无平衡重转体施工体系

1-轴向尾索;2-轴平撑;3-上转轴;4-扣索;5-扣点;6-斜尾索;7-墩上立柱;8-拱肋;9-下转轴;10-环道

由上转动构造、下转动构造、拱箱及扣索组成,见图 9-58。

上转动构造由埋入锚梁(或锚块)中的轴套、转轴和环套组成,扣索一端与环套连接,另一端与拱箱顶端连接。转轴在轴套与环套间均可转动,见图 9-59。

图 9-58　转体中的钢拱肋

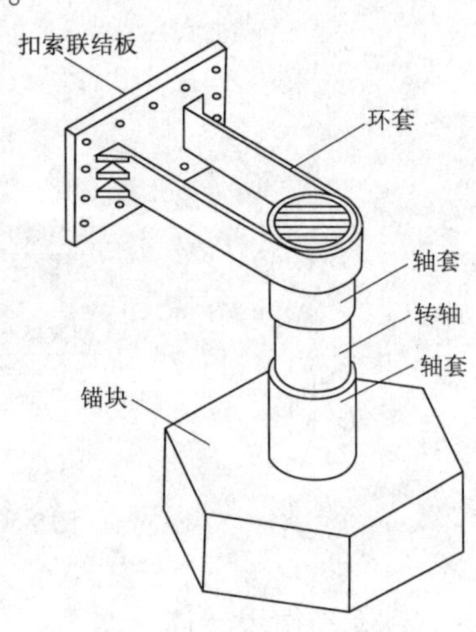

图 9-59　上转轴一般构造

下转动构造由下转盘、下环道与下转轴组成。拱箱通过拱座铰支承在转盘上,马蹄形的转盘中部卡套在下转轴上,并支承在下环道上,转盘下设有安装了许多聚四氟乙烯蘑菇头(千岛走板),转盘的走板可在下环道上沿下转轴作弧形滑动,转盘与转轴的接触面涂有黄油四氟粉,以使拱箱转动,见图 9-60。

扣索常采用Ⅳ级 ϕ32mm 精轧螺纹钢筋,扣索将拱箱顶部与上转轴联结,从而构成转动体系。在拱箱顶端张拉扣索,拱箱即可离架转动。

(3)位控体系

由系在拱箱顶端扣点的缆风索与无级调速自控卷扬机、光电测角装置、控制台组成,用以控制在转动过程中转动体的转动速度和位置。

2. 竖向转体

竖向转体施工就是在桥台处先竖向或在桥台前俯卧预制半拱,然后在桥位平面内绕拱脚将其转动合龙成拱。

根据河道情况、桥位地形和自然环境等方面的条件和要求,竖向转体施工有以下两种方式:

①竖直向上预制半拱,然后向下转动成拱。其特点是施工占地少,预制可采用滑模施工,工期短,造价低。需注意的是在预制过程中应尽量保持半拱轴线垂直,以减小新浇混凝土重力

对尚未凝结混凝土产生的弯矩，并在浇筑一定高度后加设水平拉杆，以避免因拱形曲率影响而产生较大的弯矩和变形，见图9-61。

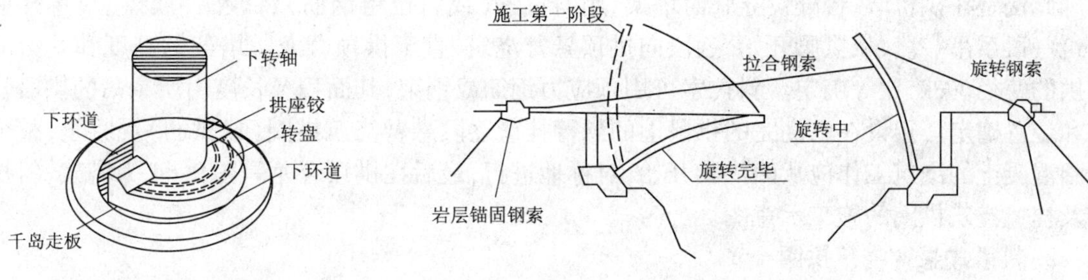

图9-60　下转盘一般构造

图9-61　竖向转体

②在桥面以下俯卧预制半拱，然后向上转动成拱。

竖向转体的转动体系由转动铰、提升体系（动、定滑车组，牵引绳）、锚固体系（锚索、锚碇）等组成，见图9-62。

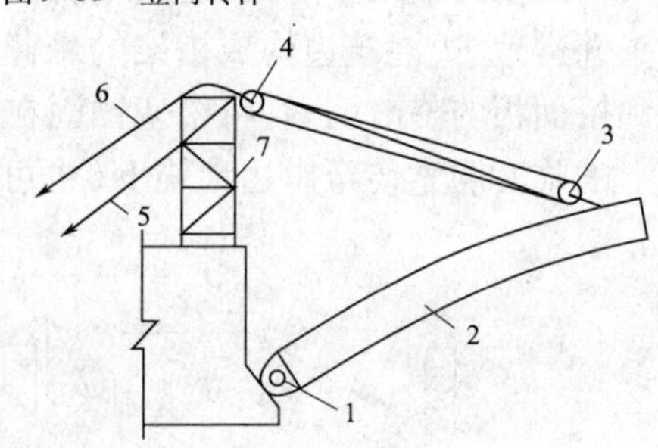

图9-62　竖转施工转动体系示意图

1-转动铰；2-桥体；3-动滑车；4-定滑车；5-牵引车（接卷扬机）；6-锚索（接锚碇）；7-塔架

3. 平竖结合转体

由于受到河岸地形条件的限制，拱桥采用转体施工时，可能遇到既不能按设计高程处预制半拱，也不可能在桥位竖平面内预制半拱的情况（如在平原区的中承式拱桥）。此时，拱体只能在适当位置预制后既需平转、又需竖转才能就位，见图9-63。这种平竖结合转体基本方法与前述相似，但其转轴构造较为复杂。

图9-63　佛山东平大桥——主跨径300m，2006年建成，施工采用先竖向转体，再平转合龙

a）制作完成半拱；b）利用提升架竖转；c）平转180°；d）合龙后

五、悬臂施工

悬臂施工法也是一种特大跨径拱桥的施工方法，包括悬臂浇筑和悬臂拼装两种施工方法。

1. 悬臂浇筑

1)塔架、斜拉索及挂篮浇筑拱圈

此法是在拱桥墩、台处设立临时塔架,用斜拉索(或斜拉粗钢筋)将拱圈(或拱肋)用挂篮浇筑一段系吊一段,从拱脚开始,逐段向拱顶悬臂浇筑,直至拱顶合龙。塔架的高度和受力应按拱的跨径、矢跨比等确定。斜拉索可用预应力钢筋或钢束,其面积及长度由所系吊的拱段长度和位置确定。用设在已浇完的拱段上的悬臂挂篮逐段悬臂浇筑拱圈(或拱肋)混凝土,整个拱圈混凝土的浇筑工作应从两拱脚开始,对称地进行,最后在拱顶合龙。图 9-64 为塔架、斜拉索及挂篮浇筑拱圈的施工示意图。

2)斜吊式悬臂浇筑拱圈

此法为借助于专用挂篮,结合使用斜吊钢筋将拱圈、拱上立柱和预应力混凝土桥面板等齐头并进地、边浇筑边构成桁架的悬臂浇筑方法。施工时,用预应力钢筋临时作为桁架的斜吊杆和桥面板的临时明索,将桁架锚固在后面的桥台(或桥墩)上。斜吊杆的力通过布置在桥面板上的临时明索传至岸边地锚上(也可用岸边桥墩作地锚)。其施工程序如图 9-65 所示。

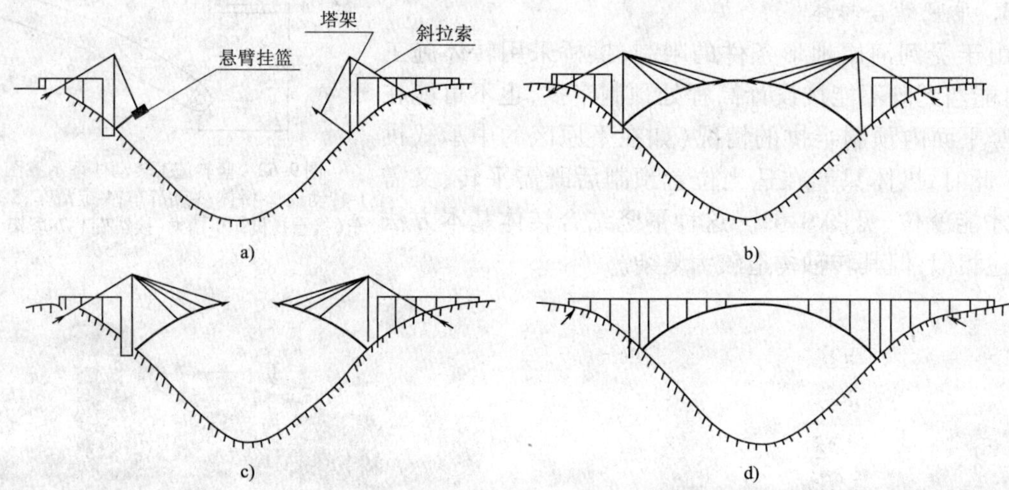

图 9-64　塔架、斜拉索及挂篮浇筑拱圈

图 9-65a)为在边孔完成后,在桥面板上设置临时明索,在吊架上浇筑第一段拱圈。待此段混凝土达到要求强度后,在其上设置临时预应力明索,并撤去吊架,直接系吊于斜吊杆上,然后在其前端安装悬臂挂篮。

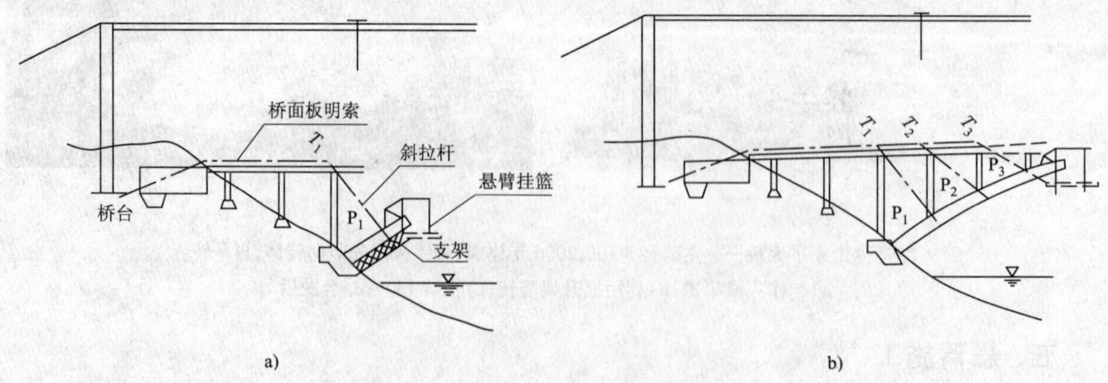

图 9-65　塔架、斜拉索及挂篮浇筑拱圈

图9-65b)为用挂篮逐段悬臂浇筑拱圈。当挂篮通过拱上立柱 P_2 位置后，须立即浇筑立柱 P_2 及 P_1 至 P_2 间的桥面板，然后，用挂篮继续向前悬臂浇筑，直至通过下一个立柱 P_3 位置后，再安装 P_1 至 P_2 间桥面板的临时明索及斜吊杆 T_2，并浇筑立柱 P_3 及 P_2 至 P_3 间的桥面板。每当挂篮前进一步，必须将桥面板明索收紧一次。

这样，一面用斜吊钢筋构成桁架，一面向前悬臂浇筑，直至拱顶附近，撤去挂篮，再用吊架浇筑拱顶合龙混凝土。

当拱圈为箱形截面时，每段拱圈施工应按箱形截面拱圈的施工程序进行浇筑。

为加快施工进度，拱上桥面板混凝土宜用活动支架逐孔浇筑。

采用斜吊式悬臂浇筑拱圈建造大跨径拱桥时，个别的施工误差对整体工程质量的影响很大。对施工测量、材料规格和强度及混凝土的浇筑等必须进行严格检查和控制。尤其应重视斜吊预应力钢筋的拉力控制、斜吊钢筋的锚固和地锚地基反力的稳定、混凝土应力的控制等。

2. 悬臂拼装

悬臂拼装的施工方法是采用人字桅杆作为吊具将预制的桁片或单根杆件悬臂拼装的施工方法，主要用于预应力混凝土桁式组合拱桥的施工。这种桥型是近年来随着桁架拱桥跨径增大出现的一种新桥型，从外形上看，像是带斜杆的箱形拱，又像上、下弦为闭合箱形断面的桁架拱。

[施工示例]贵州江界河大桥，1995年建成，主孔为330m桁式组合拱，两岸边孔分别为20m+30m和20m+25m+30m桁式刚构，全长461m。其中一岸第1孔采用支架现浇，其余均预制安装。主孔为悬拼施工，吊装工具为1 200kN钢人字扒杆吊机，悬拼程序见图9-66。

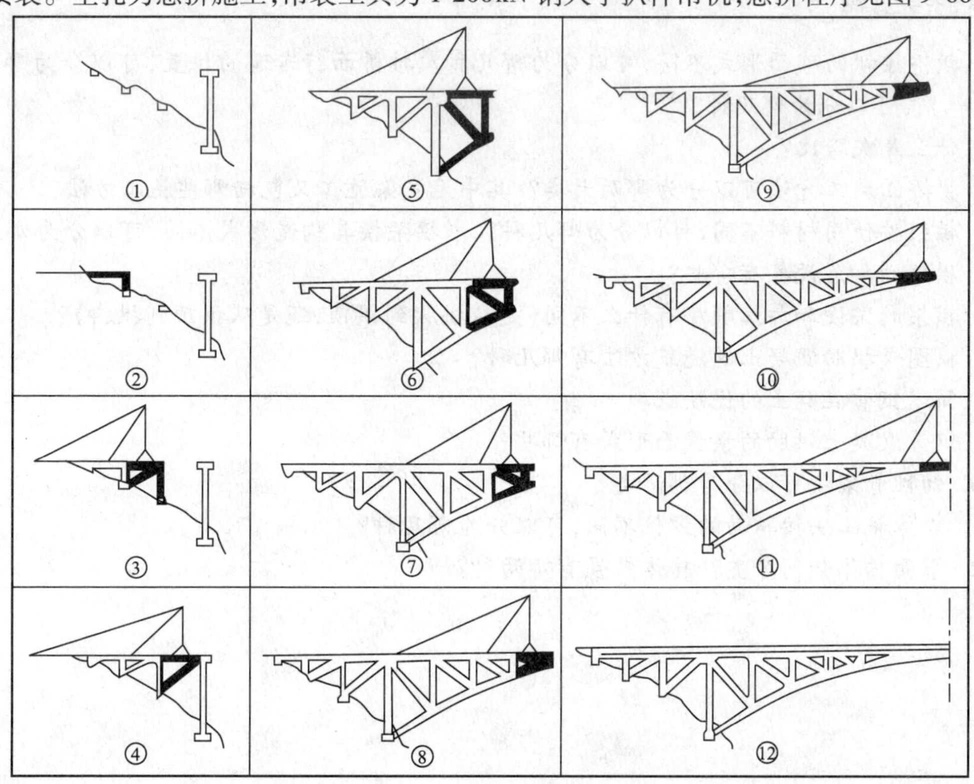

图9-66 贵州江界河大桥悬拼程序

①现浇桥台、腹杆基础及墩上立柱；

②支架现浇边孔第1孔；

③吊机置于吊1点，依次吊装边孔第2孔竖杆、斜杆、上弦——→现浇上弦底板、顶板，形成闭合箱——→安装挑梁；

④吊机置于吊2点，依次吊装边孔第3孔斜杆、上弦——→现浇上弦底板、顶板，形成闭合箱——→安装挑梁；

⑤吊机移至吊3点，依次吊装主孔脚段下弦、斜杆、竖杆、上弦——→安装下弦底板、顶板，形成闭合箱——→现浇上弦底板、顶板，形成闭合箱——→安装挑梁；

⑥吊机移至吊4点，吊装主孔二段，顺序同上；

⑦吊机移至吊5点，吊装主孔三段，顺序同上；

⑧吊机移至吊6点，依次吊装主孔四段长竖杆、下弦、斜杆、上弦，形成框架；

⑨吊机移至吊7点，依次吊装主孔五段下弦、上弦及前端空实腹交接处的节点块，形成框架；

⑩吊机移至吊8点，吊装主孔六段，形成框架；

⑪吊机移至吊9点，吊装主孔七段，全桥合龙；

以上各步骤，均为两岸同步进行；

⑫体系转换——→加施工二期恒载（四、五段上、下弦顶底板，六、七段顶底板，四、五、六、七段挑梁，桥面系，防撞栏杆，人行道，栏杆等）——→全桥建成。

思考题

1. 拱桥按拱的截面形式不同，可以分为哪几种？按桥面行车道的位置，可以分为哪几种？按静力体系，可以分为哪几种？

2. 什么是矢跨比？

3. 拱桥的施工方法可以分为哪两大类？其中无支架施工又包括哪些施工方法？

4. 拱架按使用材料不同，可以分为哪几种？木拱架按其构造形式不同，可以分为哪几种？

5. 拱架的卸落设备有哪些？

6. 拱架的架设和卸落顺序有什么不同（是从拱脚到拱顶，还是从拱顶到拱脚）？

7. 拱圈或拱肋混凝土的浇筑方法有哪几种？

8. 简述钢管混凝土的优缺点。

9. 钢管混凝土拱肋的横截面形式有哪些？

10. 劲性骨架法可以分为哪两类？

11. 转体施工法按转动的方位不同，可以分为哪几种？

12. 平面转体如何分类？转体装置有哪两种？

单元十　斜拉桥施工技术

知识点

1. 斜拉桥的基本构造,预应力混凝土斜拉桥索塔、主梁的施工,斜拉索的制作、防护与安装方法以及施工顺序;
2. 悬臂浇筑法与悬臂拼装法制作主梁的施工程序及施工要求;
3. 斜拉桥的组成及各部分主要作用。

技能点

1. 组织进行斜拉桥各部分的施工放样工作;
2. 进行主梁、索塔及斜拉索的施工。

课题一　斜拉桥概述

一、斜拉桥的基本特点

斜拉桥的基本原理:斜拉桥是一种组合体系,主要由索塔、主梁、斜拉索三部分组成。斜拉桥亦称斜张桥或牵索桥,它是以通过或固定于桥塔(索塔)并锚固于桥面系的斜向拉索作为上部结构主要承重构件的一种新结构。斜拉桥是利用塔柱伸出的高强度钢缆索作为主梁的弹性支承,以代替中间桥墩,借以降低主梁截面弯矩,减轻自重,以显著增大斜拉桥的跨越能力,斜拉桥是预应力混凝土结构,其斜缆拉力的水平分力对主梁起着轴向预施应力的作用,可借以增强主梁的抗裂性能,使桥面处于预应力工作状态,可节省高强钢材的用量,因而是一种理想的适应大跨径桥梁和更有效地利用结构材料的新桥型,见图 10-1 所示。

二、斜拉桥的主要特点与适用范围

斜拉桥与吊桥不同。斜拉桥主梁上的荷载由斜索直接传至塔柱,而悬索桥是通过吊杆沿悬索传给塔柱。吊桥的悬索通常锚固在两端桥台上,加劲梁不承受轴向力,而斜拉桥的主梁由荷载作用除产生剪力和弯矩外,尚承受巨大的轴向力。

斜拉桥的主要优点是跨越能力大。具有建筑高度低、安全、通航好、造型美观、省材料、造价低、养护方便、能限制噪声,并可利用斜缆进行悬臂拼装,采用无支架施工等特点。利用主梁、索塔、斜拉索的组合变化,可形成多种形式,适宜于河宽、水深、地质条件差、施工工作面窄和桥下通航要求高、桥址附近接坡少的地区。该桥型用于修建大跨度公路桥、城市桥梁和铁路桥以及立交桥、跨线桥和人行桥等最为适合。

三、斜拉桥组合体系的分类及特点

斜拉桥是一种桥面体系以加劲梁受压或受弯为主,支承体系以斜索受拉及桥塔受压的桥梁。见图 10-2 所示。其独具的墩塔、斜拉索、主梁三要素是区别于其他结构形式桥梁的主要构件。由于三者的不同类型及其相互结合，形成种种各具特点的桥型。

图 10-1　斜拉桥

图 10-2　斜拉桥图

现代斜拉桥最典型的孔跨布置形式有双塔三跨式与独塔双跨式，见图 10-3、图 10-4。无论是双塔三跨式还是独塔双跨式，在边跨内如有需要都可以设置辅助用的中间墩。在特殊情况下，斜拉桥也可以布置成独塔单跨式、多塔多跨式及混合式，分别见图 10-5、图 10-6、图 10-7 所示。

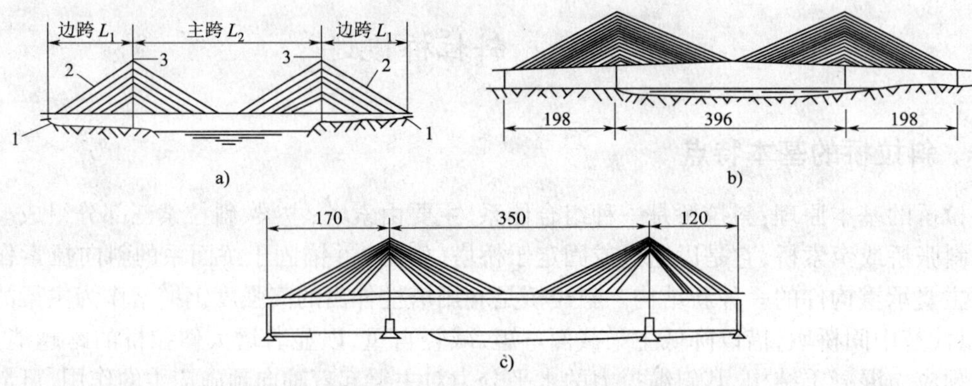

图 10-3　双塔三跨式（尺寸单位：m）

a）双塔三跨式；b）双塔三跨对称式（美国达姆岬桥）；c）双塔三跨非对称式（日本天保山大桥）；

1-边墩（或桥台）；2-端锚索；3-桥塔

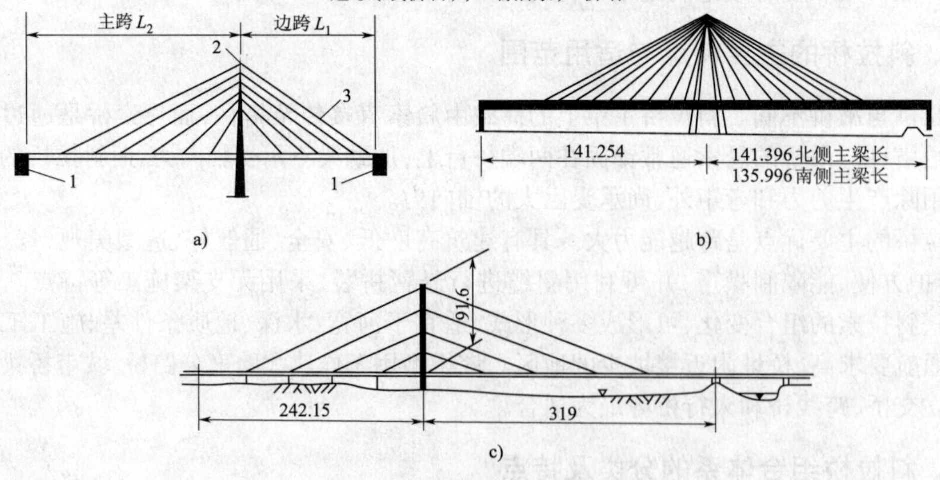

图 10-4　独塔双跨式（尺寸单位：m）

a）独塔双跨式；b）德国 LudWigshafen 桥的刚性塔；c）德国 Kine 桥

1-边墩（或桥台）；2-桥塔；3-端锚索

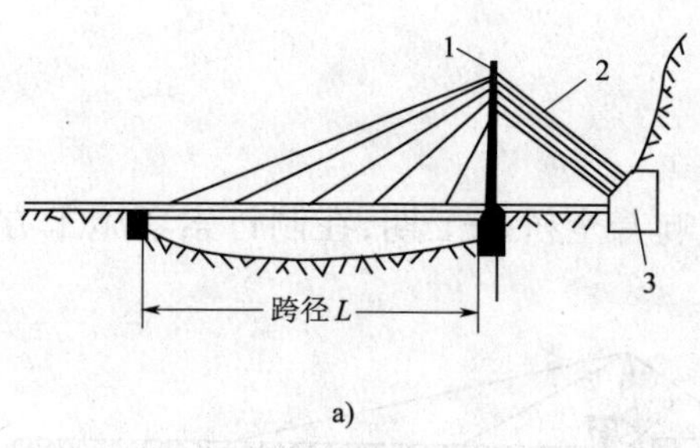

a)

1-桥塔;2-塔后斜索 3-地锚

96.6

32.5

1

2

b)

1-桥台 A_1;2-桥台 A_2

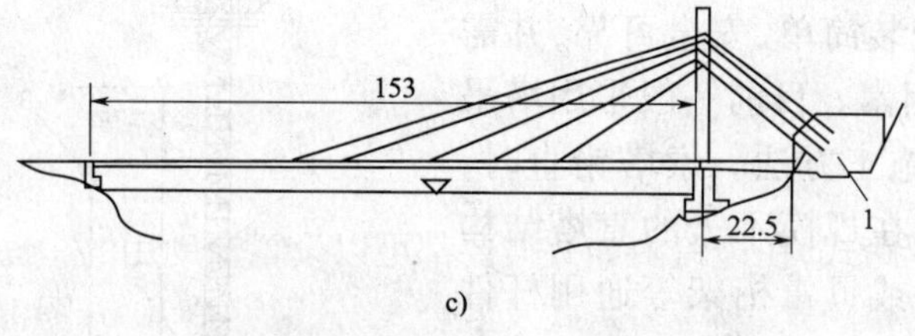

c)

1-锚碇块

图 10-5 独塔单跨式(尺寸单位:m)

a)单跨式斜拉桥;b)日本松个山桥;c)日本秩父桥

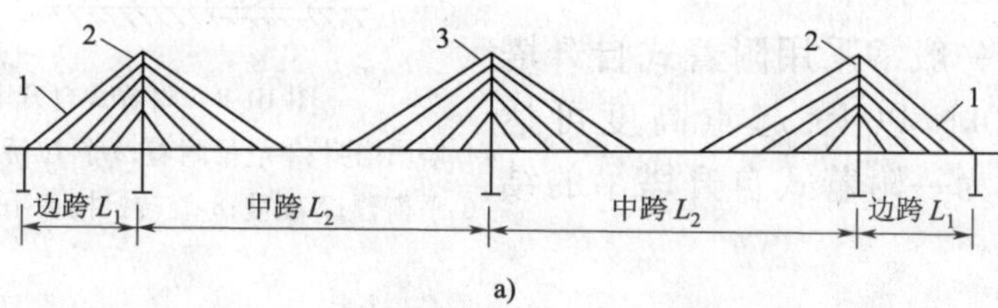

a)

1-端锚索;2-边塔;3-中间塔

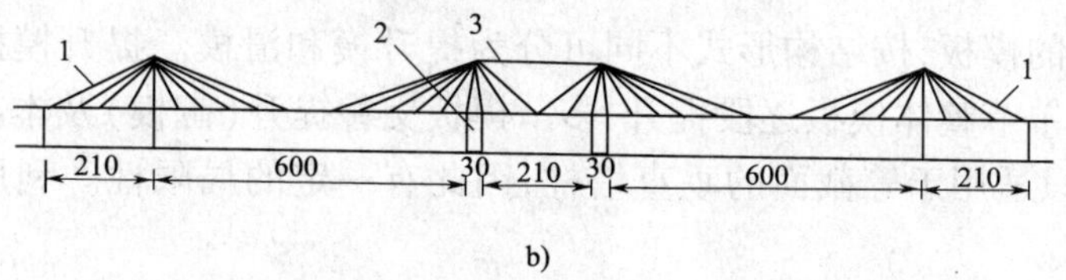

b)

1-端锚索;2-半刚性塔;3-水平拉索

图 10-6 多塔多跨式(尺寸单位:m)

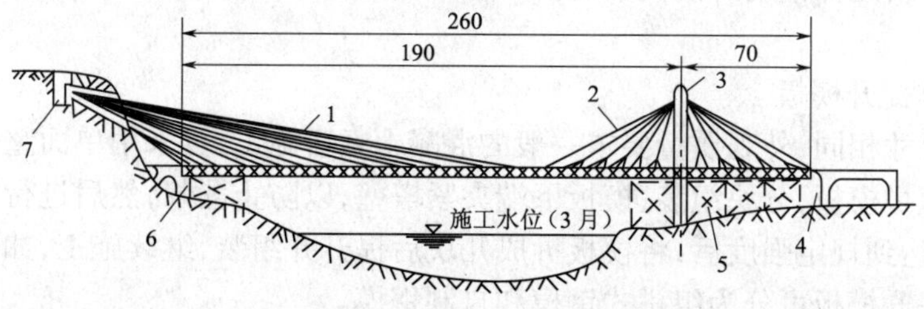

图 10-7 混合式(四川达县洲河桥)(尺寸单位:m)

1-斜索面;2 竖索面;3-南塔;4-南台;5-满布膺架;6-北台;7-北锚

课题二　索塔施工技术

一、起重设备

索塔施工属于高空作业，工作面狭小，其施工工期影响着全桥总工期，在制订索塔施工方案时，起重设备的选择与布置，是索塔施工的关键。

起重设备的选择视索塔的结构形式、规模、桥位地形等条件而定。其起重设备必须满足索塔施工的垂直运输、起吊荷载、吊装高度、起吊范围的要求，且操作安装简单、安全可靠，并需综合考虑经济效益等因素。目前一般采用塔吊辅以人货两用电梯的施工方法。索塔铅直时，可采用爬升式起重机，在规模不大的直塔结构中，也可采用万能杆件或贝雷桁架等通用杆件配备卷扬机，或采用满堂支架配备卷扬机等起重方法。

为方便施工，所需材料、设备、模板等的起重控制吨位，宜在100kN以下。

在索塔施工中，一般常采用附着式自升塔吊，起重力可达100kN以上，起重高度可达100m以上，图10-8为一附着式自升塔吊的结构图。

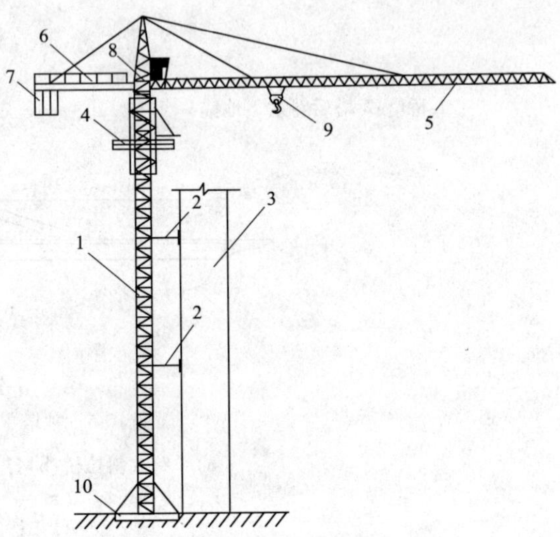

图10-8　附着式自升塔吊的结构图

1-塔吊塔身；2-塔吊附着；3-斜拉桥塔柱；4-吊架；5-起重臂；6-平衡臂；7-配重；8-旋转机构；9-吊钩；10-塔吊基座

二、模板

索塔施工所用的模板，按结构形式不同可分为提升模和滑模。提升模按其吊点不同可分为依靠外部吊点的单节整体模板逐段提升、多节模板交替提升（翻模）及本身带爬架的爬升模板（爬模），而滑模只适用于等截面的垂直塔柱，因此有一定的局限性。利用提升模和滑模均可实现无支架施工。

模板的加工材料有多种，塔柱模板一般采用钢板或竹胶板加工制作，模板骨架用型钢做成桁架式。

以下简单介绍几种常用的模板结构。

1. 提升模

1）单面整体提升模板

对于截面尺寸相同，外观质量要求一般的混凝土索塔施工，可采用单面整体提升模板。施工时先制作和组拼模板，分块组装，模板下端夹紧塔壁，以防止漏浆，然后进行混凝土全模板高度浇筑，混凝土达到规定强度后，将模板拆成几块后提升并组装，继续施工，如图10-9所示。

单面整体提升模板可分为组拼式钢模和自制钢模。

（1）组拼式钢模

组拼式钢模是由各种尺寸的定型组合钢模板，利用螺栓、U形卡、销钉连接，并与护杆、加劲构件等组合成索塔所需形状的模板。拼装式模板组装方法如图 10-10 所示。

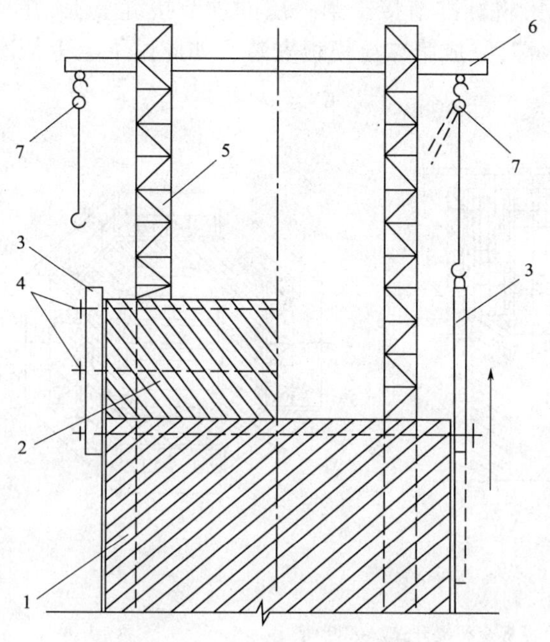

图 10-9　单面整体提升模板

1-已浇索塔;2-待浇节段;3-模板;4-对拉螺杆;5-钢架立柱;6-横梁;7-手拉葫芦

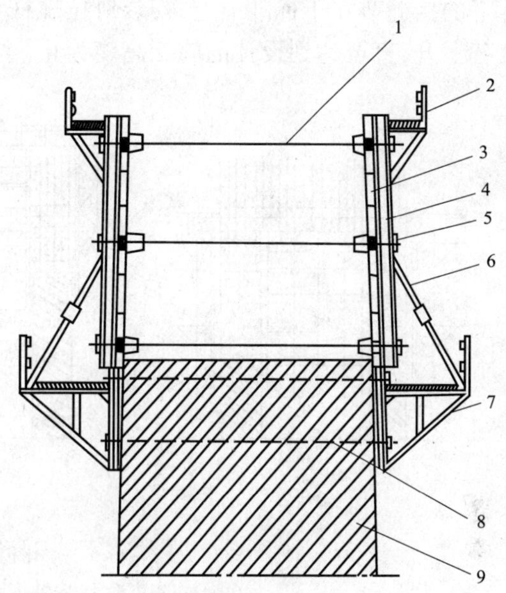

图 10-10　组拼式钢模

1-拉杆;2-上脚手;3-模板;4-立柱;5-横肋;6-可调斜撑;7-下脚手;8-预埋螺栓;9-已浇索塔

索塔施工时,应分节段支模和浇筑混凝土,每一节段的高度应视索塔尺寸、模板数量和混凝土浇筑能力而定,一般宜为 3 ~ 6m。用手拉葫芦或吊机吊起大块模板,安装好第一节模板,其组装方法与高墩台组装模板相同。模板安装好后,在浇筑第一节段混凝土时,应在塔身内预埋螺栓,以支承第二节模板和安装脚手架。

对于圆形、多边形截面的索塔使用组拼式钢模时,拼装高度可根据混凝土浇筑高度、截面形式和吊装能力而定。为了保证模板具有足够的刚度和强度,吊装前应进行强度验算和加固,以防吊装时变形。

(2)自制整体钢模

自制整体钢模主要用∠50、∠70 的角钢,3 ~ 5mm 厚的钢板加工制作,其质量标准应符合《公路桥涵施工技术规范》(JTJ 041—2000)的要求。自制整体钢模在安装时,可采用[10 ~ [16 槽钢制作成围箍固定,并可将脚手架焊在模板外围。

单面整体提升模板施工简便,在没有吊机的情况下,可利用索塔内的劲性骨架作支撑,用手拉葫芦提升。但在索塔截面形状尺寸变化较大,混凝土接缝要求美观的情况下,其使用有一定的局限性。

2)翻模(交替提升多节模板)

这种模板系统依靠混凝土对模板的黏着力自成体系,且制造简单,构件种类少,模板的大小可根据施工能力灵活选用,混凝土接缝较易处理,施工速度快。但模板本身不能爬升,要依靠塔吊等起重设备提升,如图 10-11 所示。

每套模板由内外模、对拉螺杆、护栏以及工作平台等组成,不必另设脚手架。一种为标准节,一般高 3m;另一种为接缝节,高 1.0 ~ 1.5m。施工程序为:先安装第一层模板(接缝节 + 标准节+接缝节)，浇筑混凝土，完成一个基本节段的施工；以已浇混凝土为依托，拆除最下一层的接缝节和标准节(顶节接缝节不拆)，向上提升，将标准节接于第一层的顶节接缝节上，并将拆下的接缝节立于标准节上，安装对拉螺杆和内撑，完成第二层模板安装。如此由下至上依次交替上升，直至达到设计的施工高度为止。

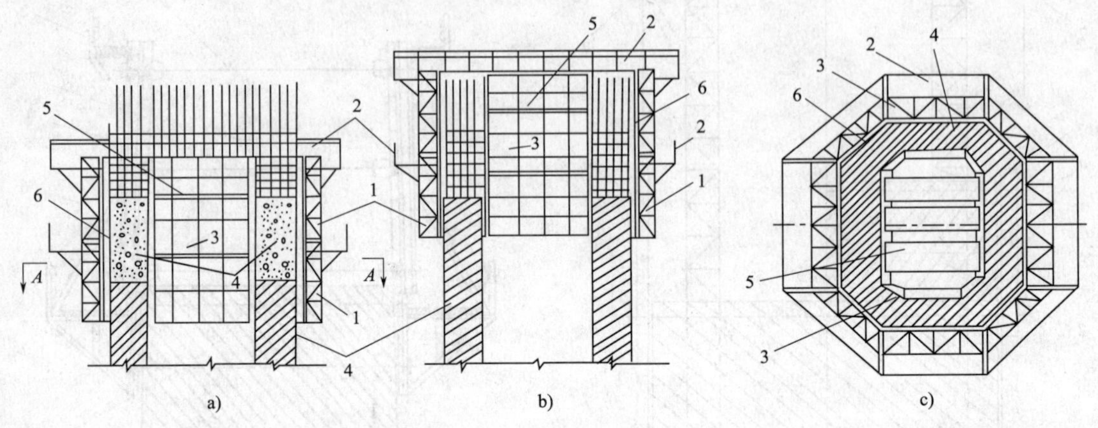

图 10-11 翻模

a)浇筑混凝土、安装钢筋；b)模板交替提升；c)A-A 断面

1-模板桁架；2-工作平台；3-内模板；4-已浇索塔；5-内模平台；6-外模板

3)爬模(自备爬架的提升模板)

爬模按提升设备不同可分为倒链手动爬模、电动爬架拆翻模和液压爬升模。

(1)倒链手动爬模

用倒链手动提升爬架，简便实用，所需机具设备少，经济合理，施工钢材耗用量少，模板的制作较灵活，对直塔柱及斜塔柱均适用，只是人员投入较多，施工方法较原始。

(2)电动爬架拆翻模

利用模板导向并支承爬升模架，再利用模架上的吊装设备拆翻安装模板进行施工。这种模板机械化程度高，劳动强度低，施工安全方便，能节省劳动力，减少工序，保证质量。

(3)液压爬升模

以塔柱壁为支承主体，以液压顶升油缸为爬升设备主体，采用这种施工方法，模板的提升可做到平稳、安全。

2. 滑模

当索塔上下竖直，截面形式较单一，无较多的突出结构物时，可采用滑模施工。

滑模施工速度快、外表美观，但对于大跨径斜拉桥的索塔，由于其钢筋用量大，预应力管道纵横交错，套筒预埋费工费时，滑模施工就不如提升模板方便。

三、混凝土浇筑

索塔混凝土施工采用现场搅拌、吊斗提送的施工工艺时，采用常规的干硬性混凝土配合比即可满足塔柱施工中对混凝土早强、高强的要求。但当索塔较高时，用吊斗提送混凝土的供料速度难以满足施工的要求，此时应采用泵送混凝土。

1. 配合比设计

由于索塔具有较特殊的施工特点，要求混凝土具有较大的流动性，高弹性模量和较小的收缩、徐变性能，同时还要满足缓凝、早强、高强的泵送要求，因此宜采用高集料、低水灰比、低水泥用量、适量掺加粉煤灰和泵送外加剂的方法。

为达到设计和施工要求，配合比设计时应从水泥、水、砂、碎石和外加剂五种组成材料的用量着手，针对各种材料对混凝土的影响，以3d强度、坍落度和坍落度损失为筛选标准，采用正交试验方法，以选择合理的配合比。试配时可采用以下措施：采用优质高强水泥，降低水灰比；选择高效外加剂；注意砂率的调整，优化碎石质量等。

2. 拌和工艺

目前国内常用的拌和方式为自落式拌和和强制式拌和两种方式。当混凝土属于塑性拌和物，即坍落度在40mm以下时，可采用自落式拌和；否则当混凝土属于高塑性拌和物时，即坍落度为120~160mm的泵送混凝土时，其自落式搅拌和强制式搅拌效果差别不大。因此施工时应慎重选择合理的拌和方式。

3. 混凝土浇筑

混凝土的运送方式可分为吊斗提升和泵送两种。施工时无论哪种方式都对浇筑高度、浇筑方法及振捣等几个问题进行控制。

1）浇筑高度

由于混凝土为多相凝胶态混合物，而其组分比例又各不相同，如浇筑高度太高，则会使混凝土产生离析现象，严重影响混凝土的质量，因此浇筑高度一般不宜大于3m。

2）浇筑方法

塔柱截面一般不大，在浇筑混凝土时，不宜在同一位置长时间连续投料，这样容易使混凝土中的砂浆与集料分离，产生离析现象。正确的做法是在浇筑过程中勤拆导管，或勤移吊斗，使各部分均匀浇筑。

3）混凝土的振捣

在混凝土的浇筑过程中，因粗集料接触成拱及减水剂引气作用，混凝土内部将形成一定的空隙及积水，这时只有通过高频振捣才能减少空隙及积水。浇筑时应注意分层振捣，按照振捣器的作用范围来依次振捣混凝土。对锚固区的混凝土，对其应加强振捣，并注意保护拉索套筒，不要让振捣头接触到套筒，以免套筒移动。

4. 质量控制

1）原材料质量控制

①水泥：必须检验所用水泥的真实活性及对添加剂的适应性；

②碎石：必须检验其级配、碎石质量、规格及含泥量等；

③砂：应检验所用砂的细度模数及含泥量；

④减水剂：检验其引气性及减水率。

2）生产过程的质量控制

①生产过程中应检查各组分是否按设定的配合比计量投料；

②混凝土搅拌时间及均匀性是否符合要求；

③施工过程中应检验所用混凝土的坍落度及气体含量是否满足要求。

四、拉索锚固区塔柱的施工

拉索锚固区的施工，应根据不同的锚固形式来选择合理的方案。国内所建的斜拉桥，索塔多为混凝土塔，拉索在塔顶部的锚固形式主要有：交叉锚固型、钢梁锚固型、箱形锚固型、固定锚固型、铸钢索鞍，分别见图 10-12、图 10-13、图 10-14、图 10-15、图 10-16。固定锚固型与铸钢索鞍两种锚固形式较少使用。

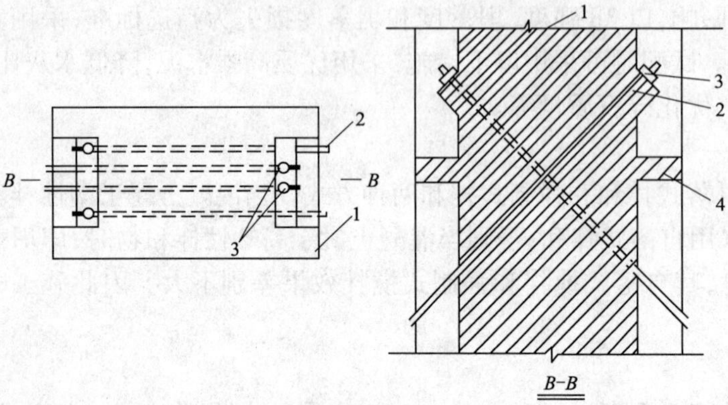

图 10-12　交叉锚固型

1-塔柱；2-拉索；3-锚具；4-横隔板

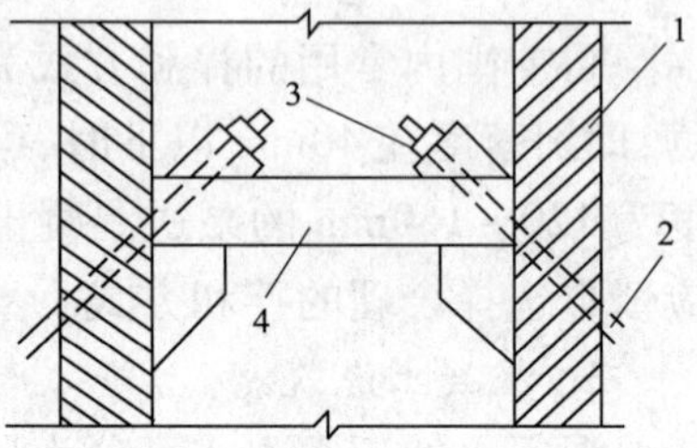

图 10-13　钢梁锚固型

1-塔柱；2-拉索；3-锚具；4-钢横梁

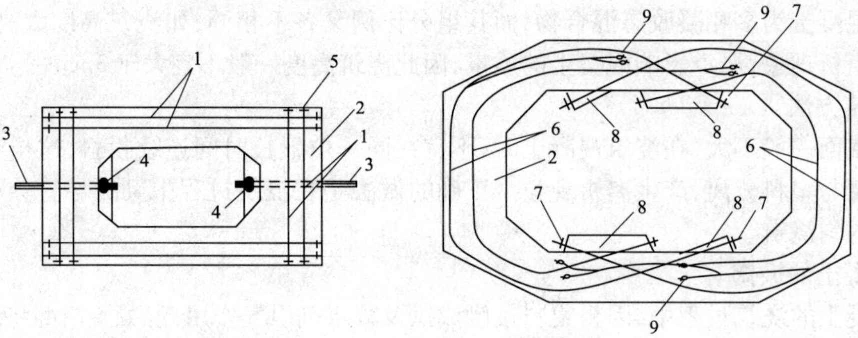

图 10-14　箱形锚固型

a）塔身直线预应力平面示意图；b）塔身环向预应力平面示意图

1-直线预应力筋；2-塔体；3-拉索；4-拉索锚具；5-直线预应力锚具；6-塔身环向预应力筋；7-螺母锚固端；8-锚头混凝土；9-埋置锚固端

1. 交叉锚固型塔柱的施工

1）适用范围

交叉锚固型适用于中小跨度的斜拉桥。

2）施工程序

立劲性骨架→钢筋绑扎→拉索套筒的制作与定位→立模→浇筑混凝土及养生。

（1）立劲性骨架

为便于施工时固定钢筋、拉索锚箱定位及调模之用，一般在索塔锚固段中设有劲性骨架。劲性骨架分现场加工和预制拼装两种施工方式。底节预埋段和变幅段施工因与现场高程有关，常现场加工；而其余标准段用预制拼装既可加快进度，又可保证质量。

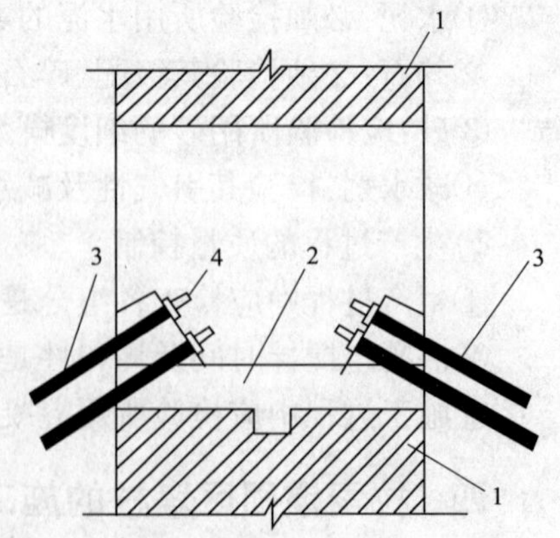

图 10-15　固定锚固型

1-塔柱；2-钢横梁；3-拉索；4-锚具

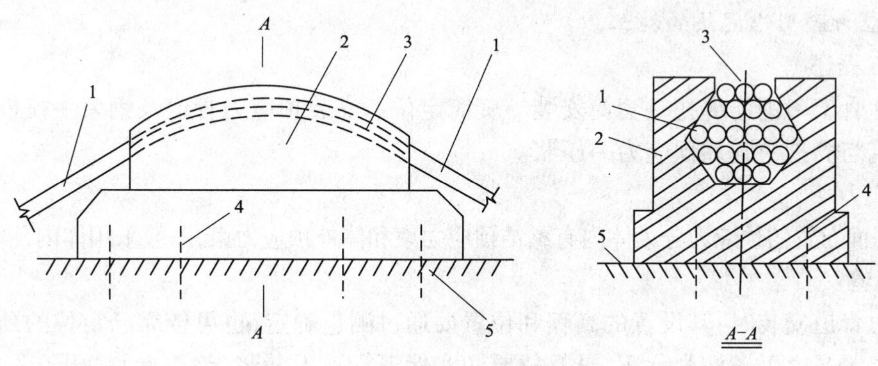

图 10-16　铸钢索鞍

1-拉索;2-无锚固索鞍;3-鞍槽;4-索鞍固位筋;5-拉索塔体

(2)钢筋绑扎

一般采用场外预制、现场绑扎的方式进行,主筋连接分焊接和挤压套筒两种方法,焊接和绑扎应满足《公路桥涵施工技术规范》(JTJ 041—2000)的要求。施工时,首先对钢筋端部的弯折、扭曲作矫正或切割处理,清理其表面杂物,每根钢筋在车间将套筒压接一端,另一端运到塔上现场压接。挤压时,压模应对准套筒及压痕标记,从套筒中央逐道向端头压接。

(3)拉索套筒的制作与定位

①拉索套筒的制作:其精度要求较高,一般预先按设计要求准备锚板和钢管,然后下料,修理角度,将钢管焊接在锚板上。要求钢管与锚板圆孔同心,锚固面与钢管垂直。

②拉索套筒的定位:包括套筒上、下口的空间位置,套筒倾斜度和高程等。可采用天顶法或空间坐标法测量。

注:钢筋和套筒的安装并不是截然分开的两个施工步骤,一般情况下,当主筋定位后,就要安装套筒,这是施工时必须要注意的。

(4)立模

立模关系到锚固段混凝土浇筑质量,装模时应注意使拉索套筒的下口贴合紧密,以消除模板接头间的不平整现象。调模时应注意保护套筒,不宜采用装有套筒的劲性骨架调模,以免造成套筒移位,然后,紧固连接螺杆,固定模板。

(5)混凝土浇筑与养生

见本节三。

2. 拉索钢梁锚固形式的施工

大跨径斜拉桥多采用对称拉索锚固,其方法之一是采用拉索钢横梁锚固构造。

1)施工程序

立劲性骨架→钢筋绑扎→套筒安装→套筒定位→装外侧模→浇筑混凝土→横梁安装。

2)钢横梁加工与安装

拉索锚固钢横梁,应按桥梁钢结构的加工要求在加工厂完成,并经严格验收合格后方可出厂。在施工组织设计中,选择塔吊的起重高度和起重能力应考虑钢横梁的要求。

当钢横梁太重时,主塔的垂直起吊能力不能适应时,应将分部件用高强螺栓连接,现场组拼安装,但需事先在加工厂预拼装合格。由于主塔柱空心断面尺寸有限,设施多,空间紧凑,同时支承钢横梁的塔壁混凝土牛腿占据一定的空间,安装有诸多不便,因此在施工前应仔细研究各细部尺寸及安装方法,并与塔柱施工相协调。

3. 预应力箱形锚固法的施工

1）施工程序

立劲性骨架→钢筋绑扎→套筒安装→套筒定位→安装预应力管道及钢束→模板安装→混凝土的浇筑与养护→施加预应力→压浆。

2）预应力

施工平面布置的预应力分为体内有黏结预应力束和体外预应力束，一般采用体内预应力束。

（1）管道安装

预应力管道安装时，其设置的高程和位置要通过测量确定，也可依靠已定位的劲性骨架来固定管道位置。由于塔柱为承压结构，故要切实保证管道不漏浆，绝不允许“开仓”，浇筑混凝土时要特别注意保护管道，严格检查。施工时，严禁电焊、氧割等作业所产生的焊渣与预应力筋接触，以免造成力筋损伤，导致张拉时断裂。

（2）预应力张拉

由于施工场地小，除采用较小的高压油泵和更轻便的千斤顶外，还要对张拉端口处的预埋件认真处理，使张拉有足够的空间位置，以保证机具设备的运用自如，防止施工不便带来的损失，施加预应力时以延伸量和张拉吨位双控。

五、质量要求

1. 基本要求

①索塔的索道孔及锚箱位置以及锚箱锚固面与水平面的交角均应控制准确，锚板与孔道必须互相垂直，符合设计要求；

②分段浇筑时，段与段之间不得有错台，新旧混凝土接缝表面必须凿毛，以便新旧混凝土接合良好；

③混凝土强度不得低于设计强度；

④塔柱倾斜率不得大于 $H/2\ 500$，且不大于 30mm（H 为桥面上塔高）；轴线允许偏位：±10mm；断面尺寸允许偏差：±20mm；塔顶高程允许偏差：±10mm；斜拉索锚具轴线允许偏差：±5mm。

⑤塔柱全部预应力束布置准确，轴线偏位不得大于 10mm，张拉要求双控，以延伸量为主，延伸量误差应控制在 -5% ~ +10% 以内，在测定延伸量时，应扣除非弹性因素引起的延伸量。

⑥张拉同一截面的钢丝不得大于 1%。

2. 外观要求

①要求混凝土表面平整、线形顺直；

②混凝土蜂窝麻面不超过该面面积的 0.5%，深度不超过 10mm；

③锚箱混凝土不得有蜂窝。

课题三　主梁施工技术

一、概述

斜拉桥主梁施工方法与梁式桥基本相同，大体上可分为顶推法、平转法、支架法和悬臂法四种。

1. 顶推法

顶推法的特点是施工需在跨间设置若干临时支墩,顶推过程中主梁要反复承受正、负弯矩。适用于桥下净空小,修建临时支墩造价较低,支墩不影响桥下通航,能反复承受正、负弯矩的钢斜拉桥主梁的施工。对混凝土斜拉桥而言,一般是在拉索张拉前顶推主梁,临时支墩间距如不能满足主梁负担自重弯矩能力时,为满足施工需要,要在主梁内设置临时预应力束,这在经济上并不合算。

2. 平转法

1)概念

分别在两岸或一岸顺河流方向的矮支架上现浇主梁,并在岸上完成所有的安装工序,包括:落架、张拉、调索,然后以塔墩为圆心,整体旋转到桥位合龙。

2)适用范围

适用于桥址地形平坦、墩身较低和结构体系适合整体转动的中小跨径斜拉桥。

3. 支架法

1)特点

支架法浇筑主梁具有施工简单、方便,能确保结构满足设计线形的优点。

2)适用范围

仅适用于桥下净空小,搭设支架不影响桥下交通的情况。混凝土斜拉桥主梁在塔柱附近的0号、1号梁段一般需采用支架法现浇施工,其施工工序与一般梁式桥相同。

4. 悬臂施工法

分为悬臂浇筑法和悬臂拼装法。悬臂浇筑法是在塔柱两侧用挂篮对称逐段浇筑主梁混凝土,悬臂拼装法是先在塔柱区现浇一段放置起吊设备的起始梁段,然后用适宜的起吊设备从塔柱两侧依次对称拼装梁体节段。

悬臂施工法是斜拉桥主梁施工最常用的方法。

二、悬臂浇筑法

1. 悬臂施工法特点

悬臂施工是在已建成的桥墩顶部逐段向跨径方向对称悬伸延长施工,每延伸一段就施加预应力使其与已成部分联结成整体的施工方法。由于其独特的优越性,悬臂施工法的主要特点如下:

①在跨间不需要搭设大量的施工支架,桥梁施工时不影响桥下通航或行车;

②施工不受季节、河道水位的影响;

③相对于支架法施工,节省材料,模板可多次周转;

④主梁整体性好,施工较简便;

⑤悬臂施工法适用于任何跨径的斜拉桥主梁施工,但应严格控制挂篮变形和混凝土收缩、徐变的影响及混凝土超重。

2. 临时固结措施

当斜拉桥采用悬臂法进行主梁施工时,为确保结构在施工阶段的安全,一般在施工中都需采取适当的措施进行塔梁临时固结,待施工完毕后再拆除。临时固结的措施主要有以下两种。

1)加临时支座并锚固主梁

该方法构造简单，制作和装拆方便，安全可靠，见图10-17所示。即在下横梁上设置四个混凝土临时支座，将粗螺纹钢的下端预埋在主塔下横梁中，钢筋中段穿过支座和梁体并锚在0号梁段顶部。

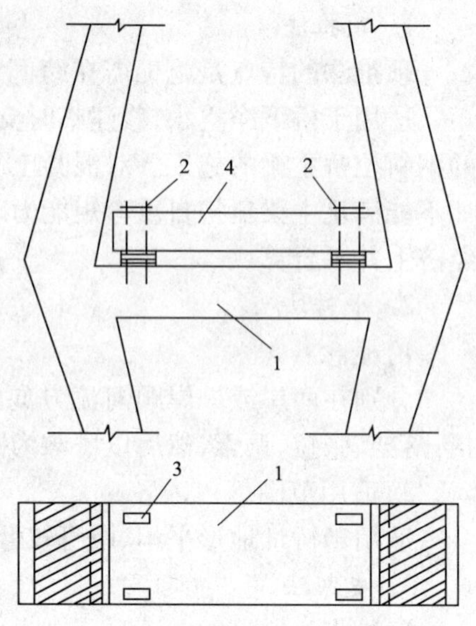

图10-17 临时固结支座构造

1-下横梁；2-锚筋；3-临时固结支座；4-0号块

2）设临时支承

在塔墩两旁设临时支承与临时支座共同承担施工反力，临时支承常用钢管桩或钢护筒，在下塔柱上设置预埋件用做临时支承的锚座。

3. 悬臂浇筑法施工

悬臂浇筑法施工，是将墩柱部位的上部结构浇筑完成后，在专供悬臂浇筑用的活动脚手架（称为挂篮）上，向墩柱两边对称平衡地逐段浇筑悬臂梁段，每浇筑完一对梁段并待混凝土达到要求强度后，就张拉预应力束，待浇筑部分可以受力时向前移动挂篮，再进行下一梁段的施工，一直推进到悬臂端为止。

1）施工程序

施工程序见图10-18所示。

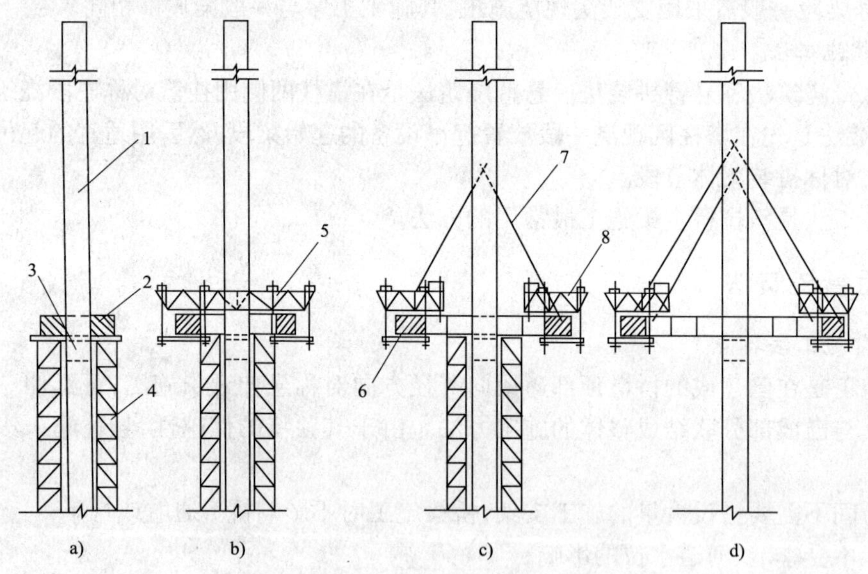

图10-18 悬臂浇筑程序

a）支架上立模现浇0号和1号块；b）拼装连体挂篮，对称浇筑2号梁段；c）挂篮分解前移，对称悬浇梁段并挂索；d）依次对称悬浇挂索

1-索塔；2-立支架现浇梁段；3-下横梁；4-现浇支架；5-连体挂篮；6-悬浇梁段；7-斜拉索；8-悬浇挂篮

（1）悬臂浇筑分段

悬臂浇筑的节段长度根据斜拉索的节间长度、梁段质量进行划分，一个节段长度一般采用一个索距、半个索距或两个索距长。

（2）无索区施工

无索区主梁一般需在支架或托架上进行施工。先对支架或托架进行预压，然后浇筑混凝土,待其强度达到要求后,施加预应力,然后拼装挂篮,进行主梁的悬臂浇筑。

2)施工方法

主梁悬臂浇筑均采用挂篮施工。其挂篮形式很多,各有特色,本书中主要介绍前支点挂篮。

(1)挂篮构造

前支点挂篮也称牵索式挂篮,分别见图10-19、图10-20所示。是将挂篮后段锚固在已浇梁段上,并将待浇段的斜拉索锚固在挂篮前端,以充分发挥斜拉索的效用。由斜拉索和已浇梁段来共同承担待浇节段的混凝土重力。待混凝土达到要求的强度后,拆除斜拉索与挂篮的连接,使节段重力转换到斜拉索上,再前移挂篮。

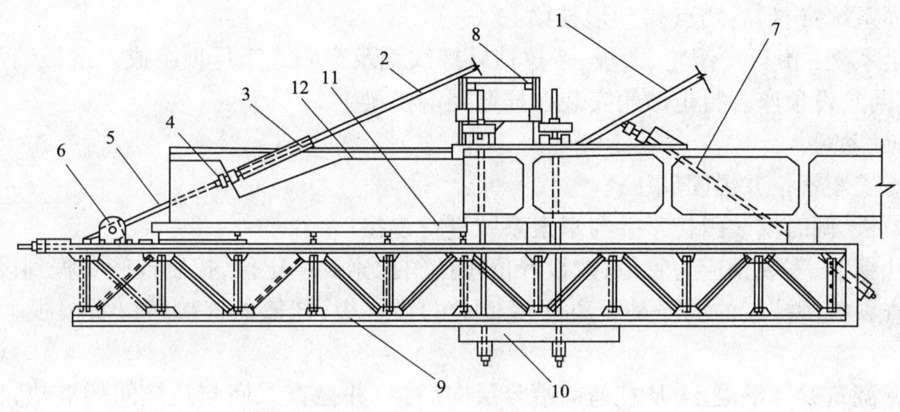

图10-19 桁架式前支点挂篮图

1-已浇梁段斜拉索;2-待浇梁段前支点斜拉索;3-索管;4-拉索锚具;5-接长拉杆;6-千斤顶;7-水平力平衡杆;8-挂篮上横梁;9-挂篮桁架;10-悬挂升降系统;11-下底模;12-顶板底模

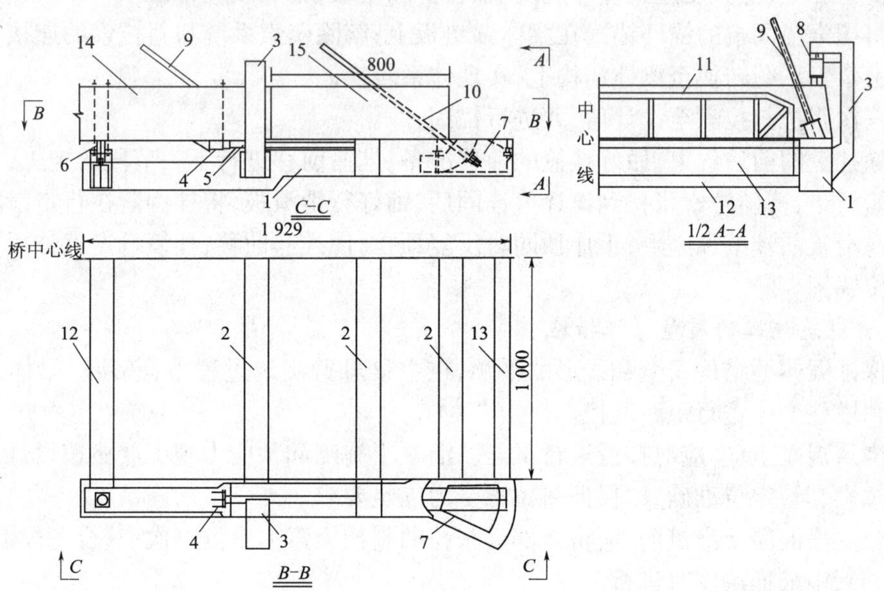

图10-20 前支点挂篮构造图(尺寸单位:cm)

1-纵梁;2-横梁;3-C形挂梁;4-水平止推座;5-水平止推杆;6-后锚座系统;7-转动锚座;8-调节千斤顶;9-斜拉索;10-前支点斜拉索;11-模板;12-后横梁;13-前横梁;14-已浇梁段;15-待浇梁段

前支点挂篮主要由承重系统、模板系统、牵索系统、锚固系统及行走系统五大部分组成。在浇筑主梁之前,前支点挂篮通过牵索系统与斜拉索临时联结在一起,使挂篮和节段混凝土的重力由斜拉索承担一部分,以减小挂篮作用在主梁上的垂直荷载,并完成体系转换,即将浇筑节段混凝土之前临时锚固在挂篮上的斜拉索在浇筑后锚固到斜拉桥主梁上。

①承重系统:置于主梁的下面,前端与斜拉索相连,中间通过垂直吊杆锚固在已浇主梁顶面或通过C形挂钩吊挂在已浇主梁顶面,后端用螺杆通过预留孔锚固在已浇主梁上。

②牵索系统:由异性接头、牵引杆、吊耳、水平调整高速螺杆、扁担梁、元宝梁及千斤顶组成。牵索系统将挂篮前端的荷载通过斜拉索传递给索塔,为平衡斜拉索在挂篮上引起的水平分力并将它传递给主梁,可采用反向斜拉杆或设水平反力支座的办法。

③模板系统:由底模、外侧模、内模及横隔板模组成。

④锚固系统:包括后锚点和C形挂梁。

⑤行走系统:由行走滚轮、滑板、牵拉精轧螺纹钢及穿心式千斤顶组成。滑板铺放在主梁的顶面,其前端设顶座。行走滚轮安装在挂篮尾端横梁上。

(2)施工程序

①挂篮安装就位并锚固试压;

②装模板,同时安装斜拉索并与牵索系统进行连接;

③绑扎钢筋,安装预应力管道;按设计值预拉斜拉索到一定值,控制挂篮高程到设计值;

④检查斜拉桥拉索的锚环是否离开模板上的锚垫板,挂篮的连接情况及模板、钢筋安装情况;

⑤悬臂浇筑梁体混凝土,从挂篮前端分层向后浇,并检查梁底与挂篮间的支垫,保持挂篮的位置正确;

⑥第二次张拉斜拉索,观测并检查挂篮前支点高程;

⑦混凝土养生,待强度达到设计规定值后,拆除模板,施加预应力;

⑧将斜拉索锚固端的锚环锚固在梁体锚垫板上;解除牵索系统与斜拉索的连接,通过锚环将牵拉索由牵索系统转换至梁体结构上,实现体系转换;

⑨第三次张拉斜拉索至设计值,并进行锚固;

⑩解除挂篮的前后约束,做好挂篮的前移准备;挂篮前移进行下一节段的施工;

⑪挂篮行走:待斜拉索张拉到设计值锚固后,铺好行走滑板,将挂钩落在行走滑板上,将千斤顶平放在滑板前端的顶座上,千斤顶同时反复顶拉,使挂篮前移,挂篮行走就位后,重新对挂篮进行定位锚固。

4. 悬臂浇筑施工的质量保证措施

①为保证梁体的结构安全和线形的平顺,在主梁悬臂浇筑过程中,必须对梁体的高程、斜拉索索力和塔柱变位进行跟踪监控。

②在浇筑混凝土前,应对挂篮进行试压。混凝土施工和预应力施工严格按设计规范进行。

③斜拉索套管定位准确,以保证斜拉索受力满足要求。

④在合龙段混凝土浇筑前,应将全部已张拉的斜拉索索力重测一次,其合龙段混凝土浇筑应选择在一天中最低温度时进行。

三、悬臂拼装法

1. 概念

预应力混凝土斜拉桥悬臂拼装法是先在塔柱区现浇一段放置起吊设备的起始梁段,然后用适宜的起吊设备从塔柱两侧依次对称安装预制节段,使悬臂不断伸长直到合龙。图10-21

是斜拉桥主梁采用悬拼施工常用的一种三角形吊机。

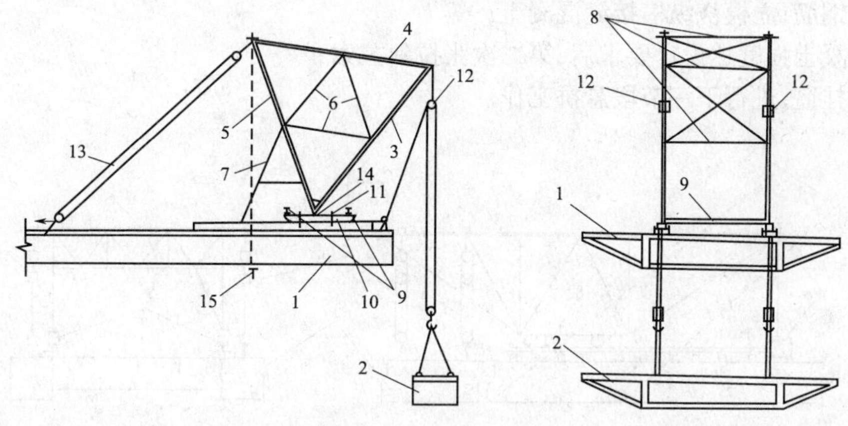

图 10-21　三角形吊机

1-已拼梁段;2-待拼梁段;3-前杆;4-上弦杆;5-后杆;6-加强腹杆;7-后撑三角架;8-横联架;9-横联底座;10-钢走板;11-定位销;12-起重滑轮组;13-后锚变幅滑轮组;14-支承结构;15-后锚

2. 特点及适用范围

由于主梁是预制的,墩塔与梁可平行施工,故施工工期短,减少高空作业。主梁预制混凝土龄期较长,收缩和徐变影响小,梁段的断面尺寸和浇筑质量容易得到保证,安装精度要求高。适用于具备预制场地和运输条件的斜拉桥。

3. 梁段的预制、移运及整修

预制时应考虑安装顺序,以便于运输。预制台座应按设计要求设置预拱度,各梁段应依次串联预制,预制块件的长度划分以梁上水平索距为标准。其块件的预制工序、移运和整修与一般预制构件相同。

4. 块件拼装程序

①主梁预制块件按先后顺序,从预制场运至桥下吊装位置;

②通过起吊工具将块件提升至安装高程;

③进行块件连接与接缝处理,其接头有干接头和湿接头两种;

④张拉纵向预应力筋;

⑤进行斜拉索挂索与张拉,并调整高程。

5. 块件拼装设备

常用的起重设备有悬臂吊机、缆索吊机、大型浮吊、千斤顶及各种自制吊机,可结合挂篮进行悬臂拼装工作。

6. 工程实例

某箱形断面斜拉桥主梁,采用悬臂拼装法施工,其施工程序如下,见图 10-22 所示。

①将预制块件用平车运至拼装吊机处;

②用千斤顶将块件顶高挂在跑车上滑移至挂篮平台上空,放在平台内的横梁上;

③用手拉葫芦将箱梁横移至离桥轴线 3m 处;

④吊放另一段横梁,并横移到位,并将前箱梁横移到位;

⑤用吊机的边上两个吊点将箱梁吊起,用砂筒调整高程;

⑥焊接预埋在箱梁上的钢铰;

⑦挂索并张拉;

⑧吊装车行道梁并调整高程；

⑨焊接钢筋，立模浇纵横接缝混凝土；

⑩待混凝土强度达设计要求后，第二次张拉斜拉索；

⑪前移挂篮，进行下一节段悬拼工作。

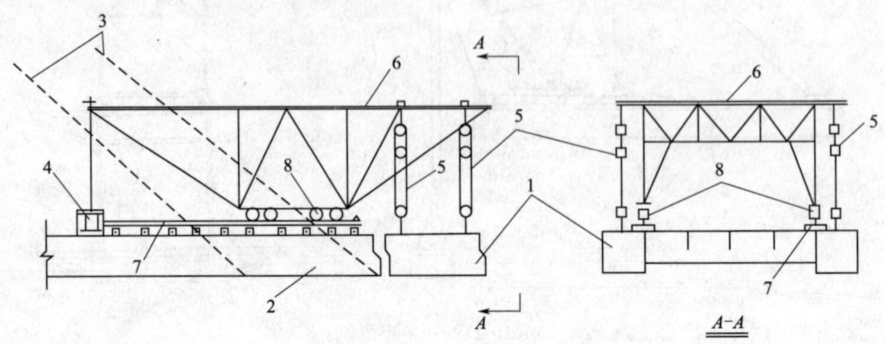

图 10-22　悬臂拼装示意图

1-待拼梁段；2-已拼梁段；3-拉索；4-后锚螺旋千斤顶；5-起重滑轮组；6-钢制悬吊门架；7-运梁轨道；8-运梁平车

课题四　斜拉索施工技术

一、斜拉索的制作

1．材料要求

制作拉索所用的钢丝均应经过稳定化处理，其各项性能必须满足表 10-1 的规定要求。

拉索高强钢丝的基本性能　　表 10-1

序号	项　目	单位	指　标		试验方法
1	公称直径 d	mm	5.0	70	
2	直径允许偏差	mm	+0.08	+0.08	GB 5223—95
3	椭圆度	mm	≤0.04	≤0.04	
4	抗拉强度 σ_b	MPa	≥1 570	≥1 570	YB 39—64
5	屈服强度 σ	MPa	≥1 330	≥1 330	YB 39—64
6	抗拉弹性模量 E_W	MPa	$\geqslant 2.0\times10^5$	$\geqslant 2.0\times10^5$	GB 1586—79
7	伸长率 σ	%	≥4	≥4	YB 39—64

钢丝应具有可敏性，墩头应无裂缝，施加静载或动载时，墩头不脱落，成品钢丝不得存在任何接头，钢丝生产时连续作业的工艺接头应予切除。

锚具应选用 45 号钢或 40Cr 钢等制作，经调质热处理，其技术性质应满足《优质碳素结构钢》（GB 699—1999）或《合金结构钢技术条件》（GB 3077—1999）的要求。

用于制索的钢丝，直径一般在 5 ~ 7mm 之间，钢丝强度要求特别高，抗疲劳应力幅值已达 200 ~ 250 MPa。

我国现行制索材料的主要品种有 5 ~ 7mm 的高强钢丝，其标准强度不低于 1 570 MPa；ϕ12mm 和 ϕ15mm 的钢绞线。

斜拉索的锚具常用的有以下四种：热铸锚、镦头锚、冷铸镦头和夹片群锚，见图 10-23 所示。

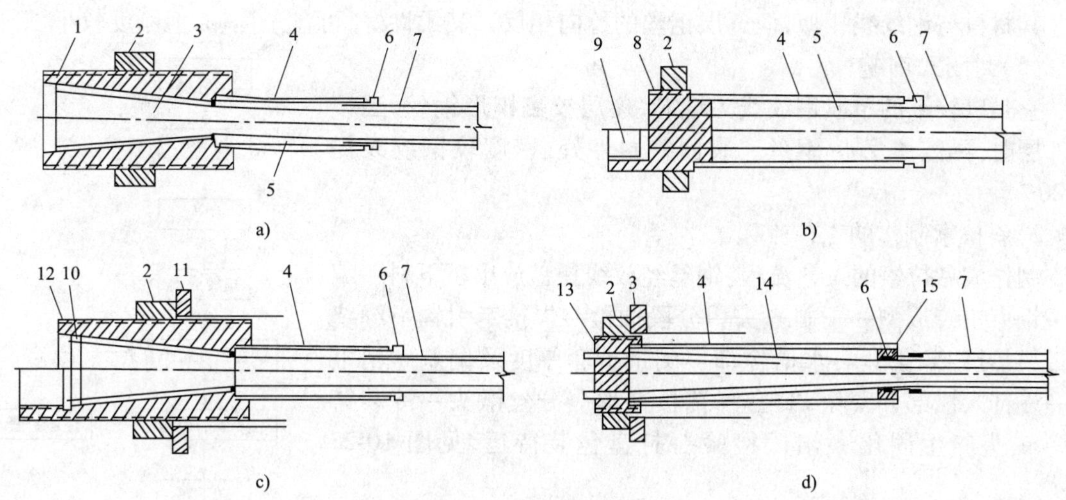

图 10-23　不同类型锚具构造图

a）热铸锚；b）镦头锚；c）冷铸镦头；d）夹片群锚

1-锚杯；2-螺母；3-热铸合金；4-连接筒；5-密封料；6-密封环；7-塑料护套；8-固定端锚板；9-张拉端锚板；10-定位板；11-索孔垫板；12-固定端锚杯；13-群锚锚板；14-钢绞线；15-约束圈

2. 斜拉索的制作

1）斜拉索的类型

斜拉索的截面形式见图 10-24 所示。

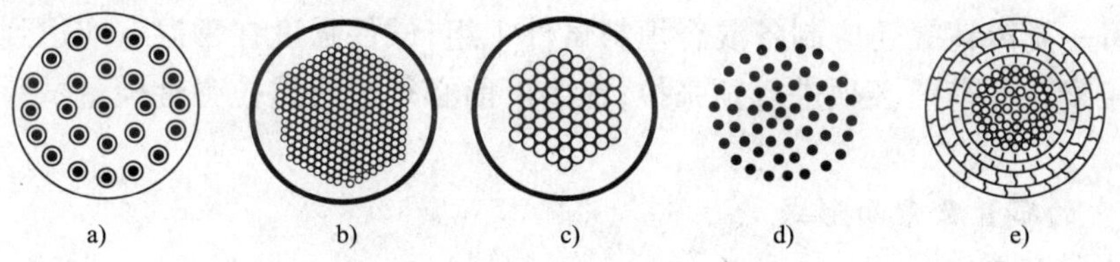

图 10-24　斜拉索的截面形式

a）钢筋索；b）钢丝索；c）钢绞线索；d）单股钢绞缆；e）封闭式钢缆

拉索按材料和制作方式的不同可分：平行钢筋索、平行钢丝索、平行或半平行钢绞线索、单股钢绞缆和封闭式钢缆几种。

（1）平行钢筋索

是由若干根直径为 10～16mm 的钢筋组成，其强度不低于 1 470 MPa，但在大跨度斜拉桥中有接头而影响其抗疲劳强度，故使用较少。

（2）钢丝索

是近年来运用较多的一种拉索。该拉索易于挠曲，便于长途运输，其应用十分广泛。公路桥梁中使用的钢丝索应符合《斜拉桥热挤聚乙烯高强钢丝拉索技术条件》（GB/T 18365—2001）的要求。可采用镀锌或不镀锌的 ϕ5mm 或 ϕ7mm 的预应力钢丝，其标准强度不低于1 570 MPa。

（3）钢绞线索

由钢绞线组成，通常由 7 根 ϕ5mm 的钢丝组成公称直径为 15mm 的钢丝股，同时也有 7 根

ϕ4mm 的钢丝组成公称直径为 12mm 的钢丝股。

(4)单股钢绞缆

其材料与钢绞线相似,但逐层钢丝的捻向相反。其柔性好,可盘条运输,但刚度较小。

(5)封闭式钢缆

它是以较细的单股钢绞线为缆芯,逐层绞裹楔形钢丝,当接近外层时,再绞裹 Z 形钢丝。表面密封性好,密度较钢绞线提高 20%。

2)斜拉索制作的工艺流程

制作成品拉索的工艺流程:钢丝经放线托盘放出粗下料→编束→钢束扭绞成型→下料齐头→分段抽检→焊接牵引钩→缠绕包带→热挤 PE 护套→水槽冷却→测量护套厚度及偏差→精下料→端部入锚部分去除 PE 套→锚板穿丝→分丝镦头→冷装铸锚→锚头养生固化→出厂检验→打盘包装待运,见图 10-25 所示。

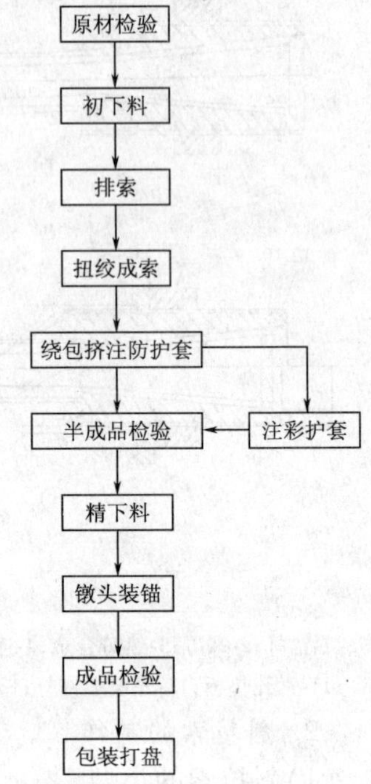

图 10-25 制索工艺流程图

3)斜拉索的技术要求

①钢丝成束后同心左向扭绞,最外层钢丝的扭绞角为 2°~4°,其相应捻距为(40~60)D;

②绕包层右旋,每圈搭接不小于带跨的 1/3。较细的钢索采用单层绕包。对于 211ϕ7mm 以上规格钢丝索可采用双层绕包。

③精下料应在钢丝索展平伸直的状态下用 50m 标准钢尺丈量,精确至毫米。下料切割断面应垂直于钢丝轴线,偏斜≤2°。

④对于每一副冷铸锚还应制备混合填料试件 1 组,试件强度在常温下应达到 147 MPa。

⑤成品拉索在受荷前必须进行预张拉;在出厂前必须进行抗拉弹性模量试验、静载试验及动载试验。

3. 斜拉索的布置及索面形式

1)斜拉索的布置

斜拉索是斜拉桥的主要承重部分,应采用高强钢材做成。斜拉索在空间的布置形式,是斜拉桥很重要的直观形象,主要有下列几种。

(1)单索面

见图 10-26 所示。该索面对主梁不起抗扭作用,锚固在桥面中央,不利于桥面利用,跨径不宜过大,但施工简便,造型美观。

(2)竖向双索面

见图 10-27 所示。该索面对主梁有抗扭作用,安全性高,桥面利用率高,大小跨径均适宜,但施工难度较大。

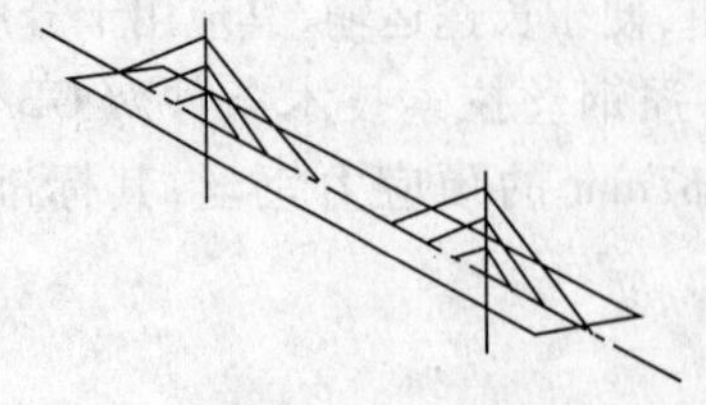

图 10-26 单索面

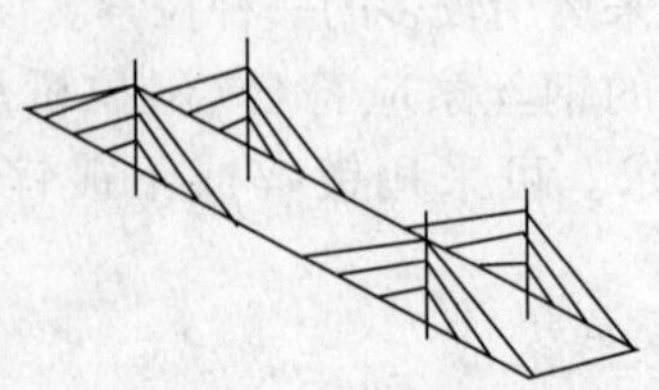

图 10-27 竖向双索面

(3)斜向双索面

见图 10-28 所示。该索面对主梁有抗扭作用,安全性高,桥面利用率高,大小跨径均适宜,但斜索零乱,且施工难度大。

2)斜拉索的索面形式

有三种基本类型,即辐射形、竖琴形、扇形,除此之外还有星形素面、分叉形索面及混合索面等。

(1)辐射形

见图 10-29 所示。倾角大,比较经济,造型美观,省钢材,但斜索集中于塔顶使构造复杂。

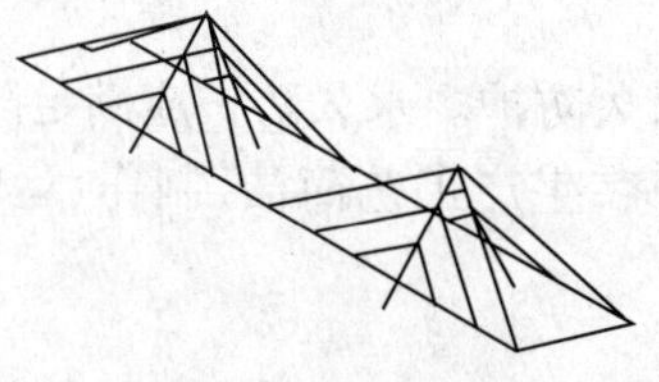

图 10-28　斜向双索面

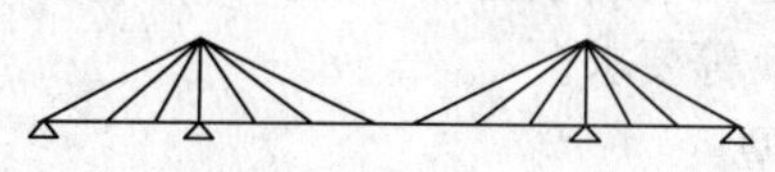

图 10-29　辐射形

(2)竖琴形

见图 10-30 所示。斜索与塔柱连接点分散,受力均匀,外形简洁美观,应用较广,但造价高,施工工序较多。

(3)扇形

见图 10-31 所示。其特点介于上述两者之间,近年来大跨径斜拉桥常采用此种形式。

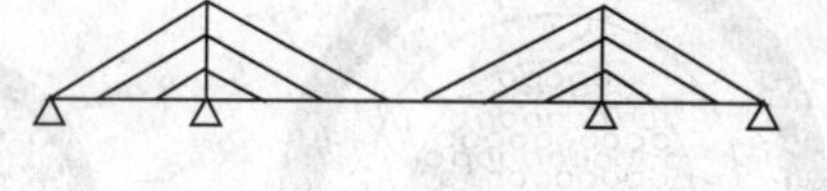

图 10-30　竖琴形

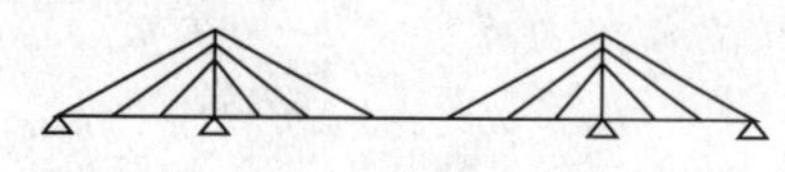

图 10-31　扇形

(4)星形索面

见图 10-32 所示。梁上受力集中,倾角小,锚固复杂,采用较少。

(5)分叉形索面

见图 10-33 所示。梁上受力均匀,塔上受力集中,不宜斜索安装,采用较少。

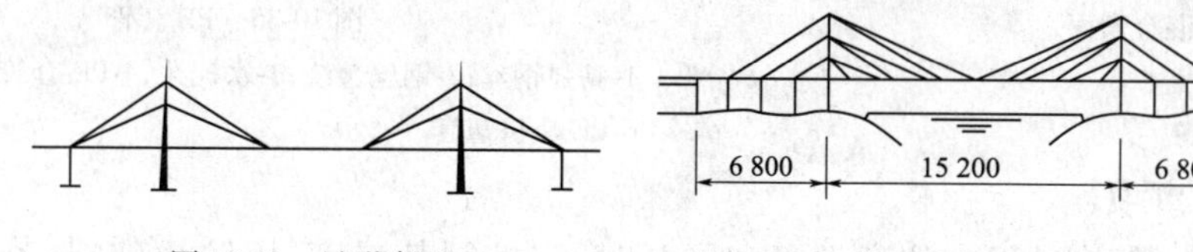

图 10-32　星形索面　　图 10-33　分叉形索面(尺寸单位:cm)

(6)混合索面

见图 10-34 所示。施工难度较大,多用于特殊环境。

二、斜拉索的防护

斜拉索是斜拉桥的主要受力构件,其防护质量决定整个桥梁的安全和使用寿命。斜拉桥的拉索全部布置在梁体外部,且处于高应力状态,对锈蚀比较敏感,而锈蚀是斜拉索劣化的起因。锈蚀产生后,将直接影响钢丝的疲劳抗力,因此拉索防护有着十分重要的意义。

1. 按所用材料的不同分类

其防护方法:封闭索防护、塑料罩套防护、套管压浆法、预应力混凝土索套防护及直接挤压护套法。

2. 按设置时间的不同分类

其防护方法有:临时防护与永久防护。

1)临时防护

钢丝或钢绞线从出厂到开始作永久防护的一段时间内所需要的防护称为临时防护。其防护时间一般约为1~3年。若在这段时间内,钢丝或钢绞线不作临时防护,则可能在永久防护之前即已锈蚀。

2)永久防护

(1)要求

从拉索钢材下料到桥梁建成长期使用期间,应做永久防护。永久防护应满足防锈蚀,耐日光暴晒,耐老化,耐高温,涂层坚韧,材料易得,价格低廉,生产工艺简洁,制作、运输及安装方便,易于更换等要求。

(2)类型

包括内防护与外防护。

①内防护:是直接防护拉索锈蚀的防护。其所用材料一般有沥青砂、防锈脂、黄油聚乙烯塑料泡沫和水泥浆等。

②外防护:是保护内防护材料不致流出并对内防护起抗老化作用。我国目前一般采用PE套管法,见图10-35所示。

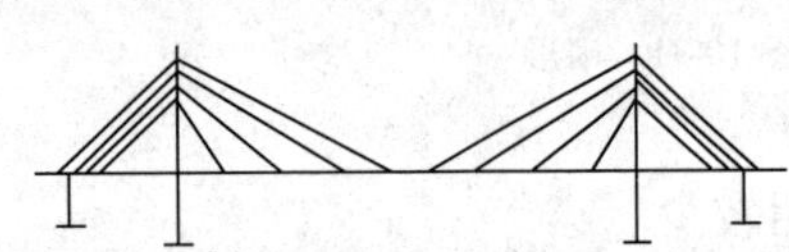

图10-34 混合索面

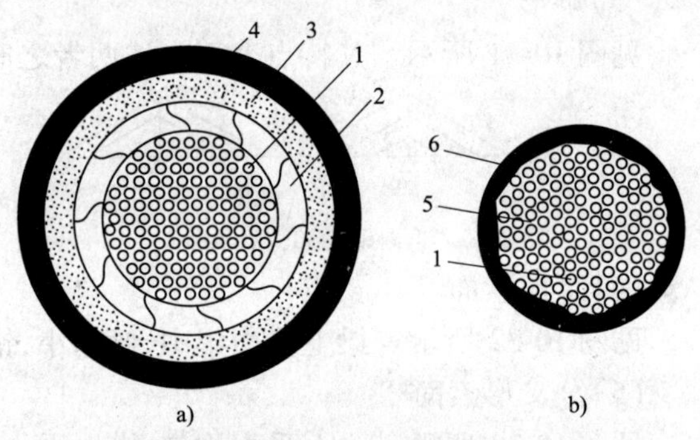

图10-35 PE套管

1-高强钢丝;2-钢丝缠绕;3-水泥浆;4-PE套管;5-防锈油;6-PE热挤塑套

(3)防护注意事项

在斜拉索运输、存放过程中注意卷盘和展开时,应控制其温度,以防止破裂;若PE管在运输及吊运时不慎损伤,应及时修补并加强防腐;在拖索、牵引、锚固、张拉及调整各工序中,应避免碰伤、刮伤斜拉索。

总之,拉索防护绝大多数是在生产制作的过程中完成的,与生产材料、工艺以及生产标准、管道等密切相关,故要做好拉索的防护工作,就必须严格控制好生产的各个环节、工序,以确保拉索的质量。

三、斜拉索的安装

1. 放索及索的移动

1)放索

(1)立式索盘放索

设置一个立式支架，在索盘轴孔内穿上圆轴，徐徐转动索盘将索放出，见图 10-36 所示。

(2)水平转盘放索

对于自身成盘的索，则需设置一水平转盘，将索盘放在转盘上，边转动边将索放出，见图 10-37 所示。

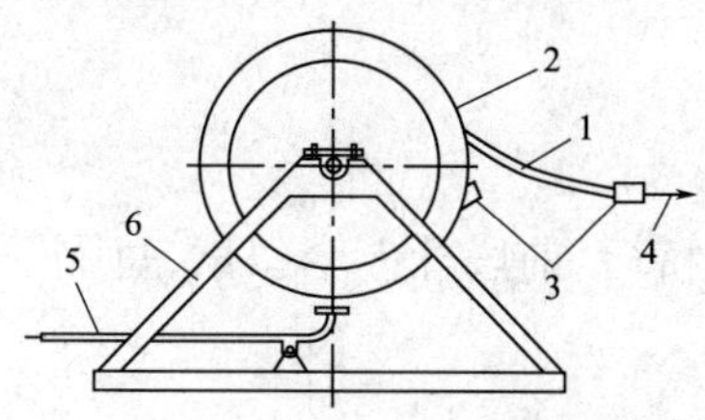

图 10-36　立式索盘放索

1-拉索；2-索盘；3-锚头；4-卷扬机牵引；5-制动；6-支架

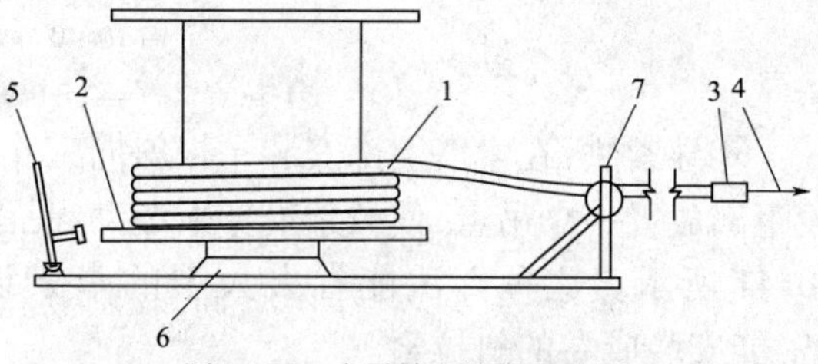

图 10-37　水平转盘放索示意图

1-拉索；2-索盘；3-锚头；4-卷扬机牵引；5-制动；6-托盘；7-导向滚轮

2)索的移动

在放索及安索过程中，为防止在移动过程中损坏拉索的防护层或损伤索股，应采取以下措施。

①若盘索是利用驳船运来，放索可将索盘吊到桥面进行，并在梁上放置吊装设备；也可在船上进行，并在梁端设施转向装置，见图 10-38 所示。

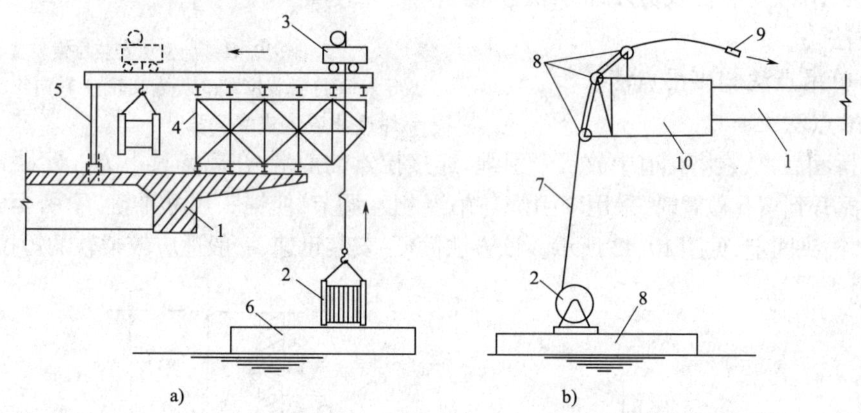

图 10-38　索盘提升与转向装置

1-主梁；2-索盘；3-起重平车；4-万能杆件导架；5-锚固杆；6-运索船；7-待安装拉索；8-转向轮；9-锚头；10-挂篮支架

对于现浇梁，其转向装置应设在施工挂篮上，若是拼装结构，则设在主梁上。

②滚筒法：在桥面设置一条滚筒带，当索放出后，沿滚筒运动，见图 10-39 所示。

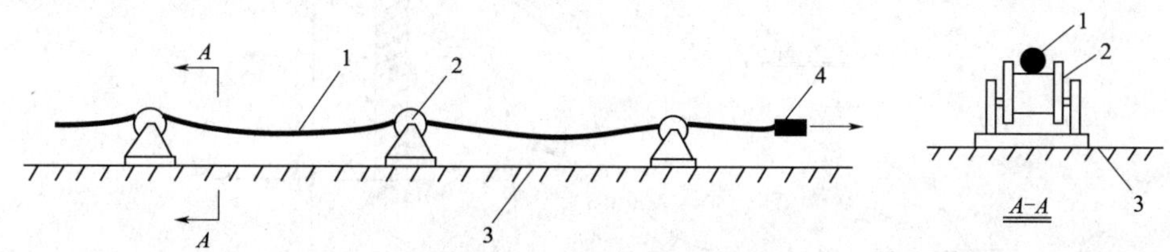

图 10-39　滚筒法移索装置

1-拉索；2-滚轮；3-桥面；4-锚头

③移动平车法:当斜拉索上桥后,每隔一段距离垫一个平车,由平车载索移动,见图10-40所示。

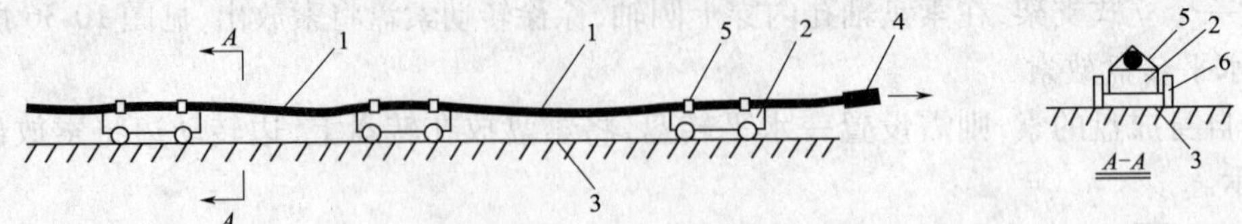

图10-40　平车法移索装置

1-拉索;2-平车;3-桥面;4-锚头;5-扣带;6-滚轮

④导索法:在索塔上部安装一根斜向工作悬索,当斜拉索上桥后,前段栓上牵引索,每隔一段距离放置一个吊点,使拉索沿导索运动,见图10-41所示。这种方法能省去大型的牵索设备,能安装成卷的斜拉索。

⑤垫层法:对于一些索径小、自重轻的斜拉索,可在梁面放索线上铺设麻袋、草袋等柔软的垫层,可就地拖移拉索。

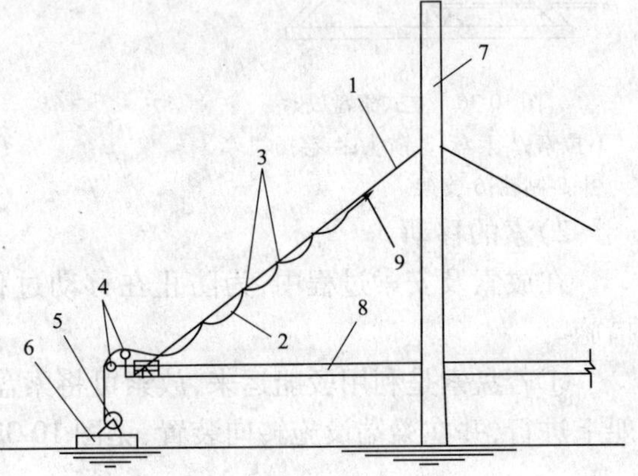

图10-41　导索法安装拉索装置

1-导索;2-待安装拉索;3-导索支轮;4-转向轮;5-索盘;6-运索船;7-索塔;8-主梁;9-牵引

2. 斜拉索的塔部安装

若斜拉桥的拉索张拉端设于塔部,则应先安装塔部,后安装梁部。斜拉索的安装方法主要有:吊点法、吊机安装法及分步牵引法。

1)吊点法

可分为单吊点法与多吊点法。

(1)单吊点法

拉索上桥面后,从索塔孔道中放下牵引绳,连接拉索的前端,在离锚具下方一定距离设一个吊点。当锚头提升到索孔位置时,采用牵引绳与吊绳相互调节,使锚头尺寸准确,牵引至索塔孔道内就位后,穿入锚头固定,见图10-42所示。该方法简便,安装迅速,一般适应较柔软的短拉索。

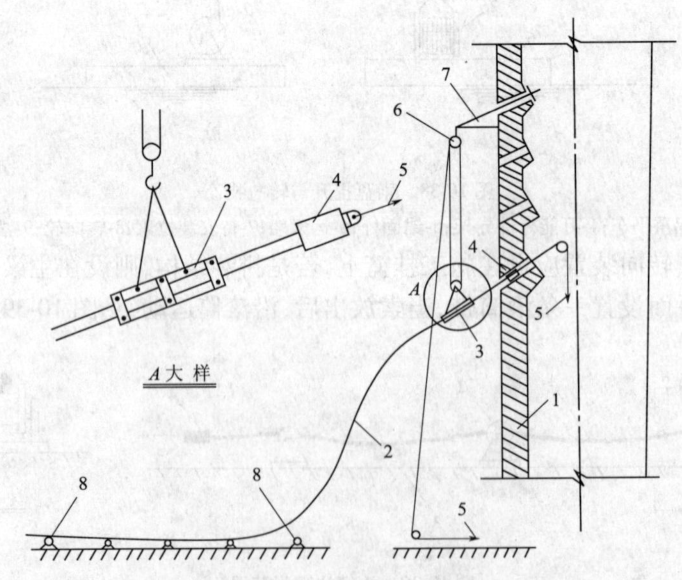

图10-42　单点吊法安装拉索装置

1-索塔;2-待安装拉索;3-吊运索夹;4-锚头;5-卷扬机牵引;6-滑轮;7-索孔吊架;8-滚轮

(2)多吊点法

见前述导索法，只要将导索法中的牵引索从预穿索孔中引出即可。吊点分散、弯折小，可使拉索均匀起吊，使拉索大致成直线状态，不需大吨位千斤顶牵引。

2)吊机安装法

采用索塔施工时的提升吊机，用特制的扁担梁捆扎拉索起吊。拉索前端由索塔孔道内伸出的牵引牵引入索塔拉索锚孔内，下端用移动式吊机提升，见图 10-43 所示。

3)分步牵引法

是根据斜拉索在安装过程中索力递增的特点，分别采用不同的工具将拉索安装到位。可先用大吨位的卷扬机将索张拉端从桥面提升到预留孔外，然后用穿心式千斤顶将其引至张拉锚固面。见图 10-44 所示。

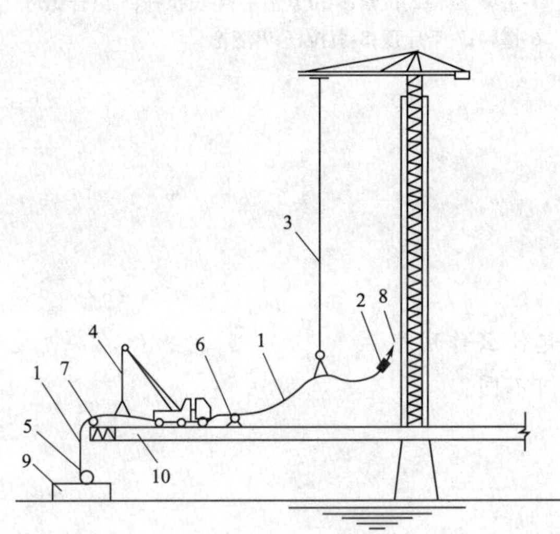

图 10-43　吊机安装法装置

1-待安装拉索；2-锚头；3-塔吊起重索；4-吊车；5-索盘；6-滑轮；7-转向轮；8-牵引；9-运索船；10-主梁

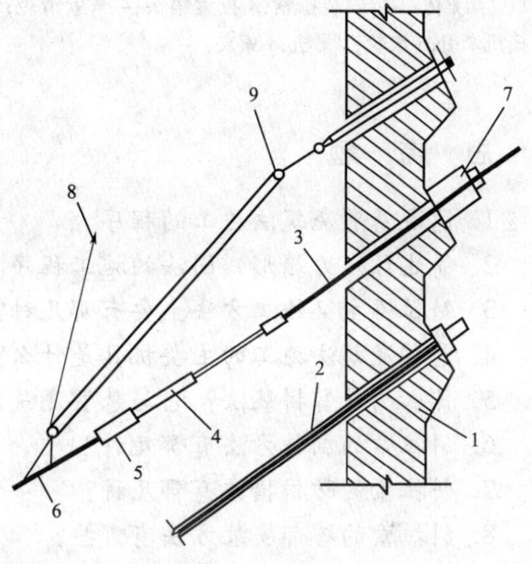

图 10-44　拉索分步牵引法

1-索塔；2-已安装拉索；3-钢绞线；4-刚性拉杆；5-拉索锚头；6-待安装拉索；7-千斤顶；8-卷扬机牵引；9-滑轮

分步牵引法的特点是牵引功率大，辅助施工少，桥面无附加荷载，施工方便。施工时，在各种挂索过程中，各种构件连接处较多，如锚头与拉杆、牵引头的连接，滑轮与塔柱拉索的连接等，任一处发生问题，都发生事故。在施工中，应特别注意各处连接的可靠性。

3. 斜拉索的梁部安装

斜拉索的梁部安装方法主要有：吊点法和拉杆接长法两种。

1)吊点法

是在梁上放置转向滑轮，牵引绳从套筒中伸出，用吊机将索吊起后，随锚头逐渐地牵入套筒，缓缓放下吊钩，向套筒口平移，直至将锚头穿入套筒内，见图 10-45 所示。

2)拉杆接长法

对于梁部为张拉端的索的安装，采用拉杆接长法较为简单。施工时，先加工长度为 50cm 左右的短拉杆，与主拉杆连接，使其总长度超过套筒加千斤顶的长度，利用千斤顶多次运动，逐渐将张拉端拉出锚固面，并逐渐拆除多余的短拉杆，安装锚固螺母，见图 10-46 所示。

注：运用拉杆接长法，需加工一个组合式螺母，采用这个螺母逐步锚固拉杆，直到将锚头拉出锚板后拆除。

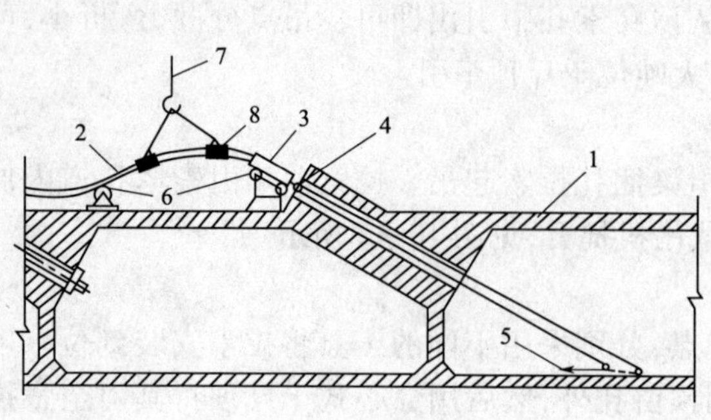

图 10-45 吊点法

1-主梁梁体；2-待安装拉索；3-拉索锚头；4-牵索滑轮；5-卷扬机牵引；6-滚轮；7-吊机；8-索夹

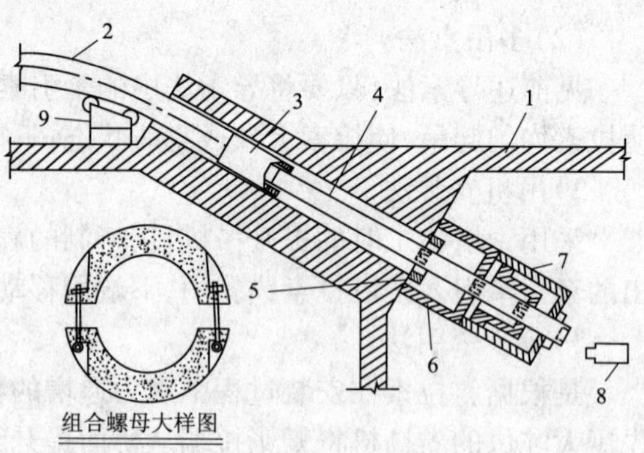

图 10-46 拉杆接长法

1-主梁梁体；2-拉索；3-拉索锚头；4-长拉杆；5-组合螺母；6-撑脚；7-千斤顶；8-短拉杆；9-滚轮

思 考 题

1. 简述悬臂浇筑法施工的程序。
2. 简述预应力箱形锚固法的施工程序。
3. 斜拉桥主梁施工方法主要有哪几种？
4. 悬臂浇筑法施工的主要机具是什么？各起什么作用？
5. 什么叫悬臂拼装法？它与悬臂浇筑法有何不同？
6. 斜拉索的制作方法有哪几种？
7. 斜拉索的防护措施有哪几种？
8. 斜拉索的塔部安装方法有哪些？

单元十一　悬索桥施工技术

知识点
1. 悬索桥的结构形式和构造特点；
2. 悬索桥的施工工序；
3. 锚碇、索塔、主缆施工的关键工艺步骤；
4. 加劲梁的架设工艺步骤。

技能点
1. 进行锚碇、索塔、主缆架设和加劲梁安装等各项工程的施工作业；
2. 进行施工质量监测和控制。

课题一　悬索桥概述

一、悬索桥的结构形式和构造特点

悬索桥也称吊桥，它主要由主缆、锚碇、索塔、加劲梁、吊索组成，如图11-1、图11-2所示。具有特点的细部构造还有：主索鞍、散索鞍、索夹等，如图11-3所示。

图11-1　厦门海沧大桥施工现场

图11-2　厦门海沧大桥

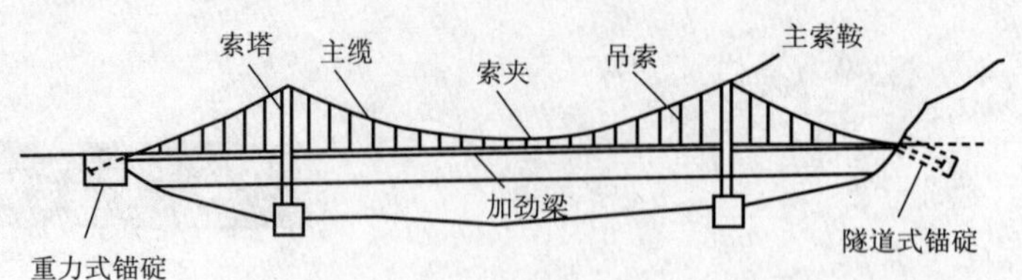

图 11-3 悬索桥主要构造

主缆:是悬索桥的主要承重结构,可由钢丝绳组成,也可用平行钢丝组成。大跨度悬索桥的主缆普遍使用平行钢丝式,可采用预制平行钢丝索股架设方法(PPWS 法)架设,也可采用空中纺丝法(AS)架设。

锚碇:是锚固主缆的结构,主缆的丝股通过散索鞍分散开来锚于其中。根据不同的地质情况可修成不同形式的锚碇,如重力锚、隧道锚等。

索塔:是支承主缆的结构。主缆通过主索鞍跨于其上。根据具体情况可用不同的材料修建,国内多为钢筋混凝土塔,而国外钢塔较多。

加劲梁:是供车辆通行的结构。根据桥上的通车需要及所需刚度可选用不同的结构形式,如桁架式加劲梁、扁平箱形加劲梁等。

吊索:它通过索夹把加劲梁悬挂于主缆上。

大跨径悬索桥的结构形式根据吊索和加劲梁的形式可分为以下几种。

①竖直吊索,并以钢桁架作加劲梁,如图 11-4 所示。

②采用三角形布置的斜吊索,以扁平流线型钢箱梁作加劲梁,如图 11-5 所示。

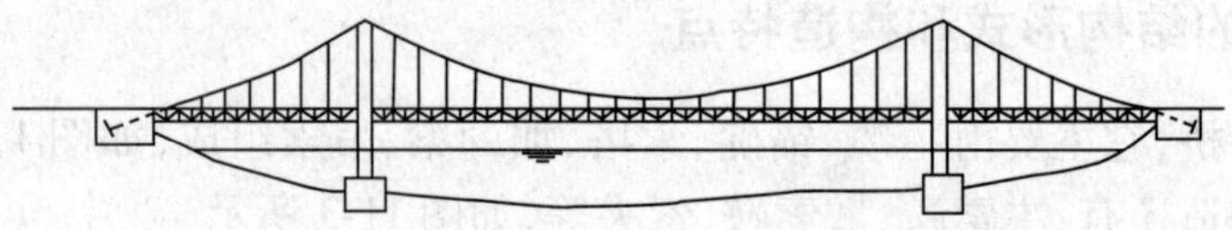
图 11-4 竖直吊索桁架式加劲梁的悬索桥构造

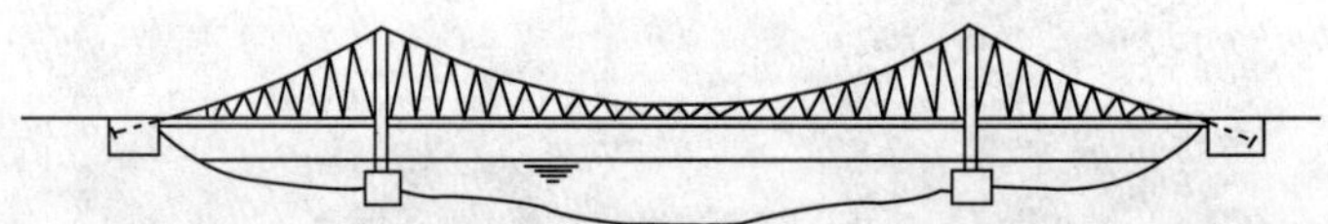
图 11-5 斜吊索钢箱加劲梁的悬索桥构造

③前两者的混合式,即采用竖直吊索和斜吊索,流线型钢箱梁作加劲梁。

④除了有一般悬索桥的缆索体系外,还设有若干加强用的斜拉索,如图 11-6 所示。

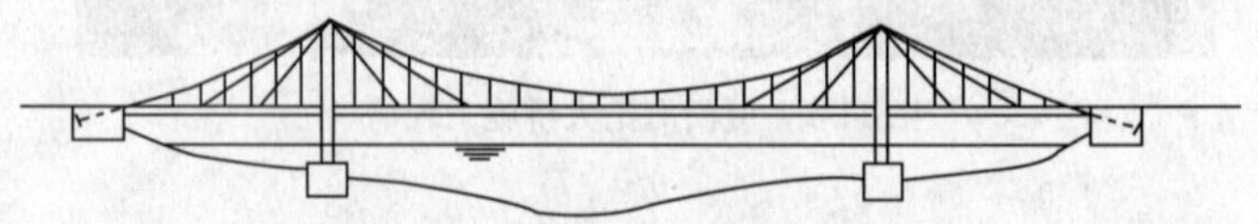
图 11-6 带斜拉索的悬索桥构造

无论采用上述何种结构形式,如果按加劲梁的支承构造,又可分为单跨两铰加劲梁悬索桥、三跨两铰加劲梁悬索桥及三跨连续加劲梁悬桥等,如图 11-7 所示。

不同结构形式的悬索桥在施工方法上也有一定的差异,本书主要介绍采用竖直吊杆的大跨径悬索桥的施工方法。

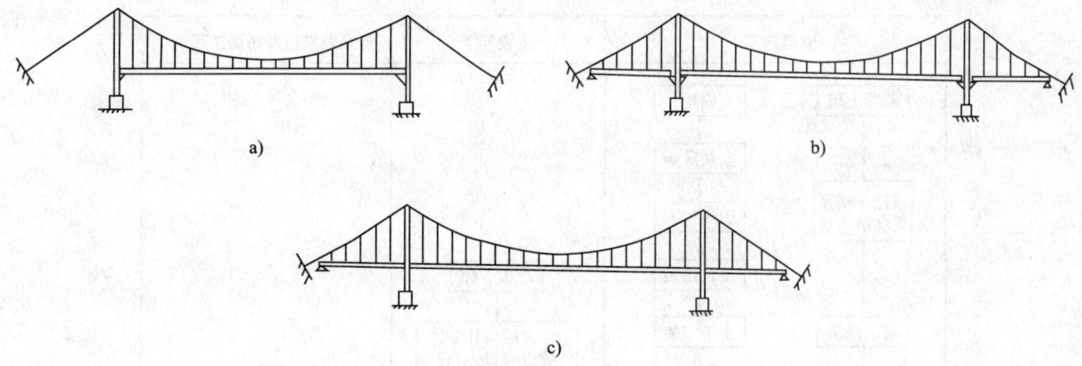

图 11-7　按支承构造划分的悬索桥形式

二、悬索桥的施工工序

施工单位到现场作进一步调查,合理布置施工场地;根据架设地点的地形条件、气象条件、作业环境及国内外的技术成果确定施工方案,完成施工设计。

悬索桥施工一般分下部工程和上部工程。先行施工的下部工程包括:锚碇基础、锚体和塔柱基础。下部工程施工同时要作上部工程施工准备,其中包括施工工艺设计、施工设备购置或制造、悬索桥构件加工等。

上部工程施工一般分为:主塔工程、主缆工程和加劲梁工程施工。

从基础施工开始到加劲梁架设的施工工序如图 11-8 所示。上部工程的施工顺序如图 11-9所示。

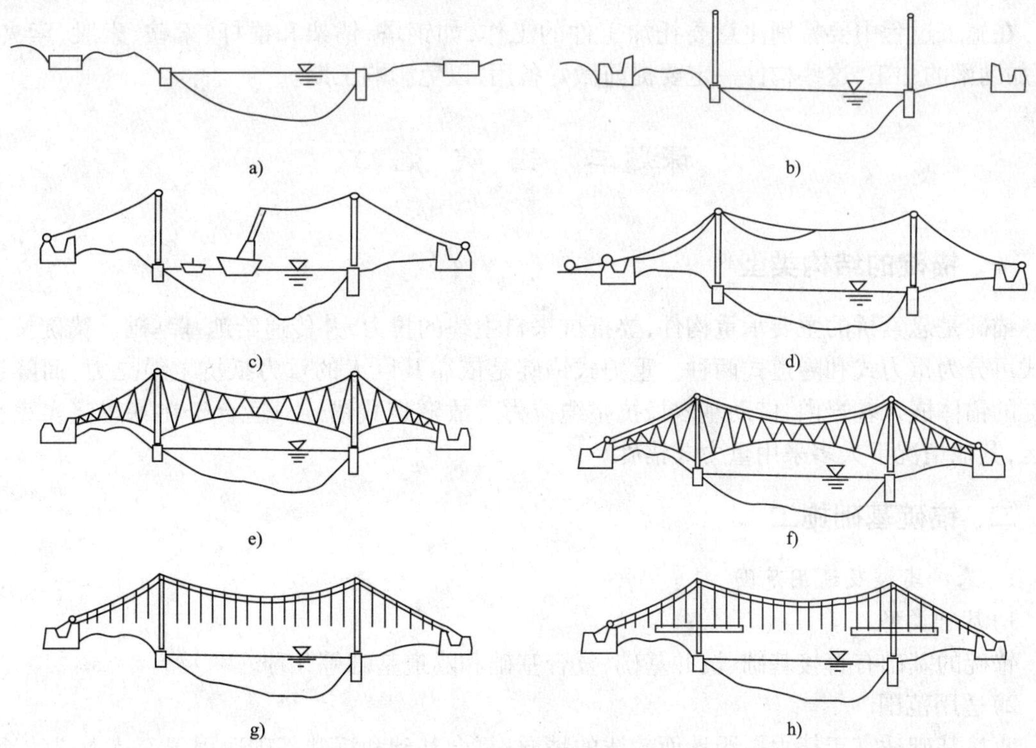

图 11-8　悬索桥架设顺序图

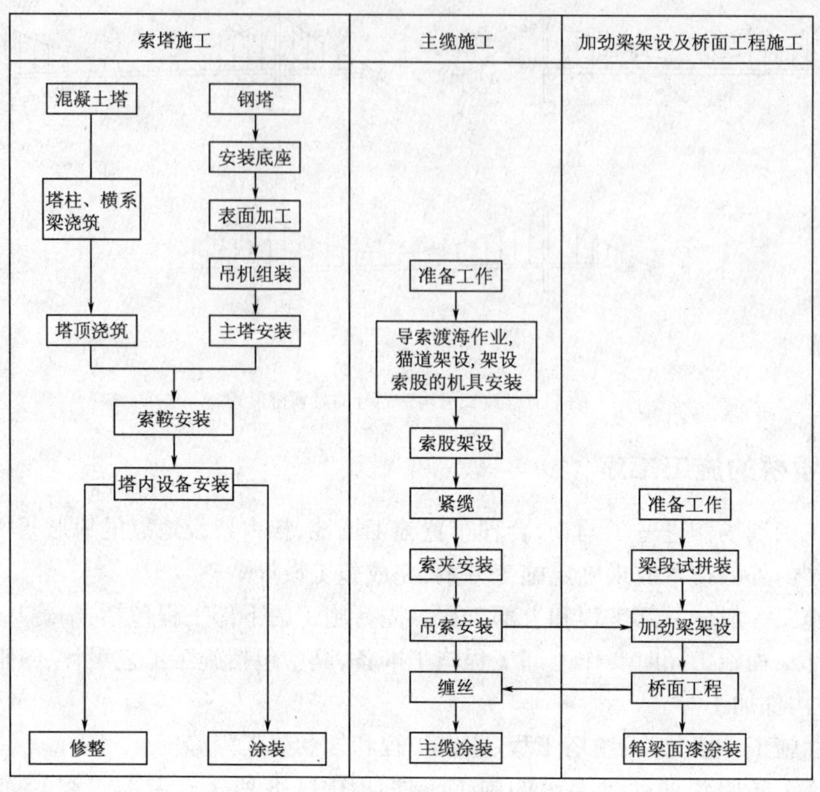

图11-9 悬索桥上部工程施工顺序图

在施工过程中要特别注意委托加工件的工作,如钢塔、锚架和锚杆、索鞍、索股、索夹、吊索、加劲梁的加工,这些构件一定要提前做好备用,以免影响工期。

课题二 锚碇施工

一、锚碇的结构类型

锚碇是悬索桥的主要承重构件,要抵抗来自主缆的拉力,并传递给地基基础。锚碇按受力形式可分为重力式和隧道式两种。重力式锚碇是依靠其巨大的重力抵抗主缆拉力,而隧道式锚碇的锚体嵌入基岩内,借助基岩抵抗主缆拉力。故隧道式锚碇只适合于在基岩坚实完整的地区,其他情况下大多采用重力式锚碇。

二、锚碇基础施工

1. 基础类型及适用范围

1)基础类型

锚碇的基础有直接基础、沉井基础、复合基础和隧道基础等几种。

2)适用范围

直接基础适宜于持力层距地面较浅的情况;复合基础和沉井基础适用于深持力层的地区;如山体基岩坚实完整时,则可采用较为经济的隧道基础。

2. 基坑施工特点

锚碇基坑由于体积较庞大，可采用机械开挖，也可采用爆破和人工开挖的方法。开挖应采用沿等高线自上而下分层进行，并在坑外和坑底分别设排水沟和截水沟。采用机械开挖时应在基底高程以上预留 15 ~ 30cm 厚土层用人工清理，以免破坏基底结构。采用爆破方法施工时对深陡边坡，应使用预裂爆破方法，以免对边坡造成破坏。

3. 边坡支护

对于深大基坑及不良土质，应采用支护措施保证边坡稳定，其支护方法有以下几种。

1)喷射混凝土

其水泥强度等级不低于 42.5 的硅酸盐水泥，砂的粒径不大于 2.5mm，石子粒径小于 5mm。混凝土的配合比为 1:2:2.5，水灰比为 0.4 ~ 0.5。宜采用喷射机喷浆，水泥、砂、石等材料进入料斗前应充分拌和均匀，并做到随拌随用，喷浆气压宜在 0.3 ~ 0.7MPa，喷射距离宜在 0.5 ~ 1.5m，喷射角度应保持在 90° ±4.5°，喷射混凝土厚度一般为 50 ~ 150mm，必要时可加钢筋网，以增加混凝土层的强度和整体性。其适用于岩层节理不发育、稳定性较好的地层。对于节理发育、有掉块危险、稳定性中等的岩层可采用喷射混凝土加锚杆支护的方法。

2)喷锚网联合支护

这种方法适用于岩体破碎、稳定性差或坡面坡度大而高的基坑。其中锚杆分为普通锚杆和预应力锚杆两类。普通锚杆采用螺纹钢，预应力锚杆多数采用钢绞线。

喷锚网联合支护的施工程序：开挖→清理边坡→喷射底层混凝土→钻孔→安装锚杆（锚索）→注浆→编护面挂网→喷射面层混凝土（若是预应力锚杆则还有张拉锚固→二次注浆→封锚等工序），其构造如图 11-10 所示。

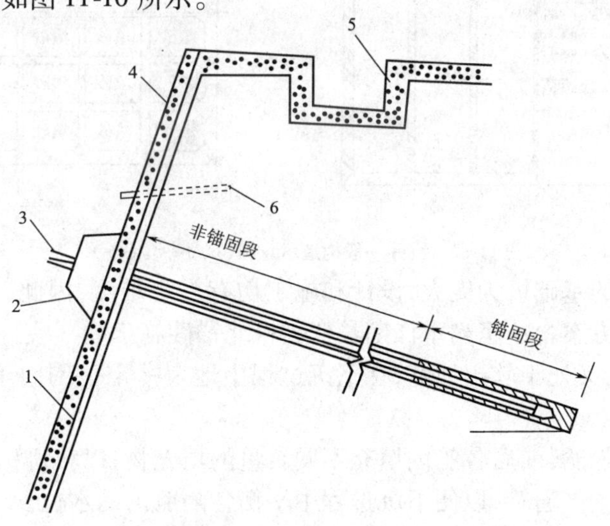

图 11-10　喷锚网联合支护

1-钢筋网；2-锚固台座；3-锚索；4-喷射混凝土层；5-排水沟；6-排水管

4. 地下连续墙

地下连续墙是沿着深开挖的周边，按类似于钻孔灌注桩的施工方法，用泥浆护壁开挖出的一条狭长深槽，在槽内放置钢筋笼后灌注水下混凝土，筑成一个单元槽段，如此逐段浇筑，以一定的方式在地下形成一道连续的钢筋混凝土墙壁。连续墙基础适用于锚碇下方持力层高程相差很大，不适宜采用沉井基础的情况。其适应面广，可用于各种黏性土、砂土冲填土及 50mm 以下的砂砾层中，不受深度限制。地下连续墙按槽孔形式可分为壁板式和桩排式两种，如图

11-11 所示。作为锚碇基础，一般采用环形连续墙，可起到防水、防渗、挡土和保证大面积干施工的作用，也有设计成方形的。地下连续墙的施工请参阅本教材基础施工的相关内容。

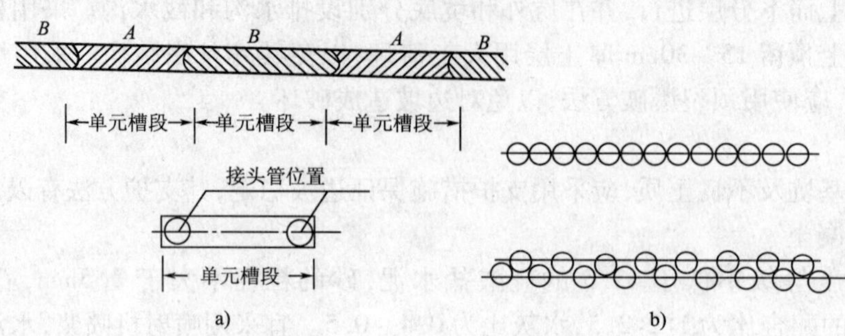

图 11-11 地下连续墙槽孔形式

5. 沉井基础

在覆盖层较厚、土质均匀、持力层较平缓的地区可采用沉井基础，见图 11-12 所示。

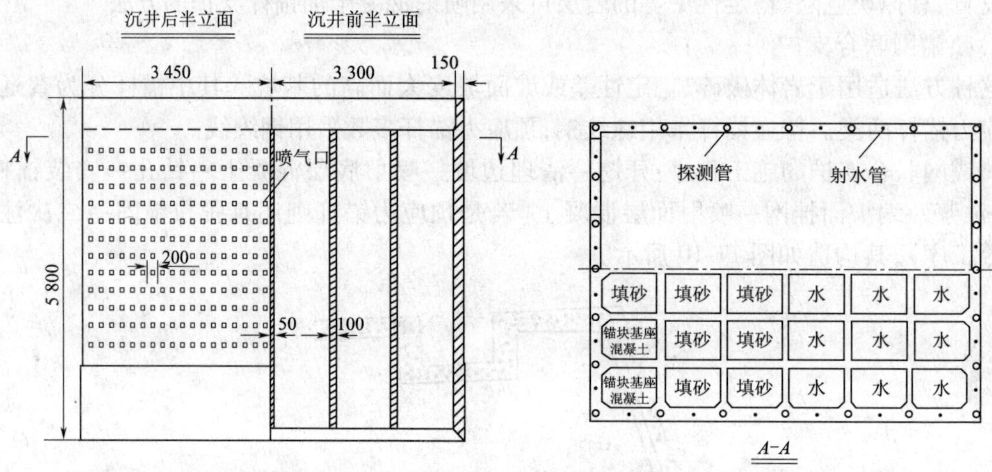

图 11-12 沉井一般构造示意图(尺寸单位:cm)

由于悬索桥锚碇的基础极为庞大，设计和施工均有一定难度，因此，在施工中要根据现场的情况仔细研究施工方案。这里列举江阴长江大桥北锚碇施工的一些特点以作借鉴。

①由于沉井庞大，又处于软土地基，在下沉过程中地表一定范围内承载力不足，采用砂桩进行临时加固。

②沉井内设置了隔舱，前后各舱内填充不同容量的填充物，以获得相当的稳定力矩。

③沉井隔墙内设置连通管，以便下沉过程中平衡各隔舱内的水位。

④井壁内设置了探测管和高压射水管，以控制沉井下沉。

⑤为了不影响基础对水平力的传递效果，防止对土体产生扰动，使用了空气幕助沉而不采用泥浆套助沉，同时当沉井下沉到设计高程后，进行压浆等措施以加速土体固结。

三、主缆锚固体系

1. 锚固体系的结构类型

根据主缆在锚块中的锚固位置可分为后锚式和前锚式。前锚式就是索股锚头在锚块前锚固，通过锚固系统将缆力作用到锚体；后锚式是将索股直接穿过锚块，锚固于锚块后面，如图

11-13 所示。

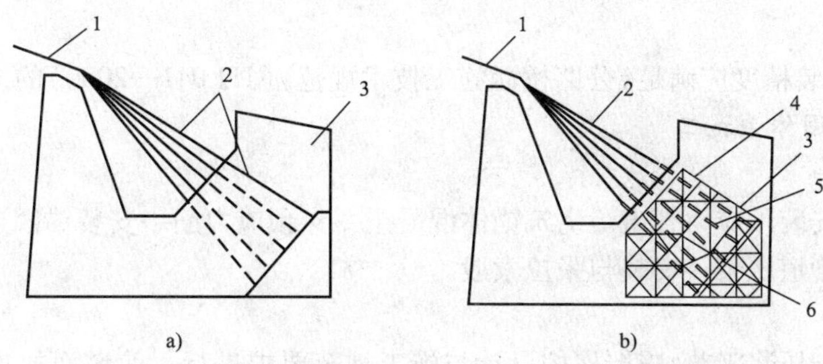

图 11-13　主缆锚固系统

a）后锚；b）前锚

1-主缆；2-索股；3-锚块；4-锚支架；5-锚杆；6-锚梁

前锚式因具有主缆锚固容易、检修保养方便等优点而广泛运用于大跨径悬索桥中。前锚式锚固系统又分为型钢锚固系统和预应力锚固系统两种类型。预应力锚固系统按材料不同可分为粗钢筋锚固形式与钢绞线锚固形式，见图 11-14 所示。

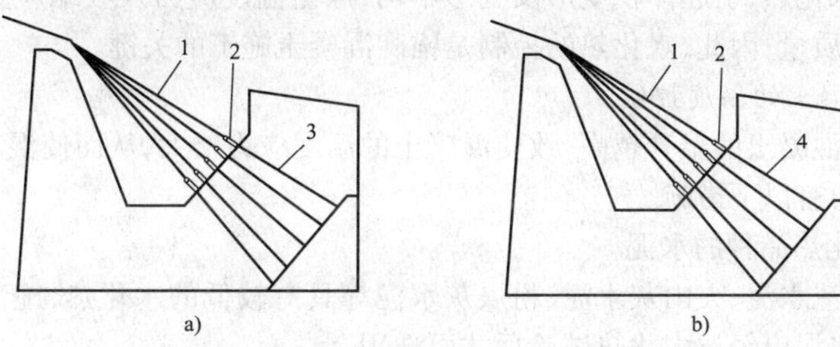

图 11-14　预应力锚固系统

a）粗钢筋锚固；b）钢绞线锚固

1-索股；2-螺杆；3-粗钢筋；4-钢绞线

2. 型钢锚固系统施工

型钢锚固系统主要由锚架和支架组成。锚架包括锚杆、前锚梁、拉杆、后锚梁等，是主要传力构件。支架是安放锚杆、锚梁并使之精确定位的支撑构件。

1）施工程序

锚杆、锚梁等工厂制造→现场拼装锚支架→安装后锚梁→安装锚杆与锚支架→安装前锚梁→精确调整位置→浇筑锚体混凝土。

2）施工要求

①所有构件安装均应按照钢结构施工规范要求进行。

②锚支架安装，将散件运到现场拼装而成，也可将若干杆件先拼装成片，再逐片安装。锚杆由下至上逐层安装，每安装完一层需拼装相应的支架与托架后才能安装另一层锚杆。

③由于锚杆与锚梁质量较大，应加大锚支架及锚梁托架的刚度，以防止支架变形，以免影响锚杆位置。

3）质量要求

（1）构件质量要求

由于锚杆、锚梁为永久受力构件，制作时必须进行除锈、表面涂装和焊接件探伤工作。出厂前,应对构件进行试拼,以保证安装质量。

(2)安装精度

锚杆、锚梁安装精度应满足《公路桥涵施工技术规范》(JTJ 041—2000)的规定要求。

3. 预应力锚固体系施工

1)施工程序

基础施工→安装预应力管道→浇筑锚体混凝土→穿预应力筋→安装锚固连接器→预应力筋张拉→预应力管道压浆→安装与张拉索股。

2)施工要求

预应力张拉与压浆工艺,应严格按设计与施工规范要求进行。前锚面的预应力锚头应安装防护帽,并向帽内注入保护性油脂。构件应进行探伤检查,运输及堆放过程中应避免构件受损。

四、锚碇体施工

由于悬索桥属于大体积混凝土构件,尤其是重力式锚碇,其体积十分庞大。在施工阶段水泥会产生大量的水化热,引起体积变形及变形不均,产生温度应力及收缩应力,易使混凝土产生裂缝,并影响其质量,因此,水化热的控制是锚碇混凝土施工的关键。

1. 大体积混凝土的温度控制

水化热越大,混凝土的温升越高,致使混凝土的温度应力增大,从而使混凝土产生裂缝,降低混凝土温升主要有以下措施。

1)选用低水化热品种的水泥

一般来说,矿渣水泥、火山灰水泥、粉煤灰水泥等具有较低的水化热,施工时宜尽量采用。对于普通硅酸盐水泥应经过水化热试验后才可选用。

2)减少水泥用量

使用粉煤灰作外加剂,可代替部分水泥,以减少水泥的用量,且混凝土的后期强度仍有较大的增长。其粉煤灰的用量一般为水泥用量的15% ~20%。亦可使用缓凝型的外加剂以延缓水化热峰值产生的时间,有利于减小混凝土的最高温升。对于低强度等级的混凝土,掺加一定量的片石亦是减少水泥用量的有效办法。

3)降低混凝土的入仓温度

不要使用刚出厂的高温水泥,也可采用冷却水作为混凝土的拌和用水,以达到直接对混凝土降温的效果。对砂、石料,应防止日光直照,可采用搭遮阳棚和淋水降温的方法。

4)在混凝土结构中布置散热水管

2. 大体积混凝土施工

1)施工要求

大体积混凝土应采用分层施工,每层厚度一般为1 ~2m。浇筑能力越大,降温措施越充分,则分层厚度可适当大一些。分层浇筑时,要求后一层混凝土必须在前一层未初凝前加以覆盖,以防止出现施工裂缝。亦可采用预留湿接缝法浇筑混凝土,各块分别浇筑,分别冷却至稳定温度,最后在槽缝内浇筑微膨胀混凝土。

2)养护及保温

混凝土浇筑完并终凝后要覆盖麻袋、草垫等,并洒水保持表面湿润,一方面是对混凝土进行养护,另一方面是为减少混凝土表面与内部的温差。可覆盖塑料布等保温材料对混凝土进行保温,通过内散外保的方法使混凝土整体上均匀降温。并对混凝土内部最高温度、相邻两层及相邻两块之间的温差进行监测。

课题三　索 塔 施 工

一、索塔的结构类型

索塔有钢筋混凝土塔和钢塔两种类型。

钢筋混凝土塔一般为门式刚架结构,由两个箱形空心塔柱和横系梁组成。

钢塔的结构形式较多,常见的有桁架式、刚架式和混合式,见图 11-15 所示。钢塔塔柱的截面形式见图 11-16 所示。

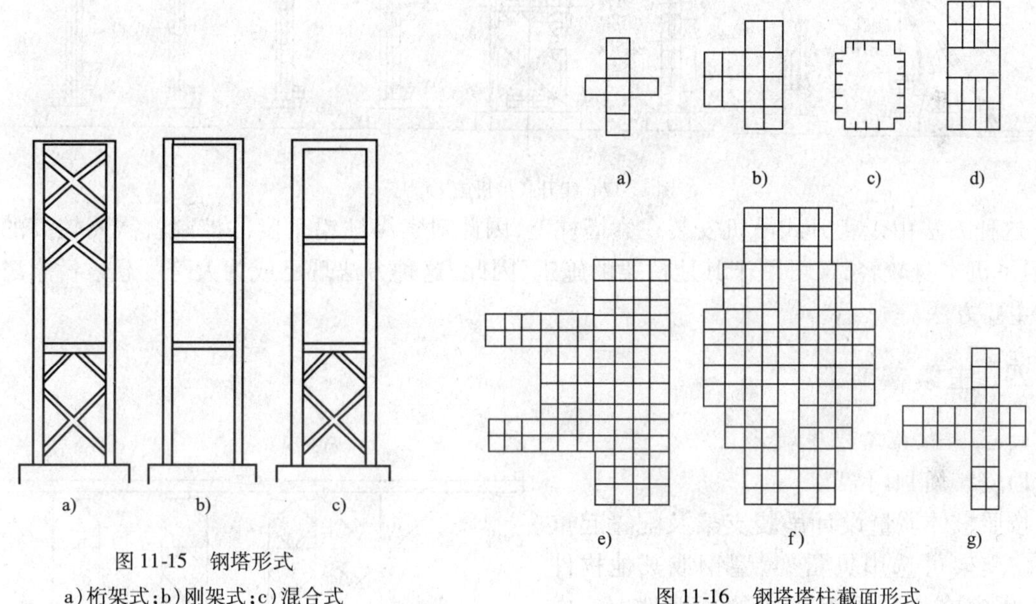

图 11-15　钢塔形式

a)桁架式;b)刚架式;c)混合式

图 11-16　钢塔塔柱截面形式

二、混凝土塔柱施工

悬索桥混凝土塔柱施工工艺与斜拉桥塔身基本相同,见第十单元。

塔身施工的模板主要有:滑模、爬模和翻模三大类型。塔柱竖向主钢筋的接长可采用冷压管连接、电渣焊、气压焊等方法。混凝土应采用泵送或吊罐浇筑。当施工至塔顶时,应注意预埋索鞍钢框架支座螺栓和塔顶吊架、施工锚道的预埋件。

三、钢塔施工

根据索塔的规模、结构形式和架桥地点的地理环境以及经济性等,钢索塔的施工可选用浮吊、塔吊和爬升式吊机三种有代表性的施工架设方法。

1. 浮吊法

浮吊法是将索塔整体一次性起吊的大体积架设方法。该施工方法的特点是可显著缩短工期,但由于浮吊的起重能力和起吊高度有限,因而使用时以 80m 以下高度的索塔为宜。

2. 塔吊法

塔吊法是在索塔旁边安装与索塔完全独立的塔吊进行索塔架设。由于索塔上不安装施工用的机械设备,因而施工方便,施工精度易于控制,但是塔吊及其基础费用较高。

3. 爬升式吊机法

这种方法是先在已架设部分的塔柱上安装导轨,使用可沿导轨爬升的吊机进行索塔架设。爬升式吊机施工顺序见图 11-17。

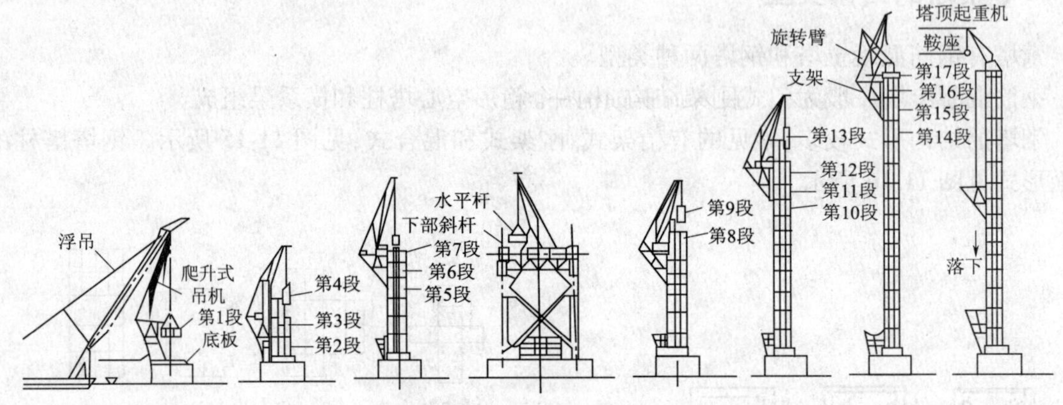

图 11-17 爬升式吊机施工顺序

这种方法由于爬升式吊机安装在索塔柱上,因此对索塔柱铅垂度的控制就需要较高的技术,但吊机本身较轻,又可用于其他桥梁的施工,因此,这种方法现已成为大跨度悬索桥索塔架设的主要方法。

四、主索鞍施工

1. 主索鞍施工程序

1)安装塔顶门架

按照鞍体质量设计吊装支架及配置起重设备。支架可选用贝雷架、型钢或其他构件拼装,固定在塔顶混凝土中的预埋件上。虎门大桥塔顶门架如图 11-18 所示。

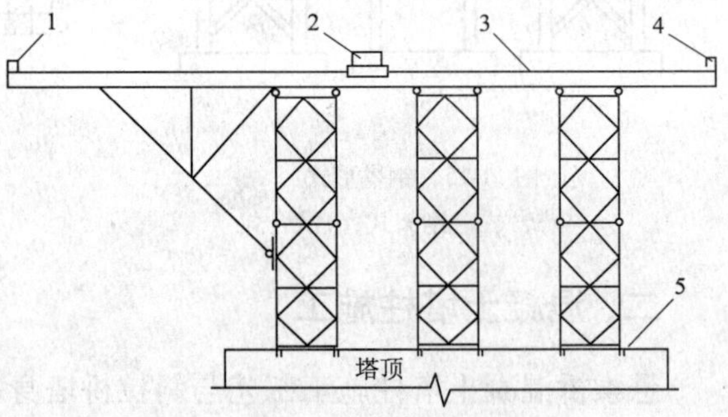

图 11-18 虎门大桥塔顶门架图

1-前端梁;2-小车横梁;3-主梁;4-后端梁;5-塔顶预埋件

起重设备一般采用卷扬机、滑轮组。当构件吊至塔顶时,以手拉葫芦牵引横移到塔顶就位。近年来,国内外开始采用液压提升装置作为起重设备,即在横联梁上安装一台连续提升的穿心式千斤顶,以钢绞线代替起重钢丝绳。液压提升设备具有轻便、安全等优点,有广阔的发展前景。

2)钢框架安装

钢框架是主索鞍的基础,要求平整、稳定,一般在索塔柱顶层混凝土浇筑前预埋数个支座,以螺栓调整支座面高程至误差小于2mm。然后将钢框架吊放在支座上,并精确调整平面位置后固定,再浇筑混凝土,使之与塔顶结为一体。

3)吊装上下支承板

首先检查钢框架顶面高程,符合设计要求后清理表面和四周的销孔,然后开始吊装下支承板。下支承板就位后,销孔和钢框架对齐销接。在下支承板表面涂油处理后安装上支承板。

4)吊装鞍体

因鞍体质量较大,吊装时应认真谨慎,吊装过程中须体现稳、慢、轻,并注意不得碰撞。鞍体入座后用销钉定位,要求底面密贴,四周缝隙用黄油填塞。

2. 主索鞍施工要点

①吊架及所有吊具要经过验算,符合起重要求。

②吊装过程中须由专人指挥,中途要防止扭转、摆动及碰撞。

③所有构件接触面销孔系精加工表面,必须清理干净,不得留有沙粒、纸屑等,并在四周两层接缝处涂以黄油,以防水气侵入而锈蚀构件。

课题四 主缆施工

锚碇和索塔工程完成后,紧接着就是主缆施工。主缆工程包括主缆架设前的准备工作、主缆架设、防护及收尾工作,工程难度大,工序繁多,其施工程序见图11-19所示。

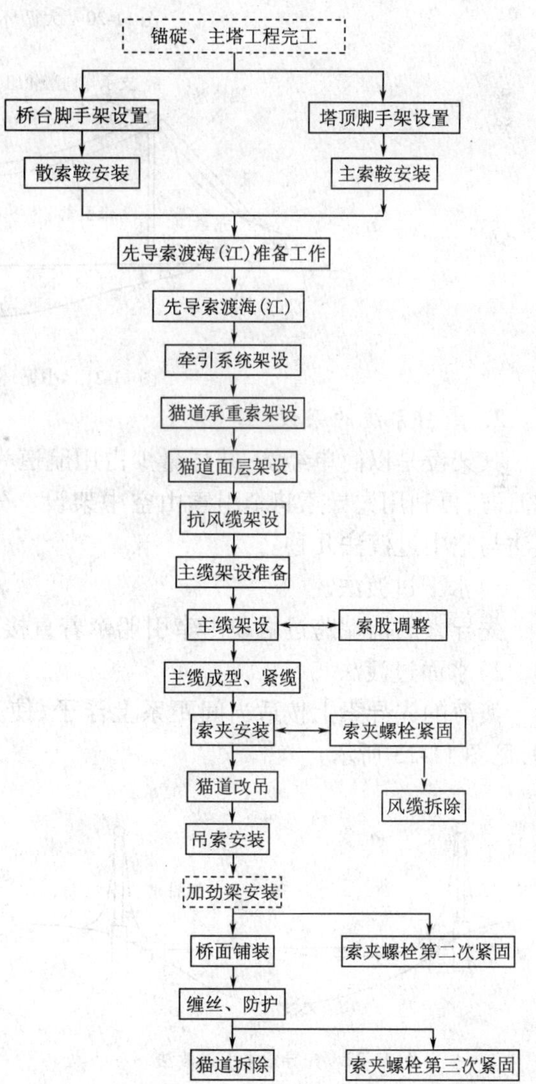

图11-19 主缆工程程序图

一、牵引系统

1. 牵引系统的形式

牵引系统是架于两锚碇之间,跨越索塔的用于空中拽拉的牵引设备,主要承担锚道架设、主缆架设以及部分牵引吊运工作。常用的有循环式和往复式两种。

1)循环式牵引系统

把牵引索的两端插接起来,形成环状无极索,通过一台驱动装置和必要的支承滚筒作循环运动。包括大循环和小循环,大循环一般是水平设置,供上下游索股架设使用,见图11-20所示。小循环一般是分别在上下游按竖直设置,见图11-21所示。

循环式牵引系统的牵引索是靠驱动装置滚筒以摩擦方式驱动,牵引速度连续性好,但牵引力较小。适用于AS法主缆架设和悬索桥跨径较小时的PPWS法索股架设。

2)往复式牵引系统

牵引索的两端分别卷入主、副卷扬机,一端用于卷绳进行牵引,另一端用于放绳,使牵引索作往复运动。往复式牵引系统是把钢丝绳直接卷在卷扬机上,其牵引力的大小容易实现,跨径大的悬索桥索股架设需要较大的牵引力时可采用往复式牵引系统。

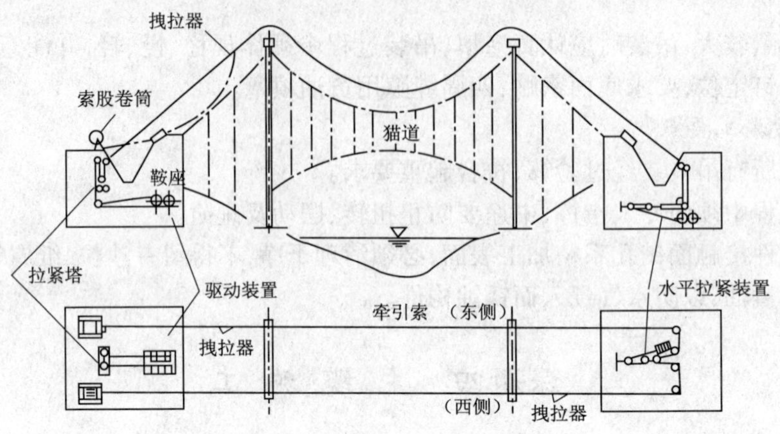

图 11-20　大循环牵引系统示意图

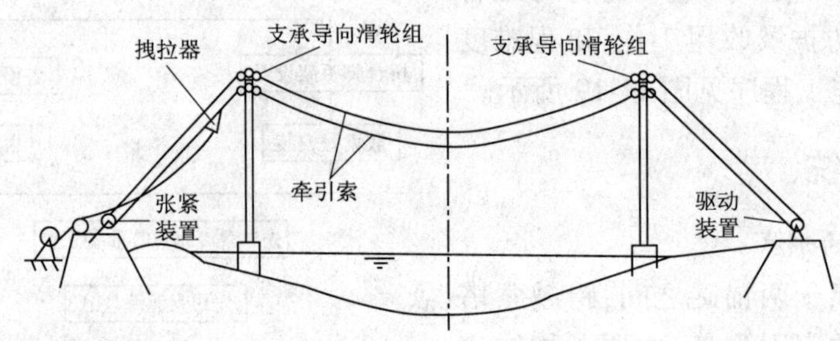

图 11-21　小循环牵引系统示意图

2. 牵引系统的架设

其架设是以简单经济，并尽量少占用航道为原则。通常的方法是先将比牵引索细的先导索渡海，再利用先导索将牵引索由空中架设。先导索渡海（江）的方法有水下过渡法、水面过渡法与空中过渡法几种。

1）水下过渡法

先导索的前端跨过塔顶由牵引船牵着直接过水的方法，见图 11-22 所示。

2）水面过渡法

渡海的先导索上按适当间距系上浮子，使其呈在水上漂浮状态，由牵引船牵引渡海的方法，见图 11-23 所示。

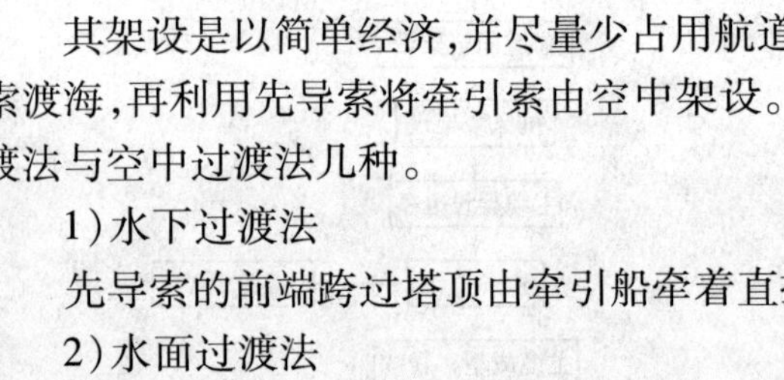

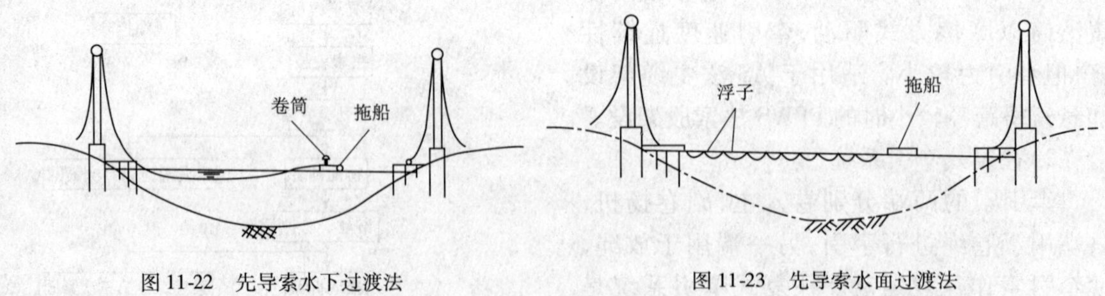

图 11-22　先导索水下过渡法

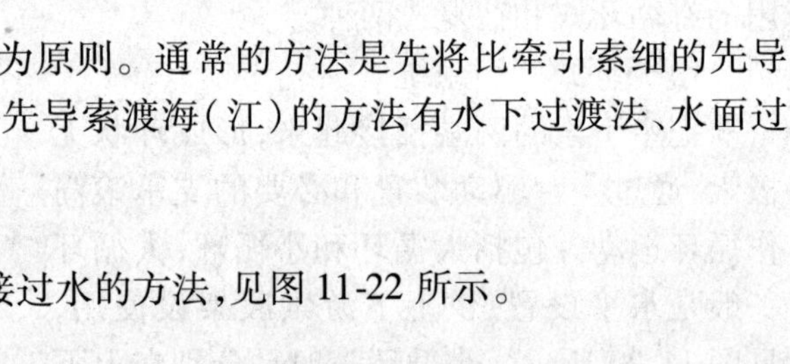

图 11-23　先导索水面过渡法

3）空中过渡法

在不封航的情况下，将先导索由空中牵引过海（江）的方法，见图 11-24 所示。

二、猫道

1. 猫道的构造

猫道是供主缆架设，索缆、索夹安装，吊索以及主缆防护用的空中作业脚手架。其主要承重结构是猫道承重索，一般按三跨分离式设置，边跨的两端分别锚于锚碇与索塔的锚固位置上，中跨两端分别锚于两索塔的锚固位置上。其上有横梁、面层、横向通道、扶手绳、栏杆立柱、安全网等。见图11-25所示。

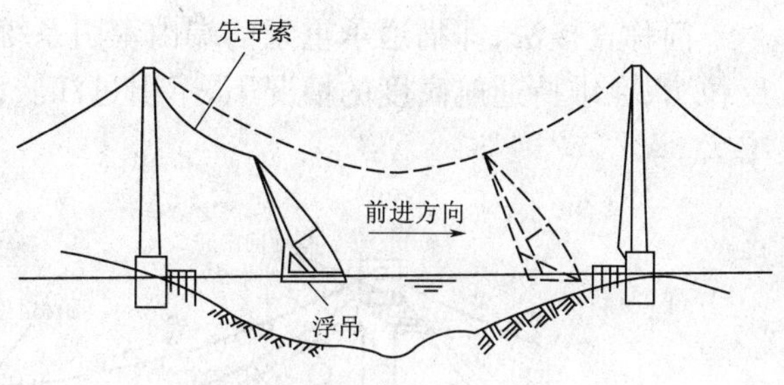

图11-24 先导索空中过渡法

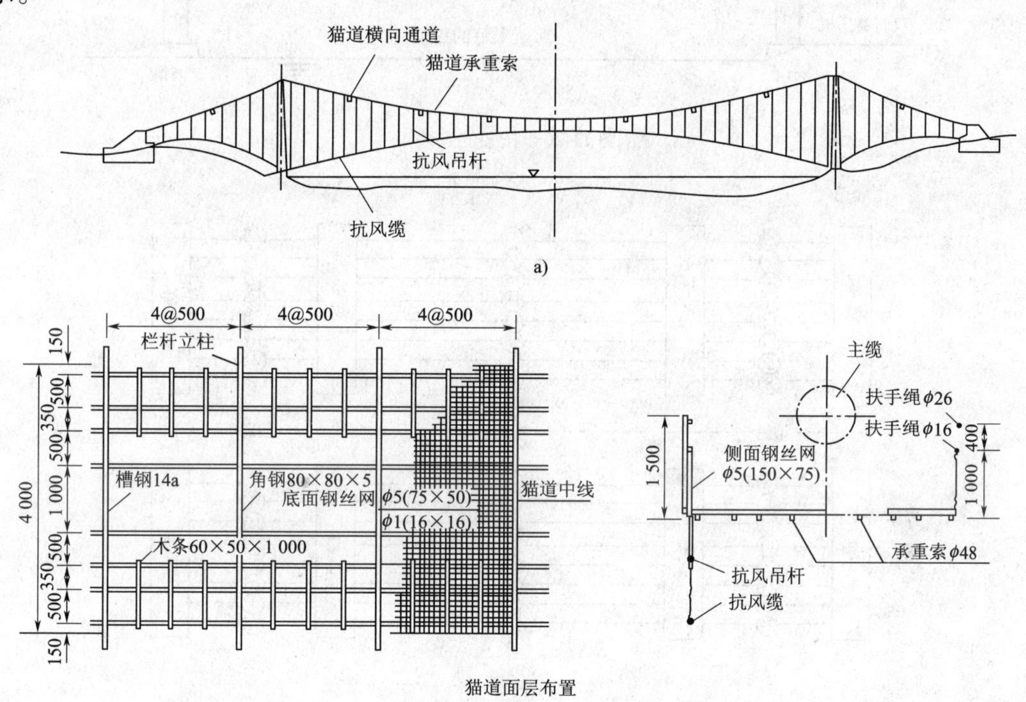

图11-25 猫道构造图(尺寸单位:mm)

2. 猫道承重索的制作

猫道承重索可以采用钢丝绳，也可采用钢绞线制作，一般采用钢丝绳。

1)预张拉

预张拉荷载不小于各索破断荷载的1/2，保持60min，并进行两次，应在温度稳定的夜间进行。当场地受限制时，可分段进行。

2)端部处理

承重索按指定的长度切断后，其端部灌铸锚头。

3. 中跨猫道承重索的架设

中跨猫道承重索的架设分别见图11-26～图11-28所示。

承重索架设之前，安装好固定在承重索的锚杆、锚梁。猫道承重索一般是按边跨与中跨分别架设。边跨架设较简单，下面着重介绍中跨猫道承重索的架设方法。中跨猫道承重索的架设有水下过渡法、直接拖拉法和托架法几种。其中水下过渡法同先导索过江法。

1）直接拖拉法

简称直接法，即猫道承重索前端由牵引系统中的拽拉器牵引，后端由另一牵引卷扬机施加反拉力，在维持通航高度的情况下，牵引过江。该方法不需辅助设备，但所需主副卷扬机的功率大。

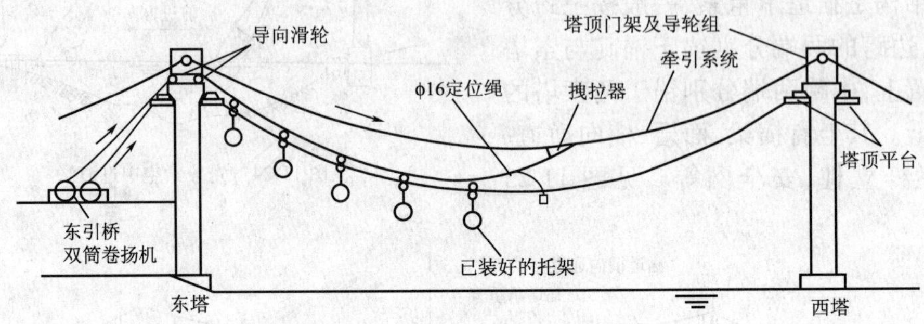

图 11-26　托架的安装

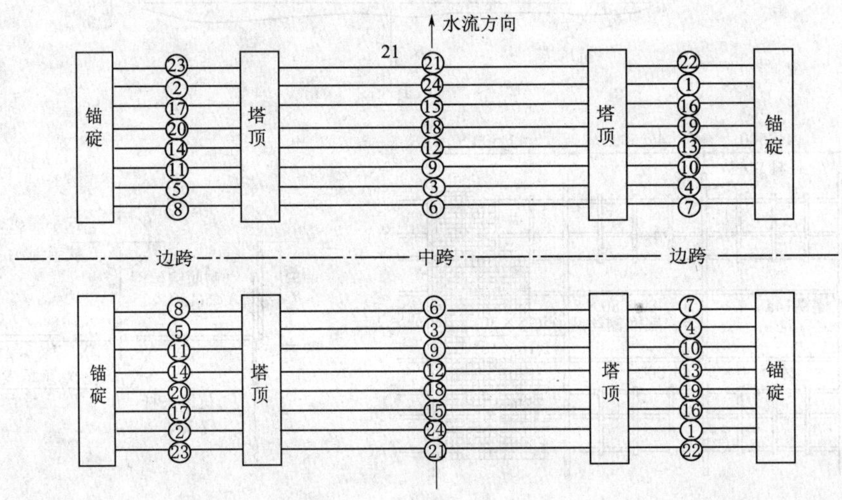

图 11-27　猫道承重索架设顺序

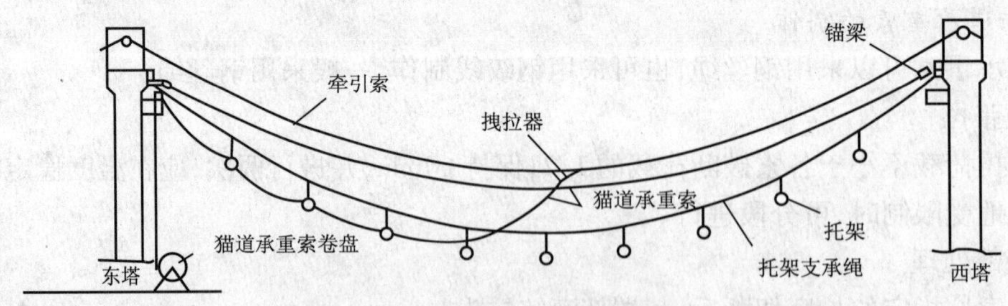

图 11-28　中跨猫道承重索架设

2）托架法

托架法借助牵引系统在事先架好的托架上牵引猫道承重过江。这种方法所需主、副卷扬机功率小，但需增加辅助设备。

4. 猫道面层、横向通道及栏杆安装

猫道面层一般是由上、下两层粗细钢丝网组成,可先在平地上将这两层钢丝网及其上的防滑条按要求的位置用铁丝绑扎好,并卷成卷,借助吊机,将预制卷按放在塔顶平台的临时支架上,再在平台上将面层逐渐摊开安装栏杆和扶手索,并将面层前端铺放于猫道承重索上,带上猫道面层同承重索的连接螺栓,使猫道面层沿承重索逐渐下滑,其中的横向通道可在适当位置与猫道面层连接,同猫道面层一起下滑就位。然后紧扣面层、型钢横梁及安装侧面的安全网,见图11-29所示。

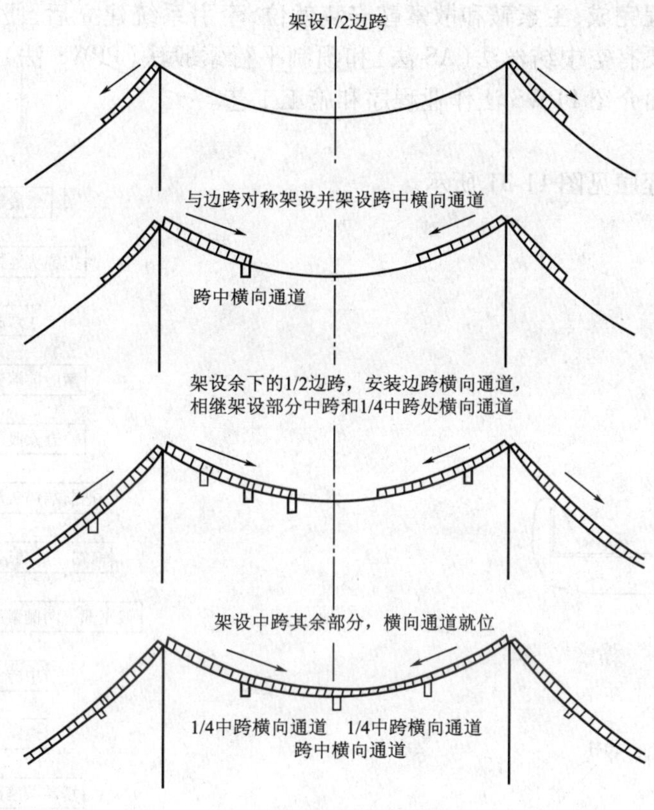

图11-29　猫道面层架设顺序

5. 抗风缆的架设与拆除

猫道面层架设后,进行抗风缆架设。架设时先进行内侧抗风缆的架设,然后再进行外侧的。架设内侧抗风缆时要借助接长绳将吊杆安装到猫道内侧的设计位置上,见图11-30所示。

1)抗风缆的架设方法

①将抗风缆引上猫道面层,同时在设计位置安装吊杆,将吊杆的另一端与猫道上的设计连接;

②将抗风缆从猫道外侧向下抛,下抛时中跨部分是从塔顶位置向跨中进行,边跨是从塔顶向锚碇方向进行,同时由塔顶卷扬机放下抗风缆锚头,并引入锚固机构,并将抗风缆导入张力。

2)抗风缆的拆除

先放松中跨抗风缆的张力,将锚头取出,然后用塔顶吊机将锚头吊起,并将抗风缆拉紧,当起吊高度超过猫道栏杆后,将抗风缆移置于猫道面上,将抗风吊杆从猫道上拆除,并将抗风缆和吊杆收起。

6. 猫道拆除

当主缆防护工程完成后,便可进行猫道拆除工作:

①解除系于主缆上的吊绳;

②拆除猫道面层;

③拆除猫道承重索。

三、主缆架设

锚碇和索塔工程完成,主索鞍和散索鞍安装就位,牵引系统建立后,便可进行主缆架设工作。其架设方法主要有空中纺丝法(AS 法)和预制平行索股法(PPWS 法)两种。工程实际中常用 PPWS 法。下面介绍 PPWS 法作业程序和施工工艺。

1. 索股架设

索股架设作业程序见图 11-31 所示。

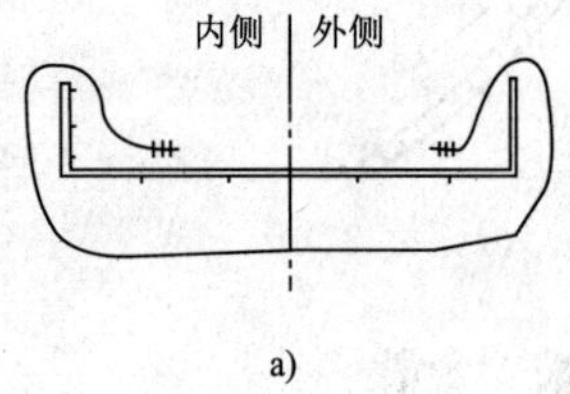

a)

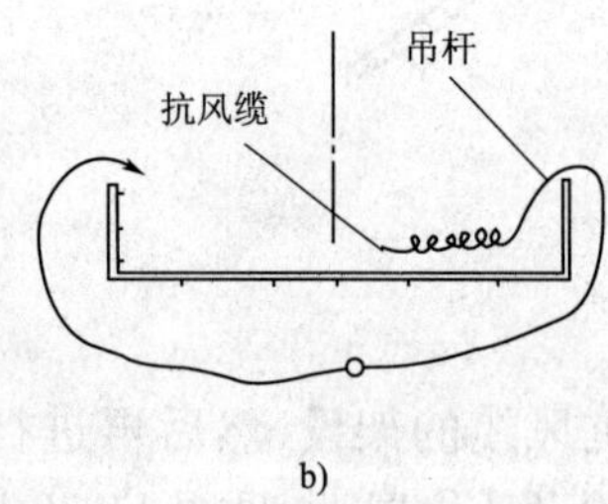

b)

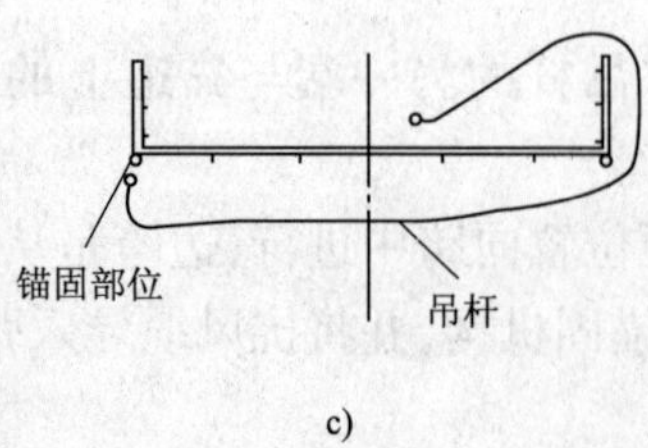

c)

图 11-30　中跨内侧抗风缆架设

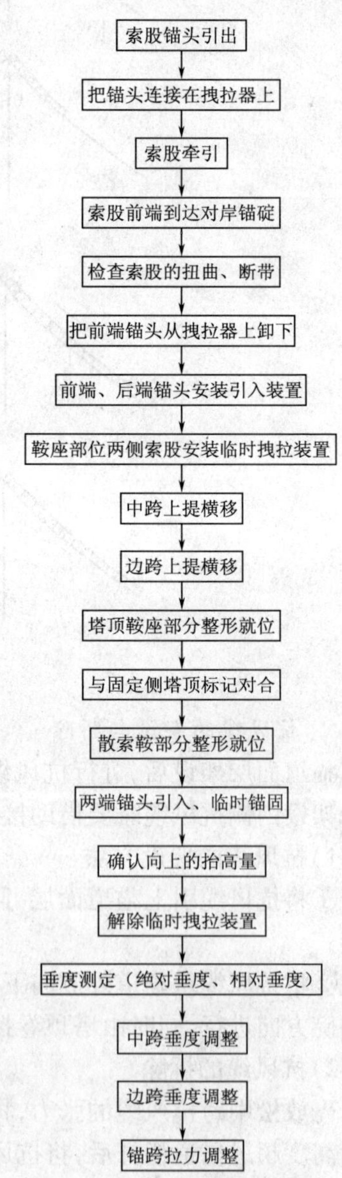

图 11-31　索股架设作业程序图

2. 主缆架设要求

1)索股前端锚头的引出

索股前端锚头的引出,由吊机吊起,把索股从卷筒上放出一定长度,并放在卷筒前面的水平滚筒上,应避免钢丝的弯折、扭转,见图 11-32 所示。

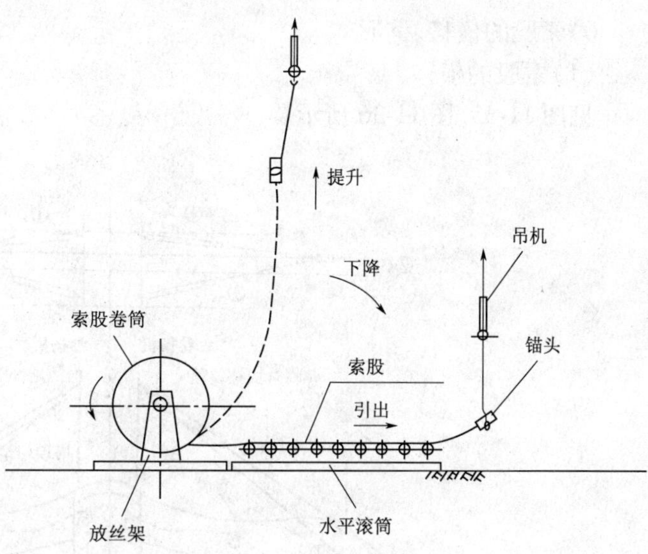

图 11-32　索股前端锚头引出

2)锚头与拽拉器连接

把锚头牵引到拽拉器的位置后,与拽拉器进行连接,连接后,检查拽拉器的倾斜状况。要防止连接部位使用的夹具、螺栓、销子松动、滑脱。

3)索股牵引

把锚头连接于拽拉器上后,把索股向对岸锚碇牵引,牵引工作要在由索股卷筒对索股施加反拉力的情况下进行,见图 11-33 所示。

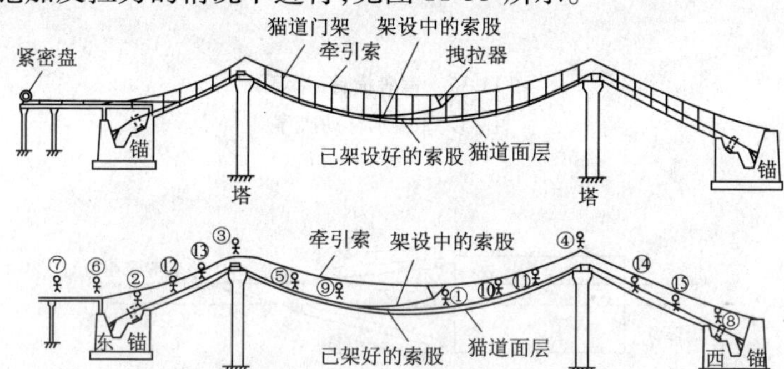

图 11-33　索股牵引

4)前端锚头从拽拉器上卸下

当拽拉器达到对岸锚碇所指定的位置后,用吊机把锚头吊起从拽拉器上卸下。

5)锚头引入装置的安装

牵引完成后,安装锚头引入装置,见图 11-34 所示。

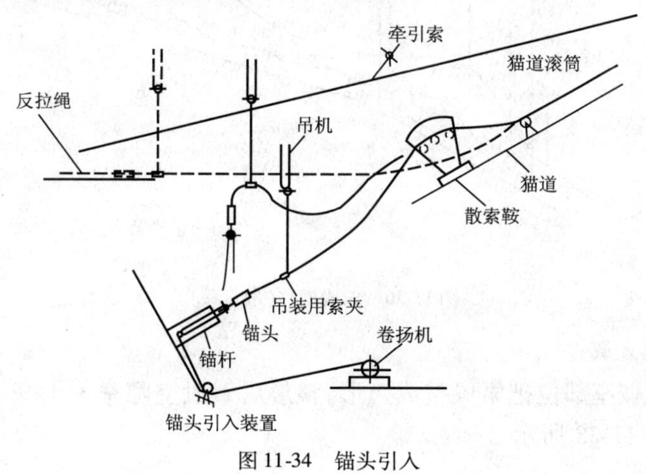

图 11-34　锚头引入

6)索股的横移、整形

(1)索股的横移

见图 11-35、图 11-36 所示。

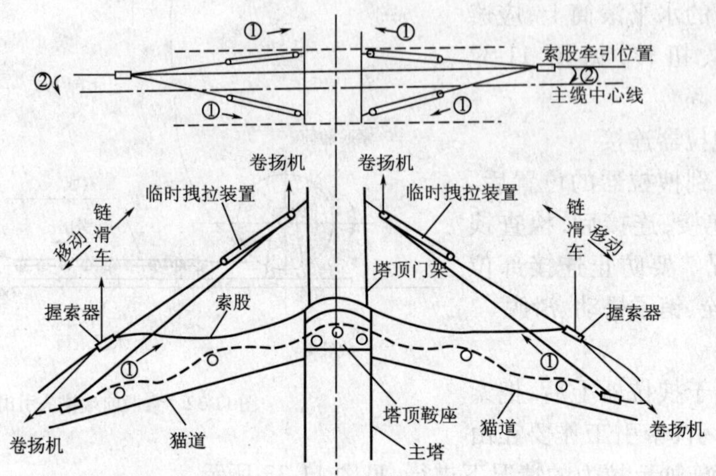

图 11-35　索股横移(塔顶)

注:①、②表示移动次序

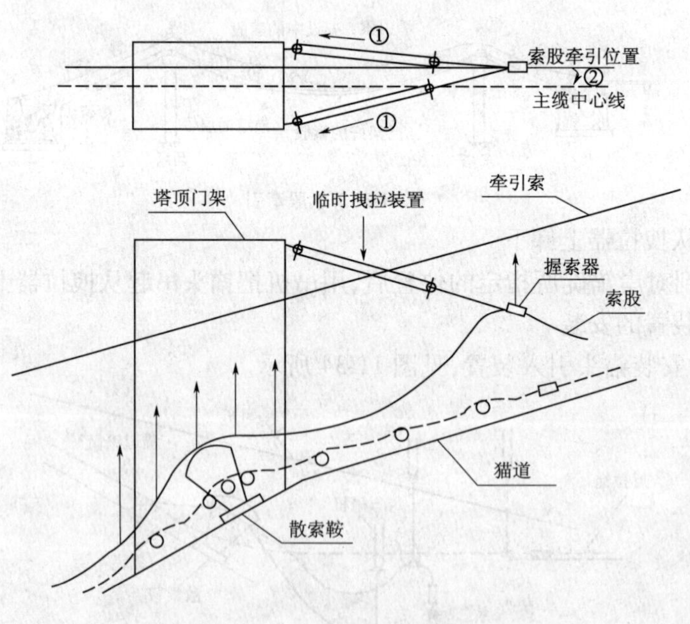

图 11-36　索股横移(散索鞍)

(2)索股的整形入鞍

索股横移后,在鞍座部位把索股整成矩形,整形后索股空隙率为 15%,放入鞍座所规定的位置,见图 11-37、图 11-38 所示。

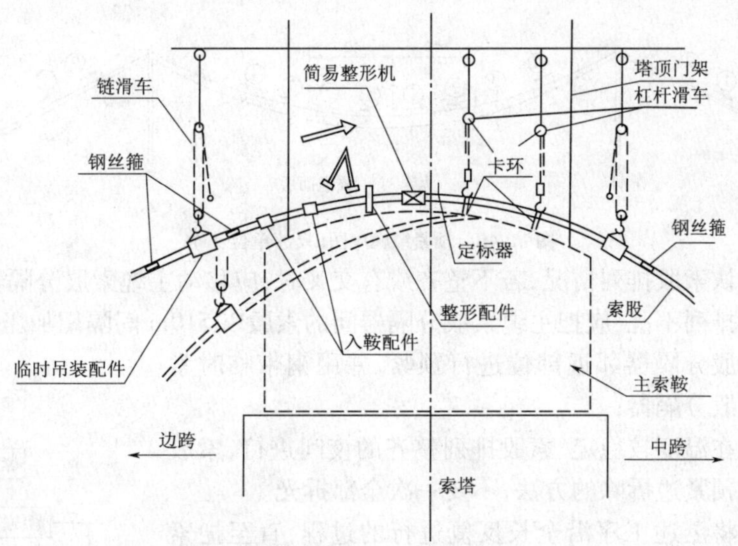

图 11-37　索股的整形、入鞍(塔顶鞍座)

四、紧缆

索股架设完后,为把索股群整成圆形需进行紧缆工作,其大致分为:准备工作、预紧缆和正式紧缆,其作业程序见图 11-39 所示。

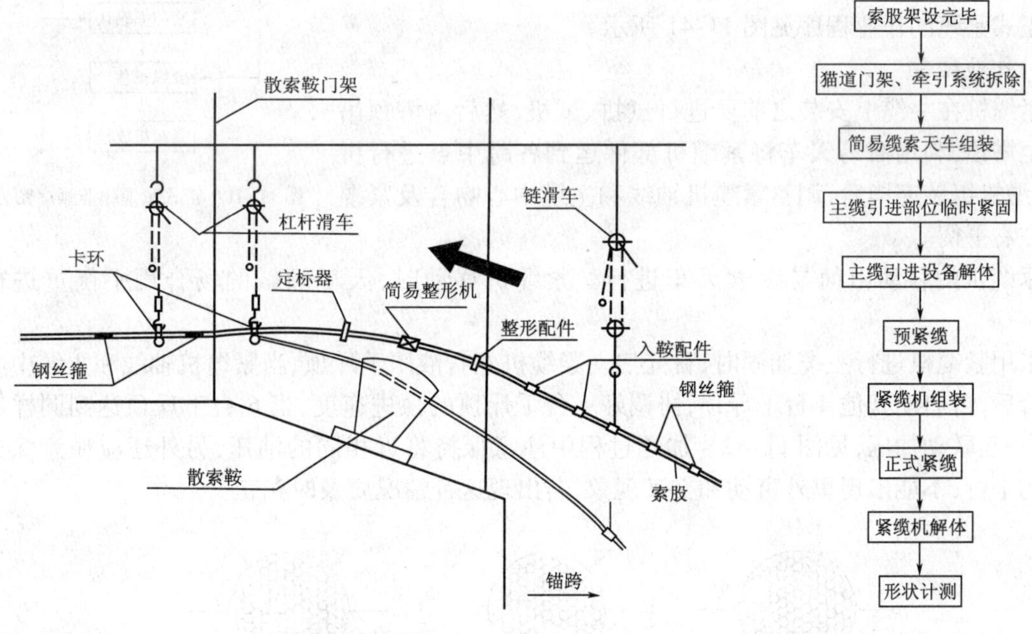

图 11-38　索股的整形、入鞍(散索鞍)

图 11-39　紧缆作业流程图

1. 准备工作

主要是为紧缆作业、索夹安装、吊索架设提供运载、起吊设备。

2. 预紧缆

为使主缆索股沿全桥分布均匀、钢丝的松弛不集中在一个地方,将全长分成约 40m 左右的间隔,按图 11-40 所示的顺序进行。具体操作时应按下列顺序进行。

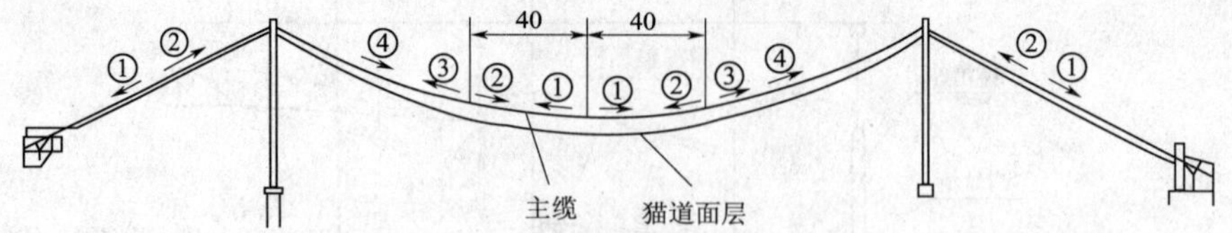

图 11-40　预紧缆顺序图(尺寸单位:m)

①沿全长确认索股排列情况,若不整齐或有交叉时,应移动主缆索股分隔器修正;

②为使索股排列不乱,应把主缆索股分隔器间的索股以 510m 间隔用加压器固扎;

③将主缆索股分隔器邻近部位进行预紧,并用钢带临时紧固后拆除主缆索股分隔器;

④预紧缆要在温度较稳定、索股排列整齐的夜间进行,索股的绑扎带采取边预紧边拆除的方法,不要一次全部拆光。

预紧缆就是将上述工序沿全长反复进行的过程,直至把索股群大致整成圆形为止。

3. 正式紧缆

正式紧缆是用专用的紧缆机把主缆整成圆形,并进行到所规定的空隙率,其作业一般在白天进行。正式紧缆是由跨中向索鞍方向进行的。

1)作业程序

正式紧缆的作业程序见图 11-41 所示。

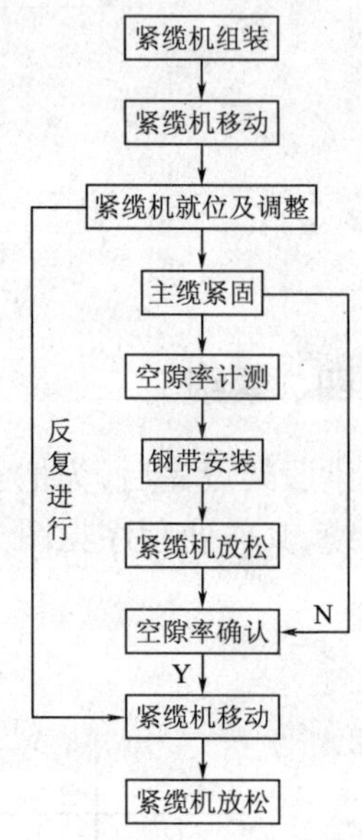

图 11-41　正式紧缆作业顺序图

2)作业要领

紧缆机在主缆上安装之前要进行试拼、试机,然后由塔顶吊机吊至塔顶,利用简易天车将紧缆机部件运到各跨中点进行拼装,紧缆机组装完毕后,调整紧缆机轴线和主缆中心吻合及紧缆机的左右平衡。

紧缆机的移动由简易缆索天车进行。紧缆机移动时,天车倾斜的场合用平衡重进行调整。

采用紧缆机进行主缆加固时,首先启动紧缆机左右液压千斤顶,当紧缆机轴线和主缆中心线重合后,再启动其他 4 台千斤顶,协调好 4 台千斤顶的顶进速度,当 6 台千斤顶达到同样冲程后,一起联动加压,见图 11-42。加压过程中注意保持将近相同的油压,另外还应注意保持钢丝的平行,不能出现里外窜动和交叉现象,若出现这种情况要及时纠正。

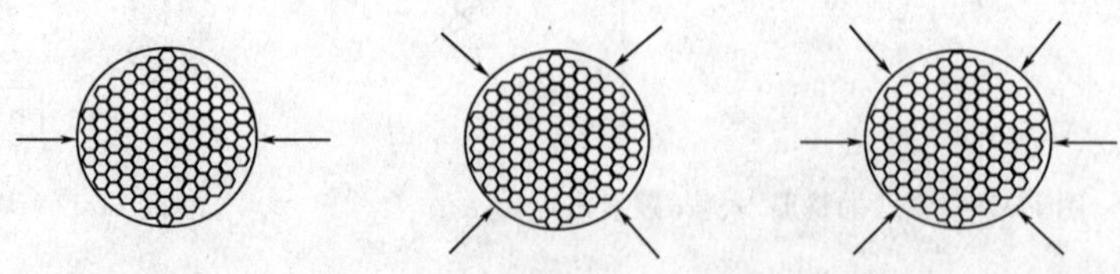
图 11-42　紧缆机油缸动作顺序图

在紧缆过程中值得注意的是:由于主缆直径偏大或偏小都会影响索夹的安装,因此应严格控制空隙率的大小,使其符合要求。关于空隙率的要求及测定方法,请参阅有关专业书籍,此不赘述。

五、索夹安装

1. 索夹安装作业程序

紧缆完成后，把猫道改吊于主缆上，然后进行形状计测，根据计测的结果，把索夹安装位置在主缆上作出标记。索夹的安装是由跨中向塔顶进行，边跨是由散索鞍向塔顶进行。

索夹安装的作业程序见图11-43所示。

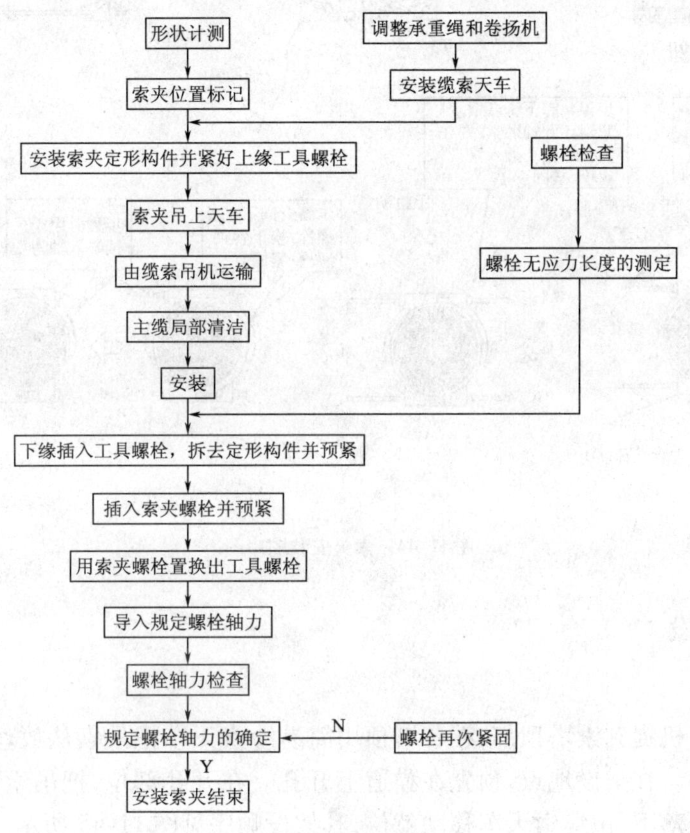

图11-43　索夹安装作业程序

2. 索夹安装要领

1)搬运

把塔顶临时放置的索夹，由吊机转换到缆索天车上，由缆索天车把索夹和索夹螺栓一起运到安装位置。

2)安装和紧固

由缆索天车上放下索夹，于主缆上进行安装。安装时在索夹的结合部位需注意不让钢丝发生弯曲。安装与紧固作业程序见图11-44所示。

①将索夹下缘孔插入工具螺钉，同时卸下装吊定形构件；

②调整索夹位置，由工具螺钉进行预紧；

③卸下绑套索、绑套钢环及辅助索，并在其余螺钉孔插入索夹螺钉，进行紧固；

④卸下工具螺钉，换上索夹螺钉，进行紧固；

⑤用千斤顶导入轴力；

⑥用游标卡尺测长，根据螺钉有效伸长量计算出螺钉轴力，并与设计值进行比较。

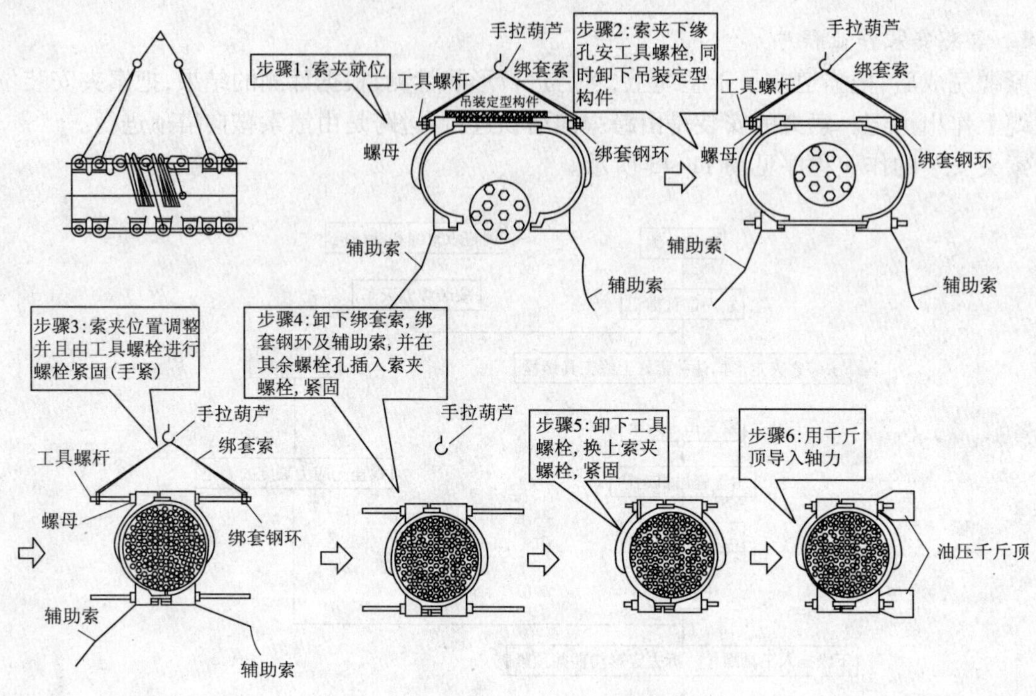

图 11-44　索夹安装顺序图

六、吊索架设

1. 架设顺序

吊索由塔顶吊机提到索塔顶部，在各塔顶用简易缆索天车把吊索从放丝架上一边放出一边吊运到架设地点。在架设地点，预先在猫道上开孔。在开孔部位，把吊索沿导向滚筒设置，吊索锚头从开孔处落下，由缆索天车移动就位，其架设顺序见图 11-45 所示。

2. 架设要领

1）准备工作

重新调整原天车承重索的垂度，以便吊索的安装操作。用塔顶吊机移动天车位置，使每个工作点有两台缆索天车。

2）吊索的搬运

①用车把吊索运到塔基部位；

②用塔顶吊机把吊索运到上系梁或塔顶平台上临时存放，存放数量不宜过多，以免影响工作空间；

③用塔顶吊机把吊索卷筒放在放丝架上；

④解开卷筒上的吊索，引出吊索的两个锚头，分别用钢丝绳绑套挂于前面缆索天车的手拉葫芦上；

⑤操作放丝架上的控制装置，一边放绳一边让天车牵引吊索前移；

⑥在吊索“U”形弯折部位的两个锥形铸块上绑套钢丝绳，分别挂于后方缆索天车的手动

葫芦上;同时牵引移动两台缆索天车,把吊索运到架设位置,见图11-46所示。

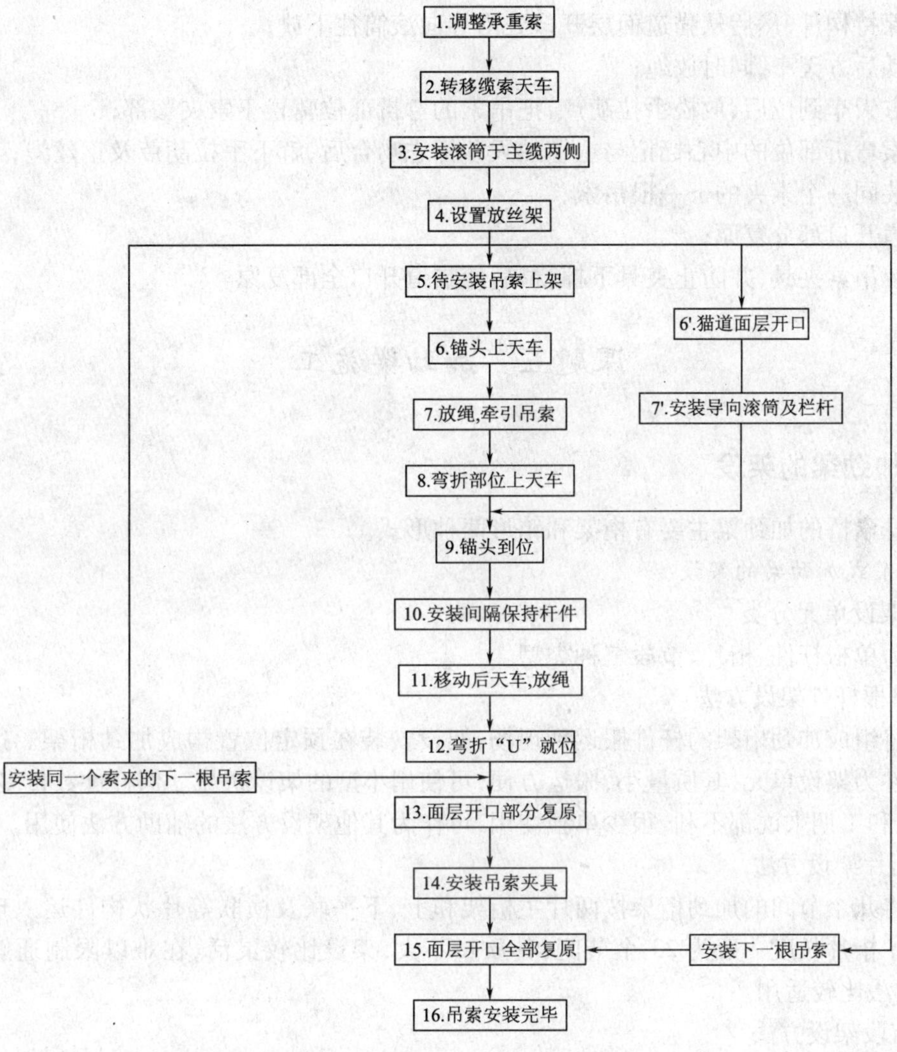

1.调整承重索
↓
2.转移缆索天车
↓
3.安装滚筒于主缆两侧
↓
4.设置放丝架
↓
5.待安装吊索上架
↓
6.锚头上天车
↓
7.放绳,牵引吊索
↓
8.弯折部位上天车
↓
9.锚头到位
↓
10.安装间隔保持杆件
↓
11.移动后天车,放绳
↓
12.弯折"U"就位
↓
13.面层开口部分复原
↓
14.安装吊索夹具
↓
15.面层开口全部复原
↓
16.吊索安装完毕

(4.设置放丝架 → 6'.猫道面层开口 → 7'.安装导向滚筒及栏杆 → 9.锚头到位)

(12.弯折"U"就位 → 安装同一个索夹的下一根吊索 → 5.待安装吊索上架)

(15.面层开口全部复原 ← 安装下一根吊索 ← 4.设置放丝架)

图11-45 吊索架设顺序图

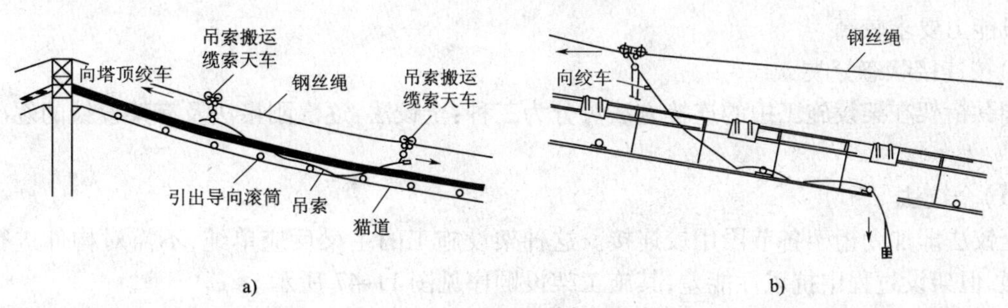

图11-46 吊索运送、就位图

3)安装工艺

①运输吊索的同时,在安装地点剪开猫道面层,形成80cm×80cm的方形开口,在开口靠

近塔的一边,设置吊索就位用的导向滚筒,其余三方设置可移动的钢管栏杆;

②吊索锚头到达安装地点后从天车上卸下,把两个锚头分别置于主缆两侧,在两个锚头间安装间隔保持构件,然后从猫道面层开口处沿导向滚筒往下放;

③移动后方天车,同时放绳;

④后方天车到位后,放松手拉葫芦,把吊索的弯折部位骑置于索夹鞍部;

⑤吊索弯折部位的中心标记与主缆的天顶标志吻合后,解下手拉葫芦及钢丝绳;

⑥安装同一个索夹的下一根吊索;

⑦猫道开口部分复原;

⑧安装吊索夹具,并防止夹具下掉,最后使猫道开口全部复原。

课题五　加劲梁施工

一、加劲梁的架设

大跨悬索桥的加劲梁主要有桁架和箱形两种形式。

1. 桁架式加劲梁的架设

1)按架设单元分类

可分为单根杆件、桁片、节段三种类型。

(1)单根杆件架设方法

就是将组成加劲桁架的杆件搬运到现场,架设安装在预定位置构成加劲桁架。这种架设方法以杆件为架设单元,其质量小,搬运方便,可使用小型的架设机械。但杆件数目多,费工费时,从安全和工期来说都不利,很少单独使用,可作为其他架设方法的辅助方法使用。

(2)桁片架设方法

就是将几个节间的加劲桁架按两片主桁架和上、下平联及横联等片状构件运入现场逐次进行架设。桁片长度一般为23个节间,其质量不大,架设比较灵活,在难以限制通航的情况下,这种方法比较适用。

(3)节段架设方法

就是将上述的桁片在工厂组装成加劲桁架的节段,由大型驳船运至预定位置,然后垂直起吊后逐次连接。这种方法在质量和工期方面都可得到保证。但架设时必须封航或部分封航,对吊机能力要求较高。

2)按连接状态分类

加劲桁架在架设施工中的连接方法可分为三种:全铰法、逐次刚接法及有架设铰的逐次刚接法。

(1)全铰法

全铰法即加劲桁架各节段用铰连接。这种架设施工的主梁反应单纯,不需对构件进行特别补强,但架设过程中抗风性能差,其施工架设顺序见图11-47所示。

(2)逐次刚接法

就是将节段与架设好的部分刚接后,再用吊索将其固定。这种方法架设中刚性大,抗风稳定性好,但架设时在加劲桁架中会产生由自重引起的局部变形和架设应力,当这些值超过设计容许值时,还得采取必要的措施,其作业顺序见图11-48所示。

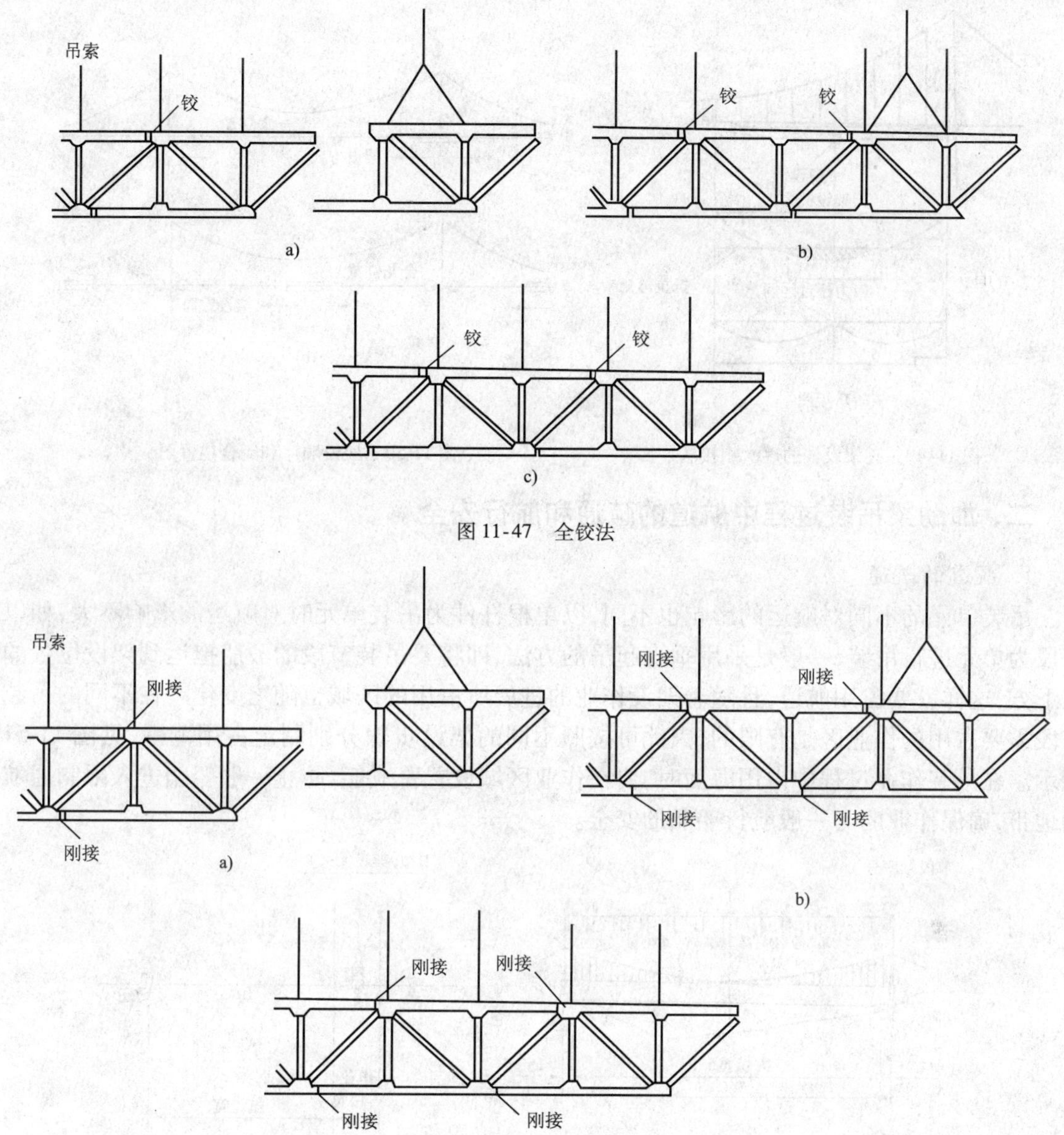

图 11-47　全铰法

图 11-48　逐次刚接法

(3)有架设铰的逐次刚接法

这种方法是上述两者的折中方法,即在应力过大的区段设施减小架设应力的架设铰,见图 11-49 所示。

2. 箱形加劲梁的架设

一般采用节段架设方法,即在工厂预制成梁段,并减小预拼,然后将梁段用驳船运到现场,用垂直起吊法架设就位,吊装至一定程度后进行焊接。

3. 节段的架设顺序

根据架设中桥塔和加劲梁的结构特性、人员、机械配备、工作面的开展、运输路线、海象、气象等条件由设计部门综合考虑决定,一般架设顺序见图 11-50 所示。

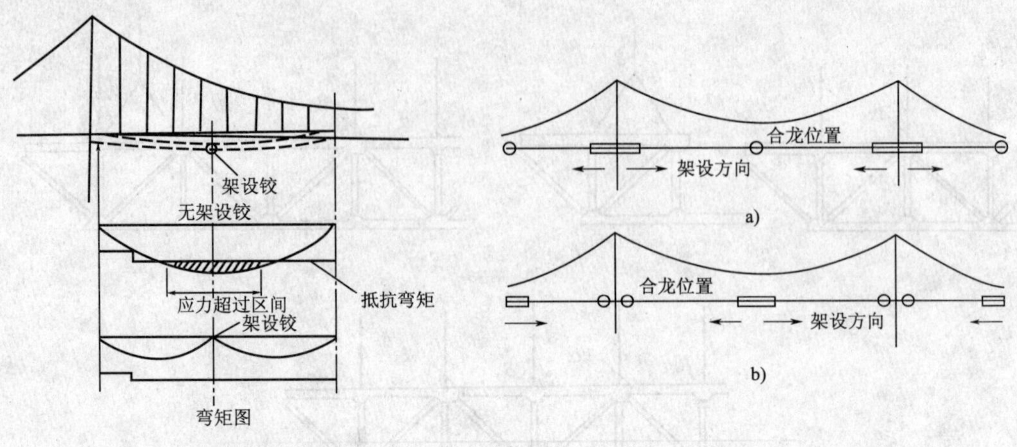

图 11-49　有架设铰的逐次刚接法

图 11-50　架设顺序和闭合位置图

二、加劲梁吊装过程中航道的疏通和航行安全

1. 航道的疏通

吊装单元的不同对航运的影响也不同,以单根杆件为吊装单元时对航运的影响不大,如以节段为单元进行吊装,一般是采用垂直起吊的方法,即将要吊装节段的驳船拖运到架设位置的正下方,这样就要占用航道,且随着架设作业的进展所占用的区域也随之变化。在不同的吊装节段需要占用的作业区是有限的,因此可按照不同的架设步骤分别制定占用范围,见图 11-51 所示。在吊装作业过程中占用海面时,要在作业区域设置警戒船,防止一般船舶进入限制通航的地带,确保作业船与一般航行船舶的安全。

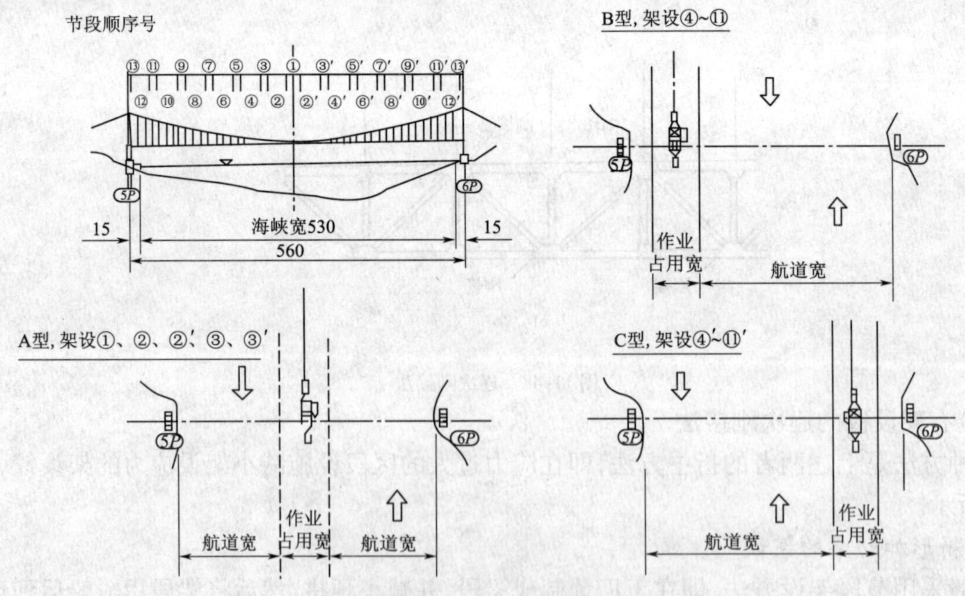

图 11-51　航道占用形式(尺寸单位:m)

2. 安全措施

①应取得各界人士对安全工作的重视和大力支持;

②及时将工程情报向社会广为通告,包括海上施工内容、过程及起吊提升作业日期等;

③制定警戒要领并认真实施，起吊提升作业的当日，除在作业海域及其周围布置警戒船外，还向周围正在进行作业的海域广播告知可航行水域，以引起注意；若架设进度变化，航道宽度及海面占用宽度也随之变化时，其警戒方式也应随之变化，以确保施工安全。

三、加劲梁节段正下方起吊的架设方法

悬索桥的加劲梁为扁平钢箱梁、预应力混凝土箱梁时，一般采用加劲梁节段正下方起吊的架设方法。吊装使用的主要机械是跨缆起重机。

1. 跨缆起重机吊装工艺

根据具体情况可采用不同的方法将跨缆起重机在主缆上安装好。吊装时可分在通航孔和非通航孔进行，在通航孔进行吊装作业时一般要实行航道管制，以确保安全。通航孔加劲梁节段吊装工序见图11-52所示。

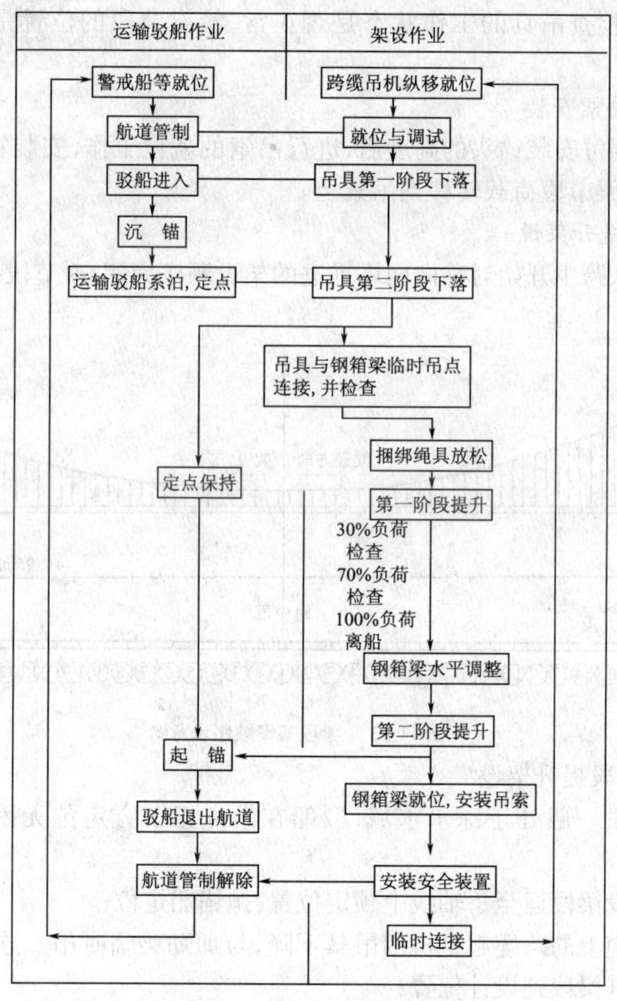

图11-52　加劲梁节段吊装工艺图

1）跨缆起重机纵移

安装好的跨缆起重机根据吊装需要沿两条主缆行走，即纵移。纵移分向塔顶移和向跨中移，简称上移和下移。

2）跨缆起重机就位与调试

跨缆起重机移动就位后，吊装前对起重机要进行空载调试，确保各部分动作满足设计要求，作好下一步加劲梁节段作业的准备。

3）吊机吊具第一阶段下落

第一阶段吊具下放至离水面15m左右的高度，以便驳船抛锚定位。

4）吊具第二阶段下落

驳船定位完成后，吊具继续下放，准备与钢箱梁临时吊点连接。

5）吊具与箱梁临时吊点连接

即进行穿销轴的连接作业。

6）捆绑绳具放松

钢箱节段运输时使用的捆绑绳具放松，准备好提升。

7）钢箱梁节段提升

提升过程中，要检查吊具的工作状态是否正常、箱梁节段的位置是否水平，否则要进行调整。

8）节段就位及吊索安装

箱梁节段提升到可安装锚头的高度后，进行吊索的就位工作，安装箱梁节段间临时连接。跨缆起重机卸载，箱梁节段荷载转移到吊索上。

2. 加劲梁节段提升架设

以钢箱加劲梁从跨中开始对称向两塔推进的架设顺序为例，对节段提升架设进行介绍，见图11-53所示。

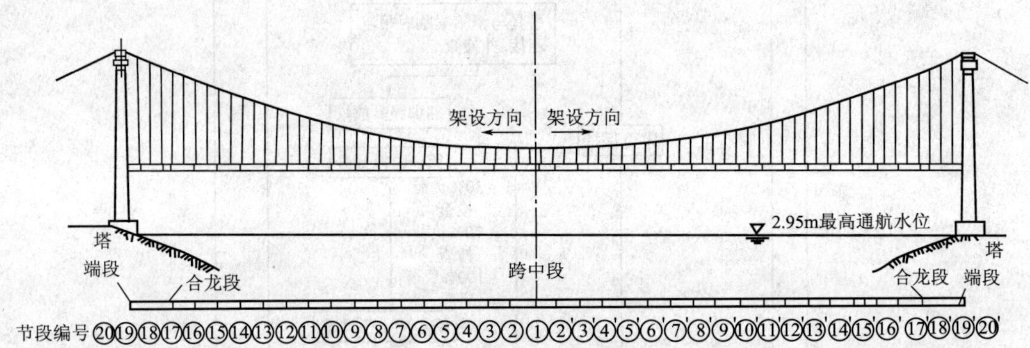

图11-53 梁段架设顺序示意图

1）跨中段、标准段提升架设

跨中段和标准段一般处于深水水域，驳船在吊点正下方定位无困难，可以按常规起吊架设。

①用驳船将架设梁段运至桥轴线上预定位置，抛锚船定位；

②将设置于主缆上的跨缆起重机的吊具下降，与加劲梁临时吊点连接，待吊点均匀受力、梁段保持平稳后提升梁段到设计位置；

③将吊索穿入梁段锚座内，安装锚下垫板和连接螺栓；

④吊具徐徐下降，把梁段移交给吊索承受；

⑤拆除临时吊点连接，完成跨中梁段安装，转移跨缆起重机至下一吊段（标准段）；

⑥垂直起吊下一梁段，待两相邻段接口对齐，安装匹配件，完成两梁段间的临时连接；

⑦用相同的方法循环作业，依次架设其他标准梁段。

2）端梁架设（端部梁段架设）

主塔附近一般因水位较浅，驳船无法停靠，此时端梁可采用垂直提升，滑轮组牵拉，转移吊点，逐步牵拉就位的架设方法。

（1）准备工作

先摸清两个塔靠河心60m范围的水下地形及最高水位及潮位，并处理塔附近的淤泥、大型施工坠落物、暗礁等；安装好竖向支座和抗风支座，并使跨缆起重机最大可能靠近塔进行吊装的地方就位，同时在塔底布置驳船抛锚锚固点。

（2）吊装

跨缆起重机放下吊具，运梁驳船定点抛锚，跨缆起重机吊具就位穿销，将梁垂直起吊到设计高程，用塔吊将装人的吊笼吊到梁段顶面，并将滑轮组和梁段吊具连接，将梁段向塔方向牵拉预定距离穿好吊索及锚头垫板，慢慢放松靠河心侧的吊具钢丝绳，直到吊索完全受力，继续拉紧滑轮组将梁段向塔身牵拉，同时注意调整梁段的高度和水平度将梁段平稳准确地就位。

3）端梁架设注意事项

①用于斜拉千斤绳、钢丝绳最好是新的，吊装前最好做安全检查，滑轮组与吊具连接点应采取防滑措施。

②梁段就位时注意观察竖向支座和抗风支座的就位情况，根据实际情况采取适当措施进行调整，准确就位；

③梁段吊至接近设计高程进行水平牵拉时，必须进行梁段的水平观测，确保平移过程中梁段基本水平。

3. 合龙段架设

合龙段位置也靠近索塔，若水位也较浅，则不能沿竖直方向直接就位，一般可采用垂直提升，手拉葫芦或卷扬机水平牵拉就位的架设方法。

①跨缆起重机在最大可能靠近塔进行垂直提升的地方就位；在塔底布置驳船抛锚锚固点；运梁驳船定点抛锚；

②端梁比设计位置后移300～500mm时固定，作为安装合龙段作业空间，顶面上设置滑轮锚固点，以供牵拉；

③垂直提升合龙段，待离既设相邻梁底1m高左右时，用在端梁顶面设置好的手拉葫芦牵拉合龙段，见图11-54所示。使其达到与相邻两梁段无重叠现象时，操作跨缆起重机继续提升合龙段，当与相邻梁段持平时停止提升，穿好匹配件临时连接，然后放松跨缆起重机，梁段合龙完毕。

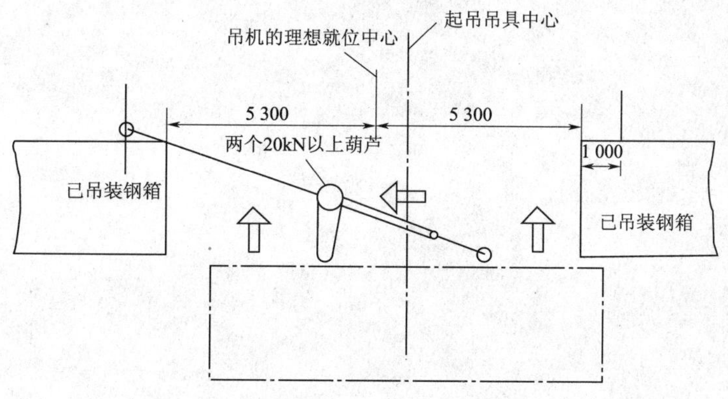

图11-54　合龙梁段的架设（尺寸单位：mm）

思 考 题

1. 悬索桥的结构组成有哪些？各有什么作用？
2. 简述悬索桥的施工程序。
3. 简述预应力锚固体系施工程序。
4. 简述大体积混凝土的温度控制措施。
5. 钢索塔的施工架设方法有哪几种。
6. 简述中跨猫道承重索的架设方法。
7. 简述主缆架设的 PPWS 法的施工程序。
8. 简述端梁架设注意事项。

单元十二　桥面系及其附属工程施工技术

知识点

1. 桥面伸缩装置的分类及结构特点；
2. 桥面防水的构造和技术要求；
3. 桥面铺装的构造和技术要求；
4. 附属工程的组成与构造要求。

技能点

1. 进行桥面系的施工；
2. 进行附属工程的施工。

桥面系包括：桥面伸缩装置、桥面防水层、桥面铺装以及护轮带、人行道、栏杆与护栏、灯柱等附属工程。虽然这些都是非主体工程，但其设置的是否合理、施工质量是否好，将直接影响整个桥梁的使用，特别是安全方面。由于桥面部分天然敞露而受大气影响十分敏感，车辆行人来往对美观也至为重要，根据以往的实践，建桥时因对桥面重视不足而导致日后修补和维护的弊病经常发生，因此，如何合理改进桥面的构造和施工技术，已愈来愈引起人们的重视。

课题一　伸缩装置

桥梁伸缩装置是为了使车辆平稳通过桥面并满足桥面变形的需要，在桥面伸缩接缝所设置的各种装置的总称。

伸缩装置应能满足梁体的自由伸缩，并要求具有良好的耐久性、车辆行驶的舒适性、良好的防水性以及施工的方便性。在桥梁结构中，伸缩装置要适应梁的温度变化、混凝土的收缩与徐变引起的伸缩、梁端的旋转以及梁的挠度等因素引起的接缝变化等。

目前我国常用的伸缩装置按传力方式和构造特点大致可分为对接式、钢制支承式、橡胶组合剪切式、模数支承式和无缝式五大类，详见表12-1。本书将介绍不同种类伸缩装置的具体安装施工方法及要求。

桥梁伸缩装置分类　　表12-1

类　别	形　式	种类示例	说　明
1. 对接式	填塞对接型	沥青、木板填塞型	以沥青、木板、麻絮、橡胶等材料填塞缝隙的构造（在任何状态下都处于压缩状态）
		U形镀锌铁皮型	
		矩形橡胶条型	
		组合式橡胶条型	
		管形橡胶条型	

续上表

类别	形式	种类示例	说明
1. 对接式	嵌固对接型	W 型	采用不同形状的钢构件将不同形状的橡胶条(带)嵌固,以橡胶条(带)的拉压变形吸收梁变位的构造
		SW 型	
		M 型	
		SDII 型	
		PG 型	
		FV 型	
		GNB 型	
		GQF—C 型	
2. 钢制支承式	钢制型	钢梳齿板型	采用面层钢板或梳齿钢板的构造
		钢板叠合型	
3. 橡胶组合剪切式	板式橡胶型	BF、JB、JH、SD、SC、SB、SG、SEG 型	将橡胶材料与钢件组合,以橡胶的剪切变形吸收梁的伸缩变位,桥面板缝隙支承车轮荷载的构造
		SEJ 型	
		UG 型	
		BSL 型	
		CD 型	
4. 模数支承式	模数式	TS 型	采用异型钢材或钢组焊件与橡胶密封带组合的支承式结构
		J—75 型	
		SSF 型	
		SG 型	
		XF 斜向型	
		GQF—MZL 型	
5. 无缝式	暗缝型	GP 型(桥面连续)	路面施工前安装的伸缩构造,以路面等变形吸收梁变位的构造
		TST 弹塑体	
		EPBC 弹性体	

一、钢板伸缩装置

1. 梳形钢板伸缩装置

梳形钢板伸缩装置是由梳形板、锚栓、垫板、锚板、封头板及排水槽等组成,有的还在梳齿之间填塞合成橡胶,以起防水作用。图 12-1 为一梳形钢板伸缩装置的构造实例。

安装梳形钢板伸缩装置时,应首先按设计高程将锚栓预埋入预留孔内,然后焊接锚板,并调整封头板使之与垫板齐平,最后再安装梳形板和浇筑混凝土。

安装程序为:桥面整体铺装→切缝→缝槽表面清理→将构件放入槽内→用定位角铁固定构件位置及高程→布设焊接锚固筋,在混凝土接缝表面涂底料→浇筑树脂混凝土→及时拆除定位角铁→养生→填缝→结束。

安装时要将构件固定在定位角铁上,以保证安装精度,并应防止产生梳齿不平、扭曲及其他变形,要严格控制好梳齿间的横向间隙。构件的位置固定好后,可进行锚固系统的树脂混凝土浇筑。为使锚固系统牢固可靠，要配置较多的连接筋及钢筋网，这将给混凝土的浇筑带来不便，故浇筑混凝土时要认真细致，尤其对角隅周围的混凝土一定要振捣密实，不得有空洞。为使混凝土中的空气能顺利排出，可在钢梳齿根部钻适量 ϕ20mm 的小孔。混凝土浇筑完成后，应及时将定位角铁拆除，以保证伸缩装置在温度变化时能自由伸缩。

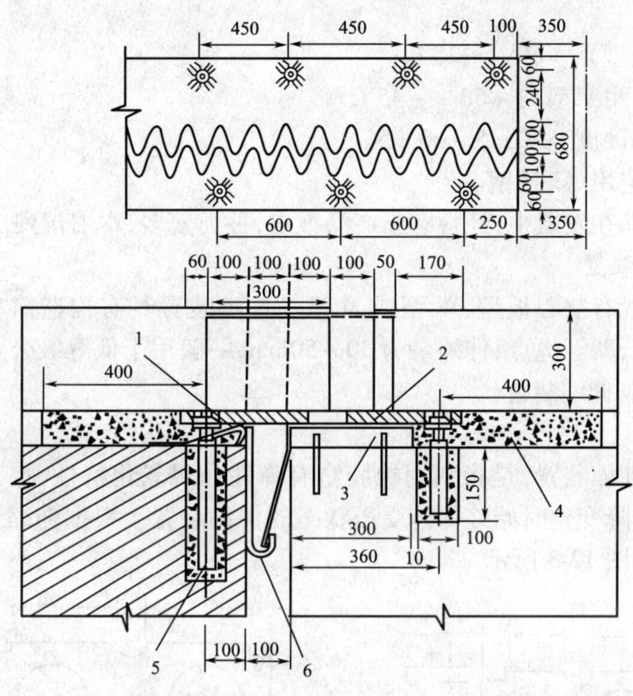

图 12-1　梳形钢板伸缩装置(尺寸单位：mm)

1-封头板；2-垫板；3-锚板；4-C40 混凝土；5-锚栓；6-排水槽

2. 滑动钢板伸缩装置

滑动钢板伸缩装置，一侧用螺栓锚定牵引板，另一侧搁置在桥台边缘处的角钢上，角钢与牵引板间设置滑板，用钢板的滑动适应结构的伸缩。缝间可填充压缩材料或加设盖板，如图 12-2 所示。滑动钢板通过橡胶垫块始终紧压在护缘角钢上，这样既消除了不利的拍击作用，又显著减小了车辆的冲击作用。

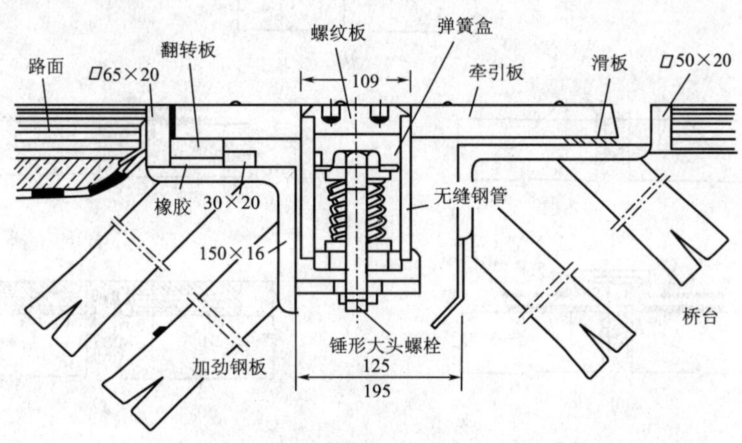

图 12-2　滑动钢板伸缩装置(尺寸单位：mm)

二、橡胶伸缩装置

橡胶伸缩装置是指伸缩体采用橡胶构件的伸缩装置。伸缩体所用的橡胶有良好的耐老化、耐气候和抗腐蚀的性能。

适用温度范围：

氯丁胶型（普通型）：+60 ~ −25℃；

三元乙丙胶型（耐寒型）：+60 ~ −45℃。

橡胶硬度（邵氏硬度）：50 ±5 ~60 ±5。

伸缩体两端固定用 A3 号钢。

橡胶伸缩装置尚在发展中，经常有新产品推出，种类繁多，本书仅列出常用的几类。

1．纯橡胶伸缩装置

纯橡胶伸缩装置有空心板型、W 型或 M 型。这类装置具有构造简单、伸缩性好、防水防尘、安装方便、价格低廉等优点，伸缩量为 30 ~50mm，一般用于低等级公路的中小桥梁。

1）空心板型橡胶伸缩装置

（1）构造特点

空心板型橡胶伸缩装置，是指利用橡胶富有弹性和耐老化特性，将其嵌入型钢制成的槽内，使橡胶在气温升降变化时始终保持受压状态的伸缩装置。根据伸缩量不同的需要做成两孔或三孔的形式，如图 12-3 所示。

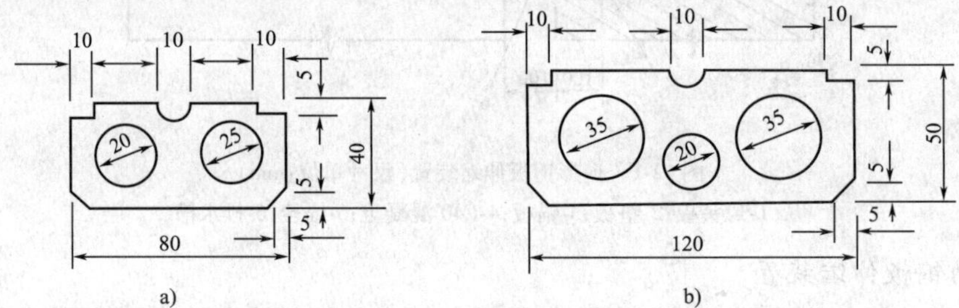

图 12-3　空心板型橡胶伸缩装置（尺寸单位：mm）

（2）施工安装程序

施工安装程序如图 12-4 所示。

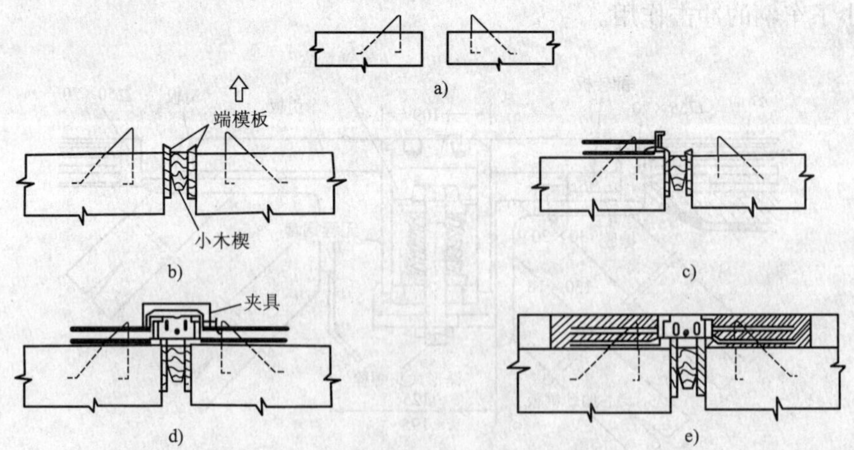

图 12-4　空心板型橡胶伸缩装置施工安装程序

a）安装准备；b）立端模板；c）左侧型钢定位；d）右侧型钢定位；e）混凝土浇筑

①安装准备

如图 12-4a)所示,清理梁端、顶面凿毛、冲洗,各梁伸出不齐者应予以修整,以利设置端模板。

②立端模板

如图 12-4b)所示,两端模板要用小木楔挤紧。木楔横桥向尺寸应尽量小,以使其在梁伸长时能被挤碎,缩短时可自由脱落,模板由下面设法取出。模板应尽量薄,顶端削成45°角,楔子应打入适当深度,使其顶部不阻碍胶条压缩时向下凸变。

③左侧型钢定位

如图 12-4c)所示,将左侧型钢组件焊好后,按设计要求用定位钢筋点焊于架立钢筋上,然后将胶条相互接触的表面进行除锈去油污等清理工作。

④涂胶、对合、加压、右侧型钢定位

如图 12-4d)所示,右侧型钢与胶条相互接触的表面除锈去油污,并将橡胶伸缩条两侧胶面打毛,然后涂以"202"或"203"胶水,立即对合,用特别夹具加压至计算的安装定位值后,与左侧同样方法点焊定位。定位完毕拆除所有夹具。

⑤浇筑混凝土

如图 12-4e)所示,定位完毕,伸缩装置两侧各浇宽 50cm 的 C30 混凝土,并注意养护。

以上各道工序应连续进行,不宜间断。空心板型橡胶伸缩装置安装如图 12-5 所示。

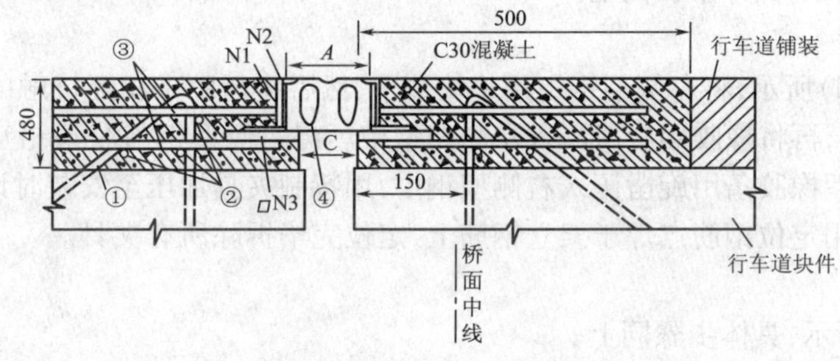

图 12-5 空心板型橡胶伸缩装置安装总图(尺寸单位:mm)

①,②,③-钢筋;④-橡胶条;N1、N2-角钢;N3-钢板

2)W 形橡胶伸缩装置

(1)构造特点

W 形橡胶伸缩装置是将富有弹性、耐老化的 W 形橡胶条嵌入配套的 L 型钢内,橡胶条在气温升降变化时始终处于受压状态的一种伸缩装置,如图 12-6 所示。

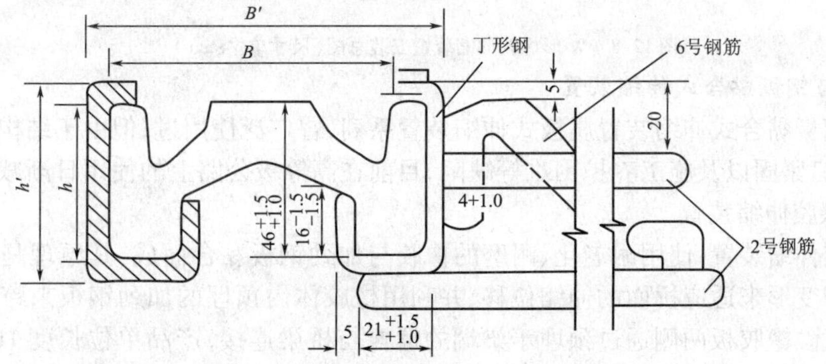

图 12-6 W 形橡胶伸缩装置(尺寸单位:mm)

(2)施工安装程序(如图 12-7 所示)

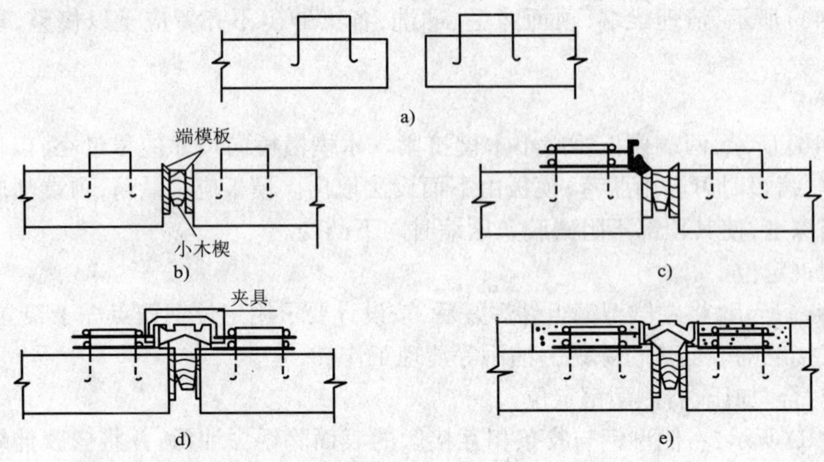

图 12-7　W 形橡胶伸缩装置安装施工程序示意图

①安装准备

如图 12-7a)所示,具体步骤同上。

②立端模板

如图 12-7b)所示,具体步骤同上。

③L 型钢定位

如图 12-7c)、d)所示,将左侧型钢组用垫块垫平,然后将与胶条相互接触的表面进行除锈去油污等清理工作,再将橡胶用旋凿压入左侧型钢中。将右侧型钢与胶条相互接触的表面进行除锈去油污,然后橡胶条用旋凿压入右侧型钢中,用特制夹具加压至安装时计算的安装定位值后,按设计要求用定位钢筋点焊于架立钢筋上,定位完毕拆除所有夹具。

④浇筑混凝土

如图 12-7e)所示,具体步骤同上。

W 形橡胶伸缩装置安装总图如图 12-8 所示。

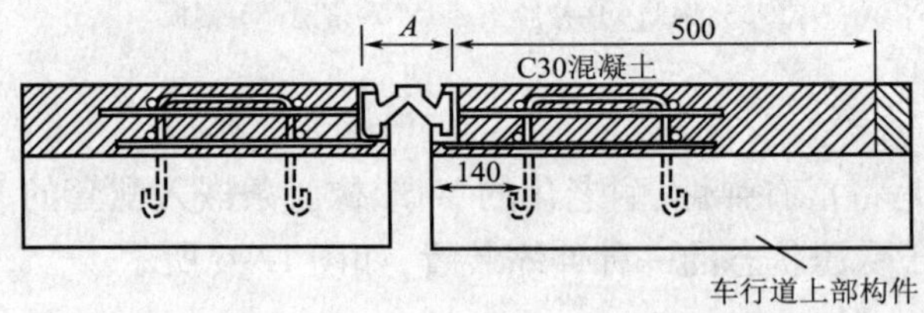

图 12-8　W 形橡胶伸缩装置安装总图(尺寸单位:mm)

2. 橡胶与钢板黏合式伸缩装置

橡胶与钢板黏合式伸缩装置属板式伸缩装置系列,曾广泛使用过,但由于结构本身存在着摩阻力大、螺钉紧固以及施工养护困难等缺陷,目前在高等级公路上的使用日渐减少。

1)板式橡胶伸缩装置

板式橡胶伸缩装置,使用耐老化、耐磨的橡胶与加劲钢板黏合而成,其原理是利用橡胶体的拉压与剪切变形来适应桥面的伸缩位移,并利用橡胶体内预埋的加劲钢板来跨越变形缝以承受车辆荷载。橡胶板两侧通过预埋于梁端的螺栓与桥梁连接,产品单位长度 1m,分段组装至桥宽,其构造如图 12-9 所示。变位伸缩量为 30 ~ 150mm。

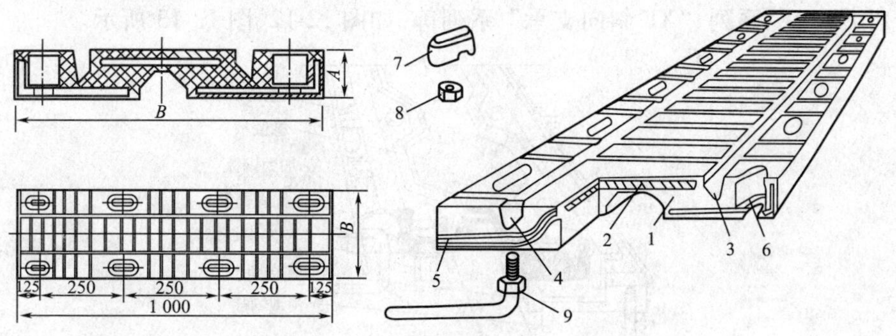

图 12-9　板式橡胶伸缩装置(尺寸单位:mm)

1-橡胶;2-加强钢板;3-伸缩槽;4-止水块;5-嵌合部;6-螺母垫板;7-腰形盖帽;8-螺母;9-螺钉

2)BF-2(SEJ)橡胶伸缩装置

BF-2(SEJ)橡胶伸缩装置,系 20 世纪 90 年代产品。它是由不等边角钢、焊接梳齿形固定块连接在主梁端部,中间托板的两端分别支承在边梁角钢上,上部橡胶伸缩体由螺栓与托板和边梁角钢组合成整体,整个装置的水平变形和垂直荷载由各部件紧密配合来完成。橡胶伸缩条按桥宽长度无缝整体制作,中间托板与边角钢起到支承作用,其构造如图 12-10 所示。该装置变位伸缩量为 40 ~ 200mm,适用于正交桥、斜交桥及弯桥。

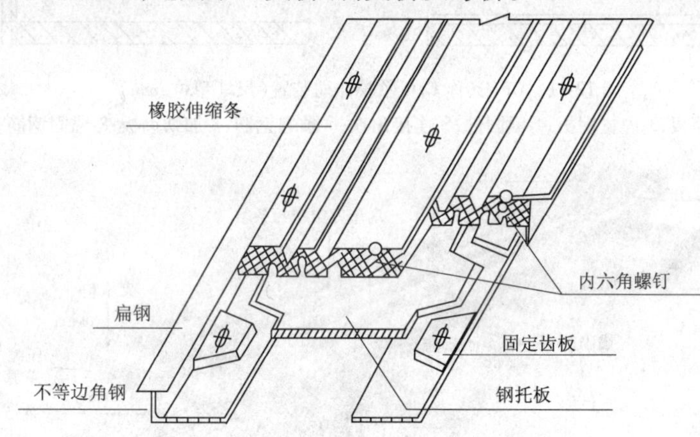

图 12-10　BF-2(SEJ)橡胶伸缩装置

3)CF(又称 CD)橡胶伸缩装置

CF(又称 CD)橡胶伸缩装置,系 20 世纪 90 年代开发的新产品,由内置钢板与抗老化性能强、耐磨性能好的橡胶经加压、加热、黏合制造而成。它的伸缩变形功能由橡胶板上的空隙和内置钢板间橡胶的变位与剪切变形来完成,其结构如图 12-11 所示。

三、模数式伸缩装置

由于高等级公路和各种长大桥梁的不断兴起,对位移伸缩量的要求愈来愈高,钢板及一般的橡胶伸缩装置,已很难满足大位移量的要求,因此出现了在大位移量情况下能承受车辆荷载的各种类型模数式伸缩装置系列。

这类伸缩装置在构造上的共同点是:均由 V 形截面形状的橡胶密封条,嵌接于异型边梁钢和中梁钢内组成可伸缩的密封体,异型钢梁直接承受车辆荷载,且可根据要求的伸缩量,随意增加中梁钢和密封橡胶条,加工组装成各种伸缩量的系列产品;其不同点仅在于承重异型钢梁和传递伸缩力的传动机构形式及原理上的差异。在工程上使用较多的品牌有“万宝”系列、

"SSFB"系列、"J-75" 系列、"XF 斜向支承" 系列等,如图 12-12、图 12-13 所示。

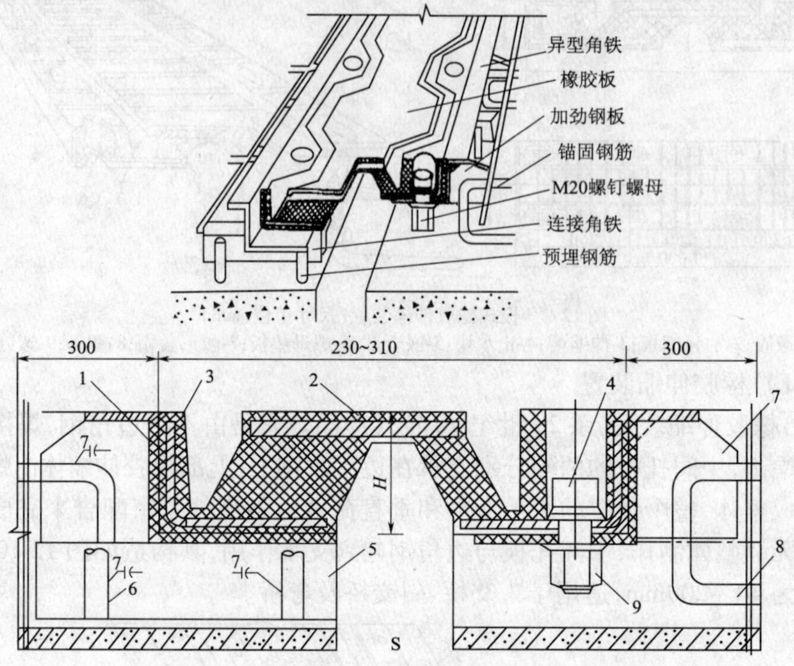

图 12-11 CF(又称 CD)橡胶伸缩装置(尺寸单位:mm)

1-异型角钢;2-橡胶伸缩板;3-内置钢板;4-紧固件;5-连接角铁;6-预埋钢筋;7-加劲钢板;8-锚固钢筋;9-M20 螺钉螺母

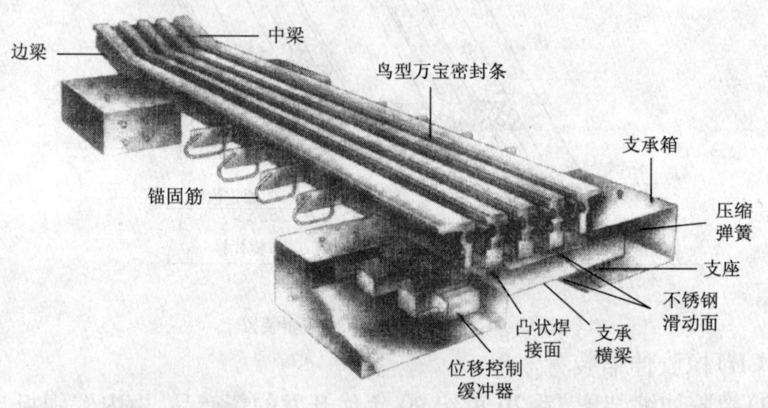

图 12-12 "万宝"系列箱形断面伸缩装置构造图

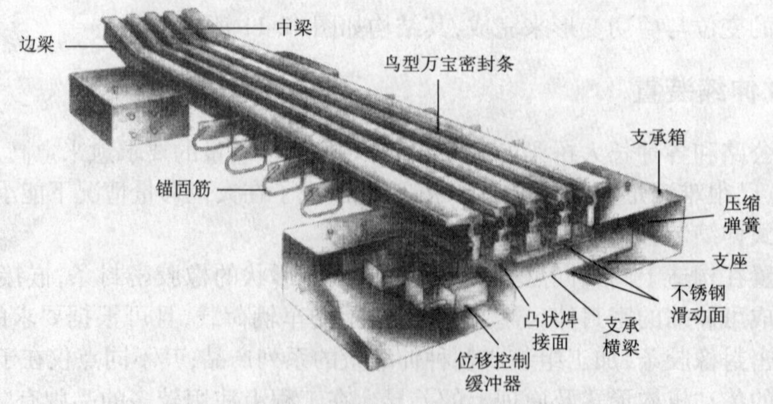

图 12-13 "SSFB"系列大位移伸缩装置构造图

四、其他伸缩装置

1. 改性沥青填充型伸缩装置

改性沥青填充型伸缩装置,由以橡胶、塑料、沥青等为主的多种高分子聚合物与碎石拌和后,现浇填充于桥梁变形缝的槽口内而成。这种装置较之其他伸缩装置有以下优点。

①优质:是一种桥面无缝的的伸缩装置,与路面平接,行车平稳,防水可靠。

②价廉:价格低于同等性能的其他伸缩装置。

③适应性好:水泥混凝土、沥青混凝土桥都可以使用。使用温度 -25 ~ +60℃。

④施工简便:不设任何锚固系统,所以也就不存在以往伸缩装置最大的病害——锚固失效,从而免除了锚固和部件的移动带来的麻烦,不仅施工方便,也降低了施工成本。

⑤安装迅速:本装置不仅可以在新建桥上应用,也可在维修更换旧伸缩装置时使用。在维修更换旧伸缩装置时,不必封闭交通,可半幅通车,半幅施工,并能在几小时内完成作业,完工后 1h 即可通车。

改性沥青填充型伸缩装置是一种高阻尼材料,可承受三维变形和作用力,行车平衡,防水可靠。但由于使用时间还不长,现在也只能用在伸缩量小于 50mm 的中小桥上,对大位移量伸缩缝还无能为力。下面就以万宝埋入式伸缩装置为例进行介绍。

1)万宝埋入式伸缩装置(亦称无缝伸缩缝)

此装置是美国 WBA 公司 20 世纪 90 年代研制的一种新型独特的伸缩装置。该伸缩装置由支承钢板和用新型弹性材料混合石料加固的特种填料组成,应用在伸缩位移量 50mm 以下的中小型桥梁。其构造特点如图 12-14 所示。

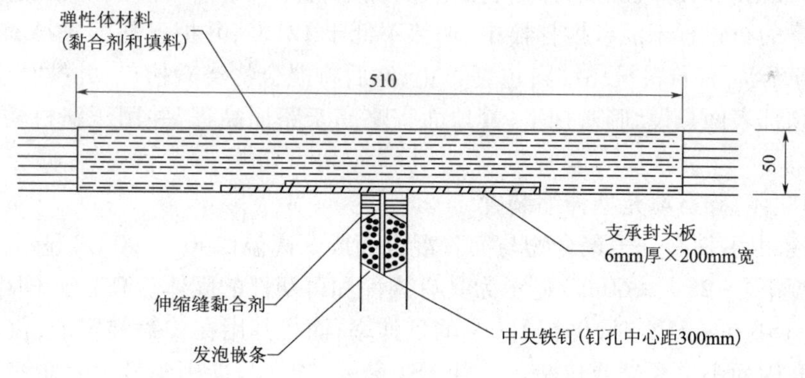

图 12-14　万宝埋入式伸缩装置构造图(尺寸单位:mm)

(1)构造、材料

①支承钢板

支承钢板用于保护梁端接缝,同时承受弹性材料及石料加固的填料,该钢板带孔,便于将发泡嵌条锚住。支承钢板尺寸不小于 200mm(宽)×6mm(厚)。

②嵌条

闭孔发泡嵌条直径为梁间隙的 1.5 倍,应具耐热性能。

③改性弹性材料

该弹性材料经过特殊改性,以保证材料能在较大温度范围内,既具柔韧性又有较高的软化点(82℃),因此在室外温度下不会发生流变现象,它与支承钢板、角状的填料一起作为伸缩装置的主体材料。

④石料

采用二次清洗后干燥的1号和1-A石料(下列为通过以下筛子尺寸的石料的百分数)。

1号石料	25mm:10%	1-A石料	13mm:100%
	13mm:90%~100%		6mm:90%~100%
	6mm:0~15%		3mm:0~15%

(2)槽口尺寸

伸缩装置槽口最小安装尺寸为510 mm宽、50mm深,应完整、清洁、干燥。

(3)施工安装程序

①埋入式伸缩装置根据接缝长度和体积发运材料。将支承钢板切割成1m或1.5m长度发运,改性弹性材料和石料计算体积后按量发运。

②本伸缩装置应由生产工厂或工地专业施工队伍进行施工,以确保质量。

③现场准备:路面、人行道、防护栏中的槽口应根据施工图确立尺寸,所有接缝间隙大于6mm的都必须先填充发泡嵌条。槽口最小宽度为510mm,最小深度为50mm。将发泡嵌条置于接缝开口处,约低于开口25mm,将预先加热的弹性体结合料浇筑于接缝剩余空间的部分,要注意保证弹性接合料不流出缝处。将钢板沿接缝中心线首尾相连,在钢板中心位置钉入钉子,通过预钻孔用锤子直接钉入弹性结合料中,这些钉子用于钢板定位。然后将弹性体及石料混合,进行浇筑。

④浇筑混合填料:在安装前,弹性黏结料必须加热熔化至一定温度(不低于191℃),整个槽口宜用热空气枪或丙烷气加热,然后将加热的黏结料浇筑于槽口的侧部和底部及钢板的表面;将预先计量的石料置于混合搅拌器中,加热不低于121℃,并把已热的黏结料加到石料中,混合约5min,直至所有石料被黏结料包裹为止,然后将混合物浇满槽口,并搅拌、振捣;待接缝浇满后,再在顶部表面敷设细砂,抹平,其顶面宜略高于路面高程,并用压路机械顺向压实,冷却后即可通车。

2)TST弹塑体、碎石填充型伸缩装置

TST材料系由多种高分子聚合物与沥青混合而成。高温(140~190℃)显示与沥青一样的流动性,在常温下(-25~+60℃)显示为具有弹性和可塑性的固体。TST永不固化,并长期保持这种性能。TST在-25℃时,仍有100%的延伸率,而将其用在伸缩装置上,仅需要大约5%的伸长与压缩,因而不会开裂或拉断。这种TST装置,现在只能用到最大的伸缩量50mm的中小桥梁上。其构造特点如图12-15所示。

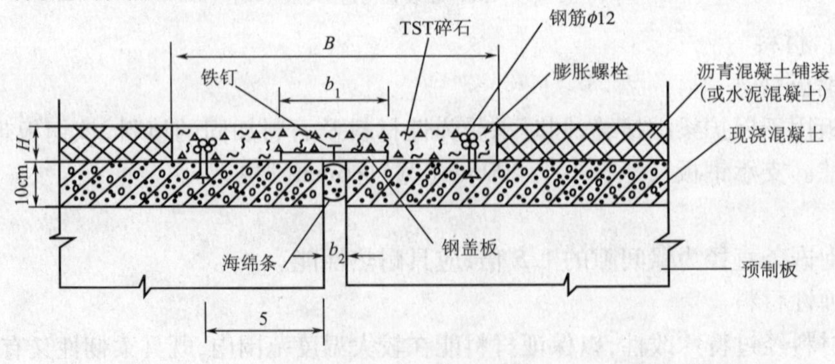

图12-15　TST填充型伸缩装置构造图(尺寸单位:cm)

(1)组成

①跨缝板:跨缝板的作用是为了防止施工中碎石落下和保证伸缩体均匀收缩。

②海绵体:其作用是防止施工中熔化的 TST 漏掉。

③碎石:碎石有足够的能力支持荷载,在碎石内浇灌上弹塑体将碎石固定,以满足伸缩装置的均匀收缩。

(2)槽口尺寸(详见表 12-2)

槽口尺寸(mm) 表 12-2

伸缩量	10	20	30	40	45	50
槽口宽 B	200	300	400	500	600	700
槽口深 H	60	60	80	80	80	80
梁端间隙 b_2	20	20	30	40	40	40

(3)施工安装程序

①TST 填充型伸缩装置应由生产工厂或工地专业施工队伍施工,以确保质量。

②施工环境的要求:可靠的交通安全保障;无雨天气;风力大于 3 级,温度低于 10℃时不宜施工。

(4)施工步骤

①清扫伸缩装置周边的桥面。

②按设计要求确定的槽口宽度放线、切缝、清理。

③距离槽口 5cm,每间隔 25cm 打入一个膨胀螺钉,每米两边共 8 只,其高度在$\frac{1}{2}H$的槽口深,并在螺钉内侧螺母上顺缝方向通焊一根 $\phi12$ 钢筋。

④清洗槽口,用火焰喷射器烘干槽口,并将槽口加热。

⑤用海绵胶条填塞变形缝,不留空隙,以免熔化的 TST 漏掉。

⑥用 TST 专用黏合剂涂刷槽口壁,涂刷要饱满,不堆积不露白,晾干 15min 左右即可。

⑦浇入一层熔化的 TST,并用刮板均匀涂满槽口的底面与侧面。

⑧放置专用跨缝板盖住变形缝,跨缝板位置一定要对中。梁端间隙≤40mm,用专用塑料板;梁端间隙>40mm,用规定的钢板,且每段长度不得大于 1 000mm,并插入定位针。

⑨从槽口一端开始,插入第一层已加热至 100 ~ 50℃的粗粒碎石,厚度以能见到下面的 TST 为准。然后浇入第二层 TST,淹没碎石即可;为加速 TST 渗透和排气,可用钢纤不断插捣。

⑩按上述步骤浇筑 TST 和碎石 2 ~ 3 层,到距槽口顶面 10mm 左右时,暂停作业,这时 TST 还在继续渗透、排气、收缩,按上述方法施工另一条伸缩缝。大约 1h 后,已施工未罩面的伸缩缝,TST 渗透、排气、收缩停止,表面出现孔隙和凹陷,此时可用加热后粒径为 5 ~ 10mm 的细粒料石罩面,用平头铲将细粒料拍紧、找平,使粒料高出槽口 3 mm 左右为宜,最后在粒料上非常小心地浇一层 TST,使其充满粒料孔隙并刚淹没粒料为限。若施工精心,一般不需要修整,自然冷却 1 ~ 2 h 后即可开放交通,如急需通车,可用冷水强制降温,30min 后可放行车辆。

3)D · S 布朗公司弹塑体填充式伸缩装置

该产品专业小位移量(≤50mm)设计。布朗 502 弹塑体是由多种高分子聚合而成,它在高温(140℃以上)为熔态,在常温(-25 ~ +60℃)是弹塑性固体。受到快速作用力(如冲击、振动)时显示高弹性,在缓慢作用力(如温度作用下的收缩、自然状态下的徐变)下显可塑性,其延伸性好，黏结力强，不会开裂。这也是502弹塑体能用在碎石填充式伸缩装置上的依据，是伸缩装置构成和工作的主体。其构造及尺寸如图12-16所示。

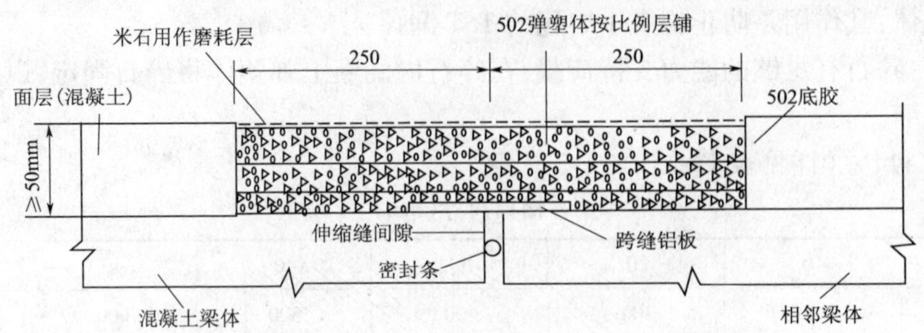

图12-16　D·S布朗填充式伸缩装置构造图（尺寸单位：mm）

（1）构造、材料

①布朗502弹塑体。由多种高分子聚合而成的一种高黏弹塑材料。

②集料。特别精选的黑色花岗石，按特定级配混合均匀，加倍清洗、干燥，用作集料，与502拌和，增大密实度和承载力。

③米石。特别精选黑色花岗石，加倍清洗、干燥，用作表面磨耗层。

④跨缝板。选用铝板，厚1mm，宽150mm（当预留间隙大于50mm时，应适当加宽），标准长度为1.2m或1.5m，作为跨缝板，防止集料落入缝隙并保证伸缩体均匀伸缩。

⑤密封条。用高弹性海绵制成，防止熔化的502泄漏。

（2）槽口尺寸

按标准预留槽口，最小槽深50mm，宽度500mm，无须锚固。根据桥面的具体情况，槽深可适当增加。

（3）施工安装程序

①切割槽口，最小深度50mm，宽度500mm；用风镐、钢丝刷清除所有杂物；

②用火焰喷射枪清洁、干燥槽口；

③在槽底、槽边涂底胶，晾干10～15min；

④在伸缩间隙处嵌入密封条，浇入深化的502填满间隙；

⑤放置跨缝板对中压紧；

⑥在槽底槽边涂一层熔化的502，厚1～2mm；

⑦在搅拌机中将集料加热到135～163℃，在熔化炉中将502加热到188℃；

⑧拌和502集料；

⑨将拌和料按比例分层摊铺、捣实，最后一层填料比桥面略高；在热黏结剂上撒一层米石，用压路机压实平齐。

2. U形锌铁皮伸缩装置

U形锌铁皮伸缩装缝只能用在低等级公路的中、小跨径桥梁及人行道上。当伸缩量在20～40mm以内时，常采用以锌铁皮为跨缝材料的伸缩缝构造，见图12-17示。

弯成U形断面的长条锌铁皮，分上、下层的弯开部分开凿了孔径6mm、孔距30mm的梅花眼，其上设置石棉纤维垫绳，然后用沥青填塞。这样，当桥面伸缩时，锌铁皮可随之变形，下层U形锌铁皮可将渗下的雨水沿横向排出桥外。

对于沥青混凝土桥面，如伸缩量不超过10mm，可以不必将桥面断开，如图12-17b）所示。

为避免桥面出现不规则的缝迹,可在桥面施工时预留 5mm 宽、30 ~ 50mm 深的整齐切口,以后再注入沥青砂。

图 12-17c)所示是使缝上桥面层与梁段混凝土保护层用油毛毡局部隔离,以增加桥面参与受力部分的长度,而不使桥面断开的伸缩构造。

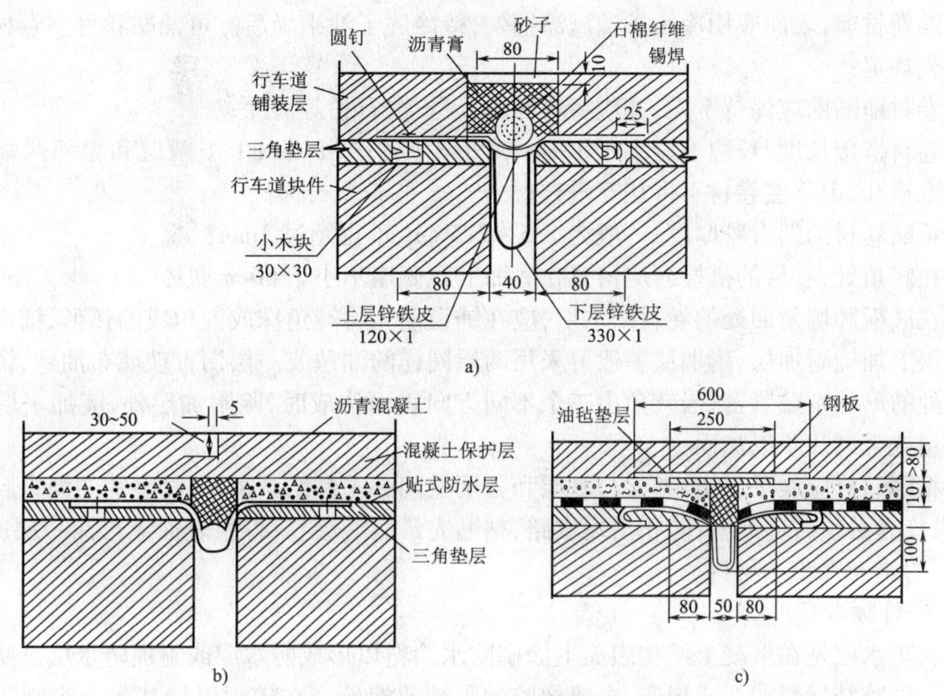

图 12-17　U 形锌铁皮伸缩装置构造图(尺寸单位:mm)

a)伸缩量为 20 ~ 40mm 时;b)伸缩量不超过 10mm 时;c)用油毛毡隔离

U 形锌铁皮伸缩缝的优点是构造简单,施工方便,行车方便,价格较低,但耐久性较差,且只能适应于小伸缩量的桥梁使用。

课题二　桥面防水层

一、概述

桥面的防水层,设置在行车道铺装层下边,它将透过铺装层渗下的雨水汇积到排水设施排出。

桥面防水层有以下几种类型:卷材防水层、涂料防水层、水泥砂浆防水层、石灰三合土或胶泥防水层。

二、防水层类型及施工要求

1. 卷材防水层

热铺卷材防水层,应采用石油沥青油毡、沥青玻璃布油毡、再生胶油毡等。铺贴石油沥青卷材,必须使用石油沥青胶结材料;铺贴焦油沥青卷材,必须使用焦油沥青胶结材料。

防水层所用的沥青,其软化点应较基层及防水层周围介质的可能最高温度高出 20 ~ 25℃,且不低于 40℃。沥青胶结材料的加热温度,应符合国家相关标准的规定。耐酸沥青胶采用角闪石粉、辉绿岩粉、石英粉或其他耐碱矿物粉为填充料。

底板卷材防水层可以垫层混凝土或水泥砂浆找平层作为基层,侧墙卷材防水层可以水泥砂浆找平层或直接以钢筋混凝土侧墙作为基层。基层必须牢固、平整、洁净;铺贴卷材前应尽量干燥;基层表面的阴阳角处,均应做成圆弧形或钝角。

铺贴卷材前,表面应用冷底子油满涂铺匀,待冷底子油干燥后方可铺贴卷材。卷材铺贴应符合下列规定:

①卷材铺贴前应保持干燥,并应将表面的云母、滑石粉等清除;

②卷材搭接长度,长边不应小于10cm,短边不应小于15cm;上下两层和相邻两幅卷材的接缝相互错开,上下层卷材不得相互垂直;

③粘贴卷材的沥青胶厚度,一般为1.5~2.5mm,不得超过3mm;

④在转角处,卷材的搭接缝应留置在底面上距侧墙不小于60cm处;

⑤在底板和墙角面处的卷材防水层,应在铺设前先将转角抹成钝角或圆弧形,铺设时并应在防水层上加铺附加层,附加层一般可采用两层同样的油毡或一层沥青玻璃布油毡,铺贴时应按转角处的形状粘贴紧密;当转角由三个不同方向表面构成时,除附加层外,应加一层沥青玻璃布油毡或金属片予以加固;

⑥粘贴卷材应展平压实,卷材与基层和各层卷间必须黏结紧密,并将多铺的沥青胶结材料挤出,搭接缝必须封缝严密,防止出现水路;粘贴完最后一层卷材后,表面应再涂一层厚为1~1.5 mm的热沥青胶结材料。

2. 涂料防水层

涂料防水层是在混凝土结构表面上涂刷防水涂料以形成防水层或附加防水层。防水涂料可使用沥青胶结材料或合成树脂、合成橡胶的乳液或溶液。在较潮湿的基面上涂刷防水涂料时,应采用湿固型涂料或乳化沥青、阳离子氯丁橡胶乳化沥青等亲水性涂料。涂料防水层施工前的基层表面必须平整、密实、洁净。

1)沥青胶结材料防水层施工的规定

①基层表面应满涂冷底子油,并宜使其干燥;

②沥青胶结材料防水层一般涂两层,每层厚1.5~2.0mm;

③沥青胶结材料所用沥青的软化点、加热温度和使用温度,可参照卷材防水层;

④沥青胶结材料防水层施工温度不得低于-20℃,如温度过低,必须采取保温措施。

在炎热季节施工时,应采取遮阳措施,防止烈日暴晒及沥青流淌。

2)合成树脂或合成橡胶乳液、溶液防水涂料施工的规定

①乳液或溶液防水涂料的配合比应按照设计规定或涂料说明书办理,配制时应搅拌均匀。

②防水涂料可用手工抹压、涂刷或喷涂,厚度应均匀一致,每道涂料厚度应按不同涂料确定,一般为1.0~3.0mm。

③第一层涂层涂刷完毕,必须干燥结膜后,方可涂刷下一层,一般涂2~3层。涂刷第一层时必须与混凝土密实结合,不得夹有空隙。

④涂料中如配合有挥发性溶剂时,应在3~4h内完成。

⑤涂料防水层中夹有玻璃丝布等夹层时,应在涂刷一遍涂料后,逐条紧贴玻璃丝布并扫平、压紧,使胶结料吃透布面。涂贴应均匀,不得有起鼓、翘边、摺折、流淌等现象。玻璃丝布搭接要求,可参照卷材防水层办理。

⑥当采用水乳型橡胶沥青时,施工时最低气温不低于+5℃。雨天及大风天不得施工。

3. *水泥砂浆防水层*

水泥砂浆防水层分为掺外加剂的水泥砂浆防水层、刚性多层作法防水层两种。

1)水泥砂浆防水层材料应符合的规定

①水泥宜采用普通水泥或膨胀水泥,亦可采用矿渣水泥,侵蚀性环境中的水泥砂浆防水层,应按设计规定选用水泥,严禁使用过期、结块、失效水泥;

②外加剂宜采用减水剂或氯化物金属盐类防水剂;

③砂宜用中砂;

④水宜用不含有有害物质的纯净水。

水泥砂浆中水泥和砂的配合比,一般可采用1∶2~1∶2.5(体积比);水灰比可采用0.4~0.45;坍落度可用7~8cm;纯水泥浆水灰比可采用0.4~0.6。采用外加剂的水泥砂浆,配合比应按有关技术规定执行。

2)水泥砂浆防水层的铺设应符合的规定

①底层表面平整、粗糙、干净和湿润,不得有积水;

②刚性多层作法的防水层,各层宜连续施工,紧密贴合,不留施工缝;

③水泥砂浆应分层铺设,每层厚度5~10mm,前层初凝后再铺设后一层,总厚度不宜小于20mm;

④铺抹的最后一层,应将表面压光;

⑤采用水泥砂浆与纯水泥浆交替铺设的方法时,应先铺设纯水泥浆,再铺设水泥砂浆,可交替铺设4~5层。

水泥砂浆在气温不低于5℃的条件下施工和养护,养护期不少于7~10昼夜;水泥砂浆强度达到设计强度后方可承受水压。

4. *石灰三合土或胶泥防水层*

在非冰冻区,中、小拱桥可采用三合土防水层,其厚度可为10cm左右。在铺设之前应先将拱背按排水方向做成一定的坡度,并砌抹平整。为确保防水效果,最好涂抹一层沥青。

三合土中之石灰应使用石灰胶或熟石灰粉。胶泥宜采用塑性指数大于15者,石灰和土应用5mm的筛子过筛,砂一般采用细砂。石灰、胶泥和细砂的比例可据胶泥成分采用2∶1∶3或2∶1∶4。

配好的混合料应在使用7d前拌和均匀并加水储存。使用时应再次拌和,使用稠度均匀适宜;其用水量不宜过多,以达到塑性为止。

铺设时应注意拍打平整、密实。铺设完成后应覆盖养护,防止日晒、雨淋。发现裂缝时,应及时拍打密实。等表面不再发生裂缝后,才能在其上铺筑填充料。非冰冻地区的小跨径拱桥,也可采用胶泥做防水层,但须严格控制胶泥的含水量,以防干裂。

梁式桥的桥面防水,以往防水工程,一般用1~3层沥表防水卷和2~3层防水涂料。这种体系的主体即石油沥青其适应性和耐久性差,但施工条件苛刻,故逐渐不被采用而改用防水混凝土。路面为水泥混凝土的高等级公路上,桥面防水采用防水混凝土成为较通用的方式。防水混凝土的施工,请按《公路桥涵施工技术规范》(JTJ 041—2000)的有关规定办理。

课题三 桥 面 铺 装

桥面铺装即行车道铺装。它的作用在于保护桥面板,防止车轮直接磨损,并免受雨水的浸蚀,且对车辆轮重的集中荷载起扩散作用。

行车道铺装有多种形式:水泥混凝土、沥青混凝土、沥青表面处治和泥结碎石等。水泥混凝土和沥青混凝土铺装用得较广,能满足各项要求。沥青表面处治和泥结碎石铺装,耐久性较差,仅在低等级公路桥梁上使用。

装配式钢筋混凝土和预应力混凝土梁桥常采用水泥混凝土或沥青混凝土桥面铺装。水泥混凝土铺装的造价较低,耐磨性能好,适应重载交通,但养生期长,日后修补较麻烦;沥青混凝土铺装质量较轻,维修方便,易于养护,但易老化和变形。

一、沥青混凝土桥面铺装

桥面铺装采用沥青混凝土铺筑时,为防止沥青混凝土中的集料损坏防水层,宜在防水层上先铺一层沥青砂作保护层。

二、水泥混凝土桥面铺装

桥面铺装采用水泥混凝土铺筑时,有两种方式:一种方式是全桥面铺装防水混凝土,其厚度一般为6~8cm;另一种方式是在桥面铺装上再设置7cm厚的防水混凝土。防水混凝土层铺筑完成后,须及时覆盖和养护,并在混凝土达到设计强度后才能通车。

三、桥面铺装施工注意事项

对预应力混凝土梁式桥,由于预应力损失、桥面铺装等第二部分恒载及活载的作用等因素,均会对梁体挠度造成一定影响。当上挠度过大时,将使桥面铺装施工产生困难,导致桥面铺装层在跨中较薄而支点外较厚,从而不能满足设计厚度的要求。因此,除应在梁体施工时采取有效措施避免过大的上挠度外,当梁体的实际挠度已较大,并不可避免将对桥面铺装层的施工造成不利影响时,应采取调整桥面高程等措施,以保证铺装层的厚度。

课题四　附 属 工 程

一、概述

桥面上设置的护轮安全带、路缘石、防撞护栏、装饰块、人行道、栏杆及照明灯柱等属于桥面系施工的范畴。

对大多数桥梁而言,桥面系施工的主要工作内容是小型块件的预制和安装,随着公路等级的提高和长大桥梁的不断兴建,现浇混凝土防撞栏和金属防撞栏的施工也非常普遍。由于小型块件的混凝土体积较小,工序虽简单但较繁琐,块件数量多,所耗费的工时亦多,而施工产值却不高,所以块件预制和安装的质量往往不被重视。

桥面系的施工,不仅要满足桥梁使用功能上的要求,对外观质量也应有较高的要求。在施工中,除应采取合理的工艺控制方法保证预制块件的质量外,安装(或现浇)施工的重点是控制好线形和高程两个方面,使其协调一致,平顺美观。

二、护轮安全带和路缘石

护轮安全带可以做成预制块件安装或与桥面铺装层一起现浇。预制的安全带块件有矩形截面和肋板截面两种，如图 12-18 所示，以矩形截面最为常用。现浇的安全带宜每隔 2.5 ~ 3m 做一断缝，以避免与主梁的收缩不一致而被拉裂。

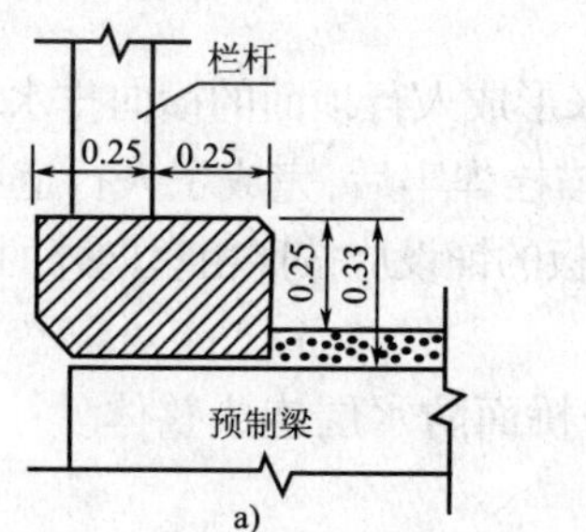

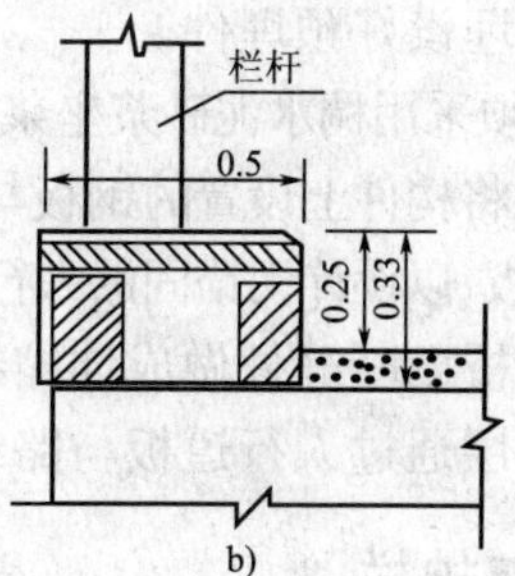

图 12-18　护轮安全带(尺寸单位:m)

a)矩形;b)肋板式

预制块件若采用人工搬运安装，每个块件的安装质量最大不应超过 200kg。安装前要精确放样，弯桥、坡桥要注意线形的平顺。块件必须坐浆安装，要落位准确，全桥对直，安装后线条直顺、整齐、美观。

路缘石宽度一般为 8 ~ 35cm，与安全带相类似，其施工方法和工艺要求亦与护轮带相同。

三、人行道

人行道顶面一般高出桥面 25 ~ 30cm，按人行道板安装在主梁上的位置分搁置式和悬臂式，如图 12-19 所示；预制块件分整体式和分块式，如图 12-20 所示。

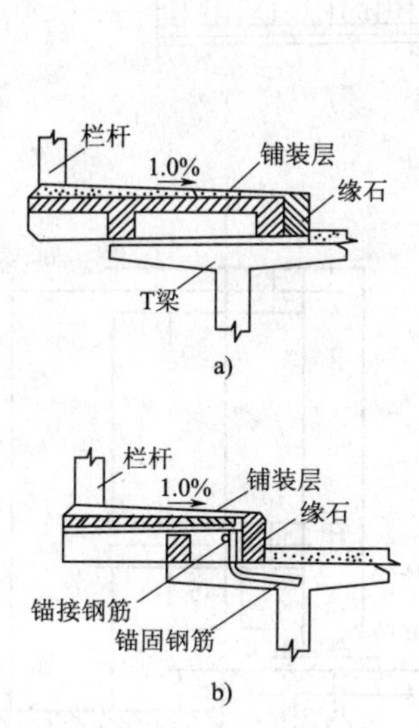

图 12-19　搁置式和悬臂式人行道

a)搁置式;b)悬臂式

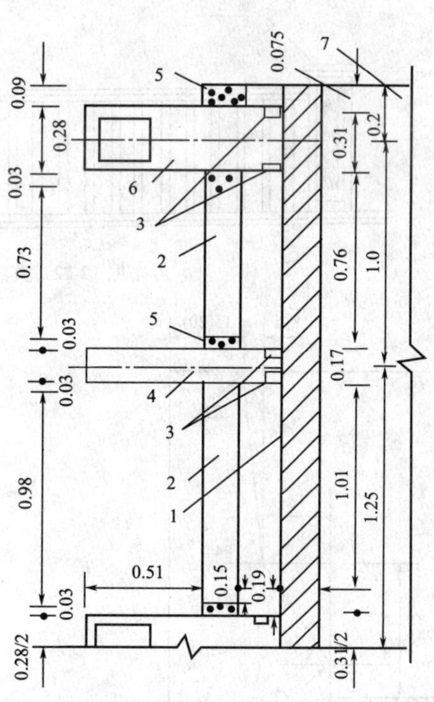

图 12-20　预制装配悬臂式人行道构造图(尺寸单位:m)

1-缘石;2-支撑梁;3-固定锚栓;4-人行道梁;5-混凝土填塞;6-人行道梁 A;7-翼缘板

有吊装能力时，可将人行道板和梁整体分块预制，整体悬砌出边梁之外，使施工快而方便。

分块式人行道板，预制块件小而轻，但施工繁琐，整体性差。

人行道板一般是预制拼装，也可现浇。在预制或现浇人行道板时，要注意预留出安装灯柱、栏杆的位置，埋设好预埋件。

人行道梁必须采用稠水泥砂浆坐浆安装，并以此来形成人行顶面的横向排水坡；安装悬臂式人行道板时，需注意将构件上设置的钢板与桥面板内的锚栓焊牢后，完成了人行道梁的锚固，才可安砌或浇筑人行道板，以设计无锚固的人行道梁，人行道板的铺设应按照由里向外的次序操作。

人行道应在桥面断缝处做成伸缩缝。

人行道防水层通过人行道板与路缘石砌缝外与桥面防水层连成整体。

四、栏杆与护栏

栏杆是桥梁工程的重要组成部分，对桥梁工程的评价起着直观的作用。栏杆施工不仅要保证质量，还要满足艺术型和美观的要求，见图 12-21 ~ 图 12-24 所示。

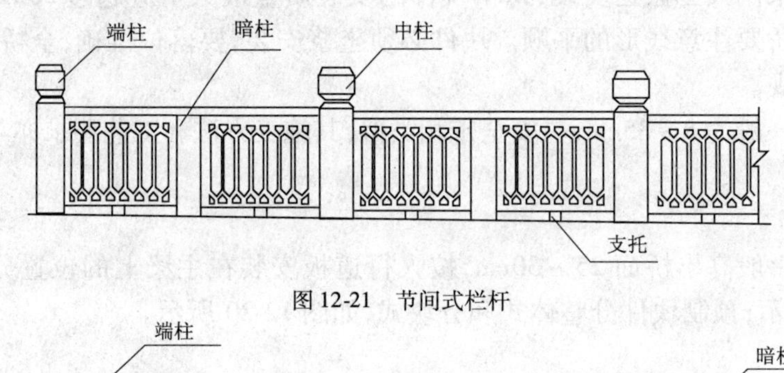

图 12-21　节间式栏杆

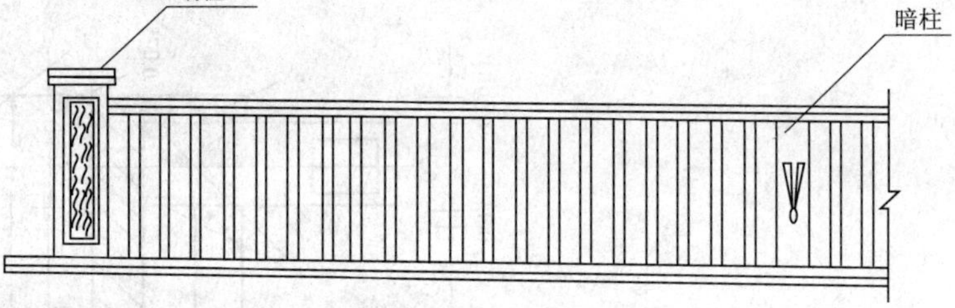

端柱

暗柱

图 12-22　连续式栏杆

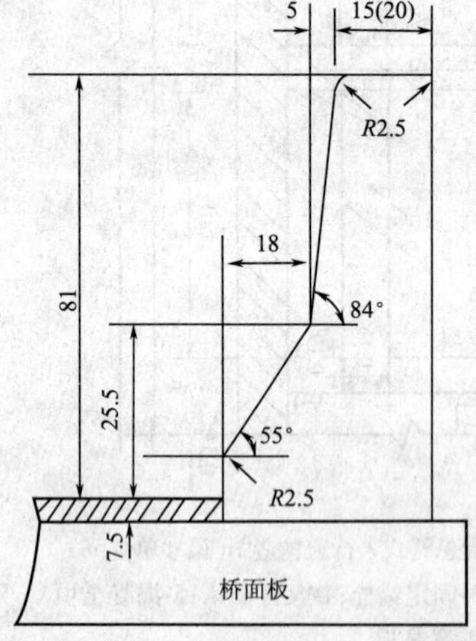

图 12-23　钢筋混凝土墙式护栏（尺寸单位：cm）

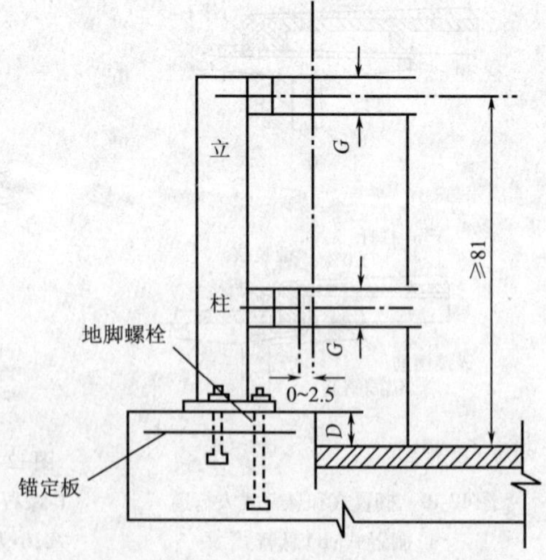

图 12-24　金属制桥梁栏杆（尺寸单位：cm）

栏杆(护栏)施工的一般规定和要求如下。

①安装或现浇栏杆(护栏)应在人行道板施工完成后进行,对钢筋混凝土护栏还必须在跨间的支架及脚手架拆除以后,桥跨处于自承的状态下才可进行。

②金属制栏杆(护栏)构件在安装前应进行质量检查和试验,只有被确认符合质量标准的栏杆(护栏)产品才使用,并应按设计图或产品供货商提供的详细施工安装方法进行施工。

③栏杆(护栏)必须全桥对直、校平(弯格、坡桥要求平顺);栏杆(护栏)顶的高程应符合设计要求,以使线形顺适,外表美观,不得有明显的下垂和拱起。竣工后的栏杆(护栏)中线、内外两个侧面及相同部分上的各个杆件等,均应分别一条直线或一个平面上。

④栏杆(护栏)的连接必须牢固。钢筋混凝土墙式护栏宜采用就地浇筑的方法进行施工,当采用预制件时,护栏与桥面板(人行道板)间需进行特殊的连接设计;人行栏杆立柱就位和嵌固是施工重点,必须严格保证填充水泥砂浆(或混凝土)的强度、捣实及养生工作符合要求。

⑤栏杆(护栏)的外表应平整、光洁、美观,钢筋混凝土栏杆(护栏)不应出现蜂窝、麻面,不合规格的构件一定要废除,金属构件在安装过程中应尽量避免损坏保护层,安装完成后,应对被损坏的保护层按规定方法修复。钢栏杆是混合式栏杆的外露钢筋,要采用双层防腐,确保防腐效果。

⑥伸缩缝要妥善处理。人行栏杆伸缩缝的设置和施工质量需保证栏杆节间随主梁一同伸缩,伸缩缝内应填满橡胶或沥青胶泥等弹性、不透水的材料,不应有松散的砂浆和活动时有可能剥落的砂浆薄皮。

五、灯柱

灯柱常用钢管或铸铁管架立,一般采用钢筋(或钢板)焊接(或螺栓锚固)在桥面预埋的锚栓上,再用水泥砂浆填缝固定。安装灯柱时,必须在全桥对直和校平,对坡桥、斜桥则要求平顺。

灯柱施工的一般要求:

①安装前对构件要进行全面检查,符合质量要求才能使用;

②灯柱按设计的位置准确放样;

③灯柱的连接必须牢固,线条顺直、整齐、美观,电路安全可靠;

④灯柱的竖直度:顺桥向、横桥向均不大于10mm。

思 考 题

1. 简述各类伸缩装置的构造特点及安装要点。
2. 简述桥面防水层的分类及施工要求。
3. 简述桥面铺装的作用、分类及施工要求。
4. 简述栏杆施工的一般规定和要求。
5. 按设置位置的不同,人行道可分为哪几种类型?
6. 简述卷材防水层的施工要求?
7. 桥梁伸缩缝的类型有哪几种?
8. 桥面系包括哪几部分?各起什么作用?

单元十三　涵洞施工技术

知识点

1. 管节的运输与装卸要求；
2. 各种管涵的施工程序及方法；
3. 拱涵、盖板涵和箱涵的施工程序及方法；
4. 各类涵洞的施工质量标准。

技能点

1. 进行各种涵洞的施工；
2. 进行涵洞附属工程的施工；
3. 进行涵洞施工质量的检验。

课题一　概　　述

按构造形式的不同，涵洞可以分为管涵、盖板涵、拱涵、箱涵等。

1. 管涵

管涵主要由管身、基础、接缝及防水层组成，见图 13-1。

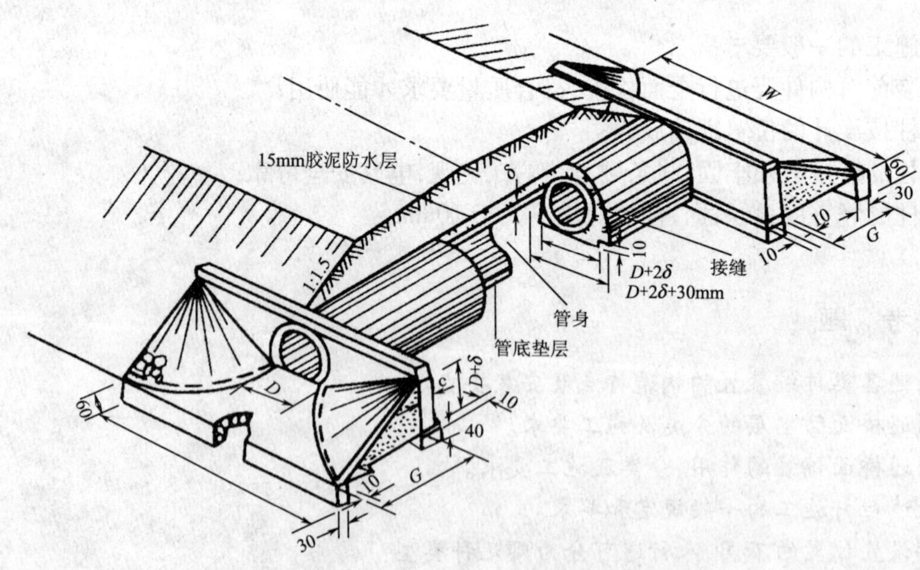

图 13-1　管涵各组成部分(尺寸单位:cm)
W-洞口铺砌宽度;G-锥形护坡长度;D-管径;δ-管壁厚度

2. 盖板涵

盖板涵主要由盖板、涵台、基础、洞身铺底、伸缩缝及防水层等部分组成，见图 13-2。

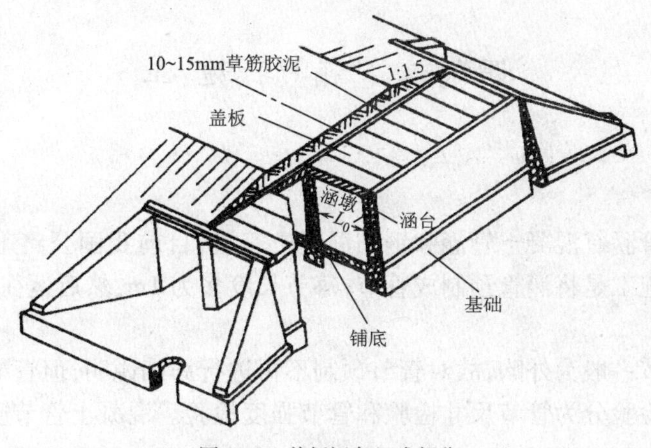

图 13-2　盖板涵各组成部分

3. 拱涵

拱涵主要由拱圈、护拱、拱上侧墙、涵台、基础、铺底、沉降缝及排水设施等组成，见图 13-3。

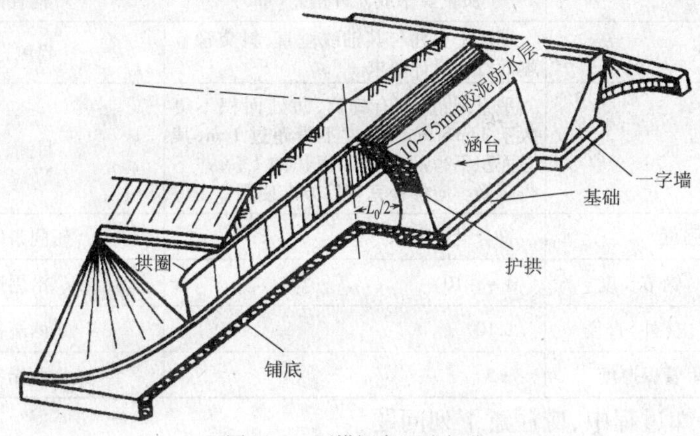

图 13-3　石拱涵各组成部分

4. 箱涵

箱涵主要由钢筋混凝土涵身、翼墙、基础、变形缝等部分组成，见图 13-4。因箱涵为整体闭合式钢筋混凝土框架结构，所以具有良好的整体性及抗震性能。但由于箱涵施工较困难，造价高，一般仅在软土地基上采用。

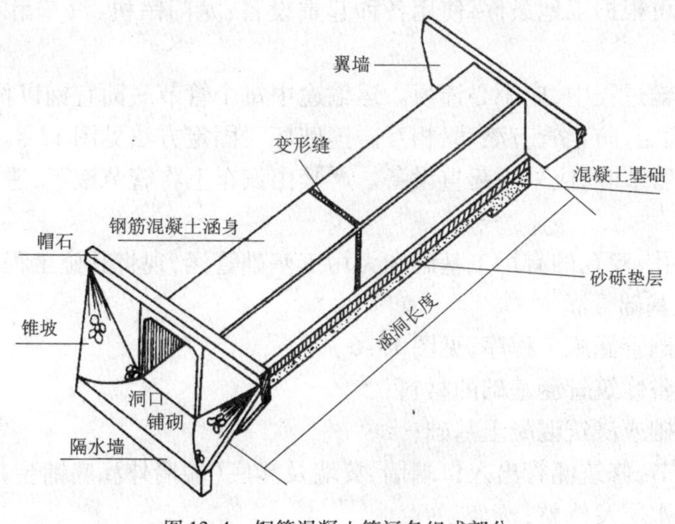

图 13-4　钢筋混凝土箱涵各组成部分

课题二　涵 洞 施 工

一、管涵施工

公路工程中的管涵有混凝土管涵和钢筋混凝土管涵，目前我国公路工程中多采用钢筋混凝土管涵。管涵的施工是将涵管预制成管节，每节长度多为1m，然后运往现场安装。

1. 管节

公路工程中管节一般为外购，故对管节预制不再进行详细说明，但管节进场后必须对其质量进行检验。质量检验分为管节尺寸检验和管节强度检验。混凝土管节质量要求及尺寸允许偏差见表13-1。

混凝土管节成品质量要求和尺寸允许偏差　　表13-1

项　目		质量要求或允许偏差(mm)	检查方法和数量
管节形状		端面平整并与其轴线垂直，斜交管节端面符合设计要求	目测，用锤心吊线
管节内外侧表面		平直圆滑，如有蜂窝，每处面积不得大于3cm×3cm，深度不得超过1cm，其总面积不得超过全部面积的1%，并不得露筋。应修补完善后方准使用	目测，用钢尺丈量
管节混凝土强度		符合设计要求	压同条件养护的试件
管节尺寸允许偏差(mm)	管节长度	0～−10	沿周边检查4处
	内(外)直径	±10	两端各检查4处
	管壁厚度	±5	两端各检查4处

管节运输与装卸过程中，应注意下列问题：

①待运的管节其各项质量应符合前述的质量标准，应特别注意检查待运管节顶的填土高度是否符合设计要求，防止错装、错运。

②运输管节的工具，可根据道路情况和设备条件采用汽车、拖拉机拖车，不通公路地段可采用马车。

③管节的装卸可根据工地条件，使用各种起重设备：龙门吊机、汽车吊和小型起重工具滑车、链滑车等。

④在装卸和运输过程中，应小心谨慎。运输途中每个管节底面宜铺以稻草，用木块圆木楔紧，并用绳索捆绑固定，防止管节滚动、相互碰撞破坏。固定方法见图13-5。

⑤从车上卸下管节时，应采用起重设备。严禁由汽车上将管节滚下，造成管节破裂。

2. 管涵的施工

管涵可分为单孔、双孔的有圬工基础和无圬工基础管涵，现将其施工程序简介如下。

1)单孔有圬工基础管涵

单孔有圬工基础管涵施工程序，见图13-6。

①挖基坑并准备修筑管涵基础的材料；

②砌筑圬工基础或浇筑混凝土基础；

③安装涵洞管节，修筑涵管出入口端墙、翼墙及涵底(端墙外涵底铺装)；

④铺设管涵防水层及修整；

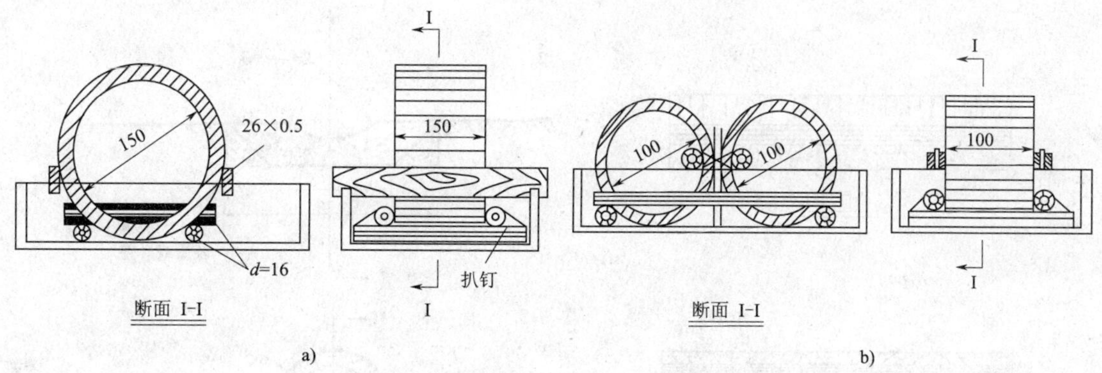

图 13-5　管涵固定在车身内的方法(尺寸单位:cm)

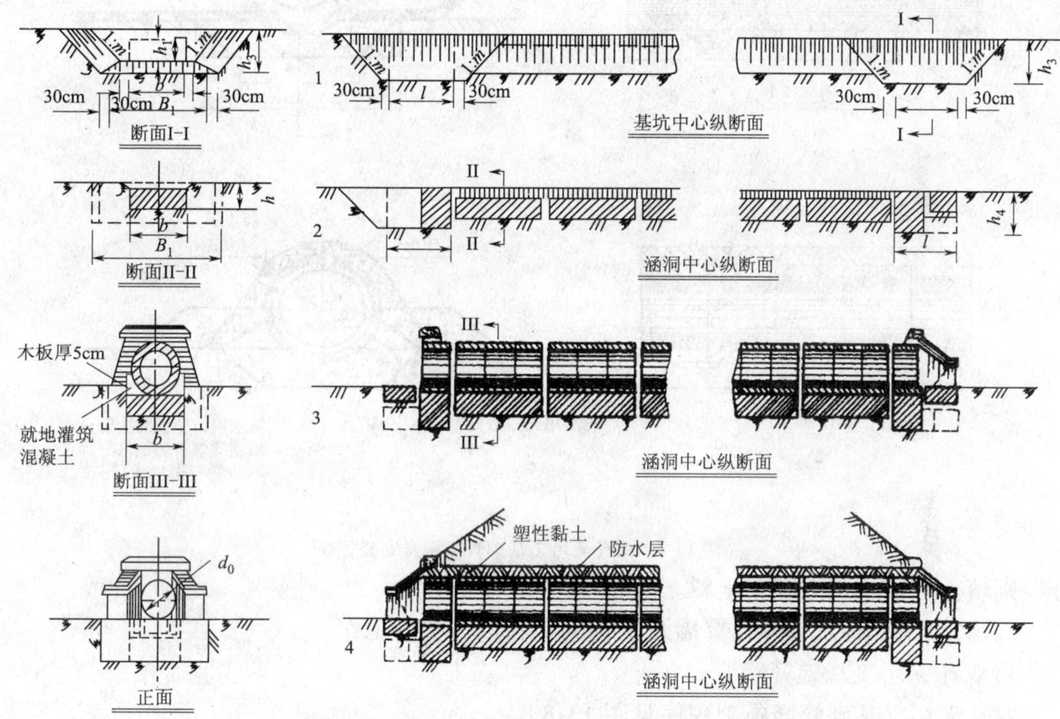

图 13-6　单孔有圬工基础管涵施工程序

⑤铺设涵管顶部防水黏土(设计需要时),填筑涵洞缺口填土及修建加固工程。

2)单孔无圬工基础管涵

单孔无圬工基础管涵施工程序见图 13-7。

①挖基备料与图 13-6 同,本图未示出。

②在捣固夯实的天然土表层或矿砂垫层上,修筑截面为圆弧状的管座,其深度等于管壁的厚度。

③在圆弧管座上铺设垫层的防水层,然后安装管节,管节间接缝宜留 1cm 宽。缝中填塞防水材料。

④在管节的下侧再用天然土或砂砾垫层材料作培填料,并捣实至设计高程,并切实保证培填料与管节密贴。再将防水层向上包裹管节,防水层外再铺设黏质土,水平径线以下的一部分特别填土,应立即填筑,以免管节下面的砂垫层松散,并保证其与管节密贴。在严寒地区这部

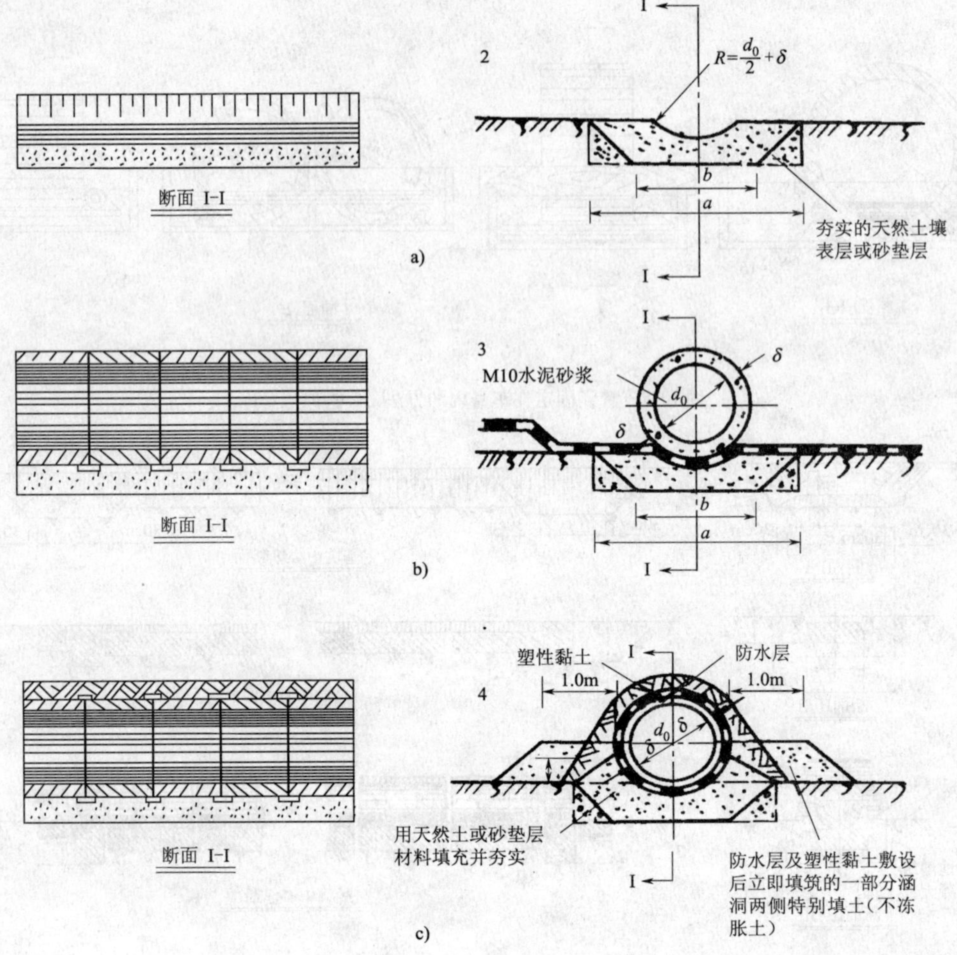

图 13-7　单孔无圬工基础管涵洞身安装程序

分特别填土必须填筑不冻胀土料。

⑤修筑管涵出入口端墙、翼墙及两端涵底和进行整修工作。

3)双孔无圬工基础管涵

双孔无圬工基础管涵施工程序见图 13-8。

①挖基、备料与前同。

②在捣固夯实的天然土表层或砂垫层上修筑圆弧状管座,其深度等于管壁的厚度。

③按图 13-8 的程序,先安装右边管并铺设防水层,在左边一孔管节未安装前,在砂垫层上先铺设垫底的防水层,然后按同样方法安装管节。管节间接缝尽量抵紧,管节内外接缝均以强度 10MPa 的水泥砂浆填塞。

④在管节下侧用天然土或砂垫层材料作填料,夯实至设计高程处,并切实保证与管节密贴。左孔防水层铺设完后,用贫混凝土填充管节间的上部空腔,再铺设软塑状黏性土。

防水层及黏土铺设后,涵管两侧水平直径线以下的一部分填土应立即填筑,以免管节下面的砂垫层松散。在严寒地区此部分填土必须填筑不冻胀土料。

⑤修筑出入口两端端墙、翼墙及涵底和整修工作。

4)涵底陡坡台阶式基础管涵

沟底纵坡很陡时,为防止涵洞基础和管节向下滑移,可采用管节为台阶式的管涵,每段长度一般为 3～5m，台阶高差一般不超过相邻涵节最小壁厚的 3/4。如坡度较大，可按 2～3m 分段或加大台阶高度，但不应大于 0.7m，且台阶处的净空高度不应小于 1m。此时在低处的涵顶上应设挡墙，以掩盖可能产生的缝隙，见图 13-9。

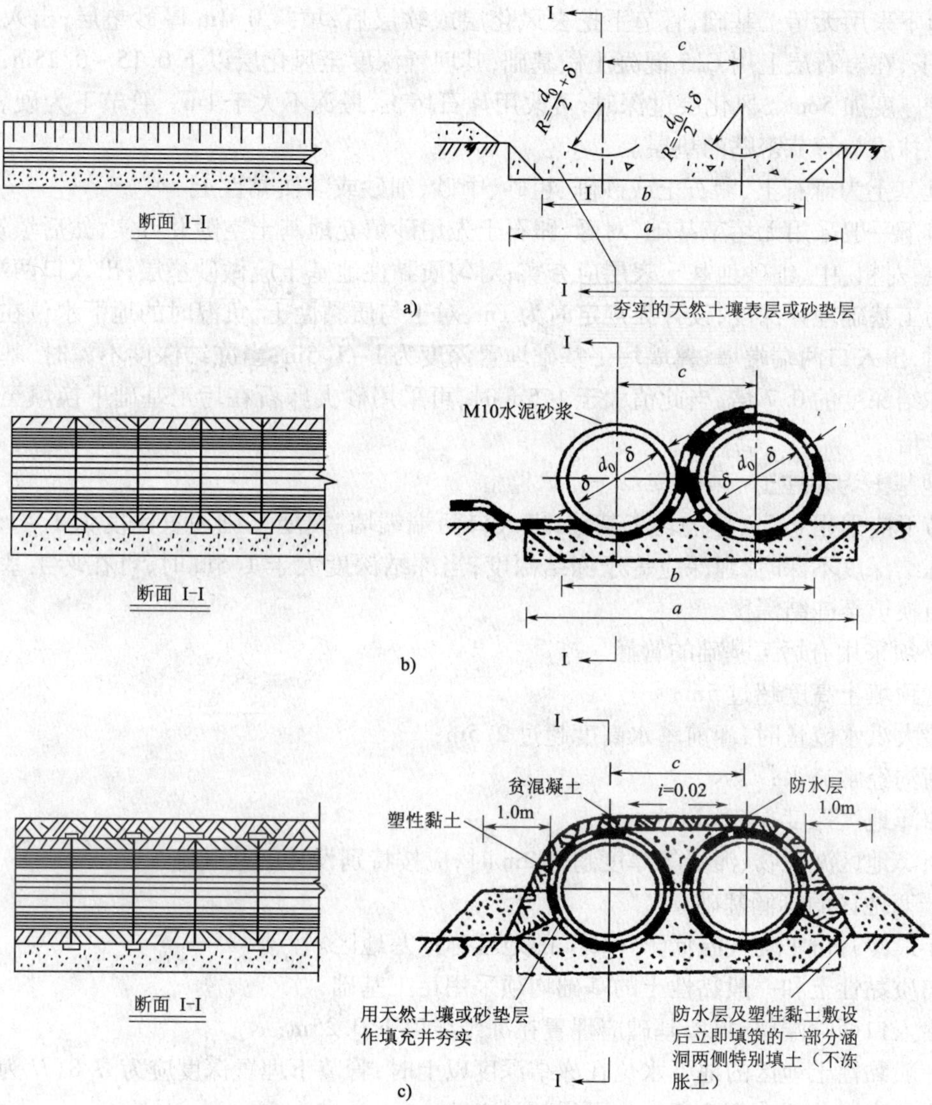

图 13-8　双孔无圬工基础管涵洞身安装程序

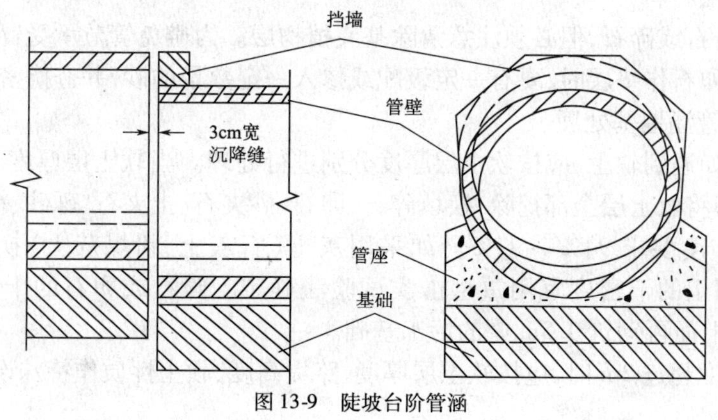

图 13-9　陡坡台阶管涵

无圬工基础的陡坡管涵,只可采用管节斜置的办法,斜置的坡度不得大于5%。

3. 管涵基础修筑

1)地基土为岩石

管节下采用无圬工基础,管节下挖去风化层或软层后,填筑0.4m厚砂垫层;出入口两端墙、翼墙下,在岩石层上用C15混凝土做基础,其埋置深度至风化层以下0.15~0.25m,并最小等于管壁厚度加5cm。风化层过深时,可改用片石圬工,最深不大于1m。管节下为硬岩时,可用混凝土抹成与管节密贴的垫层。

2)地基土为砾石土、卵石土或砂砾、粗砂、中砂、细砂或匀质黏性土

管节下一般采用无圬工基础,对砾、卵石土先用砂填充地基土空隙并夯实,然后填筑0.4m厚砂垫层;对粗、中、细砂地基土表层应夯实;对匀质黏性地基土应做砂垫层;出入口两端端墙、翼墙的圬工基础埋置深度,设计无规定时为1m,对于匀质黏性土,负温时的地下水位在冻结深度以上时,出入口两端端墙、翼墙圬工基础埋置深度为1~1.5m;当冻结深度不深时,基础埋深宜等于冻结深度的0.7倍,当此值大于1.5m时,可采用砂夹卵石在圬工基础下换填至冻结深度的0.7倍。

3)地基土为黏性土

管节下应采用0.5m厚的圬工基础,出入口两端端墙、翼墙基础埋置深度为1~1.5m;当地下水冻结深度不深时,埋深应等于冻结深度;当冻结深度大于1.5m时,可在圬工基础下用砂夹卵石换填至冻结深度。

4)必须采用有圬工基础的管涵

①管顶填土高度超过5m;

②最大洪水流量时,涵前壅水高度超过2.5m;

③河沟经常流水;

④沼泽地区深度在2m以内;

⑤沼泽地区淤积物、泥炭等厚度超过2m时,应按特别设计的基础施工。

5)严寒地区的管涵基础

常年最冷月份平均气温低于-15℃的地区称严寒地区。

①匀质黏性土和一般黏性土的基础均须采用圬工基础;

②出入口两端端墙、翼墙基础应埋置在冻结线以下0.25m;

③一般黏性土地区的地下水位在冻结深度以上时,管节下埋置深度应为$H/8$(H为涵底至路面填土高度),但不小于0.5m,也不得超过1.5m。

6)基础砂垫层材料

可采用砂、砾石或碎石,但必须注意清除基底植物层。为避免管节承受冒尖石料的集中应力,当使用碎石、卵石作垫层时,要有一定级配或掺入一定数量的砂,并夯捣密实。

7)软土地区管涵地基处理

管涵地基土如遇到软土,应按软土层厚度分别进行处理。当软土层厚度小于2m时,可采取换填法处理,即将软土层全部挖除,换填碎石、卵石、砂夹石、土夹石、砾砂、粗砂、中砂等材料并碾压密实,压实度要求94%~97%。如采用灰土(石灰土、粉煤灰土)换填,压实度要求93%~95%,换填土的干密度宜用重型击实试验法确定。碎石或卵石的干密度可取2.2~2.4t/m^3。换填层上面再砌筑0.5m厚的圬工基础。

当软土层厚度超过2m时,应按软土层厚度、路堤高度、软土性质作特殊设计处理。

4. 管节安装

管节安装应从下游开始，使接头面向上游；每节涵管应紧贴于垫层或基座上，使涵管受力均匀；所有管节应按正确的轴线和图纸所示坡度敷设。如管壁厚度不同，应使内壁齐平。在敷设过程中，要保持管内清洁无脏物、无多余的砂浆及其他杂物。

管节的安装方法通常有滚动安装法、滚木安装法、压绳下管法、龙门架安装法、吊车安装法等，可根据施工现场实际情况选用。

5. 管涵施工注意事项

①有圬工基础的管座混凝土浇筑时应与管座紧密相贴，浆砌块石基础应加做一层混凝土管座，使圆管受力均匀，无圬工基础的圆管基底应夯填密实，并做好弧形管座。

②无企口的管节接头采用顶头接缝，应尽量顶紧，缝宽不得大于1cm，严禁因涵身长度不够，将所有接缝宽度加大来凑合涵身长度。管身周围无防水层设计的接缝，须用沥青麻絮或其他具有弹性的不透水材料从内、外侧仔细填塞。设计规定管身外围做防水层的，按前述施工工序施工。

③长度较大的管涵设计有沉降缝的，管身沉降缝应与圬工基础的沉降缝位置一致。缝宽为2～3cm，应用沥青麻絮或其他具有弹性的不透水材料，从内、外侧仔细填塞。

④长度较大、填土较高的管涵应设预拱度。预拱度大小应按照设计规定设置。

⑤各管节设预拱度后，管内底面应成平顺圆滑曲线，不得有逆坡。相邻管节如因管壁厚度不一致（在允许偏差内）产生台阶时，应凿平后用水泥环氧砂浆抹补。

二、拱涵、盖板涵和箱涵施工

混凝土和钢筋混凝土拱涵、盖板涵、箱涵的施工分为现场浇筑和在工地预制安装两大类。

1. 就地浇筑的拱涵和盖板涵

1）拱涵基础

（1）整体式基础

两座涵台的下面和孔径中间使用整块的混凝土浇筑的基础称为整体式基础。其地基土的承载力应满足设计文件规定。若设计无规定，则填方高 H 在1～12m时，必须大于0.2MPa；$H>12$m时，必须大于0.3MPa。湿陷性黄土地基，不论其表面承载力多少，均不得使用。

（2）非整体式基础

两座涵台的下面为独立的现浇混凝土或浆砌片石基础，两者之间不相连接的称为非整体式基础。其地基土要求的容许承载力较上述的基础为高，当设计文件无规定时，一般应大于0.5MPa。

（3）板凳式基础

两座涵台下面的混凝土基础之间用较薄的混凝土或钢筋混凝土板在顶部连接，一起浇筑成似同板凳式的基础。其地基土容许承载力的要求处于前两者之间，设计文件无规定时，应为大于0.4MPa的砂类土或中密以上的碎石土。

上述地基土的承载力大小可用轻型动力触探仪进行测试。

根据当地材料情况，基础可采用C15片石混凝土或M5水泥砂浆砌片石，石料强度不得低于25MPa。

2）拱架和支架

（1）钢拱架和木拱架

钢拱架可用角钢、钢板和钢轨等材料在工厂制成装配式构件，在工地拼装使用。图 13-10 是用钢轨制成的跨径 1 ~3m 拱涵的钢拱架。

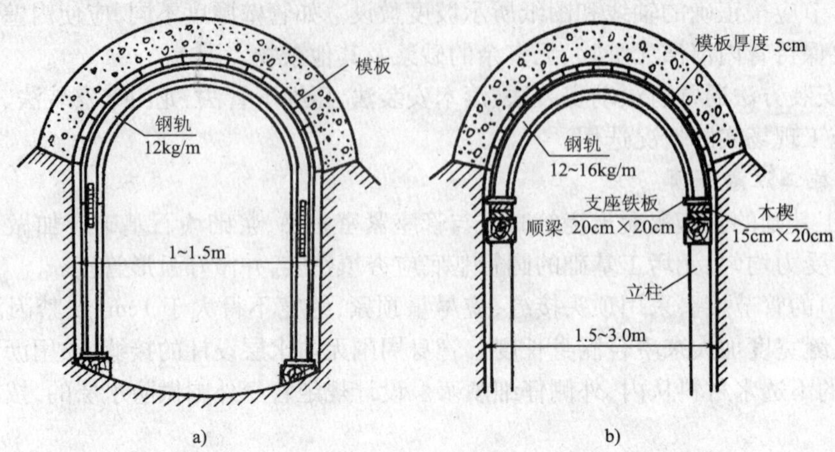

图 13-10　跨径 1 ~3m 的钢拱架

a)跨径 1 ~1.5m 钢拱架；b)跨径 1.5 ~3m 钢拱架

木拱架主要是由木材组合而成，拆装比较方便。但这种拱架浪费木材，应尽量不使用。图 13-11 为跨径 2 ~3m 的木拱架。

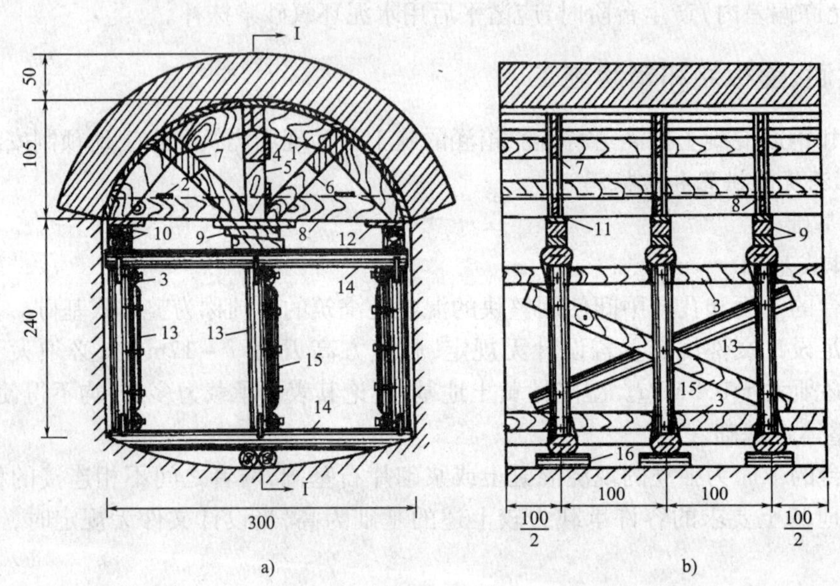

图 13-11　跨径 2 ~3m 的木拱架(尺寸单位：cm)

a)横断面；b)断面 I-I

1-模型板；2、3-平联系板；4、5-弓形木；6、7-撑木；8-拉杆木；9、10、11-夹木；12-联系板；13、14-楔顶板；15-楔木；16-槛木

(2)土牛拱胎(土模)

在小桥涵施工中用土牛拱胎代替拱架，能节省木料，既经济又安全。根据河沟水流情况，土牛拱胎可做成全填土拱胎(图 13-12)、设有透水盲沟的土拱胎[图 13-13a)]、三角形木架土拱胎[图 13-13b)]、木排架土拱胎(图 13-14)等。

全填土拱胎施工步骤如下：拱胎填土应在边墙圬工强度达到设计强度的 70% 后，分层浇水夯填，每层厚度 0.2 ~0.5m，跨度小的可以厚一些，但应视土质情况决定。

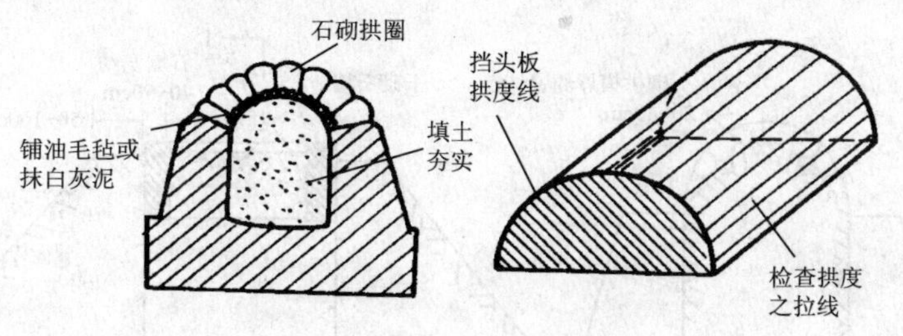

图 13-12　全填土拱胎及检验法

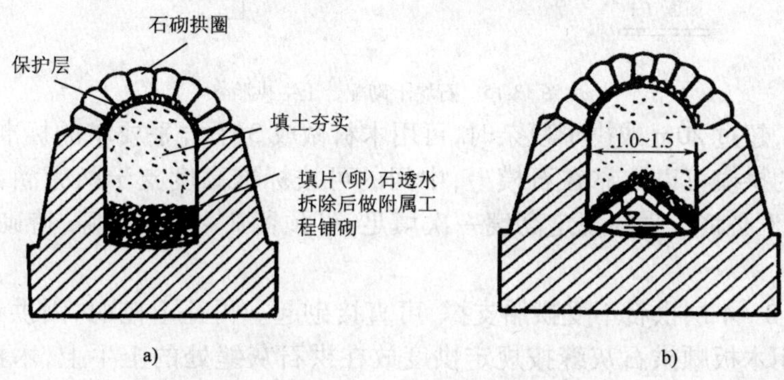

图 13-13　可渗水的土拱胎(尺寸单位:m)

a)有透水盲沟土拱胎;b)三角木架土拱胎

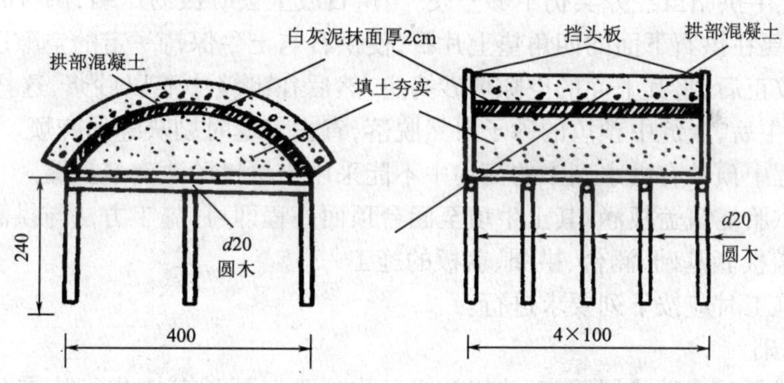

图 13-14　木排架土拱胎(尺寸单位:cm)

填土在端墙外伸出 0.5 ~ 1m,并保持 1∶1.5 的边坡,填土将达拱顶时,分段用样板校正,每隔 30cm 挂线检查。

土胎表面应设保护层,可以铺设一层油毡或抹一层 15mm 厚的水泥砂浆(1∶4 ~ 1∶6)作为保护层。较好的保护层用砖或片石砌厚约 20cm,然后抹厚 2cm 的黏土,再铺油毡。最好的方法是用石灰泥筋抹 20cm 厚(石灰∶黏土∶麻筋 = 1∶0.35∶0.03,质量比),抹后 3d 即可浇筑混凝土。

对砌石拱圈,土牛拱胎上若不设保护层时,可用下述方法砌筑拱圈:在涵台砌筑好后,利用暂不使用的石料,把涵孔两端堵住,干砌一道宽约 40 ~ 50cm、厚约 20 ~ 40 cm 的拱形墙(上抹青草泥)作为拱模,以便砌拱时挂线之用,然后在桥孔中间用土分层填筑密实,如图 13-15 所示。

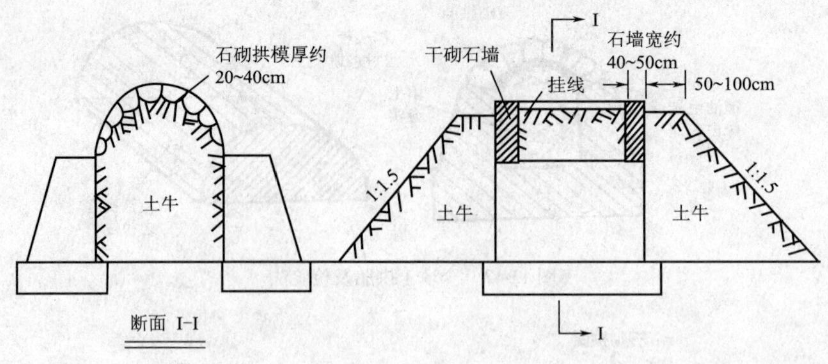

图 13-15 石块干砌配合土牛拱胎

如洞身很长，超过 20m 或拱形复杂时，可用木料做成 3 个合乎要求的标准模，两端及中间各置一个，两端的拱模可以支靠在石模上，中间的可按标准高度支于两旁涵台上并埋置于土中。填筑土牛时不必将土牛的规定高度一次填足，可预留 2 ~ 3cm 空隙，待砌拱石时，边砌边填筑。

起拱线以上 3 ~ 4 层拱石不受拱胎支撑，可直接砌起。再往上砌时，因拱石的部分重力由拱胎支撑着，可用木板顺拱石灰缝按规定拱度放在拱石灰缝处的土牛上，木板下面以土石垫好，随即开始安砌这一层的拱石。砌好后把垫板取出，并将空隙用土填满捣实，再把垫板按规定拱度垫在上一层拱石砌缝处的土牛上，继续砌上一层拱石。如有较充分的木板时，木板可不抽出周转。拱石砌至拱顶附近时，应先将这部分的土模夯打坚实。填到与标准拱模相差 3 ~ 5cm 为止。因土牛拱胎虽经夯实仍不够坚硬，当拱石放上去时极易压缩，拱石的高度及位置不易正确，因此需要在拱石下面的四角垫上片石，使拱石与土牛保持一定的空隙以便校正拱石位置。拱石位置校正后，将其下面的空隙填砂捣实，然后在砌缝中灌以砂浆，这样可以保持不漏浆，同时挖去土牛后，灰缝中预填的砂子自然脱落，省去勾缝时剔灰缝的麻烦。

在施工过程中预计有洪水到来的河沟中不能采用土牛拱胎法砌筑拱圈。

若用土牛拱胎浇筑盖板涵，其土牛填至涵台顶面高程即可，施工方法与拱涵相同。

3）拱涵与盖板涵基础、涵台、拱圈、盖板的施工

上述构件施工时应按下列要求进行。

（1）涵洞基础

无论是圬工基础或砂垫层基础，施工前必须先对下卧层地基土进行检查验收。地基土承载力或密实度符合设计要求时，才可进行基础施工。对于软土地基应按照设计规定进行加固处理，符合要求后，才可进行基础施工。

对孔径较宽高的拱涵、盖板涵兼作行人和车辆通道时，其底面应按照设计用圬工加固，以承受行人和车辆荷载及磨耗。

（2）涵洞拱圈和钢筋混凝土盖板

拱圈和盖板浇筑或砌筑施工应注意：

①拱圈和端墙的施工，应由两侧拱脚向拱顶同时对称进行；

②拱圈和盖板混凝土的现场浇筑施工应连续进行，尽量避免施工缝；当涵身较长时，可沿涵长方向分段进行，每段应连续一次浇筑完；施工缝应设在涵身沉降缝处。

4）拱架和支架的安装和拆卸

（1）安装的一般要求

拱架和支架支立牢固,拆卸方便(可用木楔作支垫),纵向连接应稳定,拱架外弧应平顺。拱架不得超越拱模位置,拱模不得侵入圬工断面。

拱架和支架安装完毕后,应对其平面位置、顶部高程、节点联系及纵横向稳定性进行检查,不符合要求者,立即进行纠正。

(2)拆卸的一般要求

拱架和支架的拆除及拱顶填土,在具备下列条件之一时方可进行:

①拱圈圬工强度达到设计值的70%时,即可拆除拱架,但必须达到设计值后方可填土。

②当拱架未拆除,拱圈强度达到设计值的70%时,可进行拱顶填土,但应在拱圈达到强度设计值后,方可拆除。

③拱涵拆除拱架可用木楔,木楔用比较坚硬的木料斜角对剖制成,并将剖面刨光。两块木楔接触面的斜度为1:6~1:10。在垫楔时应使上面一块的楔尖各伸出下面一块楔尾以外,这样在拆架时敲击木楔比较方便。木楔垫好后将两端钉牢。

④拆卸拱架时应沿桥涵整个宽度上将拱架同时均匀降落,并从跨径中点开始,逐步向两边拆除。

2. 就地浇筑的箱涵

箱涵又称矩形涵,它与盖板涵的区别是:盖板涵的台身与盖板是分开浇筑的,台身还可以采用砌石圬工,成为简支结构。而箱涵是上下顶板、底板与左右墙身是连续浇筑的,成为刚性结构,如图13-16所示。

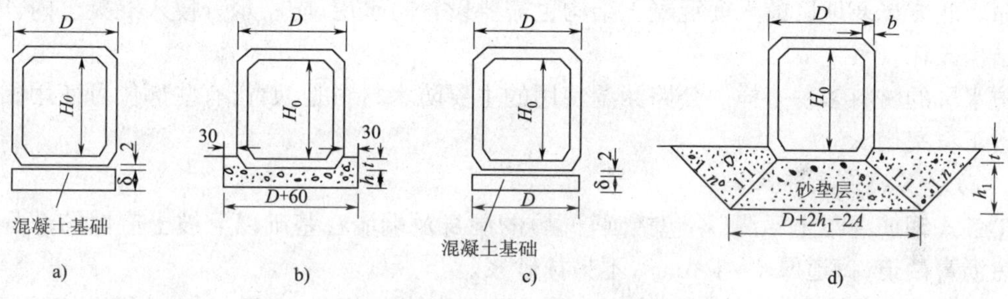

图13-16 箱形涵洞基础类型(尺寸单位:cm)

a)出入口涵节基础;b)洞身涵节无基础;c)洞身涵节有基础;d)地基土上换填砂垫层

H_0-涵节净高;t-涵节埋入垫层厚度;δ-C15混凝土基础厚度;D-涵节外形宽度;h_1-换填砂垫层深度;n-挖基边坡,根据基底土质确定;b-涵节角隅倒角宽度;A-壁厚

涵身基础分为有圬工基础和无圬工基础两种。两种基础的构造及尺寸见图13-16。

3. 装配式拱涵、盖板涵和箱涵

1)预制构件结构的要求

①拱圈、盖板、箱涵节等构件预制长度,应根据起重设备和运输能力决定,但应保证结构的稳定性和刚性,一般不小于1m,但亦不宜太长。

②拱圈构件上应设吊装孔,以便起吊。吊孔应考虑平吊及立吊两种,安装后可用砂浆将吊孔填塞。箱涵节、盖板和半环节等构件,可设吊孔,也可于顶面设立吊环。吊环位置、孔径大小和制环用钢筋应符合设计要求,并要求吊钩伸入吊环内和吊装时吊环筋不断裂。安装完毕,吊环筋应锯掉或气割掉。

③若采用钢丝绳捆绑起吊可不设吊孔或吊环。

2)预制构件常用模板

预制构件常用模板有：木模、土模、钢丝网水泥模板、拼装式模板等。

3）构件运输

构件必须在达到设计强度并经检查质量和尺寸大小符合要求后，才能搬运。搬运时应注意吊点或支承点的设置，务必使构件在搬运过程中保持平衡、受力合理，确保搬运过程中的安全。

4）施工和安装

拱圈、盖板、箱涵节的安装技术要求如下：

①安装之前应再检查构件尺寸、涵台尺寸和涵台间距离，并核对其高程，调整构件大小位置使与沉降缝重合。

②拱座接触面及拱圈两边均应凿毛（沉降缝处除外），并浇水湿润，用灰浆砌筑。灰浆坍落度宜小一些，以免流失。

③构件砌缝宽度一般为1cm，拼装每段的砌缝应与设计沉降缝重合。

④构件可用扒杆、链滑车或汽车吊进行吊装。

课题三　涵洞附属工程施工

一、防水层

涵洞的钢筋混凝土结构设置防水层的作用是防止水分侵入混凝土内，使钢筋锈蚀，缩短结构寿命。北方严寒地区的无筋混凝土结构也需要设置防水层，防止水分侵入混凝土内，因冻胀造成结构破坏。

防水层的材料多种多样。公路涵洞使用的主要防水材料是沥青，有些部位可使用黏土，以便节省工料费用。

1. 防水层的设置部位

①各式钢筋混凝土涵洞（不包括圆管涵）的洞身及端墙在基础以上被土掩埋的部分，均须涂以热沥青两道，每道厚1～1.5mm，不另抹砂浆。

②混凝土及石砌涵洞的洞身、端墙和翼墙被土掩埋的部分，只需将圬工表面凿平，无凹入存水部分，可不设防水层。但北方严寒地区的混凝土结构仍需设防水层。

③钢筋混凝土圆管涵的管节接头采用平头对接，接缝中用麻絮浸以热沥青塞满，管节上半部从外往内填塞；下半部从管内向外填塞。防水层设置时，管外靠接缝处裹以热沥青浸透的防水纸8层，宽度15～20cm。包裹方法：在现场用热沥青逐层黏合在管外壁接缝处，外面再在全长管外裹以塑性黏土。

在交通量小的县、乡公路上，可用质量好的软塑状黏质土掺以碎麻，沿全管敷设20cm厚，代替沥青防水层（接缝处理仍照前述施工）。

④钢筋混凝土盖板明涵的盖板部分表面可先涂抹热沥青两次，再于其上设2cm厚的防水水泥砂浆或4～6cm厚的防水混凝土。其上可按照设计铺设路面。涵、台身防水层按照上述方法办理。

2. 沥青的熬制与敷设

沥青可用锅、铁桶等容器以火熬制，或使用电热设备。铁桶装的沥青，应打开桶口小盖，将桶横倒搁置在火炉上，以文火使沥青熔化后，从开口流入熬制用的铁锅或大口铁桶中。熬制用的铁锅或铁桶必须有盖，以便在沥青飞溅或着火时，用以覆盖。熬制处应设在工地下风方向，与一般工作人员、料堆、房屋等保持一定距离，锅内沥青不得超过锅容积的2/3。熬制中应不断搅拌至沥青全部为液态为止。熔化后的沥青应继续加温至175℃(不得超过190℃)。熬好的沥青盛在小铁桶中送至工点使用。使用时的热沥青温度不宜低于150℃。涂敷热沥青的圬工表面应先用刷子扫净，消除粉屑污泥。涂敷工作宜在干燥温暖(温度不低于+5℃)的天气进行。

3. 沥青麻絮、油毡、防水纸的浸制方法和质量要求

沥青麻絮(沥青麻布)可采用工厂浸制的成品或在工地用麻絮以热沥青浸制。浸制后的麻絮，表面应呈淡黑色，无孔眼、无破裂和叠皱，撕裂断面上应呈黑色，不应有显示未浸透的布层。

油毡是用一种特制的纸胎(或其他纤维胎)用软化点低的沥青浸透制成，浸渍石油沥青的称石油毡，浸渍焦油沥青的称焦油沥青油毡。为了防止在储存过程中相互粘着，油毡表面应撒一层云母粉、滑石粉或石棉粉。

防水纸(油纸)是用低软化点的沥青材料浸透原纸做成的，除沥青层较薄，没有撒防粘层外，其他性质与油毡相同。

油毡和防水纸可以从市场上采购，其外观质量应符合如下要求：

①油毡和防水纸外表不应有孔眼、断裂、叠皱及边缘撕裂等现象，油毡的表面防粘层应均匀地撒布在油毡表面上。

②毡胎或原纸内应吸足油量，表面油质均匀，撕开的断面应是黑色的，无未浸透的空白纸层或杂质，浸水后不起泡、不翘曲。

③气温在25℃以下时，把油毡卷在2cm直径的圆棍上弯曲，不应发生裂缝和防粘层剥落等现象。

④将油毡加热至80℃时，不应有防粘层剥落、膨胀及表面层损坏等现象。夏季在高温下不应粘在一起。

铺设油毡和防水纸所用粘贴沥青应和油毡、防水纸有同样的性能。煤沥青油毡和防水纸必须用煤沥表粘贴。同样，石油沥青油毡及防水纸，也一定要用石油沥青来粘贴，否则，过一段时间油毡和防水纸就会分离。

二、沉降缝

1. 沉降缝设置的目的

结构物设置沉降缝的目的是避免结构物因荷载或地基承载力不均匀而发生不均匀沉陷，产生不规则的多处裂缝，而使结构物破坏。设置沉降缝后，可限定结构物发生整齐、位置固定的裂缝，并可事先对沉降缝处予以处理；如有不均匀沉降，则将其限制在沉降缝处，有利于结构物的安全、稳定和防渗(防止管内水流渗入涵洞基底或路基内，造成土质浸泡松软)。

2. 沉降缝设置的位置和方向

涵洞洞身、洞身与端墙、翼墙、进出水口急流槽交接处必须设置沉降缝，但无圬工基础的圆管涵仅于交接处设置沉降缝，洞身范围不设。具体设置位置视结构物和地基土的情况而定。

1)洞身沉降缝

一般每隔4~6m设置1处，但无基础涵洞仅在洞身涵节与出入口涵节间设置，缝宽一般3cm，两端与附属工程连接处也各设置1处。

2)其他应设沉降缝处

凡地基土质发生变化、基础埋置深度不一、基础对地基的荷载发生较大变化处、基础填挖

交界处、采用填石垫高基础交界处，均应设置沉降缝。

3）岩石地基上的涵洞

凡置于岩石地基上的涵洞，不设沉降缝。

4）斜交涵洞

斜交涵洞洞口正做的，其沉降缝应与涵洞中心线垂直；斜交涵洞洞口斜做的，沉降缝与路基中心线平行；但拱涵与管涵的沉降缝，一律与涵洞轴线垂直。

3. 沉降缝的施工方法

沉降缝的施工，要求做到使缝两边的构造物能自由沉降，又能严密防止水分渗漏。故沉降缝必须贯穿整个断面（包括基础）。沉降缝具体施工方法如下。

1）基础部分

可将原基础施工时嵌入的沥青木板或沥青砂板留下，作为防水之用。如基础施工时不用木板，也可用黏土填入捣实，并在流水面边缘以1∶3水泥砂浆填塞，深度约为15cm。

2）涵身部分

缝外侧以热沥青浸制的麻筋填塞，深度约为5cm，内侧以1∶3水泥砂浆填塞，深度约为15cm，视沉降缝处圬工的厚薄而定。可以用沥青麻筋与水泥砂浆填满；如太厚，亦可将中间部分先填以黏土。

3）沉降缝的施工质量要求

沉降缝端面应整齐、方正，基础和涵身上下不得交错，应贯通，嵌塞物应紧密填实。

4）保护层

各式有圬工基础涵洞的基础襟边以上，均顺沉降缝周围设置黏土保护层，厚约20cm，顶宽约20cm。对于无圬工基础涵洞，保护层宜使用沥青混凝土或沥青胶砂，厚度10～20cm。

沉降缝构造如图13-17所示。

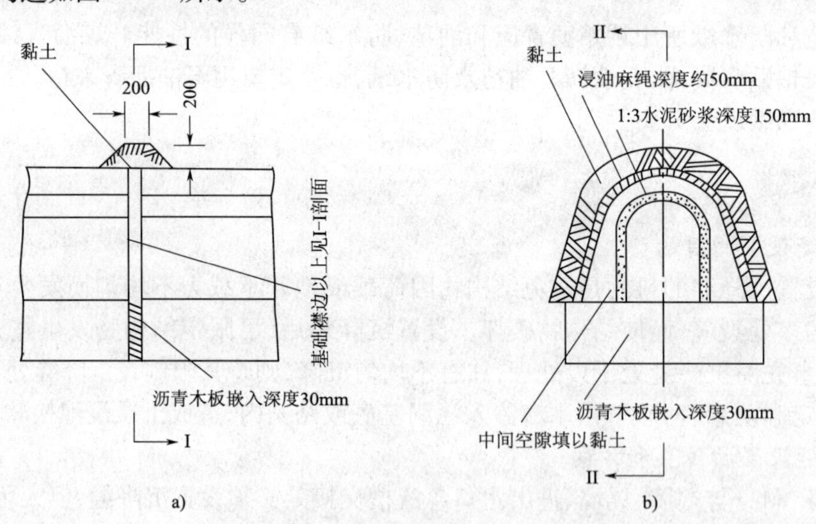

图13-17 涵洞沉降缝（尺寸单位：mm）

a）II-II 剖面；b）I-I 剖面

三、涵洞进出水口

涵洞进出水口工程是指涵洞端墙、翼墙（包括八字墙、锥坡、平行廊墙）以外的部分，如沟底铺砌和其他进出水口处理工程。

1. 平原区的处理工程

涵洞出入口的沟床应整理顺直，与上、下排水系统（天沟、路基边沟、排水沟、取土坑等）的连接应圆顺、稳固，保证流水顺畅，避免排水损害路堤、村舍、农田、道路等。

2. 山丘区的处理工程

在山丘区的涵洞底纵坡超过5%时，除进行上述整理外，还应对沟床进行干砌或浆砌片石防护。翼墙以外的沟床当坡度较大时，也应铺砌防护。防护长度、砌石宽度、厚度、形状等，应按设计图纸施工。如设计图纸漏列，应按合同规定向业主提出，由业主指定单位做出补充设计。

四、涵洞缺口填土

①建成的涵管、圬工达到设计要求的强度后，应及时回填。回填土要切实注意质量，严格按照有关施工规定和设计要求办理。

②填土路堤在涵洞每侧不小于两倍孔径的宽度及高出洞顶1m范围内，应采用非膨胀的土从两侧分层仔细夯实，每层厚度10～20cm。特殊情况亦可用与路堤填料相同的土填筑。管节两侧夯填土的密实度标准，高速公路和一级公路为95%，其他公路为93%。管节顶部其宽度等于管节外径的中间部分填土，其密实度要求与该处路基同。如为填石路堤，则在管顶以上1m的范围内应分三层填筑：下层为20cm厚的黏土，中层为50cm厚的砂卵石，上层为30cm厚的小片石或碎石。在两端的上述范围及两侧每侧宽度不小于孔径的两倍范围内，码填片石。

③用机械填筑涵洞缺口时，须待涵洞圬工达到容许强度后，涵身两侧应用人工或小型机具对称夯填，高出涵顶至少1m，然后再用机械填筑。不得从单侧偏推、偏填，使涵洞承受偏压。

④冬季施工时，涵洞缺口路堤、涵身两侧及涵顶1m内，应用未冻结土填筑。

⑤回填缺口时，应将已成路堤土方挖出台阶。

思　考　题

1. 按构造形式的不同，涵洞可以分为哪几种？
2. 简述单孔有圬工基础管涵的施工程序。
3. 箱涵和盖板涵有何区别？
4. 预制拱圈和盖板的安装应注意的事项有哪些？
5. 简述防水层、沉降缝设置部位及沉降缝的施工方法。

参 考 文 献

[1] 交通部第一公路工程总公司.桥涵　公路施工手册.北京:人民交通出版社,2003
[2] 范立础.桥梁工程.北京:人民交通出版社,2004
[3] 顾安邦.桥梁工程.北京:人民交通出版社,2004
[4] 王常才.桥涵施工技术.北京:人民交通出版社,2005
[5] 姚玲森.桥梁工程.北京:人民交通出版社,2005
[6] JTJ 041—2000　公路桥涵施工技术规范.北京:人民交通出版社,2000
[7] JTG B01—2003　公路工程技术标准.北京:人民交通出版社,2003
[8] 杨文渊,徐犇.桥梁施工工程师手册.北京:人民交通出版社,1999
[9] 李新梅.桥涵施工与养护技术.北京:人民交通出版社,2005
[10] 交通部公路科学研究所.JTG F80/1—2004　公路工程质量检验评定标准(土建工程).北京:人民交通出版社,2004
[11] 梁金江.公路工程管理.北京:人民交通出版社,2005
[12] JTG D60—2004　公路桥涵设计通用规范.北京:人民交通出版社,2004
[13] JTG D62—2004　公路钢筋混凝土及预应力混凝土桥涵设计规范.北京:人民交通出版社,2004
[14] JTJ 076—95　公路工程施工安全技术规程.北京:人民交通出版社,1995
[15] 刘吉士,阎洪河,李文琪.公路桥涵施工技术规范实施手册.北京:人民交通出版社,2002
[16] 邵旭东.桥梁工程.北京:人民交通出版社,2004
[17] 郭智多.桥梁工程施工便携手册.北京:人民交通出版社,2006